ADVOCACIA EMPRESARIAL DO TRABALHO

Estudos em homenagem a
José Granadeiro Guimarães

Manuela Tavares
Marcos César Amador Alves
(coordenadores)

ADVOCACIA EMPRESARIAL DO TRABALHO

Estudos em homenagem a
José Granadeiro Guimarães

Copyright © 2012 Manuela Tavares/Marcos César Amador Alves

Grafia atualizada segundo o Acordo Ortográfico da Língua Portuguesa de 1990,
que entrou em vigor no Brasil em 2009.

Publishers: Joana Monteleone/Haroldo Ceravolo Sereza/Roberto Cosso
Edição: Joana Monteleone
Editor assistente: Vitor Rodrigo Donofrio Arruda
Assistente editorial: Gabriela Cavallari/Rogério Cantelli
Projeto gráfico e diagramação: Patrícia Jatobá U. de Oliveira
Revisão: Íris Morais Araújo
Capa: Juliana Pellegrini
Imagens da capa: sxc.hu

CIP-BRASIL. CATALOGAÇÃO-NA-FONTE
SINDICATO NACIONAL DOS EDITORES DE LIVROS, RJ

D472m

ADVOCACIA EMPRESARIAL DO TRABALHO – ESTUDOS EM HOMENAGEM
A JOSÉ GRANADEIRO GUIMARÃES
Manuela Tavares/Marcos César Amador Alves (orgs.)
São Paulo: Alameda, 2012.
760p.

ISBN 978-85-7939-136-1

1. Direito – São Paulo (SP) – Direito 2. Tavares, Manuela. I. Título.

12-5466.
CDD: 307760981
CDU: 3163345(81)

037845

Alameda Casa Editorial
Rua Conselheiro Ramalho, 694 – Bela Vista
CEP 01325-000 – São Paulo – SP
Tel. (11) 3012-2400
www.alamedaeditorial.com.br

Todos os recursos decorrentes de direitos autorais do conjunto da obra *Advocacia empresarial do trabalho* serão revertidos para a Casa dos Velhinhos de Ondina Lobo, entidade assistencial sem fins lucrativos e considerada de utilidade pública federal, estadual e municipal, registrada na Secretaria de Estado da Promoção Social e na Prefeitura do Município de São Paulo (FABES – CNPJ/MF sob o nº 62.788.484/0001-32), em atividade desde o dia 5 de setembro de 1950 na Rua Regina Badra, 471, no bairro de Santo Amaro, zona Sul de São Paulo, no Estado de São Paulo, ou para outra entidade beneficente indicada pela OAB/SP.

Sumário

PREFÁCIO	13
Luiz Flávio Borges D'Urso	
APRESENTAÇÃO	17
Manuela Tavares & Marcos Cesar Amador Alves	
HOMENAGENS	23
Decio Sebastião Daidone	25
Mário Gonçalves Júnior	29
Luis Carlos Moro	31
Almir Pazzianotto Pinto	37
Valter Uzzo	41
FOTOGRAFIAS	43
ARTIGOS	55
I. Consultivo	57
A importância da advocacia empresarial do trabalho	59
Ana Amélia Mascarenhas Camargos	
Assédio moral – características, ocorrência e meios de prevenção das empresas	71
Ricardo Pereira de Freitas Guimarães	
Gestão de recursos humanos e contenção de litígios trabalhistas	87
Michelle Faria Lima	
Gestão de liquidação de execuções trabalhistas	93
Carla Lascala Lozano & Maria Fernanda Braz	
Avaliação de risco trabalhista – *Due Diligence*	105
Roberto Rosano	
Assessoria jurídica trabalhista: prevenção e solução de litígios	119
Cíntia Yazigi	

II. Contencioso Administrativo — 131

Fiscalização do Ministério do Trabalho e Emprego — 133
e seus desdobramentos extrajudiciais
Letícia Prado & Wanessa de Lucca

Atuação do Ministério Público do Trabalho e seus desdobramentos extrajudiciais — 143
Márcia Regina Pozelli Hernandez

III. Contencioso Judicial — 155

Do processo de conhecimento — 157
Priscila Mara Peresi

Tutela antecipatória de mérito e tutelas cautelares no — 169
Direito Processual do Trabalho
Angelo Antonio Cabral

Procedimento sumaríssimo e suas particularidades na Justiça do Trabalho — 189
Andreia Viccari

Intervenção de terceiros no processo do trabalho — 201
Bruno Leandro Palhares Perez & Luiz Antonio dos Santos Junior

Litigância de má-fé e sua interpretação na Justiça do Trabalho — 223
Sylvio Gomes

Audiência de instrução e seus registros — 235
Marcelo Alessi

Provas testemunhais no processo do trabalho: compromisso, — 245
impedimentos e consequências
Marcel Zangiácomo da Silva

Vícios do ato processual. Espécies. Nulidades no processo do trabalho — 253
Marcus Vinícius Lobregat

Revelia e confissão do empregador e exercício da ampla defesa — 267
e contraditório do tomador de serviços
Manuela Tavares

Ônus da prova e sua inversão — 285
Leandro Abbud

Provas obtidas por meio ilícito e seus efeitos no processo — 295
Cristina Paranhos Olmos

Perícia judicial e depósito de honorários prévios — 307
José Augusto Rodrigues Júnior & Adriana Rittes Garcia Rodrigues

Efeitos e limites da conciliação das partes nas diversas fases processuais. Conciliação judicial e seus efeitos perante as partes e terceiros *Lilian Lygia Mazzeu*	321
Correição parcial e reclamação correcional à instância superior *Raíssa Bressanim Tokunaga & Fernando Rogério Peluso*	337
Responsabilidade solidária e subsidiária na Justiça do Trabalho *Alexandre Gomes Kamegasawa*	351
Ação revisonal proposta pelo empregador na Justiça do Trabalho *Aparecida Tokumi Hashimoto*	365
Sistema recursal trabalhista *José Alberto Couto Maciel & Roberto Caldas Alvim de Oliveira*	387
Sustentação oral nos Tribunais da Justiça de Trabalho *Eli Alves da Silva*	399
O pré-questionamento no recurso de revista – a posição de vanguarda do Tribunal Superior do Trabalho *Osmar Mendes Paixão Côrtes*	411
Ação rescisória no processo do trabalho. Fundamentos de admissibilidade, procedimento e recurso *Suzana Comelato*	423
Execução de contribuições previdenciárias e fiscais na Justiça do Trabalho e execução de multas impostas pelos órgãos públicos *Marcelo Pereira Gômara & Maury Lobo de Athayde*	435
Embargos à execução. Exceção de pré-executividade. Embargos de terceiro. Fraude à execução *Ezequiel do Carmo Munhoz*	449
A penhora da marca como garantia de créditos trabalhistas *Carlos Dias da Silva Corradi Guerra*	463
Ação por dano moral *Júlio César Martins Casarin*	473
Ações civis admissíveis no processo trabalhista: ação de prestação de contas; ação monitória; ação de consignação em pagamento em prestações sucessivas e ação anulatória *Arthur Cahen*	483
Nova lei do mandado de segurança. Avanço ou retrocesso? *Estêvão Mallet*	499

Acidente de trabalho e ônus da prova: responsabilidade civil do empregador sob a ótica da Justiça do Trabalho — 515
Marcos César Amador Alves

A execução trabalhista e a defesa empresarial – protesto extrajudicial de créditos trabalhistas — 535
José Fernando Moro

IV. Processo Coletivo do Trabalho — 549

Dissídios coletivos – aspectos práticos — 551
Rogério da Costa Strutz

A negociação coletiva de trabalho e os seus níveis de atuação — 561
Davi Furtado Meirelles

Mediação e arbitragem no direito coletivo do trabalho — 573
Flávio Obino Filho

O poder normativo — 591
Mário Gonçalves Júnior

Efeitos da sentença normativa nos dissídios individuais — 597
Nelson Nazar

Dissídio coletivo de greve nas rescisões em massa — 613
Cássio Mesquita Barros

Tutela coletiva de direitos individuais homogêneos na Justiça do Trabalho — 625
Ronaldo Lima dos Santos

Ação civil pública. Legitimados, substituição processual, condenação e liquidação. Coisa julgada e litispendência — 649
Fernando Belfort

Ação de cumprimento na Justiça do Trabalho — 677
Carlos Henrique Bezerra Leite

V. Temas diversos — 685

Processo eletrônico trabalhista — 687
Otávio Pinto e Silva

O projeto de alteração do CPC e sua repercussão na Justiça do Trabalho — 703
Rafael E. Pugliese Ribeiro

Contrato de honorários advocatícios — 711
Cláudio Peron Ferraz

Aspectos éticos da advocacia empresarial — 725
Luís Carlos Moro

Ação de regresso da União em razão de acidente do trabalho — 737
Viviane Masotti

José Granadeiro Guimarães

Nascido em Taubaté, em 15 de março de 1916, José Granadeiro Guimarães era filho e neto de advogados. Francisco Granadeiro da Silva Guimarães, seu avô, e Renato Granadeiro Guimarães, seu pai, graduaram-se ambos em Direito, em 1893 e em 1919, pela Faculdade de Direito da Universidade de São Paulo, então Faculdade de Direito da Cidade de São Paulo.

Fez seus primeiros estudos com os padres salesianos do Colégio São Joaquim, na cidade de Lorena em regime de internato, usual à época. Concluído o primeiro grau, transferiu-se para o Rio de Janeiro, onde foi acolhido em casa de tios padrinhos, para cursar ginásio no Colégio D. Pedro II, anteriormente denominado Imperial Colégio D. Pedro II, onde já estudara seu avô décadas antes.

Completada sua formação em Letras retornou a São Paulo, agora na capital onde cursou, a exemplo de seus maiores, a vetusta Faculdade de Direito do Largo de São Francisco, onde recebeu o título de bacharel em 1939, época contemporânea à do florescimento do Direito do Trabalho, ramo em que entreviu filão inexplorado e a que passou a se dedicar com tenacidade e paixão imorredouras.

Em 1942 casou-se com Olenka Vieira Marcondes, sua prima em terceiro grau por parte de pai, ambos descendentes do Barão e da Baronesa de Taubaté, seus bisavós comuns. Desse consórcio lhes advieram três filhos: Maurício, Pérsio e Maria da Conceição, todos igualmente advogados, prosseguindo, ademais, a saga familiar nas letras jurídicas também com seus netos Gustavo e Guilherme.

No plano profissional, teve como companheiro de jornada, pelo quarto de século seguinte à sua graduação, Francisco Carlos de Castro Neves, tribuno de escol, com quem, além do escritório de advocacia, agora especializado em Direito do Trabalho, de notável competência, compartilhou também de experiência pioneira: a direção de entidade, que criaram, denominada ITACI – Instituto Técnico de Assistência ao

Comércio e à Indústria, com sede nesta capital, a que se seguiu o estabelecimento de filial em Santo André, então o mais importante polo industrial paulista.

Essa entidade substituía os então inexistentes departamentos de pessoal e de recursos humanos de empresas de todo porte, clientes do escritório de advocacia a quem o novel direito do trabalho surpreendia despreparadas, e fez absoluto e duradouro sucesso no decurso dos anos que se seguiram, em especial nas décadas de quarenta e cinquenta, período de adaptação do empresariado às novas rotinas trabalhistas.

Em 1964 desfaz-se a sociedade entretida com Castro Neves, ocasião em que o primogênito de Granadeiro, Mauricio, recém ingressado nas Arcadas, passa a compor o escritório, a ele vindo se agregar seus irmãos Pérsio, em 1967, e Maria da Conceição, em 1971.

Agraciado com as comendas da Ordem do Mérito Judiciário do Trabalho, do Tribunal Superior do Trabalho, nos graus de Comendador (1977) e Grande Oficial (2000), da Ordem do Mérito do Trabalho da República Federativa do Brasil, no grau de Comendador (1987) e da Ordem do Mérito Judiciário do Tribunal Regional do Trabalho da Segunda Região, nos graus de Comendador (2002), Grande Oficial (2006) e Grã-Cruz (2007), foi convidado pela Ordem dos Advogados do Brasil a integrar lista tríplice para composição, pelo quinto constitucional dos advogados, do Tribunal Superior do Trabalho, galardão de que declinou porque se veria privado de sua paixão maior, o exercício sem peias da advocacia, de que jamais se apartou.

Militou no foro trabalhista por quase sete décadas, vindo a falecer em junho de 2008, três meses após haver promovido, ainda em março do mesmo ano, aos noventa e dois anos de idade, sua última sustentação oral perante o Tribunal Regional do Trabalho de São Paulo onde, decano dos advogados, granjeou unânime benquerença mercê de seu trato lhano, sem paralelos.

Prefácio

Uma vida de amor ao direito

Até poucos meses antes de sua morte, em junho de 2008, José Granadeiro Guimarães, munido de sua fiel bengala, frequentava três vezes por semana o lugar que considerava sua "segunda casa", o escritório de sua família, Granadeiro Guimarães Advogados, na Praça Ramos de Azevedo. Os outros dias eram reservados para o Tribunal Regional do Trabalho, onde fazia sustentações orais na defesa dos clientes do escritório.

Advogado militante, o doutor Granadeiro Guimarães construiu uma vida dedicada ao Direito do Trabalho. No início de quase 70 anos de carreira, atuou na área trabalhista quando os casos ainda nem eram tratados pelo Judiciário, mas sim pelo Conselho Regional do Trabalho. Em 1941, participou da primeira audiência das Juntas de Conciliação, criadas para solucionar conflitos trabalhistas.

Era natural que esse brilhante advogado optasse pela carreira no mundo das leis. Nascido em 1916, em Taubaté, no Vale do Paraíba, ele integrava uma família tradicional do Direito, que lhe deixou uma herança de amor pela área. Tal como seu pai e seu avô, graduou-se pela hoje chamada Faculdade de Direito da USP, em 1939.

Foi sob sua responsabilidade que o escritório da família se especializou em Direito do Trabalho, nos idos da década de 1940 em que a CLT era editada e nascia o Direito Laboral no Brasil, e tornou-se uma das bancas mais importantes da área.

Reunindo hoje cinco gerações consecutivas dedicadas ao Direito, foi fundada em 1893 pelo avô do advogado, Francisco Granadeiro da Silva Guimarães, nascido em 1870. Mantendo o caráter empresarial familiar, o escritório desde 2004 passou a adotar postura mais dinâmica e com vistas a aperfeiçoar sua profissionalização, admitindo na sociedade seus melhores, mais antigos e atuantes advogados.

Granadeiro Guimarães tornou-se um dos advogados trabalhistas mais respeitados do país. Nutria tanto amor e dedicação à advocacia que chegou, inclusive, a recusar um convite para integrar o Tribunal Superior do Trabalho, no início dos anos 1970, para poder continuar à frente de seu escritório.

Seu trabalho foi reconhecido por diversas honrarias. Foi distinguido com a Ordem do Mérito Judiciário do Trabalho pelo Tribunal Superior do Trabalho, pelo governo federal e pelo Tribunal Regional do Trabalho da 2ª Região. Em 2010, a pedido da OAB SP, a Sala do Advogado da corte regional recebeu o nome "Dr. José Granadeiro Guimarães".

O advogado atuou também em diversas instituições voltadas à promoção do Direito, sendo membro do Instituto de Direito Social desde 1967 e do Instituto Latino Americano de Derecho del Trabalho y de La Seguridad Social desde 1978, e sócio honorário da Associação dos Advogados Trabalhistas de São Paulo desde 1984.

Seu falecimento, aos 92 anos de idade, deixou uma imensa lacuna no mundo jurídico, em especial na área trabalhista, e um sentimento profundo de luto, pois perdemos um dos maiores advogados que o Brasil já conheceu, mas que deixou um legado importante, herdado pelos seus filhos e netos e pela Advocacia brasileira.

Luiz Flávio Borges D'Urso
Presidente da OAB SP

Apresentação

Ama a tua profissão: Trata de conceber a advocacia de tal maneira que no dia em que teu filho te pedir conselhos sobre seu destino ou futuro, consideres uma honra para ti propor-lhe que se faça advogado.

Eduardo Juan Couture[1]

O livro ora apresentado, organizado no âmbito do Comitê de Direito Empresarial do Trabalho da Comissão de Direito Trabalhista da OAB/SP, sob os auspícios do presidente Dr. Luiz Flávio Borges D'Urso, consiste na coletânea de artigos elaborados por renomados especialistas, profundos conhecedores dos principais temas que envolvem a área trabalhista. Trata, especificamente, dos mais atuais e importantes aspectos do Direito que impactam o exercício da Advocacia Empresarial do Trabalho. Grandes questões que vêm preocupando os profissionais e estudiosos estão contempladas na presente obra. Rendemos, desde logo, nossos mais sinceros agradecimentos aos importantes doutrinadores que se associaram, com singular entusiasmo, ao presente projeto, elaborando os exímios artigos colecionados.

Revela-se imprescindível reconhecer, como premissa motivadora da vertente iniciativa, que há um expressivo número de profissionais que se dedicam, diuturnamente, à Advocacia Empresarial do Trabalho no âmbito das organizações e sociedades de advogados. Mencionados profissionais demandam especiais instrumentos de atualização e ambiente próprio para o aprofundamento do debate das questões que emergem de referido ramo de atuação e que refletem o próprio desenvolvimento social e econômico das empresas por eles representadas.

Os profissionais que atuam na área da Advocacia Empresarial do Trabalho se colocam ao lado do comando das corporações no intuito de apresentar soluções jurídicas orientadas para a criação de valor nas relações de trabalho, influenciando, de modo

---

1 COUTURE, Eduardo Juan. *Los mandamientos del abogado*. Montevideo: Fundación de Cultura Universitaria, 2009, p. 9-10. Tradução livre.

concludente, na tomada de decisões e no planejamento dos negócios, devendo sempre observar a função e a responsabilidade social da empresa.

Inegável, em enunciado sentido, a importância de disponibilizar instrumentos que possibilitem, de modo prático e eficiente, a permanente atualização dos advogados, como é o intuito da obra *Advocacia empresarial do trabalho*, a qual oferece aos interessados, por meio das valiosas lições transmitidas pelos renomados especialistas elencados, oportunidade ímpar de compartilhar conhecimento e experiências singulares na atuação consultiva, administrativa e contenciosa, contribuindo para o avanço da Ciência Jurídica.

A presente obra tem, ademais, o elevado intuito de render justa homenagem à saudosa memória do respeitado advogado José Granadeiro Guimarães, um dos maiores causídicos que o Brasil conheceu.

José Granadeiro Guimarães, fora de dúvida, nasceu para advogar. Advogar e, por meio de uma atuação ineluctavelmente ética, exercer os mais altos atributos da profissão, despertando a admiração de seus colegas advogados e dos demais profissionais que atuam na Justiça do Trabalho e nos órgãos administrativos relacionados ao Direito do Trabalho.

Inexiste melhor forma de valorizar a Advocacia Empresarial do Trabalho do que enaltecer e homenagear José Granadeiro Guimarães, cuja cultura, elegância e comportamento reto serão por todos lembrados.

Nosso homenageado sempre revelou, em seu agir, a dignidade das pessoas de bem e a correção dos profissionais que honram e engrandecem a sua classe.

Poucos amaram a advocacia com tanta intensidade como José Granadeiro Guimarães, que, mostrando-se sempre fiel à verdade, pugnou, em toda sua carreira, pelo respeito ao advogado enquanto imperativo de sua conduta.

Honrou seus constituintes e a Advocacia Empresarial do Trabalho, da qual foi um dos principais precursores. A finalidade social de seu trabalho sempre esteve acima de anseios outros, motivo pelo qual pode ser reconhecido como o símbolo maior da advocacia militante.

José Granadeiro Guimarães tratou, como poucos, de conceber a advocacia de tal maneira que influenciou e aconselhou filhos e netos que se fizessem advogados, sublimando e enaltecendo um dos mais nobres mandamentos da profissão. Filhos e netos que, diga-se, fizeram-se advogados no seu sentido mais elevado. José Granadeiro Guimarães é, inquestionavelmente, o mais autêntico paradigma da Advocacia Empresarial do Trabalho, fazendo jus a todas as homenagens de que tem sido alvo, ao que se acresce a presente obra.

Temos pleno convencimento de que a obra ora apresentada servirá ao aprimoramento e à valorização do profissional que atua na Advocacia Empresarial do Trabalho. Isto porque somente através do seu refinamento técnico será possível pugnar, junto às empresas e à sociedade, pelo reconhecimento da fundamental importância desta área especial, determinando a ampliação e a solidificação de tão relevante espaço para o efetivo e digno exercício profissional.

Desejamos, então, que, na busca pela permanente evolução deste ramo essencial do Direito e pela consolidação do respectivo campo de atuação, todos os profissionais militantes na Advocacia Empresarial do Trabalho sejam norteados pela engrandecedora independência, dignidade e humildade que emolduraram, ao longo de sua profícua existência, a personalidade de nosso saudoso homenageado.

Manuela Tavares
Marcos César Amador Alves
(coordenadores da obra)

Homenagens

Decio Sebastião Daidone

José Granadeiro Guimarães, advogado, nasceu na cidade de Taubaté, Estado de São Paulo, em 1916 e faleceu na Capital, aos 92 anos, no dia 18 de junho de 2008. Era formado em Direito pela Faculdade de Direito do Largo São Francisco, Turma de 1939.

Homem de visão, especializou o escritório de advocacia iniciado por seu avô, passando por seu pai, em direito do trabalho que surgia no Brasil. Hoje, "Granadeiro Guimarães Advogados", continua com seus filhos e netos, com a mesma tradição.

Dr. Granadeiro Guimarães, como sobejamente era conhecido no meio jurídico trabalhista nacional, foi distinguido por diversas comendas, títulos e outros diplomas honoríficos, de entidades judiciárias ou não, dentre eles, destacando-se os concedidos pelo Tribunal Superior do Trabalho e Tribunal Regional da 2ª Região. Presidiu a Associação dos Advogados Trabalhista de São Paulo, da qual tornou-se membro honorário.

Fato histórico foi sua participação nas primeiras audiências na Justiça do Trabalho em São Paulo, desde as Juntas Administrativas às Judiciais, o que lhe prestava especial participação na Justiça Trabalhista Brasileira, com brilhante trajetória por quase 70 anos de sua existência.

Homenagens *post mortem* são dedicadas a ele, como a denominação da via elevada de pedestres sobre a Avenida Moreira Guimarães, entre as Avenidas Miruna e dos Imarés, como "Passarela Doutor José Granadeiro Guimarães".

Outra significativa homenagem foi prestada pela OAB de São Paulo e o Tribunal Regional do Trabalho da 2ª Região, em 24 de junho de 2010, com a instalação e inauguração da Sala dos Advogados no prédio do Tribunal à Rua da Consolação.

Dr. Luiz Flávio Borges D'Urso salientou na oportunidade, que "*O falecimento do professor José Granadeiro Guimarães deixa uma lacuna no mundo jurídico, especialmente na área Trabalhista, trata-se pois da perda de um dos maiores advogados que o Brasil já conheceu. A Advocacia Brasileira está de luto*".

Como magistrado, participei e presidi audiências com o patrocínio do Dr. Granadeiro pessoalmente, as quais transcorriam em clima cordial e profundamente profissional.

Granadeiro tratava a todos muito bem e a todos, tinha uma palavra de carinho e incentivo, acompanhado de um sorriso amigo. O seu aperto de mão era vigoroso, como a demonstrar sua força física, mas que significava o prazer de cumprimentar e com satisfação. Por outro lado, era demais conhecido por seu cavalheirismo, beijando respeitosamente as mãos das magistradas e servidoras, que retribuíam com especial carinho e atenção.

A sua proximidade com os magistrados de forma alguma nodoava sua advocatícia com outros interesses, pois nunca se aproveitou da amizade e de sua importância em favor de seus processos. Por essa razão, era respeitadíssimo por seus colegas e principalmente ex-adversos, pela honestidade de princípios e propósito em sua atuação judiciária.

Era cativante manter uma conversação com Dr. Granadeiro, pois era espirituoso e arguto em suas argumentações. Um detalhe que nunca esquecia, era perguntar pelos parentes mais próximos dos magistrados que eventualmente conhecesse.

Tanto era querido, que seu aniversário de 90 anos foi comemorado no Tribunal, diretamente no corredor defronte a uma das Turmas, com a presença de seus familiares, colegas, magistrados e partes. Estava imensamente feliz e transpirava alegria.

Como professor e em palestras, sempre fiz questão de ressaltar a excelência das sustentações orais do Dr. Granadeiro, por sua facilidade no discurso e eloquência em demonstrar suas razões. Eram verdadeiras aulas, como se portar e atuar na advocacia. Portanto, deve servir de paradigma aos mais novos.

Demonstrava sinceridade com os magistrados, pois todas citações da tribuna eram afinadas com a matéria constante dos autos. Podia-se confiar piamente no que sustentava. Todos os magistrados, desembargadores ou juízes convocados do TRT de São Paulo, com certeza têm histórias interessantes que presenciaram ou viveram com Dr. Granadeiro.

Dr. Granadeiro Guimarães amava a Justiça do Trabalho e mais especialmente o Tribunal Regional, tanto que, mesmo no final de sua vida, com dificuldades de mobilidade física, mas íntegro em suas faculdades mentais, comparecia quase que diuturnamente no Tribunal.

Era comum ver Dr. Granadeiro subindo a Rua da Consolação a pé, do seu escritório ao Tribunal, para se exercitar como dizia, por volta das 12h30, para participar das audiências de julgamentos nas Turmas e Sessões de Dissídios Individuais. Ali estava um homem que fazia questão de não soçobrar ao tempo, na limitação de sua idade e da própria existência, mesmo quando resistiu brava e visivelmente abatido pela morte prematura de um de seus filhos.

Seus filhos podem e devem se orgulhar do pai que tiveram, com a enorme responsabilidade de continuarem honrando a memória de seus antepassados e principalmente, do inigualável Dr. Granadeiro, cujo vazio e saudades deixou incrustado em nós.

No retrato pintado a óleo aposto na Sala destinada aos advogados no prédio do Tribunal, com rara fidelidade, mostra a imagem de Granadeiro Guimarães como foi em vida, com semblante leve e jovial, portando um sorriso e olhar sereno, doce e penetrante, como que desejando boas vindas aos seus colegas que atuam na mesma área trabalhista que tanto amou.

Como disse seu neto na inauguração do local, "ele está onde sempre amou!". Complemento afirmando: "no local em que todos o admiravam e amavam". Sua lembrança é viva e felizes daqueles que tiveram o privilégio de compartilhar com sua advocacia e amizade.

Esta nova homenagem que lhe é endereçada, com a edição desta magnífica obra jurídica, com certeza não será a última.

Mário Gonçalves Júnior

Quando retornava do Tribunal Regional do Trabalho de São Paulo, sentado em sua confortável e antiga cadeira, já dobradas as pernas, respirava pausadamente como a organizar o pensamento, sinal de que, se o conhecesse, na sequência viriam histórias deliciosas de ouvir. As mais banais tornavam-se excitantes na peculiar maneira de contá-las. Descrevia os julgamentos do dia, temperados aqui e acolá com a precisão de um *chef*, com as experiências guardadas nalgum recanto daquela cabeça branca. Era como ouvi-lo lendo ao fim de cada jornada um dos contos das *mil e uma noites*.

Não valia a pena interrompê-lo, mesmo quando fosse para acrescer algo ou discordar, porque a forma, ali, era tão esplêndida que o conteúdo era de somenos: dava prazer ouvi-lo. Autêntico sedutor, no sentido mais puro da palavra, não havia quem não gostasse de ouvir aquele *canto*. As palavras soavam, mesmo não musicadas propriamente, numa sonoridade marcante e desaconselhável de imitar, irresistível a qualquer ouvido. Com certeza esse foi seu trunfo no sucesso como orador, e todos que já lhe ouviram dentro e fora do Tribunal haverão de concordar que não virá outro.

O pouco tempo de sua partida é, já, uma eternidade, e toda homenagem estará fadada à incapacidade de retribuir minimamente seu doce e convincente legado.

Luís Carlos Moro[1]

Não obstante tenha procurado principiar minha participação neste livro com uma sintética manifestação acerca do homenageado, fui honrado com um convite para oferecer algumas linhas acerca do doutor José Granadeiro Guimarães.

Trata-se de verdadeiro galardão o convite. Desses que lançamos no rol de nossos "feitos", no inventário de nosso patrimônio afetivo, no acervo histórico dos regozijos da alma, proporcionado pelos membros da família toda, a quem devoto um notável vínculo de afeição e respeito.

Recebo-o, assim, não como um momento que me compele a revelar carinho e gratidão ao homenageado, mas como se houvesse sido, uma vez mais, brindado com o amor e a consideração que o Dr. José Granadeiro Guimarães nutria por todos com os quais mantinha contato em seu dia a dia.

Tão importante convite que me impus alguns ritos. Solenizei o texto e a ocasião. Converti-o em oportunidade de transmitir aos jovens de meu escritório de advocacia quem era, em minha visão original, ao tempo de estagiário ou advogado iniciante, José Granadeiro Guimarães. Convoquei-os todos para ouvir, em primeira mão, essas

---

1 Advogado e professor. Sócio de Moro e Scalamandré Advocacia. Conselheiro e Diretor da Associação dos Advogados de São Paulo. Ex-Presidente da Associação dos Advogados Trabalhistas de São Paulo – AAT/SP (Biênio 1998/2000); da Associação Brasileira de Advogados Trabalhistas – ABRAT (Biênio 2000/2002) e da Associação Latino-americana dos Advogados Trabalhistas – ALAL (Biênio 2003/2005). Especialista em Direito do Trabalho pela Faculdade de Direito da Universidade de São Paulo e Master Interuniversitário en Empleo, Relaciones Laborales y Diálogo Social en Europa, pela Universidad de Castilla-La Mancha.

reflexões que aqui trago acerca de uma trajetória de vida, de amor e de dedicação a uma profissão para a qual o meu amigo homenageado nasceu talhado.

Quero que André, Catarina, Gloria, Rodrigo, William e todos os que estudam com o propósito de vir a ser alguém em Direito tenham a exata noção do que é ser advogado por meio de uma composição que passa, necessariamente, pela ciência e consciência do que representa nosso homenageado.

Conhecido por Dr. Granadeiro, era assim que me dirigia a ele a princípio. Antes de conhecê-lo pessoalmente, sua fama já era capaz de infundir em mim especiais reverência e admiração.

Na vida, Deus me aquinhoou com dois genitores maravilhosos, verdadeiro grande prêmio na loteria genética a que todos concorremos. Dois advogados, mãe e pai, o último cedido, até a morte, à magistratura do trabalho.

Ambos conheciam e eram amigos do Dr. José Granadeiro Guimarães, numa amizade progressiva, que só se ampliou e se aprofundou conforme o conhecimento recíproco evoluiu.

Na advocacia, no entanto, sem demérito do enorme peso que a influência de meus pais exerceu silenciosa e sub-repticiamente, sou filho de vários pais.

Minha formação profissional deve-se também aos influxos de vontade decorrentes da observação, próxima ou distante, corriqueira ou eventual, de vários admiráveis advogados. Agenor Barreto Parente, meu padrinho de batismo, é sem dúvida o mais destacado deles. Sua advocacia exclusivamente obreira e o contato com seu escritório durante os sete anos que precederam a minha formatura fizeram com que eu travasse conhecimento do trabalho do Dr. José Granadeiro Guimarães antes mesmo que eu tivesse a oportunidade de conhecê-lo.

Adversários constantes nos autos dos processos converteram-se em amigos verdadeiros no processo da vida, Agenor e José. Este Agenor não é o fundador de Cartago nem o Rei dos fenícios. Mas seu nome mitológico grego, quando conjugado com o bíblico José, de Granadeiro Guimarães, proporcionava-me batalhas jurídicas épicas, que eu via desenrolar a partir de minha visão de estagiário, quer no escritório fundado por Rio Branco Paranhos, quer no Sindicato dos Têxteis, ao qual até hoje me vinculo profissionalmente.

Era-me estranha a circunstância de que, apesar das contendas e das divergências, pudesse haver tamanha consideração, respeito e proximidade entre aqueles que se digladiavam nos autos.

De ambos, no exercício prático, aprendi que divergências ideológicas, diferenças de opinião e ideias diametralmente opostas, ao invés de nos repelir, podem ser construtoras de pontes, de elos, vínculos, ligações que se desenvolvem para o bem.

No centro da ligação de ambos havia a boa fé com que litigavam em favor de seus clientes.

Cálculos provenientes do Dr. Granadeiro raramente mereciam retoques. A honestidade do titular do escritório neles transparecia. Deram-me a lição número 1: litiga de boa fé!

Se a fama precedeu o homem, o conhecimento gradativo de sua atuação fez da fama precedente um injusto retrato de sua grandeza. José Granadeiro Guimarães era ainda maior.

Era um homem fino. Em sua fineza não se exteriorizava pompa ou soberba. Sabia ser elegante sem ser *poseur*. Aliava simplicidade e refinamento, características que se desenvolvem simultaneamente em quantidade muito escassa entre nós advogados.

Sua expressão oral em tribuna era impressionante.

Não foram poucas as vezes que, como observador atento, fazia o exercício de apenas ouvi-lo, fixando os olhos nos julgadores que, sem que se apercebessem, durante a oração do advogado, acabavam por assentir com a sua lógica impecável, com o conhecimento jurídico, com a singeleza de seu silogismo que transformava tudo em simples, reto, fácil. Alguns, sem que se dessem conta, meneavam suas cabeças para cima e para baixo, como a dizer sim ao Dr. José Granadeiro Guimarães.

A voz era tão firme quanto o cumprimento ou o movimento de apreensão, com as mãos, dos braços de seus interlocutores. No dizer atual, tinha uma "pegada" inconfundível.

Tão logo me formei, no final da década dos oitentas, parti para a advocacia intensa e militante e, sem que houvesse em mim méritos para tanto, fui convertido em par do advogado ímpar.

A amizade se trasladou instantaneamente, de geração em geração, dos meus pais biológicos, dos meus pais advogados a este novo pai na advocacia.

O tempo e sua gentileza fizeram com que o tratamento de doutor fosse dispensado. A insistência com que advoguei me levou à tribuna do Tribunal Regional do Trabalho de São Paulo com uma frequência que nos aproximou.

Ele, formado em 1939, eu, em 1989. Ele, filho e neto de advogados. Pai e avô de advogados. O centro de cinco gerações da advocacia reta. Eu, apenas um jovem cuja ousadia talvez lhe atraísse alguma simpatia. Sessenta anos de diferença que se convertiam, por generosidade e ternura que partiam mais dele, em equiparação total.

Sucedíamo-nos nas tribunas das distintas Turmas. Aprendiz e mestre. Ali, colhi lições de simpatia, elegância, gentileza, retidão, firmeza de caráter, atuação em conformidade com princípios sãos. Isso fez do Dr. Granadeiro meu amigo. Amigo estreito. Ele me dizia detalhes de sua vida, fragmentos de sua biografia e me deu lições com amor paterno.

Em 5 de janeiro de 2001, data em que meu pai, José Victorio Moro, aos 68 anos de idade, faleceu, pude notar o quanto sofreu verdadeiramente. Eles, cujas idades distavam dezesseis anos, haviam desenvolvido um real liame de afeto, a despeito da independência com que mantinham as suas respectivas funções.

Depois de alguns anos, chamava-o por Zé. Tão somente Zé. Não era um Zé de redução ou abreviatura, mas um Zé filial, carinhoso, de quem reconhece na redução do nome uma grandeza do ser humano retratado em duas letras.

Os sessenta anos de diferença entre os advogados não impediram que mantivéssemos nossa convivência profissional diuturna, quase que de segundas às quintas-feiras, no Tribunal Regional do Trabalho da Segunda Região, por dezenove anos.

Era o nosso representante-mor. Aquele a quem dávamos preferência e que angariou o direito de ter seus casos apregoados antes que todos, não porque se arrogasse tal primazia, mas porque esta era reconhecida por todos os colegas que com ele trabalhavam.

Ouvi sua última sustentação oral no Tribunal. A voz não perdeu o viço. Quando falava, silenciava-se a Corte. Dizia o direito em tom alto, forte, sustentando tonitruante o que acreditava ser o melhor desfecho para cada caso.

Naquele dia, em maio de 2008, ele não se sentiu bem. Foi amparado por outra criatura maiúscula, Hamilton Ernesto Antonino Proto. Como os elefantes, pressentiu a necessidade de afastar-se. Disse-me que seria a última vez que o veria em tribuna, que já estava cansado e que iria feliz reencontrar meu pai. Não o fez em tom de lamúria, mas de anúncio tranquilo.

Desesperado, pedi que deixasse de falar besteira: "Apenas respire fundo que Dona Maria Helena já está vindo te buscar, Zé". Ele retomou: "Sim. Ela virá. Grande mulher! Mas eu vou feliz encontrar meu amigo Moro".

Foi embora, amparado pelo Hamilton Proto. Tive a curiosidade de ver o resultado dos julgamentos daquele dia. Ganhara ambos os casos que o levaram à tribuna, aos 92 anos de idade e quase setenta anos de advocacia. Era uma última homenagem que prestava à advocacia vitoriosa e que esta lhe retribuía.

Em 18 de junho de 2008, José Granadeiro uniu-se ao José Victório no panteão das pessoas constitutivas de meu caráter.

Granadeiro é palavra que só faz meia justiça ou representa apenas meia verdade em relação ao Zé.

Consta dos dicionários que granadeiro é o soldado integrante de corpos de elite na infantaria, encarregado de lançar granadas. Figurativamente é também homem grandalhão.

José Granadeiro Guimarães foi soldado de elite, mas não era belicoso. Estava mais para a realeza que para as armas. Não era grandalhão, embora pequeno não fosse em nenhum sentido. Era grandalhão sim, mas grandalhão de espírito. Viveu e trabalhou ativamente até os 92 anos de idade. Honrou a vida como poucos. Fez da advocacia sua vida, sua arte. Um príncipe da advocacia, que trago, tanto quanto possível, dentro de mim mesmo.

Almir Pazzianotto Pinto

Nélio Reis, na magnífica obra *Problemas Sociológicos do Trabalho*, registra que "A instalação, entre nós, da Justiça do Trabalho assinalou, sobretudo nas duas grandes capitais – São Paulo e Rio de Janeiro, o encontro de quase toda uma geração de jovens advogados com um novo rumo para o seu destino profissional: a advocacia trabalhista".[1]

Segundo o eminente jurista carioca, "o nobre clã dos advogados trabalhistas haveria de se subdividir em dois grupos mais ou menos marcantes: o dos advogados, preferentemente, de empregados, e os chamados – em batismo relativamente próprio, advogados patronais, a cujo patrocínio profissional, via de regra, está confiado o trato dos problemas sociais das empresas numa integração que cada vez mais se revela como de destinação espontânea".

Chegando a São Paulo, no ano de 1962, passei a dar plantão semanal na Federação dos Trabalhadores nas Indústrias de Fiação e Tecelagem do Estado de São Paulo, cujo principal advogado era o Dr. Rio Branco Paranhos. Éramos dois os integrantes do departamento jurídico interno, incumbido de audiências no interior do Estado, eu e o dr. Sebastião, cujo sobrenome não me recordo. Por trabalhar na Federação fui admitido pelo Sindicato dos Trabalhadores nas Indústrias de Fiação e Tecelagem de Porto Feliz, que possuía, na base territorial, uma só indústria, a Fábrica de Tecidos Nossa Senhora Mãe dos Homens.

A partir das duas entidades, tomei contato com a advocacia trabalhista de São Paulo, integrando-me ao então reduzido grupo de advogados de trabalhadores. Desde 1962 até 1983, quando requeri fosse suspensa a inscrição na Ordem dos Advogados para assumir a Secretaria do Trabalho do Governo Montoro, travei

---

1   REIS, Nélio. *Problemas Sociológicos do Trabalho*. Rio de Janeiro: Freitas Bastos, 1964, p. 119.

contato com grandes nomes na capital, ABCD, e interior do Estado. A memória relapsa impede-me de me lembrar de todos. O primeiro sindicato a me contratar, depois do golpe de março de 1964, foi o dos Trabalhadores nas Indústrias Químicas e Farmacêuticas de São Paulo, onde fui registrado em 1965, após cessar a intervenção do Ministério do Trabalho. Tive ali, como companheiro, o falecido Dr. Henrique Abataigura, modelo de seriedade, dedicação e elegância. A segunda entidade sindical foi a Federação dos Metalúrgicos do Estado, para quem já dava assistência jurídica o Dr. Antonio Muscat. No Sindicato dos Químicos de Santo André prestei serviços cerca de 20 anos, e gozei da companhia do Dr. Moisés Martinho Rodrigues. Foi no ABC que conheci o Dr. Fausto Quaglia, já falecido, a quem entreguei a chefia do gabinete na Secretaria do Trabalho do Estado.

Ainda na capital, no Sindicato dos Metalúrgicos, foi meu chefe Christovão Pinto Ferraz. Comigo ali estiveram Vasco Pellacani, Cássio Raposo Novo e Sebastião de Paula Coelho.

Da combativa bancada patronal participavam Benjamim Monteiro, chefe do departamento jurídico da FIESP, Octávio Bueno Magano, adversário nas greves de 1978, 79, 80, Deusdedit Goulart de Faria, Rubens Maragliano, Júlio Tinton, o eloquente Élcio Silva, cuja voz tonitruante reverberava pelo corredores da Corte, quando assumia a tribuna, para sustentações orais. Preservo a imagem austera de Francisco Carlos de Castro Neves, deputado estadual pelo PTB e Ministro do Trabalho no breve governo Jânio Quadros. Castro Neves retornou à advocacia, após a renúncia do presidente.

O interior possuia excepcionais advogados. Em Itu, Ermelindo Maffei, velho comunista, cuja residência ficava defronte do quartel do Exército. Em março de 1964 foi uma vez mais arbitrariamente preso, e permaneceu detido até que a situação se normalizasse, embora fosse incapaz de participar de qualquer manifestação de violência. Lutava em defesa das convicções políticas, e usava como únicas armas a Constituição e a CLT. Quando Ministro do Trabalho, para lhe prestar justa homenagem, e reparar arbitrariedades padecidas durante a ditadura, concedi-lhe a Ordem do Mérito, cujo diploma afixou com orgulho, no escritório. De Santos guardo na memória a figura de Dante Leonelli; faleceu no decorrer de audiência em Junta de Conciliação e Julgamento. No eixo Barretos-São José do Rio Preto pontificava Mário Barbosa da Silva, cuja clientela era formada de ferroviários, camponeses e empregados do Frigorífico Anglo. Na área de Campinas atuava o querido amigo Francisco Amaral, fundador do MDB, várias vezes deputado estadual e federal, com dois mandatos de prefeito. Na região de São Carlos o destaque cabia à advogada Wilma Ortigoso Seixas, que prestava serviços aos operários da indústria Johann Faber.

Advogar para trabalhadores, nos anos de chumbo, era muito perigoso. Expunha o profissional à ira da polícia e dos militares. Não raro alguém via-se conduzido para prestar informações a delegado do DOPS sobre as atividades desempenhadas, ou recolhido a cárcere da unidade do Exército situada na região do Ibirapuera, onde encontraram a morte o jornalista Vladimir Herzog e o metalúrgico Manoel Fiel Filho.

Se acaso me fosse concedida a prerrogativa da escolha de exemplos da advocacia especializada em direito do trabalho, não relutaria em eleger Mário Carvalho de Jesus, na bancada dos defensores de trabalhadores, e Granadeiro Guimarães, pelo lado patronal.

Mário deu exemplos maiúsculos de dignidade, correção, humildade e combatividade nos tempos difíceis do autoritarismo. Fundou, em 1º de Maio de 1960, a Frente Nacional do Trabalho. Fez escola. Pregava a resistência ativa e permanente pelas vias pacíficas. Doutrinou jovens para que fossem, mais do que advogados, militantes na defesa da justiça social. Foi incompreendido pelo engajamento como cristão, e total desapego aos bens materiais. Observava o preceito bíblico: "Não ajunteis tesouros na terra, onde a traça e a ferrugem tudo consomem, e onde os ladrões minam e roubam" (Mateus; 6;19). Após mudar-me para Brasília em 1985, a fim de assumir o Ministério do Trabalho, e lá permanecer até 2002, a maior parte do tempo como integrante do TST, perdi contato com Mário. Sei, porém, que conservou os ideais, nunca almejou ficar rico, e terminou os seus dias sem haver amealhado fortuna, após anos e anos de bom combate.

Granadeiro Guimarães provinha de família de advogados. O escritório, em imponente prédio na região central, havia sido do pai que, por sua vez, o recebera do avô. Fidalgo nos gestos, no se vestir e no proceder, era, entretanto, pessoa simples, amiga, acessível, como é típico de quem possui grandeza de caráter. Praticava a melhor advocacia como ciência e arte. Causava prazer vê-lo em audiência, na tribuna do TRT, no convívio com colegas de todas as idades. Encerrou longa, exemplar e proveitosa carreira sem deixar arestas e adversários, como estalão a ser observado pelos mais novos. Quando Ministro do TST, indiquei o seu nome para o Conselho da Ordem do Mérito Judiciário do Trabalho, que, por decisão unânime e aplaudida, outorgou-lhe a comenda no grau de Grande-Oficial. Recordo-me da solenidade em que foi recebê-la, e do orgulho com que exibia a condecoração que lhe coloquei no peito.

"Não há nada mais relapso do que a memória". A frase de Nelson Rodrigues é irretocável. Impossível não omitir nomes, diante do elevado contingente de renomados advogados patronais e de empregados, que se impuseram pela conduta vertical, equilíbrio, serenidade, cultura, independência, lealdade e combatividade, como se espera dos que postulam em juízo.

Felicito a Ordem dos Advogados de São Paulo pela oportuna homenagem ao jurista Granadeiro Guimarães. Com o objetivo de enriquecê-la agreguei nomes inesquecíveis, entre os quais o de Mário Carvalho de Jesus, padrão de advogado cristão, destemido defensor de operários.

Valter Uzzo

O jovem advogado, há cerca de 45 anos, senta-se em mesa de audiência em que figura, como advogado da reclamada, o dr. José Granadeiro Guimarães. Lá estava ele, simpático, sorridente, cortês e sobretudo respeitoso, com o magistrado e com o jovem e inseguro advogado. Nem um gesto despolido, nem uma atitude arrogante ou hostil, nada que evidenciasse alguma pretensiosa superioridade, enfim, uma modéstia e uma simplicidade cativantes. Não se portava, e seria até de seu direito fazê-lo, como um dos precursores e construtores da advocacia trabalhista, e talvez sua maior referência. Foi assim que conheci Granadeiro, e desde então tornei-me seu admirador e, com grande honra, seu amigo.

Era modesto e nunca pretendeu ser jurista, acadêmico ou professor, a não ser mais do que advogado – e que advogado! Seus textos eram incisivos e convincentes, sustentados por uma argumentação criativa e envolvente. Granadeiro nascera para advogar, seu talento era inato, e de todas as qualidades que possuía, talvez a mais marcante e presente era a de seu compromisso com a ética. Jamais, em dezenas e dezenas de audiências, arrazoados e sustentações orais nos Tribunais, cometera um único deslize que pudesse ensejar alguma dúvida quanto ao seu comportamento ético. Várias vezes tivera a preocupação de tomar do telefone para esclarecer alguma afirmação que fizera em seus arrazoados e que pudesse aparentar duplo sentido. De uma feita, havíamos feito um acordo verbal para conciliar um processo e seu cliente questionou os termos do acordo: Granadeiro prontificou-se imediatamente a renunciar a procuração, caso sua palavra não fosse convalidada pelo cliente – que acabou aceitando o acordo. Em outra oportunidade, diante dos termos grosseiros que seu cliente dirigira ao reclamante, lembrou que tal comportamento era impróprio aos que em Juízo contendem, e, em nome próprio e do cliente, escusou-se pelo ocorrido.

Em todos esses episódios – são dezenas deles – agia com simplicidade e modéstia, uma cortesia inata e cativante. E é aí, dizia um advogado amigo comum, é que nascia o perigo, pois Granadeiro acabava envolvendo a todos, aí se incluindo o magistrado, o advogado e a própria parte contrária! Era difícil contradizê-lo, já que tudo dele fluía com lógica e naturalidade. Dotado de uma natureza conciliatória, era enfático quando necessário, mas sempre ameno, gentil e cortês.

Dizem que o melhor dos elogios que um advogado pode receber é quando o advogado da parte contrária reconhece publicamente os méritos daquele que, em nosso juridiquês, chamamos de ex-adverso. Tenho a absoluta certeza que todos os colegas que tiveram do lado de lá o Dr. Granadeiro compartilham desta homenagem e se curvam àquele que, juntamente com os Teotônios, Sobrais Pinto, Gofredos, Dalmos, Troncosos, e mais alguns outros, são as eternas referências da advocacia brasileira.

Fotografias

O pai – Renato Granadeiro Guimarães

A mãe – Maria José Magalhães Granadeiro Guimarães (Zezina)

Aos 4 anos em sua cidade natal, Taubaté/SP

Adolescência no Rio de Janeiro

Ao lado de colegas de colégio

Turma de 1939
Faculdade de Direito do Largo São Francisco/SP

Época de faculdade – serestas e boemia

Início dos anos 40

Advogado recém formado

Final dos anos 40 – Rodeado pelos irmãos Fernando e Rolando, o cunhado Luiz Gilberto, o primo Arthur e o filho Maurício

A primeira mulher, Olenka Marcondes Granadeiro, e os filhos Maurício, Pérsio e Maria da Conceição

Anos 1960

Anos 1970

Aniversário de 80 anos com sua segunda mulher, Maria Helena Motta Rodrigues Alves

4 Gerações: José, o filho Maurício, o neto Gustavo e o bisneto Henrique

Recebendo comenda no Tribunal Superior do Trabalho, ladeado pelo filho Maurício e o Ministro Almir Pazzianotto Pinto

Recebendo comenda no Tribunal Regional do Trabalho da 2ª Região das mãos do Desembargador Francisco Antonio de Oliveira

Cercado pela Família em seu aniversário de 90 anos

Cercado pela família (retrato a óleo) na cerimônia de inauguração da Sala dos Advogados "Dr. José Granadeiro Guimarães" na sede do TRT da 2ª Região

Feliz e alegre como, certamente, gostaria de ser, sempre, lembrado

Artigos

I. CONSULTIVO

A IMPORTÂNCIA DA ADVOCACIA EMPRESARIAL DO TRABALHO

Ana Amélia Mascarenhas Camargos

A advocacia empresarial do trabalho pode ser definida hoje como a vertente do ramo laboral que busca lidar com a defesa dos interesses dos empreendedores em variadas espécies de demandas que surgem no dia a dia da atividade empresarial como um todo.

Conforme definição de Fábio Ulhôa Coelho, a atividade empresarial pode ser definida como "a de articular fatores de produção que, no sistema capitalista são quatro: capital, mão de obra, insumo e tecnologia. As organizações em que se produzem os bens e serviços necessários ou úteis à vida humana são resultado da ação dos empresários, ou seja, nascem do aporte de *capital* – próprio ou alheio –, compra de insumos, contratação de *mão de obra* e desenvolvimento ou aquisição de *tecnologia* que realizam", em suma, "os bens e serviços que homens e mulheres necessitam e desejam para viver (isto é, vestir, alimentar-se, dormir, divertir-se etc.) são produzidos em organizações econômicas especializadas",[1] as empresas.

Como dissemos, o exercício da atividade empresarial é algo complexo e que diariamente acaba por gerar inúmeras situações de conflito de interesses entre o empreendedor e aqueles que se relacionam com ele. Estes conflitos surgem nas esferas cível-contratual, comercial, no trato da empresa com o Estado e seus entes (relações de direito tributário e administrativo), e, por óbvio, no âmbito do direito do trabalho, uma vez que o empresário é obrigado a contratar empregados para a realização dos serviços necessários à consecução de suas finalidades econômicas.

A solução desses conflitos, bem como a atividade de prevenção dos mesmos, exige a contratação de um profissional especializado, com formação técnica e profissional na área jurídica. Este profissional necessariamente será um advogado, que fica incumbido da função do manuseio do arcabouço legislativo pátrio em favor de seu cliente, no caso a empresa.

---

[1] COELHO, Fábio Ulhôa. *Manual de direito comercial*, 21ª ed. São Paulo: Saraiva, 2009, p. 3-4.

A atividade intelectual do advogado, pode-se dizer, é hoje algo absolutamente indispensável para a sobrevivência de qualquer empresa, seja para defendê-la nos conflitos judiciais nos quais ela se envolve, seja para prevenir a ocorrência de tais demandas. Em linhas gerais, pode-se dizer que a advocacia é uma atividade que acaba por gerar uma enorme economia de recursos para a empresa, recursos estes que passam a ser reinvestidos no próprio crescimento do negócio.

Feitas estas primeiras considerações, cabe destacar qual o papel da advocacia trabalhista para as empresas nos dias de hoje. Porém, impossível fazermos esta abordagem sem destacarmos o contexto no qual se insere a legislação trabalhista brasileira neste momento, além dos sérios defeitos e anacronismos que a mesma apresenta, criando inúmeras dificuldades e empecilhos para que haja a eliminação dos conflitos entre o empresário e aquele que presta serviços para ele. Este contexto é o que passaremos a analisar a seguir.

A legislação trabalhista brasileira hoje segue marcada pela excessiva rigidez da legislação trabalhista – cuja base principal segue sendo a Consolidação das Leis do Trabalho (CLT) –, bem como pelo intervencionismo estatal nas relações de trabalho seguindo o mesmo modelo adotado por Getúlio Vargas há 80 anos, quando assumiria o poder derrubando a antiga política clientelista oligarca da República Velha.

Como nos ensina o professor Maurício Godinho Delgado, o modelo justrabalhista brasileiro segue o padrão autoritário de organização do mercado de trabalho. Este padrão apresenta três pontos comuns que possuem "o objetivo básico de retirar o conflito socioeconômico do trabalho do âmbito da sociedade civil, deslocando-o para o aparelho estatal".[2] São eles:

> a) o surgimento de uma *organização sindical unitária* que se funda no conceito de categoria, excluindo o conceito de empresa e reduzindo a identificação obreira no local de trabalho, evitando-se, com isso, que o ambiente da empresa seja o ambiente privilegiado para a normatização trabalhista;[3]

---

2 DELGADO, Maurício Godinho. *Curso de direito do trabalho*, 3ª ed. São Paulo: LTr, 2004, p. 118.

3 DELGADO, Maurício Godinho. *Op. cit.*, p. 118.

b) a emergência de uma *sistemática intraestatal de solução dos grandes conflitos trabalhistas*, que tem o papel de absorver do seio da sociedade civil o conflito nuclear empregatício e suas alternativas de gerenciamento;[4]

c) a existência de *distintas e combinadas formas de controle e cooptação das organizações coletivas obreiras pelo Estado*, que se faz por meio de mecanismos que isentam essas lideranças do controle imediato dos trabalhadores, que são os seus representados.[5]

De fato a política getulista faz com que os sindicatos passassem a representar os trabalhadores apenas formalmente, pois, na prática, estes deveriam, antes de tudo, encontrar-se submetido ao Estado. Com isso, evitava-se a utilização dessas instituições como instrumento de pressão social sobre o governo, e como possível gestor de revoltas oposicionistas.

Quando da elaboração da CLT, adotou-se como instrumento necessário para realização dos objetivos acima elencados o excessivo detalhamento dos direitos e deveres de cada uma das partes quando da celebração do contrato de trabalho, engessando assim a relação contratual entre elas, impedindo-se, com isto, que a negociação dos termos e condições da prestação de serviços do trabalhador seja algo que se faça precipuamente no âmbito privado.

A própria criação da Justiça do Trabalho na era Getúlio nada mais foi do que uma tentativa de se trazer para o âmbito da Administração Pública (eis que até a Constituição de 1946 a atual corte trabalhista nada mais era do que um órgão subordinado ao Ministério do trabalho) a gestão das relações entre trabalhadores e empregadores, bem como a questão sindical, uma vez que muitas situações não poderiam escapar ao controle judicial do Estado.

A CLT deve ser reconhecida, porém, como um grande instrumento de busca para uma melhor distribuição de riquezas, o que se fazia extremamente necessário para um país que seguia, em pouco mais de cem anos de independência, numa situação de contrastes sociais similares aos existentes nos tempos em que ainda era uma colônia de Portugal.

Por outro lado, não se pode negar que, na verdade, a elaboração da CLT teve um objetivo maior que nada tem a ver com a preocupação com as transformações sociais. Buscava "dourar a pílula" quanto às questões dos trabalhadores, fazendo que os

---

4 DELGADO, Maurício Godinho. *Op. cit.*, p. 118 e 119.
5 DELGADO, Maurício Godinho. *Op. cit.*, p. 119.

mesmos se sentissem prestigiados, e, desta forma ficassem calados, não se rendendo a organização de greves, protestos e revoltas que exigissem do Estado uma repressão que outrora teve de ser utilizada para se manter o controle do poder político dos mandatários e do poder econômico pelos empresários (face ao crescimento dos ideais socialistas que se tornariam uma ameaça mundial ao sistema capitalista de produção após a Revolução Russa de 1917). Evitou-se, com isso, movimentos que pudessem causar desgaste à imagem do governo de Getúlio Vargas, sua impopularidade e por consequência sua queda. Com a nova normatização, Getúlio criou sua imagem de "pai dos pobres", do "bom velhinho" que "faz a gente trabalhar" entre outras metáforas utilizadas na época.

Entretanto, os governos democráticos que se sucederam da queda de Getúlio em 1945 até 1964, o Regime Militar, e a consolidação da democracia pós-1985, não foram ousados e corajosos para alterar de maneira substancial o formato do arcabouço justrabalhista construído durante o período da varguista. Em mais de 70 anos, mantiveram-se praticamente intactos os mesmos institutos construídos para responder às necessidades políticas dos anos 1930 e 1940, ou seja, a lei jamais seguiu as transformações políticas e sociais brasileiras e mundiais que ocorreram em tanto tempo que se passou.

Nem Constituição de 1988 teve o condão de alterar a estrutura do modelo de organização sindical brasileiro, e pouca coisa acrescentou aos direitos dos trabalhadores nas relações individuais de trabalho. No fim, o que se seguiu nada mais foi do que uma simples acomodação dos antigos institutos às novas realidades, e uma forçosa necessidade de acomodação das novas necessidades aos antigos institutos.

E qual o maior problema da existência de uma legislação trabalhista retrógrada para os dias atuais?

Em primeiro lugar, ocorre que tanto a agenda política quanto a agenda econômica de nosso país hoje se encontram muito mais voltadas para o manuseio de temas de caráter global do que simplesmente para temas restritos ao ambiente interno do país.

Isso ocorre eis que o Brasil assume, neste momento, assume a posição de sétima maior economia do planeta, sendo o país mais poderoso da América Latina, economicamente, e o grande líder regional da América do Sul. Sua política econômica hoje vislumbra a conquista de novas parcerias, a exportação de produtos, uma participação influente em certas economias de menor calibre e uma maior paridade com as economias mais importantes do planeta.

Ou seja, trata-se de um país que goza de grande repercussão no cenário econômico mundial, algo totalmente contrastante com a época em que a CLT foi promulgada, na qual o Brasil seguia como uma economia de industrialização recentíssima e frágil, voltada para a sua própria subsistência, ainda se concentrando basicamente na exportação de produtos primários quando se fala em relações de comércio com as economias mais importantes.

Diante disso, o cenário jurídico atual mostra um total descompasso entre a nossa legislação trabalhista, que possui aquelas características anacrônicas já apontadas anteriormente, e as necessidades econômicas das empresas nos dias de hoje, que se dá por conta da rigidez da normatização que acima expusemos.

Desta forma, não são poucos os entraves que a nossa legislação trabalhista oferece àqueles que se aventuram a iniciar uma atividade empresarial.

Talvez o maior desses entraves seja a impossibilidade, ou o pouco espaço que o empregador tem para negociar livremente os termos e condições do contrato de trabalho com aquele trabalhador que está sendo contratado.

Uma das consequências mais perversas da excessiva normatização da legislação laboral é crescente utilização da informalidade nas relações de trabalho. As empresas, para evitar o pagamento de determinadas verbas de natureza trabalhista, evitam contratar diretamente o trabalhador, obrigando-o a montar uma empresa e a firmar um contrato de prestação de serviços, ou, em inúmeros casos, obrigam seus servidores a se organizarem em cooperativas de trabalho que posteriormente são contratadas pela empresa para prestar serviços, especialmente para a prestação de serviços que não se constituem como sua atividade-fim etc.

Outra demonstração de falta de efetividade e obsolescência pode ser constatada também pela enorme quantidade de súmulas e orientações jurisprudenciais editadas periodicamente pelos tribunais com o intuito de tentar adequar melhor a CLT e o restante da legislação trabalhista à nova realidade que se impõe.

No fim, o que se verifica é que, tanto a Consolidação das Leis do Trabalho quanto boa parte da legislação trabalhista esparsa, foram feitas para um país que não existe mais.

Tanto que hoje, a informática e os demais meios de comunicação em rede transformaram as empresas em organismos mais leves e móveis, com a eliminação de barreiras físicas, territoriais e temporais para negócios e até mesmo para certos tipos de prestação de serviços. Essa redução de distâncias, cominada com aumento da velocidade em que os negócios se desenvolvem gera a diminuição dos custos dos mesmos, beneficiando de sobremaneira as empresas.

Conforme nos ensina o professor José Eduardo Faria, "diante da integração dos sistemas produtivo e financeiro em escala mundial, do enfraquecimento do poder de controle e intervenção sobre fluxos internacionais de capitais pelos bancos centrais e da crescente autonomia de setores econômicos funcionalmente diferenciados e especializados, com suas racionalidades específicas e muitas vezes incompatíveis entre si levando à ampliação do pluralismo de ordens normativas, o Estado-nação se encontra diante de um impasse. Por um lado, já não consegue mais disciplinar e regular sua sociedade e sua economia exclusivamente por meio de seus instrumentos jurídicos tradicionais".[6]

Por conta dessa redução de distâncias e custos, surge hoje nas grandes corporações a preferência por se instalarem em países nos quais os sindicatos, procuradorias e justiças do trabalho são mais inertes e flexíveis. Isso se explica, pois, com o aumento das tramas e entrelaçamentos feitos de maneira intrincada e cada vez mais frequente pelos diferentes setores econômicos no âmbito dos mercados que ultrapassam fronteiras, o ordenamento jurídico e as instituições judiciais dos países "têm alcance cada vez mais reduzido e operacionalidade cada vez mais limitada. Por outro lado, sem condições de assegurar a eficaz regulação direta e centralizadora das situações sociais e econômicas, pressionado pela multiplicação das fontes materiais de direito, perdendo progressivamente o controle da racionalidade sistêmica de seus códigos ao substituir as tradicionais normas abstratas, genéricas e impessoais por normas particularizantes, específicas e *finalísticas*, e ainda tendo seu ordenamento submetido a uma crescente competição com outros ordenamentos, o Estado-nação atinge os limites fáticos de sua soberania. Tal aspecto fica particularmente evidente quando é constrangido a negociar com forças econômicas que transcendem o nível nacional, condicionando seus investimentos à aceitação de seus valores, de suas regras, de seus procedimentos e de seus mecanismos particulares de resolução de conflitos, por parte do poder público. Essa soberania compulsoriamente partilhada, sob pena de acabar ficando à margem da economia globalizada, tem obrigado o Estado-nação a rever sua política legislativa, a reformular a estrutura de seu direito positivo e a redimensionar a jurisdição de suas instituições judiciais amplas e ambiciosas estratégias de desregulamentação, deslegalização e desconstitucionalização, implementadas paralelamente à promoção da ruptura dos monopólios públicos".[7]

Isso gera uma contradição entre os direitos sociais concedidos pela CLT e a necessidade econômica das empresas. A atual manutenção dos direitos sociais nada mais é do que um custo da democracia.

---

6   FARIA, José Eduardo. Direitos humanos e globalização econômica: notas para uma discussão. In: *Revista Estudos Avançados* 11(30), São Paulo, 1997, p. 46 e 47.

7   FARIA, José Eduardo. *Op. cit.*, p. 47.

José Eduardo Faria nos explica que tal dilema só poderá ser solucionado por meio de uma espécie de cálculo de custo/benefício feito pelos dirigentes e pelos legisladores. "Sem ter como ampliar a complexidade de seu ordenamento jurídico e de seu aparato judicial em nível equivalente de complexidade e diferenciação funcional dos diferentes sistemas socioeconômicos, eles passam a agir pragmaticamente. Afinal, se quanto mais tentam disciplinar e intervir, menos conseguem ser eficazes, obter resultados satisfatórios, manter a coerência lógica e assegurar a organicidade de seu direito positivo, não lhes resta outro caminho para preservar sua autoridade funcional: quanto menos procurarem disciplinar e intervir, menor será o risco de acabarem desmoralizados pela inefetividade de seu instrumental regulatório e de seus mecanismos de controle".[8]

Para o citado professor, a consequência principal destes processos de desregulamentação, de deslegalização e de desconstitucionalização não é a condução de um país a um vazio jurídico e sim a abertura de um caminho para "uma intrincada articulação de sistemas e subsistemas socioeconômicos internos e externos. Parte significativa do direito positivo do Estado-nação, por exemplo, hoje vem sendo internacionalizada pela expansão da *lex mercatoria* e do *direito da produção* e por suas relações com as normas emanadas dos organismos multilaterais. Outra parte, por sua vez, vem sendo minada pela força constitutiva de situações criadas pelos detentores do poder econômico; e, como consequência, vem sendo substituída pelo veloz crescimento do número de normas privadas, no plano infranacional, à medida em que cada corporação empresarial tende a criar as regras de que precisa e a jurisdicizar suas respectivas áreas e espaços de atuação segundo suas conveniências".[9] Diante disso, a conclusão a qual chegamos, copiando as palavras do citado autor, é a de que "a desregulamentação e a deslegalização em nível do Estado significam, desta maneira, a re-regulamentação e a relegalização em nível dos próprios sistemas socioeconômicos; mais precisamente, em nível das organizações privadas capazes de efetuar investimentos produtivos, oferecer empregos, gerar receita tributária, impor comportamentos etc."[10]

Dentre os entraves que a legislação trabalhista brasileira impõe aos empresários, o principal talvez seja aquele inscrito no *caput* do art. 468 da CLT, que estabelece que "nos contratos individuais de trabalho só é lícita a alteração das respectivas condições por mútuo consentimento, e ainda assim desde que não resultem, direta ou indiretamente, prejuízos ao empregado, sob pena de nulidade da cláusula infringente desta

---

8   FARIA, José Eduardo. *Op. cit.*, p. 47.
9   FARIA, José Eduardo. *Op. cit.*, p. 47-48.
10 FARIA, José Eduardo. *Op. cit.*, p. 48.

garantia". Trata-se do dispositivo que consagra o princípio da imodificabilidade do contrato de trabalho, que por sua vez encontra raízes nos princípios da proteção e da irrenunciabilidade de direitos do trabalhador, que por eles não poderá jamais abrir mão de um direito adquirido por mera liberalidade própria.

Sérgio Pinto Martins explica que "o princípio da imodificabilidade do contrato de trabalho reflete uma forte intervenção do Estado na relação entre empregado e empregador, de modo a que o primeiro, por ser o polo mais fraco dessa relação, não venha a ser prejudicado por imposições feitas pelo segundo e decorrentes do seu poder de direção. Daí a necessidade da interferência do Estado, evitando que o empregador altere unilateralmente as regras do pacto laboral. Trata-se, portanto, de uma norma de ordem pública, que restringe a autonomia das partes contratantes".[11]

Porém, não se pode olvidar que determinadas contingências econômicas desfavoráveis acabam, por algumas épocas, atingindo a empresa de forma que a mesma não poderá manter com seus empregados o mesmo nível de tratamento dispensado em épocas de ventos mais favoráveis para sua atividade econômica.

Tais circunstâncias acabam por fazer com que o empreendedor seja obrigado a tomar decisões drásticas. Impedido que está, de reduzir os direitos trabalhistas já conquistados por seus empregados, a solução normal nestas horas é o simples corte no quadro de funcionários através de demissões que acabam por onerar de outra forma a empresa, com o pagamento de verbas rescisórias e outros benefícios que devem ser quitados quando do ato da rescisão contratual, tais como férias vencidas e vincendas, décimo-terceiro salários, recolhimentos para o FGTS, dentre outros.

Por outro lado, um corte de funcionários não deixa de ser uma questão complicada, socialmente: eis que muitos profissionais acabam por se ver numa situação de desemprego, obrigados que estão a se recolocar profissionalmente, o que muitas vezes não é fácil em decorrência de inúmeros fatores como formação, experiência, idade mais avançada, entre outros.

E qual seria a melhor solução para estes momentos em que, de um lado, uma empresa se vê obrigada a reduzir gastos com funcionários, com o risco de ser obrigada a arcar com um enorme passivo trabalhista, e de outro, uma coletividade de empregados fica ameaçada de perder sua colocação profissional, sendo obrigada a tentar uma nova chance em outro lugar?

---

11 MARTINS, Sérgio Pinto. *Direito do trabalho*, 26ª ed. São Paulo: Editora Atlas, 2010, p. 328.

Atualmente, o único instrumento com real eficácia que o empregador tem para resolver a questão, se desviar da rigidez da CLT é a negociação coletiva de trabalho, com os permissivos estabelecidos pelo art. 7º da Constituição Federal de 1988, que dispõe:

> Art. 7º: São direitos dos trabalhadores urbanos e rurais, além de outros que visem à melhoria de sua condição social:
> (...)
> VI – irredutibilidade do salário, salvo o disposto em convenção ou acordo coletivo;
> (...)
> XIII – duração do trabalho normal não superior a oito horas diárias e quarenta e quatro semanais, facultada a compensação de horários e a redução da jornada, mediante acordo ou convenção coletiva de trabalho;
> (...)
> XXVI – reconhecimento das convenções e acordos coletivos de trabalho.

Portanto, não se pode negar que, no momento em que a empresa se vê presa na dúvida entre manter o empregado arcando com os custos mensais do mesmo, ou, em hipótese diversa, demiti-lo, sendo obrigada a arcar com um passivo trabalhista que muitas vezes acaba saindo caro em virtude de seu tempo de empresa, de eventuais férias devidas entre outros direitos. Diante disso, a tentativa da negociação coletiva poderá se configurar como uma tábua de salvação de ambas as partes, pois é capaz de adequar os interesses das duas.

Assim, a redução salarial e de outros direitos, por exemplo, fica permitida nos termos desta negociação, beneficiando por demais a empresa que se encontra numa situação de instabilidade econômica, e desde que haja uma troca de interesses e não uma simples renúncia a um direito. Por óbvio, o trabalhador que concorda, por exemplo, em ter seu salário reduzido, deve ser compensado da perda ou redução de um direito pela aquisição ou aumento de outro direito.

Isso torna as coisas mais possíveis, podendo praticamente todos e quaisquer direitos trabalhistas se tornar objeto de negociação coletiva, salvo os atinentes à vida e à saúde do trabalhador. Em suma: a negociação coletiva é um instrumento de grande importância neste momento para as necessidades cada vez mais frequentes das empresas de flexibilizar as condições de trabalhos de seus empregados, pois a beneficia, adequando seus interesses aos interesses de seus trabalhadores.

A própria Convenção nº 154 da OIT fala neste sentido, ao estabelecer que a negociação coletiva "compreende todas as negociações que tenham lugar entre, de uma parte, um empregador, um grupo de empregadores ou uma organização ou várias organizações de empregadores, e, de outra parte, uma ou várias organizações de trabalhadores, com o fim de: fixar as condições de trabalho e emprego; ou regular as relações entre empregadores e trabalhadores; ou regular as relações entre os empregadores ou suas organizações e uma ou várias organizações de trabalhadores, ou alcançar todos estes objetivos de uma só vez" (art. 2º).

A Recomendação nº 163 do citado organismo internacional, por sua vez, estabelece que "o direito de negociação deve ser amplo, livre e independente, devendo as soluções para os conflitos ser encontradas pelas próprias partes".[12]

O instrumento jurídico para que as empresas negociem condições mais vantajosas de trabalho de maneira direta com seus empregados, estes representados pelo sindicato da categoria profissional, é o acordo coletivo.

Pelo art. 617, *caput* da CLT: "Os empregados de uma ou mais empresas que decidirem celebrar Acordo Coletivo de Trabalho com as respectivas empresas darão ciência de sua resolução, por escrito, ao Sindicato representativo da categoria profissional, que terá o prazo de 8 (oito) dias para assumir a direção dos entendimentos entre os interessados, devendo igual procedimento ser observado pelas empresas interessadas com relação ao Sindicato da respectiva categoria econômica".

O § 1º do citado artigo, por sua vez, admite a possibilidade de negociação direta sem qualquer intervenção sindical em casos excepcionais: "expirado o prazo de 8 (oito) dias sem que o Sindicato tenha-se desincumbido do encargo recebido, poderão os interessados dar conhecimento do fato à Federação a que estiver vinculado o Sindicato e, em falta dessa, à correspondente Confederação, para que, assuma a direção dos entendimentos. Esgotado esse prazo, poderão os interessados prosseguir diretamente na negociação coletiva até o final".

Desta forma, criam-se condições mais propícias para que as empresas possam dispor de uma margem maior de negociação das condições dos contratos de trabalho a serem assinados entre elas e os seus empregados, fazendo com que hajam ganhos econômicos maiores para os empreendedores, sem que sejam causados prejuízos aos empregados por meio eventuais demissões e pela precarização das condições de trabalho gerada por tais dispensas, uma vez que as mesmas por certo geram um notório

---

12 MARTINS, Sérgio Pinto. *Direito do trabalho*, 26ª ed. São Paulo: Editora Atlas, 2010, p. 831.

acúmulo de tarefas para cada obreiro que se mantém, em virtude da diminuição de postos de trabalho.[13]

Pelo exposto, nota-se que a advocacia empresarial trabalhista se constitui hoje como um desafio e tanto para o profissional que busca defender os interesses das empresas, uma vez que o mesmo irá encontrar pela frente um arcabouço jurídico montado para corresponder às exigências de um mundo ainda sem o dinamismo das relações de negócios existentes nos dias de hoje.

Cabe a este profissional, com os instrumentos que possui nas suas mãos, buscar adequar as exigências de seu cliente ao que dispõe essa legislação anacrônica, através de seu trabalho que pode ser tanto de prevenção de eventuais problemas que a empresa poderá ter na Justiça do Trabalho e em outros órgãos (tais como as Superintendências Regionais do Trabalho e Ministério Público do Trabalho) quanto de defesa da empresa quando já criada a litigiosidade.

Desta forma, inegável a importância da advocacia empresarial trabalhista para a própria economia brasileira, uma vez que esta modalidade se constitui como uma forma de assistência jurídica que ocupa enorme relevância no ambiente dos negócios hoje em dia, quando o trabalho de advogados trabalhistas pode ter o condão de influenciar a tomada de decisões pelo empresário, e de elaborar, de certa forma, um modelo de relacionamento entre a empresa e seus empregados.

---

13 Cabe ressaltar que não se discute aqui a legitimidade ou não do sindicato para intermediar as negociações entre empregado e empregador. Tal questão, além de já abordada de maneira exaustiva pela doutrina, com as mais diferentes opiniões, não é pertinente para o presente trabalho, que busca apenas oferecer um panorama sobre as relações entre o dia-a-dia das empresas e a legislação trabalhista vigente.

ASSÉDIO MORAL – CARACTERÍSTICAS, OCORRÊNCIA E MEIO DE PREVENÇÃO DAS EMPRESAS

Ricardo Pereira de Freitas Guimarães

Introdução

Muito nos honrou o convite realizado pela Ordem dos Advogados do Brasil de São Paulo para tecer singela opinião sobre tema de relevante importância no atual contexto histórico.

Contudo, a honra recebida se torna ainda maior em razão do homenageado nessa obra, Dr. José Granadeiro Guimarães, grande ser humano com todos e sempre a serviço de todos. Excepcional advogado, ligado quase que embrionariamente a Tribuna do Tribunal Regional do Trabalho de São Paulo, e, sobretudo, um defensor *"do exercício da defesa de um direito com ética"*, ética que pouco se vê, pouco se nota, pouco se sente na advocacia realizada por muitos.

É em homenagem a você, querido companheiro Dr. José Granadeiro Guimarães, que nos atrevemos a escrever as linhas que seguem.

De plano é importante que se diga, que o presente texto foi escrito não com vasta pesquisa acadêmica, tendo em vista as inúmeras obras que solidificaram o tema ao longo dessa quadra, e sim, como reflexão de tudo que temos acompanhado sobre o tema no cenário das empresas e das decisões judiciais.

No mundo do trabalho dito globalizado, com a concorrência acirrada e a inserção de processos tecnológicos que tendem a ampliar a velocidade da informação e por consequência da resposta imediata de tais informações, de modo a permitir o sucesso dos negócios, o tema *assédio moral* tomou dimensões jamais imaginadas pelo empresariado, e não pouco comum se tornou a chegada de inúmeras discussões na esfera do Poder Judiciário sobre a relação intersubjetiva entre empregados ou prestadores de serviços e empresas, que tem por escopo buscar tutela judicial sobre a prática *de assédio moral* no ambiente de trabalho.

Contudo, num país em que, com base em dados do Conselho Nacional de Justiça, um entre três cidadãos possui um processo tramitando no Judiciário, num País em que precisamos de uma estrutura judicial composta de aproximadamente 18 mil juízes para solucionar controvérsias, soluções alternativas para evitar tais situações oriundas das incompatibilidades dessas relações antes mesmo que cheguem ao Poder Judiciário, devem ser sempre estudadas e avaliadas pelo empresariado como um todo.

No presente texto, pretendemos dividir com o leitor, algumas observações sobre as razões do nascimento da figura do *assédio moral* e sua caracterização nas relações de trabalho, suas formas, e por fim, tentar apontar alguns mecanismos que, no nosso entender, poderiam ser adotados pelo empresariado, no intuito de evitar a ocorrência do instituto, não só com intuito de proteger a empresa de eventuais discussões judiciais, mas também com o interesse de proteger a própria saúde e figura do trabalhador, que em não raras oportunidades, se vê abalada por força da existência do *assédio moral*.

Não devemos deixar de destacar que a figura do *assedio moral* não é exclusiva do campo das relações de trabalho, não obstante nela se tenha observado com maior frequência, tendo em vista a relação de subordinação e dependência existente entre quem presta o serviço e o tomador de serviço.

Alteração do Mercado de trabalho

Observação que a nós parece de extrema relevância diz respeito à alteração da forma de atuação do mercado de trabalho como um todo, e, existindo alteração nessa forma, todos da cadeia produtiva sentiram ou sentirão algum efeito, inclusive, e principalmente, os sujeitos dessa relação, a saber: o empregado ou prestador de serviços e o empregador.

Inegável notar, que em tempos passados, a atuação da estratégia empresarial tinha seu foco em limites espaciais reduzidos, ou seja, a produção era direcionada incessantemente a um município, quando muito a um Estado da Federação. Poucas eram as empresas capazes de atuar nas dimensões continentais do País, e muito mais raras, a extensão dessas atividades para outros Países.

Contudo, essa atuação mercadológica setorial, principalmente em razão das ferramentas tecnológicas e a abertura de fronteiras criadas por políticas públicas, acabou gerando no contexto laboral significante alteração.[1]

Nesse diapasão vem à tona, no campo das relações de trabalho, a alteração dos comportamentos *tayloristas* e *fordistas*, que tinham por escopo naquele mundo então existente, formas de trabalho excessivamente mecânicas e repetitivas que agregavam unidades de repetição de trabalho no interior da empresa, manutenção de estoque e centralização de tarefas, fase denominada como *"big is beautiful"*.

Passa-se então a uma nova fase de trabalho, denominada *"toyotismo"*, forma de trabalho descentralizada e horizontal, sem manutenção de estoque, com empregados funcionalmente universais, operações mais compactas, início de efetiva preocupação com a saúde do trabalhador, passando a prevalecer como uma tendência de mercado a fase *"small is beatiful"*. Essa técnica ou forma de produção das empresas, minimizando custos, recebeu algumas denominações como *"just in time"*, *"kaizen"* e *"kanban"* que sintetiza o projeto de melhoria contínua.

Referida modificação fez com que houvesse um deslocamento do eixo produtivo das empresas, que passaram a concorrer em tempo e modo, com outros mercados, como China e Índia, exigindo para o sucesso e mesmo sobrevivência das empresas, que o processo produtivo tivesse como escopo não mais o crescimento vertical da empresa, que gera inúmeros custos internos ao empresariado, inviabilizando a concorrência mundial, mas sim, uma política de gestão intelectual de maior intensidade no seio empresarial, que tenha como cerne principal a *competitividade e redução de custos*.

Evidente que essa nova forma de produção do empresariado, que veio para dissipar a ampliação interna da empresa, inviabilizando a manutenção de estoques e valorizando a gestão e a especialidade do trabalho, gerou efeitos na esfera do trabalhador, vamos a eles.

---

1 Marcelo Rodrigues Prata enfrenta o tema em obra denominada *Anatomia do Assédio Moral no Trabalho: uma abordagem transdisciplinar*. São Paulo: LTr, 2008, p. 115-117, destacando: "O capital não mais se prende a uma base territorial, as empresas competem ferozmente entre si em escala mundial. As 25 maiores empresas multinacionais ou transnacionais são mais ricas do que 170 países! Isso demonstra o poder que foi transferido a esfera privada. Os custos com a preservação do meio ambiente e com os salários podem ser minimizados ao se deslocar uma indústria para uma zona ou uma país pobre".

O trabalhador do Século XXI

Até a alteração propagada pela forma de produção, o empregado tinha em regra, como objetivo, ingressar numa empresa que lhe garantisse uma "certa" estabilidade[2] para que pudesse, simplesmente, se valer daquele emprego para seu sustento e de sua família. Essa a conquista da época, no Brasil, pode ser apreciada principalmente pelo movimento sindical com destaque na região do ABC.

A ideia era simples, o empregado anotava seu cartão de ponto, realizava seu trabalho, descansava aos domingos com sua família (fato hoje raro) e no quinto dia útil recebia seu salário, consumando esse processo.

Em referida época, a exigência dos empregados ditos "de chão de fábrica" se dava no liame da frequência ao trabalho bem como da realização do serviço para o qual era contratado especificamente, de resto, era apenas acompanhar o crescimento da empresa e dela exigir o respeito mínimo.[3]

Contudo, a alteração da forma de produção já apontada, não obstante tenha trazido inúmeros benefícios à economia nacional e à própria exigência de maior qualificação dos trabalhadores, fato inegável, trouxe consigo problemas até então desconhecidos pelo regime de trabalho,[4] pois modificou, ainda que sem percepção em linhas gerais disso, axiologicamente, a relação entre empregado e empregador.

---

2 Monteiro de Barros, Alice. *Proteção à intimidade do empregado*, 2ª ed. São Paulo: LTr, 2009, p. 182. "O estado de bem-estar social que vigorou durante o século XX e que tinha uma concepção mais solidária de proteção ao ser humano como empregado, começou a entrar em crise nos anos sessenta. Como consequência disso, no Brasil tivemos a substituição da estabilidade no emprego pelo FGTS."

3 O respeito mínimo citado não se relaciona diretamente com o respeito ao empregado cidadão dos dias atuais, mas sim da proteção inserida no texto da própria CLT. A título de exemplo, era comum verificar em tal época a propositura de reclamações trabalhistas como objetivo apenas e tão somente de anular uma advertência, fato raramente verificado nos dias atuais. Esse era o respeito exigido, específico da relação de trabalho e suas regras estampadas no texto da CLT.

4 Machado, Sidnei. *O Direito à Proteção ao Meio Ambiente de Trabalho no Brasil*. São Paulo: LTr, 2001, p. 56. "O processo de globalização da economia, que forjou a reestruturação produtiva das empresas, movida pelo acirramento da competitividade, tem produzido profundas alterações no processo de gestão do trabalho e no modo de comercializar. Combinado ao processo de trabalho introduzem-se novas tecnologias, principalmente a automação e robótica, o que se traduz em novas exigências ao trabalhador, sem contrapartida de

O primeiro ponto digno de nota diz respeito à exigência da disponibilidade total do empregado para o trabalho, ainda que isso contrarie, em muitas hipóteses, a legislação aplicável. Essa disponibilidade total está diretamente atrelada à crescente competitividade já referida, ou seja, empregado "bom" é empregado disponível. E disponível na expressão inglesa: *"full time"*.

O segundo ponto se relaciona a função desenvolvida, pois empregado "bom", é empregado qualificado para toda e qualquer função que a ele seja designada no interior da empresa, sem que nada questione, sem que de nada reclame.

O terceiro ponto, diz respeito à localidade de atuação do empregado, ou seja, empregado "bom" é aquele que esteja pronto a executar serviços que lhe são repassados em qualquer lugar que a empresa necessite dele, independentemente da forma de sua contratação.

O quarto ponto que merece destaque, diz respeito à ausência de representatividade sindical de muitas categorias dos próprios empregados, pois grande parte dos sindicatos não acompanhou o avanço dos problemas existentes no cerne das empresas, além da preocupação desses sindicatos apenas com a arrecadação de contribuições. Por conseguinte, isso deixou, em regra, muitos empregados sem qualquer força para negociar com o empresariado.

A soma dessas alterações no mundo do trabalho acabou por gerar no seio dessa relação, independentemente da atribuição designada ao empregado, um modelo de trabalhador "bom", que deve ser aquele, nessa ótica equivocada, *que se dedica a empresa em tempo integral sem nada questionar*.

E mais, aqueles trabalhadores que não estejam prontos para realizar sua adequação a esse novo sistema de relacionamento têm caminho certo, pois ou não ficam na empresa ou a empresa acaba muitas vezes criando um sistema de adequação que destoa de um ambiente sadio.[5] Infelizmente é o que se têm identificado em inúmeras oportunidades.

---

    melhorias no ambiente de trabalho, resultando em novos fatores de risco à saúde física e mental dos trabalhadores".

5   Relata Marcelo Rodrigues Prata, citando Callejo sobre a adequação exigida por aquele que ocupa alto cargo na gestão da empresa: "ele é inteligente, extremamente considerado e com enorme prestígio social. Além disso, é *workaholic* e, geralmente, possui uma boa dose de *narcisismo*. Por sua vez, impõe a seus subordinados dedicação, submissão e docilidade sem limites. Isso ao arrepio das restrições legais... são exigências tais que acabam por conduzir à desqualificação e à perseguição de quem nelas não se enquadra e não aceita essa entrega absoluta ao líder".

A soma desses pontos acaba por gerar, no âmago da empresa, conflitos internos entre empregados e seus pares, entre subordinados e sua direção, e outras vezes críticas intensas do próprio subordinado a direção, atraindo um ambiente nefasto para o desenvolvimento do trabalho, transformando o contrato de trabalho num contrato de perdedores, pois perde o empregado seu emprego e perde a empresa seu rendimento.

Note-se que esse dito modelo, tem sido divulgado em cursos específicos, faculdades, e muitas vezes no próprio seio da família, sem que isso seja notado. Em algumas oportunidades o próprio trabalhador, sem perceber e na expressão popular, "se gaba" de se adequar ao modelo sem observar a consequência futura, trabalhando 16 (dezesseis), 17 (dezessete) horas por dia, sem que tenha um relacionamento mais profundo com sua família, sem que tenha o descanso necessário para restabelecer suas forças.

Pior, constantemente, empregados que deixam seu trabalho após 8 (oito) horas de trabalho são classificados pelos seus pares de preguiçosos, como se vida não houvesse fora da empresa.

Daí a importância da percepção do momento histórico, para que as empresas não incorram nesse frequente equívoco e o trabalhador, no futuro próximo, não sofra com ele, pois tal consequência irá gerar problemas para ambos.

O assédio moral nas relações de emprego

Destacada a situação empresarial e do trabalhador nos dias atuais, cumpre agora tentar identificar a figura do assédio moral e sua relação com o processo produtivo, sendo necessário didaticamente, conceituar e tentar caracterizar a figura ou instituto do assédio moral – que ainda não possui uma previsão expressa no conjunto normativo do setor privado,[6] ao contrário do que ocorre em países como França, Bélgica e Suécia, que já possuem legislação específica em matéria trabalhista sobre o tema, para depois imbricá-lo na relação discutida.

No Brasil existe ainda uma carência de legislação sobre o tema, existindo apenas algumas previsões em regimes municipais.[7]

---

6 Sem ignorar a previsão de possibilidade da rescisão do contrato de trabalho por culpa no empregador na linha do artigo 483, "b" da CLT.

7 Exemplo Lei 13.288 de 2001 referente à administração Pública e servidores públicos municipais de São Paulo.

Como nos ensina Márcia Novaes Guedes,[8] o *assédio moral*, também observado na doutrina alienígena como *mobbing*, expressão utilizada pelo Etólogo Konrad Lorenz, oriundo do verbo inglês "*to mob*", encontra seu significado em assediar, atacar, agredir.

Utilizaremos a expressão assédio moral ao longo do texto, pois a nós parece mais adequada às relações diretamente de trabalho, além de ser a mais utilizada na nossa doutrina e jurisprudência e constante em normas municipais no nosso país, não obstante outras tantas existam pelo mundo, ainda que com algumas sutilezas de diferenciação no conceito como *bullyng, stalking, ljime, harcèlement moral, bossing, harassment, psicoterror, murahachibu, acoso moral* entre outras.

Nas palavras de Felker:[9] "o assédio moral é uma degradação do ambiente de trabalho, através de condutas abusivas de superiores hierárquicos sobre subordinados, ou destes sobre aqueles (assédio vertical, descendente e ascendente) ou de colegas (assédio horizontal), tornando extremamente penoso ao trabalhador, braçal ou intelectual, a continuidade da relação laboral".

Mas o que de fato caracteriza o *assédio moral* no ambiente de trabalho?

Pois bem, a estudiosa Isabel Ribeiro Parreira da Universidade de Lisboa, citada por Barreto[10] destaca os seguintes comportamentos para caracterizar o assédio moral: "a) uma perseguição ou submissão da vítima a pequenos ataques repetidos; b) constituída por qualquer tipo de atitude por parte do assediador, não necessariamente ilícita em termos singulares, e concretizada de várias maneiras (por gestos, palavras, atitudes, omissões, etc.), à excepção de condutas, agressões ou violações físicas; c) que pressupõe motivações variadas por parte do assediador; d) que pela sua repetição ou sistematização o tempo; e) e pelo recurso a meios insidiosos, sutis ou subversivos, não claros nem manifestos, que visam a diminuição da capacidade de defesa do assediado; f) criam uma relação assimétrica de dominante e dominado, psicologicamente; g) no âmbito da qual a vítima é destruída na sua identidade; h) o que representa uma violação da dignidade pessoal e profissional, e sobretudo, da integridade psicofísica do assediado; i) com fortes danos para a saúde mental deste; j) colocando em perigo a manutenção do seu emprego; k) e/ou degradando o ambiente laboral. Em geral, o assédio moral consubstancia uma violência psicológica em pequenas doses, iniciada

---

8 GUEDES, Marcia Novaes. *Terror psicológico no trabalho*, 2ª ed. São Paulo: LTr, 2005, p. 32.

9 FELKER, Reginald. *O dano moral, o assédio moral e o assédio sexual nas relações de trabalho*. São Paulo: LTr, 2006, p. 171.

10 Aguiar Barreto, Marco Aurélio. *Assédio moral no trabalho –Responsabilidade do empregador*, 2ª ed. São Paulo: LTr, 2009, p. 53 e 54.

sem qualquer aviso, prosseguida de forma subversiva, e extremamente destrutiva por via do efeito cumulativo de microtraumatismos frequentes e repetidos".

No nosso sentir, o *assédio moral* no trabalho resta caracterizado pela atuação ou omissão de pessoa participante do ambiente de trabalho, reiteradamente, por qualquer modo de expressão que tenha por objetivo consciente ou inconsciente, a violação da dignidade profissional de um trabalhador.

Detectado o conceito e o significado da expressão, devemos verificar as formas mais tradicionais de ocorrência do instituto.

Nesse aspecto, destacamos a interessante expressão de Tchilla Helena Candido[11] que dita: "O assédio moral inicia das mais variadas formas de 'roupagens'. Pode apresentar-se de uma maneira sutil, tal que o trabalhador não percebe que está sendo assediado, em outras vezes, são utilizados métodos mais sofisticados, de forma a evitar que a vítima não consiga perceber e interprete a 'pressão' como uma medida normal de que a empresa se utiliza para alcançar seus objetivos".

Com fundamento em tais palavras, podemos observar a possibilidade da presença do instituto do *assédio moral* de forma sutil, num gesto como um simples "balançar de cabeça no sentido negativo", desde que reiterado quando manifestada uma opinião sobre um trabalho em reunião; ou mesmo um sorriso carregado de cinismo (reiteradas vezes) por um colega de trabalho, quando endereçado pelo assediado um ponto de vista; ou ainda, o franzir da testa reiteradamente como atitude de reprimenda a ideia lançada.

Hipóteses inúmeras existem,[12] desse modo dito sutil, como a retirada aos poucos de funções que antes eram delegadas para determinado empregado; passar a não convidar determinado empregado para frequentar reuniões que outrora participava; retirada de instrumentos de trabalho; transferências de setor; requerimento de realização de trabalhos que não possuem qualquer utilidade para a empresa; requerer trabalhos e metas impossíveis de cumprimento e outros tantos.

Essas atitude, quando reiteradas, demonstram através de ordens e gestos, que aquela pessoa não contribui em nada para o sucesso daquele ambiente de trabalho, criando um desgaste no íntimo dessa pessoa, e muitas vezes até fisiológico, trazendo a tona o pseudo autorreconhecimento de imprestabilidade no trabalho, ou seja, a baixa autoestima e a insegurança do empregado quanto a permanência na empresa.

---

11 CANDIDO, Tchilla Helena. *Assédio Moral Acidente laboral*. São Paulo: LTr, 2011, p. 58.

12 *Op. cit.*, p. 184. Sugerimos observar classificação realizada por Alice Monteiro de Barros quanto aos tipos de comportamento inerentes ao assédio: técnicas de relacionamento, técnicas de isolamento, técnicas de ataque, técnicas punitivas.

Há ainda outra forma do assédio se instalar na relação de emprego, qual seja, através de constantes "brincadeiras", pois cada ser humano reage de uma forma diversa a reiteradas ditas "brincadeiras", mesmo quanto àquelas de péssimo gosto. Nesse contexto, temos apelidos vinculados ao trabalho como "homem-tartaruga" para indicação da lentidão de um funcionário no processo produtivo, prêmio para o pior funcionário do mês, com a exibição da foto do funcionário pelo mês todo na sala de reunião de equipe de vendas, epíteto de "homem-perfeito" para o funcionário detalhista, e tantas outras "chacotas" exemplificativas que não devem encontrar espaço no ambiente de trabalho.

Outro ponto que merece destaque no brevíssimo texto, diz respeito à posição ou angulação ocupada pelo assediador – chamado de perverso por parte da doutrina – e assediado – ou vítima como prefere outra parte da doutrina – quanto àquele que sofre o assédio.

Três são as classificações encontradas na doutrina quanto ao posicionamento do perverso e da vítima no ambiente de trabalho, sendo elas conceituadas como: vertical, horizontal e ascendente.

O assédio vertical, o mais comum, como ensina Marcia Novaes Guedes,[13] se dá quando "a violência psicológica é praticada de cima para baixo, deflagrada pela direção da empresa ou por um superior hierárquico contra o empregado".

Destaca ainda a Autora: "que o grau de subordinação do empregado é irrelevante; no contrato de emprego, a sujeição do empregado é a priori, pois teme perder o emprego. Nesta espécie de terror, a ação necessariamente não precisa ser deflagrada e realizada pelo chefe, mas pode este contar com a cumplicidade dos colegas de trabalho."

O assédio horizontal se evidencia pela perseguição dos próprios colegas do ambiente de trabalho, que se colocam no polo ativo como "perversos", quadro muitas vezes incentivado pela competitividade de progresso funcional na própria empresa, ou mesmo em razão de preconceito, seja esse de origem religiosa, sexual ou política. Note-se que muitas vezes a preferência do superior por um empregado de sua equipe, é capaz de gerar esse tipo de assédio.

Por fim, temos o assédio moral dito ascendente, que não é tão comum, não obstante exista, pois a vítima nesse caso é o superior hierárquico de uma equipe ou grupo.

Nesse tipo de *assédio*, há uma conduta organizada de uma equipe de trabalho no intuito de evitar que as determinações e procedimentos de sua chefia alcancem os objetivos da empresa, o que tende a provocar um desgaste natural entre seu superior

---

13 *Op. cit.*, p. 38.

e a empresa, forçando o reconhecimento de uma pseudo incapacidade do superior hierárquico na sua relação de emprego.

O exemplo que nos parece mais próximo e esclarecedor se apresenta no caso dos times de futebol. É muito comum, e pedindo licença ao leitor para usar a expressão popular no ambiente do jornalismo, "*o cai cai*" de técnicos de futebol, e é muito interessante de outro lado notar, que o time de futebol, muitas vezes, com a alteração de técnico simplesmente muda de postura e passa a atuar com seguidas vitórias.

Fica então a provocação ao leitor: seria tal fato oriundo apenas da ausência de direção do técnico ou há também uma união de jogadores no intuito de provocar a saída daquele técnico de futebol em algumas situações?

Se avaliada a questão pontualmente em cada clube, e respondida de forma positiva à indagação, seria possível identificar o terror psicológico/assédio moral contra o técnico de futebol.

Vê-se então, pela tipologia do assédio moral e pelo que foi exposto quanto à forma de produção atual e seus desdobramentos na relação de trabalho, com enorme competitividade, necessidade de produção rápida, inserção tecnologia e globalização, que esse instituto encontra terreno mais do que fértil para seu desenvolvimento no ambiente de trabalho, cabendo ao empresariado criar medidas para evitar a proliferação do *assédio moral* junto as empresas.

Consequências do Assédio Moral para o meio empresarial

Duas são as consequências primárias da existência do assédio moral no âmbito empresarial. De um lado, e contrariamente ao que se prega em modelos agressivos de competitividade, há uma evidente queda da produtividade da própria empresa, pois contaminado fica o ambiente em que ele (*assédio*) venha a ser identificado.

De outro lado, a pior consequência observada se dá na esfera pessoal da vítima do assédio moral, que passa a não acreditar em seu desenvolvimento profissional, sendo afetado muitas vezes por inúmeras doenças psíquicas, como depressão, síndrome do pânico, crises de ansiedade e estresse[14] agudo ou crônico.

---

14 Eis as lições de Marcelo Rodrigues Prata quanto aos efeitos do assédio no campo psíquico e físico: "O estresse deixa o indivíduo irritado, impaciente, ansioso, deprimido, explosivo e impulsivo. Ele não tem serenidade para enxergar os problemas em sua exata dimensão, tudo parece uma estratégia. A capacidade de avaliação e resolução dos problemas fica diminuída. A sensação é de que todos conspiram para dificultar-lhe a vida" (*op. cit.*, p. 393). Destaca

Essa questão deve ser tratada com muita seriedade, pois de acordo com pesquisa realizada na União Europeia, em 2020 as doenças psíquicas só perderão em incidência para as doenças cardiológicas, portanto, é chegada a hora de uma reflexão do empresariado sobre esse aspecto. Ademais, ter a imagem da empresa ligada a questões de *assédio moral*, tendo em vista a velocidade das informações e dimensão de uma notícia nos dias atuais, pode gerar queda de credibilidade e até prejuízos financeiros, no caso de empresas com ações negociadas em bolsa de valores.

Nessa linha, já não é raro observar demandas judiciais na atualidade que tem como objeto do pedido o reconhecimento na relação laboral como a causa ou mesmo a concausa de referidas doenças, daí, inclusive, o destaque atual desde a Constituição Federal de 1988, bem como da edição do Código Civil de 2002 quanto à maior proteção aos direitos de personalidade em detrimento dos direitos de propriedade, que sempre foram o norte de nossa legislação.

Esse direcionamento legislativo não se dá por obra do acaso, pois na verdade, a legislação, ainda que em passos lentos – e muitas vezes assim deve ser – busca sanar as dificuldades da sociedade, e não agiu de forma diferente em relação à necessidade de proteção ao indivíduo enquanto empregado.

Tanto no escopo empresarial como na visão do indivíduo, empregado "bom", ao contrário do sistema pensado como ideal pelo modo de produção atual, como já ressaltado nesse texto, é empregado saudável trabalhando em ambiente hígido. E nesse sentido deve caminhar a empresa, buscando a higidez do ambiente de trabalho com todas as suas forças.

A última consequência que merece destaque diz respeito aos processos judiciais indenizatórios provenientes do *assédio moral*, que infelizmente, tem se apresentado constantes.

Nos termos do destaque realizado *alhures,* a Constituição Federal de 1988 deu enorme importância aos direitos de personalidade, vinculados diretamente no caso de assedio moral, posto que nessa hipótese, a personalidade do trabalhador é maculada.

Essa vinculação se liga diretamente a dignidade da pessoa humana, extraída dos princípios constitucionais estampados no artigo 1º, inciso III, dando igual valor ao trabalho, com destaque expresso no inciso IV do mesmo artigo e diploma.

Já no inciso X do artigo 5º, o texto constitucional foi além, inserindo no rol de direitos constitucionais fundamentais: "X – são invioláveis a intimidade, a vida privada,

---

ainda o Autor, que além de referidos fatores, o estresse pode ser gerador ou agravador de uma série de doenças.

a honra e a imagem das pessoas, assegurado o direito a indenização pelo dano material ou moral decorrente de sua violação;" (grifamos).

Não há dúvida, portanto, que a Constituição Federal elegeu para o Estado Democrático de Direito como centro das atenções "o homem", acompanhado de sua imagem, sua honra, sua privacidade, seu nome.

De igual forma, o texto do Código Civil de 2002, em quatro específicos artigos, não deixa dúvida quanto à possibilidade da indenização pela via da proteção, vejamos:

> "Art. 11. Com exceção dos casos previstos em lei, os direitos da personalidade são intransmissíveis e irrenunciáveis, não podendo o seu exercício sofrer limitação voluntária." (grifamos)
> "Art. 12. Pode-se exigir que cesse a ameaça, ou a lesão, a direito da personalidade, e reclamar perdas e danos, sem prejuízo de outras sanções previstas em lei." (grifamos)
> "Art. 927. Aquele que, por ato ilícito (arts. 186 e 187), causar dano a outrem, fica obrigado a repará-lo.
> Parágrafo único. Haverá obrigação de reparar o dano, independentemente de culpa, nos casos especificados em lei, ou quando a atividade normalmente desenvolvida pelo autor do dano implicar, por sua natureza, risco para os direitos de outrem."
> "Art. 932. São também responsáveis pela reparação civil:
> III – o empregador ou comitente, por seus empregados, serviçais e prepostos, no exercício do trabalho que lhes competir, ou em razão dele;"

Por fim, exigido pela legislação infraconstitucional a aplicação do princípio da boa-fé, conforme expressa previsão no artigo 422 do Código Civil:

> Art. 422. Os contratantes são obrigados a guardar, assim na conclusão do contrato, como em sua execução, os princípios de probidade e boa-fé.

Somado a esse risco de sofrer um processo indenizatório, causado pelo assédio e seus desdobramentos, que muitas vezes acabam causando a perda de saúde do empregado, não custa relembrar que desde a Emenda Constitucional 45/2004 – não obstante entendamos que desde 1988 essa matéria já fosse afeta a Justiça do Trabalho

– sedimentou-se o entendimento de que referidas ações devem tramitar junto à esfera trabalhista, ou seja, decididas na Justiça do Trabalho.

Tal ponto é relevante, tendo em vista os princípios norteadores de proteção aplicáveis a relação de natureza trabalhista, sobretudo em razão do desequilíbrio entre empregado e empregador, tornando ainda maiores os riscos para o empresariado.

Nessa linha, indiscutível a possibilidade de responsabilização das empresas pela prática do *assédio moral*, seja na esfera material ou moral, dependendo do dano causado.

Pontue-se que não só em ações individuais tem sido pleiteado o reconhecimento do assédio moral, como se demonstra através do emblemático Acórdão, que tratou do tema pela via da Ação Civil Pública:

> Sentença. Nulidade. Ausência de Prestação Jurisdicional. Não se configura nulidade na sentença que analisa a questão posta sob apreciação, com explicitação de todas as razões que levaram à sua conclusão, salientando-se que não há necessidade de o julgador rebater toda a argumentação levantada pelas partes, não se vislumbrando tal obrigatoriedade nos dispositivos legais (art. 832, da CLT, e 458, II, do CPC) e constitucional (art. 93, IX) incidentes à espécie, haja vista que a obrigação do julgador é fundamentar o seu convencimento.
> Inicial. Inépcia. Não Configuração. Não há que se falar em inépcia da inicial quando a parte autora, ao formular sua pretensão expõe longo e articulado raciocínio, de modo a pretender o enquadramento da requerida nos dispositivos legais relativos à matéria ora debate, sobressaindo-se a circunstância de o pedido ter sido formulado de forma a permitir a compreensão do objeto do litígio, a fim de traçar os limites da lide, além de permitir o contraditório.
> Ministério Público. Legitimidade. Lei Complementar nº 0075/1993. Artigo 83, III. Inconstitucionalidade. Não Configuração. Prevendo a Constituição Federal, em seu artigo 129, IX, o exercício, pelo Ministério Público, de outras funções que lhe forem conferidas, desde que compatíveis com sua finalidade, não se pode falar em inconstitucionalidade do artigo 83, III, da LC nº 075/1993, que estabelece a legitimidade do Ministério Público do Trabalho para defesa de interesses coletivos, quando desrespeitados os direitos sociais constitucionalmente garantidos.
> Assédio Moral. Ocorrência. Indenização. Cabimento. Comprovado o cometimento, pelo empregador, de atos de constrangimento a seus

empregados, consistentes na submissão destes a situação vexatória, com utilização de camisetas, pelos vendedores, com apelidos jocosos, além de brincadeiras humilhantes, está patente o assédio moral autorizador do deferimento de indenização por danos morais. (Publicado no DJE/RN nº 11.289, em 22/08/2006 (Terça-Feira). Traslado nº 431/2006).

Meios de Prevenção

Identificados os contornos do *assédio moral* e suas consequências, como poderiam as empresas passar a evitar seu enquadramento nesse triste contexto?

Certamente a resposta a essa questão não é de natureza exata, pois dependerá dos contornos de cada seguimento empresarial, e por isso virá com o tempo, mas nos atreveremos a sugerir, e nada mais que isso, algumas posturas que entendemos ser de extrema relevância para o contexto posto, pelo que já vimos e lemos.

Para que se tenha um ambiente de trabalho sadio, acreditamos que o ponto de partida diz respeito a conhecer a empresa e seus defeitos, bem como conhecer os que ali trabalham e seus anseios.

Como primeira sugestão, seria de bom tom inserir treinamentos especiais para áreas de gestão, no intuito de que essas áreas possam efetivamente lidar com conflitos de forma mais produtiva. Muitas vezes, os superiores hierárquicos são grandes técnicos em sua área de atuação, contudo, jamais tiveram oportunidade de compreender uma gestão de empregados. Isso é mais comum do que se pensa, mesmo em empresas multinacionais.

A empresa deve ter um modelo de gestão claro a ser seguido.

A partir de um exemplo de gestão reta e contemporizadora, é possível começar um processo de contaminação positiva da empresa, que irá gerar um respeito entre subordinado e sua chefia direta, conquistado pelo respeito e admiração, e não simplesmente oriundo da velha subordinação do contrato de trabalho, pois não há mais espaço para o superior "histérico", pois isso na verdade é apenas reconhecido como insegurança e falta de conhecimento técnico no mercado de trabalho.

A segunda sugestão deriva do real conhecimento da empresa por quem a dirige, o que pode ser realizado através das inúmeras empresas sérias existentes no mercado que realizam pesquisas junto a empregados (evidentemente sem identificação de cada empregado) com objetivo de conhecer efetivamente o que estes entendem estar errado na postura empresarial e o que aspiram na empresa. Evidente, que muitos dos problemas destacados serão de fácil solução, com simples explanação do "porquê" dessa ou aquela ação, contudo, serão identificados problemas maiores, vinculados ao tema ora destacado.

De forma terceira, a experiência das relações laborais tem mostrado a enorme necessidade de maior proximidade entre os empregados, para que eventuais rusgas existentes e originadas no cotidiano do trabalho, em que ideias e opiniões díspares são frequentes, sejam solucionadas em ambientes de descontração.

Três hipóteses são muito interessantes no nosso sentir: a) a inauguração pela empresa de projetos sociais com participação dos empregados em conjunto. Essa iniciativa leva o empregado a dividir atos de solidariedade em prol de terceiros com pessoas de sua área de trabalho, com quem trava diariamente, apenas discussões em torno de objetivos de trabalho em clima de intensa competitividade, estimulando assim a confiança recíproca, fazendo com que esses funcionários visualizem problemas de maior intensidade do que aquele que enfrentam na empresa; b) a contratação pela empresa de profissionais de ginástica laboral, pois o intervalo destinado a tal fim, ainda que ínfimo, tem por costume retirar o peso do dia de trabalho, além de render descontração entre os empregados do setor; c) Proceder maior integração entre os próprios empregados como confraternizações mensais dos aniversariantes; torneios esportivos e culturais etc.

Como quarta postura empresarial, e dizendo desde já que nada se perpetua se o incentivo e a dedicação estiverem fora da rota, é condição de sucesso da empresa, a constante avaliação profissional e de satisfação dos empregados, através de critérios objetivos (evitando preferências meramente políticas), através de conversas sempre abertas.

Como quinta postura, poderíamos destacar a necessidade da empresa saber conviver com diferentes pessoas, pois o mundo do trabalho não aceita ser "catequizado". Melhor seria encontrar nas diferenças de cada pessoa, a razão de seu sucesso, que será certamente o sucesso da empresa por consequência, através do endereçamento ou deslocamento de um determinado empregado de uma área para outra. Aqui, a ajuda psicológica pode ser de grande valia.

Adiante, como sexta postura, devemos lembrar que é impossível, não obstante se tente todos os dias, deixar da porta para fora da empresa, como se diz popularmente, tudo que acontece na vida pessoal. Em funções que se reconhece a dificuldade social por que passa o empregado, deve à empresa agir, para tentar melhorar a condição social do trabalhador, permitindo que esse realize cursos na empresa que lhe permitam disputar cargos melhores, mantendo o empregado vinculado a algum objetivo na empresa.

Os meios de prevenção quanto ao *assédio moral* aqui destacados compõem o instituto denominado "função social" do contrato de trabalho, que não se resume a cumprir a lei, mas sim a prática de ações afirmativas sobre todo e qualquer negócio jurídico praticado, que nas palavras de Enoque Ribeiro dos Santos[15] deve basear-se nos princípios da boa-fé, razoabilidade e proporcionalidade.

Conclusão

A figura do assédio moral tem sido objeto de inúmeras discussões doutrinárias, merecendo nossa atenção especial, tendo em vista os seus efeitos no próprio ser humano e na solidez da empresa no mercado.

A desenfreada busca pelo sucesso financeiro de algumas empresas não pode deixar escapar de sua atenção referida questão, sob pena de levar a bancarrota uma imagem construída ao longo do tempo, além de eventual condenação judicial pela prática.

Para isso, é preciso atitude, com a criação de mecanismos internos e de políticas de liderança com responsabilidade no seio da empresa, compreendendo as diferenças existentes entre seus empregados. A utilização da própria CIPA seria conveniente.

A prevenção é postura que atinge a todos pois o Estado, que por nós é financiado, gasta menos com os doentes, a empresa mantém sua imagem um ambiente produtivo que tem como consequência o sucesso econômico, além do empregado manter incólume sua saúde.

Necessário acima de tudo, compreender que essa é a verdadeira função social da empresa, qual seja, tratar o empregado sempre com dignidade, e sempre estar certa de que esse tratamento levará o nome da empresa adiante, gerando lucro.

---

15 SANTOS, Enoque Ribeiro dos. *Responsabilidade objetiva e subjetiva do empregador em face do novo Código Civil*, 2ª ed. São Paulo: LTr, 2008, p. 27.

GESTÃO DE RECURSOS HUMANOS E CONTENÇÃO DE LITÍGIOS TRABALHISTAS

Michelle Faria Lima[1]

Introdução

Segundo dados divulgados pelo Tribunal Superior do Trabalho (TST),[2] anualmente são recebidos pela Justiça do Trabalho mais de dois milhões e meio de processos trabalhistas. No ano de 2010, foram recebidos 2.879.025 (dois milhões, oitocentos e setenta e nove mil e vinte e cinco) processos.

Os dados acima de fato são alarmantes e sinaliza às empresas, cada vez mais, a importância da adoção de medidas eficazes para prevenir demandas judiciais.

Neste cenário, a Área de Recursos Humanos, igualmente ao Departamento Jurídico, desempenham um papel fundamental dentro das organizações, sejam elas de pequeno, médio ou grande porte. Nota-se cada vez mais crescente e obrigatório a necessidade das empresas e instituições se adequarem às normas de Governança Corporativa[3] e Compliance.[4]

---

1 Advogada. Sócia do Escritório Millan Brito Advogados Associados. Pós Graduada em Direito Material e Processual do Trabalho pela UCAM/RJ. Especialista em Direito Empresarial do Trabalho pela FGV – GVlaw/SP. Membro do Comitê de Direito Empresarial do Trabalho da OAB/SP.

2 Disponível em: http://www.tst.jus.br/Sseest/JT1941/JT1941/JT1941.htm. Acesso em 31/05/11.

3 Governança corporativa é o sistema pelo qual as organizações são dirigidas, monitoradas e incentivadas, envolvendo os relacionamentos entre proprietários, conselho de administração, diretoria e órgãos de controle. As boas práticas de governança corporativa convertem princípios em recomendações objetivas, alinhando interesses com a finalidade de preservar e otimizar o valor da organização, facilitando seu acesso ao capital e contribuindo para sua longevidade. Disponível em: <http://www.ibgc.org.br/Secao.aspx?CodSecao=17>. Acesso em 31/05/2011.

4 Vem do verbo em inglês *"to comply"*, que significa "cumprir, executar, satisfazer, realizar o que foi lhe imposto", ou seja, *compliance* é o dever de cumprir, estar em conformidade e fazer

Tais exigências têm se estendido tanto na esfera privada, quanto na governamental e especialmente atingem aquelas empresas sujeitas a forte regulamentação e controle.

Por estas e inúmeras outras razões, verifica-se a extrema importância de investir em gestão de pessoas, nas relações interpessoais, como forma de, não somente atender as normas legais e regulamentares, mas também, minimizar riscos, e principalmente conter conflitos judiciais.

Área de recursos humanos: um novo papel.

Vislumbra-se hoje que uma das áreas empresariais que mais sofre mudanças é a Área de Recursos Humanos (ARH).

Com esta evolução, ao longo do tempo, surgiram várias expressões para denominar essa área.

No passado as denominações mais utilizadas eram: Administração de Recursos Humanos, Administração de Pessoal, Relações Industriais e Relações Humanas.

Atualmente, para representar esse novo formato de área, encontramos: Gestão de Talentos Humanos, Gestão de Parceiros e Colaboradores, Gestão de Competências, Gestão do Capital Humano, Gestão de Pessoas ou Gestão com Pessoas,[5] dentre outros.

Independentemente da terminologia adotada, verifica-se, nesse novo contexto, que ARH deixou de ser um mero departamento de pessoal, para se tornar peça chave dentro das organizações. Os empregados passam a ser chamados de colaboradores e os chefes, de gestores.

Podemos encontrar na literatura inúmeros conceitos sobre a ARH ou Gestão de Pessoas. Dentre esses, alguns merecem destaque:

> ARH é o conjunto de decisões integradas sobre as relações de emprego que influenciam a eficácia dos funcionários e das organizações.[6] E Gestão de pessoas é o conjunto integrado de atividades de especialistas e de gestores – como agregar, aplicar, recompensar, desenvolver, manter e

---

cumprir regulamentos internos e externos impostos às atividades da instituição. Disponível em: <http://www.abbi.com.br/funcaodecompliance.html>. Acesso em 31/05/2011.

5   CHIAVENATO, Idalberto. *Gestão de Pessoas*, 3ª ed. Rio de Janeiro: Elsevier, 2010, p. 2.
6   Gary Dessler, Human Resource Management *apud* CHIAVENATO, Idalberto. *Gestão de Pessoas*, 3ª ed. Rio de Janeiro: Elsevier, 2010, p. 9.

monitorar pessoas – no sentido de proporcionar competências e competitividade à organização.[7]

Gestão de Pessoas é a área que constrói talentos por meio de um conjunto integrado de processos e cuida do capital humano das organizações, o elemento fundamental do seu capital intelectual e a base do seu sucesso.[8]

Por sua vez, os gestores da ARH assumem uma posição estratégica, atuando como verdadeiros agentes de mudanças, já que é cediço que toda transformação acarreta em modificação da cultura.

A proposta atual da moderna Gestão de Pessoas é integrar atividades com intuito de obter uma sinergia entre as organizações e as pessoas que nela trabalham. É desenvolver uma administração menos rígida, organogramas mais flexíveis, escritórios sem divisórias, empregados estimulados a tomar decisões e avaliar os supervisores, e priorizar a comunicação entre empregador e empregado na resolução de conflitos, entre outras mudanças.

São poucas empresas que absorveram e adotaram esse novo modelo de Gestão. Muitas ainda mantêm comandos exagerados, controles inócuos, hierarquias contraditórias e burocracias desnecessárias. Porém, vale lembrar que são as pessoas que fazem a diferença nas empresas.

As boas práticas corporativas na contenção de litígios trabalhistas

Lidar com incertezas, analisar e prever riscos sempre será um grande desafio aos gestores.

A adoção de alguns procedimentos, manuais, ferramentas internas possibilita uma melhor gestão sobre riscos e seguramente assegurará minimizar grandes perdas.

Igualmente fundamental é preparar gestores para administrar pessoas, dando a eles um mínimo de conhecimento da nossa Legislação para que não gerem, involuntariamente, um passivo trabalhista.

Na prática, a falta de alinhamento normativo, regimentos internos em desacordo com a política empresarial ou com a legislação, procedimentos admissionais

---

7 CHIAVENATO, Idalberto. *Gestão de Pessoas*, 3ª ed. Rio de Janeiro: Elsevier, 2010, p. 9.
8 *Ibidem*.

desvinculados da estratégia organizacional, falta de interação entre departamentos internos, omissão ou distanciamento nas negociações coletivas de trabalho, terceirização mal feita e uma descentralização descoordenada, em muito contribui para o aumento de ações trabalhistas.

Nesse sentido, o presente trabalho objetiva, apresentar alguns tópicos inerentes ao cotidiano da ARH, que se bem planejados, organizados e desenvolvidos, permitem a identificação e correção de possíveis inconformidades que possam lhe resultar em conflitos judiciais e administrativos.

Para melhor compreensão, os citados tópicos serão divididos em: pré-admissionais; pós-admissionais e administrativos.

Pré-Admissionais:
• Recrutamento e Seleção de Pessoal: fases do recrutamento e técnicas utilizadas; definição do perfil do cargo; início do recrutamento; entrevista de seleção; seleção do candidato;

Pós-Admissionais:
• Definição criteriosa e minuciosa do tipo de contrato: CLT, contratações diferenciadas, contratos terceirizados;
• Integração do colaborador na organização;
• Divulgação da história da empresa; missão, visão e objetivos organizacionais; estrutura hierárquica; políticas, normas e procedimentos; ética no trabalho; meios de comunicações existentes; sistemas de recompensas e planos de carreiras;
• Treinamento e desenvolvimento do contratado, com enfoque especial à legislação trabalhista, previdenciária e tributária, sobretudo àquele colaborador ou gestor que desse conhecimento necessitar;
• Avaliação do treinamento; desenvolvimento individual; capacitação profissional; empregabilidade;

Administrativos:
• Readequação e divulgação de regulamentos e políticas internas e código de conduta;
• Análise de admissões e contratos com possíveis adequações à Legislação vigente;
• Políticas preventivas no ambiente de trabalho: prevenção de assédios moral e sexual; prevenção de drogadição; limites para utilização de tecnologias (internet, e-mail);
• Definição de documentos e relatórios à auditoria interna e externa: tipos de relatórios; apresentação; prazos;

• Procedimentos para guarda de documentos, físicos e digitais e especialmente daqueles que podem servir como prova em eventual ação judicial, como: ficha de admissão dos colaboradores, comprovantes dos pagamentos de salários e demais verbas, controle de jornada, rescisões contratuais;

• Coordenação operacional de terceirizações: processos de seleções; administração e prevenção de riscos legais, administrativos e financeiros; gestão de contratos;

• Administração e alinhamento de remuneração: verbas salariais (salários, comissões, remunerações variáveis); verbas não salariais (participações nos resultados, benefícios); férias, décimo terceiro salário; benefícios compulsórios e espontâneos;

• Controle de jornada de trabalho; banco de horas;

• Controle de folhas de pagamentos e recolhimentos de encargos;

• Relacionamento com instituições sindicais; fiscais do trabalho; consumidores/clientes; fornecedores;

• Monitoramento de normas, procedimentos e programas para higiene, medicina e segurança do trabalho; prevenção de acidentes do trabalho;

• Adoção de medidas para evitar o estresse e preservar o clima organizacional e qualidade de vida no trabalho;

• Acompanhamento da rotatividade de pessoal e absenteísmos;

• Respeito às normas de ações sociais e de sustentabilidade;

• Respeito ao direito de intimidade e privacidade do empregado;

• Limites do poder diretivo do empregador;

• Gerenciamento das rescisões contratuais; adoção de recursos para minimizá-las;

• Acompanhamento de aposentadorias;

• Rotina para recebimento de ações trabalhistas; intimações e notificações judiciais; acompanhamento;

• Controle do pagamento de despesas e custas processuais; depósitos judiciais;

Conclusão

Observamos a crescente necessidade de abdicar-se das práticas tradicionais, e substituí-las – definitivamente – pelas atuais adotadas por nossa sociedade contemporânea.

E nesse cenário de transformações, notamos que a ARH evoluiu, deixando para trás aquele arcaico conceito de um setor meramente burocrático e técnico, sem ingerência e conhecimento na atividade empresarial.

Ao contrário, encontramos uma área estratégica, onde seus gestores assumiram um papel fundamental dentro das organizações e seus colaboradores deixaram de ser considerados como recursos humanos para serem tratado como parceiros.

O grande desafio está em absorver e aceitar tamanhas transformações que o momento exige e após adaptá-las às necessidades de cada organização, buscando sempre novas formas de administração, especialmente àquelas voltadas à valorização das pessoas.

Os conflitos, sejam eles pessoais ou judiciais, são inerentes da convivência em grupo. Porém, saber controlá-los é uma virtude indispensável aos gestores do negócio.

E já que são inevitáveis, é preciso prevê-los, conhecer as possíveis soluções, analisar as condições que os provocaram e partir ao encontro da sua solução de maneira profilática.

Uma avaliação precoce das causas do conflito, certamente abreviará o tempo de exposição das pessoas e principalmente das organizações.

Assim, as empresas e seus gestores precisam rever suas práticas administrativas, gerenciais, valores fundamentais, estrutura, métodos e processos para encontrar uma maneira de administrar e prevenir riscos.

O conflito não deve ser temido, mas enfrentado, monitorado e controlado, não importando a forma ou ferramenta utilizada, mas sim sua eficácia e seu alinhamento ao negócio da empresa.

Em um futuro bem próximo, gerenciar riscos e conflitos consistirá numa vantagem competitiva para qualquer organização.

GESTÃO DE LIQUIDAÇÃO NAS EXECUÇÕES TRABALHISTAS

Carla Lascala Lozano
Maria Fernanda Braz

1. Introdução

Hoje, a maioria das empresas já começa a ver com novos olhos que os problemas trabalhistas não se restringem apenas a mais uma questão relativa ao litígio com empregados.

As empresas reconhecem que o passivo trabalhista atinge diretamente sua imagem no mercado mundial, e, em razão disto, passaram a dar importância à administração deste passivo.

Por outro lado, sabemos que a má gestão deste passivo acaba por gerar despesas surpreendentes com ações trabalhistas e multas administrativas.

A gestão da liquidação do passivo, quando os processos se encontram em fase de execução, é uma das várias formas de administrar e gerir o passivo existente, onde é possível se ter uma previsão de gastos com os impostos incidentes (INSS, IR), custas processuais, honorários e, principalmente, com os pagamentos mensais dos débitos existentes na ações trabalhistas.

2. Execução Trabalhista

Antes de adentrarmos ao tema em si, necessário se faz uma breve abordagem sobre o instituto da execução trabalhista em seus diversos aspectos.

Segundo José Augusto Rodrigues Pinto[1] "Executar é, no sentido comum, realizar, cumprir, levar a efeito. No sentido jurídico, a palavra assume significado mais apurado, embora conservando a ideia básica de que, uma vez nascida, por ajuste entre particulares ou por imposição sentencial do órgão próprio do estado a obrigação, deve

---

1 RODRIGUES PINTO, José Augusto. *Execução trabalhista: estática – dinâmica – prática*, 11ª ed. São Paulo: LTr, 2006, p. 23.

ser cumprida, atingindo-se no último caso, concretamente, o comando da sentença que a reconheceu ou, no primeiro caso, o fim para o qual se criou".

Já para Manoel Antonio Teixeira Filho[2] execução "é a atividade jurisdicional do Estado, de índole essencialmente coercitiva, desenvolvida por órgão competente, de ofício ou mediante iniciativa do interessado, com o objetivo de compelir o devedor ao cumprimento da obrigação contida em sentença condenatória transitada em julgado ou em acordo judicial inadimplido ou em título extrajudicial, previsto em lei".

A execução tem como suporte um título executivo, que deve ter previsão legal, se revestir das formalidades previstas em lei e possuir a forma documental. Também deve ser líquido, certo e exigível.

Os títulos executivos judiciais previstos na CLT são os produzidos pela Justiça do Trabalho após a fase de conhecimento: sentença trabalhista transitada em julgado, sentença trabalhista pendente de julgamento de recurso recebido apenas no efeito devolutivo, acordos homologados pela Justiça do Trabalho.

3. Da Liquidação no Processo do Trabalho

A liquidação tem lugar quando a sentença ou o acórdão não fixam o valor da condenação ou não individualizam o objeto a execução.

Segundo Pedro Paulo Teixeira Manus,[3] "entende-se por liquidação de sentença o conjunto de atos processuais necessários para aparelhar o título executivo, que possui certeza, mas não liquidez, à execução que se seguirá. Com efeito, tratando-se de condenação de reconhecimento de obrigação de dar quantia certa, quase sempre a decisão que se executa, embora certa quanto ao seu objeto, não traz os valores devidos de forma líquida".

A Consolidação das Leis do Trabalho disciplina a liquidação em seu artigo 879, que assim dispõe:

---

2 TEIXEIRA FILHO, Manuel Antonio. *Execução no processo do trabalho*, 9ª ed. São Paulo: LTr, 2005, p. 33.

3 MANUS, Pedro Paulo Teixeira. *Execução de sentença no processo do trabalho*, 2ª ed. São Paulo: Editora Atlas, 2005, p. 25.

Art. 879. Sendo ilíquida a sentença exequenda, ordenar-se-á, previamente, a sua liquidação, que poderá ser feita por cálculo, por arbitramento ou por artigos.

obs.dji.grau. 4: Execução (ões); Liquidação de Sentença Exequenda Ilíquida

§ 1º Na liquidação, não se poderá modificar, ou inovar, a sentença liquidanda, nem discutir matéria pertinente à causa principal.

§ 1º-A A liquidação abrangerá, também, o cálculo das contribuições previdenciárias devidas. (Acrescentado pela L-010.035-2000)

§ 1º-B As partes deverão ser previamente intimadas para a apresentação do cálculo de liquidação, inclusive da contribuição previdenciária incidente. (Acrescentado pela L-010.035-2000)

obs.dji.grau. 4: Intimação (ões)

§ 2º Elaborada a conta e tornada líquida, o Juiz poderá abrir às partes prazo sucessivo de 10 (dez) dias para impugnação fundamentada com a indicação dos itens e valores objeto da discordância, sob pena de preclusão.

§ 3º Elaborada a conta pela parte ou pelos órgãos auxiliares da Justiça do Trabalho, o juiz procederá à intimação da União para manifestação, no prazo de 10 (dez) dias, sob pena de preclusão. (Acrescentado pela L-010.035-2000) (Alterado pela L-011.457-2007)

obs.dji.grau. 4: Intimação (ões)

§ 4º A atualização do crédito devido à Previdência Social observará os critérios estabelecidos na legislação previdenciária. (acrescentado pela L-010.035-2000)

§ 5º O Ministro de Estado da Fazenda poderá, mediante ato fundamentado, dispensar a manifestação da União quando o valor total das verbas que integram o salário-de-contribuição, na forma do art. 28 da Lei nº 8.212, de 24 de julho de 1991, ocasionar perda de escala decorrente da atuação do órgão jurídico. (Acrescentado pela L-011.457-2007)

obs.dji.grau. 1: Art. 28, Salário-de-Contribuição – Financiamento da Seguridade Social – Organização e Plano de Custeio – Lei Orgânica da Seguridade Social – LOSS – L-008.212-1991

obs.dji.grau.3: Art. 470, Embarcações – Comércio Marítimo – Código Comercial – L-000.556-1850

§ 6º Tratando-se de cálculos de liquidação complexos, o juiz poderá nomear perito para a elaboração e fixará, depois da conclusão do trabalho, o valor dos respectivos honorários com observância, entre outros, dos critérios de razoabilidade e proporcionalidade. (Acrescentado pela L-012.405-2011)

Como salienta Mauro Schiavi:[4] "O termo sentença deve ser interpretado em sentido amplo para abranger a sentença de primeiro grau e também os acórdãos, tanto dos TRTs como do TST. No Processo do Trabalho, assim como no Processo Civil, há três modalidades de liquidação: a) por cálculos; b) por arbitramento; c) por artigos.".

E continua: "A liquidação não pode ir aquém ou além do que foi fixado na decisão transitada em julgado, sob consequência de nulidade do procedimento e desprestígio da coisa julgada material, cabendo ao juiz velar pelo seu fiel cumprimento. Além disso, a proteção à coisa julgada tem *status* constitucional (art. 5º, inciso XXXVI, da C*F*). Nesse sentido é a disposição do parágrafo primeiro do art. 879 da CLT transcrito: "Na liquidação, não se poderá modificar, ou inovar, a sentença liquidanda, nem discutir matéria pertinente à causa principal".

3.1. Da Liquidação por cálculos

Assim determina o artigo 475-A da CLT, com redação dada pela Lei 11.232/2005: "Quando a sentença não determinar o valor devido, procede-se à sua liquidação.

Parágrafo Primeiro: Do requerimento de liquidação de sentença será a parte intimada, na pessoa de seu advogado".

Concluímos, então, que a liquidação tem seu início por um simples requerimento da parte, apresentando os cálculos de liquidação, sendo a parte contrária intimada na pessoa de seu advogado para impugnar os cálculos de liquidação.

As partes, em seus cálculos, devem apresentar o valor das contribuições previdenciárias, que são fixadas em sentença, e o INSS deve ser intimado para impugnação.

Saliente-se que se o autor é intimado para apresentar seus cálculos e se mantém inerte pelo prazo de dois anos, aplica-se a prescrição intercorrente, com base no disposto na Súmula 327 do Colendo Superior Tribunal Federal:

"Prescrição Intercorrente. O direito trabalhista admite prescrição intercorrente".

---

4 SCHIAVI, Mauro. *Execução no processo do trabalho*. São Paulo: LTr, 2008, p. 127.

3.2. Liquidação por Arbitramento

Este tipo de liquidação raramente é utilizado no Processo do Trabalho, em razão do seu custo, pois exige a realização de perícia.

O artigo 475-C do Código de Processo Civil assim dispõe:

"Far-se-á a liquidação por arbitramento quando: (Incluído pela Lei nº 11.232/05 – DOU de 23/12/2005) I – determinado pela sentença ou convencionado pelas partes; (Incluído pela Lei nº 11.232/05 – DOU de 23/12/2005) II – o exigir a natureza do objeto da liquidação. (Incluído pela Lei nº 11.232/05 – DOU de 23/12/2005)".

3.3. Liquidação por Artigos

Assim diz Manoel Antonio Teixeira Filho:[5]

"denomina-se, por artigos a essa modalidade de liquidação porque incumbe à parte (em geral, o credor) articular, em sua petição aquilo que deve ser liquidado, ou seja, indicar, um a um os diversos pontos que constituirão objeto da quantificação, concluindo por pedir, segundo Leite Velho, 'quantia, quantidade e qualidade de certas'".

A liquidação por artigos encontra previsão legal na Consolidação das Leis do Trabalho no seu artigo 879, mas este não disciplina o seu procedimento, razão pela qual adota-se o disposto no artigo 475, E, do Código de Processo Civil que assim disciplina:

"Far-se-á a liquidação por artigos, quando, para determinar o valor da condenação, houver necessidade de alegar e provar fato novo".

4. Sentença de Liquidação

Proferida a sentença de liquidação, que é a decisão que homologa os cálculos, a parte executada poderá opor embargos à execução, mas deverá garantir a execução no total apurado pela sentença, realizando um depósito judicial para fins de garantia do Juízo. Também o reclamante, exequente, poderá, caso não concorde com a sentença, impugnar a mesma através da impugnação a sentença de liquidação.

---

5 TEIXEIRA FILHO, Manoel Antonio, *op. cit.*

5. Execução Provisória

A execução provisória se fundamenta no artigo 899 da CLT e no artigo 587 do Código de Processo Civil, abaixo transcritos:

Art. 899 – Os recursos serão interpostos por simples petição e terão efeito meramente devolutivo, salvo as exceções previstas neste Título, permitida a execução provisória até a penhora. (Redação incluída pela Lei nº 5.442, de 24/05/1968) (Vide Lei nº 7.701, de 1988)

> § 1º Sendo a condenação de valor até 10 (dez) vezes o salário-mínimo regional, nos dissídios individuais, só será admitido o recurso inclusive o extraordinário, mediante prévio depósito da respectiva importância. Transitada em julgado a decisão recorrida, ordenar-se-á o levantamento *imediato da importância de depósito, em favor da parte vencedora, por simples despacho do juiz.*
> *(Redação incluída pela Lei nº 5.442, 24/05/1968)*
> § 2º Tratando-se de condenação de valor indeterminado, o depósito corresponderá ao que for arbitrado, para efeito de custas, pela Junta ou Juízo de Direito, até o limite de 10 (dez) vezes o salário-mínimo da região. (Redação incluída pela Lei nº 5.442, 24/05/1968)
> § 3º (Revogado pela Lei nº 7.033, de 05/10/1982)
> § 4º – O depósito de que trata o § 1º far-se-á na conta vinculada do empregado a que se refere o art. 2º da Lei nº 5.107, de 13 de setembro de 1966, *aplicando-se-lhe os preceitos dessa Lei observado, quanto ao respectivo levantamento, o disposto no § 1º. (Redação incluída pela Lei nº 5.442, 24/05/1968)*
> § 5º – Se o empregado ainda não tiver conta vinculada aberta em seu nome, nos termos do art. 2º da Lei nº 5.107, de 13 de setembro de 1966, a empresa procederá à respectiva abertura, para efeito do disposto no § 2º (Redação incluída pela Lei nº 5.442, 24/05/1968)
> § 6º – Quando o valor da condenação, ou o arbitrado para fins de custas, exceder o limite de 10 (dez) vezes o salário-mínimo da região, o depósito para fins de recursos será limitado a este valor.
> (Incluído pela Lei nº 5.442, 24/05/1968)

Art. 587. É definitiva a execução fundada em título extrajudicial; é provisória enquanto pendente apelação da sentença de improcedência dos embargos do executado, quando recebidos com efeito suspensivo (art. 739).

A execução provisória se faz através da extração da carta de sentença e, no nosso entendimento, vai até a penhora.

Assim já se pronunciou o Tribunal neste particular:

"Execução provisória – Suspensão dos atos processuais a partir da penhora. É certo que a execução provisória se encerra com a penhora, conforme dispõe parte final do *caput* do art. 899 da CLT. Entretanto, a determinação contida no referido artigo, não tem significado de paralisação dos atos processuais no momento de apreensão judicial dos bens das agravantes. O que a norma consolidada veda é a prática de atos que impliquem em alienação dos bens penhorados, pois tal ato traria prejuízos irreparáveis ao executado. Mas, caso interposto embargos à execução, os mesmos devem ser julgados, posto que é a medida processual que a parte dispões para que sejam sanados vícios que, eventualmente, possam ocorrer no ato da penhora" (TRT – 3ª. Região – 6ª. T. AP nº 465/2002.011.03.40-2 – Rela. Maria Perpétua C. F. de Melo – DJMG 4.3.04 – p. 18) (RDT nº 4 – Abril de 2004)."

8ª TURMA PROCESSO TRT/SP Nº 02962.1999.058.02.00-3 AGRAVO DE PETIÇÃO AGRAVANTE: JOVINA LORENÇO DA SILVA AGRAVADO: TELECOMUNICAÇÕES DE SÃO PAULO S/A – TELESP ORIGEM: 58ª VARA DO TRABALHO DE SÃO PAULO
EXECUÇÃO PROVISÓRIA. LEVANTAMENTO DO VALOR DEPOSITADO. REGRA EXPRESSA NA CLT (ART. 899). APLICAÇÃO SUBSIDIÁRIA DO ART. 475-O DA CLT É VEDADA.
O art. 899 da CLT é claro ao dispor que é permitida a execução provisória até a penhora. Não bastasse a inexistência de omissão, o que veda a pretendida aplicação subsidiária do art. 475-O do CPC, a pretensão da agravante vai de encontro ao disposto no citado artigo da CLT.

Relatório

Agravo de Petição, tempestivamente, interposto por JOVINA LORENÇO DA SILVA, às fls. 415/428, contra a r. decisão de fl. 409, que indeferiu o pedido de "liberação do valor depositado em sede de execução provisória" ante o óbice do perigo da irreversibilidade da medida.

Sustenta, em síntese, que o seu caso, por envolver crédito alimentar, se amolda perfeitamente na disposição contida no art. 475-O do CPC, que autoriza o levantamento do depósito em dinheiro efetuado nos autos – mesmo em se tratando de execução provisória. Considera, ainda, manifesto o caráter protelatório de todos os recursos manejados pela executada.

Contraminuta, com preliminares de não conhecimento, às fls. 432/443.

É o relatório.

Voto
Das preliminares suscitadas em contraminuta

Entende a agravada que o apelo não pode ser conhecido em razão do caráter interlocutório da decisão hostilizada. No ensejo, aponta a ausência de delimitação do valor incontroverso.

Rejeito.

Trata-se de decisão do d. Juízo na execução, portanto, desafia o recurso previsto no art. 897, "a", da CLT. No mais, não há que se falar em delimitação de valor incontroverso, porquanto o objetivo da agravante é o levantamento do valor depositado.

Mérito

Conheço do agravo de petição porque preenchidos os pressupostos legais de admissibilidade.

A agravante se insurge contra a r. decisão de fl. 409, que indeferiu o pedido de "liberação do valor depositado em sede de execução provisória" ante o óbice do perigo da irreversibilidade da medida.

Sustenta, em síntese, que o seu caso, por envolver crédito alimentar, se amolda perfeitamente na disposição contida no art. 475-O do CPC, que autoriza o levantamento do depósito em dinheiro efetuado nos autos – mesmo em se tratando de execução provisória. Considera, ainda, manifesto o caráter protelatório de todos os recursos manejados pela executada.

Não lhe assiste razão.

Com efeito, o art. 769 da CLT é de clareza solar ao determinar que "Nos casos omissos, o direito processual comum será fonte subsidiária do direito processual do trabalho, exceto naquilo em que for incompatível com as normas deste título."

Ora, no tocante ao levantamento do dinheiro em execução provisória, o direito processual do trabalho não é omisso, uma vez que o art. 899 da CLT dispõe que "Os recursos serão interpostos por simples petição (...) permitida a execução provisória até a penhora".

Não bastasse a existência previsão expressa, constata-se que a pretensão da agravante vai de encontro ao citado dispositivo da CLT.

Assim, correta a decisão agravada. Mantenho.

Dispositivo

Pelo exposto, rejeito as preliminares suscitadas em contraminuta, conheço do agravo de petição e, no mérito, nego-lhe provimento.

SILVIA ALMEIDA PRADO Desembargadora Relatora"

Quanto a possibilidade de penhora de dinheiro e também o bloqueio de contas bancárias na execução provisória, o Tribunal Superior do Trabalho já se posicionou, através da Jurisprudência, no sentido de ser incabível, em razão do princípio da execução pelo meio menos oneroso ao executado (Súmula 417 do Colendo TST). Entretanto, diversos Tribunais tem jurisprudência nos dois sentidos neste aspecto, a saber:

"*TIPO: Mandado de Segurança DATA DE JULGAMENTO: 09/11/2010* RELATOR(A): RICARDO VERTA LUDUVICE REVISOR(A): ROSANA DE ALMEIDA BUONO ACÓRDÃO Nº: 2010016856 PROCESSO Nº: 10704009420105020000 (10704201000002000) ANO: 2010 TURMA: SDI DATA DE PUBLICAÇÃO: 06/12/2010 PARTES: IMPETRANTE(S): HIDEAKI IIJIMA E CIA SS-HAIR CHANES E HIDEAKI IIJIMA IMPETRADO(S): ATO DO MM JUIZO DA 18ª VARA DO TRABALHO DE SAO PAULO LITISCONSORTE(S): ALICE TATIANA DE SANTANA ROCHA

EMENTA:
A apreensão de numerário em sede de execução provisória, exterioriza procedimento gravoso aos executados, na medida em que a interposição de apelo, deixa entrever a possibilidade de possibilidade de revisão da r. decisão condenatória. Por essa razão, não se mostra jurídica a constrição de valores, tendo em vista que a penhora pode acarretar prejuízo insuperável aos impetrantes em face do desfazimento de seu patrimônio líquido; justamente por não se saber ao certo o montante do crédito ou mesmo se haverá dívida constituída, a apreensão de dinheiro é prática de açodamento Aplica-se à hipótese vertente o disposto na Súmula nº 417, III, do C. TST.
TIPO: Mandado de Segurança DATA DE JULGAMENTO: 25/03/2010 RELATOR(A): LUIZ CARLOS GOMES GODOI REVISOR(A): MARIA INÊS MOURA SANTOS ALVES DA CUNHA ACÓRDÃO Nº: 2010004076 PROCESSO Nº: 11598-2008-000-02-00-7 ANO: 2008 TURMA: SDI DATA DE PUBLICAÇÃO: 20/04/2010 PARTES: IMPETRANTE(S): INSTITUTO ACQUA AÇAO CIDADANIA QUALIDADE URBANA E AMBIENTAL IMPETRADO(S): ATO DO MM JUIZO DA 01ª VARA DO TRABALHO DE RIBEIRAO PIRES LITISCONSORTE(S): MARIA NEUZA DOS SANTOS

EMENTA:
MANDADO DE SEGURANÇA. EXECUÇÃO PROVISÓRIA. CONSTRIÇÃO DE DINHEIRO. AUSÊNCIA DE INDICAÇÃO DE OUTROS BENS À PENHORA. Não fere direito líquido e certo a constrição de dinheiro em execução provisória quanto a parte não indicou outros bens à constrição. Inteligência da Súmula nº 417, item III, do C. TST e do art. 655, do CPC.

6. Procedimento da execução trabalhista

Como bem salienta Mauro Schiavi, em obra já citada, podemos dividir a execução trabalhista nas seguintes fases:

"a) quantificação: Nesta fase o título executivo será liquidado para se chegar ao valor a ser executado (art. 879 da CLT). Embora a CLT inclua a liquidação no capítulo da execução, conforme já nos manifestamos, a liquidação não faz parte da execução, pois é um procedimento imediatamente anterior ao início da execução;

b) citação para pagamento: a Consolidação das Leis do Trabalho exige a citação do executado para pagamento da execução ou nomeação de bens à penhora (arts. 880 e 881 da CLT), garantindo, com isso, o juízo;

c) constrição patrimonial: Nesta fase, ser realizará a penhora dos bens do executado, tantos quantos bastem para o pagamento do crédito (arts. 882 e 883 da CLT);

d) defesa do executado: se dá por meio de embargos à execução e impugnação à conta de liquidação: A CLT disciplina os embargos à execução, bem como a impugnação da conta de liquidação no art. 884 da CLT. Tanto o exequente como o executado poderão impugnar a conta de liquidação.

e) expropriação: praça e leilão: A CLT, no art. 888, disciplina a forma de expropriação de bens, por meio de praças e leilões únicos."

7. Penhora

A penhora pode ser definida como o ato através do qual são apreendidos e depositados bens do executado que bastem para garantir o pagamento da execução, isto é, para satisfazer o credor.

E hoje, com a chamada *penhora on line*, podemos afirmar ser uma grande "dor de cabeça" aos empresários brasileiros, que da noite para o dia, podem ter suas contas, tanto da empresa, quanto pessoais, bloqueadas, prejudicando, sobremaneira, o desenvolvimento das atividades empresariais.

O tema é extenso, e não é objetivo deste artigo tecer maiores explanações, mas apenas alertar aos inconvenientes dela decorrentes.

8. Conclusão

Traçados todos os procedimentos de uma execução trabalhista, podemos verificar que a boa administração do passivo trabalhista ajuda a evitar transtornos e a reduzir dívidas que poderão chegar a valores surpreendentemente altos, trazendo prejuízos irreparáveis ao empresário.

O acordo, que é cabível a qualquer tempo no processo do trabalho, pode ser uma solução viável, inclusive quando os valores devidos na execução já foram apurados, incluindo nestes os débitos devidos ao INSS, IR e custas processuais.

Calculados todos os valores devidos nas ações trabalhistas existentes em uma determinada empresa, é possível gerir este passivo através de um planejamento, aonde, com o dinheiro que a empresa tem disponível mensalmente para este fim, se tente acordos nas ações trabalhistas pendentes que cheguem a uma redução de, no mínimo, 10 % (dez por cento) do montante apurado.

As parcelas a serem quitadas mês a mês, incluindo as custas processuais, honorários, INSS e IR, deverão ser gerenciadas de forma a possibilitar que o valor disponível para aquele mês não seja ultrapassado.

Desta forma, mesmo que lentamente, o passivo vai sendo controlado, evitando-se a aplicação de juros e surpresas futuras.

AVALIAÇÃO DO RISCO TRABALHISTA
– *DUE DILIGENCE*

Roberto Rosano

A atividade empresarial é formada por quatro elementos, que são: capital, mão de obra, insumo e tecnologia. A forma de combinar esses elementos é que diferencia os empresários e determina o seu sucesso no mundo competitivo. Desses elementos, destacamos a mão de obra, que surge na forma de empregados celetistas, temporários, terceiros, eventuais e autônomos. O conjunto que compõe a mão de obra ao desenvolver o objeto social de determinada empresa origina o seu passivo trabalhista.

Ao se falar de passivo trabalhista devemos entender como os compromissos e dívidas da empresa que abatem de seu ativo para determinar o seu lucro operacional. Assim, o passivo trabalhista, num cenário de transformação societária, passa a ter importância para definição do valor de determinada empresa e sua viabilidade econômica. Por isso, a avaliação do risco trabalhista tem sido uma exigência comum de todas as empresas sejam elas pequenas ou grandes corporações; já que ter uma avaliação precisa de risco trabalhista pode possibilitar uma tomada de decisão mais adequada na obtenção de um melhor resultado financeiro.

O conhecimento do risco trabalhista de determinada atividade ou de uma empresa inicia-se pela *Due Diligence*.

O que é *Due Diligence*?

A expressão inglesa "Due Diligence" de acordo com o dicionário jurídico bilíngue é definida como análise documental, exame de documentos e auditoria.[1] O Professor Fábio Ulhoa Coelho denomina *due diligence* como a fase de auditoria de uma compra e venda de empresa.[2]

---

1 LA TOULUBRE, Marina Bevilacqua de. *Dicionário Jurídico bilíngue: português – inglês/ inglês – português*. São Paulo: Saraiva, 2010, p. 193.
2 COELHO, Fábio Ulhoa. *Manual de Direito Comercial*: ver. e atual. de acordo com o novo Código Civil (Lei nº 10.406, de 10/01/2002), 14ª ed. São Paulo: Saraiva, 2006, p. 3 e 87.

Na tradução literal da expressão temos que *due diligence* é a "devida cautela ou diligência", pode-se extrair então, pelo aspecto trabalhista, que é um conjunto de atos para verificação de uma atividade ou uma empresa, sendo que a verificação dá-se por meio do exame e análise dos documentos referentes à mão de obra envolvida na atividade empresarial.

A necessidade de realização de *due diligence* ocorre em duas hipóteses, para verificar suposta irregularidade de um negócio em andamento, hipótese em que ela possuirá um caráter de análise e apresentação de sugestões para saneamento ou eliminação de eventual inconformidade e a outra hipótese será para averiguar as condições do passivo trabalhista de determinada empresa, verificando a consistência e adequação das demonstrações contábeis referente ao passivo trabalhista em uma eventual fusão ou aquisição, que é denominada pela expressão inglesa "*M&A*", que significa *Mergers and Aquisitions*.

Objetivo

Nos dois casos, o objetivo da "*due diligence*" é verificar o passivo trabalhista existente de determinada atividade ou negócio de uma empresa.

Cabe lembrar que o escopo de uma *due diligence* não se limita ao aspecto do passivo trabalhista, sendo seu campo de atuação mais amplo, verificando-se aspectos societários, cíveis, imobiliários, fiscais, contratuais, marcas e patentes, certidões e licenças, seguros e criminais.

No caso específico desse artigo, a reflexão a respeito da *due diligence* se limitará apenas aos aspectos trabalhistas.

A atividade de verificar o passivo trabalhista instalado consiste em confrontar a avaliação de risco do passivo trabalhista com a provisão de contingências da empresa apresentada no balanço contábil. Esse confronto é feito pelo exame da documentação comprobatória do passivo trabalhista e se o mesmo condiz com a avaliação de risco do passivo trabalhista.

Na definição do risco trabalhista de uma atividade ou negócio é necessário, em primeiro momento, verificar a natureza jurídica da atividade e sua adequação com a legislação vigente.

Nessa primeira avaliação de risco, o objetivo é verificar se o *core business* de uma empresa é proibido ou não pela legislação trabalhista vigente. Fala-se em proibição porque a atividade privada, em razão do princípio da liberdade, pode fazer tudo o que a lei não proibir. Em oposição ao Estado que só faz aquilo que a lei permite. É fundamental para administração de uma empresa ter a ciência se determinada atividade ou negócio é proibido pela lei, ou saber que há um questionamento sobre a permissão ou não da atividade.

O *"core business"* é um termo inglês que define qual o ponto forte e estratégico da atuação de uma determinada empresa, surge expresso na cláusula referente ao objeto social presente no Contrato Social ou Estatuto Social da empresa. Por exemplo: o *"core business"* de uma Instituição Financeira é a intermediação financeira, portanto, o resultado dos bancos advém, principalmente, das operações de empréstimos e das aplicações financeiras, nessas operações os juros recebidos correspondem às suas receitas e os juros ou remunerações pagos correspondem às despesas ou custo de captação. Logo, a atividade de segurança, limpeza, treinamento, tecnologia de informação, área jurídica, *call center* não fazem parte do núcleo do objeto social de uma instituição financeira.

Não resta dúvida, por exemplo, que uma empresa de vigilância não pode terceirizar seu corpo de vigilantes, mas existem situações não bem definidas que são chamadas de zonas cinzentas como no caso de instaladores de fios de uma companhia de telefonia ou televisão a cabo. Essas atividades de instalar fios de telefonia ou cabo da televisão não se confundem com o *"core business"* dessas empresas, uma vez que a e estrutura física desses serviços que são os postes e cabos de transmissão não fazem parte do seu objeto social, pois, na verdade, o objeto social dessas empresas é a transmissão de dados (telefonia) ou conteúdo (televisão a cabo), portanto, algo imaterial. Mesmo porque elas poderiam existir sem ter uma mesma estrutura física própria, compartilhando com várias empresas a mesma rede ou pela tecnologia utilizada poderiam, eventualmente, dispensar toda a estrutura física de cabos e postes.

Essas zonas cinzentas tendem a se multiplicar em razão do avanço tecnológico e das mudanças econômicas, mudanças essas que são rápidas e repentinas que não são acompanhas pela legislação. Assim, a advocacia deve acompanhar a evolução da sociedade e expor essas situações ao Poder Judiciário para que este busque interpretar a legislação em conformidade com a realidade atual.

Dessa definição do *core business* da empresa é que surgem as áreas de atuação em que podem ou não existir a terceirização também denominada de *"outsourcing"*. No caso do *core business* a gestão e a execução é gerida pela própria empresa, já no caso da terceirização a gestão e a execução são feitas por terceiros.

Após a verificação da natureza jurídica da atividade e da sua adequação com a legislação vigente, tem-se um exame sobre a legalidade da atividade da empresa. Outra situação de *due diligence* como já emocionado é para a análise do passivo trabalhista instalado.

A análise do passivo trabalhista instalado ocorre com o exame dos documentos referentes aos dissídios trabalhistas (individuais e coletivos), as fiscalizações ou autuações trabalhistas e os procedimentos ou inquéritos do Ministério Público do Trabalho. Todo esse conjunto de processos ou procedimentos deve ser analisado para mensurar o grau de risco que esse passivo carrega.

No que se refere às ações judiciais avalia-se a possibilidade de perda de determinada ação judicial, mensurando essa possibilidade de perda em três graus de risco: remoto, possível e provável.

O grau de risco remoto é considerado aquele cuja chance de perda é superior ao êxito, ou seja, há poucas chances da empresa ganhar a ação judicial. O grau de risco possível é aquele que não há elementos suficientes para definir uma tendência e o grau de risco remoto já é aquele que pela jurisprudência, pelas provas produzidas nos autos ou pela matéria questionada em juízo há pequena possibilidade de derrota.

A partir da mensuração do risco deve ocorrer o provisionamento por parte da empresa. Ao se falar de provisão deve se entender como aquela reserva que é tirada do caixa da empresa para honrar determinado débito a ser futuramente exigido.

Para o valor do passivo representado pelo grau de risco remoto e possível não possui provisão embora o valor deva aparecer no balanço contábil como contingências passivas.

A obrigatoriedade da provisão apenas é exigida e efetuada para o passivo de grau de risco provável. Cabe esclarecer que não há uma regra definindo o critério de provisão, cabe à administração de cada empresa estabelecer o seu critério.

A única normatização prevista está na Lei das Sociedades por Ações (Lei nº 6.404/76) nos artigos 176, 177 e 195. O art. 176, especialmente no *caput* e nos parágrafos 4º e 5º determina que a cada exercício social, as empresas devem apresentar as suas demonstrações contábeis contendo notas que expliquem as responsabilidades e contingentes perante terceiros.[3] O art. 177 estabelece a observância dos princípios de contabilidade, da exigência de auditores externos e do registro das mutações e atuali-

---

3   Art. 176 – Ao fim de cada exercício social, a Diretoria fará elaborar, com base na escrituração mercantil da companhia, as seguintes demonstrações financeiras, que deverão exprimir com clareza a situação do patrimônio da companhia e as mutações ocorridas no exercício; (...)

§ 4º – As demonstrações serão complementadas por notas explicativas e outros quadros analíticos ou demonstrações contábeis necessários para esclarecimento da situação patrimonial e dos resultados do exercício.

§ 5º – As notas deverão indicar: (...)

d) os ônus reais constituídos sobre elementos do ativo, as garantias prestadas a terceiros e outras responsabilidades eventuais ou contingentes;

zações das obrigações passivas.[4] Finalmente o art. 195 dispõe sobre a constituição da reserva, ou seja, a provisão de eventual perda de determinado passivo.[5]

Outrossim, as empresas para criarem as regras de provisionamento se utilizam da deliberação da Comissão de Valores Mobiliários nº 489 de 03/10/2005 que aprova e torna obrigatório para as companhias de capital aberto o pronunciamento nº 22 do IBRACON (Instituto dos Auditores Independentes do Brasil) que prescreve: *"... o objetivo do NPC é definir os critérios de reconhecimento e bases de mensuração aplicáveis a provisões, contingências passivas, contingências ativas, bem como definir regras para sejam divulgadas informações suficientes nas notas explicativas às demonstrações contábeis para permitir que os usuários entendam sua natureza, oportunidade e seu valor"*.

A partir da legislação acima, cada empresa define um critério de provisão, baseado na mensuração do risco, critério esse que deverá ser aprovado pela administração da empresa e pelo seu auditor externo.

O papel do advogado será qualificar esse risco, por meio de parecer ou nota explicativa, conforme o critério de provisão estabelecido pela empresa e seu auditor externo.

---

4 "Art. 177 – A escrituração da companhia será mantida em registros permanentes, com obediência aos preceitos da legislação comercial e desta Lei e aos princípios de contabilidade geralmente aceitos, devendo observar métodos ou critérios contábeis uniformes no tempo e registrar as mutações patrimoniais segundo o regime de competência. (...)

§ 3º – As demonstrações financeiras das companhias abertas observarão, ainda, as normas expedidas pela Comissão de Valores Mobiliários, e serão obrigatoriamente auditadas por auditores independentes registrados na mesma comissão.

§ 4º – As demonstrações financeiras serão assinadas pelos administradores e por contabilistas legalmente habilitados."

5 Art. 195 – A assembleia geral poderá, por proposta dos órgãos da administração, destinar parte do lucro líquido à formação de reserva com a finalidade de compensar, em exercício futuro, a diminuição do lucro decorrente de perda julgada provável, cujo valor possa ser estimado.

§ 1º – A proposta dos órgãos da administração deverá indicar a causa da perda prevista e justificar, com as razões de prudência que a recomendem, a constituição da reserva.

§ 2º – A reserva será revertida no exercício em que deixarem de existir as razões que justificaram a sua constituição ou em que ocorrer a perda.

Procedimento

Os primeiros passos da *due diligence* na hipótese de averiguar um negócio de determinada empresa inicia-se com a solicitação da documentação referente ao ato constitutivo (Contrato Social ou Estatuto Social) da empresa para verificar o seu objeto social com a legislação vigente e a atividade efetivamente exercida por essa empresa. Ao final desse trabalho, apresenta-se um relatório definindo se há ou não uma irregularidade, e se for esse o caso, apresenta-se o respectivo passivo e se possível o seu valor estimado, bem como as sugestões para a sua correção por parte da administração da empresa.

Na hipótese de ser procedimento de fusão ou aquisição, a documentação necessária para a análise do passivo será fornecida no "*data room*". O chamado *data room* é um espaço físico, que pode ser nas dependências da empresa ou em lugar de terceiro, onde o advogado tem acesso para análise aos documentos da empresa em um tempo determinado definido pelas partes para a sua exibição. Geralmente os envolvidos nessa operação, firmam compromisso de confidencialidade, uma vez que como têm acesso a todos os documentos, caso a operação não tenha sucesso, eventuais informações poderão ser relevantes para a economia e concorrentes.

No *data room*, no caso trabalhista, haverá uma relação de todos os documentos referente ao passivo trabalhista e cópia dos mesmos. Como exemplos desses documentos são: as reclamações trabalhistas individuais e coletivas, as autuações dos auditores do trabalho, os acordos coletivos ou convenções coletivas dos últimos cinco anos, os modelo dos contratos de trabalho dos empregados e dos executivos (gerentes, diretores e estatutários), a folha de pagamento atual, os recolhimentos previdenciários e do Fundo de Garantia por Tempo de Serviço, a lista dos demitidos nos últimos dois anos e os contratos de prestação de serviços.

Nessa etapa, ocorre a verificação da documentação apresentada com a análise da avaliação do risco trabalhista da empresa averiguada confrontando com a provisão no balanço contábil. É nesse momento em que se verifica cada documento apresentado e sua relevância no passivo trabalhista. Caso os documentos sejam insuficientes, deve se solicitar para empresa auditada os documentos faltantes.

No que se refere aos dissídios individuais trabalhistas, faz-se necessário verificar se são de empregados celetistas ou de terceiros, após esse primeiro filtro, busca verificar os pedidos das reclamações trabalhistas e sua frequência, as decisões de mérito e os valores estimados. Especial atenção se deve ter com os processos em execução sejam esses de sentenças em reexame, transitadas em julgado ou de acordos celebrados, uma vez que a Justiça do Trabalho está cada vez mais eficaz no cumprimento das decisões por meio da penhora *on line*.

Esse artigo não busca discutir a legalidade ou não ou os limites da penhora *on line*. Entretanto, é um fato que tal instrumento revolucionou as execuções trabalhistas como também deu a devida importância ao processo trabalhista, pois a dívida trabalhista passou a ser relevante uma vez que as contas correntes da empresa ou de seus administradores ou de seus sócios podem ser bloqueadas por débitos trabalhistas.

Nesse sentido, o artigo 11 da Lei nº 6.830/80[6] referente à execução fiscal e aplicável subsidiariamente a execução trabalhista por força do *caput* do artigo 889 da CLT[7] apresenta o dinheiro, em espécie, em depósito ou aplicação em instituição financeira como o primeiro bem na ordem de nomeação de bens a penhora.

Assim, é importante verificar se há garantia patrimonial por penhora judicial ou depósito judicial em dinheiro para os processos em execução provisória ou definitiva e se os mesmos apresentam a respectiva classificação no balanço contábil da companhia. Na hipótese de existir inconsistência no balanço contábil, essa situação poderá acarretar um aumento do passivo trabalhista se não houver a respectiva provisão passiva referente ao depósito judicial.

Sobre os procedimentos, inquéritos e ação civil públicas ou Termo de Ajuste de Conduta do Ministério Público do Trabalho é fundamental verificar o objeto da investigação ou ação judicial e sua repercussão no passivo trabalhista. Nesse caso, os interesses e direitos questionados são os metaindividuais, que são classificados em interesses difusos, coletivos ou individuais homogêneos.

O interesse difuso se caracteriza pela impossibilidade de determinação da coletividade atingida pelo ato ou procedimento lesivo ao ordenamento jurídico, como exemplo, cita-se a discriminação no momento da contratação.

Já o interesse coletivo se caracteriza pela existência de vínculo entre os membros da coletividade afetados pela lesão e o autor, como ocorre nos casos de ato patronal obrigando os empregados a receber parte dos salários por meio de mercadorias

---

6 "Art. 11 da Lei nº 6.830/80 – A penhora ou arresto de bens obedecerá à seguinte ordem: I – dinheiro; II – título da dívida pública, bem como título de crédito, que tenham cotação em bolsa; III – pedras e metais preciosos; IV – imóveis; V – navios e aeronaves; VI – veículos; VII – móveis ou semoventes; e VIII – direitos e ações."

7 "Art. 889 da CLT – Aos trâmites e incidentes do processo da execução são aplicáveis, naquilo em que não contravierem ao presente Título, os preceitos que regem o processo dos executivos fiscais para a cobrança judicial da dívida ativa da Fazenda Pública Federal."

fornecidas pela empresa, mecanismo este também chamado de "*Truck Sistem*", no caso de descumprimento generalizado de uma determinada cláusula do acordo coletivo ou convenção coletiva ou nos casos do não recolhimento dos depósitos do Fundo de Garantia por Tempo de Serviço dos empregados da empresa.

Por interesse individual homogêneo tem-se aquele decorrente de origem comum como é o caso de pleitos de pagamento de adicionais de insalubridade ou periculosidade para todos os empregados de uma determinada empresa.

A relevância desses questionamentos no passivo trabalhista de uma empresa tem grande importância, pois não se trata de um caso individual, mas sim de ações judiciais que têm uma repercussão maior e que impactam o valor do passivo trabalhista.

Nas eventuais autuações fiscais trabalhistas dos auditores do trabalho é necessário verificar o objeto da autuação e verificar se foi um fato isolado e já equacionado ou se trata de situação generalizada e contínua. Em geral as autuações versam sobre anotações de cartão de ponto, pagamento de horas extras e terceirização irregular. Também, é necessário verificar se ocorreu defesa administrativa ou se foi proposta a respectiva ação judicial impugnando a autuação conforme autoriza o inciso VII, artigo 114 da Constituição Federal de 1988.[8]

Quanto à análise dos contratos de trabalho, pede-se sempre uma cópia de cada espécie de contrato de trabalho, o modelo referente aos executivos deve ser bem esmiuçado, especialmente quanto à forma de remuneração fixa e variável e os benefícios, uma vez que se trata de situações diferenciadas, envolvendo valores altos, podendo gerar passivo futuro de grande relevância.

Outra análise que se faz necessário é a observância dos últimos acordos coletivos ou convenções coletivas, verificando as obrigações assumidas e a lista dos empregados, recolhimentos previdenciários e do Fundo de Garantia por Tempo de Serviço – FGTS.

No que se referem à lista dos empregados desligados nos últimos dois anos deve ser observada a forma de desligamento, o cargo, o salário e o tempo de serviço na empresa, tais informações são úteis para criar um cenário futuro de um eventual passivo trabalhista, nesse caso não há nada de concreto apenas e tão somente uma expectativa que poderá ou não se confirmar, sua mensuração dependerá do histórico das reclamações trabalhistas já existentes.

---

8   Art. 114 – Compete à Justiça do Trabalho processar e julgar: (...) VII – as ações relativas às penalidades administrativas impostas aos empregadores pelos órgãos de fiscalização das relações de trabalho.

Quanto à terceirização, também denominado de *"outsourcing"*, é um fenômeno presente na economia brasileira e é realidade nas empresas brasileiras, até o momento não há legislação específica, seu fundamento legal é dado pela súmula 331 do Colendo Tribunal Superior do Trabalho[9] que permite a terceirização nas atividades meio da empresa, como, por exemplo, vigilância, conservação, limpeza e outros serviços especializados, pois em regra não se admite a terceirização da atividade fim.

Logo, se deve analisar o objeto, ou seja, o *"core business"* dos contratos de terceirização e verificar se os mesmos não fazem parte do *core business* mencionado no objeto social da empresa tomadora de serviços, sob pena de nulidade dos referidos contratos de terceirização, com a vinculação direta da mão de obra envolvida na prestação de serviços com o tomador de serviços.

Cabe citar a jurisprudência trabalhista do Tribunal Regional do Trabalho da 2º Região: "RECONHECIMENTO DO VÍNCULO DE EMPREGO. PRESTAÇÃO DE SERVIÇOS POR INTERMÉDIO DE COOPERATIVA. O conjunto probatório demonstrou que a reclamante prestou serviços por mais de dois anos para a primeira reclamada, por intermédio da segunda, cooperativa, com controle de sua jornada de trabalho e sob o comando de gestores da segunda

---

9 TST Enunciado nº 331 – Revisão da Súmula nº 256 – Res. 23/1993, DJ 21, 28/12/1993 e 04/01/1994 – Alterada (Inciso IV) – Res. 96/2000, DJ 18, 19 e 20/09/2000 – Mantida – Res. 121/2003, DJ 19, 20 e 21/11/2003: Contrato de Prestação de Serviços – Legalidade.

I – A contratação de trabalhadores por empresa interposta é ilegal, formando-se o vínculo diretamente com o tomador dos serviços, salvo no caso de trabalho temporário (Lei nº 6.019, de 03/01/1974).

II – A contratação irregular de trabalhador, mediante empresa interposta, não gera vínculo de emprego com os órgãos da administração pública direta, indireta ou fundacional (art. 37, II, da CF/1988). (Revisão do Enunciado nº 256 – TST)

III – Não forma vínculo de emprego com o tomador a contratação de serviços de vigilância (Lei nº 7.102, de 20/06/1983), de conservação e limpeza, bem como a de serviços especializados ligados à atividade-meio do tomador, desde que inexistente a pessoalidade e a subordinação direta.

IV – O inadimplemento das obrigações trabalhistas, por parte do empregador, implica a responsabilidade subsidiária do tomador dos serviços, quanto àquelas obrigações, inclusive quanto aos órgãos da administração direta, das autarquias, das fundações públicas, das empresas públicas e das sociedades de economia mista, desde que hajam participado da relação processual e constem também do título executivo judicial (art. 71 da Lei nº 8.666, de 21/06/1993). (Alterado pela Res. 96/2000, DJ 18/09/2000).

reclamada, restando comprovada, assim, a habitualidade, a pessoalidade e a subordinação. Saliente-se, por oportuno, que sendo a primeira reclamada empresa que presta serviços de "home care" (atendimento hospitalar na residência do paciente), o fato de contratar empresa prestadora de serviços para realização de sua atividade-fim, por si só, já se traduz em indício de fraude na contratação mediante cooperativa. Note-se que, consoante entendimento jurisprudencial do C. TST, a contratação de trabalhadores por empresa interposta, para execução da atividade-fim, é ilegal, formando-se o vínculo diretamente com o tomador dos serviços (itens I e III, da Súmula no 331 do C. TST). A constituição de cooperativa, com o fim de prestação de serviços, e que, para alcançar seus objetivos admite, assalaria, demite trabalhadores e dirige a utilização de sua mão de obra por terceiro, na verdade, nada mais é do que empresa terceirizadora idêntica, no essencial, a tantas outras que operam no mercado. Vínculo de emprego reconhecido. (TRT/SP – 00313200706402000 – RO – Ac. 2aT 20090591024 – Rel. Odette Silveira Moraes – DOE 25/08/2009).

No caso de nulidade do contrato de prestação de serviços, tem-se que terceirização ou *outsourcing* não é lícito. Assim, o objeto pactuado é proibido. Mas pode ocorrer uma fraude de gestão ou execução por parte do tomador de serviços. Tal situação não se pode verificar só pelo aspecto formal, que é o exame do contrato de prestação de serviços, e sim na realidade do contrato de prestação de serviços. Como pode acontecer no caso de contrato de prestação de serviços na área de segurança cujo objeto é lícito conforme súmula 331 do C. TST, mas na prática, pode ocorrer uma irregularidade na execução do contrato, por exemplo, os empregados da empresa prestadora de serviços subordinados juridicamente aos empregados da tomadora de serviços ou remunerados diretamente pela empresa tomadora de serviços.

Em qualquer hipótese, o tomador de serviços será responsável subsidiário pelas obrigações trabalhistas dos prestadores de serviços, desde que esse faça parte do processo como disposto no inciso IV da Súmula 331 do C. TST e confirmado pela Jurisprudência Trabalhista dos Tribunais Regionais do Trabalho.[10]

---

10 RESPONSABILIDADE SUBSIDIÁRIA. PRESTAÇÃO DE SERVIÇOS. CORREIOS. O inadimplemento das obrigações trabalhistas, por parte da empresa prestadora de serviços, implica na responsabilidade subsidiária dos entes públicos tomadores dos serviços, nos termos do inciso IV da Súmula nº 331 do c. TST, cuja nova redação é posterior à Lei 8.666/93. Levando-se em conta que a EBCT beneficiou-se dos serviços prestados pela Autora, correta a aplicação da referida Súmula, devendo permanecer incólume a r. sentença

Com isso, é relevante verificar a quantidade de mão de obra dos terceiros envolvidos no contrato de prestação de serviços e seu prazo de duração e eventuais reclamações trabalhistas de terceiros com pedido de responsabilidade subsidiária, considerando sempre a solvência do prestador de serviço.

> que imputou à Recorrente a condenação subsidiária pelo adimplemento dos créditos devidos à Reclamante. Dessa feita, dou parcial provimento ao Apelo Patronal tão-somente para extirpar, de ofício, a condenação pertinente à integração do aviso prévio indenizado e 1/12 do 13º salário proporcional, imposta pela r. sentença em julgamento ultra petita, bem como absolvê-la do pagamento da dobra das férias referentes a 2003/2004 e 2004/2005. LITIGÂNCIA DE MÁ-FÉ. CONDENAÇÃO SOLIDÁRIA DO ADVOGADO. PLEITO DE VERBAS SABIDAMENTE INDEVIDAS OU JÁ PAGAS. Em que pese a farta jurisprudência no sentido de que a má-fé do advogado deve ser apurada em autos próprios, tal providência torna-se desnecessária quando o Juiz verificar essa circunstância na própria Reclamação Trabalhista. Assim, constatado que a verdade dos fatos foi alterada com o fim de usar do processo para conseguir verbas indevidas, procedendo de forma temerária, aplico, de ofício, à Reclamante e, solidariamente, a seu advogado, a multa por litigância de má-fé no importe de 1% sobre o valor da causa, pois a litigância de má-fé é matéria de ordem pública, portanto, não pode ser aceita com normalidade ou complacência, devendo ser imputada inclusive ao causídico, de forma a desestimular a prática que ora se apresenta. (TRT23. RO – 00698.2007.071.23.00-0. Publicado em: 27/06/08. 2ª Turma. Relator: DESEMBARGADORA LEILA CALVO)
> *CONTRATO DE PRESTAÇÃO DE SERVIÇOS. EMPRESA CONTRATADA INADIMPLENTE. RESPONSABILIDADE SUBSIDIÁRIA. Se a empresa contratada (real empregadora) resta inadimplente quanto às verbas trabalhistas do empregado, compete à tomadora de serviços, responder pelo pagamento devido. Responsabilidade subsidiária da Administração Pública Indireta prevista na* **Súmula 331***, inciso IV, do C.* **TST***. Recurso ordinário a que se nega provimento. (TRT/SP – 01945200544402008 – RO – Ac. 3ªT 20090765774 – Rel. Mércia Tomazinho – DOE 29/09/2009)*
> *TERCEIRIZAÇÃO. RESPONSABILIDADE SUBSIDIÁRIA. Não há óbice à contratação de serviços de terceiros para a realização de atividades-meio pelas empresas ou instituições. Entretanto, o princípio da proteção ao trabalhador e a teoria do risco permitem responsabilizar o tomador subsidiariamente, diante da inadimplência do prestador, pelo prejuízo causado aos seus empregados, cuja força de trabalho foi usada em benefício do primeiro. Ainda que precedida de regular licitação, a administração pública tem a responsabilidade de fiscalizar a relação entre a prestadora contratada e seus empregados, sob pena de arcar com sua incúria (culpa in vigilando).* **Súmula 331***, IV, do* **TST***. (TRT/SP – 01762200826302007 – RS – Ac. 5aT 20090604452 – Rel. José Ruffolo – DOE 21/08/2009)*

O procedimento da *due diligence* segue o exposto acima, dependendo do caso examinado ou do passivo trabalhista a ser analisado, ocorrerá uma maior ou menor frequência de documentos referente aos assuntos abordados. Se a empresa possuir muitos contratos de prestação de serviços, maior será na análise a importância da terceirização, por outro lado, se a empresa possuir um contencioso numeroso e relevante, o aspecto contencioso exigirá uma maior atenção sobre todos os documentos relacionados a esse passivo e os valores que compreendem as contingências passivas apresentadas no balanço contábil.

Em qualquer situação é necessário que o profissional que participe da *due diligence* tenha clareza de qual é o objetivo do procedimento se é verificar suposta irregularidade ou se é para certificar o valor do passivo trabalhista em eventual fusão ou aquisição. É essa definição que o orientará na análise dos documentos.

Conclusão

O procedimento da "*due diligence*" é uma análise documental do passivo trabalhista, quanto maior e mais representativo for o exame da documentação mais eficiente será a avaliação do risco trabalhista. Entretanto, o advogado trabalhista envolvido nesse procedimento de "*due diligence*" não pode limitar-se ao aspecto formal da investigação, deverá buscar por meio da Jurisprudência Trabalhista, dos Princípios específicos do Direito do Trabalho e da realidade do negócio analisado, o eventual risco trabalhista.

A avaliação do risco trabalhista é composta das avaliações: qualitativa e quantitativa. A avaliação quantitativa é o *quantum* representado por esse passivo trabalhista, geralmente, o passivo trabalhista é mensurado por meio de cálculos, caso não seja possível, por cálculos, aconselha-se sempre uma estimativa por avaliação. Na apuração do *quantum* do passivo trabalhista, os profissionais adequados são contadores ou peritos.

Quanto à avaliação qualitativa do risco significa verificar se no âmbito trabalhista há ou não um risco em determinada atividade ou situação, essa avaliação apenas e tão somente o advogado estará habilitado a fazê-lo conforme inciso II do Artigo 1º do Estatuto da Advocacia e Ordem dos Advogados do Brasil[11] mesmo porque é ele o profissional conhecedor do Direito, podendo proferir parecer sobre o eventual risco trabalhista.

---

11 Lei 8906 de 04/07/1994 – Estatuto da Advocacia e a Ordem dos Advogados do Brasil (OAB): "Art. 1º – São atividades privativas de advocacia: (…) II – as atividades de consultoria, assessoria e direção jurídicas.".

Na avaliação qualitativa do risco trabalhista não se pode deixar de lado os princípios específicos do Direito do Trabalho: da proteção, da irrenunciabilidade de direitos, da continuidade da relação de emprego, da primazia da realidade. Sendo esse último muito importante, já que para o Direito do Trabalho não importa o formal, mas sim a situação real, se o aspecto formal de determinado negócio não traduzir a realidade prevalecerá a realidade para o Direito do Trabalho.

Como já exposto, no que se refere à terceirização o princípio da primazia da realidade é fundamental para a avaliação dos contratos de terceirização ou *"outsourcing"*, visto que não é somente o descrito no objeto do contrato de prestação de serviços que é relevante para o Direito do Trabalho e sim, como esse contrato se executa no dia-a-dia. A realidade fática demonstrará se há ou não uma irregularidade na terceirização, geradora de passivo trabalhista.

No mesmo sentido, o contido no artigo 9ª da CLT que declara a natureza de ordem pública das normas celetistas, já que são aplicadas imperativamente, e se descumpridas, implicam a nulidade do ato do empregador.

A avaliação qualitativa do risco trabalhista deve ser construída partindo-se da análise formal dos documentos que informam o passivo trabalhista da empresa, sendo os mesmos interpretados de acordo com a legislação trabalhista, a Jurisprudência Trabalhista e os princípios específicos do Direito do Trabalho. Seguindo essa orientação, tem-se que a avaliação qualitativa do passivo trabalhista será eficiente, podendo ou não gerar alterações na avaliação quantitativa desse passivo.

Outrossim, na avaliação do risco trabalhista deve se observar a prescrição trabalhista. A prescrição, segundo Américo Plá Rodriguez, consiste na perda da ação emergente de um direito, como consequência do transcurso de um certo prazo, durante o qual aquele não foi exercido.[12] Independente de sua definição ou conceito, a prescrição trabalhista é um instituto de segurança jurídica das relações trabalhistas, já que põe termo a eventual passivo trabalhista, gerando confiança para as empresas e trabalhadores.

Os prazos prescricionais trabalhistas definidos no artigo 7º, inciso XXIX da CF/88. Exceção quanto aos recolhimentos do Fundo de Garantia por Tempo de Serviço que se o ex-empregado ingressar com a ação no curso de dois anos da rescisão, a empresa será responsável pelos recolhimentos do fundo de garantia por tempo

---

12 RODRIGUEZ, Américo Plá. *Princípios de Direito do Trabalho*. São Paulo: LTr, 1993, p. 114.

de serviço pelo período de trinta anos conforme súmula 362 do Colendo Tribunal Superior do Trabalho.[13]

O resultado de uma *"due diligence"* na hipótese de averiguação de uma irregularidade será a definição do grau de risco acrescido da respectiva sugestão para eliminar ou minimizar o risco, uma vez que cabe a administração da empresa decidir o que deve ser feito conforme o apurado na *"due diligence"*. A administração e seus sócios assumem o risco da atividade econômica, cabendo aos mesmos a decisão sobre os rumos da atividade empresarial, ao relatório da *"due diligence"* de forma técnica buscará as melhores orientações para minimizar ou eliminar o passivo trabalhista.

Na hipótese da *"due diligence"* ser oriunda de uma fusão ou aquisição – *"Mergers and Aquisitions – M&A"*, o resultado, quanto ao passivo trabalhista, será um relatório apontando se o passivo da empresa está adequado ao apresentado e provisionado em balanço contábil, caso exista inadequações que afetem o valor provisionado para maior, dependendo do acordo de fusão ou incorporação entre as empresas, ocorrerá ou não o abatimento do preço do negócio ou o estabelecimento de garantias referente ao passivo trabalhista.

Por fim, a avaliação do risco trabalhista deve ser vista pelos administradores de empresa como uma ferramenta de gestão administrativa como é o caso da área de risco patrimonial ou de informação. Ter todos os riscos trabalhistas de uma empresa avaliados, pode evitar surpresas desagradáveis como uma execução forçada por meio de penhora *on line*. A empresa que conhece o seu risco trabalhista por meio de uma correta avaliação transmite maior segurança para seus sócios ou acionais e tende a obter melhores resultados financeiros.

---

[13] TST Enunciado nº 362 – Res. 90/1999, DJ 03/09/1999 – Nova redação – Res. 121/2003, DJ 21/11/2003. Contrato de Trabalho – Prazo Prescricional – Reclamação – Fundo de Garantia do Tempo de Serviço – É trintenária a prescrição do direito de reclamar contra o não-recolhimento da contribuição para o FGTS, observado o prazo de 2 (dois) anos após o término do contrato de trabalho.

ASSESSORIA JURÍDICA TRABALHISTA: PREVENÇÃO E SOLUÇÃO DE LITÍGIOS

Cíntia Yazigi

Introdução

Muitos dos empresários ficam indignados cada vez que recebem reclamações trabalhistas, principalmente aqueles que cumprem o pagamento de todas as verbas trabalhistas.

É equivocado o pensamento de que só se recebe reclamação trabalhista porque o empregado não recebeu seus direitos corretamente. Se assim fosse, seria bem simples de resolver pela própria lógica dos fatos: paga-se e não se sofre mais reclamação trabalhista.

Não há como se prevenir contra novas ações trabalhistas sem conhecer os reais motivos que podem levar aquele trabalhador, tão fiel e tão honesto, a apresentar uma reclamação trabalhista contra seu empregador, que, neste caso, diga-se de passagem, sente-se, com razão, injustiçado.

São diversos os motivos que acarretam uma ação trabalhista. Motivos esses que devem ser conhecidos e compreendidos pelo empregador, a fim de que, ao menos, consiga reduzir as reclamações.

É certo que a prevenção deve ater-se à origem do problema gerada por motivos diversos, entendendo-se assim os aspectos que costumam influenciar fortemente o empregado a propor uma ação trabalhista.

I. Prevenção

Dentre os motivos mais comuns que ensejam ações trabalhistas alguns dependem da atuação do empregador, enquanto outros não. Dos mais comuns independendo da atuação do empregador, têm-se os motivos culturais, sociais e financeiros. Entre aqueles provocados pelo próprio empregador, tem-se os motivos legais e pessoais, este último predominante por isso muitas vezes superando os demais, tanto de forma favorável, quanto desfavorável. Indispensável firmar o conhecimento das motivações.

a) Motivos culturais e sociais

Os motivos culturais abrangem os padrões coletivamente transmitidos aos empregados brasileiros em virtude da ação contínua da própria população. Originam-se na respectiva sociedade e são específicos de cada povo e de seu meio.

É certo que os motivos culturais que envolvem a legislação brasileira provém do povo como um todo, destacando-se que a legislação trabalhista é federal uma vez que prevista na Constituição Federal e na Consolidação das Leis do Trabalho – CLT, direcionados a toda população brasileira.

A tranquilidade do brasileiro para propor uma ação trabalhista é indiscutível. É muito normal o ex-empregado expor com orgulho que está processando seu ex-empregador ou ainda, dizendo-se de forma bem popular e pomposa, que "colocou a empresa no pau".[1]

A cultura brasileira preparou os trabalhadores para proporem quantas ações trabalhistas quiserem contra todas as empresas que puderem, estejam eles juridicamente certos ou errados.

Propor ação trabalhista com facilidade e sem maiores ônus, é evidentemente uma manifestação cultural brasileira.

Outra atitude cultural brasileira nada desejável trata do fato do "Reclamante" pedir tudo aquilo que ele entende ser devido e o que entende não ser devido também. Há ações que possuem dezenas de pedidos, quando em verdade a matéria digna de discussão judicial, restringe-se a uma ou duas. Sob este aspecto, os advogados costumam ser bem criativos e por certo os Reclamantes o saúdam por isso.

Exceto pela litigância de má-fé, penalidade esta raramente aplicada na Justiça do Trabalho brasileira, o Reclamante não sofre qualquer represália porque pediu o que não era devido, ou ainda porque propôs uma ação que culminou por ser julgada improcedente. Na maioria dos casos, quando a ação é julgada totalmente improcedente, até a isenção de custas por parte do Reclamante, é declarada. Muito cultural!

Quando um indivíduo comenta com seu amigo ou colega que está processando a empresa pelo qual trabalhou, geralmente o faz com orgulho, causando inclusive uma reação de apoio e admiração. O comportamento do trabalhador que processa seu ex-empregador é motivado pela própria sociedade. Gera aprovação e reconhecimento por parte da sociedade o indivíduo que propõe uma ação trabalhista.

---

1   Gíria muito comum utilizada por pessoas que pretendem processar alguma empresa.

Este comportamento origina-se através de força que mobiliza outros empregados à intenção de processar seu empregador, desvinculada a uma necessidade ou ao próprio senso de Justiça.

Indiscutível que pela própria lógica, a motivação para se propor uma reclamação trabalhista, deveria originar-se em uma necessidade de Justiça, mas não é assim. Incrivelmente muitas ações trabalhistas são geradas em decorrência de impulsos sociais. É muito comum um ex-empregado entrar com uma ação trabalhista por impulso meramente porque seu parente, amigo ou colega fez o mesmo, contando vantagens de quanto ganhou. Também há aquele que propõe ação trabalhista porque assistiu ou leu uma reportagem sobre tema o que incentivou-o a buscar direitos, que, diga-se de passagem, nem sempre são os seus.

Infelizmente a sociedade é grande incentivadora de reclamações trabalhistas, nem sempre procedentes.

Outro fator comum criado pela própria sociedade, mas tanto quanto assustador, refere-se à motivação do cumprimento de um objetivo pré-estabelecido, antes mesmo de o empregado cumprir seu contrato de trabalho. São casos inacreditavelmente comuns de empregados que já iniciam seu labor com o objetivo de propor ação trabalhista ao término da relação. Cuida-se de indivíduos observando tudo, colecionando xerox, impressões, e-mails, controle de frequência e até mesmo procurando captar testemunhas. Tudo previamente planejado, de modo que quando a ação é proposta, o volume exagerado de documentos revela facilmente tal programação.

Os motivos sociais direta ou indiretamente provocam ações trabalhistas notadamente porque o indivíduo ao apresentar a reclamação tem a aprovação, o apoio e o respeito da sociedade.

Pois bem, as ações trabalhistas são bem vindas no Brasil. O povo aprova e gosta, isso com certeza é motivo para convencer um trabalhador a se voltar contra seu empregador. Infelizmente o empregador ainda não tem armas para se prevenir de novas ações trabalhistas advindas do incentivo social e cultural, mas pode certamente se proteger, se resguardar e se defender da reclamação, cumprindo integralmente os ditames legais.

b) Motivos Legais

Os fatores legais estão ligados no princípio de que as leis trabalhistas foram estabelecidas para serem cumpridas.

A Constituição Federal de 1988 favorece e incentiva o trabalhador a propor reclamação perante a Justiça do Trabalho, pois concede direitos numerosos, garantindo o direito de ação para pleitear os créditos resultantes da relação de trabalho, com prazo prescricional de cinco anos até o limite de dois anos após a extinção do contrato de trabalho.

Assim, mesmo depois de findada a relação jurídica entre o trabalhador e o empresário, a tomada de decisão do trabalhador de propor ou não dissídio trabalhista pode perdurar por até dois anos. O decurso deste prazo prescricional muitas vezes faz a cabeça do trabalhador provocando a propositura de ações trabalhistas até a véspera do seu término. Isto revela que no período anterior o trabalhador sequer cogitava processar seu empregador. Contudo sofrendo influências culturais, sociais, financeiras e até pessoais, justifica este seu novo procedimento.

Já a Emenda Constitucional 45/2004 que alterou o art. 114 da Carta Magna, ao ampliar a competência da Justiça do Trabalho, concedeu-lhe competência para dirimir conflitos decorrentes de relações do trabalho e não somente de emprego. Neste sentido, as ações trabalhistas tornaram-se mais constantes, mesmo porque a relação de trabalho tem uma abrangência bem superior do que a mera "relação de emprego".

Dentre as relações de trabalho tem-se, além daquela originada no emprego, a relação do trabalho autônomo, do trabalho temporário, do trabalho avulso, da prestação de serviços bem como outras mais.

E mais ainda, as ações trabalhistas que antes praticamente só abrangiam verbas trabalhistas, em virtude do disposto no artigo 114 da Constituição Federal, alterado pela citada Emenda Constitucional, agora mais do que nunca estão transbordando de pedidos conjuntos de indenização por danos morais e patrimoniais decorrentes da relação de trabalho, abarrotando o Judiciário trabalhista de ações e mais ações novas.

Não bastassem os preceitos constitucionais, as relações de trabalho são minuciosamente regulamentadas pela CLT e pelas Normas Coletivas, sendo que a violação de quaisquer das regras previstas podem gerar reclamação trabalhista.

No Brasil há muita facilidade para se propor tais ações, pois, além de se contar com o auxílio de um advogado ou do sindicato da categoria do trabalhador, também é possível, nos termos do artigo 840 da CLT, que ocorra por conta própria do trabalhador (reclamação verbal na Justiça do Trabalho). Esta liberalidade certamente fortifica a sensação de facilidade do trabalhador em acessar a Justiça do Trabalho.

Ademais, para se propor uma reclamação, o trabalhador não terá necessidade de efetuar qualquer pagamento antecipado e tampouco se preocupar com despesas processuais, como ocorre com outras áreas do direito.

A nossa legislação cuida dos trabalhadores, contudo, permite que diante da liberalidade e facilidade que admite a propositura de ações, a justiça, à boa fé, a lei e a dignidade social sejam atropeladas, mutilando-se com os abusos advindos de faculdade concedida por ela própria.

Sob o aspecto legal o empregador ainda tem o poder nas mãos. Se procedeu corretamente não terá maiores temores. A prevenção direcionada ao sucesso da improcedência da ação é digna dos mais esperados procedimentos, entre outros, alguns deles: a) cumprimento fiel da legislação trabalhista; b) prevenção com a segurança e medicina do trabalho; c) prevenção contra assédios morais e sexuais; d) execução de normas coletivas sem ferir as regras hierarquicamente superiores; e) elaboração e cumprimento de acordos individuais sempre com a anuência do empregado e desde que não cause prejuízo ao mesmo.

Efetivamente, a motivação legal é a mais privilegiada para o bom empregador. Se agiu corretamente ou pagou corretamente tendo consigo todos os instrumentos comprobatórios nada lhe atingirá, exceto algumas despesas, a perda de tempo em sua defesa e a dor da ingratidão.

c) Motivos financeiros

Não se discute nesta oportunidade a motivação pelos direitos devidos ou não pelo empregador, mas sim o impulso que ocasiona a apresentação de reclamação trabalhista que neste caso é movido pelo "dinheiro". Por isso e outros motivos que não o legal, que uma empresa comprovadamente correta se depara às vezes com tantas ações surpreendentes.

Quando o empregado é dispensado sem justa causa, sai todo otimista com sua situação financeira, afinal imagina que levantará um bom dinheiro, e arrumando logo um emprego, poderá gastar com o que quiser. O empregado sai imaginando que tem bastante recursos e na pior das hipóteses receberá o seguro desemprego, conseguindo outro emprego em seguida. A realidade costuma ser cruel com isso. Muitos se iludem e perdem tudo muito rápido. Outros não se iludem, mas aos poucos gastam o dinheiro e outros que não se iludem e não gastam o dinheiro são ambiciosos, querendo, portanto, mais dinheiro. Até dois anos após a rescisão contratual, quando prescreveria o direito de ação do ex-trabalhador, "muitas aguas rolam". Quanto ao empregado que é dispensado por "justa causa" a possibilidade de se entrar com uma ação trabalhista por questões, além de moral, também econômicas é obvia, afinal ele não tem mais nada a perder.

Infelizmente, para muitos dos reclamantes, o dinheiro é tudo que querem. Não estão preocupados com a justiça, com a sua honra ou seus valores, com o cumprimento da lei ou com o cumprimento de seus deveres, mas sim com o dinheiro que a empresa tem e que "não vai lhe fazer falta".

O raciocínio é sempre o mesmo, "se eu preciso e a empresa não precisa desse dinheiro, por que não tentar?". Nesses termos é induvidoso a empresa sempre sair perdendo. Até provar que tem razão e que pagou os direitos corretamente (quando consegue provar), já gastou com advogados e outras despesas mais. Em muitas oportunidades a empresa até prefere firmar acordo para findar logo com o processo.

A ganância de alguns trabalhadores é tão evidente que é muito comum verificar valores na ação trabalhista que ultrapassam mais de R$ 100.000,00 (cem mil reais) fechando-se um acordo por R$ 5.000,00. É evidente que nestes casos, infelizmente rotineiros, a pretensão inicial não refletia a realidade, mas sim a intenção do reclamante em facilitar o recebimento de um "dinheirinho".

Dificilmente a empresa consegue prevenir-se para evitar essas situações. Mas ainda assim existe uma tênue possibilidade de amenizar essas ocorrências. Sob este aspecto precisará litigar até o final (sem acordo), pleiteando na própria defesa que seja aplicada a litigância de má-fé com a condenação do Reclamante por alterar a verdade dos fatos ou usar o processo para conseguir objetivo ilegal (artigo 17 do Código de processo Civil).

Uma vez provado que nada é devido ao Reclamante e sendo a litigância de má-fé reconhecida pelo juiz, a devida repercussão ocorrerá, causando precedentes favoráveis para uma empresa, ao obter a fama de justa e rígida, conquistando maior respeito e temor ante os "ex-empregados gananciosos". Isto não é tão simples, afinal a empresa tem de estar correta e não falhar na apresentação de defesa com as devidas provas processuais, além de encontrar Juiz (entre poucos) que aplique a litigância de má-fé ao reclamante.

d) Motivos pessoais

Nem a doutrina, nem a jurisprudência demonstram o que só a prática nos bastidores das Varas do Trabalho consegue comprovar: o maior motivo que leva um ex-trabalhador a propor ação trabalhista, independente de ser ou não procedente, é pessoal.

O que mais se escuta de um Reclamante é a frase "eu não ia entrar com ação trabalhista, mas o Fulano ofendeu-me..." inacreditavelmente o tratamento dispendido na relação contratual ou na forma de demissão, será o fator determinante da transformação do ex-trabalhador em reclamante ou não reclamante.

Durante a relação de trabalho é essencial o respeito e o bom tratamento. Nem sempre um procedimento ruim, desprezível, irônico ou agressivo, configura assédio moral, mas sempre e em todas as hipóteses essa espécie de tratamento pode desencadear uma ação trabalhista ao término da relação.

Enquanto, na sala de espera da audiência, os reclamantes ressaltam que entraram com a ação por causa de determinada pessoa, as suas testemunhas adoram se gabar de seus papéis porque foram "maltratadas". Raras são aquelas que dizem não ter nada contra a empresa e tampouco encontra-se alguém se justificando dizendo estar lá por imposição judicial. É fato, qualquer tratamento pessoal não desejável dentro da empresa pode ensejar ação trabalhista, não significando que o mesmo caracterize assédio moral.

Não basta ao empregador procurar as falhas de tratamento na própria área. Em muitas ocasiões a insatisfação está no tratamento dispendido pelo pessoal de Recursos Humanos, praticado por que irá demitir ou cuidar do processo de demissão do trabalhador. Com desdém e frieza, simplesmente manda embora o trabalhador! A forma de demissão também é uma grande vilã dos empresários, pois muitas vezes o trabalhador alimenta um rancor que só será compensado com a apresentação de reclamação trabalhista.

Há prevenções a serem feitas: a) Os bons representantes do empresário são o tesouro da empresa. Sabem exatamente o que tá errado e porque as coisas estão tomando um rumo ruim. Muitos prepostos escutam desabafos de reclamantes e testemunhas e conhecem a fundo os motivos e o nome do fulano que indiretamente provocou tanto ira no reclamante. As empresas deveriam iniciar seu processo de prevenção através de seus prepostos. Escutá-los, ouvir suas sugestões, podem corrigir os pontos vulneráveis da empresa ocasionando a insatisfação dos empregados; b) a forma de demissão deve ocorrer preferencialmente pelo chefe imediato e da maneira mais delicada possível. Em ocorrendo o aviso de demissão, através da Área de Recursos Humanos, deve-se ter cautela e prudência, inclusive no processo que segue a demissão. Ao demitir um empregado, o tratamento por parte do pessoal de Recursos Humanos, que de "humano" as vezes deixa a desejar, deve ser impecável; c) pesquisa de clima organizacional – se a empresa identificar antecipadamente o que causa insatisfação ao empregado terá condições de corrigir aspectos falhos pessoais ou não e amenizar seu risco de sofrer ação trabalhista. A pesquisa do clima deve preparar a análise de relacionamentos entre os empregados; d) assédio moral – as empresas devem elaborar um projeto de prevenção de assédio moral, notadamente ministrando cursos e dando instruções aos seus empregados, evitando assim formas mais radicais de interpretação de comportamento.

Além da prevenção das reclamações trabalhista que só ocorre com a identificação dos seus motivos, também é essencial que a empresa cuide e se preocupe com aquelas que não foram evitadas, mas que ainda assim podem vir a ser favoráveis para a empresa.

II. Da solução de litígios

a) Acordos

A forma mais prática de se encerrar um processo trabalhista ainda é por força de acordo. Há empresas que não fazem acordo por "política", outras com medo de precedentes, outras porque os pedidos são demasiados. Muitos processos que poderiam de forma menos custosa findar em acordo, tornam-se extremamente caros por ausência da análise empresarial neste sentido.

Ao contrário do que a maioria dos empresários pensam, não é o acordo quem abre precedentes. O indivíduo com a intenção de propor ação trabalhista não vai deixar de fazê-lo só porque a empresa não faz acordos. O acordo facilita a vida da reclamada e do reclamante, evitando muitas vezes penalidades maiores como multas e expedição de ofícios para órgãos públicos. O acordo admite parcelamento e admite negociação de valores. Ainda é a melhor solução para todos.

b) Solução judicial

Sendo incabível o acordo, seja qual for a justificativa, a ação trabalhista deve ser cuidada minuciosamente a fim de propiciar a melhor da soluções do litigio. Para melhores resultados alguns aspectos merecem atenção especial: a contratação do advogado, a escolha do preposto e a produção de provas.

c) Procuradores

Há "bons advogados" e "meros advogados". A contratação de um bom advogado é essencial, principalmente em se tratando da advocacia trabalhista empresarial que infelizmente custa a ser valorizada. O empresário não pode confundir o advogado bom de cobrança (cobra pouco) com o advogado bom de processo (perde pouco). Literalmente no ramo trabalhista o barato sai caro. Se o advogado não for um bom profissional a própria ação será encarecida. Independentemente de o advogado ser interno ou de escritório externo, é ele quem poderá contribuir para o melhor resultado financeiro da ação.

O empresário que tenta economizar justamente com o advogado (o que acontece muito com ações de massa) não faz a reflexão que com isso perde a qualidade processual, provocando custo econômico maior.

Um processo bem trabalhado causa um proveito que supera qualquer expectativa do bom empresário. Ao invés de se preocupar em "economizar" com o advogado, a reclamada deve se preocupar em contratar um advogado que elabore boas peças processuais fundadas na análise convincente dos fatos e apoiado em pronunciamento doutrinário e jurisprudencial favorável. Cumpre os prazos, instrui os prepostos e testemunhas com lealdade, participa das audiências com objetividade e sabedoria, realiza protestos oportunos, procura produzir provas pertinentes e conduz o processo com dedicação e prudência.

Não importa o quanto a empresa tenha razão, mesmo porque independentemente disto, se o processo não for conduzido por um bom advogado, isto não valerá muita coisa.

d) Alguns procedimentos

Uma das falhas mais comuns que tem prejudicado consideravelmente os empresários, depois de proposta a ação trabalhista: trata da indicação equivocada de seu representante legal. São muitos os casos em que o preposto muitas vezes comparece em audiência e ao prestar depoimento alega "desconhecer alguns dos fatos" acarretando a confissão da Reclamada. Há também hipóteses em que o preposto "põe tudo a perder" porque não sabia que determinados procedimentos em audiência são essenciais. Ademais há prepostos que por falta de informação ou até comprometimento chegam atrasados ou chegam a não entrar na sala de audiência por mera distração.

O empregador necessita indicar um preposto instruído e que realmente tenha conhecimento dos fatos, sendo seu maior aliado, pois caso contrário os resultados processuais serão desfavoráveis à reclamada.

Também inerente destacar outro fator predominante para favorecer ou prejudicar a reclamada. Incrivelmente são muitas as empresas que se perdem com a produção de provas e acabem favorecendo o Reclamante. De todas as formas de se produzir provas, a juntada de documentos parciais e apresentação de testemunhas não interessantes, são as falhas que mais ocorrem por parte da empresa.

A empresa precisa guardar de maneira organizada todos os documentos trabalhistas. Não importa se os mesmos estão em pastas individuais ou em caixas temáticas. O importante é mantê-los em local de fácil acesso e possibilidade de localização. Mesmo os documentos microfilmados ou aqueles que são integrantes do próprio sistema de informática, merecem cuidados especiais.

O empregador deve manter os documentos muito bem guardados e com possibilidade de fácil localização, cuidando-se também dos documentos armazenados no computador que devem ser resguardos com backups.[2] Não é rara a empresa que perde todas as informações do sistema seja por vírus, pane ou até por furto. A conservação de documentos é essencial e incontestável para se garantir o sucesso ou insucesso de uma ação. A prova documental na Justiça do Trabalho tem muita força e é através dela que muitas vezes o empresário se livra de sucessivas condenações.

No tocante à produção de provas testemunhais indispensável destacar que são bem delicadas. Não se pode indicar uma testemunha somente porque ela trabalhava no mesmo setor do Reclamante. O que a testemunha conheceu e presenciou tem de ser bom para a empresa que tem seu direito de defesa. Não é incomum a testemunha que comparece na justiça do trabalho, exclusivamente para prestar depoimento por imposição da empresa, sem ao menos entender o que está acontecendo. As consequências nestes casos costumam ser desagradáveis senão desastrosas para a empresa. A negligência por parte da empresa na seleção de testemunhas é tanta que em muitas oportunidades a testemunha mal conhece o reclamante, frustrando qualquer possibilidade de sucesso.

Nessas condições não há bom advogado que resolva, cabendo somente à empresa a seleção correta de suas testemunhas, que preferencialmente deve ser indicada pelo chefe imediato do reclamante e não por integrantes de ares distintas como recursos humanos ou área jurídica. A empresa tem que ser dedicada e indicar a testemunha que conheça os fatos favoráveis para a empresa.

---

2   Cópias de Segurança.

Considerações Finais

Pagar corretamente os trabalhadores não bastará para a empresa se prevenir contra ações trabalhistas, mesmo porque além da esfera que envolve os direitos previstos na legislação há ainda os motivos históricos, culturais, sociais, financeiros e pessoais que podem provocar as reclamações trabalhistas por parte de um ex-empregado. Também é indubitável que a posição empresarial frente qualquer comportamento inadequado configurando ou não assédio, é fator determinante para decisão daquele que um dia pode vir ou não processar seu ex-empregador. Infelizmente não há uma fórmula infalível de se evitar novas ações trabalhistas, mas certamente amenizá-las ajuda muito. Contudo, uma vez que recebida a ação trabalhista é indispensável que a empresa tome todas as cautelas de defesa, seja no aspecto processual, seja no aspecto administrativo, pois só assim terá possibilidade de vislumbrar sucesso ao final do litígio.

II. CONTENCIOSO ADMINISTRATIVO

FISCALIZAÇÃO DO MINISTÉRIO DO TRABALHO E EMPREGO E SEUS DESDOBRAMENTOS EXTRAJUDICIAIS

Letícia Prado
Wanessa de Lucca

O presente artigo visa analisar os desdobramentos extrajudiciais da fiscalização do Ministério do Trabalho e Emprego e suas possíveis consequências para o empregador.

Antes de mais nada, vale mencionar que entendemos ser de suma importância que a Fiscalização do Ministério do Trabalho seja vista com seriedade pelos empregadores, não só em razão do nobre mister exercido pelas autoridades fiscais, como também pelos possíveis desdobramentos que desta ação podem resultar, alguns deles com consequências por demais gravosas às empresas, como financeiras, dano à imagem e ao negócio em si.

Um procedimento fiscalizatório bem acompanhado pelo empregador, ainda que resulte em sua autuação pela apuração de suposta irregularidade trabalhista, certamente dará respaldo a uma melhor discussão jurídica sobre o assunto envolvido, permitindo-se, por exemplo, coibir eventuais abusos de autoridade cometidos pelos agentes de fiscalização, bem como antever-se os argumentos, formais e de mérito, de que o empregador dispõe em sua defesa, inclusive no âmbito judicial, se necessário.

Como sabido, o Ministério do Trabalho e Emprego é um órgão da administração federal direta (Poder Executivo) que tem como atribuição, dentre outras, a fiscalização do cumprimento da legislação trabalhista.

Na estrutura do Ministério do Trabalho e Emprego, a fiscalização do trabalho fica a cargo do Departamento de Fiscalização do Trabalho (artigo 15 do Decreto nº 5.063/04) e é desenvolvida em cada unidade da Federação por intermédio das Superintendências Regionais do Trabalho e Emprego (SRTEs), que, por sua vez, se estruturam em unidades locais (Gerências Regionais do Trabalho e Emprego), que buscam abranger todo o território nacional (artigo 4º do Decreto nº 4.552/02 e artigo 21 do Decreto nº 5.063/04).

A atividade de inspeção do trabalho é promovida pelo Auditor Fiscal do Trabalho, servidor público concursado, no âmbito de todas as empresas, estabelecimentos e locais de trabalho, públicos ou privados, estendendo-se aos profissionais liberais e instituições sem fins lucrativos, bem como às embarcações estrangeiras em águas territoriais brasileiras.

É prerrogativa do Auditor Fiscal do Trabalho ter livre acesso a todos os locais de trabalho, independentemente de prévio aviso e em qualquer dia e horário (artigo 13 do Decreto nº 4.552/02), bem como a toda e qualquer documentação que diga respeito ao fiel cumprimento das normas de proteção ao trabalho (artigo 5º da Convenção nº 81 da Organização Internacional do Trabalho, artigo 630, § 3º da CLT e artigo 18, V do Decreto nº 4.552/02), inclusive livros contábeis, fiscais e outros documentos de suporte à escrituração das empresas (Instrução Normativa MTE nº 84/2010).[1] Nesse sentido, leciona Eduardo Saad:

> É o empresário obrigado a exibir ao agente da fiscalização do trabalho todos os documentos que digam respeito às relações de trabalho, tais como folha de salários, controle de horas suplementares, horário observado na empresa, etc. Quer dizer que, outros documentos que não estejam relacionados ao contrato de trabalho, o empregador não está obrigado a apresentar ao fiscal.
> De recordar que a privacidade é um direito do cidadão tutelado pela Constituição Federal (art. 5º, inciso X) e pelo Código Penal (art. 154). Lamentavelmente, esta Consolidação não encerra disposição proibindo expressamente o Agente da Inspeção do Trabalho de divulgar segredo de que tomou conhecimento em razão de seu ofício.[2]

Segundo o artigo 3º, § 2º da Portaria MTE nº 41/2007, o Auditor Fiscal do Trabalho poderá fixar o prazo de 2 (dois) a 8 (oito) dias para a apresentação de documentos passíveis de centralização. Caso não seja obedecido o prazo fixado na

---

1 FISCALIZAÇÃO. LIMITES. DIREITO ADMINISTRATIVO. DIREITO DO TRABALHO. A fiscalização possui como função precípua averiguar irregularidades, sendo-lhe lícito solicitar quaisquer documentos que entenda necessários, diante do que constatar o fiscal na inspeção, conforme expressa previsão dos arts. 626 e seguintes da CLT e art. 11, d, Lei nº 10.593/02, não sendo possível falar-se em ilegalidade capaz de macular a autuação tal solicitação de documentos. Recurso não provido. (TRT 15ª Região – Proc. nº 433-2007-005-15-00-0 – Rel. Luciane Storel da Silva – DJ 9.1.09)

2 SAAD, Eduardo e outros. *CLT Comentada*, 43ª ed. São Paulo: LTr, 2010, p. 861.

Notificação de Apresentação de Documentos, a empresa poderá sofrer autuação específica por resistência ou embaraço a fiscalização (artigo 630, § 6º da CLT).

As inspeções podem ocorrer tanto nos locais de trabalho, como nas unidades descentralizadas do MTE (Superintendências e Gerências Regionais do Trabalho e Emprego) e podem ser realizadas de ofício (sem qualquer provocação de terceiros) ou mediante denúncia de trabalhadores, sindicatos, representantes do Ministério Público do Trabalho ou da Magistratura do Trabalho.

A fiscalização do trabalho deverá observar o critério de dupla visita, nos termos do artigo 627 da CLT, em caso de novas leis, regulamentos ou instruções ministeriais ou quando se tratar de primeira inspeção dos estabelecimentos ou dos locais de trabalho, recentemente inaugurados ou empreendidos. Esse critério de dupla visita é estendido também aos estabelecimentos ou locais de trabalho com até dez trabalhadores (salvo infração por falta de registro de empregados ou na ocorrência de resistência, fraude, resistência ou embaraço à fiscalização) ou em micro e pequenas empresas (artigos 23, III e IV do Decreto nº 4.552/02).

A dupla visita não será obrigatória após o decurso do prazo de noventa dias da vigência das disposições da nova lei, regulamento ou instrução ou do efetivo funcionamento do novo estabelecimento ou local de trabalho.

Uma vez constatada qualquer irregularidade no cumprimento das normas trabalhistas, o Auditor Fiscal do Trabalho poderá notificar o empregador para corrigir as irregularidades apontadas e adotar medidas que eliminem os riscos para a saúde e segurança dos trabalhadores, propor interdição do estabelecimento, setor de serviço ou equipamento, ou o embargo de obra, total ou parcial, quando constatar situação de grave e iminente risco à saúde ou à integridade física do trabalhador, lavrar autos de infração por inobservância da legislação do trabalho e notificar por escrito a autoridade competente (Ministério Público do Trabalho) acerca do ilícito trabalhista verificado.

De acordo com o artigo 9º da Portaria MTE nº 148 de 25 de janeiro de 1996, o auto de infração lavrado pelo Auditor Fiscal do Trabalho deverá conter todos os elementos que permitam ao autuado conhecer a irregularidade trabalhista constatada, o seu autor (qualificação completa), os elementos de convicção (documentos analisados, pessoas inquiridas, locais visitados e etc.), a descrição clara e precisa do fato caracterizado como infração, com referência às circunstâncias pertinentes, relacionando pelo menos um empregado em situação ou atividade irregular (exceto quando a lei cominar multa por empregado, hipótese em que deverão ser relacionados todos os empregados em situação ou atividade irregular), o dispositivo legal infringido, a ciência do prazo para apresentação de defesa e indicação do local para a sua entrega (Superintendência ou Gerência Regional do Trabalho e Emprego), local, data e hora da lavratura, assinatura e identificação do autuante e do autuado.

O auto de infração deve ser lavrado em três vias (uma para a SRTE/GRTE, para instauração do processo administrativo, uma para o autuado e uma para o autuante, conforme artigo 9º, § 2º da Portaria MTE nº 148/96) e deverá corresponder a um único tipo de irregularidade. Em outras palavras, caso seja constatada em uma única ação a ocorrência de mais de um ilícito trabalhista, para cada um deste deverá ser lavrado um auto de infração distinto (artigo 10, § 2º da Portaria MTE nº 148/96). É o que ocorre, por exemplo, quando a empresa exige trabalho em sobrejornada acima do limite de duas horas diárias. Nessas situações, geralmente, a empresa incorre em dois ilícitos – excesso de horas extras (artigo 59 da CLT) e violação de intervalo entre jornadas (artigo 66 da CLT) – devendo cada uma delas corresponder à lavratura de auto de infração específico.

A ausência dos requisitos formais mencionados acima ou a existência de qualquer erro ou justificativa apta a descaracterizar a autuação (como, por exemplo, a existência de comunicação de excesso de hora extra, na forma do artigo 61, § 1º da CLT, apta a justificar a extrapolação do limite legal de duas horas extras por dia) poderá dar azo à apresentação de defesa administrativa pelo empregador autuado, no prazo de dez dias contados do recebimento do auto de infração (artigo 629, § 3º da CLT).

A referida defesa deverá contemplar toda a matéria de fato e de direito pertinente, podendo, inclusive, versar sobre preliminares de mérito decorrentes da existência de nulidades formais contidas no auto de infração e juntar documentos. Protocolada a defesa administrativa, caberá ao Superintendente ou ao Gerente Regional do Trabalho e Emprego julgá-la procedente ou improcedente, declarando a insubsistência ou subsistência do auto de infração (artigo 14 da Portaria MTE nº 148/96).

De acordo com o § 3º do artigo 636 da CLT, a notificação de decisão de subsistência do auto de infração deverá fixar o prazo de dez dias para que o autuado recolha o valor da multa para a interposição de recurso à instância superior (ou seja, Secretaria de Inspeção do Trabalho em Brasília).

Recentes decisões do Supremo Tribunal Federal em ações diretas de constitucionalidade (ADINs 1976-7 e 1074-3) reconheceram a inconstitucionalidade de dispositivos legais tributários que exigem o depósito prévio do valor em litígio para discussão dos lançamentos fiscais em sede administrativa. Segundo o STF, viola direito líquido e certo dos contribuintes a exigência de depósito prévio do valor exigido pela Administração para auferir acesso ao recurso de segunda instância administrativa.

Especificamente no Supremo Tribunal Federal, a manifestação acerca da exigência de depósito administrativo prévio tem lugar no julgamento do RE 210.235, de relatoria do Ministro Maurício Correa:

> EXTRAORDINÁRIO – INFRAÇÃO ÀS NORMAS TRABALHISTAS – PROCESSO ADMINISTRATIVO – CONTRADITÓRIO E AMPLA DEFESA – PENALIDADE – NOTIFICAÇÃO – RECURSO PERANTE A DRT – EXIGÊNCIA DO DEPÓSITO PRÉVIO DA MULTA – PRESSUPOSTO DE ADMISSIBILIDADE E GARANTIA RECURSAL – AFRONTA AO ART. 5º, LV, CF – INEXISTÊNCIA – 1. Processo administrativo. Imposição de multa. Prevê a legislação especial que, verificada a infração às normas trabalhistas e lavrado o respectivo auto, o infrator dispõe de dez dias, contados do recebimento da notificação, para apresentar defesa no processo administrativo (art. 629, § 3º, CLT) e, sendo esta insubsistente, exsurge a aplicação da multa mediante decisão fundamentada (art. 635, CLT). Não observância ao princípio do contraditório e ampla defesa: Alegação improcedente. 2. Recurso administrativo perante a drt. Exigência de comprovação do depósito prévio. Pressuposto de admissibilidade e garantia recursal. 2.1. Ao infrator, uma vez notificado da sanção imposta em processo administrativo regular, é facultada a interposição de recurso no prazo de dez dias, instruído com a prova do depósito prévio da multa (art. 636, § 2º, CLT), exigência que se constitui em pressuposto de sua admissibilidade. 2.2. Violação ao art. 5º, LV, CF. Inexistência. Em processo administrativo regular, a legislação pertinente assegurou ao interessado o contraditório e a ampla defesa. A sua instrução com a prova do depósito prévio da multa imposta não constitui óbice ao exercício do direito constitucional do art. 5º, LV, por se tratar de pressuposto de admissibilidade e garantia recursal, visto que a responsabilidade do recorrente, representada pelo auto de infração, está aferida em decisão fundamentada. Recurso conhecido e provido. (STF – RE 210.235-1/MG – 2ª T. – Rel. Min. Maurício Corrêa – DJU 19/12/1997 – p. 92)

O Tribunal Superior do Trabalho pacificou a questão por meio da edição da Súmula nº 424, abaixo transcrita:

> RECURSO ADMINISTRATIVO. PRESSUPOSTO DE ADMISSIBILIDADE. DEPÓSITO PRÉVIO DA MULTA ADMINISTRATIVA. NÃO RECEPÇÃO PELA CONSTITUIÇÃO FEDERAL DO § 1º DO ART. 636 DA CLT. O § 1º do art. 636 da CLT, que estabelece a exigência de prova do depósito prévio do valor da multa cominada em razão de autuação administrativa como pressuposto de admissibilidade de recurso administrativo, não foi recepcionado pela Constituição Federal de 1988, ante a sua incompatibilidade com o inciso LV do art. 5º

Portanto, resta pacificado o entendimento de que o depósito prévio da multa administrativa não constitui pressuposto de admissibilidade do recurso administrativo, bastando, para tanto, que a empresa observe o prazo legal para sua interposição (dez dias do recebimento da notificação de subsistência), a questão da legitimidade do subscritor do recurso (procuração) e a matéria a ser rebatida.[3]

---

3 AGRAVO DE INSTRUMENTO – RECURSO DE REVISTA – MULTA ADMINISTRATIVA – EXIGÊNCIA DE DEPÓSITO PRÉVIO PARA PROCESSAMENTO DE RECURSO ADMINISTRATIVO – NÃO RECEPÇÃO DO ART. 636, §1º, DA CLT – SÚMULA Nº 424 DO TST – Nega-se provimento a agravo de instrumento que visa liberar recurso despido dos pressupostos de cabimento. Agravo desprovido. (TST – AIRR 132540-93.2007.5.05.0004 – Rel. Min. Renato de Lacerda Paiva – DJe 01/10/2010 – p. 403)
RECURSO DE REVISTA – MULTA ADMINISTRATIVA – NÃO-RECEPÇÃO DO ART. 636, § 1º, DA CLT PELA CONSTITUIÇÃO FEDERAL – Foi considerada inconstitucional, pela Suprema Corte Federal, a exigência de prévio depósito da multa imposta pela fiscalização como requisito de admissibilidade do recurso administrativo, haja vista a garantia prevista no art. 5º, LV, da CF, que trata do princípio do contraditório e da ampla defesa. Esta questão foi definitivamente resolvida naquela Corte mediante a edição da Súmula Vinculante 21. Recurso de revista conhecido e provido. (TST – RR 1735/2007-086-02-00.0 – Rel. Min. Mauricio Godinho Delgado – DJe 16.09.2010 – p. 440)
RECURSO DE REVISTA – MANDADO DE SEGURANÇA – RECURSO ADMINISTRATIVO – DEPÓSITO PRÉVIO DA MULTA ADMINISTRATIVA – INEXIGIBILIDADE –"O §1º do art. 636 da CLT, que estabelece a exigência de prova do depósito prévio do valor da multa cominada em razão de autuação administrativa como pressuposto de admissibilidade de recurso administrativo, não foi recepcionado pela Constituição Federal de 1988, ante a sua incompatibilidade com o inciso LV do art. 5º" (Súmula/

Como dito anteriormente, além da lavratura de auto de infração, o Ministério do Trabalho e Emprego tem poderes para denunciar ao Ministério Público do Trabalho, mediante ofício, a irregularidade encontrada, quando constatado o reiterado descumprimento das disposições legais trabalhistas (parágrafo único do artigo 26 do Decreto nº 4.552/02).

Embora não haja previsão em lei acerca do que se considera "reiterado descumprimento" da legislação trabalhista, na prática, as Superintendências e Gerências Regionais do Trabalho e Emprego adotam como parâmetro o limite de três autos de infração lavrados pelo mesmo ilícito trabalhista. Todavia, nada impede que o Auditor Fiscal do Trabalho, dependendo da gravidade do ilícito trabalhista cometido, oficie imediatamente ao Ministério Público do Trabalho.

Essa é, a nosso ver, uma consequência bastante gravosa da atuação da fiscalização do trabalho, já que, apresentada a denúncia por parte do Ministério do Trabalho e Emprego, o ilustre *Parquet* poderá instaurar um Inquérito Civil contra a empresa para investigar a irregularidade noticiada.

Instaurada a investigação pelo Ministério Público do Trabalho, o empregador poderá ser intimado a apresentar documentos e prestar esclarecimentos por meio de petição ou comparecimento à audiência. Caso reste comprovado que o ilícito trabalhista noticiado pelo Auditor Fiscal do Trabalho corresponde apenas a uma ocorrência pontual, não envolve uma coletividade de trabalhadores ou já tiver sido sanada pelo empregador,

---

TST nº 424). Recurso de revista não conhecido. (TST – RR 55/2008-022-13-00.1 – Rel. Min. Renato de Lacerda Paiva – DJe 27.08.2010 – p. 698)
AGRAVO DE INSTRUMENTO EM RECURSO DE REVISTA – MANDADO DE SEGURANÇA – RECURSO ADMINISTRATIVO – EXIGÊNCIA DE DEPÓSITO PRÉVIO DO VALOR DA MULTA ADMINISTRATIVA – ART. 636, § 1º, DA CLT – PRESSUPOSTO RECURSAL – Demonstrada a contrariedade ao art. 5º, XXXIV e LV, da CF, merece ser processado o Recurso de Revista. Agravo de Instrumento conhecido e provido. RECURSO DE REVISTA – MANDADO DE SEGURANÇA – RECURSO ADMINISTRATIVO – EXIGÊNCIA DE DEPÓSITO PRÉVIO NO VALOR DA MULTA ADMINISTRATIVA – ART. 636, § 1º, DA CLT – PRESSUPOSTO RECURSAL – Esta Corte tem se posicionado no sentido de que a exigência de prévio depósito do valor da multa, como pressuposto para recorrer administrativamente, viola os incisos XXXIV e LV do art. 5º da Constituição da República. Tendo a Corte a quo proferido julgamento contrário a esse entendimento, a Revista deve ser conhecida e provida. Recurso de Revista conhecido e provido. (TST – RR 785/2005-005-02-40.9 – Relª Minª Maria de Assis Calsing – DJe 23/04/2010 – p. 820)

este poderá ser compelido a arcar com o pagamento de uma indenização a título de danos morais coletivos. Em tese, nenhuma consequência mais gravosa para o empregador ocorreria ou pelo menos deveria ocorrer nesse caso. Todavia, mesmo nessas hipóteses, é comum ao Ministério Público do Trabalho propor a assinatura de Termo de Ajustamento de Conduta ao empregador com o único propósito de frisar a obrigação de cumprir a lei, sob pena de cominação de multa prevista neste instrumento.

Por outro lado, sendo constatada a reiterada prática de ilícitos trabalhistas, o Ministério Público do Trabalho proporá de antemão à empresa a assinatura de um Termo de Compromisso de Ajustamento de Conduta, com vistas a corrigir a conduta infratora à legislação trabalhista, sob pena de multa.

As multas estipuladas nesses termos não encontram patamar mínimo e máximo fixado em lei e, na prática, costumam ser arbitradas conforme o número de empregados envolvidos, o tipo de infração, o porte da empresa e o grau de resistência desta em observar a lei. Em regra, essas multas têm o objetivo de desestimular econômica e psicologicamente o empregador a incorrer em ilícito trabalhista, ou seja, serve tão somente para forçar a empresa a satisfazer a obrigação determinada por lei ou assumida espontaneamente e não tem natureza penal, revestindo-se, portanto, de verdadeiro caráter pedagógico.[4]

O Termo de Compromisso de Ajustamento de Conduta eventualmente firmado entre a empresa e o Ministério Público do Trabalho constitui título executivo extrajudicial na forma do artigo 876 da CLT. Isso implica dizer que o descumprimento de qualquer das disposições contidas no referido termo poderá acarretar a sua execução diretamente na Justiça do Trabalho, sem que haja a necessidade de instaurar um processo de conhecimento para a produção de provas.

Vale lembrar que a obrigação assumida pelo empregador por meio de Termo de Compromisso de Ajustamento de Conduta transmite para os seus sucessores, qualquer que tenha sido o título da sucessão (incorporação, fusão, cisão, arrendamento e etc.), por força mesmo do disposto nos artigos 10 e 448 da CLT.

Caso a empresa não queira firmar Termo de Compromisso de Ajustamento de Conduta e tendo concluído a investigação pela existência de ilícito trabalhista, o Ministério Público do Trabalho poderá ajuizar contra esta uma Ação Civil Pública, que seguirá o procedimento ordinário, sendo assegurado ao empregador o contraditório e a ampla defesa previstos no artigo 5º, LV da Constituição Federal.

---

4   MELO, Raimundo Simão de. *Ação civil pública na Justiça do Trabalho*, 3ª ed. São Paulo: LTr, 2008, p. 100.

Outro desdobramento possível da fiscalização do MTE, e talvez o mais gravoso e, por isso, mais difícil de ser vivenciado, diz respeito à interdição do estabelecimento, setor de serviço, máquina ou equipamento ou o embargo de obra, quando constatado por meio de laudo técnico do serviço competente a existência de grave e iminente risco para o trabalhador (artigo 161 da CLT). Sobre esse assunto, assim ensina Eduardo Saad:

> Risco – na linguagem jurídica – exprime o sentido de perigo ou do mal receado; e o perigo de perda ou de prejuízo ou o receio de mal que cause perda, dano ou prejuízo. E, assim, na acepção genérica, riscos compreendem eventos incertos e futuros, inesperados, mas temidos ou receados que possam trazer perdas ou danos (De Plácido e Silva, *Vocabulário Jurídico*, t. IV, p. 1.386). Mas o risco, para justificar a medida drástica de que trata o artigo sob comentário, precisa ser grave e iminente. Grave será aquele que gerar a invalidez ou a morte. Risco iminente equipara-se à ameaça irresistível, inevitável, que está prestes a começar. É visível; está em via de realizar-se. Inevitável será a consumação do risco se não forem tomadas providências adequadas. Assim entendido o risco grave e iminente, podemos compreender e aceitar as duas fases do processo que culmina com o embargo ou com a interdição total ou parcial da empresa; primeira, identificação do risco e elaboração do laudo técnico e, segunda, estudo das providências que se indicarão à empresa para que elimine ou neutralize o mal a que está exposto o trabalhador.

A Portaria MTE nº 40, de 14 de janeiro de 2011, disciplina os procedimentos de embargos e interdições realizados pela fiscalização do trabalho. Segundo a referida portaria, cabe ao Auditor Fiscal do Trabalho em exercício na circunscrição da SRTE a realização do embargo ou da interdição fundamentado em Relatório Técnico e formalizado por meio de Termo de Embargo ou Termo de Interdição, cabendo ao empregador requerer o seu levantamento a qualquer momento, após tomadas as medidas de proteção da segurança e saúde no trabalho indicadas no referido relatório (artigo 8º da Portaria MTE nº 40/2011).

O requerimento do empregador para levantamento da interdição será analisado pela seção, setor ou núcleo de segurança e saúde no trabalho ou seção ou setor de inspeção do trabalho, que providenciará nova inspeção no local para verificação da adoção das medidas indicadas no Relatório Técnico. Caso não seja constatado o cumprimento das medidas previstas no referido relatório, será mantido o embargo ou a interdição, cabendo à parte interessada interpor recurso administrativo à Coordenação-geral de Recursos da Secretaria de Inspeção do Trabalho, à qual será facultado dar efeito suspensivo ao recurso (artigo 161, § 3º da CLT).

Importante frisar que a imposição de embargo ou interdição não impede a lavratura de autos de infração por descumprimento de qualquer dispositivo trabalhista, principalmente aqueles relacionados a saúde e segurança do trabalhador, tampouco desobriga o empregador de efetuar o pagamento dos salários e demais consectários aos seus empregados, durante a paralisação dos serviços.

Por derradeiro, temos também como desdobramento da fiscalização, talvez o mais festejado, o arquivamento da ação fiscal, encerrada ante a ausência de constatação de irregularidade trabalhista por parte do Auditor Fiscal do Trabalho.

Como se viu, é importante um rigoroso acompanhamento das Fiscalizações do Trabalho por parte dos empregadores, o que nem sempre vemos ocorrer na prática. A antecipação dos cenários dos possíveis desdobramentos da ação fiscal, como mencionado no início deste artigo, é um importante exercício que deve ser feito pelos empregadores (o que só pode ocorrer com o acompanhamento passo a passo da fiscalização), com o intuito de melhor aplicação do direito e da utilização dos mecanismos legais à disposição em sua defesa.

ATUAÇÃO DO MINISTÉRIO PÚBLICO DO TRABALHO E SEUS DESDOBRAMENTOS EXTRAJUDICIAIS

Márcia Regina Pozelli Hernandez[1]

O Ministério Público no Contexto Histórico

O Ministério Público do Trabalho surgiu no ano de 1923, com a Promulgação do Decreto 16.027/23, no âmbito do Conselho Nacional do Trabalho, órgão de caráter administrativo do então Ministério da Agricultura, Indústria e Comércio.

Com a Constituição Federal de 1934 institucionalizou-se o Ministério Público. Foram fixadas a forma de escolha do Procurador Geral da República, as garantias e impedimentos de todos os seus membros. Coube a lei federal disciplinar a organização do Ministério Público da União, do Distrito Federal e Territórios. O Ministério Público em cada um dos Estados deveria ser organizado por lei própria.

No ano de 1937, junto ao Conselho Nacional de Trabalho, passaram a funcionar as Procuradorias do Trabalho, ocasião em que foi criado o cargo de Procurador Geral do Trabalho, nomeando-se, em seguida, os primeiros Procuradores Regionais de São Paulo e da Bahia, Arnaldo Süssekind e Evaristo de Moraes Filho, respectivamente.

No ano de 1940, a Procuradoria do Trabalho passou a denominar-se Procuradoria da Justiça do Trabalho. Cabia à Procuradoria de Justiça do Trabalho a defesa do interesse público, além de possuir natureza administrativa, de órgão consultivo para o Ministério do Trabalho, Indústria e Comércio.

---

1 Advogada, sócia do escritório Mesquita Barros Advogados. Especialista em Direito Processual Civil, mestre em Direito do Trabalho pela PUC-SP e membro da Comissão de Direito Empresarial do Trabalho da OAB-SP.

A Procuradoria participou, no ano de 1942, da elaboração da Consolidação das Leis do Trabalho e da reforma que inseriu o Ministério Público do Trabalho na condição de integrante do Ministério Público da União.[2]

A Constituição de 1937 fez apenas menção ao Ministério Público. Maior destaque foi conferido na Constituição de 1946, mencionando-se a independência em relação aos demais Poderes da República. Previu-se, ainda, o ingresso por meio de concurso público e as garantias de estabilidade e inamovibilidade aos seus membros.

No ano de 1961, o então Procurador Geral da Justiça do Trabalho, Arnaldo Süssekind, criou os núcleos de atendimento, verdadeiras curadorias de menores, além da representação anual na reunião internacional da Organização Internacional do Trabalho.

Na Constituição de 1967 o Ministério Público se insere na condição de apêndice do Poder Judiciário, sendo certo que com a Emenda Constitucional 01 de 1969, passou integrar o Poder Executivo, sem independência funcional, financeira e administrativa.

O Ministério Público do Trabalho era apenas incumbido de atuar junto aos Tribunais Regionais do Trabalho e Tribunal Superior do Trabalho. Na Condição de fiscal da lei emitia pareceres nos processos judiciais.

A independência institucional do Ministério Público foi obtida com a nova redação da Constituição Federal de 1988. Definiu-se o Ministério Público como a instituição permanente, essencial à função jurisdicional do Estado. A seção específica no Capítulo "Funções Essenciais à Justiça", define suas atribuições, princípios institucionais, prevê autonomia funcional, administrativa e garantias funcionais aos seus membros.

No ano de 1993 a lei complementar 75/93 cuidou da criação da Lei Orgânica dão Ministério Público da União.

Com a promulgação da Emenda Constitucional 45, no ano de 2004, ao Conselho Nacional do Ministério Público, atribuiu-se a competência para controlar a atuação administrativa e financeira de seus ramos e de zelar pelo cumprimento dos deveres funcionais dos seus membros.

A partir da Constituição Federal de 1988, além de fiscal da lei, o Ministério Público do Trabalho passou a atuar na defesa dos direitos difusos, coletivos e individuais indisponíveis, influenciando, conforme adiante veremos, na atividade da empresa.

No ano de 1999, o então Procurador Geral do Trabalho, Guilherme Mastrichi Basso, traçou metas institucionais voltadas à erradicação do trabalho infantil e do trabalho forçado, preservação da saúde do trabalhador, combate à

---

2 LEITE, Carlos Henrique Bezerra. *Curso de Direito Processual do Trabalho*. São Paulo: LTr, 2003.

discriminação e formalização do contratos de trabalho, ocasião em que foram criadas as Coordenadorias Nacionais.

Já no ano de 2003 a então Procuradora Geral Sandra Lia Simon ampliou as metas institucionais, voltadas para as irregularidades trabalhistas na Administração Pública, exploração do trabalho portuário e aquaviário, e cumprimento da cota legal de deficientes e de aprendizes.

No ano de 2007, o Procurador Geral Otávio Brito Lopes, deu seguimento à instalação de 100 ofícios criados por lei e procedeu à realização de concursos públicos.[3]

A Constituição Federal de 1988 e as Funções Institucionais do Ministério Público do Trabalho

O artigo 127 da Constituição Federal atribui ao Ministério Público a condição de "instituição permanente, essencial à função Jurisdicional do Estado, incumbindo-lhe a defesa da ordem jurídica, do regime democrático e dos interesses sociais e individuais indisponíveis".

Merecem destaque em relação ao tema analisado os incisos III e VI do artigo 129 Constitucional, segundo os quais são funções institucionais do Ministério Público do Trabalho:

> III – promover o inquérito civil e a ação civil pública, para a proteção do patrimônio público e social, do meio ambiente e de outros interesses difusos e coletivos.
>
> VI – expedir notificações nos procedimentos administrativos de sua competência, requisitando informações e documentos para instruí-los, na forma da lei complementar respectiva.

---

3 Disponível em: <http:wikipédia.org.>. Acesso em 21/07/2009.

Formas de Atuação do Ministério Público do Trabalho

Atuação Judicial

O Ministério Público atua judicial e extrajudicialmente.

Nos processos judiciais o Ministério Público pode figurar na condição de parte (autora ou ré) ou fiscal da lei, consoante previsto no artigo 83 da Lei Complementar 75/93:

> Art. 83. Compete ao Ministério Público do Trabalho o exercício das seguintes atribuições junto aos órgãos da Justiça do Trabalho:
> I – promover as ações que lhe sejam atribuídas pela Constituição Federal e pelas leis trabalhistas;
> II – manifestar-se em qualquer fase do processo trabalhista, acolhendo solicitação do juiz ou por sua iniciativa, quando entender existente interesse público que justifique a intervenção;
> III – promover a ação civil pública no âmbito da Justiça do Trabalho, para defesa de interesses coletivos, quando desrespeitados os direitos sociais constitucionalmente garantidos;
> IV – propor as ações cabíveis para declaração de nulidade de cláusula de contrato, acordo coletivo ou convenção coletiva que viole as liberdades individuais ou coletivas ou os direitos individuais indisponíveis dos trabalhadores;
> V – propor as ações necessárias à defesa dos direitos e interesses dos menores, incapazes e índios, decorrentes das relações de trabalho;
> VI – recorrer das decisões da Justiça do Trabalho, quando entender necessário, tanto nos processos em que for parte, como naqueles em que oficiar como fiscal da lei, bem como pedir revisão dos Enunciados da Súmula de Jurisprudência do Tribunal Superior do Trabalho;
> VII – funcionar nas sessões dos Tribunais Trabalhistas, manifestando-se verbalmente sobre a matéria em debate, sempre que entender necessário, sendo-lhe assegurado o direito de vista dos processos em julgamento, podendo solicitar as requisições e diligências que julgar convenientes;
> VIII – instaurar instância em caso de greve, quando a defesa da ordem jurídica ou o interesse público assim o exigir;

IX – promover ou participar da instrução e conciliação em dissídios decorrentes da paralisação de serviços de qualquer natureza, oficiando obrigatoriamente nos processos, manifestando sua concordância ou discordância, em eventuais acordos firmados antes da homologação, resguardado o direito de recorrer em caso de violação à lei e à Constituição Federal;
X – promover mandado de injunção, quando a competência for da Justiça do Trabalho;
XI – atuar como árbitro, se assim for solicitado pelas partes, nos dissídios de competência da Justiça do Trabalho;
XII – requerer as diligências que julgar convenientes para o correto andamento dos processos e para a melhor solução das lides trabalhistas;
XIII – intervir obrigatoriamente em todos os feitos nos segundo e terceiro graus de jurisdição da Justiça do Trabalho, quando a parte for pessoa jurídica de Direito Público, Estado estrangeiro ou organismo internacional.

Atuação extrajudicial

No âmbito administrativo, a atuação do Ministério Público pode ocorrer de ofício, mediante representação ou por designação do Procurador Geral do Trabalho ou do Conselho Superior. O *Parquet* pode requisitar informações e documentos, expedir notificações, instaurar inquéritos e promover diligências no âmbito da sua competência. Veja-se o artigo 84 da lei complementar 75/93:

> Art. 84. Incumbe ao Ministério Público do Trabalho, no âmbito das suas atribuições, exercer as funções institucionais previstas nos Capítulos I, II, III e IV do Título I, especialmente:
> I – integrar os órgãos colegiados previstos no § 1º do art. 6º, que lhes sejam pertinentes;
> II – instaurar inquérito civil e outros procedimentos administrativos, sempre que cabíveis, para assegurar a observância dos direitos sociais dos trabalhadores;
> III – requisitar à autoridade administrativa federal competente, dos órgãos de proteção ao trabalho, a instauração de procedimentos administrativos, podendo acompanhá-los e produzir provas;

IV – ser cientificado pessoalmente das decisões proferidas pela Justiça do Trabalho, nas causas em que o órgão tenha intervido ou emitido parecer escrito;

V – exercer outras atribuições que lhe forem conferidas por lei, desde que compatíveis com sua finalidade.

Os membros do Ministério Público, a partir das normas mencionadas, de ofício ou em decorrência de representações, instauram inúmeros procedimentos administrativos, além de ações civis públicas sobre os mais variados temas, tais como cumprimento da cota de aprendizes e deficientes, horas extras, terceirização, trabalho infantil, trabalho análogo à condição de escravo, defesa do meio ambiente do trabalho, conduta antissindical, discriminação e outros.

O procedimento administrativo de investigação pode ser autuado sob as mais diversas nomenclaturas, quais sejam: sindicância, investigação prévia, procedimento preparatório, procedimento investigatório, peça de informação e inquérito civil.

Especificamente quanto aos desdobramentos extrajudiciais, interessa ao tema breve análise do inquérito civil, eis que a peça de informação visa a caracterização da materialidade e autoria, quando se tem elementos avulsos, que podem ou não ensejar a instauração do inquérito. O procedimento preparatório de inquérito civil, como diz o seu próprio nome, visa a sua conversão em inquérito no prazo de 90 dias, prorrogável por igual prazo ou o seu arquivamento.

Inquérito Civil

O inquérito civil foi criado pela lei nº 7.347/85. Está previsto na Constituição Federal no artigo 129, inciso III e consta também do artigo 6º, inciso VII, da Lei Complementar nº 75/93.

A resolução 23/07 do Conselho Nacional do Ministério Público disciplina no âmbito do Ministério Público a instauração e tramitação do Inquérito Civil. A resolução 69/07, com alterações da Resolução 87 de 06/04/2010, do Conselho Superior do Ministério Público do Trabalho, é específica ao Ministério Público do Trabalho.

O inquérito Civil deve ser instaurado por meio de portaria fundamentada, registrada e autuada, a qual deverá conter a descrição do fato, o objeto do inquérito e os fundamentos jurídicos que justifiquem a atuação do Ministério Público do Trabalho. Quando possível, devem ser indicados o nome e a qualificação jurídica da pessoa física e/ou jurídica a quem é atribuído o ato violador dos direitos dos trabalhadores garantidos constitucionalmente.

Devem também ser determinadas as diligências investigatórias, cujo prazo fixado para resposta às requisições não pode ser inferior a 10 (dez) dias úteis, a contar do recebimento da respectiva notificação. O não atendimento injustificado às requisições do Ministério Público, desde que pertinentes às funções institucionais, poderá ensejar a expedição de ofício ao Ministério Público Federal para apuração de crime previsto no artigo 10 da Lei nº 7347/85.

Todos os ofícios requisitórios devem ser fundamentados e acompanhados da cópia da portaria de instauração do procedimento. A conclusão do inquérito deve ocorrer em um ano, prorrogável pelo mesmo período, quantas vezes necessário, mediante decisão fundamentada.

São três as fases que caracterizam o processo administrativo. O inquérito civil é instaurado por meio de Portaria; é instruído por meio de depoimento das partes envolvidas, juntada de documentos, vistorias, exames e perícias. Na fase de instrução é muito comum o Ministério Público do Trabalho, por meio do Procurador do Trabalho designado para o caso, expedir ofício ao Ministério do Trabalho e Emprego requisitando que os auditores fiscais procedam à fiscalização em empresas, a respeito de determinado fato, a fim de que o relatório fiscal, dotado de fé pública e de presunção relativa de veracidade, possa respaldar a investigação; é concluído, com um relatório final que propõe o arquivamento, em decorrência da inexistência de elementos que autorizam o ajuizamento da Ação Civil Pública. Nesta hipótese, o presidente do inquérito dará ciência ao denunciante para, querendo, apresentar razões escritas. Caso a Câmara de Coordenação e Revisão entenda por não homologar a promoção de arquivamento, o inquérito poderá ser convertido em diligência para realização dos atos necessários e respectivo prosseguimento. Pode ainda ser encerrado por força de assinatura de termo de ajuste de conduta pelo investigado ou com a propositura de ação, embasada no inquérito.

O Ministério Público antes de praticar o ato final de conclusão do Inquérito Civil Público, quer seja de arquivamento do inquérito, quer seja de propositura de ação, deve, obrigatoriamente, ter praticado uma série de atos, tais como apuração dos fatos, verificação do cumprimento da legislação que abrange toda a denúncia e análise da necessidade da propositura da Ação Civil Pública.

No entanto, as empresas muitas vezes se deparam com o ajuizamento de ação civil pública, cujo inquérito não existiu ou sequer participou. Outras vezes ocorre de o inquérito tramitar em segredo. O membro do Ministério Público direciona depoimentos, os quais são utilizados para instruir a inicial da ação civil pública, sem que o advogado da empresa sob investigação tenha tido a oportunidade de participar. Tal ato gera o seguinte questionamento: Deve o inquérito civil observar o princípio do contraditório e da ampla defesa?

Pois bem! Sobre o assunto são duas as correntes. A primeira, no sentido de que o inquérito civil, dada a sua natureza inquisitória, cuja condução está a cargo do Ministério Público, não exige o contraditório. A segunda corrente, em sentido oposto, entende pela aplicação do artigo 5º, inciso LV, da Constituição Federal.

João Lima Teixeira a fazer referência ao inquérito civil comenta com propriedade que " instaurando-o, tem de ouvir a parte contra quem potencialmente pode vir a ser promovida a ação civil pública, quando mais não seja para evitar-se, como ressaltou o Ministro Celso Mello, 'a possibilidade de instauração de lides temerárias'".[4]

Conforme já sustentamos anteriormente, coadunamos da segunda corrente.[5] Em muitas ocasiões, em total afronta ao princípio do contraditório e da ampla defesa, previsto constitucionalmente, que deve guiar todo e qualquer processo administrativo ou judicial, os membros do Ministério Público, invocando a natureza inquisitória do inquérito deixam de submetê-lo ao contraditório, violando também o artigo 133 da Constituição Federal, segundo o qual *"o advogado é indispensável à administração a Justiça"*.

Note-se que o artigo 7º da Resolução 69/07, do Conselho Superior do Ministério Público do Trabalho, repetida no artigo 16 da Resolução 87/10, determina a observação do princípio da publicidade dos atos, excetuando-se apenas as hipóteses de sigilo legal ou decretação de sigilo, devidamente motivada, com a finalidade exclusiva pública de se evitar prejuízo às investigações. Neste caso, ainda nos termo dos § 5º do mencionado artigo 7º, a restrição da publicidade deverá se limitada a determinadas pessoas, provas, informações, dados e além de temporária, de modo que cessada a causa, deve cessar o sigilo. A publicidade consiste também na expedição de certidão explicativa a pedido de qualquer interessado, exposição dos fatos em audiência pública, a prestação de informações ao público em geral, concessão de vista dos autos e extração de cópias.

---

4 TEIXEIRA, João Lima. *Instituições de Direito do Trabalho*. São Paulo: LTr, 2000.

5 HERNANDEZ, Márcia Regina Pozelli, Ministério Público do Trabalho e sua Influência na Atividade Empresarial. In: *Direito Empresarial do Trabalho*. Coord. ALVES, Marcos Cesar Amador. Caxias do Sul: Plenum, 2010, p. 409-416.

Hugo Nigro Mazzilli, mencionado por João Lima Teixeira, esclarece que: "Exatamente porque se trata de um dever a impulsionar a iniciativa e porque a investigação está direcionada a uma situação narrada, cuja comprovação se busca, motivada por ação ou omissão de alguém, entendemos inafastável a observância ao princípio do contraditório dentro do inquérito civil, não bastasse, para tanto, a garantia fundamental, de vítrea nitidez, insculpida no artigo 5º, LV, da CF, *in verbis*: "Aos litigantes, em processo judicial ou administrativo, e aos acusados em geral são assegurados o contraditório e ampla defesa, com os meios e recursos a ela inerentes".[6]

Além disso, as funções do Ministério Público do Trabalho devem se norteadas pela busca da verdade real. Isto significa dizer que o *Parquet* deve agir com isenção de ânimo e total imparcialidade, representadas, inclusive, pelo direito de a empresa produzir a respectiva prova, necessária à formação do convencimento.

Termo de Ajuste de Conduta

Assiste ao Ministério Público do direito de propor a assinatura de termo de ajuste de conduta durante a fase investigatória ou no decorrer do curso da ação civil pública. Neste caso, o compromisso será submetido à homologação judicial.

O compromisso de ajustamento de conduta deve conter o nome, a qualificação das partes, a descrição das obrigações assumidas, o prazo para cumprimento, os fundamentos fáticos e de direito, além de multa exigível em caso de descumprimento, cabendo ao órgão do Ministério Público a respectiva fiscalização.

De um lado o ajuste evita a ação civil pública. Porém, de outro também pode trazer consequências à empresa que seriam evitadas com o enfrentamento da lide.

Não é raro, por exemplo, que determinada empresa, embora por motivo de força maior, não consiga alcançar a cota de deficientes, seja instada pelo Ministério Público a assinar Termo de Ajuste de Conduta, sob pena de ser promovida a ação civil pública.

Ocorre que ao Termo de Ajuste de Conduta com a alteração introduzida pela lei nº 9958/00 ao artigo 876 da Consolidação das Leis do Trabalho, foi conferida a condição de título executivo extrajudicial.

Com efeito, uma vez descumprido o ajuste, o Ministério Público está apto a executar a multa prevista no documento firmado entre as partes, impedindo a discussão sobre o tema de fundo, muitas vezes, controvertido e polêmico, como acontece em relação ao exemplo mencionado, qual seja, contratação de deficientes.

6   TEIXEIRA, João Lima. *Instituições de Direito do Trabalho*. São Paulo: LTr, 2000.

Em geral o Termo de Ajuste de Conduta contém uma obrigação prevista em lei a ser cumprida com prazos e condições diferenciadas. No entanto, a legislação prevê para a hipótese de descumprimento de qualquer obrigação legal a penalidade correspondente, cuja fiscalização está a cargo dos auditores fiscais do Ministério do Trabalho em Emprego.

Considerando a autonomia funcional que assiste ao Ministério do Trabalho e Emprego e ao Ministério Público do Trabalho, não é raro à empresa que firmou o ajuste, sobre a mesma matéria, se deparar com autuações e imposições de multa pela fiscalização do trabalho e ainda ter executado judicialmente o Termo de Ajuste de Conduta.

Pois bem! A empresa se vê diante de verdadeiro *"bis in idem"*, quando é sabido que vigora em nosso ordenamento jurídico o princípio da singularidade punitiva, sendo vedada a incidência de dupla penalidade pelo mesmo fato.

Notificação Recomendatória

O Ministério Público também pode expedir recomendações indicando medidas e prazos para cumprimento.

A empresa deve verificar a pertinência da recomendação, justificando, se for o caso, o não atendimento, sob pena de ensejar a instauração de inquérito, proposta de termo de compromisso ou ação civil pública.

Considerações Finais

A partir da Constituição Federal de 1988 a atuação do Ministério do Público tem se mostrado acirrada com investigações, requisições, recomendações e outras medidas, além de ações civis públicas.

Se de um lado, temas de suma importância como a erradicação do trabalho infantil e escravo contam com a brilhante atuação do Ministério Público do Trabalho, de outro se verifica a investidura contra empresas, que não poupam esforços no cumprimento da legislação, em situações que não comportam inquérito civil, tampouco ação civil pública, com pedidos aleatórios e exorbitantes a título de dano moral coletivo.

A utilização indevida da ação civil pública é comentada por Pedro da Silva Dinamarco: "Na verdade, está havendo um inegável abuso do Ministério Público na propositura de ações civis públicas (e um abuso maior ainda na interpretação de normas de direito material). Essa tendência de abuso ocorreu na época da criação do mandado de segurança, ensejando a incidência da Lei de Lavoisier: a maior generalização no uso do remédio enseja sua menor eficiência".[7]

A empresa, antes fiscalizada exclusivamente pelos auditores fiscais das Gerências Regionais do Ministério do Trabalho e Emprego, se depara também com procedimentos administrativos instaurados pelos Procuradores do Trabalho.

Cabe à empresa, por meio de seus advogados, insistir sejam observados os princípios da publicidade dos atos processuais, do contraditório e da ampla defesa garantidos constitucionalmente. O aceite de eventual ajuste de conduta deve ser realizado com parcimônia, sob pena de não ser possível o cumprimento, expondo a empresa às multas fixadas no termo e às previstas legalmente, implicando verdadeiro *"bis in idem"*. Além disso, impede a discussão judicial de temas de suma importância para a empresa e para sociedade.

---

7 DINAMARCO, Pedro da Silva. *Ação Civil Pública*. Saraiva, 2001.

III. CONTENCIOSO JUDICIAL

DO PROCESSO DE CONHECIMENTO

Priscila Mara Peresi

Definição

No sistema processual brasileiro a classificação é realizada em processo de conhecimento, processo de execução e processo cautelar.

O objetivo do processo de conhecimento é basicamente a aplicação da norma legal ao caso concreto, com base nas provas e elementos trazidos aos autos.

O processo de conhecimento está previsto no Código Civil Brasileiro, aplicável subsidiariamente ao Direito do Trabalho, bem assim na própria Consolidação das Leis do Trabalho, podendo ser subdivido em rito ordinário e sumarríssimo.

A aplicação subsidiária das regras de Direito Processual Civil ao Processo do Trabalho, encontram supedâneo no artigo 763 da CLT, embora na Justiça Especializada sejam aplicáveis normas próprias que tornam o processo trabalhista bastante peculiar.

Na definição da CLT Comentada[1] esta nos traz que:

"Assevera Menendez-Pidal que o processo do trabalho se baseia em três pilares: tecnicismo, rapidez e economia. O tecnicismo exige regras precisas a que se devem ajustar os litigantes e os Tribunais; a rapidez é o sobremodo necessária, pois a Justiça, quando administrada através do processo tardio, é praticamente ineficaz, e a economia é para atender a condições das pessoas que recorrem à Justiça do Trabalho, isto é, o processo trabalhista não deve ser muito oneroso. (Derecho Procesal Social, p. 100). Tanto o tecnicismo quanto a rapidez devem ser, também, exigidos no processo comum para que a Justiça se realize amplamente. Com referência à economia, é indubitável que o processo do trabalho não deve ser oneroso, pois, na maioria das vezes, o principal interessado no feito, que tem sua pretensão resistida é o trabalhador, cujas posses financeiras são limitadas."

---

1 CLT Comentada de Eduardo Gabriel Saad, Jose Eduardo Duarte Saad e Ana Maria Saad C. Branco, 40ª ed., 2007.

Subdivisões

O processo de conhecimento, nos termos do Código de Processo Civil (artigos 1º a 565), é subdividido em títulos: I – Da jurisdição e da ação, II – Das partes e dos procuradores, III – Do Ministério Publico, IV – Dos Órgãos Judiciários e dos Auxiliares da Justiça, V – Dos Atos processuais, VI – Da Formação, da Suspensão e da Extinção do Processo, VII – Do Processo e do Procedimento, VIII – Do Procedimento Ordinário, IX – Do Processo nos Tribunais, X – Dos recursos.

Da petição inicial

A petição inicial na Justiça do trabalho segue basicamente o disposto no artigo 840 da CLT, podendo ser escrita ou oral, devendo ser juntados aos autos por ocasião da apresentação da inicial todos os documentos pertinentes aos pedidos formulados, consoante o disposto no artigo 787 da CLT.

Os requisitos da inicial previstos nesta Justiça Especializada não observam o disposto no Código de Processo Civil, já que a ação pode ser interposta oralmente por leigos e não somente por advogados, vigendo o princípio do Jus Postulandi.

Entretanto, não obstante poucas formalidades, a inicial deve trazer a exposição dos fatos de forma clara (causa de pedir) e os pedidos correspondentes, bem assim o valor da causa.

Deste entendimento diverge o autor Renato Saraiva,[2] que assim assevera em sua obra:

"Comparando-se os requisitos exigidos para a petição inicial no processo civil (artigo 282 do CPC) com os requisitos da petição inicial trabalhista (art. 840, 1, da CLT), verificamos que nos domínios do processo do trabalho impera o princípio da simplicidade, não estabelecendo a norma consolidada alguns requisitos impostos pelo Código de Processo Civil, como o valor da causa, as provas com que o reclamante pretende demonstrar a verdade dos fatos alegados e o requerimento de citação do réu".

A inicial inepta poderá ser objeto de aditamento ou emenda, desde que antes da apresentação da contestação, sendo designada nova audiência para a apresentação de defesa, exceto se a parte renunciar a este direito expressamente em audiência.

Não bastante, após a citação do réu, a emenda ou aditamento à inicial, somente será possível mediante a concordância do réu ou através de determinação judicial, pois o juiz pode verificar vício que impossibilite o julgamento do feito.

---

2   SARAIVA, Renato. *Processo do Trabalho*, 4ª ed. São Paulo: Editora Método.

Da citação

A citação do réu também será imediata e não observa as formalidades exigidas na Justiça cível, tratando-se de ato de mero expediente e nos termos do artigo 841 da CLT, o escrivão ou secretário, dentro de 48 horas, remeterá a segunda via da petição ou do termo ao reclamado, notificando-o para comparecimento à audiência, que será a primeira desimpedida depois de cinco dias.

A citação será realizada via postal a empresa, considerando-se recebida no prazo de 48 horas após a postagem, sendo ônus da parte provar o seu não recebimento, nos termos do disposto na Súmula 16 do C. TST.

A alegação da nulidade de citação deverá ser arguida na primeira oportunidade em que couber a parte falar nos autos, mas a parte deve alegar e provar o não recebimento da citação inicial.

Da audiência

A rapidez da citação do Trabalho às vezes importa na citação do réu com prazo inferior a cinco dias, o que acarreta a parte incontáveis prejuízos, já que a apresentação dos documentos e defesa devem ser realizados em primeira audiência.

Não bastante, nestes casos, a parte poderá com base no artigo supra citado, requerer a devolução de prazo para apresentação de defesa, podendo inclusive, valer-se de mandado de segurança, já que os Tribunais Regionais entendem que a parte deve ter um prazo mínimo para a coleta de informações para que possa se defender adequadamente as postulações iniciais.

Embora inexista na Lei expressamente a concessão de um prazo de 5 (cinco) dias para a defesa, as Decisões dos nossos Tribunais Regionais, entendem que a parte precisa de um tempo mínimo para coletar informações, testemunhas e documentos, motivo pelo qual em não havendo a concessão do prazo mínimo, necessário se faz buscar a tutela dos nossos Tribunais Regionais.

Na data designada para a audiência, que poderá ser uma ou inicial, a reclamada deverá estar presente, podendo se fazer representar por um preposto especialmente designado para este fim e que tenha conhecimento dos fatos.

Não seria ocioso mencionar que nos termos do disposto na Súmula 377 do C. TST que se remete ao artigo 843, § 1º, da CLT, entendemos necessário que o representante da empresa, ora nominado preposto, deve ser empregado do reclamado, excetuando apenas os casos de reclamação de empregado doméstico, micro ou pequena empresa.

A ausência da parte reclamante a primeira audiência importa no arquivamento da reclamação trabalhista, mas a ausência do empregador importa em revelia e confissão, consoante o disposto no artigo 844 da CLT.

Embora a ausência do reclamante à audiência não implique em penalidade ao mesmo, insta mencionar que se este der causa ao arquivamento de duas ações, deverá aguardar o prazo de seis meses para a propositura de nova ação, nos termos do artigo 732 da CLT.

Neste caso estamos diante da perempção, que nada mais é do que a impossibilidade temporária da propositura de uma terceira ação antes do prazo de seis meses.

Na audiência inicial a parte reclamada apresentará sua defesa e será indagada quanto a possibilidade de uma composição amigável, podendo ser designada perícia técnica ou médica, de acordo com os pedidos formulados na inicial.

A possibilidade de uma conciliação, nos termos do disposto no artigo 846 da CLT, deve ser indagada pelo juiz assim que aberta a audiência.

Diferentemente, na audiência de una, a parte deverá comparecer, apresentando sua defesa, devidamente acompanhada das testemunhas, oportunidade em que numa única assentada o juiz realizará a oitiva das partes e de suas testemunhas, podendo já designar julgamento na inexistência de outras provas.

Na Justiça do Trabalho resta aplicável o princípio da concentração dos atos processuais, devendo todas as provas ser produzidas em audiência única, exceto casos em que os atos são mais demorados, como a oitiva de uma testemunha por carta precatória.

Em havendo a necessidade de oitiva de uma testemunha por carta precatória, deverá o juiz realizar somente a oitiva das partes e proceder a oitiva das testemunhas após a oitiva da testemunha por carta precatória, este é nosso entendimento, embora não seja unanime.

A defesa poderá ser aduzida oralmente em vinte minutos ou apresentada por escrito, nos termos do artigo 847 da CLT.

Apresentada a defesa, segue-se com a instrução do feito, podendo o reclamante apresentar oralmente sua réplica ou impugnação à defesa, ficando a critério do juiz conceder prazo para manifestação posterior e por escrito ao reclamante.

Com efeito, na Justiça do trabalho, não existe previsão expressa quanto a réplica, motivo pelo qual fica a critério do juiz a concessão de prazo para posterior manifestação por escrito, já que todos os atos devem ser praticados em audiência.

Do encerramento da instrução processual

Terminada a instrução processual, o juiz poderá conceder prazo para as arguições finais ou observar o disposto na norma celetista que prevê em seu artigo 850 o prazo de 10 minutos para cada parte aduzir oralmente suas razões finais.

Após a apresentação das razões finais, caberá ao juiz renovar a proposta conciliatória, designando julgamento do feito.

Os tramites da audiência são todos registrados em ata, sendo certo que atualmente alguns Tribunais Regionais têm adotado a gravação de tais atos, não mais procedendo ao registro por escrito.

O julgamento do feito poderá ser realizado no ato, em audiência una, saindo a parte já intimada do resultado e iniciando-se o prazo para a interposição de recurso no dia seguinte.

Ainda, poderá o resultado ser proferido nos termos do Enunciado 197 do TST, em que o juiz agenda uma determinada data para que as partes compareçam em secretaria e tomem ciência do teor da decisão, iniciando-se o prazo automaticamente no dia seguinte.

Não bastante, poderá ainda o juiz agendar uma determinada data, mas constar em ata que o resultado do julgamento será informado via intimação diário oficial, sendo que as partes serão comunicadas da decisão através de intimação aos procuradores constituídos.

Entendemos necessário adentrar na discussão da apresentação da defesa para trazer maiores informações sobre este ato processual tão importante quanto a inicial que delimita os contornos da lide.

DA RESPOSTA DO RÉU

Conceito

A dúvida que nos assola é se devemos chamar a resposta do réu de contestação, na medida em que a contestação é apenas uma das respostas as pretensões do autor.

O ilustre autor Manoel Antonio Teixeira Filho[3] nos ensina que:

"Como não há sinonímia entre os vocábulos resposta e contestação (na verdade, aquela é o gênero, do qual esta representa uma espécie), temos visto na prática, o réu

---

3   In: *Curso de Direito Processual do Trabalho – Processo de conhecimento*, vol. II. São Paulo: LTr, p. 741.

dar o nome de contestação àquilo que de contestação não se trata, como acontece quando ele reconhece determinado direito alegado pelo autor. Quem reconhece não contesta: são duas ideias inconciliáveis. Isso demonstra que, numa só peça, a que se tenha chamado de contestação, pode haver duas formas de resposta: contestação (quanto a alguns pedidos) e reconhecimento do direito (quanto a outros). A observação não é inútil, bastando ressaltar que só devem ser objeto de prova os fatos controvertidos (CPC, art. 334, III); no reconhecimento do direito, por definição, não há controvérsia, mas aceitação. Ou submissão do réu a pretensão do autor."

Das modalidades de defesa

Nos termos do disposto no artigo 297 do CPC, três são as modalidades de resposta do réu: contestação, exceção e reconvenção.

Não podemos nos furtar a uma definição básica destes assuntos, os quais serão abordados separadamente.

Ao sofrer uma ação judicial, a parte contrária tem assegurado em Lei o direito de resposta, direito este que poderá ser exercido através da defesa ou contestação, através da qual o réu ira se insurgir contra os pedidos formulados na petição inicial.

A exceção é outra modalidade de defesa que visa combater especificamente uma determinada questão relativa à incompetência (art. 112 do CPC), impedimento (artigo 134 do CPC) ou suspeição (artigo 135 do CPC), devendo observar o disposto no artigo 299 do CPC.

Já a reconvenção é uma modalidade de resposta do réu, em que a reclamada demanda em face do reclamante pretensão conexa com a ação principal ou com algum fundamento da defesa, consoante o disposto no artigo 315 do CPC.

Da apresentação da defesa

A apresentação de defesa na Justiça do Trabalho se rege pelo disposto no artigo 847 da CLT, devendo ser apresentada em audiência, por escrito ou oralmente no prazo de 20 minutos.

Na Justiça Especializada com base no princípio da concentração dos atos processuais, todos os atos defensivos devem ser praticados em audiência, requerendo a parte todas as provas que entender necessárias.

Na realidade na leitura do artigo supra citado podemos verificar que somente se prevê a apresentação de defesa no prazo oral de 20 minutos, embora, tenha se tornado comum a apresentação de defesa escrita.

Atualmente, alguns Tribunais Regionais, tem adotado a prática de apresentação da defesa diretamente em secretaria, concedendo as partes prazo para a prática do ato, independentemente da designação de audiência.

A prática de tal ato por alguns Tribunais visa basicamente evitar atos inúteis, podendo posteriormente ser designada pericia técnica ou médica, devendo a parte apresentar seus quesitos e nomear assistente no mesmo ato da apresentação da defesa, sob pena de preclusão para a prática do ato.

A defesa deverá trazer aos autos todos os documentos necessários para a prova das alegações, sendo certo que a contestação e a reconvenção serão apresentadas simultaneamente em peças autônomas e a exceção processada em apenso aos autos principais, nos termos do disposto no artigo 299 do CPC.

Havendo a apresentação de exceção de incompetência, poderá o juiz realizar a oitiva das partes no ato para instrução da exceção ou designar outra data próxima para esta audiência.

O juiz poderá ainda abrir vistas no momento da audiência ou ainda conceder prazo de 24 horas para que o exceto tome ciência das alegações e se manifeste consoante o disposto nos artigos 799 e 800 da CLT.

Da impugnação específica

A contestação deve apresentar impugnação específica a todos os itens da inicial, sob pena de se presumirem verdadeiros todos os fatos não contestados, não sendo eficaz a citação por negativa geral.

Na citação de Wilson de Souza Campos Batalha:[4]

"A defesa deve expor minuciosamente os fatos e vir acompanhada de documentos essênciais. "Não se admite a chamada "contestação por negação geral", que nada exprime." "O novo código de Processo, quando se refere à contestação, alveja a completa, articulada, não a inexpressiva, por simples negação. Esta se equipara à revelia" (Carlos Maximiliano, Condominio, 1950. p.337). C. também Rezende Filho, op. Cit. II, p. 145."

---

[4] BATALHA, Wilson de Souza Campos. *Tratado de Direito Judiciário de Trabalho*, vol. 2, 3ª ed. São Paulo: LTr, p. 40.

Assim, nos termos do artigo 300, do CPC, deverá o réu alegar toda a matéria de defesa, expondo as razões de fato e de direito, com que impugna o pedido do autor.

Consoante o autor Renato Saraiva:[5]

"Este dispositivo legal consagra, em verdade, dois princípios que devem ser seguidos pelo reclamado ao se defender: princípio da impugnação especificada e princípio da eventualidade.

O princípio da impugnação especificada, portanto, impede que o réu apresente contestação genérica, em que o demandado se limita a indicar que os argumentos do autor não merecem guarida requerendo, simplesmente, a improcedência dos pedidos contidos na peça vestibular, sem especificar as razões que subsidiam essa conclusão.

No que atine ao princípio da eventualidade, deverá o réu incluir no bojo da "peça de resistência" todas as matérias de irresignação, vedando-se a denominada "contestação por etapas".

Das penalidades decorrentes da não apresentação

A não apresentação de defesa acarretará ao réu a aplicação de penalidade, entre elas a revelia e confissão ficta.

Alguns autores como Manoel Antonio Teixeira Filho:[6]

"A propósito, por precisamente inexistir, para o réu, qualquer dever ou obrigação legal de defender-se é que não se pode considerar a revelia como 'pena'. A revelia nada mais é do que um fato processual, caracterizado pela ausência injustificada de contestação. Nem mesmo a confissão ficta pode ser havida como 'pena': a presunção de veracidade dos fatos narrados pela parte contrária consiste unicamente, em uma regra de ordem prática, encontradas pelos sistemas processuais para superar o silêncio de um dos litigantes, em face das alegações expendidas por outro."

Contudo, entendemos diferente, na medida em que embora a revelia e confissão não decorram do dever legal de defesa, já que a parte somente o exercita se somente tiver o ânimo de defesa, a verdade é que a sua ausência trará um ônus para parte, que certamente será a procedência do pedido.

---

5   SARAIVA, Renato. *Processo do Trabalho*, 4ª ed. São Paulo: Editora Método.
6   In: *Curso de Direito Processual do Trabalho – Processo de conhecimento*, vol. II. São Paulo: LTr.

Das preliminares

A defesa poderá abordar em sede preliminar e nos termos do disposto no artigo 301 do CPC as seguintes objeções: inexistência ou nulidade de citação, incompetência absoluta, inépcia da petição inicial, perempção, litispendência, coisa julgada, conexão, incapacidade da parte, defeito de representação ou falta de autorização, convenção de arbitragem e carência de ação.

A inexistência ou nulidade de citação devera ser arguida na primeira oportunidade em que a parte se manifesta nos autos, sob pena de se considerar preclusa a oportunidade de prática do ato processual.

Com efeito, a inépcia da inicial, mediante a aferição dos requisitos previstos no artigo 295 do CPC, deverá ser alegada pela parte sempre que não houver pedido ou causa de pedir, da narração dos fatos não se chegar a uma conclusão, quando o pedido for juridicamente impossível ou quando a inicial trouxer pedidos incompatíveis entre si.

Aqui temos que fazer um adendo para ressaltar que na Justiça do Trabalho, há que se aplicar o princípio da informalidade, mas não podemos ignorar que a inicial deve ser clara e objetiva, ainda que carente de fundamentação jurídica, sob pena de inviabilizar até mesmo o julgamento do feito.

A ocorrência de litispendência, nos termos do artigo 301, § 1º do CPC, devera ser arguida quando se verificar que a ação é idêntica a outra ação que envolve necessariamente as mesmas partes e o mesmo objeto, havendo que se requerer a extinção do feito sem o julgamento do mérito desta segunda ação.

A alegação de coisa julgada deverá ser noticiada em defesa, quando a parte ingressar com ação que já foi julgada anteriormente e sobre a qual já se operou o trânsito em julgado.

A conexão ocorre quando a ação guarda relação com outra ação em relação ao objeto do pedido, havendo que se falar neste caso na remessa ao juízo prevento para que conheçam de ambas as ações.

A continência entre duas ou mais ações poderá ser alegada se houver entre as ações identidade de partes e causa de pedir, mas o objeto de uma ação é mais amplo e abrange o objeto da outra ação, nos termos do disposto no artigo 104 do CPC.

Do mérito

No que tange a discussão do mérito, que nada mais do que a discussão do direito material objeto da pretensão aduzida na inicial, esta pode ser direta ou indireta.

A defesa de mérito direta nada mais é do que a impugnação das alegações iniciais e dos pedidos pretendidos, diferentemente da defesa indireta, em que a parte reconhece o fato constitutivo, mas opõe fatos impeditivos, modificativos ou extintivos, nos termos do disposto no artigo 333, II, do CPC.

Na definição de Amador Paes de Almeida:[7]

"Uma defesa pode envolver questões de natureza processual (preliminares ou exceção), devendo, necessariamente no processo do trabalho, conter a defesa de mérito, que é aquela voltada contra a pretensão do reclamante, também chamada de 'resistência à pretensão', na expressão de Coqueijo Costa, a defesa de mérito pode igualmente se subdividir em direta ou indireta, na medida em que a direta, na contestação, quando se dirige contra o pedido, nos seus fundamentos de fato e de direito. Consiste: a) na negação dos fatos jurídicos afirmados pelo autor, como fundamento do seu pedido (não são verdadeiros ou são diversos dos alegados pelo autor); b) na admissão dos fatos alegados pelo autor, mas negação concomitante das consequências jurídicas que o autor lhe atribui (da existência dos fatos não resulta que o réu seja juridicamente obrigado a satisfazer o pedido do autor).

Indireta, quando não obstante verdadeiros os fatos, opõe ao direito pleiteado pelo autor outros fatos que o impedem, extinguem ou obstam aos efeitos. É também chamada 'objeção' e consiste: a) na admissão dos fatos constitutivos alegados pelo autor, na afirmação concomitante de outros, impeditivos ou extintivos (reconhece a dívida mas admite que já pagou); b) na alegação de outros fatos que tem por conteúdo um direito do réu e obstam aos efeitos jurídicos afirmados pelo autor (se devo, o direito de cobrar está prescrito; devo, mas também sou credor). Esta objeção é a chamada 'exceção substancial'."

Não seria ocioso mencionar que a discussão sobre a prescrição, muitas vezes equivocadamente abordada como matéria preliminar, também é matéria de mérito, eis que tem como consequência a extinção do processo com o julgamento do mérito, nos termos do artigo 269, IV, CPC.

A peça contestatória deverá abordar toda a matéria, não se detendo quanto a discussão do mérito, em razão das preliminares arguidas, pois em não sendo arguida a matéria estará precluso o direito de invocar novos argumentos.

---

7 ALMEIDA, Amador Paes de. *Curso Prático de Processo do Trabalho*, 20ª ed. São Paulo: Saraiva.

A parte poderá antes de apresentar sua defesa, complementá-la com novas informações, através de aditamento manuscrito, ou mesmo solicitando ao juiz que conste em ata o aditamento que será aduzido oralmente.

Entendemos ser de vital importância registrar em ata de audiência sempre que houverem novas inserções na defesa, evitando-se assim que tais anotações possam ser desconsideradas, ante a inexistência de registro nos autos do momento exato da prática do ato.

Assim, a contestação deve trazer a impugnação específica de todos os pedidos formulados na inicial, eis que não contestados os fatos estes são presumidos verdadeiros, pois esta oportunidade é única para se defender, sob pena de preclusão.

Segundo Manoel Antonio Teixeira Filho:[8]

"o réu ainda tem o direito de oferecer oralmente sua resposta, porquanto o artigo 847, da CLT, está em vigor. A força da praxe consistente na apresentação de contestação escrita é tão forte que provoca situações curiosas e anômalas, como a de o juiz receber a contestação escrita, na audiência 'inicial', mas não permitir que o réu, no mesmo ato, a complemente, de modo oral, para alegar, e.g., a prescrição extintiva, que não constou do texto. Data venia, o fato de o réu haver oferecido contestação escrita não lhe retira o direito de, ato contínuo, complementá-la oralmente. Não há preclusão consumativa, na espécie. Diante da intransigência do juiz, seria o caso de o réu colocar de lado a contestação escrita e aduzi-la totalmente de maneira oral, incluindo aí a arguição de prescrição extintiva, que o magistrado não lhe permitiu acrescentar ao texto primitivo. Cuidará o réu, por suposto, em não exceder o limite legal de vinte minutos."

A parte deverá apresentar na contestação não só toda a matéria de fato e de direito, mas também especificar todas as provas que pretende requerer, nos exatos termos do disposto no artigo 300 do CPC.

Quanto ao requerimento das provas, alguns autores divergem do entendimento ora citado, dentre eles, Renato Saraiva, que entende que nos termos do artigo 840 da CLT o requerimento das provas não é relacionado como requisito essencial da petição inicial, principalmente pelo fato das provas serem requeridas em audiência.

---

8 TEIXEIRA FILHO, Manoel Antonio. *Curso de Direito Processual do Trabalho II – Processo de conhecimento 2*. São Paulo: LTr.

Conclusão

O processo de conhecimento abrange desde a interposição da ação, através do ingresso com a reclamação trabalhista até o julgamento do feito.

Assim, a matéria discutível no processo de conhecimento diz respeito ao exercício do direito de ação, partes, procuradores, atos processuais, formação, suspensão e extinção do processo, procedimentos aplicáveis, se encerrando quando da interposição de recurso pela parte.

Diante disso, tecemos algumas considerações sobre a petição inicial, a citação na Justiça do Trabalho, a audiência trabalhista, o encerramento de instrução e mais detidamente sobre a resposta do réu.

A resposta do réu pode ser apresentada na forma de contestação, exceção ou reconvenção, devendo necessariamente ser apresentada em primeira audiência no prazo mínimo de cinco dias a partir do recebimento da citação inicial.

Não bastante deverá trazer em seu bojo a impugnação específica de toda a matéria abordada na inicial.

Ainda, a defesa deverá ser subdividida em preliminares e mérito, com base respectivamente no disposto nos artigos 295, 301 e 269, todos do CPC.

Embora a sua apresentação seja facultativa, a parte que não responde as pretensões formuladas pelo reclamante sofrerá as consequências da ausência da prática do ato, sendo considerada revel e confessa quanto a matéria de fato.

Diante disso podemos concluir que a apresentação de defesa pelo empregador na Justiça do trabalho é ato fundamental e deve observar algumas formalidades previstas em Lei.

TUTELA ANTECIPATÓRIA DE MÉRITO E TUTELAS CAUTELARES NO DIREITO PROCESSUAL DO TRABALHO

Angelo Antonio Cabral[1]

1. À guisa de intróito

O processo é válido pelos resultados positivos que é capaz de produzir.[2] No atual estágio do desenvolvimento da dogmática processual não se justifica, portanto, pôr ao centro das investigações a natureza concreta ou abstrata da ação, tampouco debater as diferenças entre a jurisdição e as demais atividades do Estado. Interessa, ao invés, construir e aperfeiçoar um sistema jurídico processual "apto a conduzir aos resultados práticos desejados",[3] ou seja, um processo que concretize as disposições do direito material.[4]

---

1   Mestrando em Direito do Trabalho pela USP. Pós-Graduado em Direito do Trabalho pela USP. Bacharel em Ciências Jurídicas e Sociais pela Universidade de Taubaté. Advogado (OAB/SP).

2   MAIOR, Jorge Luiz Souto. *Direito processual do trabalho: efetividade, acesso à justiça e procedimento oral*. São Paulo: LTr, 1998, p. 17.

3   DINAMARCO, Cândido Rangel. *A instrumentalidade do processo*, 12ª ed. São Paulo: Malheiros Ed., 2005, p. 23.

4   Na dicção de José Roberto dos Santos Bedaque: "Talvez a noção mais importante do direito processual moderno seja a de instrumentalidade, no sentido de que o processo constitui instrumento para a tutela do direito substancial. Está a serviço deste, para garantir a sua efetividade. A consequência dessa premissa é a necessidade de adequação e adaptação do instrumento ao seu objeto. O processo é um instrumento, e, como tal deve adequar-se ao objeto com que opera. Suas regras técnicas devem ser aptas a servir ao fim a que se destinam, motivo pelo qual se pode afirmar ser relativa a autonomia do direito processual". BEDAQUE, José Roberto dos Santos. *Direito e processo. Influência do direito material sobre o processo*, 3ª ed. São Paulo: Malheiros Ed., 2003, p. 20.

Se esta é uma premente preocupação do processo civil, tradicionalmente talhado para instrumentalizar direitos correlacionados à propriedade,[5] com maior razão será do Direito Processual do Trabalho,[6] cujas lides centram-se *sempre* numa das projeções da dignidade humana – *o trabalho humano*[7] – e que por tradição construiu-se sob a oralidade e a concentração dos atos.[8]

A despeito desta vocação histórica para a celeridade processual, a Consolidação das Leis do Trabalho regula expressamente apenas duas hipóteses de tutela de urgência, permitindo a sustação liminar da transferência de empregado (artigo 659, IX)[9] e a reintegração de dirigente sindical (artigo 659, X).[10] Esta timidez legislativa, associada à atual complexidade das relações de trabalho, exige uma usual

---

5 O termo é tomado aqui num sentido *lato* abrangendo além dos bens móveis e imóveis os instrumentos jurídicos de circulação de riquezas, *v.g.* contratos e títulos de crédito.

6 Há mais de uma década, Jorge Luiz Souto Maior já advertia: "No campo do direito processual do trabalho a importância desse estudo ainda mais se reforça porque muitas das inovações que podem auxiliar na busca da efetividade do processo trabalhista não precisam ser conseguidas por alteração de lei. Muitas vezes, basta que se abandonem antigas concepções do processo civil tradicional que se incorporaram, indevidamente, na consciência trabalhista, concepções estas que, cabe frisar, nem mais a atual doutrina processual civil acata. O foco, então, é o da revalorização da técnica processual trabalhista na sua pureza, especialmente no que se refere a seu procedimento que é específico". MAIOR, Jorge Luiz Souto. *Direito processual do trabalho...* p. 19.

7 "Não há dúvida de que a jurisdição, atualmente, tem a função de tutelar (ou proteger) os direitos, especialmente os direitos fundamentais. Isto não quer dizer, como é óbvio, que a jurisdição não se preocupe em garantir a idoneidade da defesa ou a adequada participação do réu. *O que se deseja evidenciar é que a função jurisdicional é uma consequência natural do dever estatal de proteger os direitos, o qual constitui a essência do Estado contemporâneo.* MARINONI, Luiz Guilherme. *Teoria geral do processo*. São Paulo: Editora Revista dos Tribunais, 2006, p. 134

8 TEIXEIRA FILHO, Manoel Antônio. *Curso de direito processual do trabalho*, vol. I. São Paulo: LTr, 2009.

9 IX – conceder medida liminar, até decisão final do processo, em reclamações trabalhistas que visem a tornar sem efeito transferência disciplinada pelos parágrafos do artigo 469 desta Consolidação. (Incluído pela Lei nº 6.203, de 17/04/1975).

10 X – conceder medida liminar, até decisão final do processo, em reclamações trabalhistas que visem reintegrar no emprego dirigente sindical afastado, suspenso ou dispensado pelo empregador. (Incluído pela Lei nº 9.270, de 1996).

integração entre o sistema comum e o trabalhista, numa construção dialógica da efetividade processual.

Respeitados os limites físicos e teleológicos deste ensaio, analisar-se-á, em linhas gerais, como ocorre este diálogo processual em relação à tutela antecipada e à tutela cautelar. Deixam-se propositalmente às margens deste trabalho as implicações da tutela específica (obrigações de fazer e não fazer), pois, dada a sua idiossincrasia, demandaria um aprofundamento incompatível com esta contribuição, merecendo, a seu tempo, um ensaio próprio.

2. Notícia histórica

É possível estabelecer uma comparação entre o direito processual comum e os interditos do processo romano. Estes consistiam numa ordem emitida pelo magistrado em que, impondo determinado comportamento a uma pessoa, a pedido de outrem. Essa forma de provimento decorria do poder de *imperium* do magistrado e abrangia a grande maioria das relações da vida envolvendo direitos absolutos. Por seu turno, os direitos obrigacionais, que postulavam indenizações, eram agasalhados pela *actio*, com juízo privado. Dentre estes procedimentos, apenas o primeiro admitia execução específica.[11]

No direito romano, portanto, coexistiam dois sistemas processuais civis. Num deles era possível obter ordem liminar, inclusive sem a presença da parte contrária e mediante cognição sumária da pretensão do autor, desde que feitas conforme o édito. No outro, cuja atividade cognitiva era privada, predominava o pleno contraditório, sendo impossível a emissão de mandado.

Nessa ensancha, a antecipação dos efeitos materiais da tutela e a cognição sumária são técnicas conhecidas desde o direito romano antigo, apontando como

---

11 BEDAQUE, José Roberto dos Santos. *Tutela cautelar e tutela antecipada: tutelas sumárias e de urgência (tentativa de sistematização)*, 4ª ed. São Paulo: Malheiros Ed., p. 31.

antecedentes da moderna tutela cautelar a *manus iniectio*[12] e a *pignoris capio*.[13] A unificação dos sistemas ocorreu com a extinção do processo formulário no Baixo Império e a publicização total da *actio*, tendo em vista que o procedimento se desenvolvia perante o pretor, eliminando-se a fase *in iudicio*, particular.[14]

O processo sumário, destinado à solução de demandas urgentes, possui antecedente no interdito romano da época clássica. Por desconhecimento deste fenômeno, verificou-se no direito canônico a ampliação da ideia de posse para os direitos pessoais. Com isso, foi possível, genericamente, suprimir formalidades do processo e atender aos casos de urgência. Isso se deu no século XIII, em países como a Itália, a Espanha, a França e a Alemanha.[15] Neste último, os interditos iniciavam-se com uma ordem judicial liminar para a tutela do interesse pleiteado (*mandatum*), apresentando as primeiras e rudimentares noções de *periculum in mora* e *fumus boni iuris*. Os mandados podiam ser expedidos com ou sem cláusula de justificativa, o que os equiparava aos interditos condicionados a absolutos, é dizer, com ou sem possibilidade de defesa.[16]

---

12 "De época mais remota, as ações das leis representaram uma gradativa legalização dos modos pelos quais se exerce a defesa privada, na medida em que se avançava a própria organização política e social da comunidade romana. Tratou-se, verdadeiramente, da oficialização de antigos hábitos. As *legis actiones* (*sacramentum, iudicis postulatio, condictio, manus iniectio* e *pignoris capio*) se traduziam num procedimento oral, extremamente solene e ritual, a ponto de preestabelecer gestos e palavras, sem os quais ficaria declarada a ausência do direito por parte do demandante. A estrutura jurídica do sistema detinha, pois, acentuado formalismo. Enquanto as três primeiras *actiones* detinham caráter de demandas de conhecimento, as duas restantes eram executivas". PINTO, Junior Alexandre Moreira. *Conteúdo e efeitos das decisões judiciais*. (Tese de Doutoramento). São Paulo, Universidade de São Paulo, 2005, p. 13.

13 A fase que tramitava perante o magistrado era denominada *in iure*, enquanto a posterior, que transcorria perante o *iudex* ou o *arbiter*, era conhecida por *apud iudicem* (ou *in iudicio*). Nessa fase do procedimento, o processo só se desenvolvia na presença de ambos os litigantes. Impossível, portanto, a revelia. Como exceção, a *pignoris capio*, em que o credor, por suas próprias mãos, mesmo que sob a ausência do devedor, se apoderava de seus bens". *Idem, ibidem*, p. 14.

14 BEDAQUE, José Roberto dos Santos. *Tutela cautelar e tutela antecipada...* p. 32.

15 *Idem, ibidem*, p. 32.

16 *Idem, ibidem*, p. 33. Bedaque adverte, ademais, que "[a] extensão desse mecanismo germânico às relações de direito público constitui o antecedente mais afastado do nosso mandado de segurança".

Inegável, pois, a existência, desde os primórdios do processo, de dois sistemas processuais: "aquele em que a autoridade expedia mandado liminar e o outro, caracterizado pelo contraditório equilibrado entre as partes".[17] A predominância de um ou de outro se altera conforme as realidades sociais. Um processo de matriz individualista é compatível com o procedimento mais lento, ao passo que a preocupação com o interesse público privilegia técnicas sumárias de solução de controvérsias.[18]

Assim, é possível entrever alguma similitude entre os interditos e a tutela antecipada prevista no artigo 273 do Código de Processo Civil de 1973, com a redação dada pela Lei 8.952, de 13/12/1994, na medida em que é possível a satisfação do direito do autor logo no início do processo, sendo-lhes comum também a exigência de comprovar-se a existência da verossimilhança e do perigo de dano. As técnicas, entretanto, são absolutamente diferentes, porquanto o interdito poderia implicar a satisfação definitiva da pretensão material – especialmente nos interdito incondicionados –, enquanto a tutela antecipada possui evidente caráter cautelar, podendo ser revogada ou modificada a qualquer tempo e dependendo sempre da sentença final, que representa a resolução definitiva do litígio.

3. Tutela antecipatória e tutela cautelar

Traçados os antecedentes históricos da cognição sumária, importa distinguir tutela cautelar e tutela antecipatória na atual técnica processual.

A demora na prestação jurisdicional está ligada, dentre outros fatores, à ineficiência do procedimento ordinário comum, cuja estrutura estava superada antes da introdução da tutela antecipatória. Esta ineficiência acabou por convolar o artigo 798 do Código de Processo Civil,[19] que trata das cautelares inominadas, em técnica de sumarização do processo de conhecimento, permitindo a obtenção antecipada da tutela que somente seria entregue ao final do processo. Este uso da tutela cautelar como fim satisfativo, aliado ao problema da duplicação das demandas para satisfação do direito

---

17 Idem, ibidem, p. 33.

18 Não por acaso o processo do trabalho privilegia a concentração dos atos e a oralidade.

19 Artigo 798. Além dos procedimentos cautelares específicos, que este Código regula no Capítulo II deste Livro, poderá o juiz determinar as medidas provisórias que julgar adequadas, quando houver fundado receio de que uma parte, antes do julgamento da lide, cause ao direito da outra lesão grave e de difícil reparação.

(cautelar e ordinário), sensibilizou o legislador brasileiro e permitiu a introdução da tutela antecipatória no processo comum.[20]

A tutela antecipatória, portanto, constitui instrumento contra os males advindos do tempo do processo, sendo justificável não apenas para evitar um dano irreparável ou de difícil reparação, mas, sobretudo, para distribuir o tempo do processo entre os litigantes "na proporção da evidência do direito do autor e da fragilidade da defesa do réu".[21]

> Em última análise, é correto dizer que a técnica antecipatória visa apenas a distribuir o ônus do tempo do processo. É preciso que os operadores do direito compreendam a importância do novo instituto e o usem de forma

---

20 Artigo 273. O juiz poderá, a requerimento da parte, antecipar, total ou parcialmente, os efeitos da tutela pretendida no pedido inicial, desde que, existindo prova inequívoca, se convença da verossimilhança da alegação e: (Redação dada pela Lei nº 8.952, de 1994)
I – haja fundado receio de dano irreparável ou de difícil reparação; ou (Incluído pela Lei nº 8.952, de 1994)
II – fique caracterizado o abuso de direito de defesa ou o manifesto propósito protelatório do réu. (Incluído pela Lei nº 8.952, de 1994)
§ 1º Na decisão que antecipar a tutela, o juiz indicará, de modo claro e preciso, as razões do seu convencimento. (Incluído pela Lei nº 8.952, de 1994)
§ 2º Não se concederá a antecipação da tutela quando houver perigo de irreversibilidade do provimento antecipado. (Incluído pela Lei nº 8.952, de 1994)
§ 3º A efetivação da tutela antecipada observará, no que couber e conforme sua natureza, as normas previstas nos arts. 588, 461, §§ 4º e 5º, e 461-A. (Redação dada pela Lei nº 10.444, de 2002)
§ 4º A tutela antecipada poderá ser revogada ou modificada a qualquer tempo, em decisão fundamentada. (Incluído pela Lei nº 8.952, de 1994)
§ 5º Concedida ou não a antecipação da tutela, prosseguirá o processo até final julgamento. (Incluído pela Lei nº 8.952, de 1994)
§ 6º A tutela antecipada também poderá ser concedida quando um ou mais dos pedidos cumulados, ou parcela deles, mostrar-se incontroverso. (Incluído pela Lei nº 10.444, de 2002)
§ 7º Se o autor, a título de antecipação de tutela, requerer providência de natureza cautelar, poderá o juiz, quando presentes os respectivos pressupostos, deferir a medida cautelar em caráter incidental do processo ajuizado. (Incluído pela Lei nº 10.444, de 2002).
21 MARINONI, Luiz Guilherme; ARENHART, Sérgio Cruz. *Processo de conhecimento*, 6ª ed. São Paulo: Editora Revista dos Tribunais, 2007, p. 196.

adequada. Não há motivos para timidez no seu uso, pois o remédio surgiu para eliminar um mal que já está instalado.[22]

A tutela antecipada nasce no direito processual brasileiro da inadequação técnica do uso da cautelar para antecipar efeitos de mérito, o que permite concluir que a tutela antecipatória não pode assumir funções que a descaracterizem, sob o risco de se tornar uma simples tutela de cognição sumária, ou, seguindo a advertência de Satta e Verde citados por Marinoni, "*il provvedimento urgente in urgenza di provvedimento*".

Afinal, pensar as tutelas de cognição sumária exclusivamente pelo prisma da provisoriedade – *critério processual* – contradiz a instrumentalidade do instituto em relação ao direito material. Na hipótese de o direito já se encontrar violado, a tutela sumária pode repará-lo imediatamente (tutela antecipada) ou apenas assegurar a efetividade de sua reparação (tutela cautelar), inexistindo dúvidas sobre a diferença entre as duas espécies.[23] Nesse sentido, vale transcrever, as conclusões do processualista italiano Edoardo Ricci:

> Estou plenamente convicto de que os provimentos antecipatórios possuem natureza diversa dos provimentos cautelares; e, portanto não posso olhar com simpatia uma união indiscriminada dos provimentos antecipatórios e dos provimentos cautelares do ponto de vista da disciplina. É, por outro lado, verdadeiro, que a separação teórica entre provimentos antecipatórios e provimentos cautelares nem sempre é advertida na Europa com a mesma precisão que é advertida na doutrina brasileira. Mas as minhas convicções levam-me a compartilhar, sobre este tema das orientações da doutrina brasileira.[24]

---

22 *Idem, ibidem*, p. 197.

23 "doutrina alemã, exatamente para demonstrar a diferença entre as tutelas destinadas a assegurar a futura satisfação do direito e as tutelas dirigidas a satisfazê-lo, delineou uma contraposição entre *Sicherungsverfügungen* e *Befriedigungsverfürungen*, observando que o nome 'cautelar' deveria ser atribuído apenas aos provimentos da primeira espécie, enquanto que os provimentos do segundo tipo deveriam ser chamados de satisfativos". *Idem, ibidem*, p. 201.

24 RICCI, Edoardo. Possíveis novidades sobre a tutela antecipada na Itália. In: *Revista de Direito Processual Civil*, vol. 7, p. 92.

Daí a necessidade de se estudar a tutela antecipatória a partir de sua necessária instrumentalidade com o direito material, sob o risco de se desvirtuar o instituto, transformando-o noutra garantia de acesso ao procedimento (cautelar), sem efetivar o bem da vida ameaçado pela lesão e pela demora jurisdicional. Enxergar o instituto por este prima parece uma tarefa especialmente cara ao processualista laboral.

4. Tutela antecipatória

4.1 Conceito

A tutela antecipatória, como instrumento de efetivação urgente do direito material, rompe com a tradição do *nulla executio sine titulo*, possibilitando a execução do provimento jurisdicional antes da prolação da sentença.[25] Dada a sua indeclinável compatibilidade com a instrumentalização do Direito do Trabalho, foi absorvida sem grandes cizânias pela doutrina processual do trabalho que, igualmente, não diverge ao conceituá-la. À guisa de ilustração vale citar o conceito de Mauro Schiavi para quem se trata de "medida satisfativa, pois será entregue ao autor o bem da vida pretendido antes da existência do título executivo".[26] Em igual sentido concluem Renato Saraiva,[27] João

---

25 Nesse sentido, conferir, MAIOR, Jorge Luiz Souto. *Direito processual do trabalho...* e MARINONI, Luiz Guilherme; ARENHART, Sérgio Cruz. *Processo de conhecimento...* Sob este aspecto, aliás, vale a transcrição de Ricci: "Se em sede de atuação do direito decorrente do provimento antecipatório se devesse parar antes da satisfação efetiva do direito material, seria quase inevitável que os escopos dos efeitos do provimento antecipado parassem, na verdade, meramente instrumentais em relação a uma futura satisfação; e aqui deve ser lembrado que a penhora sem possibilidade de alienação corre o risco de ser equiparada a uma espécie de arresto". RICCI, Edoardo. A tutela antecipatória brasileira vista por um italiano. In: *Revista de Direito Processual*, vol. 6, p. 708.

26 SCHIAVI, Mauro. *Manual de direito processual do trabalho*, 2ª ed. São Paulo: LTr, 2009, p. 989.

27 SARAIVA, Renato. *Curso de Direito Processual do Trabalho*, 5ª ed. São Paulo: Método, 2008.

Oreste Dalazen[28] e Jorge Luiz Souto Maior,[29] o que permite aferir o elevado nível de consenso na doutrina especializada.

4.2 Requisitos para concessão

4.2.1 Concessão a requerimento da parte

Se a conceituação da tutela antecipada não desperta polêmicas na doutrina processual do trabalho o mesmo não se pode afirmar quando o tema é a concessão a requerimento da parte. A despeito da literalidade do artigo 273, do Código de Processo Civil, há divergência quanto a possibilidade de aplicação *ex officio* pelo magistrado. Defende esta posição Carlos Henrique Bezerra Leite, fundado na autorização legal do magistrado do trabalho a, *ex officio*, "promover a execução", nos termos do artigo 878, da Consolidação das Leis do Trabalho.[30] Contrariando-o, apenas para citar um, está Mauro Schiavi para quem "[a] tutela antecipada necessita de pedido expresso do autor, não podendo o Juiz concedê-la de ofício. Pensamos que mesmo no processo do trabalho, há necessidade de requerimento".[31] Esta posição parece-nos a mais adequada ao devido processo legal, na medida em que permite a interação sistêmica entre os processos, sem violar a literalidade do citado artigo 273.

No processo do trabalho, entretanto, há que se permitir uma exceção na hipótese do trabalhador comparecer em juízo no exercício do *jus postulandi*. Afinal, sem a devida assistência técnica, não é crível exigir-lhe o manuseio dos mecanismos de interação sistêmica entre os processos comum e trabalhista.[32]

---

28 DALAZEN, João Oreste. Aspectos da tutela antecipada de mérito no processo trabalhista brasileiro, *Revista do Tribunal Regional do Trabalho* da 3ª Região, Belo Horizonte, vol. 1, nº 55/56, p. 39-46, jul. 1995.

29 MAIOR, Jorge Luiz Souto. *Direito processual do trabalho...*

30 LEITE, Carlos Henrique Bezerra. *Curso de direito processual do trabalho*, 6ª ed. São Paulo: LTr, 2008.

31 SCHIAVI, Mauro. *Manual de direito processual do trabalho...* p. 991.

32 "A iniciativa deve ser da parte, impedindo-se que o juiz aja, neste sentido, de ofício a não ser quando o reclamante estiver utilizando-se do *jus postulandi* e o fundamento da medida for o abuso de direito de defesa ou o manifesto propósito protelatório porque pode-se vislumbrar

4.2.2 Prova inequívoca e meio de prova

A prova inequívoca e os meios de prova que justificam a concessão da tutela antecipatória, como bem destacam Vitor Eça e Aline Magalhães,[33] são um dos temas mais tormentosos para a doutrina processual laboral. Há quem entende que a prova inequívoca refira-se aos fatos da causa, outros a interpretam como idoneidade e clareza da prova produzida. Há também quem equipare o conceito à suficiência da prova para a formação do juízo de probabilidade e aqueles que pensam que inequívoco é o convencimento e não a prova em si.[34]

Parece-nos que com maior razão está o Professor Estêvão Mallet, para quem:

> Não é viável interpretar de modo literal a expressão "prova inequívoca", do art. 273, do CPC. É preciso temperar a inadequada adjetivação legal, pois do contrário tornar-se-ia inaplicável o dispositivo [...]. Por prova inequívoca deve entender-se, consequentemente, apenas a prova suficiente à formação de juízo de probabilidade, bastante à concessão da tutela antecipada.[35]

A mesma disparidade de opiniões surge quando o tema é o meio da "prova inequívoca". Carlos Henrique Bezerra Leite afirma que "a prova há de ser documental",[36] devidamente acostada à petição inicial. A postura, todavia, não nos parece acertada. A uma pela simplicidade e oralidade do processo do trabalho e a duas porque o pedido de concessão da tutela antecipatória não deve estar obrigatoriamente na petição inicial, podendo o *periculum in mora* surgir no devir da marcha processual. Daí a razão

---

nessas casos uma repressão efetiva, devido à falta de preparo técnico do reclamante para pleitear a providência tutelar em questão". MAIOR, Jorge Luiz Souto. *Direito processual do trabalho...* p. 187.

33 EÇA, Vitor Salino de Moura; MAGALHÃES, Aline Carneiro. Antecipação de tutela na doutrina processual do trabalho, *Revista Trabalhista Direito e Processo*, São Paulo, vol. 1, nº 36, p. 116-131, dez. 2010, p. 122.

34 *Idem, ibidem*, p. 122.

35 MALLET, Estêvão. *Antecipação da tutela no processo do trabalho*. São Paulo: LTr, 1998, p. 54.

36 LEITE, Carlos Henrique Bezerra. *Curso de direito processual do trabalho...* p. 483.

estar ao lado de Mauro Schiavi[37] e Jorge Luiz Souto Maior[38] que concluem pelo uso de qualquer meio idôneo de prova.

4.2.3 Verossimilhança da alegação

Verossimilhança, na doutrina processual, equivale à probabilidade, isso é pacífico. Agora, quanto ao conceito de probabilidade não há consenso. Carlos Henrique Bezerra Leite afirma que a verossimilhança das alegações deve ser entendida como "verossimilhança dos fundamentos jurídicos do pedido".[39] Renato Saraiva, por seu turno, equivale a verossimilhança da alegação à prova inequívoca e afirma: "deverá o autor demonstrar a verossimilhança das alegações mediante prova inequívoca".[40] Posicionamo-nos, uma vez mais, com Jorge Luz Souto Maior:

> Quanto à verossimilhança o sentido é o de probabilidade; ser bem provável a existência do direito alegado. Como diz Barbosa Moreira, é preciso que o exame do que consta dos autos conduza o juiz à conclusão de que é bem mais provável que ao final se tenha de dar ganho de causa ao autor do que a hipótese contrária.[41]

4.2.4 Dano irreparável ou de difícil reparação

Além do preenchimento dos requisitos acima declinados, é necessário que a parte demonstre, para a antecipação dos efeitos da tutela, o fundado receio de dano irreparável ou de difícil reparação.

Para se avaliar se o dano é irreparável ou não, deve-se considerar não apenas a natureza do direito ameaçado, mas também a condição pessoal de seu titular, na pertinente observação de Estêvão Mallet.[42] Conciliar as características do direito e de

---

37 SCHIAVI, Mauro. *Manual de direito processual do trabalho*... p. 991.
38 MAIOR, Jorge Luiz Souto. *Direito processual do trabalho*... p. 187.
39 LEITE, Carlos Henrique Bezerra. *Curso de direito processual do trabalho*... p. 483.
40 SARAIVA, Renato. *Curso de Direito Processual do Trabalho*... p. 839.
41 MAIOR, Jorge Luiz Souto. *Direito processual do trabalho*... p. 187.
42 MALLET, Estêvão. *Antecipação da tutela no processo do trabalho*... p. 63.

seu titular é fundamental quando se pensa na aplicação da tutela antecipatória no processo do trabalho, face à especial característica da relação de emprego, também destacada por Souto Maior:

> Perigo de dano irreparável ou de difícil reparação pode até mesmo ser fruto do descumprimento de uma obrigação pecuniária. Por muito tempo se disse que o descumprimento de obrigação pecuniária não seria motivo para alegar dano irreparável. Tal raciocínio não parece razoável especialmente no que se refere ao direito do trabalho, visto que as verbas trabalhistas possuem nítida função alimentar.[43]

4.2.5 Abuso do direito de defesa ou manifesto propósito protelatório

Como alternativa ao dano irreparável ou de difícil reparação está o abuso de direito de defesa ou o manifesto propósito protelatório do réu. O dispositivo visa, com isso, evitar que o princípio do contraditório e da ampla defesa transforme-se em instrumento de morosidade de litigantes habituais. Novamente valemo-nos das observações de Estêvão Mallet que, com razão, afirma:

> Abusar do direito de defesa, portanto, não é mais do que praticar, no curso do processo, atos indevidos, desnecessários ou ainda impertinentes. [...] A prolação mesmo do processo, referida também no inciso II, do art. 273, do CPC, é apenas mais uma hipótese de abuso de direito de defesa [...]. Abuso do direito de defesa pode configurar-se, como dito anteriormente, de diversas maneiras. [...] A relação contida no art. 17, do CPC, porém, traz bons exemplos dessa figura.[44]

Como se vê, o abuso do direito é gênero que pode abranger as espécies do artigo 17, do CÓDIGO DE PROCESSO CIVIL, não se limitando, porém, as hipóteses

---

43 MAIOR, Jorge Luiz Souto. *Direito processual do trabalho...* p. 187.
44 MALLET, Estêvão. *Antecipação da tutela no processo do trabalho...* p. 65.

ali exemplificadas.[45] Visa-se, desse modo, evitar que o processo prejudique o autor que tem razão e o réu que não a tem.[46]

4.2.6 Pedido incontroverso

De acordo com o artigo 302, *caput*, do CÓDIGO DE PROCESSO CIVIL, o réu deve manifestar-se precisamente sobre os fatos narrados na petição inicial, presumindo-se verdadeiros os fatos não impugnados, salvo: *a)* se não for admissível a seu respeito a confissão; *b)* se a petição inicial não estiver acompanhada do instrumento público que a lei considerar da substância do ato; *c)* se estiverem em contradição com a defesa, considerada em seu conjunto. O ônus da impugnação específica, nesse sentido, possui indispensável utilidade, muito bem apontada por Calmon de Passos à época da promulgação do CÓDIGO DE PROCESSO CIVIL:

> Há, por conseguinte, em face do novo Código, um ônus de impugnação atribuído ao réu, no tocante aos fatos alegados pelo autor, em sua inicial como igual ônus cabe ao autor quanto aos fatos extintivos, modificativos e impeditivos postos pelo réu em sua contestação, quando sobre eles tiver que se manifestar. O princípio é salutar e sua admissibilidade, em termos mais rigorosos que os vigentes no direito anterior, será arma poderosa contra a chicana e o desnecessário e desmoralizante retardamento do processo.[47]

Com isso, uma vez que o réu não observe o seu ônus processual, o pedido que não foi contestado ou que foi admitido pelo réu permitirá uma decisão antecipatória

---

45 MAIOR, Jorge Luiz Souto. *Direito processual do trabalho...* p. 188.

46 "Se o autor é prejudicado esperando a coisa julgada material, o réu, ao manter o bem da vida na sua esfera jurídico-patrimonial durante o longo curso do processo, evidentemente é beneficiado. Portanto, o processo é um instrumento que sempre prejudica o autor que tem razão e beneficia o réu que não a tem". MARINONI, Luiz Guilherme. *Abuso de defesa e parte incontroversa da demanda*. São Paulo: Editora Revista dos Tribunais, 2007, p. 114.

47 CALMON DE PASSOS, José Joaquim. *Comentários ao Código de Processo Civil*, vol. 3. Rio de Janeiro: Forense, p. 274.

definitiva.[48] O deferimento da antecipação de tutela, nestas hipóteses, atende à necessidade de assegurar a tutela jurisdicional sem dilações indevidas, não se justificando impor ao autor o tempo de espera para a satisfação de sua pretensão.

4.2.7 Possibilidade de reversão do provimento antecipado

O artigo 273, parágrafo 2º, traz uma limitação aos efeitos da antecipação da tutela. Uma vez preenchidas as exigências legais é possível a reversão da decisão antecipatória, sob pena de se lesionar o direito do réu. Em hipóteses de reversão, dever-se-á observar sempre se o dano maior recairá sobre aquele que sofre com a demora jurisdicional ou sobre aquele que sofre os efeitos da medida antecipatória.[49]

Em igual sentido, Mauro Schiavi afirma se trata de "requisito que deve ser avaliado discricionariamente pelo juiz, analisando o custo benefício de se conceder a medida, sempre atendo aos princípios da razoabilidade e da efetividade processual". Ademais, a preocupação com a importância dos direitos envolvidos, especialmente sensíveis na relação de emprego, motivam Mallet a afirmar que:

> A irreversibilidade dos efeitos antecipados não pode, na hipótese do inciso I, do art. 273, e apenas na nessa hipótese, ser transformada em impedimento à tutela do direito do demandante, sob pena de violar-se a garantia constitucional de ação. Se os efeitos são irreversíveis, o rigor na análise das provas há de ser redobrado.[50]

Como se vê, ao dispor que a tutela antecipada pode ser revogada ou modificada a qualquer tempo, a lei deixa espaços para o reexame da medida, mesmo que após a prolação da sentença, ponderando-se que, nesta hipótese, o tribunal não fica jungido ao entendimento do juízo de primeira instância.[51] A medida, porém, deve sempre sopesar os interesses postos em litígio, bem como as especiais características dos demandantes.

---

48 SCHIAVI, Mauro. *Manual de direito processual do trabalho*... p. 994.
49 EÇA, Vitor Salino de Moura; MAGALHÃES, Aline Carneiro. Antecipação de tutela na doutrina processual do trabalho, *Revista Trabalhista Direito e Processo*... p. 126.
50 MALLET, Estêvão. *Antecipação da tutela no processo do trabalho*... p. 103.
51 *Idem, ibidem*, p. 107.

Após visualizarmos de maneira perfunctória todos os requisitos da tutela antecipada, vejamos a sua efetivação, com o mesmo traço panorâmico, a partir da aplicação das regras da execução provisória.

4.3 Tutela antecipatória e execução provisória

O artigo 273, § 3º, do CÓDIGO DE PROCESSO CIVIL determina a aplicação, no que couber, das regras da execução provisória. A última fase das reformas processuais, entretanto, revogou o artigo 588, do CÓDIGO DE PROCESSO CIVIL, acrescentando, em seu lugar, o artigo 475-O.[52] Referido dispositivo, no inciso I de seu § 2º, determina para os casos de crédito de natureza alimentar, até o limite de sessenta vezes o valor do salário mínimo, em que o exequente demonstre situação de necessidade, a dispensa da caução para o levantamento do depósito em dinheiro, bem como para a prática de atos que importem alienação de propriedade.[53]

Esta possibilidade, a despeito do silêncio da doutrina processual-trabalhista,[54] parece-nos perfeitamente adequada ao direito processual do trabalho, especialmente porque a redação do citado dispositivo subsume-se, com perfeição, a significativa parcela das demandas trabalhistas. Neste mesmo sentido apontam Eça e Magalhães:

> Regra geral o valor das sentenças condenatórias proferidas pela Justiça do Trabalho não ultrapassam 60 salários mínimos, o que hoje equivale à R$ 30.600,00. Quanto ao crédito de natureza alimentar, determina o art. 100. 1º-A, da CR/88, que os débitos de natureza alimentar compreendem

---

52 Artigo 475-O. A execução provisória da sentença far-se-á, no que couber, do mesmo modo que a definitiva, observadas as seguintes normas: (Incluído pela Lei nº 11.232, de 2005): § 2º A caução a que se refere o inciso III do *caput* deste artigo poderá ser dispensada: (Incluído pela Lei nº 11.232, de 2005); I – quando, nos casos de crédito de natureza alimentar ou decorrente de ato ilícito, até o limite de sessenta vezes o valor do salário-mínimo, o exequente demonstrar situação de necessidade; (Incluído pela Lei nº 11.232, de 2005).

53 EÇA, Vitor Salino de Moura; MAGALHÃES, Aline Carneiro. Antecipação de tutela na doutrina processual do trabalho, *Revista Trabalhista Direito e Processo*... p. 128.

54 Os manuais são, em regra, silentes quanto a esta possibilidade. Merece, entretanto, ressalva a indispensável leitura de FAVA, Marcos Neves. *Execução trabalhista efetiva*. São Paulo: LTr, 2009, originária de sua tese de doutoramento na Universidade de São Paulo, sob orientação de Estêvão Mallet.

aqueles decorrentes de salário, ou seja, principal parcela objeto dos conflitos laborais. Por fim, a situação de necessidade pode se caracterizar pelo fato do reclamante ser beneficiário da justiça gratuita ou se, ficar demonstrado, por exemplo, situação de desemprego e dificuldade de manutenção do sustento próprio ou da família.[55]

Desse modo, considerando que o Código de Processo Civil determina a aplicação das regras da execução provisória para a implementação da tutela liminarmente concedida, bem como de que nada adiantaria ao autor ver-lhe deferida a antecipação sem, entretanto, obter de fato o bem da via, parece-nos que a execução judicial trabalhista das tutelas antecipadas encontra no citado dispositivo processual um importante mecanismo de celeridade processual, adequando o instrumento ao direito material tutelado, mormente nas relações de emprego.

Traçado o panorama acima, acerca da tutela antecipada, nos é autorizado, ao seguir adiante, traças também um singelo panorama acerca da tutela cautelar, trazendo as suas especificidades.

5. Tutela cautelar

O processo cautelar poderá ser instaurado *antes* ou *no curso* do processo principal, nos termos do artigo 796 do Código de Processo Civil. Teremos, assim, medidas cautelares preparatórias ou incidentes, sendo, nestes termos, sempre dependentes do processo principal, devendo os autos do procedimento cautelar serem apensados aos da ação principal (artigo 796 e 809, do Código de Processo Civil). A ação cautelar é, portanto, o instrumento processual que visa garantir a efetividade de outro instrumento, a saber, a ação principal.

Nas ações cautelares, o contraditório, a exemplo da tutela antecipada, poderá ser diferido, sem oitiva da parte contrária, nos termos do artigo 797, do Código de Processo Civil, bem como poderá ser apreciada após a prévia oitiva do *ex adverso*.

Para a concessão de toda e qualquer medida cautelar mister se faz a coexistência do *fumus boni iuris*, ou seja, a plausibilidade do direito material e do *periculum in mora*,

---

55 EÇA, Vitor Salino de Moura; MAGALHÃES, Aline Carneiro. Antecipação de tutela na doutrina processual do trabalho. In: *Revista Trabalhista Direito e Processo...* p. 128.

o perigo de dano em face de demora no cumprimento da prestação jurisdicional, tal qual nas concessões de tutelas antecipatórias.

Nos termos da legislação processual comum, as cautelares podem ser típicas, também denominadas de *nominadas*, reguladas a partir do Capítulo II do Livro III do Código de Processo Civil, em seus artigos 813 a 888. Além das medidas cautelares típicas, existem as atípicas ou *inominadas,* que possibilitam ao juiz, sempre que preenchidos os requisitos do *periculum in mora* e do *fumus boni iuris*, conceder à parte outros provimentos que possam assegurar o direito contra violação ou ameaça, abrangidas assim pelo poder geral de cautela.[56]

5.1 Aplicação das cautelares ao processo do trabalho

A ação cautelar, enquanto instrumento para a preservação da ação, é plenamente compatível com o processo do trabalho. Há, entretanto, que se ressalvar algumas espécies de cautelares nominadas, legislativamente talhadas para riscos específicos da vida, que, por este motivo não são aplicáveis ao processo do trabalho:

a) Os alimentos provisionais – regulados nos artigos 852 a 854 do Código de Processo Civil, que se aplica especificamente às ações de estado (divórcio, anulação de casamento, ações de alimentos e outros casos previstos em lei), inexistindo, portanto, compatibilidade deste procedimento com a legislação trabalhista.

b) A homologação do Penhor Legal – regulada nos artigos 874 a 876 do Código de Processo Civil que, nas lições de Nahas surgem sempre "em razão de lei".[57] Assim, inexistindo lei material do trabalho que assegure o penhor legal, não há possibilidade de seu deferimento no direito processual do trabalho.

c) A posse em nome de nascituro – regulada nos artigos 877 a 878 é igualmente inaplicável ao direito processual do trabalho, porquanto visa regular direito material absolutamente estranho às relações de trabalho.

---

56 NAHAS, Thereza Christina. *Processo cautelar no processo do trabalho*. Manual Básico. São Paulo: Editora Atlas, 2000, p. 65.

57 *Idem, ibidem*, p. 130. "Podemos citar, por exemplo, a situação descrita no artigo 776 do Código Civil [atual artigo 1.467, na Lei 10.406/2002]. Tal dispositivo reza que serão credores pignoratícios os hospedeiros, estalajadeiros ou fornecedores de pousada ou alimento sobre os pertences dos consumidores que não saldarem seus débitos, e o dono do prédio rústico ou urbano, sobre os bens móveis e rendas do inquilino ou rendeiro que não cumprir com alugueres ou rendas".

d) O protesto e apreensão de títulos – regulados nos artigos 882 a 887 do Código de Processo Civil também regula instrumentos estranhos a relação de trabalho.

e) outras medidas provisionais – reguladas nos artigos 888 a 889 também são estranhas à relação de trabalho e, portanto, inaplicáveis ao seu direito processual. Afinal, ali figuram cautelar como *a guarda e a educação dos filhos*; *a entrega de bens de uso pessoal do cônjuge e dos filhos*; *a posse provisória dos filhos* etc.

Por seu turno, as cautelares nominadas não mencionadas acima compatibilizam-se plenamente com as relações de trabalho e, por conseguinte, com o processo do trabalho. São elas:

a) O arresto – regulado nos artigos 813 a 821 do Código de Processo Civil e que tem por fim assegurar penhora, garantindo os bens do devedor para responder por futura execução, de grande utilidade no processo do trabalho, mormente em face de réus que, a todo custo, buscam alienar seus bens para escapar das constrições judiciais.

b) O sequestro – regulado nos artigos 822 a 825 do Código de Processo Civil, cuja finalidade é a apreensão da coisa objeto do litígio. Caberá o sequestro sempre que os bens estiverem na iminência de desaparecerem ou de perecerem.

c) A caução – regulada nos artigos 826 a 838 do Código de Processo civil, "é a garantia de cumprimento de um dever ou de uma obrigação consistente em colocar à disposição do juízo bens ou dando fiador idôneo que assegure tal finalidade".[58]

d) A busca e apreensão – regulada nos artigos 839 a 843 do Código de Processo Civil, aplicável sempre que "se procurar pessoa ou coisa determinada com o fim de apreendê-la", muitas vezes utilizadas como medida subsidiária do *arresto* e do *sequestro*. Apesar de pouco utilizado na *praxe* laboral, o instrumento pode ser de grande utilidade para a preservação das lides trabalhistas.

e) A exibição – regulada nos artigos 844 a 845 do Código de Processo Civil, cuja finalidade é assegurar e constituir prova a ser produzida em outro processo. O objetivo aqui não é privar o réu da coisa a ser exibida, mas somente permitir que o autor a conheça – medida que também pode ser utilizada, incidentalmente – no curso do procedimento probatório.

f) A produção antecipada de provas – regulada nos artigos 846 a 851 do Código de Processo Civil que permite, com escusas pela tautologia, antecipar a fase probatória da ação, com o objetivo de assegurar a prova, diante da probabilidade de seu perecimento quando do momento processual adequado.

---

58 *Idem, ibidem*, p. 140.

g) O arrolamento de bens – regulado nos artigos 855 a 860 do Código de Processo Civil, inspirado diretamente no direito português e de grande similitude com o *arresto* e com o *sequestro*, o que justifica a sua pouca utilização.

h) A justificação – regulada nos artigos 861 a 864 do Código de Processo Civil que serve à constituição de prova. A medida é aplicável para as hipóteses em que se pretende comprovar a existência de um fato ou de uma relação jurídica, sem, todavia, utilizar esta documentação com caráter contencioso. A despeito de sua pouca utilidade prática, é, teoricamente, compatível com o processo do trabalho.

i) Os protestos, notificações e interpelações – a regulados nos artigos 867 a 873 do Código de Processo Civil, cujo objetivo, à semelhança da justificação, é a preservação de direitos, sem a imediata necessidade contenciosa.

> Os protestos, notificações e interpelações são manifestações formais de comunicação de vontade, a fim de prevenir responsabilidades e eliminar a possibilidade futura de alegação de ignorância. São procedimentos sem ação e sem processo.[59]

Tal qual a justificação, são compatíveis com o processo do trabalho, porém, sem grande utilização cotidiana.

j) O atentado – regulado nos artigos 879 a 881 do Código de Processo Civil, medida cautelar tipicamente incidental, em que o autor objetiva "restituir as coisas ao estado em se encontravam antes da prática do ato ilícito que alterou a situação originária".[60] Caberá sempre que *no curso do processo* for violado o arresto, o sequestro ou a imissão na posse; prosseguir-se em obra embargada e for praticado qualquer inovação ilegal no estado de fato.

Uma vez exploradas superficialmente as tutelas cautelares e antecipatórias, é possível vislumbrar, com clareza, as diferenças entre elas existentes. É certo que os procedimentos cautelares configuram-se como verdadeiro instrumento do instrumento, servindo para preservar a dignidade da ação trabalhista, não podendo ser confundido com os provimentos de antecipação do mérito da demanda.

---

59 *Idem, ibidem*, p. 157.
60 *Idem, ibidem*, p. 161.

6. Conclusões

O processo é instrumento para a concretização do direito material em tempo hábil, sem dilações indevidas – vale, assim, pelo resultado útil que produz. Diante desta missão, o processo do trabalho, ao longo de sua construção histórica, sempre se marcou pela celeridade e concentração de atos, evitando, ou ao menos tentando evitar, que os direitos sociais perecessem pela demora jurisdicional.

Dessa forma, incorporar ao direito processual do trabalho os recentes mecanismos de urgência do processo civil é medida salutar, desde preservada a visão instrumental que lá os engendraram. Esta visão instrumental previne que o desenvolvimento teórico das ciências processuais perca a sua eficácia e efetividade, o que motivou este pequeno ensaio a distinguir as peculiaridades entre as tutelas antecipatórias e as tutelas cautelares. Espera-se possa ter contribuído para que o processo do trabalho tenha maximizada a sua finalidade de concretização de direitos.

PROCEDIMENTO SUMARÍSSIMO E SUAS PARTICULARIDADES NA JUSTIÇA DO TRABALHO

Andreia Viccari

Introdução

O processo judicial na Justiça do Trabalho, desde a promulgação da Constituição de 1946, quando a Justiça do Trabalho foi integrada definitivamente como órgão do Poder Judiciário, especializado para julgar conflitos entre o capital e o trabalho, teve como princípios basilares a informalidade, celeridade e a gratuidade, em razão da natureza alimentar do salário.

Diferentemente do processo judicial cível, no processo do trabalho prevalece o princípio da concentração dos atos processuais, objetivando que a tutela jurisdicional seja prestada ao trabalhador no menor tempo possível, concentrando os atos processuais em uma só audiência, onde prevalece a oralidade.

No decorrer dos anos a legislação processual trabalhista sofreu alterações, sempre visando a prevalência do princípio da celeridade processual, com o advento da Lei. 5.584/70, foi criada uma única instância para o julgamento das causas trabalhistas cujo valor não excedesse a 2 salários mínimos, não sendo cabível nenhum recurso ao Tribunal Regional, salvo se a questão versasse sobre matéria constitucional.

Em 1988 com a promulgação da Constituição Federal, discutiu-se sobre a constitucionalidade da Lei 5.584/70, mas essa prevaleceu por ser compatível com a Carta Magna, a qual em seu artigo 98 dita que o Estado deve criar mecanismos capazes de solucionar conflitos de "menor complexidade e infrações penais de menor potencial ofensivo, mediante os procedimentos oral e sumaríssimo."

Lei 9.957/2000 – O Procedimento Sumaríssimo na Justiça do Trabalho

II. A. Do Processo de conhecimento

Seguindo o preceito constitucional da celeridade (CF, art. 5º, LXXVIII) e de criação de procedimento oral e sumaríssimo (CF, art. 98), a Lei. 9.957/2000 de 12 de janeiro de 2000, que introduziu o processo sumaríssimo na justiça do trabalho, entrou em vigor em 13/01/2000, após seu projeto originário ter sofrido emendas do Poder Legislativo, tendo sido de autoria do Poder Executivo, por proposta do Tribunal Superior do Trabalho.

Consoante o disposto no art. 852-A da CLT, o procedimento sumaríssimo é aplicável aos dissídios individuais, em que o valor da causa não ultrapasse o montante de 40 (quarenta) salários mínimos, ou seja, ultrapassando o referido patamar deverá ser adotado o procedimento comum ordinário, estando excluídas desse procedimento, as causas trabalhistas que possuírem como parte a Administração Pública direta, autárquica e fundacional.

Como meio de consagração ao princípio da celeridade, a CLT dispõe em seu art. 852-B, que a reclamação trabalhista compatível com o procedimento sumaríssimo deverá ser apreciada no máximo em quinze dias, contados a partir da data do ajuizamento da reclamação perante o órgão distribuidor da Justiça do Trabalho, sendo que em caso de necessidade, poderá constar de pauta especial, de acordo com o movimento judiciário da vara trabalhista (art. 852-B, III, da CLT).

Quanto ao ato citatório, incumbe ao reclamante indicar o nome e endereço correto do reclamado, pois no procedimento sumaríssimo não é admitida a citação do reclamado realizada através de edital (art. 852-B, II), sendo que não sendo cumprida tal obrigação legal, o processo será arquivado e o reclamante condenado ao pagamento de custas sobre o valor da causa (art. 852-B, §1º).

Isso porque a inobservância da disposição legal redundaria em desvirtuamento do objetivo do procedimento que é a celeridade, simplicidade, sem prejuízo da segurança jurídica necessária.

Nas causas submetidas ao procedimento sumaríssimo o pedido deverá ser certo, determinado e líquido, sendo indispensável sua delimitação e quantificação monetária (art. 852-B, I, da CLT), uma vez que somente os processos cujo valor não ultrapasse 40 salários mínimos serão a ele submetidos, dessa forma os cálculos devem ser apresentados na própria peça inicial.

O reclamante que formular pedido genérico, indeterminado e ilíquido, terá sua reclamação trabalhista arquivada, bem como será condenado ao pagamento das custas sobre o valor da causa (art. 852-B, § 1º).

A lei prevê em seu art. 852-C que as ações que seguirem o rito sumaríssimo deverão ser instruídas e julgadas em audiência única, podendo o juiz determinar livremente as provas a serem produzidas, limitando ou excluindo aquelas que considerarem excessivas ou de nítido intuito protelatório (art. 852-D, da CLT).

A prova técnica somente será deferida quando a prova do fato o exigir, incumbindo ao juiz desde logo, fixar o prazo, o objeto da perícia e nomear o perito, visando sempre a celeridade processual.

Ressalta-se que o prazo para as partes se manifestarem sobre o laudo será comum, posto que se sucessivo violaria o fundamento da norma.

Dessa forma o juiz poderá dirigir a instrução processual probatória para que atinja de forma célere o esclarecimento dos fatos alegados, obstando às partes que protelem a instrução processual com a produção de provas de fatos que muitas vezes não são sequer controvertidos e que por si só causam tumulto à instrução.

Outro aspecto relativo à audiência, é que o juiz deverá buscar a conciliação entre as partes litigantes (art. 852-E, da CLT) em qualquer fase da audiência, isso porque o que está a buscar é a celeridade processual, tendo em vista o procedimento eleito.

De acordo com o art. 852-F da CLT, todos os incidentes e exceções processuais serão decididos de plano, isto é, imediatamente, evitando-se os adiamentos de audiência para a decisão de tais incidentes, quanto às demais questões, essas serão decididas na sentença.

Nas causas submetidas ao procedimento sumaríssimo cada parte poderá apresentar somente duas testemunhas, que deverão ser convidadas pelas partes, ou seja, o comparecimento das testemunhas independe de intimação (art. 852-H, § 2º, da CLT), sendo que esta só ocorrerá se a testemunha comprovadamente convidada, não comparecer à audiência, e, uma vez intimada não comparecendo, o juiz poderá determinar sua condução coercitiva (art. 852-H, § 3º, da CLT).

Cabe salientar nesse sentido, que a parte deverá apresentar comprovação do convite de suas testemunhas, que deverá ser feita por qualquer meio em direito admitido, sob pena de não ser aceita a oitiva desta pelo juízo.

O legislador ao limitar para dois o número de testemunhas, no procedimento sumaríssimo agiu de forma assertiva, posto que a oitiva de três testemunhas, como se admite no procedimento ordinário, em alguns casos, além de não ser eficaz, causa morosidade à instrução e consequentemente ao processo, uma vez que a instrução e o julgamento do processo, nesse caso, deve ocorrer em uma única sessão.

Havendo necessidade de interrupção da audiência, essa terá procedimento e a solução do processo dar-se-ão no prazo máximo de trinta dias, exceto se houver a ocorrência de motivo relevante, que deverá ser justificado nos próprios autos do processo pelo juiz da causa (852-H, § 7º).

II. B. Do julgamento

Superada a fase de produção de provas, o juiz proferirá sentença em audiência. Sendo que na sentença deverá constar um breve resumo dos fatos ocorridos em audiência, sendo dispensado o relatório (art. 852-I, da CLT).

As partes deverão ser intimadas da sentença na própria audiência na qual for prolatada (art. 852-I, §3º, da CLT). Contudo a aplicação de tal preceito não possui efetividade em alguns Tribunais em virtude no excesso de processos em trâmite, sendo as partes intimadas posteriormente da decisão.

Desta forma, o prazo para a interposição de recurso deve ser contado a partir da intimação da sentença em audiência, quando essa ocorrer.

A sentença por sua vez, de acordo com o texto da Lei. 9.957/00, aprovado pelo Congresso Nacional não admitia a prolação de sentença condenatória ilíquida (art. 852, I, §2º), contudo, vetou-se o dispositivo sob o argumento de que a necessidade de liquidação da sentença atrasaria sua prolação.

Contudo, tal veto parece contrariar os preceitos de celeridade do procedimento sumaríssimo, posto que ao determinar que a petição inicial venha instruída com os pedidos líquidos, o mesmo deveria ser exigido na prolação da sentença, o que não ocorreu legalmente, em face do veto.

Como observa Estevão Mallet,[1] "O veto não fez desaparecer, todavia, a exigência de prolação de sentença líquida, que passa a decorrer não de norma expressa da legislação trabalhista, mas de aplicação subsidiária do parágrafo único do art. 459 do CPC, perfeitamente compatível com o processo do trabalho. Sendo portanto exigido a elaboração de pedido certo e determinado, no procedimento sumaríssimo, torna-se defeso ao juiz, ao apreciá-lo, proferir sentença ilíquida."

---

1   MALLET, Estevão – *Rev. TST*, Brasília, vol. 69, nº 2, jul/dez 2003, p. 102.

III. Os recursos cabíveis no Procedimento Sumaríssimo e suas peculiaridades

O legislador ao formular a Lei 9.957/00, preservou o princípio do duplo grau de jurisdição, mas buscou fazê-lo com a celeridade pretendida, admitindo o reexame das decisões por órgãos hierarquicamente superiores.

Nas palavras da jurista Maria Inês M. S. Alves da Cunha,[2] "mesmo sendo suscetível de críticas, parece claro que, no âmbito do segundo grau de jurisdição, a introdução de sistema simplificado para o julgamento de recursos no rito sumaríssimo trabalhista pretendeu exatamente implementar a simplicidade e a celeridade. A segurança jurídica está assim aliada à rapidez da justiça, não como um ideal apenas, mas com reais possibilidades de sua implementação.

Contudo, para outros juristas a vasta possibilidade recursal, no procedimento sumaríssimo criou um entrave na celeridade pretendida, uma vez que ao se assemelhar-se com as vias recursais do procedimento ordinário, trouxe o atraso na conclusão do processo, o que é visto como retrocesso.

III. A. Do recurso ordinário

O prazo para a interposição do recurso ordinário em processos que tramitam pelo procedimento sumaríssimo será de oito dias, contudo esse possui distribuição imediata ao relator, cabendo a este liberá-lo em dez dias e a secretaria do tribunal colocá-lo em pauta para julgamento sem revisor, eliminando a prévia manifestação da Procuradoria do Trabalho, que ocorrerá oralmente, quando do julgamento do processo.

O recurso ordinário possui efeito devolutivo amplo, sujeitando-se as disposições do artigo 515 do CPC.

No que concerne ao acórdão, foi dispensada a obrigatoriedade de relatório, mantendo a obrigatoriedade de apresentar fundamentação e a parte dispositiva, nos casos em que o acórdão viera a modificar a sentença. Sendo a sentença confirmada, a segunda instância poderá confirmá-la por seus próprios fundamentos jurídicos.

A simplificação na redação do acórdão foi um dos aspectos relevantes da Lei. 9.957/00, pois possibilitou que este fosse publicado com mais celeridade.

---

2 CUNHA, Maria Inês M. S. Alves da. O princípio do duplo grau de jurisdição – A celeridade processual e a Lei 9.957/00. In: *Os novos paradigmas do Direito do Trabalho*, Saraiva: São Paulo, 2001.

III. B. Do recurso de revista

O recurso de revista no procedimento sumaríssimo está limitado aos casos de contrariedade a súmula de jurisprudência do Tribunal Superior do Trabalho e a violação direta da constituição da República (art. 896, § 6º da CLT)

O legislador limitou a matéria suscetível de interposição de recurso de revista, visando a celeridade no processamento do recurso no Tribunal Superior do Trabalho, mas resguardando a apreciação da controvérsia pela corte superior.

Isso porque, diferentemente do entendimento de alguns reclamantes, o fato do procedimento sumaríssimo se limitar às causas de até 40 salários mínimos, não significa que essas possam ser consideradas como de fácil solução, pois a simplicidade de uma causa não advém de seu valor econômico, mas da complexidade contida na controvérsia jurídica.

III. C. Dos embargos de declaração

Os Embargos declaratórios são cabíveis no procedimento sumaríssimo, como possibilidade de modificação da sentença pelo próprio órgão que a proferiu, evitando em diversas ocasiões a interposição de Recurso Ordinário, uma vez que a própria controvérsia é suprida em sede de embargos declaratórios.

IV. A execução de sentença no procedimento sumaríssimo

Conforme já citado no item II-B, mesmo sem constar de forma expressa na Lei 9.957/00, a sentença proferida pelo juiz deverá ser líquida, de acordo com os ditames do artigo 459, parágrafo único do CPC com utilização subsidiária no processo do trabalho.

A Lei. 9.957/00 foi omissa quanto à forma diferenciada de execução, assim a execução no procedimento sumaríssimo é regida pelos artigos 876/892 da CLT, ou seja, de forma análoga às demandas que tramitam pelo procedimento ordinário.

Essa omissão do legislador quanto à forma diferenciada de execução de sentença, é considerada uma das causas de atraso na solução de litígios que tramitam pelo procedimento sumaríssimo os quais nessa seara se igualam aos que tramitam pelo procedimento ordinário.

Assim, a frustrante constatação é a de que o procedimento sumaríssimo com suas peculiaridades preserva o princípio da celeridade até a fase de execução onde se concretizaria a verdadeira entrega do bem jurídico.

Isso porque, se a Lei. 9.957/2000 foi criada com particularidades que resguardam o princípio da celeridade e informalidade para a entrega do bem jurídico, limitando para tanto, o pedido a certo e o valor a líquido de até 40 salários mínimos, deveria trazer em seu bojo uma fase de execução diferenciada, célere e eficaz, o que não ocorreu.

Como destaca José Augusto Rodrigues Pinto:[3] "Executar é, no sentido comum, realizar, cumprir, levar a efeito. No sentido jurídico, a palavra assume significado mais apurado, embora conservando a ideia básica de que, uma vez nascida, por ajuste entre particulares ou por imposição sentencial do órgão próprio do Estado a obrigação, deve ser cumprida, atingindo-se no último caso, concretamente, o comando da sentença que a reconheceu ou, no primeiro caso o fim para o qual se criou".

Para Mauro Schiavi[4] a execução trabalhista diferentemente da cível, guarda algumas particularidades como a "ausência de autonomia", uma vez que em se tratando de título executivo judicial, a execução é fase do processo e não um procedimento autônomo, tendo em vista que o juiz pode iniciá-la de ofício, sem a provocação da parte. (art. 848 da CLT)

Como bem adverte Manoel Antonio Teixeira Filho,[5] "sem pretendermos ser heterodoxos neste tema, pensamos que a execução trabalhista calcada em título judicial, longe de ser autônoma, representa, em rigor, simples fase do processo de conhecimento que deu origem à sentença condenatória exequenda".

No mesmo sentido a opinião abalizada de Jorge Luiz Souto Maior,[6] acrescentando que o processo do trabalho tem natureza executiva. Aduz o jurista:

> A ação trabalhista, assim, não é mera ação que já comporta condenação e satisfação do direito e na qual, como esclarece Luiz Guilherme Marinoni, 'não existe condenação ou ordem. Como disse Pontes de Miranda, na ação executiva quer-se mais: quer-se o ato do juiz, fazendo não o que devia ser feito pelo juiz como juiz, mas sim o que a parte deveria ter feito'.

---

3   RODRIGUES PINTO, José Augusto. *Execução trabalhista: estática – dinâmica – prática*, 11ª ed. São Paulo: LTr, 2006, p. 23.

4   SCHIAVI, Mauro. Os princípios da execução trabalhista e a aplicabilidade do artigo 475-j, do cpc: Em busca da efetividade perdida. Disponível em http://www.lancer.com.br

5   TEIXEIRA FILHO, Manoel Antonio. *Execução no Processo do Trabalho*, 9ª ed. São Paulo: LTr, 2005, p. 46.

6   MAIOR, Jorge Luiz Souto. Teoria Geral da Execução Forçada. In: *Execução Trabalhista: Visão Atual*. Coordenador Roberto Norris. Rio de Janeiro: Forense, 2001, p. 37

Toda execução pressupõe um título, seja ele judicial ou extrajudicial, sendo que os títulos trabalhistas que têm força executiva estão previstos no artigo 876, da CLT.

A execução não incide na pessoa do devedor e sim sobre seus bens, conforme o artigo 591 do CPC, assim tanto os bens presentes como os futuros do devedor são passíveis de execução.

Para ser concretizada a entrega do bem perseguido cabe aos julgadores priorizarem a execução sobre bens capazes de satisfazer o crédito do reclamante, com efetividade e celeridade, tendo em vista a natureza alimentar do crédito trabalhista.

Cabe citar ainda que o credor tem a faculdade de prosseguir ou não com a execução, sem a anuência do devedor, da forma prevista no artigo 569, *caput* da CLT.

O artigo 769, da CLT disciplina os requisitos para aplicação subsidiária do Direito Processual Comum ao Processo do Trabalho, com a seguinte redação:

"Nos casos omissos, o direito processual comum será fonte subsidiária do direito processual do trabalho, exceto naquilo em que for incompatível com as normas deste Título".

Na fase de execução trabalhista, em havendo omissão da CLT, aplica-se em primeiro plano a Lei de Execução Fiscal (6830/80) e, posteriormente, o Código de Processo Civil.

Entretanto, o artigo 889, da CLT deve ser conjugado com o artigo 769 consolidado, pois somente quando houver compatibilidade com os princípios que regem a execução trabalhista, a Lei 6830/80 pode ser aplicada.

Ainda na seara da execução da sentença no processo do trabalho, tem se discutido entre os doutrinadores a aplicabilidade do artigo 475-J do CPC no processo do trabalho, uma vez o Código de Processo Civil é utilizado como fonte subsidiária no processo do trabalho, cabe portanto um breve estudo sobre a matéria.

Dispõe o artigo 475-J do Código de Processo Civil:

> Caso o devedor, condenado ao pagamento de quantia certa ou já fixada em liquidação, não o efetue no prazo de quinze dias, o montante da condenação será acrescido de multa no percentual de dez por cento e, a requerimento do credor e observado o disposto no art. 614, inciso II, desta Lei, expedir-se-á mandado de penhora e avaliação. (Incluído pela Lei nº 11.232/05 – DOU de 23/12/2005)
>
> § 1o Do auto de penhora e de avaliação será de imediato intimado o executado, na pessoa de seu advogado (arts. 236 e 237), ou, na falta deste, o seu representante legal, ou pessoalmente, por mandado ou pelo correio,

podendo oferecer impugnação, querendo, no prazo de quinze dias. (Incluído pela Lei nº 11.232/05 – DOU de 23/12/2005)

§ 2o Caso o oficial de justiça não possa proceder à avaliação, por depender de conhecimentos especializados, o juiz, de imediato, nomeará avaliador, assinando-lhe breve prazo para a entrega do laudo. (Incluído pela Lei nº 11.232/05 – DOU de 23/12/2005)

§ 3o O exequente poderá, em seu requerimento, indicar desde logo os bens a serem penhorados. (Incluído pela Lei nº 11.232/05 – DOU de 23/12/2005)

§ 4o Efetuado o pagamento parcial no prazo previsto no *caput* deste artigo, a multa de dez por cento incidirá sobre o restante. (Incluído pela Lei nº 11.232/05 – DOU de 23/12/2005)

§ 5o Não sendo requerida a execução no prazo de seis meses, o juiz mandará arquivar os autos, sem prejuízo de seu desarquivamento a pedido da parte. (Incluído pela Lei nº 11.232/05 – DOU de 23/12/2005).

A norma do artigo 475-J do CPC trouxe alterações significativas à execução por título executivo judicial no Processo Civil, passando de um processo antes autônomo para um único processo.

Conforme o *caput* do artigo 475-J do CPC, uma vez transitada em julgado a sentença líquida, ou fixado o valor a partir do procedimento de liquidação, o executado deve, independentemente de qualquer intimação, realizar o pagamento da quantia em 15 dias, sob consequência de multa de 10%, que ser imposta, de ofício, pelo juiz.

Caso o devedor não realize o pagamento, haverá incidência da multa de 10% sobre o valor total da execução, e mediante requerimento do credor, expedir-se-á mandado de penhora e avaliação, prosseguindo-se a execução nos seus ulteriores termos.

O avanço do Processo Civil, ao suprimir o processo de execução, transformando-o em fase de cumprimento da sentença, com medidas para forçar o devedor a cumprir a decisão, gerou grandes discussões na doutrina sobre a possibilidade de transportar tal dispositivo para o Processo do Trabalho.

Autores de nomeada como Manoel Antonio Teixeira Filho respondem negativamente. Aduz o jurista:[7]

---

7 TEIXEIRA FILHO, Manoel Antonio. Processo do Trabalho – Embargos à Execução ou impugnação à sentença? (A propósito do art. 475-J, do CPC). In: *Revista LTr* 70-10/1180.

> Todos sabemos que o art. 769, da CLT, permite a adoção supletiva de normas do processo civil desde que: a) a CLT seja omissa quanto à matéria; b) a norma do CPC não apresente incompatibilidade com a letra ou com o espírito do processo do trabalho. Não foi por obra do acaso que o legislador trabalhista inseriu o requisito da omissão antes da compatibilidade: foi, isto sim, em decorrência de um proposital critério lógico-axiológico. Desta forma, para que se possa cogitar da compatibilidade, ou não, de norma do processo civil com a do trabalho é absolutamente necessário, *ex vi legis*, que antes disso, se verifique, se a CLT se revela omissa a respeito da material Inexistindo omissão, nenhum intérprete estará autorizado a perquiri sobre a mencionada compatibilidade. Aquela constitui, portanto, pressuposto fundamental desta.

A Consolidação regulamenta o início da execução e dispõe sobre a possibilidade do executado pagar a execução ou garantir o juízo, dispondo de forma expressa sobre a necessidade da citação do devedor. Assim preconizam os artigos 880 e 882 da CLT, abaixo transcritos:

Artigo 880, da CLT: "O juiz ou presidente do tribunal, requerida a execução, mandará expedir mandado de citação ao executado, a fim de que cumpra a decisão ou o acordo no prazo, pelo modo e sob as cominações estabelecidas, ou, em se tratando de pagamento em dinheiro, incluídas as contribuições sociais devidas ao INSS, para que pague em quarenta e oito horas, ou garanta a execução, sob pena de penhora".

Artigo 882 da CLT: "O executado que não pagar a importância reclamada poderá garantir a execução mediante depósito da mesma, atualizada e acrescida das despesas processuais, ou nomeando bens à penhora, observada a ordem preferencial estabelecida no art. 655 do Código Processual Civil".

A jurisprudência trabalhista por outro lado vem abrandando a necessidade da citação pessoal do executado, admitindo-se que ela seja realizada na pessoa de qualquer preposto do empregador, conforme se constata da redação das seguintes ementas:

> Citação – Execução. No processo do trabalho, a citação para a execução pode ser feita através de qualquer preposto do empregador, sendo desnecessária a citação pessoal, eis que a relação jurídica é impessoal quanto ao empregador. (TRT – 3ª R – 4ª T – Ap. nº 5215/99 – Rel. Juiz Salvador V. Conceição – DJMG 20/05/2000 – p. 1) (RDT 06/00, p. 57).

Execução trabalhista – Citação. Embora a citação na execução trabalhista seja diferente daquela realizada na fase cognitiva, exigindo a presença do Oficial de Justiça, tal fato não implica que ela deva ser pessoal, podendo recair sobre qualquer pessoa que responda pelo empregador. (TRT 3ª R – 2ª T – AP nº 1013/2005.048.03.00-2 – Rel. Anemar Pereira Amaral – DJ 13.09.06 – p. 11) (RDT nº 10 – outubro de 2006).

O estudo da aplicabilidade do artigo 475-J do CPC ao processo do trabalho, exige cautela, sendo plausível contudo, que os juristas pretendam ver aplicada a norma que trouxe celeridade às execuções cíveis, no âmbito do processo do trabalho, onde o crédito tem natureza alimentar.

No entanto, entendo não há como suprimir a citação do reclamado para dar inicio à execução, por entender que este já tem ciência de que deve cumprir a decisão desde que a ele é dada a ciência.

Por outro lado, não há como negar que o artigo 475-J, do CPC atende aos preceitos que regem a execução trabalhista, como a celeridade processual e a efetividade quanto à entrega do bem jurídico.

Como bem adverte Jorge Luiz Souto Maior:[8]

> Das duas condições fixadas no artigo 769, da CLT, extrai-se um princípio, que deve servir de base para tal análise: a aplicação de normas do Código de Processo Civil no procedimento trabalhista só se justifica quando for necessária e eficaz para melhorar a efetividade da prestação jurisdicional trabalhista. (...) O direito processual trabalhista, diante do seu caráter instrumental, está voltado à aplicação de um direito material, o direito do trabalho, que é permeado de questões de ordem pública, que exigem da prestação jurisdicional muito mais que celeridade; exigem que a noção de efetividade seja levada às últimas consequências. O processo precisa ser rápido, mas, ao mesmo tempo, eficiente para conferir o que é de cada um por direito, buscando corrigir os abusos e obtenções de vantagens econômicas que se procura com o desrespeito à ordem jurídica.

A jurisprudência trabalhista vem evoluindo neste sentido, conforme se constata da redação das seguintes ementas:

---

8   MAIOR, Jorge Luiz Souto. Reflexos das Alterações no Código de Processo Civil no Processo do Trabalho. In: *Revista LTr* 70-08/920.

MULTA PREVISTA NO ART. 475-J DO CPC – APLICAÇÃO NO PROCESSO DO TRABALHO. A multa estipulada pela r. sentença somente incidirá se a reclamada não cumprir o dispositivo sentencial no prazo fixado. Além do que, sua aplicação no processo do trabalho é incensurável, pois contribui para concretizar o princípio constitucional da duração razoável do processo (TRT 21ª Região, Recurso Ordinário nº 00611-2006-021-21-00-8, Rel Juiz José Barbosa Filho, DJRN 01/03/2007).

MULTA LEGAL. 10%. Art. 475-J DO CPC. APLICÁVEL NA SEARA LABORAL. A multa capitulada no art. 475-J do CPC tem plena incidência na esfera laboral, porque o que se busca na execução trabalhista é verba alimentar, sendo a multa em questão mais um meio coercitivo ao pagamento da obrigação pelo devedor, que vem ao encontro do princípio da celeridade, elevado ao patamar constitucional. Assim, todo e qualquer dispositivo legal que venha a abreviar o cumprimento da decisão deve ser adotado pelo Judiciário Trabalhista, ainda mais quando a CLT, em seu art. 769 admite a aplicação subsidiária de dispositivo do Processo Civil no Direito do Trabalho (TRT 23ª Região, RO 00244.2006.005.23.00-2, Desembargadora Leila Calvo).[9]

V. Conclusão

O procedimento sumaríssimo na justiça do trabalho, possui particularidades inerentes à natureza dos litígios trabalhistas, qual seja a alimentar.

Apesar de sofrer inúmeras críticas em seus 11 anos de vigência, a Lei. 9.957/00, contribuiu para a celeridade processual nas demandas de até 40 salários mínimos, que representa grande parcela das reclamatórias no país.

A sua eficácia estaria garantida se contasse com uma execução diferenciada, acompanhando a celeridade de sua fase de conhecimento e recursal.

Aguardemos por uma nova legislação que venha suprir a lacuna deixada pela Lei 9.957/00 quanto à execução, para que o processo do trabalho torne-se um instrumento efetivo de distribuição de justiça e pacificação entre empregador e empregado.

---

9   In: CHAVES, Luciano Athayde. *A recente reforma no Processo Civil: reflexos no Direito Judiciário do Trabalho*. São Paulo: LTr, 2007, p. 61.

INVERVENÇÃO DE TERCEIROS NO PROCESSO DO TRABALHO

Bruno Leandro Palhares Perez[1]
Luiz Antonio dos Santos Junior[2]

I. Conceito

"Intervir" é, segundo o dicionário, "Tomar parte voluntariamente; meter-se de permeio, vir ou colocar-se entre, por iniciativa própria".[3]

Em sua acepção jurídica, o vocábulo "intervenção" assume significado mais complexo:

> INTERVENÇÃO. Do latim *interventio*, de *intervenire* (assistir, intrometer-se, ingerir-se), em acepção comum é tido o vocábulo como a *intromissão* ou *ingerência* de uma pessoa em negócios de outrem, sob qualquer aspecto, isto é, como *mediador, intercessor, conciliador* etc. (…)

---

1 Graduado em Direito pela Faculdade de Direito de São Bernardo do Campo. Pós graduando em Direito Processual Civil pela Pontifícia Universidade Católica de São Paulo. Advogado da Área Trabalhista e Desportiva do escritório BKBG – Barretto Ferreira, Kujawski e Brancher Sociedade de Advogados.

2 Graduado em Direito pela Faculdade de Direito de Marília. Pós graduado em Direito do Trabalho pela Pontifícia Universidade Católica de São Paulo. MBA em Recursos Humanos pela FIA – Fundação Instituto de Administração. Sócio do escritório BKBG – Barretto Ferreira, Kujawski e Brancher Sociedade de Advogados.

3 FERREIRA, Aurélio Buarque de Holanda. *Novo dicionário Aurélio da língua portuguesa*, 3ª ed. Curitiba: Positivo, 2004, p. 1123.

IV. No sentido do Direito Processual, é manifestada no ato pelo qual um terceiro, não sendo, originariamente, parte na causa, em qualquer situação da instância vem intrometer-se nela, para fazer valer os seus direitos ou para proteger os de uma parte principal. (...).[4]

O conceito de terceiro, no plano do Direito Processual, se dá por exclusão: terceiro é aquele que não é parte no processo pendente.

A intervenção de terceiros é o ingresso de uma pessoa que, originariamente, não compunha nenhum dos polos de uma relação jurídica processual, em razão de seu interesse jurídico.

É, segundo Antônio Cláudio da Costa Machado, o "ato de ingressar em processo instaurado entre outras partes quando a lei expressamente o autorize".[5]

O resultado de uma demanda pode, não raramente, repercutir na esfera afetiva ou em expectativas econômicas de outrem. Esta repercussão, no entanto, não ultrapassa o plano dos *fatos*. Estes terceiros serão pessoas *juridicamente* indiferentes diante daquela demanda.

Há outros casos, no entanto, em que o terceiro pode ter a sua esfera jurídica afetada pela eventual decisão a ser proferida numa determinada demanda. Neste caso, em que tenha interesse *jurídico* na causa, poderá nela intervir, tornando-se, a partir de então, parte (ou coadjuvante da parte) no processo pendente.

Por conta dos rigorosos limites subjetivos que o sistema processual atribuiu aos efeitos da sentença e da coisa julgada, a nenhum terceiro poderão ser impostos os efeitos diretos da sentença proferida num processo de que não fez parte.

Não ficará o terceiro, portanto, vinculado à autoridade da coisa julgada (art. 472, CPC[6]), não obstante possa experimentar efeitos reflexos da sentença proferida, "como

---

4   SILVA, De Plácido e. *Vocabulário jurídico conciso*. Atualizadores Nagib Slaibi Filho e Gláucia Carvalho, 2ª ed. Rio de Janeiro: Forense, 2010, p. 449.

5   COSTA MACHADO, Antônio Cláudio da. *Código de processo civil interpretado: artigo por artigo, parágrafo por parágrafo*, 7ª ed. rev. e atual. Barueri: Manole, 2008, p. 64.

6   Art. 472. A sentença faz coisa julgada às partes entre as quais é dada, não beneficiando, nem prejudicando terceiros. Nas causas relativas ao estado de pessoa, se houverem sido citados no processo, em litisconsórcio necessário, todos os interessados, a sentença produz coisa julgada em relação a terceiros.

consequência do inter-relacionamento das pessoas que vivem em sociedade e do emaranhado das relações jurídicas que as envolvem".[7]

A intervenção do terceiro juridicamente interessado no processo permite, portanto, que outras situações jurídicas e outros potenciais conflitos de interesses sejam desde já resolvidos por meio de uma relação processual já existente ou por meio de outra relação jurídica processada paralelamente àquela.

Isto garante não apenas a desnecessidade da propositura de ações autônomas, com a multiplicação do número de processos, mas também uma uniformidade nas decisões tomadas em relação a conflitos que se interligam.

Estas são, portanto, as justificativas sistemáticas do instituto da intervenção de terceiros.

II. Classificação

A intervenção de terceiros é classificada pela doutrina segundo diversos critérios, a saber:

II. a) de acordo com a iniciativa da medida:

Tendo-se como critério a iniciativa da medida, a intervenção pode ser *espontânea* ou *provocada*.

Será espontânea sempre que a iniciativa for do próprio terceiro, que, no intuito de resguardar interesses próprios, tenta ingressar na relação processual pendente entre outras partes. É o que ocorre, por exemplo, na oposição.

Será provocada quando a iniciativa for de uma parte originária da relação processual, que, por sua própria vontade ou para cumprir determinação legal, promove a citação do terceiro. É o que ocorre na nomeação à autoria, na denunciação da lide e no chamamento ao processo.

II. b) de acordo com o impacto da medida no aspecto subjetivo da relação processual:

De acordo com este critério, a intervenção pode ser *ad coadiuvandum* ou *ad excludendum*.

---

7   DINAMARCO, Cândido Rangel. *Instituições de Direito Processual Civil*, vol. II, 4ª ed. rev., atual. e com remissões ao Código Civil de 2002. São Paulo: Malheiros Ed., 2004, p. 369.

É *ad coadiuvandum* quando o terceiro busca ingressar no processo com o intuito de prestar cooperação a uma das partes que já integravam o processo, assim como ocorre na assistência.

Por outro lado, é *ad excludendum* a intervenção por meio da qual o terceiro busca excluir uma ou ambas as partes primitivas. É o que ocorre na nomeação à autoria e na oposição.

II. c) **de acordo com a forma processual de que se reveste a intervenção:**

A intervenção do terceiro pode se dar mediante "inserção" na relação jurídica já existente ou mediante a propositura de nova ação, que dá origem a nova relação processual.

No primeiro grupo, estão a assistência, a nomeação à autoria e o chamamento ao processo, que se operam pelo ingresso da parte na relação processual existente, sem a criação de outra relação.

No segundo grupo, estão a oposição e a denunciação da lide, verdadeiras ações, que dão origem a uma nova relação processual, que se desenvolve paralelamente à primitiva relação.

II. d) **de acordo com o momento de ingresso do terceiro no processo:**

De acordo com este critério, a intervenção pode ser inicial, quando se verifica logo na fase postulatória, ou superveniente, quando ocorrida após esta fase.

III. Modalidades de intervenção de terceiros

O Código de Processo Civil prevê cinco modalidades de intervenção de terceiros: a) a assistência (arts. 50 a 55); b) a oposição (arts. 56 a 61); c) a nomeação à autoria (arts. 62 a 69); d) a denunciação da lide (arts. 70 a 76); e e) o chamamento ao processo (arts. 77 a 80).

Tratar-se-á, de maneira breve, de cada uma das mencionadas medidas:

III. a) **assistência**

A assistência, muito embora tenha sido tratada pelo legislador ao lado do litisconsórcio e fora do capítulo destinado à intervenção de terceiros, é típica modalidade deste instituto.

O assistente é um coadjuvante, que ingressa na relação processual, a fim de colaborar com uma das partes, defendendo, por conseguinte, direito alheio. Não obstante, acaba, com isto, indiretamente, protegendo interesse próprio.

A assistência pressupõe a existência de uma relação jurídica entre uma das partes e o terceiro (assistente) e a possibilidade de a sentença a ser proferida no processo influir na mencionada relação.

O assistente, portanto, busca resguardar, indiretamente, interesse jurídico próprio, nos termos do artigo 50 do Código de Processo Civil. O interesse meramente sentimental ou econômico não dá ensejo à assistência.

A assistência tem lugar no processo de conhecimento, em qualquer dos seus procedimentos, e no processo cautelar. Como o processo de execução não visa à prolação de uma sentença por meio da qual se resolva conflitos de interesse, nele não há lugar para a assistência. Seu limite temporal é a formação da coisa julgada.

A assistência pode ser simples ou litisconsorcial.

Na assistência *simples* ou *adesiva*, o terceiro simplesmente coadjuva uma das partes a obter sentença favorável, sem defender direito próprio.

Na assistência *litisconsorcial* ou *qualificada*, "o assistente é direta e imediatamente vinculado à relação jurídica (*rectius*, ao conflito de interesse) objeto do processo".[8] Assim, é objeto do processo a própria relação jurídica que vincula o terceiro com uma das partes.

Portanto, na assistência qualificada, o terceiro acaba defendendo direito próprio. Nestes casos, o terceiro é tratado como se litisconsorte fosse e as suas possibilidades de atuação serão tantas quantas as de uma parte principal.

O terceiro deve formular requerimento para ingressar no feito. As partes, que devem tomar ciência deste requerimento, podem impugná-lo no prazo de 5 (cinco) dias. Caso não exista impugnação, o requerimento deve ser deferido, ao menos que esteja evidente a ausência dos pressupostos para a assistência, caso em que o juiz o indeferirá.

Caso exista impugnação, o juiz deve determinar o desentranhamento das peças de requerimento e da respectiva impugnação, autuando-as em apenso. Será autorizada, então, a produção de provas a respeito dos pressupostos da assistência, devendo o juiz decidir em 5 (cinco) dias, por meio de decisão interlocutória.

Este procedimento, que acontece sem a suspensão do processo, está previsto pelo artigo 51 do Código de Processo Civil.

---

8   CARNEIRO, Athos Gusmão. *Intervenção de terceiros*, 14ª ed. rev. e atual. São Paulo: Saraiva, 2003, p. 157.

O assistente exerce, nos termos do artigo 52 do Código, os mesmos poderes e sujeita-se aos mesmos ônus que o assistido. Assim, pode o assistente produzir provas, requerer diligências, apresentar razões, participar de audiências. Pode, por outro lado, ser condenado aos ônus da sucumbência e às penalidades aplicadas aos litigantes de má fé.

A parte assistida pode desistir da ação, reconhecer a procedência do pedido ou transacionar, com o que, em regra, nos termos do artigo 53 do Código, deve cessar a assistência, extinguindo-se o processo, com ou sem resolução de mérito, dependendo do caso.

No entanto, quando se tratar de assistência litisconsorcial, nenhuma destas condutas do assistido obstará que o assistente, em assim querendo, prossiga na defesa de seu direito, uma vez que, neste caso, atua como verdadeira parte. Ainda, no caso de assistência litisconsorcial, pode o assistente interpor recurso ainda que o assistido não o faça, o que é vedado ao assistente simples.

O assistente litisconsorcial, como assume a posição de parte, sujeita-se normalmente à eficácia da coisa julgada cujos efeitos pairem sobre a sentença a ser proferida.

Já o assistente simples, não sendo parte, não pode sofrer os efeitos da coisa julgada. Não obstante, por ter participado da relação processual espontaneamente, tendo a oportunidade de discutir a causa, não poderá o assistente simples, em outros feitos, discutir "a justiça da decisão", ou seja, as questões de fato que influíram na sentença. As exceções a esta regra estão nos incisos do artigo 55 do Código de Processo Civil.[9]

Por fim, o Código de Processo Civil também permite, em seu artigo 499,[10] que o terceiro juridicamente prejudicado por uma sentença dela recorra. Trata-se, como aponta boa parte da doutrina, de verdadeiro caso de assistência (simples ou litisconsorcial, conforme o caso concreto) na fase recursal.

---

9 Art. 55. Transitada em julgado a sentença, na causa em que interveio o assistente, este não poderá, em processo posterior, discutir a justiça da decisão, salvo se alegar e provar que:
I – pelo estado em que recebera o processo, ou pelas declarações e atos do assistido, fora impedido de produzir provas suscetíveis de influir na sentença;
II – desconhecia a existência de alegações ou de provas, de que o assistido, por dolo ou culpa, não se valeu.

10 Art. 499. O recurso pode ser interposto pela parte vencida, pelo terceiro prejudicado e pelo Ministério Público.
§ 1º Cumpre ao terceiro demonstrar o nexo de interdependência entre o seu interesse de intervir e a relação jurídica submetida à apreciação judicial.

III. b) **oposição:**

A oposição é assim definida por Antônio Cláudio da Costa Machado:

"Oposição é uma ação incidental proposta por alguém que está fora do processo em face das duas partes, assumindo estas, então, a condição de litisconsortes no polo passivo."[11]

A oposição é uma verdadeira ação, por meio da qual o terceiro busca ingressar no processo, fazendo prevalecer os seus direitos em detrimento dos direitos das primitivas partes.

O seu cabimento é bem delineado pelo artigo 56 do Código de Processo Civil. Existindo um processo em que discutem autor e réu a respeito de uma coisa ou direito do qual o terceiro entenda ser o verdadeiro titular, poderá oferecer sua oposição.

É modalidade de intervenção espontânea, *ad excludendum.*

É uma faculdade do terceiro, já que *"nenhum prejuízo jurídico pode lhe causar a sentença a ser proferida num processo em que não figura como parte"*,[12] por força dos limites subjetivos da coisa julgada, estabelecidos pelo artigo 472 do Diploma Processual Civil.

Ela dá início a uma nova relação processual. Deve ser apresentada por meio de uma petição inicial que observe os ditames dos artigos 282 e 283 do Código de Processo Civil e, após ser distribuída por dependência, dará origem a novos autos, que ficarão apensos aos autos do processo principal.

A competência para o julgamento da oposição é, evidentemente, do juízo competente para o julgamento da causa principal, uma vez que existe conexão oriunda do objeto comum (art. 109[13]).

A oposição pode ser oferecida até o trânsito em julgado da sentença da causa principal. Passado este momento, caso o terceiro queira resguardar os seus direitos, deverá valer-se de outra ação.

A oposição poderá ser promovida sob a forma de intervenção no processo ou sob a forma de ação autônoma. Dá-se a primeira quando a oposição é oferecida antes do início da audiência de instrução e julgamento (art. 59). Se oferecida a oposição após o início desta audiência, mas antes, por óbvio, do trânsito em julgado da sentença, se processará como uma ação autônoma (art. 60).

---

11 COSTA MACHADO, Antônio Cláudio da. *Op. cit.*, p. 64.

12 THEODORO JÚNIOR, Humberto. *Op. cit.*, p. 130.

13 Art. 109. O juiz da causa principal é também competente para a reconvenção, a ação declaratória incidente, as ações de garantia e outras que respeitam ao terceiro interveniente..

Os réus – autor e réu da ação principal – serão citados para responder no prazo de 15 (quinze) dias (art. 57, *caput*, parte final). Ainda que o processo principal corra à revelia do então réu, deverá este, como réu do novo processo formado, ser citado na forma dos artigos 213 e seguintes do Código de Processo Civil.

No caso de revelia, aplicam-se, naturalmente, os efeitos do artigo 319 do Código de Processo Civil, a não ser que se verifique alguma das exceções trazidas pelo artigo 320.

Sendo a oposição oferecida antes da audiência, será processada conjuntamente com a ação principal, sendo ambas julgadas pela mesma sentença.

Caso seja oferecida após o início da audiência, a oposição se processará de maneira independente, pelo rito ordinário do procedimento comum, sendo julgada sem prejuízo da causa principal. Poderá o juiz, no entanto, entendendo ser medida conveniente, suspender o processamento da causa principal por, no máximo, 90 (noventa) dias, para que possa julgar ambas as ações por meio da mesma sentença.

Se apenas um dos réus reconhecer a procedência do pedido formulado em sede de oposição, deverá esta ação prosseguir em face de seu litisconsorte (art. 58). Caso sejam julgadas, por meio da mesma sentença, a causa principal e a oposição, deverá esta ser apreciada primeiramente pelo julgador (art. 61).

III. c) nomeação à autoria:

A nomeação à autoria é modalidade interventiva que permite a correção da legitimação passiva *ad causam*, por meio da substituição do réu, apontado erroneamente como tal pelo autor.

O Código de Processo Civil previu, em seus artigos 62 e 63, duas hipóteses de cabimento desta modalidade de intervenção de terceiros.

O primeiro dos dispositivos cuida da hipótese de o mero detentor ser demandado, em nome próprio, como se fosse proprietário ou possuidor da coisa.

O detentor, nos termos do artigo 1.198 do Código Civil, é "aquele que, achando-se em relação de dependência para com outro, conserva a posse em nome deste e em cumprimento de ordens ou instruções suas". Como tal, não tem legitimidade para responder pela posse ou propriedade do bom objeto do litígio.

O segundo caso se aplica às ações de indenização, quando o réu, apontado como causador do dano, alegar ter agido sob as ordens ou em cumprimento de instruções de alguém de quem é dependente.

Neste caso, deve haver uma verdadeira situação de dependência entre o demandado e o nomeado. É imprescindível, ainda, que o nomeante não pudesse deixar de atender a ordem ou a instrução do nomeado; "se ele tivesse poder de decisão e houvesse participado com parcela de sua vontade, não será parte ilegítima *ad causam*".[14]

O réu deve realizar a nomeação no prazo de defesa (art. 64, CPC). Não há necessidade de que ela seja formulada no corpo da contestação, uma vez que, não sendo aceita a nomeação, o prazo para contestar será devolvido ao réu, nos termos do artigo 67 do CPC.

O juiz pode indeferir de plano a nomeação, caso em que o processo voltará ao seu rumo normal, devendo o réu apresentar, ato contínuo, sua resposta. Pode o juiz, ao contrário, deferir a nomeação, caso em que suspenderá o processo, ouvindo o autor, que tem o prazo de 5 (cinco) dias para manifestar sua opinião a respeito da nomeação.

Caso o autor concorde com a nomeação ou mantenha-se silente (caso em que se presumirá sua concordância), será o nomeado citado. Apenas no caso de o nomeado reconhecer a qualidade que lhe é atribuída, ele substituirá o nomeante – que será excluído da lide – como réu (art. 66, CPC).

Portanto, a substituição do ocupante do polo passivo da relação processual "pressupõe a *dupla concordância*, do autor e do nomeado".[15]

Quando o autor recusar a nomeação ou quando o nomeado negar a qualidade que lhe for atribuída, ficará frustrada a substituição, voltando o processo ao seu rumo normal. Ainda assim, poderá o réu sustentar a sua ilegitimidade passiva, por ser mero detentor da coisa ou por ter agido sob as ordens ou instruções de outrem, postulando, a partir de então, pela extinção do processo sem resolução do mérito com fulcro no artigo 267, VI, do Código de Processo Civil.[16]

A nomeação à autoria é um dever do réu; caso este não se desincumba deste dever, incorrerá em responsabilidade por perdas e danos, nos termos do artigo 69, I, do Código de Processo Civil.

Também é responsabilizado aquele que nomeia à autoria pessoa diversa daquela que deveria ser apontada como possuidora da coisa demandada, nos termos do inciso II do referido artigo 69.

---

14 DINAMARCO, Cândido Rangel. *Op. cit.*, p. 396.
15 CARNEIRO, Athos Gusmão. *Op. cit.*, p. 80.
16 Art. 267. Extingue-se o processo, sem resolução de mérito: (...)
   VI – quando não concorrer qualquer das condições da ação, como a possibilidade jurídica, a legitimidade das partes e o interesse processual; (...).

Esta responsabilidade é objetiva e a indenização será revertida àquele que houver sofrido danos pela omissão ou pela incúria do réu: o autor (no caso da omissão) ou o autor e o nomeado (no caso de nomeação incorreta).

III. d) denunciação da lide:

A denunciação da lide é modalidade interventiva por meio da qual se busca o pronunciamento a respeito do direito de regresso a ser exercido em face de terceiro na eventualidade de a parte denunciante sair vencida na lide principal.

Assim, a parte denunciante, pressupondo uma pretensão indenizatória, fundamentada no direito de regresso, em face de um terceiro, denuncia-lhe a lide, para que, caso sucumba na ação principal, possa ver-se favorecido pela sentença e exercer este seu direito de regresso.

A denunciação da lide, assim como a oposição, é uma verdadeira ação. Existirão, portanto, com a denunciação, duas relações processuais, a serem resolvidas por meio de uma mesma sentença.

O denunciado assume dupla função: a de assistente litisconsorcial do denunciante, em face do autor da demanda principal, e a de réu de uma ação de regresso.

As hipóteses em que a lei autoriza a denunciação da lide estão no artigo 70 do Código de Processo Civil.[17] Este dispositivo se refere, em seu *caput*, à "obrigatoriedade" da denunciação.

Na realidade, segundo a grande maioria da doutrina, a denunciação da lide apenas será efetivamente obrigatória quando o direito material assim estabelecer. Assim, "a obrigatoriedade de que fala o art. 70 decorre do direito material e não da lei processual".[18]

Por tais motivos, no caso do inciso I do artigo 70 (e apenas neste caso), a denunciação se faz efetivamente obrigatória, sob pena da perda do direito da evicção,

---

17 Art. 70. A denunciação da lide é obrigatória:
  I – ao alienante, na ação em que terceiro reivindica a coisa, cujo domínio foi transferido à parte, a fim de que esta possa exercer o direito que da evicção lhe resulta;
  II – ao proprietário ou ao possuidor indireto quando, por força de obrigação ou direito, em casos como o do usufrutuário, do credor pignoratício, do locatário, o réu, citado em nome próprio, exerça a posse direta da coisa demandada;
  III – àquele que estiver obrigado, pela lei ou pelo contrato, a indenizar, em ação regressiva, o prejuízo do que perder a demanda.

18 THEODORO JÚNIOR, Humberto. *Op. cit.*, p. 141.

porque o artigo 456 do Código Civil[19] determina a utilização deste instituto processual para o exercício do direito.

Nas demais hipóteses, a denunciação da lide não é obrigatória, mas é necessária para que a parte obtenha sentença que envolva, além da causa principal, a resolução do conflito relativo ao direito de regresso contra o terceiro.

Das hipóteses listadas pelo artigo 70, a única que se afigura plausível no Processo do Trabalho é a do seu inciso III, que se refere ao direito de regresso, fundamentado na lei ou em contrato, pelos prejuízos experimentados pela parte que for derrotada na demanda principal.

Poderá denunciar a lide tanto o autor quanto o réu. O autor, se o caso, deverá fazê-lo na própria petição inicial, requerendo, desde logo, a citação do réu e do denunciado. No caso de o réu pretender denunciar a lide, deverá fazê-lo no prazo para contestar (artigo 71 do Código de Processo Civil).

Quando o autor denunciar a lide, deverá ser citado o denunciado, a quem o juiz deve estabelecer prazo para resposta. O denunciado, comparecendo, tornar-se-á litisconsorte do denunciante, sendo-lhe facultado, inclusive, "aditar a petição inicial", nos termos do artigo 74 do Código.

Por meio deste "aditamento", pode o denunciado "*acrescentar* (...) uma nova *causa petendi*, ou (...) trazer mais elementos e argumentos de fato ou de direito à petição inicial, ou (...) expungi-las de irregularidades que poderiam torná-la inepta".[20] Não poderá, no entanto, alterar o pedido propriamente dito ou cumulá-lo com outros pedidos.

Como a citação do denunciado suspende o processo principal, apenas após a citação do denunciado e a sua eventual manifestação é que se procede à citação do réu da demanda originária.

No caso de a denunciação ter sido promovida pelo réu, o denunciado será, naturalmente, citado e, caso aceite a qualidade que lhe é atribuída e conteste a ação principal, atuará como litisconsorte do réu denunciante.

Caso o denunciado confesse os fatos alegados pelo autor, o denunciante poderá prosseguir na defesa de seus interesses.

---

19 Art. 456. Para poder exercitar o direito que da evicção lhe resulta, o adquirente notificará do litígio o alienante imediato, ou qualquer dos anteriores, quando e como lhe determinarem as leis do processo.

20 CARNEIRO, Athos Gusmão. *Op. cit.*, p. 109.

O prazo para a resposta voltará a fluir após os trâmites de citação do denunciado, mediante intimação do réu.

O não comparecimento do denunciado ou o seu comparecimento apenas para negar a qualidade que lhe foi atribuída pelo autor ou pelo réu não prejudica a denunciação, cujo objeto deverá ser solucionado (se o caso). O denunciado, réu de uma verdadeira ação de regresso, não pode afastar-se da jurisdição apenas porque assim deseja.

O § 1º do artigo 72 do Código estabelece os prazos de 10 (dez) e 30 (trinta) dias para que seja efetuada a citação do denunciado, conforme este resida, respectivamente, na mesma comarca em que tramita o feito ou em comarca diferente ou em lugar incerto.

A não realização da citação nos mencionados prazos, no entanto, apenas acarretará a rejeição da denunciação, com a retomada do curso do processo principal, caso a parte denunciante tenha causado a demora que levou à extrapolação dos prazos, deixando de cumprir com as diligências que lhe caibam para que se efetive o ato citatório.

O pedido veiculado na ação regressiva somente será apreciado em seu mérito se ocorrer a derrota da pretensão do denunciante na ação primitiva.

O artigo 73 do Código permite a cumulação sucessiva de diversas denunciações da lide. Essa cumulação, no entanto, não pode ser feita *per saltum*, como entende a maioria da doutrina, de forma que "cada sujeito processual só pode denunciar a lide ao seu próprio garante e jamais aos garantes de seu garante".[21]

III. e) **chamamento ao processo:**

O chamamento ao processo é modalidade interventiva por meio da qual o devedor acionado pode tornar seus litisconsortes os coobrigados pela dívida.

É uma faculdade do réu, que pode, com isto, favorecer-se de uma sentença que reconheça a responsabilidade dos outros devedores, que poderão ser executados no caso de apenas aquele ter de pagar o débito.

O instituto, portanto, visa a "favorecer o devedor que está sendo acionado, porque amplia a demanda, para permitir a condenação também dos demais devedores, além de lhe fornecer, no mesmo processo, título executivo judicial para cobrar deles aquilo que pagar".[22]

---

21 DINAMARCO, Cândido Rangel. *Op. cit.*, p. 406.
22 BARBI, Celso Agrícola. *Comentários ao Código de Processo Civil*, 1ª ed., vol. I, t. II, nº 434, p. 359.

Nos casos de chamamento ao processo, o terceiro mantém uma relação jurídica diretamente com o autor da demanda. Este terceiro, portanto, tem um nexo obrigacional, oriundo do direito material, com o autor.

Na denunciação da lide, como se viu, o terceiro interveniente não tem vínculo jurídico com o autor da demanda, mas apenas com o denunciante, que, por sua vez, mantém outra relação jurídica de direito material com o terceiro a quem denuncia a lide.

O artigo 77 do Código de Processo Civil[23] lista as hipóteses de cabimento do chamamento ao processo. Destas hipóteses, a única que se afigura razoável no Processo do Trabalho é a tratada pelo seu inciso III, que garante ao devedor demandado a faculdade de chamar ao processo os demais devedores, em se tratando de responsabilidade solidária.

O réu deve realizar o chamamento no prazo para contestar, requerendo a citação dos demais coobrigados, nos termos do artigo 78 do Código.

Recebendo o chamamento, o juiz suspenderá o processo e ordenará a citação do chamado, que deverá ser realizada nos prazos estabelecidos no § 1º do artigo 72 do Código. Caso o réu não tome, nos prazos fixados pelo juiz, as providências necessárias para que a citação se realize no prazo legalmente estabelecido, permanecerá sozinho no polo passivo da ação (§ 2º do dispositivo).

Com a citação do chamado, cessa a suspensão do processo, reabre-se o prazo para contestação e o procedimento prossegue.

A inclusão do coobrigado no polo passivo da relação processual independe de sua concordância ou mesmo de seu comparecimento. A sentença que condenar o chamado terá, portanto, força de coisa julgada contra ele.

A sentença que reconhecer a responsabilidade solidária dos réus "valerá como título executivo, em favor do que satisfizer a dívida, para exigi-la (...) de cada um dos codevedores a sua quota, na proporção que lhes tocar" (artigo 80).

---

23 "Art. 77. É admissível o chamamento ao processo:
    I – do devedor, na ação em que o fiador for réu;
    II – dos outros fiadores, quando para a ação for citado apenas um deles;
    III – de todos os devedores solidários, quando o credor exigir de um ou de alguns deles, parcial ou totalmente, a dívida comum."

IV. Cabimento da intervençao de terceiros no processo do trabalho

A Consolidação das Leis do Trabalho e as demais leis que regulam o Processo do Trabalho não tratam da intervenção de terceiros, sendo, como sói ocorrer em relação a diversos institutos processuais, omissa a este respeito.

Sabe-se que vige no Processo do Trabalho a regra da subsidiariedade do Direito Processual Civil, que se aplica quando presentes os pressupostos estabelecidos pelo artigo 769 da Consolidação, a seguir transcrito:

> Art. 769. Nos casos omissos, o direito processual comum será fonte subsidiária do direito processual do trabalho, exceto naquilo em que for incompatível com as normas deste Título.

Aplicam-se, portanto, os dispositivos do Direito Processual Civil ao Processo do Trabalho quando: *a)* este for omisso; e *b)* as normas daquele forem compatíveis com o Título X da Consolidação das Leis do Trabalho.

A existência do primeiro dos pressupostos, na presente discussão, é evidente. A cizânia existe em relação à compatibilidade do instituto da intervenção de terceiros com as normas do Direito Processual do Trabalho.

As normas contidas no Título X da Consolidação demonstram ao intérprete a especial atenção que o legislador deu à *celeridade* e à *simplicidade* dos procedimentos trabalhistas, a ponto de serem tratados por grande parte da doutrina especializada como verdadeiros princípios do Direito Processual do Trabalho.

Assim, se espera do Processo do Trabalho procedimento mais simples, baseado na oralidade e na concentração dos atos processuais, o que leva a uma maior celeridade na prestação da tutela jurisdicional, justamente por conta da natureza do crédito por que geralmente se trava um conflito de interesses que chega à Justiça do Trabalho: crédito de natureza alimentar, no mais das vezes.

Alguns autores sustentam a incompatibilidade do instituto da intervenção de terceiros com as normas do Processo do Trabalho, por entender que sua aplicação enseja a realização de atos suplementares, que, em tese, atrasariam o processo e desvirtuariam a precípua finalidade de satisfazer o crédito de natureza alimentar.

Esta é a opinião de Sergio Pinto Martins, que ressalva, no entanto, as hipóteses de assistência e da oposição em dissídios coletivos:

Salvo no caso da assistência e da oposição em dissídio coletivo, as demais hipóteses de intervenção de terceiros elencadas no CPC não se aplicam ao processo do trabalho.[24]

Muitos outros autores, no entanto, se inclinam para a compatibilidade das modalidades de intervenção de terceiros com as normas do Processo do Trabalho, especialmente em razão da funcionalidade e da economia processual que fundamentam sistematicamente a própria previsão deste instituto no Direito Processual:

> É cabível na Justiça do Trabalho a intervenção de terceiros em face do princípio da subsidiariedade, uma vez que, sendo o direito processual comum fonte subsidiária do processo do trabalho (CLT, art. 769) e diante da omissão e inexistência de incompatibilidade, segue-se que rejeitá-la implicaria descumprir a lei.
> A lide denominada paralela na verdade não o é, mas mera questão incidental a ser resolvida pela Justiça do Trabalho, como tantas outras com que se defronta e decide até mesmo em dissídios coletivos, quando um sindicato ingressa no processo para afastar sindicato que dele figura como parte, por entender que detém a legitimidade da representação da categoria. (...)
> Acrescentem-se a funcionalidade do processo e o princípio da economia processual, recomendando a utilização no processo do maior número possível dos conflitos que surgirem para evitar a inútil reprodução de feitos.
> O fracionamento das ações para que viessem a ser resolvidas em processos e perante justiças diferentes desatenderia a esses princípios e eternizaria as demandas, subordinando o exercício da jurisdição trabalhista à comum enquanto esta não viesse a decidir a questão entre terceiro e parte.[25]

As normas processuais trabalhistas não se referem à intervenção de terceiros. Assim, toda regulamentação dessa figura deve ser extraída do Código de Processo Civil, cuja aplicação subsidiária requer, além da omissão

---

24 MARTINS, Sergio Pinto. *Direito processual do trabalho*, 30ª ed. São Paulo: Editora Atlas, 2010, p. 224.

25 NASCIMENTO, Amauri Mascaro, *Curso de direito processual do trabalho*, 25ª ed. São Paulo: Saraiva, 2010, p. 530.

das leis do trabalho, a compatibilidade com os propósitos de celeridade e de simplificação procedimental que informam os processos trabalhistas. Parece-nos não haver dúvida que alguns tipos de intervenção, como a adesiva ou *ad adjuvandum* e a litisconsorcial, não retardam a solução da causa nem prejudicam o procedimento simplificado. Contudo outros tipos, como a oposição, a nomeação à autoria, a denunciação da lide e o chamamento ao processo podem e de fato complicam o procedimento, causando atraso na solução da lide. Assim, a aplicação dessas figuras encontraria o óbice preliminar da incompatibilidade com os princípios do Direito Processual do Trabalho, para aqueles juristas que adotam uma interpretação abrangente da disposição do art. 769 da Consolidação.

Entretanto, outra corrente doutrinária, à qual nos filiamos, entende restritivamente a regra do referido art. 769, considerando a incompatibilidade no âmbito menor das normas do Título X da CLT, que trata 'Do Processo Judiciário do Trabalho'. Entre essas normas, apenas uma poderia, longinquamente, contrastar com as que regulam a intervenção: a do art. 765, que impõe aos juízos e Tribunais do Trabalho o dever de velar 'pelo andamento rápido das causas', o que não é o mesmo nem equivale a rejeitar a intervenção de terceiros, vedando o acesso destes ao processo já instalado.

Adotada a interpretação do art. 769 que defendemos, as regras da intervenção de terceiros do Código de Processo Civil não colidiriam com as normas processuais do Título X da CLT, sendo portanto aplicáveis aos processos trabalhistas.[26]

É quase certo que o tumulto se implantaria nos órgãos do Judiciário ou, pelo menos, iria aumentar-lhes, de modo considerável, o trabalho, se cada pessoa, que não o autor ou o réu, com interesse jurídico numa ação, tivesse de propor uma outra.

Mas, **para remover esse perigo e *por amor à economia processual*, o legislador permitiu que os terceiros ingressassem no feito.** (…)

---

26 GIGLIO, Wagner D.; CORRÊA, Claudia Giglio Veltri. *Direito processual do trabalho*, 16ª ed. rev., ampl;. atual. e adaptada. São Paulo: Saraiva, 2007, p. 142-143.

Por essa razão, permite a lei que alguém, sem ser parte na causa, possa nela intervir a fim de cooperar ou de afastar os litigantes, para defender direito ou interesse próprios susceptíveis de ser prejudicados pela sentença.[27]

Os ensinamentos doutrinários acima transcritos enaltecem as funções do instituto da intervenção de terceiros, que possibilita que a resolução de diversos conflitos por meio de apenas uma relação processual, evitando que outras demandas se instaurem – o que sobrecarrega os juízes do trabalho, que, por conseguinte, atrasam a entrega da prestação jurisdicional – e que decisões divergentes sejam proferidas – o que vai de encontro ao valioso princípio da segurança jurídica.

Além disto, com a Emenda Constitucional nº 45, de 08 de dezembro de 2.004, o artigo 5º da Constituição da República Federativa do Brasil de 1988 passou a primar, segundo o seu inciso LXXVIII, pela "razoável duração do processo".

O processo deve ser, antes de célere, efetivo: deve chegar ao fim que dele se espera, que é a prestação da tutela jurisdicional adequada, com o restabelecimento da paz social, seja para dizer o Direito aplicável a um caso concreto, seja para satisfazer um direito já conhecido.

Deve-se, por meio do processo, portanto, obter o maior resultado jurisdicional com o mínimo de emprego de atividade processual. Isto também significa possibilitar maior acesso à Justiça, já que a prestação da tutela jurisdicional fica facilitada ao terceiro que pode ser afetado pela sentença a ser proferida numa determinada relação processual.

A intervenção de terceiros faz com que se evite a instauração de nova relação processual, que demandaria a prática de um número muito maior de atos processuais, e possibilita a prestação de uma tutela jurisdicional que tende a ser mais adequada – porque é certa a convergência de decisões.

O Colendo Tribunal Superior do Trabalho parece vir acolhendo a posição adotada pela doutrina majoritária.

Primeiramente, o Tribunal admitiu, por meio de sua Súmula nº 82, o cabimento da assistência simples (ou adesiva):

---

27 SAAD, Eduardo Gabriel. *Curso de direito processual do trabalho*, 6ª ed. rev., atual. e ampl. por José Eduardo Saad e Ana Maria Saad Castello Branco. São Paulo: LTr, 2008, p. 212.

ASSISTÊNCIA

A intervenção assistencial, simples ou adesiva, só é admissível se demonstrador o interesse jurídico e não o meramente econômico.

Depois, o Colendo Tribunal cancelou, em 22 de novembro de 2.005, a Orientação Jurisprudencial nº 227, da Seção de Dissídios Individuais I, que assim dispunha: "Denunciação da lide. Processo do Trabalho. Incompatibilidade.".

Além disto, nos poucos julgados recentes acerca do tema, vem o Tribunal decidindo pelo cabimento do instituto, embora com certas restrições:

DENUNCIAÇÃO À LIDE – EMPRESA SEGURADORA – INCOMPATIBILIDADE – INCOMPETÊNCIA ABSOLUTA DA JUSTIÇA DO TRABALHO PARA JULGAR AÇÃO CONTRA A DENUNCIADA. I – É sabido do cancelamento da Orientação Jurisprudencial nº 227 da SBDI-1 do TST, em razão da ampliação da competência da Justiça do Trabalho levada a efeito pela Emenda Constitucional nº 45, de 8-12-2004. II – Tal cancelamento, contudo, não significa dizer que o instituto da denunciação à lide será doravante compatível indistintamente com o Processo do Trabalho, *devendo ser analisada caso a caso*, considerando as implicações do instituto. III – Nesse passo, traga-se à baila ser a denunciação à lide, por definição, hipótese de intervenção de terceiros, por meio de ação incidental, ajuizada pelo autor ou pelo réu, obrigatoriamente, nas três hipóteses delineadas no art. 70 do CPC. Tem-se que a única possível no processo trabalhista seria aquela preconizada pelo inciso III: – "A denunciação da lide é obrigatória: III – àquele que estiver obrigado, pela lei ou pelo contrato, a indenizar, em ação regressiva, o prejuízo do que perder a demanda" (...)." (Tribunal Superior do Trabalho – 4ª Turma – Recurso de Revista – Autos nº 0135600-24.2005.5.15.0115 – Relator Ministro Antônio José de Barros Levenhagen – Publicado em 17 de dezembro de 2.010)

Também o emérito doutrinador Ives Gandra da Silva Martins Filho, que ocupa o cargo de Ministro do Tribunal Superior do Trabalho, entende pelo cabimento da intervenção de terceiros no Processo do Trabalho, fazendo, ainda, referência a casos em que poderia ocorrer cada uma de suas modalidades:

> Se o empregado postulasse direito trabalhista contra preposto de empresa, como se empregador fosse, *poderia haver a nomeação à autoria, no Processo do Trabalho*, para que a empresa respondesse pelos direitos trabalhistas do empregado, e não o seu preposto.
> (...) Seria, por exemplo, o caso da empresa que instituísse prêmio de produtividade a ser recebido pelo empregado que apresentasse melhor desempenho quantitativo, ou comissão especial para o melhor vendedor da empresa, em termos de operações realizadas. Se determinado empregado ajuizasse reclamatória pleiteando o prêmio, por considerar que preenchera a condição estabelecida pela empresa, *poderia outro empregado ingressar no processo como opoente*, por julgar-se preterido, tendo em vista que o direito de um excluiria necessariamente o de outro, pois o prêmio seria dado apenas ao melhor (...).
> Nos dissídios coletivos *seria possível a oposição* para contestar a legitimidade de sindicato que figurasse como representante da categoria.
> Nos dissídios individuais, *o chamamento ao processo e a denunciação da lide têm sido encontrados nas lides trabalhistas*, tendo em vista que supõe a existência de obrigações solidárias ou de responsabilidade subsidiária, em que apenas um dos coobrigados ou corresponsáveis é acionado, devendo, para não arcar sozinho com os ônus da sucumbência, chamar para figurarem no polo passivo da relação processual os demais responsáveis pelo crédito laboral (ex.: grupo econômico, sucessão e subempreitada). (p. 282)
> *Quanto à assistência, é plenamente cabível nas lides laborais*, desde que demonstrado o interesse jurídico e não o meramente econômico (Súmula 82 do TST).[28]

Vem se entendendo, portanto, que os benefícios – substanciais e processuais – trazidos pela intervenção de terceiros compensam os seus ônus naturais – a prática de mais atos processuais, com o provável atraso no atendimento da prestação suscitada pela parte autora, que, em regra, postula crédito de natureza alimentar.

Estes ônus naturais, no entanto, existem também no Processo Civil, que também preza, especialmente após a Emenda Constitucional nº 45 – que positivou esta preocupação em cláusula pétrea do ordenamento jurídico – pela rápida solução dos litígios.

---

28 MARTINS FILHO, Ives Gandra da Silva. *Manual de direito e processo do trabalho*, 19ª ed. rev. e atual. São Paulo: Saraiva, 2010, p. 281-282.

No entanto, ao estabelecer a intervenção de terceiros, o legislador assumiu estes ônus, optando pelo prestígio de objetivos que entendeu serem recompensadores. Estas são as lições do eminente doutrinador Cândido Rangel Dinamarco:

> É inegável que, não obstante produzam economia processual e promovam a harmonia entre julgados ao evitar a duplicação ou multiplicação de processos, as intervenções constituem sempre um fato novo que em alguma medida desacelera o procedimento e pode tornar mais complexa a instrução. Esses e outros inconvenientes são reputados pelo legislador como suportáveis, tanto que institui e disciplina as intervenções de terceiro. Por mais de um modo, todavia, procura mitigar-lhes os impactos negativos – o que faz limitando sua admissibilidade e impondo normas aceleradoras destinadas a evitar demoras além do razoável.[29]

Estes, portanto, são os principais argumentos que envolvem a controvérsia que existe a respeito do cabimento da intervenção de terceiros no Processo do Trabalho.

Conclusão

Ainda existe séria controvérsia a respeito do cabimento da intervenção de terceiros no Processo do Trabalho, especialmente em razão da simplicidade e da celeridade que se espera do procedimento previsto pela Consolidação das Leis do Trabalho, o que, em tese, o tornaria incompatível com aquele instituto.

No entanto, a maioria da doutrina especializada se inclina a admitir o seu cabimento, uma vez que a intervenção de terceiros acarreta a economia processual e a harmonização de julgados – o que, por sua vez, traz segurança jurídica.

O instituto possibilita, também, que se extraia maior resultado jurisdicional em apenas uma relação processual, facilitando o acesso à Justiça pelo terceiro juridicamente interessado.

Além disto, há de se considerar que o processo "não é um instrumento obstinadamente posto à disposição do autor e previamente destinado a oferecer soluções favoráveis a este, mas a quem tiver razão e na medida em que a tenha".[30]

---

29 DINAMARCO, Cândido Rangel. *Op. cit.*, p. 377-378.
30 DINAMARCO, Cândido Rangel. *Op. cit.*, p. 407.

Desta forma, não se deve analisar o Processo do Trabalho como mera forma de se garantir a satisfação do crédito trabalhista, mas como instrumento de se prestar a jurisdição a quem quer que seja, inclusive privilegiando-se certos institutos processuais quando estes se mostrarem úteis e possibilitarem maiores efetividade e segurança jurídica e quando puderem evitar a propositura de novas demandas.

LITIGÂNCIA DE MÁ-FÉ E SUA INTERPRETAÇÃO NA JUSTIÇA DO TRABALHO

Sylvio Gomes

1. Introdução

O presente artigo objetiva descortinar uma visão ampla e dirigida sobre o instituto da litigância de má-fé, resultando como principal foco a responsabilidade das partes pelo dano processual. Analisaremos no curso desta matéria, ainda que sinteticamente, a sua aplicação no direito pátrio, deveres das partes, procuradores envolvidos na relação processual, consequências derivadas da não observância das condutas caracterizadoras da litigância de má-fé, a natureza jurídica, o momento em que se deve apregoar a promoção e a condenação nas penalidades previstas para a causadora do dano, culminando, ainda com penetração no processo do trabalho.

Essa matéria visa trazer à superfície a ideologia de um instituto esquecido nos compêndios e manuscritos, visando, contudo, sua revitalização, ampliação através dos meios exaustivamente concedidos pelo Código de Processo Civil para se combater fervorosamente a má-fé, a improbidade, a malícia e a deslealdade processual, impelindo todos os envolvidos na relação processual a respeitar o direito processual adversário, como também obstar a prática de atos que corroborem contra devida e célere prestação jurisdicional.

2. A má-fé no processo brasileiro

No direito processual brasileiro, litigante de má-fé é a parte que age de forma ardilosa e maldosa visando causar dano processual a parte contrária, utilizando-se para tanto de procedimentos ardilosos e escusos para vencer a demanda, ou sabendo dessa impossibilidade ou dificuldade, tentar de todas as formas prolongar o andamento do processo, procrastinando indiscriminadamente o feio.

Adentrando para a norma legal, temos balizado pelo Capítulo II do Código de Processo Civil os ditames norteadores dos deveres e obrigações de lealdade das partes e procuradores, o que, por certo, não ocorre no Direito Penal e no Trabalhista, afora o constante da Seção IV do Capítulo II, do Título X, intitulada "Da Parte e dos Procuradores", nenhuma outra analogia é feita a matéria em questão, devendo em ambos os casos lacunosos, seja Criminal, seja Trabalhista, aplicado o princípio norteado pela Lei Civil.

3. A má-fé e os deveres das partes e procuradores:

O artigo 14 do Código de Processo Civil, preocupado com os deveres de todos os envolvidos na relação processual, disciplinou os limites do comportamento daqueles que dela participam, visando, contudo, impor balizas éticas para o conflito jurídico. Ademais, apesar das partes, para levar a cabo seu direito utilizem-se de habilidade técnica e sagacidade, jamais deverão extrapolar os limites da ética, visando ganhar aquilo que jamais lhe foi devido, ou muito pior, despencar a relação processual para interesses desprovidos de garantida proteção jurídica.

Por mais que se pese sobre as mãos do Estado o direito constitucionalmente garantido de acesso à justiça, a litigância de má-fé descamba seu esteio para além do princípio da lealdade processual, quando impõe-se no processo ocorrências em virtude de falta conhecimento, experiência ou inabilidade do advogado, e que sufragado pela jurisprudência imputa como litigante de má-fé, não só o procedimento doloso, mas também a culpa, seja ela a que título ou nível for.

Delongando um pouco mais no tema, objetivamos que no artigo 16 do Pergaminho Processual Civil, o legislador atribuiu ao autor, réu ou interveniente a responsabilidade pela litigância de má-fé e cuja interpretação superficial expurgaria da responsabilidade do litisconsorte por eventual conduta irregular na relação processual, contudo, a doutrina e a jurisprudência tem entendido que tanto os litisconsortes, assistentes e até mesmo o terceiro prejudicado que se insurja no processo, também podem ser veemente responsabilizados para fins de penalidades no caso de estampada litigância de má-fé. Outro dilema que vem sendo transposto é a responsabilidade e penalização do Ministério Público por litigância de má-fé, nos casos em que este transgride o dever processual, quando da atuação na qualidade de parte na relação processual.

Adentrando na relação que envolve o advogado, deve-se ressaltar que o mesmo jamais poderá ser confundido com a figura da parte, visto que tão somente, representa, em relação à capacidade postulatória, os interesses desta na relação jurídica.

Nessa ótica, nosso ordenamento jurídico é por demais falho e contraditório, visto que, apesar do artigo 14 do Código de Processo Civil responsabilizar as partes e o profissional do direito pela litigância de má-fé, o artigo 16 do mesmo ordenamento queda-se inerte e omisso, visto que, não indica ele a responsabilidade no tocante aos procuradores das partes. Assim, ao rigor da lei, apesar de estarem os advogados veementemente vinculados em relação aos deveres preceituados pelo artigo 14 do CPC, não padeceriam eles, no caso de transgressão, de qualquer responsabilidade, ficando, somente as partes por eles representadas, responsáveis pelos atos praticados. Nesse diapasão o Superior Tribunal de Justiça, por unanimidade, teceu entendimento quando a inaplicabilidade, ao advogado, do disposto nos artigos 16 e 18 do Código de Processo Civil, ficando somente as parte sob a égide dos mesmos.

Nesse sentido tomo a liberdade de expressar entendimento divergente, pugnando, nos termos do § 1º, do citado artigo 18, pela aplicação da litigância de má-fé, com condenação tanto ao advogado, quanto a parte por ele representada na condição expressa de solidários, resguardando a esta última, através de procedimentos próprios, demonstrar seu prejuízo, bem como, pleitear do advogado indenização pelos prejuízos causados oriundos da indevida conduta, corroborado pelos termos do artigo 32 e seu parágrafo único da Lei Federal nº 8.906 de 04 de julho de 1994:

Art. 32. O advogado é responsável pelos atos, que, no exercício profissional, praticar com dolo ou culpa.

Parágrafo único. Em caso de lide temerária, o advogado será solidariamente responsável com seu cliente, desde que coligado com este para lesar a parte contrária, o que será apurado em ação própria.

Permeando a litigância de má-fé no Artigo 17 do Código de Processo Civil
Art.17. Reputa-se litigante de má-fé aquele que:
I – deduzir pretensão ou defesa contra texto expresso de lei ou fato incontroverso;
II – alterar a verdade dos fatos;
III – usar do processo para conseguir objetivo ilegal;
IV – opuser resistência injustificada ao andamento do processo;
V – proceder de modo temerário em qualquer incidente ou ato do processo;
VI – provocar incidentes manifestamente infundados;
VII – interpuser recurso com intuito manifestamente protelatório.

O artigo 17 do Código de Processo Civil, tentou caracterizar a litigância de má-fé decorrente da conduta da parte e de seu procurador, e nessa linha de entendimento passamos a discorrer seus tópicos, a saber:

I – deduzir pretensão ou defesa contra texto expresso de lei ou fato incontroverso;

Para a aplicação da litigância de má-fé, no inciso I do citado artigo, exige-se tão somente a culpa em sentido estrito, abstraindo-se a real intenção da parte em ocasionar prejuízo e punindo-se, assim, a título de culpa grave. Nesse prisma, a linha de atuação, tanto da ação, quanto da defesa, é a sua falta de fundamento que pode vir a caracterizar a ilídima litigância, quando manifestada pela falta de fundamentos quando estes forem por demais notórios, ou de conhecimento geral e para tanto, a parte afirmar o contrário. Entretanto, no meu entendimento, não se imputa a litigância de má-fé quando ocorrer a mudança de pensamento em nível de tese jurídica, tendo em vista ser plenamente admissível a mudança de pensamento.

II – alterar a verdade dos fatos;

Nesse ponto, a má-fé desponta pelo dolo propriamente dito, ou seja, a real intenção de se alterar, ou mascarar a verdade dos fatos, visando, contudo lograr êxito na parte que cabe ao demandante. Atentemos que, não é permitido à parte, ao seu próprio prazer, alterar ou modificar, a versão dos fatos, sob pena, de assim o fazendo, conduzir o Judiciário a uma falsa percepção da realidade processual. Cabe e deve a parte discutir os efeitos jurídicos dos fatos ocorridos, jamais distorcer as verdades que os permeiam.

III – usar do processo para conseguir objetivo ilegal;

Nesse inciso, foca-se o dolo, não visando punir o agir a título de culpa grave, não se confundindo também esta hipótese, com aquela em que ambos, autor e réu, em notório conluio, estabelecido no artigo 129 do Código de Processo Civil, procuram se servir do processo para obter fins ilícitos, vedando-se a utilização do processo para a satisfação de interesses escusos, que não os contemplados pelo ordenamento jurídico.

IV – opuser resistência injustificada ao andamento do processo;

No inciso IV supra, tem que existir o dolo, ou seja, vontade deliberada da parte, visando colocar entraves e empecilhos na fluidez processual. A intenção de procrastinação deverá veemente presente.

V – proceder de modo temerário em qualquer incidente ou ato do processo;

Nesse aspecto, para a caracterização da má-fé não é necessário, o animus, a intenção de agir. Não se trata da ação temerária, ocorre quando a pretensão da parte é notadamente destituída de fundamentação. A temeridade por notória culpa ocorre quando a parte não reflete devidamente sobre as razões de sua pretensão, agindo estampadamente de forma atécnica.

VI – provocar incidentes manifestamente infundados;
Nesse aspecto não se reclama a intenção de agir, porém apenas a culpa grave, que pode consistir em provocar incidentes manifestamente desprovidos de objetividade e razões técnicas, visando, contudo, criar discussões acerca de matérias irrelevantes, com expresso cunho de procrastinar, de forma desnecessária e desarrazoada, a relação processual.

VII – interpuser recurso com intuito manifestamente protelatório;
Nesse aspecto a má-fé caracteriza-se pela expressa intenção de agir, entretanto, apenas a culpa grave, é que pode consistir em provocar incidentes recursais manifestamente desprovidos de objetividade e razões técnicas, visando, contudo, criar discussões acerca de matérias irrelevantes, com expresso cunho de procrastinar, de forma desnecessária e desarrazoada, a relação processual. A falta de animus não caracteriza a má-fé.

4. Da sanção imposta ao litigante de má-fé;

No que concerne a natureza jurídica da sanção imposta ao litigante de má-fé, possuem elas duas vertentes antagônicas, onde uma se inclina no sentido de ser ela tipificada por multa e outra não.

Adentrando na seara dos prejuízos indenizáveis oriundos da litigância de má-fé, não se deve entender como tudo aquilo que a parte perdeu, ou mesmo deixou de ganhar. A sanção deve possuir alcances restritivos aos fatos processuais, pelos quais ficam notadamente excluídos os prejuízos indiretos, ou subjetivos, que obrigatoriamente deverão passar pelo cunho de uma ação judicial própria, onde notadamente se discutirá tais direitos.

De outra banda, não se pode esquecer que o Código de Processo Civil, não se restringe aos ditames de seu artigo 17 e, estando diante de uma hipótese de litigância de má-fé, em sentido amplo, também estabelece multa para descumprimento de deveres processuais que a lei comine em penalidade, tal qual ocorre no parágrafo único do artigo 538 que, na hipótese dos embargos de declaração manifestamente protelatórios, o juiz ou tribunal, condenará o embargante a pagar ao embargado pena de multa.

Assim, sob essa visão, conclui-se que a natureza jurídica da condenação por descumprimento de obrigações processuais varia vertiginosamente, visto que, se a mesma tratar-se de simples sanção por inobservância de um dever, independentemente da existência, ou não de prejuízos causados, tratar-se-á ela de multa. Por outro prisma, na hipótese de pretensão pecuniária de reparação de danos causados pelo incorreto comportamento do infrator, deverá o interessado, através de ação própria provar o prejuízo sofrido, legitimando, assim, sua indenização.

5. Aplicabilidade da má-fé na Justiça do Trabalho

Deixando de lado a discussão quanto à aplicação subsidiária da litigância de má-fé inserta no Processo Civil e adentrando para o Direito do Trabalho, é de grande valia considerar divergências no campo introdutório, tendo em vista as dificuldades de se imputar a responsabilidade ao reclamante e como tal arrostá-lo, tendo em vistas os princípios de admissibilidade postulatória autônoma do processo laboral. Desta feita, a omissão de ordenamento jurídico específico e a legitimidade da parte postular em juízo sem a necessidade de advogado, por um bom período na história da Justiça do Trabalho, a litigância de má-fé repousou em um gigantesco buraco negro, que diante de tais circunstâncias, responsabilidades não eram atribuídas, constituindo um óbice a aplicação subsidiária da lei civil na Justiça Especializada.

Entretanto, há que se ressaltar que, embora a omissão de norma legal específica no processo do trabalho, não se pode olvidar que as partes, independentemente de estarem ou não assistidas por advogado, detém, para estar demandando em juízo, dever incondicional de lealdade, o que, por certo, viabiliza a condenação em litigância de má-fé, como também a aplicação de pena ao infrator, usando para tanto a própria Lei Processual Civil.

De outra banda não podemos esquecer que empregado e empregadores que demandam solitários na Justiça Especializada, podem mesmo de boa fé, tecer alegações sem fundamento, e por estampada falta de ciência jurídica provocar incidentes processuais infundados, sem terem a noção do que estão fazendo, cabendo, nesses casos, uma análise mais criteriosa por parte do magistrado antes de se levar os litigantes para a vala comum da má-fé.

A militância nos tribunais trabalhistas nos tem demonstrado uma proliferação indiscriminada de reclamações trabalhistas, as quais tem levado a um desproporcional acúmulo de processos provenientes de uma contra cultura regada por uma litigância desprovida de fundamentos técnicos, jurídicos e éticos, desenvolvida pela sociedade operária ao longo de décadas, estampando assim, um total desrespeito a parte empresarial no que concerne ao cumprimento de suas obrigações trabalhistas para com aquele que mantém vínculo laboral.

Hoje a Justiça do Trabalho encontra-se com um volume de processo muito além da estrutura de seus tribunais e da capacidade física de seus julgadores e que, por certo acaba por estrangular a paciência dos profissionais do direito e das partes que esperam a devida prestação jurisdicional, abalando assim, os pilares da credibilidade da justiça brasileira.

6. O dano moral e a litigância de má fé na Justiça do Trabalho.

Atualmente na justiça laboral a postulação de pedido de dano moral vem crescendo de maneira de desacerbada, descaracterizando, contudo, o caráter educacional punitivo em face do empregador e ressarcitório em relação ao empregado, tendo em vista uma equivocada interpretação por parte do empregado em relação ao poder diretivo, disciplinar, potestativo do empregador. Aos olhos do obreiro tudo lhe enseja pedido de dano moral.

O dano moral é a consequência de uma causa constrangedora e não a mera aplicação do poder de mando patronal. O constrangimento deve ser obrigatoriamente intencional, dirigido a alguém e ocorrer por palavras, atos, gestos, posicionamentos, dentre outros meios e, para tanto, gerar consequências, a quem se destina.

Tanto no âmbito laboral, como na vida cotidiana, a moral está sempre presente e ligada diretamente aos direitos da personalidade, legalmente garantidos e reconhecidos pelo inciso X do artigo 5º da Constituição brasileira de 1988: "X – São invioláveis a intimidade, a vida privada, a honra e a imagem das pessoas, assegurado o direito à indenização pelo dano material ou moral decorrente de sua violação."

Nossa Lei Maior discorre acerca dos direitos da personalidade ligados ao dano moral na justiça do trabalho, podendo eles serem encontrados no artigo 5º, *caput* (direito à vida; direito à liberdade); 5º, V (direito à honra e direito à imagem, lesados por informação, que possibilita o direito à resposta ou direito de retificação, acumulável à indenização pecuniária por dano moral); 5º, IX (direito moral de autor, decorrente da liberdade de expressão da atividade intelectual, artística e científica); 5º, X (direitos à intimidade, à vida privada, à honra e à imagem); 5º, XII (direito ao sigilo de correspondências e comunicações); 225, § 1º, V (direito à vida, em virtude de produção, comercialização e emprego de técnicas, métodos e substâncias).

Na justiça obreira o fundamento do dano moral mais corriqueiro está estampado no artigo 5º, inciso X da Constituição Federal, devendo-se, contudo, antes verificar o que realmente se trata de moral, e que instituto está ligado à esfera íntima e peculiar do indivíduo, visto que, diante seu caráter subjetivo, o que pode ser moral para alguns, pode não ser para outros.

Assim, diante não existir conceitos, ou códigos únicos pré-estabelecidos sobre moral a prestação jurisdicional deve ser cautelosa quanto a sua aplicabilidade e, para levar a cabo árdua tarefa, acerca do julgamento do abalo moral, o juiz deverá empregar basicamente a ética, que nada mais é que o conjunto de leis provenientes de situações morais alinhadas durante determinadas épocas da história, não se podendo, para tanto, expurgar seus contextos, ritualísticas, crendices, costumes e culturas de um determinado período da vida.

O dano moral deve ater-se a questões que possam atingir a honra e a moral do indivíduo, entretanto, em algumas oportunidades o dano moral alegado sequer está ligado ao âmago da pessoa, ou gerou abalo no íntimo do indivíduo, não ferindo, assim, o direito a personalidade. Nesses casos a única sanção aplicada aos litigantes é a decretação de improcedência do pleito pelo uso indevido do instituto.

Em que pese o fato dos ferrenhos defensores constitucionais do acesso à justiça incrustado no artigo 5º, inciso XXXV e do direito de petição norteado pelo inciso XXXIV, não podem esses institutos ser utilizados pelo julgador para impedir as aplicações de sanções contra quem, com má-fé oriunda de pleitos equivocados, os pretendeu de terceiros. Nesse sentido, temos a má-fé como causa do descumprimento do princípio da razoabilidade na duração do processo (artigo 5º LXXVII da CF), e nesse prisma necessário se faz que o julgador, aplicando o teor da Lei 9.668 de 23 de Junho de 1998, a qual estabeleceu nova redação ao artigo 18 do Diploma Processual Civil, condene de ofício, ou a requerimento, o litigante de má-fé na pena de multa, e a indenizar pelas vias necessárias, a devida e completa reparação de todo prejuízo causado, fundamentando sua decisão conforme os mandamentos constitucionais contidos nos artigos 5º, incisos LIV, LV e XXXV; 37, *caput*, e 93, inciso IX; como também, nas regras do inciso II dos artigos 458 e 165 do Código de Processo Civil.

7. Conclusão

Seja no processo civil, seja no processo trabalhista, o dever de suma lealdade processual se impõe aos litigantes, devendo, para tanto, serem as partes veemente responsabilizadas, em virtude da não observância dos deveres processuais, pelo dano que causar à parte contrária. Desta feita, apesar do Diploma Processual Civil atribuir a responsabilização pela litigância de má-fé apenas as partes, ou intervenientes, os ditames do artigo 16 do referido diploma deverão de forma extensiva, sempre serem aplicados, de modo a se admitir a penalização de eventual irregular conduta na relação processual por parte dos litisconsortes, assistentes e o terceiro prejudicado que assim o recorram. Nessa ótica poderá ainda o representante do Ministério Público, quando atuar na qualidade de parte, ser responsabilizado na hipótese de conduta eivada de má-fé. No que concerne à responsabilização do advogado pela litigância de má-fé, embora esteja ele vinculado aos deveres e obrigações preceituados pelo teor do artigo 14 do Código de Processo Civil, que em caso de transgressão não será condenado a responder pelas perdas e danos, mas apenas a parte por ele representada, tomo parte de divergente entendimento, vez que diante os termos do § 1º, do citado artigo 18, pugno pela aplicação da litigância de má-fé, com condenação tanto ao advogado, quanto a parte por ele representada na condição expressa de solidários, resguardando a esta última, através de procedimentos próprios, demonstrar seu prejuízo, bem como, pleitear do advogado indenização pelos prejuízos causados oriundos da indevida conduta, corroborado pelos termos do artigo 32 e seu parágrafo único da Lei Federal nº 8.906 de 04 de julho de 1994.

Caminhando para o desfecho final, necessário se faz registrar a temente necessidade de uma maior utilização do instituto da litigância de má-fé, visto que a alteração introduzida no *caput* do artigo 18 do Código de Processo Civil, pela Lei 8.952/94 deixou claro que o destinatário primeiro da norma é o próprio juiz, possuindo este o dever de condenar o litigante de má-fé, independentemente da existência ou não de requerimento da parte lesada. Nesse diapasão, sendo o julgador o principal responsável pela direção da devida e célere prestação jurisdicional, deverá ele utilizar-se de todos os meios que a norma legal lhe confere, a fim de evitar que todos os envolvidos na relação processual, no vital ânimo de saírem vencedores na demanda, faltem conscientemente com a verdade, utilizem-se de armas desleais ou manobras ardilosas no intuito de induzir o julgador a erro, ou procrastinem o andamento do feito, de modo a turvar a atuação do órgão jurisdicional como imediata forma de não realização da justiça.

8. Encerramento

Por mais que pese o princípio constitucional, no tocante ao direito de ação, nos dias de hoje a conduta de muitos não honram a dignidade do Poder Judiciário Trabalhista e expõe a Justiça sobre larga margem de erro, mormente quando se considera o que pode suceder em situações análogas envolvendo empresas condenadas à revelia. Não se pode dar ensachas para atitudes assim tão reprováveis que visam deturpar o regular exercício do direito de ação e pondo-lhes a trapaça, o oportunismo de arriscar no processo para pleitear o que não tem direito, ou que a lei não contempla, ou ainda, mas reprovável, utilizar expressamente o judiciário como máquina de pressão intimidativa e no mais das vezes, de maneira sorrateira ou maliciosa, que só faz mesmo é lembrar a má-fé.

A moralização da Justiça é tema sempre atual e deve ser exercida dia a dia com serenidade, energia, sagacidade e afinco, não se podendo exculpar quem quer que seja.

O perigo do judiciário fazer vistas grossas, é maior e mais grave do que a coragem de arrostar o litigante de má-fé e assim pronunciá-lo. O que se deve institucionalizar não é o oportunismo, mas o respeito ao Poder Judiciário, mantendo esse respeito e confiança sedimentados com valores morais da sociedade.

A Justiça do Trabalho suporta hoje uma carga de processos muito acima dos limites e da capacidade física dos Juízes e suas Secretarias, resultando pautas longas e julgamentos demorados, prejudicando assim, o principal objetivo do Poder Judiciário Trabalhista, que é a rápida e objetiva prestação jurisdicional.

Ações são impetradas sem critérios, sem a necessária e cuidadosa análise dos fatos, e em total desprezo ao princípio da lealdade processual, pede-se por apenas pedir, como quem diz "...o Réu que se defenda e o Juiz que decida..."

Acerca da questão estatui o artigo 14 Código de Processo Civil que compete às partes e seus procuradores exporem os fatos em juízo conforme a verdade; proceder com lealdade e boa fé; não formular pretensão, nem alegar defesa cientes que são destituídas de fundamento; não produzir provas, nem praticar atos inúteis ou desnecessários à declaração ou defesa do direito.

Entretanto, tais questões não deveriam constar da lei, mas decorrer apenas da seriedade e lealdade de cada um dos envolvidos, principalmente ao acionar a "máquina judiciária". Porém, como tal nem sempre ocorre, previu o legislador a litigância de má-fé, incrustada no artigo 17 e em consequência culminou suas sanções através dos artigos 16 e 18 do citado instrumento, pena e o direito a indenização àquele assim, considerado.

Por derradeiro, na ponta do gigantesco iceberg trabalhista temos o julgador, detentor da grande responsabilidade de analisar, conhecer os fatos concretos, atender os preceitos individuais e sociais implícitos na lei, e transmitir para a sociedade a responsabilidade pela segurança jurídica.

A sociedade não mais pode quedar-se inerte diante de um judiciário que, diante dos afrontos éticos, admite o nobre ofício do juiz como um simples encerrar de processos.

A severidade das decisões deve ser vista como paradigma, um exemplo à coletividade, possibilitando, assim, a construção de uma nação forte, capaz e ética, diferentemente do que é conhecido, vivido, praticado e perpetuado ao longo dos últimos 500 anos.

AUDIÊNCIA DE INSTRUÇÃO E SEUS REGISTROS

Marcelo Alessi[1]

Este pequeno estudo visa analisar de forma crítica e com a visão de um advogado trabalhista militante os procedimentos adotados na Justiça do Trabalho para as audiências de instrução e os seus respectivos registros.

Para o início da nossa análise, faz-se necessário analisar o texto da Consolidação das Leis do Trabalho a respeito da matéria, pois a atual forma de condução e registro das audiências de instrução é bastante diversa do que está disposto no diploma consolidado.

Além disto, existem peculiaridades de cada região do país que fazem com que as audiências de instrução tenham formatação distinta.

Antes, lembramos os ensinamentos de Eliézer Rosa, citado por Eduardo Gabriel Saad (*Direito Processual do Trabalho*, 2ª ed. São Paulo: LTr) que define a audiência como o "ato processual público, solene, substancial ao processo, presidido pelo Juiz, onde se instrui, discute e decide a causa".

Façamos, então, um pequeno retrospecto do que consta no texto legal para, após, analisarmos a prática adotada na atualidade quanto à audiência de instrução.

Nos termos do artigo 843 e seguintes da CLT, a audiência nos dissídios individuais, pelo procedimento ordinário, perante a Justiça do Trabalho, é una e denominada de audiência de julgamento.

De acordo com a previsão contida na Consolidação das Leis do Trabalho, as audiências – em regra – são públicas e devem ser realizadas no período das 08h00 às 18h00, em dias úteis.

Nesta audiência, as partes devem comparecer juntamente com as testemunhas indicadas para produzir todas as provas necessárias ao deslinde do feito.

O Juízo obrigatoriamente deve propor a conciliação e no caso desta restar infrutífera, o reclamado disporá de vinte minutos para o oferecimento da contestação.

---

1 Advogado Trabalhista, mestre em Direito Privado pela Universidade Federal do Paraná e presidente da Associação dos Advogados Trabalhistas do Paraná.

Terminada a defesa, segue-se à instrução processual com a colheita da prova testemunhal.

Encerrada a instrução, as partes podem aduzir razões finais, no prazo de dez minutos cada e, em seguida, renovada a proposta conciliatória pelo Juízo, que se não acatada, culminará com o julgamento.

Todos os trâmites de instrução e julgamento serão resumidos em ata.

Assim, em linhas básicas é o que prevê o texto consolidado original, desde 1943.

Não obstante, a complexidade da matéria discutida nas ações trabalhistas e o grande volume de demandas alteraram substancialmente a prática processual que, a princípio, conforme visto era bastante simples.

Os advogados que militam na Justiça do Trabalho se deparam com situações totalmente distintas na prática diária das audiências.

A primeira questão a ser abordada é o fracionamento das audiências em audiência inicial ou conciliatória, audiência de instrução e audiência de publicação de sentença.

Evidente que com o passar do tempo as demandas na Justiça do Trabalho tornaram-se mais complexas do que aquelas do período de instalação das antigas Juntas de Conciliação e Julgamento.

Não só a complexidade das matérias discutidas, mas o grande volume de ações fez com que a prática até então adotada evoluísse, ultrapassando a previsão legal.

O fracionamento das audiências passou a ser regra e não exceção (como previsto na CLT), pois as grandes pautas de audiência, aliada à complexidade das discussões, impedem a realização de audiências unas.

Com isto, surge a audiência inicial ou conciliatória, quando as partes devem comparecer para a tentativa de conciliação e promover a apresentação da contestação, sendo redesignada em continuação para a efetiva instrução do feito nova audiência, quando as partes e testemunhas serão inquiridas.

Ainda assim, existe a prática de alguns magistrados em fracionar a instrução, designando audiência exclusivamente para oitiva das partes e outra para inquirição das testemunhas.

Quanto ao fracionamento da audiência em audiência inicial e audiência de instrução, não se vislumbra qualquer tipo de prejuízo às partes. Ao contrário, a possibilidade de uma melhor análise da contestação e dos documentos juntados é primordial à manutenção do contraditório e da ampla defesa.

Ao contrário, a concentração de todos os atos em uma única ocasião processual poderia acarretar prejuízo às partes, que não disporiam de tempo suficiente para analisar os documentos apresentados, bem como os próprios termos da contestação.

Neste sentido, o Tribunal Superior do Trabalho na Consolidação dos Provimentos da Corregedoria-Geral da Justiça do Trabalho, de 28 de outubro de 2010, recomenda que o Juiz assine prazo à parte para manifestação sobre os documentos apresentados com a contestação e redesigne audiência de instrução do feito.

Observe-se:

> DAS AUDIÊNCIAS — NORMAS PROCEDIMENTAIS NO DISSÍDIO INDIVIDUAL
>
> Art. 46. Adotada audiência una nos processos de rito ordinário, cabe ao Juiz:
> I – elaborar a pauta com intervalo mínimo de 15 (quinze) minutos entre uma audiência e outra, de modo a que não haja retardamento superior à uma hora para a realização da audiência;
> II – adiar ou cindir a audiência se houver retardamento superior à uma hora para a realização da audiência;
> III – conceder vista ao reclamante na própria audiência dos documentos exibidos com a defesa, antes da instrução, salvo se o reclamante, em face do volume e complexidade dos documentos, preferir que o Juiz assine prazo para tanto, caso em que, registrada tal circunstância em ata, cumprirá ao Juiz designar nova data para a audiência de instrução.
> Art. 47. Constará da ata ou termo de audiência:
> I – o motivo determinante do adiamento da audiência na Vara do Trabalho, de modo a possibilitar eventual exame do fato pelo órgão competente;

Portanto, este é o reconhecimento expresso da Justiça do Trabalho de que a audiência una, nos casos de matéria complexa e de elevado volume de documentação, pode acarretar prejuízo à defesa dos direitos da parte.

E, para evitar tal prejuízo, recomendou-se que o Juiz redesigne a audiência para instrução processual, preservando o salutar princípio da ampla defesa.

Outra prática que se observa no dia a dia da Justiça do Trabalho e que decorre do funcionamento de determinadas Varas do Trabalho é a do fracionamento da prova oral, com a designação de duas audiências, uma exclusivamente para a oitiva das partes e a outra para a inquirição de testemunhas.

Tal prática, em nosso modo de ver, pode acarretar prejuízo processual às partes, pois as testemunhas a serem inquiridas prestarão depoimento após a realização da audiência que colheu o depoimento das partes, o que poderá possibilitar acesso a estes e, com o conhecimento prévio do seu teor, podem ser induzidos ou confundidos.

Por tal motivo, somos contrários ao fracionamento da prova oral, entendendo que o melhor procedimento é o da colheita da prova oral integralmente na mesma assentada.

Portanto, em nosso entender a prática que deveria ser adotada de maneira uniforme é a da designação de audiência inicial para a tentativa de conciliação e, após, a designação de nova audiência com a finalidade exclusiva de promover a instrução do processo com a colheita da prova testemunhal.

Já, no procedimento sumaríssimo, a audiência é uma por imposição do artigo 852-C da CLT, que estabelece:

> As demandas sujeitas a rito sumaríssimo serão instruídas e julgada em audiência única, sob a direção de juiz presidente ou substituto, que poderá ser convocado para atuar simultaneamente com o titular.

Interessante lembrar que a adoção do rito sumaríssimo na Justiça do Trabalho de uma forma ou outra, nada mais é que uma volta ao passado. Ou seja, o rito sumaríssimo nada mais é que a adoção do rito processual que já estava previsto na Consolidação das Leis do Trabalho, mas que havia sido superado pela prática, em razão da complexidade das discussões.

Assim, o rito sumaríssimo basicamente repete o que já estava previsto, mas o limita às ações reconhecidamente simples e com valor da alçada limitado a quarenta vezes o salário mínimo vigente.

Com esta introdução, passamos ao conteúdo processual da audiência de instrução.

Pode-se dizer que a audiência de instrução é o ponto alto do processo, onde serão produzidas as provas necessárias à comprovação das teses defendidas pelas partes e onde o Juízo formará seu convencimento para a prolação da sentença.

Isto porque a Justiça do Trabalho adota o sistema da oralidade e da concentração na audiência que, então, se reveste de ato processual de extrema relevância.

Nas palavras de Ísis de Almeida (*Manual de Direito Processual do Trabalho*, 2º vol., 9ª ed. São Paulo: LTr):

> A ênfase extraordinária que se dá aos princípios da oralidade e da concentração, no processo trabalhista, revela-se, desde logo, no fato de que os atos mais importantes do procedimento são praticados em audiências.

Assim, se adotado o procedimento padrão de fracionamento da audiência em inicial, instrução e publicação de sentença, especificamente na audiência de instrução as partes devem comparecer para prestar depoimento pessoal, sob pena de aplicação da pena de confissão ficta quanto à matéria fática.

Na mesma oportunidade, cada parte poderá indicar três testemunhas (ou duas no rito sumaríssimo) para serem inquiridas, as quais comparecerão, em regra, independentemente de intimação ou poderão ser intimadas conforme o procedimento do artigo 852, parágrafo único da CLT.

Situação interessante emerge da possibilidade do comparecimento espontâneo das testemunhas à audiência, pois a prática demonstra que existe um procedimento padrão adotado pelos Juízes de fazer constar na ata da audiência inicial ou conciliatória que a parte trará à audiência de instrução as suas testemunhas independentemente de intimação ou que as arrolará no prazo legal e, na hipótese de não o fazer e em as mesmas não comparecendo, estaria preclusa a produção da prova oral.

Este é o procedimento padrão adotado nos textos constantes nas atas de audiência, mas não é o que de fato ocorre, pois existe certa tolerância em deferir o adiamento da audiência em razão do não comparecimento da testemunha, ainda que não intimada, à audiência, sob a justificativa de se evitar cerceamento do direito de defesa da parte.

Em nosso ponto de vista, tal procedimento é inaceitável, pois se a parte (independente de ser o autor ou o réu) teve a oportunidade de arrolar a testemunha e não o fez, alertado que o não comparecimento da testemunha acarretaria a perda da prova por preclusão, não pode invocar o princípio da ampla defesa para requerer o adiamento da audiência.

De outro lado, o magistrado que fez constar em ata que o não arrolamento da testemunha no prazo legal implicaria na perda da prova também não poderia deferir o adiamento, pois estaria decidindo questão já decidida por ele próprio, o que é vedado pelo ordenamento processual.

Mas, na prática não é o que ocorre. Veja-se, a título exemplificativo, a seguinte decisão:

> TRT-PR-26-08-2011 ADIAMENTO DE AUDIÊNCIA. AUSÊNCIA DE TESTEMUNHAS INDEFERIMENTO CERCEAMENTO DE DEFESA NULIDADE DECLARADA – Impõe-se o deferimento de pedido de adiamento da audiência de instrução, em decorrência da ausência das testemunhas convidadas. Mesmo quando tenha sido fixado prazo para apresentação de rol na ata de audiência inicial. Ocorre que, caso seja vencido o prazo limite para apresentação do rol (*v.g.* 15

dias antes da audiência de instrução), fica a parte desamparada se a testemunha, apesar de convidada, não comparece na audiência de instrução por motivo alheio à sua vontade. Não é o caso de aplicação do art. 407 do CPC, mas dos arts. 825 e 845 da CLT, que não obrigam a apresentação de rol de testemunhas em cartório dias antes da audiência. Cerceamento de defesa reconhecido. Nulidade declarada. TRT-PR-02091-2010-322-09-00-0-ACO-34676-2011 – 4ª TURMA. Relator: SÉRGIO MURILO RODRIGUES LEMOS. Publicado no DEJT em 26-08-2011.

Outra questão de extrema relevância atinente à audiência de instrução é a possibilidade de arguição de nulidade processual (artigo 795 da CLT) originada de ato ocorrido na própria audiência e que deve ser manifestada na primeira oportunidade que a parte tenha para se pronunciar e necessariamente renovada nas razões finais, sob pena de preclusão.

Resumidamente, então, a audiência de instrução nos processos trabalhistas tem por finalidade a colheita do depoimento das partes e a produção da prova testemunhal.

Pelo procedimento original da Consolidação das Leis do Trabalho, terminada a instrução processual, o Juiz deveria proferir a sentença, conforme disposição do artigo 850 da CLT:

> Terminada a instrução, poderão as partes aduzir razões finais, em prazo não excedente de dez minutos para cada uma. Em seguida, o juiz ou presidente renovará a proposta de conciliação, e não se realizando esta, será proferida a decisão.

Tal procedimento também foi deixado de lado pela prática processual vigente, sendo comum que o Juiz designe data para publicação da sentença.

Nestas ocasiões, as partes normalmente não comparecem à audiência designada, prevalecendo – para efeito de intimação e contagem de prazo para interposição de recurso – o entendimento consubstanciado na Súmula 197 do Tribunal Superior do Trabalho:

> PRAZO PARA RECURSO DA PARTE QUE INTIMADA, NÃO COMPARECE À AUDIÊNCIA. O prazo para recurso da parte que, intimada, não comparecer à audiência em prosseguimento para a prolação da sentença conta-se de sua publicação.

Assim, a parte sendo intimada da data da prolação da sentença e não comparecendo à audiência terá como início da contagem do prazo para recorrer a data da prolação da sentença.

Passemos, então, à análise dos registros da audiência de instrução que, assim como a própria audiência, alteraram-se muito com o passar dos tempos e com o advento da modernização dos meios eletrônicos.

A Consolidação das Leis do Trabalho estabelece no artigo 771 que: "Os atos e termos processuais poderão ser escritos à tinta, datilografados ou a carimbo". E, especificamente quanto às audiências, o artigo 851 prevê que os trâmites "serão resumidos em ata", a qual deverá ser assinada pelo Juiz.

Com isto, tem-se que os atos processuais oriundos da audiência de instrução serão resumidos em um ata, normalmente datilografada.

Não obstante, a Lei nº 11.419 de 19 de dezembro de 2006 que "Dispõe sobre a informatização do processo judicial; altera a Lei nº 5.869, de 11 de janeiro de 1973 – Código de Processo Civil; e dá outras providências" trouxe profunda alteração aos meios de registro dos trâmites processuais, inclusive os oriundos da audiência de instrução.

Com a criação do processo eletrônico no âmbito da Justiça do Trabalho, o que já existe em caráter experimental em alguns Tribunais Regionais do Trabalho e efetivamente no Tribunal Regional do Trabalho da Nona Região, houve a substituição dos autos físicos por autos virtuais, decorrentes de sistemas eletrônicos desenvolvidos para tal finalidade.

Nesta nova realidade, o registro da audiência de instrução que podia ser feito de maneira escrita à tinta, datilografado ou a carimbo, passou a ser virtual, embora se tenha mantido a regra do artigo 851 da CLT de continuar mantendo-o resumido em ata de audiência.

Antes de adentrar a análise da inovação tecnológica oriunda do processo eletrônico, analisamos a questão da ata de audiência que, de acordo com o dispositivo consolidado deve conter um resume dos trâmites ocorridos na audiência.

O texto legal mais uma vez calcado na simplicidade que informava o procedimento trabalhista na ocasião da criação da Justiça do Trabalho estabelece que os atos decorrentes da audiência de instrução deveriam constar resumidamente na ata de audiência.

Tal procedimento não se mostra eficiente na atualidade, pois a enorme variedade de fatos oriundos da audiência, bem como os depoimentos tomados, implica na necessidade de transcrição fiel dos acontecimentos para garantir o exercício do direito de ampla defesa.

Ademais, o simples resumo dos trâmites oriundos da audiência de instrução viola flagrantemente o princípio do devido processo legal.

Bem por isso, que nas atas de audiência de instrução devem constar detalhada e fielmente todos os depoimentos e fatos ocorridos no desenrolar da audiência.

Pois bem, passando ao processo eletrônico, tempos como principal inovação a assinatura eletrônica. De acordo com a Lei nº 11.419/2006 todos os atos processuais oriundos do processo eletrônico serão assinados eletronicamente, de acordo com o artigo 1º, parágrafo 2º, III, da referida lei, a assinatura eletrônica pode ser realizada da seguinte maneira:

> Art. 1º O uso de meio eletrônico na tramitação de processos judiciais, comunicação de atos e transmissão de peças processuais será admitido nos termos desta Lei.
> (...)
> § 2º Para o disposto nesta Lei, considera-se:
> (...)
> III – assinatura eletrônica as seguintes formas de identificação inequívoca do signatário:
> a) assinatura digital baseada em certificado digital emitido por Autoridade Certificadora credenciada, na forma de lei específica;
> b) mediante cadastro de usuário no Poder Judiciário, conforme disciplinado pelos órgãos respectivos.

Com este novo instrumento processual, a audiência de instrução continua a ser registrada em ata que constará do processo eletrônico e será assinada digitalmente pelo Juiz e pelos Advogados, através de assinatura baseada em certificado digital ou de cadastro do interessado no Poder Judiciário.

Outra inovação que deve ser mencionada quanto ao procedimento adotado em audiência de instrução é a que decorre da gravação audiovisual dos depoimentos das partes e testemunhas.

Também no Tribunal Regional do Trabalho da Nona Região surgiu, em caráter experimental, um sistema de gravação de audiências, denominado FIDELIS, que segundo informação disponibilizada no sítio do TRT da Nona Região (www.trt9.jus.br) tem por finalidade: "O sistema Fidelis permite gravação audiovisual de audiências, sessões e eventos, possibilitando a magistrados, partes e advogados, com uso da certificação digital, acesso à informação fiel, no portal do sítio do TRT9 na rede mundial de computadores. Entre outras funcionalidades, permite marcações eletrônicas, ao longo da gravação, e a recuperação de trechos gravados, de forma dinâmica e célere. Promove a desburocratização e imprime maior rapidez e eficácia à prestação jurisdicional, com qualidade e transparência na solução de conflitos".

Por meio deste sistema, os depoimentos são gravados em áudio e vídeo e disponibilizados por meio da internet aos magistrados, partes e advogados, substituindo o antigo sistema do ditado e digitação das audiências e poupando tempo e trabalho.

Trata-se evidentemente de avanço tecnológico que tem a finalidade de simplificar a colheita da prova testemunhal e, com a gravação, pode inclusive retratar fielmente o ânimo dos depoimentos e a sinceridade com que foi prestado.

A crítica que o procedimento tem recebido diz respeito à ausência de degravação dos depoimentos, o que dificulta às partes a elaboração dos recursos necessários, bem como praticamente inviabiliza eventual expedição de carta precatória para outra Vara.

Entendemos que se trata de instrumento eficaz, propiciando economia e celeridade processual, mas que deve ser aperfeiçoado com a obrigatoriedade da degravação dos depoimentos prestados.

Observamos que ao longo de setenta anos da Justiça do Trabalho muita coisa mudou.

As audiências que eram unas e simplesmente resumidas em ata de audiência que poderia inclusive ser manuscrita à tinta, evoluíram ao processo digital, com assinatura certificada e a gravação em áudio e vídeo dos depoimentos das partes e das testemunhas.

Esta evolução decorreu logicamente da maior complexidade existente na relação de emprego, da substância das ações ajuizadas na Justiça do Trabalho e do avanço tecnológico.

Resta-nos saber o que o futuro nos reserva e quais as implicações que o avanço tecnológico trará às demandas trabalhistas.

Sem dúvida o processo eletrônico é uma novidade salutar que representará economia e celeridade processual e representará um instrumento avançado de tramitação processual. Mas, mas devemos nos precaver e analisá-lo não só diante da natureza instrumental, mas também pelas consequências que poderá acarretar ao julgamento das ações.

A fria natureza dos autos virtuais poderá afastar os magistrados do contato direto e necessário com os jurisdicionais, tornando a prestação jurisdicional um mero ato burocrático destituído de emoção.

Fazendo um exercício de imaginação podemos nos deparar, futuramente, com um processo virtual de audiências telepresenciais transmitidas diretamente dos escritórios de advocacia, afastando de uma vez por todas o princípio da concentração (artigo 849 da CLT) que impera nas audiências trabalhistas.

Quem viver verá...

PROVAS TESTEMUNHAIS NO PROCESSO DO TRABALHO: COMPROMISSO, IMPEDIMENTOS E CONSEQUÊNCIAS

Marcel Zangiácomo da Silva[1]

Muito se diz no mundo jurídico, a respeito da importância de uma boa instrução processual, a fim de se obter o perseguido êxito nas demandas judiciais.

Particularmente, na Justiça do Trabalho, em decorrência do princípio da primazia da realidade, o qual considera os fatos em razão da forma, a testemunha é a principal chave para o sucesso da Reclamação Trabalhista.

Isto por que, logicamente, que superada a questão da confissão real e da prova documental, o depoimento testemunhal é a principal fonte de prova da questão fática nos autos do processo.

Portanto, considerando a regra de que o ônus de provar as alegações incumbe à parte que as fizer, nos termos do artigo 818, da CLT, a prova testemunhal torna-se imprescindível.

E para se atingir a perfeição processual, através do êxito da demanda, o advogado precisa estar atento às normas e formas que regulam o depoimento testemunhal.

Para Moacyr Amaral Santos a função da testemunha consiste

> em traduzir ou comunicar ao juiz, no processo, as percepções que teve dos fatos ou acontecimentos sobre os quais versa a causa. Cabe-lhe depor em juízo sobre fatos que hajam caído sob o domínio de seus sentidos, isto é, suas próprias observações, direta ou indiretamente colhidas, dos fatos ocorrido e que tenham importância na causa.[2]

---

1 Advogado trabalhista, especializado em Direito e Processo do Trabalho pela Pontifícia Universidade Católica de São Paulo, membro da Ordem dos Advogados do Brasil da Associação dos Advogados Trabalhistas de São Paulo e da Associação dos Advogados de São Paulo.

2 *Prova Judiciária no Cível e Comercial*, vol. III, 4ª ed. São Paulo: Max Limonad, p. 45.

Na definição de Cândido Rangel Dinamarco, testemunha é: "a pessoa física chamada a cooperar com a Justiça".[3]

No processo do trabalho, especialmente, no Capítulo II, do Título X, da CLT, há a transcrição dos procedimentos da audiência trabalhista e das provas, sendo certo que, também, é em muito utilizado o Código de Processo Civil, diante das omissões da norma trabalhista.

Nos ensina o Ilustre Jurista Sérgio Pinto Martins:

> A prova testemunhal é sempre admissível, não dispondo a lei de modo diverso. No processo do trabalho, a prova testemunhal normalmente é a única forma de as partes fazerem a prova de suas alegações, principalmente o reclamante que não tem acesso aos documentos da empresa ou estes não retratam a realidade do trabalho desempenhado pelo autor, como poderia ocorrer com os cartões de ponto. Entretanto, a prova testemunhal é a pior prova que existe, sendo considerada a prostituta das provas, justamente por ser a mais insegura.[4]

Ainda, Carlos Henrique Bezerra Leite, menciona que:

> Há um consenso geral na afirmação de que a prova testemunhal é o meio mais inseguro. Não obstante, tornou-se o meio mais utilizado no processo do trabalho, sendo certo que não raro constitui o único meio de prova nesse setor especial no Poder Judiciário brasileiro.[5]

A interpretação da prova testemunhal é função exclusiva do Magistrado que conduz o processo, frise-se que para a efetivação da suposta Justiça, há de se orientar pela qualidade dos depoimentos e não pela quantidade.

Nesse passo, cumpre mencionar os dizeres do estudioso Marcelo Ricardo Grünwald:

> A testemunha colhe e interpreta a informação, atrelada a sua própria cultura, posto que não foi encarregada de observar os fatos aos olhos da justiça. Há de se exigir do julgador, portanto, o discernimento para avaliar as suas palavras e

---

3 *Instituições de Direito Processual Civil*, 1ª ed., vol. III. São Paulo: Milheiros, p. 603.
4 *Direito Processual do Trabalho*, 27ª ed. São Paulo: Editora Atlas, p. 332.
5 *Curso de Direito Processual do Trabalho*, 5ª ed. São Paulo: LTr, p. 544.

contextualizá-las, sabendo que a testemunha irá depor inarredavelmente vinculada aos seus padrões morais e culturais, compreendendo também que possa estar emocionalmente mais comprometida em favorecer a parte que a convocou.[6]

Nesse mesmo passo, Wagner D. Giglio, ainda, assevera que:

> a autenticidade de um depoimento varia na razão inversa da distância que separava a testemunha dos fatos quanto menor à distância, maior a autenticidade e vice-versa.[7]

Em regra as testemunhas de cada parte são, no máximo, três no procedimento ordinário, duas no procedimento sumário e seis nos inquéritos judiciais.

Quanto à sua apresentação, o Ilustre Mestre Carlos Henrique Bezerra Leite, informa que:

> Inspirando-se no princípio da concentração dos atos processuais em audiência, o art. 845, da CLT determina que o 'reclamante e o reclamado comparecerão à audiência acompanhados das suas testemunhas, apresentando, nessa ocasião, as demais provas'.[8]

Portanto, conclui-se, através do previsto no artigo 825, da CLT que o comparecimento das testemunhas à audiência trabalhista independe de notificação ou intimação, não existindo a necessidade de prazo para arrolamento, como prevê o Código de Processo Civil.

No entanto, a fim de se evitar qualquer ato protelatório e algum prejuízo processual, em decorrência de requerimentos de adiamentos das audiências, diante da ausência das testemunhas, alguns Juízes tem determinado que as partes apresentem rol de testemunhas, com dez ou mais dias de antecedência da audiência, sob pena de serem ouvidas, apenas as que comparecerem espontaneamente.

Como anteriormente mencionado a Legislação Processual Trabalhista prevê, explicitamente, que as testemunhas devam comparecer espontaneamente, sendo solicitada a intimação, somente no caso de não comparecimento, pelo que, neste momento,

---

6   *As provas de audiência no Dissídio Individual do Trabalho*, 1ª ed. São Paulo: LTr, p. 109.
7   *Direito Processual do Trabalho*, 10ª ed. São Paulo: Saraiva, p. 207.
8   Leite, Carlos Henrique Bezerra. *Curso de Direito do Trabalho*, 5ª ed. São Paulo: LTr, p. 477.

não há de se falar em qualquer preclusão, no caso da parte não cumprir com a determinação de arrolamento de suas testemunhas.

Frise-se que, no caso de ausência das testemunhas à audiência designada, *ex officio* ou a requerimento das partes poderão requerer a intimação de suas testemunhas, ficando sujeitas a condução coercitiva, além do pagamento de multa a ser revertida à União.

A testemunha poderá requerer ao Juiz que preside a audiência o pagamento da despesa que efetuou para comparecimento, a qual a parte deverá pagar, nos termos do artigo 419, do Código de Processo Civil, sendo o depoimento prestado em juízo considerado como serviço público, não sofrendo a testemunha qualquer desconto em seu salário, tampouco no tempo de serviço.

Podem funcionar como testemunhas todas as pessoas em pleno exercício de sua capacidade, exceto as impedidas, incapazes ou suspeitas.

É necessário ressaltar que o menor de dezoito anos poderá prestar depoimento como testemunha, no entanto, seu depoimento deverá ser efetivado ao lado de seu genitor ou responsável e na falta destes pela Procuradoria da Justiça do Trabalho, pelo Sindicato, pelo Ministério Público Estadual ou curador nomeado pelo Juízo, já que a Lei não o considera plenamente capaz quanto aos efeitos jurídicos, nos termos dos artigos 792 e 793, ambos da CLT.

Valentin Carrion em Comentários à Consolidação das Leis do Trabalho esclarece a respeito do tema:

> O menor de dezoito anos não pode ser ouvido como testemunha, posto que não é penalmente responsável, pode sê-lo como informante, impondo-se aqui uma diferenciação com o processo civil: é que o menor testemunha é, via de regra, um trabalhador, tem maturidade, experiência e percepção para os problemas e fatos ligados ao exercício do trabalho e ao dia a dia da empresa, superior ao que é normal acontecer aos menores para os fatos da vida em geral que podem interessar aos processo cíveis; ouvidos como informantes, podem ser (e frequentemente o são) valiosos portadores de informações que, entretanto, serão cuidadosamente pesadas pelo julgador.[9]

Ainda, o depoimento das testemunhas que não souberem falar a língua nacional será sempre feito por intérprete nomeado pelo Juiz do Trabalho, procedendo-se de forma análoga, quando se tratar de surdo-mudo ou de mudo que não saiba escrever.

---

9 *Comentários à Consolidação das Leis do Trabalho*, 31ª ed. São Paulo: Saraiva, 2006, p. 637.

Nos termos da Lei, a testemunha chamada a depor no processo não está obrigada a depor de fatos que lhe acarretem grave dano, bem como ao seu cônjuge e aos seus parentes consanguíneos ou afins, em linha reta ou na colateral em segundo grau, ainda, a cujo respeito, por estado ou profissão, deva guardar sigilo.

As testemunhas que residirem em comarca diferente da qual tramita o processo em que deverá depor será ouvida por *carta precatória,* na comarca de seu domicílio, nos termos do artigo 200, do Código de Processo Civil, já as testemunhas que residirem fora do país serão ouvidas, através de carta rogatória.

Cumpre informar, ainda, que os peritos judiciais poderão ser ouvidos no processo, caso haja controvérsia técnica a ser discutida nos autos do processo.

Após a oitiva pessoal das partes, serão ouvidas em Juízo as testemunhas, respeitando a ordem do ônus probatório.

A testemunha antes de prestar seu depoimento será qualificada e assumirá o compromisso de dizer a verdade do que souber e lhe for perguntado, sob pena de praticar crime de falso testemunho.

Neste momento é lícito a parte contrária contraditar a testemunha, arguindo-lhe a incapacidade o impedimento ou a suspeição, inviabilizando seu funcionamento como testemunha, caso acolhida a contradita.

Caso a testemunha negue os fatos da contradita apresentada, poderá a parte interessada efetivar seu direito de prova, através de, no máximo, três testemunhas, apresentadas no ato e inquiridas em separado.

Claramente tentou o legislador, ao delimitar os procedimentos de impedimento e suspeição das testemunhas, viabilizar a escorreita e almejada Justiça, desconsiderando-as como efetivas provas no processo.

Quanto aos impedimentos impostos por Lei é necessário um melhor esclarecimento dos institutos existentes em nosso ordenamento jurídico, vejamos:

A testemunha incapaz é aquela interditada por demência, o acometido por enfermidade ou debilidade mental, ao tempo em que ocorreram os fatos, não podia discerni-los ou ao tempo em que deve depor, não está habilitado a transmitir as percepções, o menor de dezesseis anos, o cego e o surdo, quando a ciência do fato depender dos sentidos que lhes faltam.

Para Manoel Antonio Teixeira Filho a incapacidade é: "a ausência de aptidão de alguém para ser ouvido como testemunha".[10]

---

10 *A Prova no Processo do Trabalho,* 7ª ed. São Paulo: LTr, p. 308.

Quanto ao impedimento, são considerados estes: os cônjuges, ascendentes, descendentes em qualquer grau ou colateral, até o terceiro grau, por consanguinidade ou afinidade, salvo se o exigir o interesse público ou tratando-se de causa relativa ao estado da pessoa, não se puder obter outro meio de prova.

Certo é que a Legislação Processual, facilmente, introduziu o impedimento do depoimento de testemunha que viva em união estável, através da amizade íntima, já que a hipótese legal trata, apenas do impedimento do cônjuge.

Ainda, é impedido quem é parte na causa, o que intervém em nome de uma das partes, o representante legal da pessoa jurídica, o juiz, o advogado e outros, que prestem alguma assistência às partes.

No tocante a suspeição, estes são: os condenados por crime de falso testemunho, havendo transitado em julgado a decisão, o que por seus costumes não for digno de fé, o inimigo capital da parte, ou o seu amigo íntimo, o que tiver interesse no litígio.

Para a Justiça do Trabalho, particularmente, no tocante a suspeição, se considerado o disposto na Súmula 357, do Colendo Tribunal Superior do Trabalho, não se torna suspeita a testemunha pelo simples fato de estar litigando ou de ter litigado contra o mesmo empregador.

No entanto, o Saudoso Mestre Valentin Carrion, esclarece que:

> A testemunha que está em litígio contra a mesma Empresa deve ser equiparada ao inimigo capital da parte, o embate litigioso é mau ambiente para a prudência e isenção de ânimo que se exigem da testemunha, entender de outra forma é estimular as partes à permuta imoral de vantagens em falsidades testemunhais mútuas, mesmo sobre fatos verdadeiros, extremamente fácil: 'reclamante de hoje, testemunha de amanhã'.[11]

Certo é que ao Juiz que preside a audiência é dado o poder de acolher a contradita apresentada, utilizando para tanto suas impressões pessoais quanto ao comportamento da testemunha.

O compromisso de dizer a verdade firmado pela testemunha, em momento algum, poderá ser desfeito, ainda, caso o Juiz verifique incongruências entre os depoimentos das testemunhas sobre mesmo fato, que possa influir na decisão da causa, poderá determinar a acareação das testemunhas, nos termos do artigo 418, II, do Código de Processo Civil.

---

11 *Comentários à Consolidação das Leis do Trabalho*, 31ª ed. São Paulo: Saraiva, 2006, p. 636.

O Ilustre doutrinador Manoel Antonio Teixeira Filho,[12] menciona que é prerrogativa exclusiva do Juiz reformular as perguntas, sendo prudente que demonstre às testemunhas a colidência de suas informações, solicitando que esclareçam o conflito, diz, ainda, exigir do Juiz "perspicácia e acuidade extremas, a fim de verificar, pelas declarações das testemunhas acareadas, por suas reações emocionais e mesmo fisiológicas (inquietação, respostas hesitantes, ruborização, etc.) qual delas falseou a verdade; as reações mencionadas podem constituir bom indício".

A consequência do acolhimento da contradita em sede de instrução processual é a perda do valor probante do testemunho, uma vez que a testemunha contraditada será ouvida unicamente como informante nos termos do artigo 829, da CLT, caso seja estritamente necessário.

Aliás, o Mestre Valentin Carrion ensina que:

> O juiz decide de acordo com sua livre convicção, subordinado à Lei e à provas constantes nos autos. Não pode utilizar seus conhecimentos pessoais sobre os fatos da lide e sim apreciar observações alheias de modo imparcial. As provas repercutem no julgamento, mesmo que não aproveitem à parte que as trouxe (é o chamado ônus objetivo das provas).[13]

No processo do trabalho, não há recurso do acolhimento da contradita, podendo a parte, caso queira, a fim de suscitar eventual prejuízo processual, constar os "protestos" em ata de audiência, na forma do artigo 795, da CLT.

Cumpre esclarecer, que a parte que teve a contradita de sua testemunha acolhida, poderá substituí-la por outra, não havendo, portanto, qualquer prejuízo processual, logicamente, que considerando a quantidade máxima de testemunhas permitidas por Lei.

Quanto à valoração da prova testemunhal, tal competência é exclusiva do Magistrado, que nos termos do artigo 131, do CPC, apreciará livremente a prova, atendendo aos fatos e circunstâncias constantes dos autos, ainda que não alegados pelas partes, fundamentando sempre sua decisão.

Cumpre ressaltar o entendimento de José Augusto Rodrigues Pinto, quanto aos critérios para a valoração da prova, sendo eles:

---

[12] *A prova no Processo do Trabalho*, 7ª ed. São Paulo: LTr, p. 347.
[13] *Comentários à Consolidação das Leis do Trabalho*, 31ª ed. São Paulo: Saraiva, 2006, p. 631.

> em relação ao depoente (idoneidade, nível de interesse no resultado da demanda) em relação às demais provas (exame de verossimilhança, articulação com os outros meios de informação do mesmo fato, complementariedade de informações obtidas por outros meios); em relação ao direito (ajustamento do fato informado à pretensões das partes, possibilidade e intensidade de efeitos jurídicos do fato informado).[14]

Portanto, a análise dos pressupostos processuais, dos costumes, da verificação visual do Juiz com as testemunhas, ou seja, do conjunto probatório e de seus representantes durante a instrução processual é a principal fonte de fundamentação para o Juiz da causa.

Frise-se que a testemunha trazida ao processo funcionará como instrumento processual eficaz para a correta explanação judicial.

Nesse passo, é forçoso mencionar as palavras de Marcelo Ricardo Grünwald:

> Com igual rigor, a prova testemunhal deve também ser valorizada como um dos meios mais eficientes de prova processual, em que pesem algumas críticas doutrinárias reputá-la com um meio inseguro para lastrear a convicção jurisdicional.

Portanto, possuindo-se o pleno conhecimento das Leis processuais que regulam o depoimento testemunhal e a fase de instrução do processo, o advogado conseguirá o êxito na produção das provas necessárias para o pleno e favorável desfecho da demanda.

---

14 *Processo Trabalhista de Conhecimento*, 5ª ed. São Paulo: LTr, 2000, p. 416.

VÍCIOS DO ATO PROCESSUAL. ESPÉCIES. NULIDADES NO PROCESSO DO TRABALHO

Marcus Vinícius Lobregat[1]

Muito honrou-me o convite formulado pela Secção de São Paulo, da Ordem dos Advogados do Brasil, e, mais amiúde, por sua Comissão de Direito do Trabalho, para participar desta obra coletiva em justa homenagem ao brilhante advogado Dr. José Granadeiro Guimarães, a quem tive a honra de conhecer pessoalmente desde o momento em que, ainda recém-formado, iniciava minhas modestas incursões em sustentações orais junto ao Egrégio Tribunal Regional do Trabalho de São Paulo (que àquela época estendia sua jurisdição por todo o Estado). Doutor Granadeiro Guimarães (como era conhecido) conquistava a todos com seu jeito afável, sereno e sempre atencioso, transformando-se em verdadeiro professor de todos os que se dispusessem ouvi-lo, quer na tribuna, quer nos corredores daquele Sodalício e traduzia-se na manifestação viva da frase que, certa feita, ouvi do Dr. Rubens Approbato Machado, no sentido de que "o saber é o maior recurso que um advogado pode dispor para enfrentar um mundo cada vez mais complexo". E assim era o Dr. Granadeiro Guimarães, dotado de um conhecimento, de um saber, pouquíssimas vezes presenciado, dividindo seus ilimitados conhecimentos com simplicidade, sem jamais diminuir ou ofuscar o interlocutor. Justa é a homenagem ora levada à cabo e parabéns aos integrantes da Seccional de São Paulo, da Ordem dos Advogados do Brasil, por implementá-la com o brilhantismo que sempre os norteou.

Coube a mim, neste estudo, tratar do capítulo II, seção V, da Consolidação das Leis do Trabalho, que trata das nulidades processuais e que se encontra regrado nos artigos 794 e seguintes, daquele Diploma.

Aparentemente simples, face encontrar-se insculpida em apenas cinco artigos do texto consolidado, a matéria tem se traduzido numa das mais tormentosas tarefas para a doutrina, no sentido de estabelecer os limites exatos dos campos da nulidade,

---

1 Advogado. Mestre em Direito do Trabalho – PUC/SP. Membro dos Institutos dos Advogados Brasileiros (IAB) e dos Advogados de São Paulo (IASP), como também da Comissão de Direito do Trabalho da OAB/SP.

anulabilidade e inexistência dos atos processuais, no que tange à visão geral do processo, e da sentença, dentro de um foco particular, sendo que apesar da diversidade e da quantidade de estudos produzidos com aquele objetivo, ainda remanescem indissolúveis várias das nuvens que se formam em torno da questão.

Assim, sem querer nos furtar de qualquer responsabilidade com relação ao presente estudo, temos que a indiscutível dificuldade do tema suaviza a tarefa que nos foi atribuída, limitando-a a deitar (ou buscar deitar) novas luzes em tão nebulosa estrada.

Vamos lá, então.

Visando a inicial adequação do tema, entendemos que seria salutar fazer breves considerações quanto aos planos da existência, da validade e da eficácia dos atos processuais, destacando o debate referente à terminologia empregada na seara das invalidades.

As invalidades processuais, como o resultado do tratamento a elas dispensado pelo Código de Processo Civil, é, sem sombra de dúvidas, um tópico empolgante. Digno de reverência, já que a inserção desse capítulo em nosso ordenamento jurídico, representou um grande passo rumo à *boa justiça*, nos exatos moldes do pensamento externado por Galeno Lacerda:

> Se a força depender do Código atual, o espírito que lhe anima a letra saberá infundi-la. E não haverá consolo maior à alma de um Juiz do que tanger o processo com inteligência e sabedoria, para, de suas mãos deslumbradas, ver florir a obra plástica e admirável da criação do justo, do humano, da vida.

Breves considerações sobre os planos da existência, da validade e da eficácia dos atos jurídicos

Com o propósito de evitar dúvidas ou confusões, porém, tendo em mente a total impossibilidade de dissipar todas as aflições derivadas da terminologia mais adequada à este estudo, nos propomos a discernir, ainda que perfunctoriamente, os planos da existência, da validade e da eficácia dos atos processuais, valendo-nos da incomensurável contribuição de Pontes de Miranda no exame destes planos no campo do direito material, segundo o qual, dentro de seu conceito de jurisdicização:[2]

---

2 MIRANDA, Pontes de. *Tratado de Direito Privado – Plano da Existência*, vols. I, II e III. Rio de Janeiro: Borsoi, 1970.

> Se a regra jurídica diz que o suporte fático é suficiente, a regra jurídica dá-lhe entrada no mundo jurídico: o suporte fático juridiciza-se (= faz-se fato jurídico). Se ela, diante de fato jurídico, enuncia que o fato jurídico vai deixar de ser jurídico, isto é, vai sair, ou desaparecer do mundo jurídico, desjuridiciza-o ali, a regra jurídica é juridicizante; aqui, desjuridicizante.

Desse modo, quando a norma incide sobre o suporte fático suficientemente mínimo, inegavelmente estamos diante da existência do fato, tido como jurídico. Ou, como nas palavras do citado Mestre, o suporte fático, colorido pela regra, juridiciza-se, principia-se no mundo jurídico e, portanto, *passa a existir*.

Em sentido contrário, em não se verificando o suporte fático mínimo, estaremos diante da inexistência do fato ou do ato jurídico, sendo desnecessário qualquer pronunciamento que o declare assim, posto que nada se verificou.

Já no que tange ao plano da validade e eficácia, há que se dizer que tais palavras "normalmente vêm juntas, apresentando nítida conexão contextual, embora não queiram significar a mesma coisa. O problema começa com as incertezas terminológicas e diz respeito à ciência jurídica em geral".[3]

De uma forma geral e bastante superficial, poderíamos dizer que ato *válido* é aquele que atende todos os pressupostos e requisitos inerentes à sua espécie. Já a *eficácia* diz respeito à efetiva produção de todos os efeitos pretendidos pelo agente, se for um ato típico, ou pelo legislador, em se tratando de norma legal.

Segundo o ensinamento de Bernardes de Mello:[4]

> Plano da validade, portanto, se refere à parte do mundo jurídico em que se apura a existência ou a inexistência de défice nos elementos nucleares do suporte fático dos atos jurídicos que influem na sua perfeição.

Já a eficácia dos atos jurídicos, está relacionada com os efeitos, as consequências do ato existente, o preenchimento dos pressupostos para a irradiação de efeitos decorrentes do mesmo.

---

3 WAMBIER, Teresa Arruda Alvim. *Nulidades do Processo e da Sentença*, 6ª ed. São Paulo: Editora Revista dos Tribunais, 2007.

4 MELLO, Bernardes. *Teoria do Fato Jurídico, Plano da Validade*, 2ª ed. São Paulo: Saraiva, 1997.

Assim, tem-se que no âmbito do direito material, o ato jurídico existente pode ser válido ou inválido. Inválido, pode ser nulo ou anulável. Em regra, a invalidade acarreta a ineficácia, mas há casos em que, mesmo inválido pode ser eficaz. No que se refere a ato nulo, a priori é considerado ineficaz. De outra banda, "diferentemente do ato nulo, o ato jurídico anulável gera, desde logo, toda a eficácia jurídica, perdurando até que seja desconstituído por sentença, ou tornando-se definitiva se decorrido o prazo prescricional sem que a ação de anulação seja proposta, ou por outro meio judicial seja a anulabilidade arguida".[5]

Concluídos esses breves e oportunos esclarecimentos, aqui desenvolvidos exclusivamente sob a ótica do direito substantivo, necessário que passemos, agora, a analisar aquelas que dizem respeito ao direito adjetivo, cumprindo-nos relembrar que Bernardes de Mello[6] advoga pela inseparabilidade da forma e do conteúdo que a sustenta, asseverando que:

> O ato processual não pode ser considerado apenas pelo seu aspecto formal. Há, nele, essencialmente, um conteúdo, que lhe dá substância. Sob o aspecto da validade do ato processual, tanto a sua forma propriamente dita, a sua exteriorização, como o seu conteúdo têm de ser levados em conta, porque constituem um conjunto inseparável.

Pela relação intrínseca entre a forma e a substância do ato processual, entre os planos da validade e da eficácia há um liame tão tênue que muitos equívocos acaba por gerar. Fundamental é ter em mente que o princípio da legalidade das formas, atenuado pelos princípios da finalidade e da não – prejudicialidade consubstancia o sistema da instrumentalidade das formas, segundo o qual os atos processuais devem ser realizados sob a égide legal, mas, se a forma prescrita em lei não tiver a preeminência de cominar a nulidade para o caso de descumprimento, "*considera-se válido o ato praticado por outra forma, desde que alcance a sua finalidade e não cause prejuízo a qualquer das partes*".[7] Logo, o ato processual existente pode ser válido ou inválido; se válido, produz os efeitos que objetiva; se inválido, pode ser nulo ou anulável. Anulável, "*gera, desde logo, toda a sua eficácia jurídica*", perdurando até que a nulidade seja decretada ou

---

5   MIRANDA, Pontes de. *Op. cit.*, p. 186.

6   MELLO, Bernardes. *Op. cit.*, p. 40

7   MELLO, Bernardes. *Op. cit.*, p. 41.

que seja convalidado o ato processual.[8] Se for nulo, em linha geral, não produz efeitos, porém casos existem em que mesmo sendo inválido, o ato projeta suas consequências.

E é, dentro deste contexto de existência, validade e eficácia dos atos processuais, que nasce toda a discussão subsequente e relativa aos vícios que atingem os atos processuais, com a decretação, ou não, da nulidade e/ou invalidade dos mesmos, já que *"os atos processuais, como modalidade dos atos jurídicos, podem deixar de produzir efeitos, por se considerarem inexistentes, nulos ou anuláveis"*.[9]

Princípios que norteiam a declaração das nulidades

Iniciando o tema das nulidades, entendemos ser de absoluta importância relembrarmos os princípios do processo civil e sua estreita ligação com o as nulidades (Capítulo V, artigos 243 a 245 de nosso Estatuto Processual), já que norteadores da matéria, destacando-se que o princípio *"mater"* seria o da *instrumentalidade do processo*, ramificado em outros seis, segundo o magistério de Rui Portanova,[10] que seriam os seguintes:
- Princípio da liberdade de forma
- Princípio da finalidade
- Princípio do aproveitamento
- Princípio do prejuízo
- Princípio da convalidação
- Princípio da causalidade

Pelo princípio da liberdade de forma, tem-se que os atos processuais não dependem de forma específica, salvo quando a lei expressamente a determinar. Deste modo, acrescenta o autor, a legislação pátria acabou por repelir o princípio da legalidade das formas (adotando o da liberdade), sendo a exigência destas verdadeira exceção à regra.

Quanto ao princípio da finalidade, tem-se que na hipótese de determinado ato ser praticado de forma diversa da estabelecida em lei, e ainda assim atingir a finalidade a que se destina, deve o mesmo ser considerado válido, como agasalha o artigo 244

---

8 MELLO, Bernardes. *Op. cit.*, p. 18.
9 MAGANO, Octávio Bueno. *Processo do Trabalho – Estudos em memória de Carlos Coqueijo Torreão da Costa* (Coord. Hugo Gueiros Bernardes). São Paulo: LTr, 1989.
10 PORTANOVA, Rui. *Princípios do Processo Civil*. Porto Alegre: Livraria do Advogado Editora, 1997.

do Código de Processo Civil. "Assim, por exemplo, se o juiz determinar a citação do executado, por via postal, quando a forma legal, nesse caso, é por oficial de justiça, não haverá nulidade se o executado comparecer tempestivamente em juízo para se defender, porque, em tal hipótese, o ato embora praticado irregularmente, atingiu seu fim".[11]

No que tange ao princípio do aproveitamento, não se declara a nulidade quando for possível suprir o defeito ou aproveitar parte do ato, objetivando-se, nesse compasso, repelir a hipótese de recuo ou contramarcha processual, em razão de alguma irregularidade.

Outro magno princípio, é aquele que condiciona a nulidade ao prejuízo que aquela acarretar à parte, quando tal se verificar.[12] Nesse sentido manifesta-se Rui Portanova:[13]

> caso haja um ato cuja nulidade não chegou a tolher a liberdade de atuação de qualquer dos postulantes, não há prejuízo. Logo, não cabe falar em nulidade.

Nada obstante, é salutar observar se o que existe antes da decretação da nulidade é, propriamente, um ato viciado. De fato, a nulidade surge como sanção, *a posteriori* e, aplicada, caracteriza o ato como nulo.

Referentemente ao *princípio da convalidação*, consolida-se o ato quando a parte não acusar o vício na primeira oportunidade em que se manifestar nos autos (consolidação expressa) ou silenciar a respeito (consolidação tácita), sendo que nesta hipótese estamos nos referindo às nulidades relativas e passíveis de anulabilidade, já que as absolutas não são convalidadas (leia-se, a respeito, o quanto disposto no artigo 795 do Diploma Consolidado).

Finalmente, pelo *princípio da causalidade* (art. 798 da CLT), investiga-se a abrangência da declaração de nulidade, *o reflexo de um ato nulo nos demais atos que compõem o procedimento*.

Rui Portanova[14] sintetiza, brilhantemente tal princípio:

---

11 MAGANO, Octávio Bueno. *Op. cit.*, p. 63.
12 Art. 794 da CLT: "*Nos processos sujeitos à apreciação da Justiça do Trabalho, só haverá nulidade quando resultar dos atos inquinados manifesto prejuízo às partes litigantes*".
13 PORTANOVA, Rui. *Op. cit.*
14 PORTANOVA, Rui. *Op. cit.*

> Por princípio, se não há ligação entre um ato e outro, não há contágio de nulidade. (...) Fundamentalmente o que faz um ato ser dependente de outro é o critério de indisponibilidade e necessidade. Cada caso concreto dirá o quanto um ato (o antecedente nulo) é indispensável para o outro (o sucessivo e suscetível de nulidade).

Referenciado jurista, ainda cita a respeito Antônio Janyr Dall'Agnol Jr:

> Em suma, a regra sobre invalidade derivada (princípio da causalidade) pode ser assim posta: a invalidade de um ato não contagia os anteriores, nem os subsequentes que não o tenham por antecedente necessário; mas contamina os atos sucessivos que dele dependam

Do exposto inferimos que o capítulo das nulidades está, flagrantemente, norteado pelos princípios do processo civil. O que, sem sombra de dúvidas, representa uma grande conquista por parte de nosso direito processual. A preocupação com a celeridade, com a economia processual, com a própria *salvação do processo*, originaram normas de resultado em que a forma necessariamente coaduna-se com a finalidade intentada pelos atos processuais. É preciso ter mente que a forma não é um fim em si mesma, mas que sua existência está jungida à segurança de um devido processo legal, assim como a uma finalidade.

Os Vícios dos Atos Processuais:

Desde logo, é necessário ter em mente que os atos processuais, como atos jurídicos (negócios jurídicos) que são, têm de preencher determinados requisitos, a fim de que sejam reputados válidos, consoante dispõe o art. 104 do Código Civil:

> A validade do negócio jurídico requer:
> I – Agente capaz;
> II – Objeto lícito, possível, determinado ou determinável;
> III – Forma prescrita ou não defesa em lei.

Tratamos aqui, pois, dos defeitos que atingem a forma pela qual o ato deveria se realizar. Oportuno, aliás, o contraponto; Galeno Lacerda[15] esclarece que, não obstante originarem-se do tronco comum da teoria geral do direito, as nulidades processuais são autônomas, em relação às de direito privado, tendo em vista a natureza da norma violada: se prevalecente o interesse público, a violação provoca a nulidade absoluta, se o interesse protegido é, primordialmente, o da parte, está-se diante de nulidade relativa ou anulabilidade.

De outro lado, Ovídio A. Baptista da Silva[16] (14) constata que no concernente as nulidades, no direito material, vigem princípios diversos daqueles do campo processual – norteado pelos princípios da instrumentalidade das formas e da finalidade. Mas assevera que na concepção moderna, "as nulidades no campo do direito privado, já não se dividem em absolutas e relativas segundo a gravidade do vício de que seja portador o ato jurídico, mas tendo em vista a relevância ou a natureza do interesse protegido pela norma legal desatendida pelo ato viciado".

Inspirado em Carnelutti, Dall'Agnol Júnior reconhece os requisitos dos atos processuais como necessários e especialmente úteis, conforme sua *"importância"*. Assim, os vícios essenciais seriam os relativos aos requisitos necessários, ao passo que os não essenciais ou acidentais, aos simplesmente úteis. Foi também com base nesses ensinamentos que Galeno Lacerda construiu seu sistema de nulidades processuais, no qual as ideias de finalidade, conversão, prejuízo e repressão ao dolo processual foram seus pilares.

Afora tais observações, esclarece Galeno Lacerda: "Não se trata, propriamente, como em geral pretendido, de maior ou menor intensidade do defeito, sim do defeito que mereça ou não mereça a sanção de invalidade, por terem sido ou não terem sido atingidos pelo ato, na sua especificidade". Este é o entendimento contemporâneo, posto que o nível da gravidade do vício não se presta mais para distinguir nulidade de anulabilidade, cedendo lugar para a acepção segundo a natureza do interesse tutelado preponderantemente pela norma: se público ou particular.

No que tange ao conceito de invalidade processual, muitas são as proposições doutrinárias:

Segundo Grinover, Araújo Cintra e Dinamarco, "em algumas circunstâncias, reage o ordenamento jurídico à imperfeição do ato processual, destinando-lhe a ausência de eficácia. Trata-se de sanção à irregularidade, que o legislador impõe, segundo critérios

---

15 LACERDA, Galeno de. In: Antônio Janyr Dall'Agnol Júnior. *Revista de Processo 60*, p. 15/30.
16 SILVA, Ovídio A. Batista da. *Curso de Processo Civil*, vol. I, 3ª ed. São Paulo: Sérgio Antônio Fabris Editor, 1996, p. 176.

de oportunidade (política legislativa), quando não entende conveniente que o ato irregular venha a produzir efeitos". Essa conveniência decorre, sobretudo, da "necessidade de fixar garantias para as partes", assim como assegurar a prevalência do contraditório.

Para De Plácido e Silva,[17] (15) nulidade é a "ineficácia de um ato jurídico, em virtude de haver sido executado com transgressão à regra geral, de que possa resultar a ausência de condição ou de requisito de fundo ou de forma, indispensável à sua validade".

Por sua vez, Galeno Lacerda assevera que *"a nulidade resulta, precisamente, da infração a um preceito cogente e imperativo"*.

De todo o modo, o que desponta claro em todas essas concepções é o caráter desaprovador que a invalidade instaura. A nulidade é, pois, consequência da inobservância da forma estabelecida pela lei para a prática válida e eficaz de determinado ato processual. É vital a compreensão de que existem dois momentos; aquele em que o ato está contaminado pelo vício, *mas permanece válido* e eficaz *até que um pronunciamento judicial decrete a nulidade* – o outro momento. Nas palavras dos processualistas Grinover, Araújo Cintra e Dinamarco melhor se traduz a essência dessa distinção:

> Assim sendo, *o estado de ineficaz é subsequente ao pronunciamento judicial* (após a aplicação da sanção de ineficácia – diz-se, portanto, não sem alguma impropriedade verbal, que o ato nulo é *anulado* pelo juiz).

Dall'Agnol também faz suas considerações a respeito, inserindo um trecho do julgado:

> No processo civil, a nulidade é efeito do vício. Ela não é contemporânea do ato. Porque é efeito de vício, deve ser um vício tal, que trouxe para as partes um prejuízo irreparável, que só se pode reparar pela repetição dos atos praticados. Por conseguinte é declarada em concreto (RJTJRS-119/169)

Em conclusão, não podemos deixar de lembrar o mestre Pontes de Miranda:[18]

---

17 SILVA, De Plácido e. *Vocabulário Jurídico*, vol. III. São Paulo: Forense, 1997, p. 258-259.
18 Texto publicado na *Revista Forense*, vol. 344, outubro de 1998, Rio de Janeiro, p. 3-19.

a imagem mais própria para se diferenciar o ato nulo e o anulável é a de coleção de cubos (elementos), empilhados regularmente, formando o suporte fático, a que ou faltou alguns dos cubos, vendo-se o espaço vazio, e é a imagem do suporte fático do negócio nulo, ou a que alguns dos cubos menores não foi junto, mas é juntável pelo que o devia ter posto lá, o cubo complementar, ou, pelo tempo mesmo que decorreu, não pode mais ser visto o vazio.

Nulidades absoluta, relativa e anulabilidade

1. Nulidade absoluta

Vários doutrinadores preconizam a inexistência, no direito processual, de nulidades absolutas, ou seja, todas elas seriam relativas face aos princípios da finalidade e da não prejudicialidade. A assertiva não é de todo incorreta na medida em que o próprio legislador mostra uma profunda preocupação com a manutenção do processo em busca de uma solução à lide, preterindo, muitas vezes, as formalidades processuais. Entretanto, a doutrina majoritária ainda conserva o conceito, atentando-se, sobretudo, para aqueles casos em que se mostra inadmissível sobrelevar a formalidade, como na incompetência absoluta ou no processo fraudulento.

Presente está a nulidade absoluta nos atos cuja *"condição jurídica mostra-se gravemente afetada por defeito localizado em seus requisitos essenciais"*.[19] Verifica-se nas hipóteses em que a inobservância de forma fere a lei em que prepondere o interesse público, ceifando-se, então, o ato de eficácia. A nulidade absoluta é imprescritível, não sendo passível de preclusão, ou seja, pode ser decretada a qualquer momento, *ex officio* ou por iniciativa da parte, prescindindo de demonstração de interesse. É vício insanável.

2. Nulidade relativa

Está presente "quando o ato, embora viciado em sua formação, mostra-se capaz de produzir seus efeitos processuais, se a parte prejudicada não requerer sua invalidação",

---

19 THEODORO JÚNIOR, Humberto. *Curso de Direito Processual Civil*, vol. I, 27ª ed. São Paulo: Forense, 1999, p. 282.

pondera Humberto Theodoro Jr. Infringem norma jurídica cogente, de interesse, predominantemente, das partes, podendo o juiz decretá-la tanto ex officio, como a requerimento da parte, de tal modo que os atos praticados sob esta guarda estão sujeitos à preclusão, ou seja, nos termos do art. 245, *caput*, do CPC: "A nulidade dos atos deve ser alegada na primeira oportunidade em que couber à parte falar nos autos, sob pena de preclusão". A mesma orientação é vislumbrada no artigo 795 da Consolidação das Leis do Trabalho.

Convém salientar, dada a importância do assunto, que as nulidades relativas, assim como as anulabilidades, estão flagrantemente informadas pelo *princípio da não prejudicialidade*, de forma que, para decretá-las, o juiz terá de examinar a existência de prejuízo causado à parte, pressuposto para a desconstituição do ato e de seus efeitos.

3. Anulabilidade

Escassas em nosso direito processual, as anulabilidades são provenientes da infringência de normas dispositivas, de modo que o interessado pode, por sua inação, saná-las. Enfim, o principal traço que as distingue é a vedação ao juiz de decretá-la de ofício, por dizer com tutela de interesse, principalmente, da parte.

Classificação das Nulidades

Classificam-se as nulidades quanto: 1) à forma; e 2) à finalidade.

1. Nulidades quanto à forma

O processo, como nós o conhecemos, é o resultado do desenvolvimento de métodos e técnicas que objetivam a solução de conflitos. É o conjunto de atos organizados com o objetivo de atender a um determinado interesse subjetivo, desenvolvendo-se em consonância com o procedimento previsto em lei. E é justamente esse aspecto exterior do processo (procedimento) que diz respeito à forma.

Assim, em princípio, se determinado ato se realiza em dissonância à forma prevista em lei, fica ele passível de declaração de nulidade (absoluta ou relativa), nos exatos moldes dos artigos 243 e 244 do Código de Processo Civil, onde a menção ao elemento formal é expressa.

2. Nulidades quanto à finalidade

Já, quanto à finalidade, vislumbramos que, mesmo na hipótese de prescrição legal quanto à forma de realização de determinado ato processual, se atingir o mesmo seu objetivo, ainda que realizado de modo diverso do determinado, o juiz o considerará válido, prosseguindo a ação em seus ulteriores termos (arts. 154 e 244 do CPC).

Arguição e Decretação das Invalidades

Nos termos do art. 243 do CPC, 795 e 796, "*b*", da CLT, as nulidades só poderão ser decretadas a requerimento da parte prejudicada e nunca por aquela que foi a sua motivadora.

No que tange ao momento em que deve ser invocada a nulidade, tem-se que:

- Se a nulidade for relativa, nos termos do art. 245 do CPC e 795 da C, deverá *ser alegada na primeira oportunidade em que couber à parte falar nos autos, sob pena de preclusão*, isto é, na hipótese da parte não invocá-la em tempo hábil, frusta-se a faculdade de ensejar a nulidade. Impede-se, então, que a parte fomente a anulação, haja vista sua inatividade.

- No que diz respeito às nulidades absolutas, estas não são passíveis de preclusão e poderão ser alegadas, de um modo geral, em qualquer fase do processo, evidentemente, pelo seu caráter flagrantemente público.

Agora, no que concerne à decretação de invalidade, observa Humberto Theodoro Jr., seja ela nulidade absoluta ou relativa, está adstrita à decretação judicial. Ou seja, como já fora afirmado anteriormente, não há que se falar em nulidade enquanto o provimento judicial não se der.

Nos termos do art. 249, *caput*, do CPC "o juiz, ao pronunciar a nulidade, declarará que atos são atingidos, ordenando as providências necessárias, a fim de que sejam repetidos, ou retificados". No mesmo diapasão, preceitua o artigo 798 da CLT que "a nulidade do ato não prejudicará senão os posteriores que dele dependam ou sejam consequência".

Humberto Theodoro Jr. ressalta que é através da sentença que o juiz anula todo o processo, enquanto a decisão interlocutória trata de invalidar apenas determinado ato processual.

Hipóteses de não decretação das nulidades

Segundo a norma do artigo 796 da Consolidação das Leis do Trabalho, as nulidades não serão pronunciadas quando for possível suprir-se a falta ou repetir-se o ato; e quando arguída pela parte que à ela tiver dado causa.

Igual posicionamento é encontrado no artigo 243, parte final, e parágrafos 1o e 2o, do artigo 249, ambos do CPC.

Comentários finais

De tudo o quanto se falou e baseado nos princípios reitores do processo, verifica-se que o legislador, de uma maneira geral, externou a tendência de evitar a declaração de nulidades (ou anulabilidades) dos atos processuais que não tragam manifesto prejuízo às partes em conflito, aproveitando-se todos aqueles já praticados e que, não o fazendo (prejudicar a um dos litigantes), atinjam seus reais objetivos.

Enfim, eram estes os comentários que tinhamos a tecer sobre o assunto.

REVELIA E CONFISSÃO DO EMPREGADOR E EXERCÍCIO DA AMPLA DEFESA E CONTRADITÓRIO DO TOMADOR DE SERVIÇOS

Manuela Tavares[1]

O Tomador de Serviços e a Responsabilidade Subsidiária

A terceirização é a transferência da força de produção de bens ou de serviços para outra empresa ou pessoa. Ou seja, é a descentralização das atividades do beneficiário direto da mão de obra. O tomador celebra um contrato de natureza civil com a empresa prestadora de serviços para a execução de sua atividade-fim ou atividade-meio.

Três são os sujeitos na terceirização: *(i)* trabalhador; *(ii)* tomador dos serviços; e *(iii)* prestador dos serviços.

O trabalhador, pessoa física, vincula-se de forma direta ao prestador dos serviços, com quem mantém relação jurídica laboral, em regra, por prazo indeterminado. O beneficiário dos serviços, no entanto, não é o seu empregador, mas terceiro estranho a esta relação, o tomador dos serviços. O prestador dos serviços, desta forma, figura como intermediador da mão de obra do trabalhador, mantendo com o tomador dos serviços vínculo jurídico de natureza civil.

Segundo Adriana Goulart de Sena

> O modelo trilateral de relação jurídica oriundo da terceirização é efetivamente diverso daquele modelo clássico que se funda a relação celetista de emprego. Assim, exceto nas hipóteses expressamente previstas ou permitidas pelo Direito pátrio, doutrina e jurisprudência tendem a rejeitar a

---

1 Graduada em Direito pela Pontífica Universidade Católica da Bahia. Pós graduada em Direito do Trabalho pela Escola Superior da Magistratura do Trabalho – EMATRA/BA. Mestre em Direito Político e Econômico pela Universidade Presbiteriana Mackenzie.

hipótese terceirizante, porque modalidade excetuativa de contratação de força de trabalho.[2]

A terceirização pode ter como objeto a prestação de serviço ligada à atividade-fim ou à atividade-meio do tomador. Atividade-fim é a finalidade precípua do tomador, ou seja, é atividade ligada diretamente ao núcleo da sua atividade principal. A ela se contrapõe a atividade-meio, que se caracteriza como acessória ou intermediária à atividade-fim.

A terceirização no Brasil foi prevista inicialmente pelo artigo 455 da Consolidação das Leis do Trabalho ("CLT"),[3] na forma do contrato de subempreitada. Nesta modalidade de contrato, o empreiteiro principal pode subcontratar trabalhadores por meio do subempreiteiro, que intermédia a mão de obra. O objeto do contrato é a terceirização da atividade-fim do tomador.

Visando suprir demandas crescentes do mercado, foi criada a Lei de Trabalho Temporário, que é aquele prestado por pessoa física a uma empresa, para atender à necessidade transitória de substituição de seu pessoal regular e permanente ou o acréscimo extraordinário de serviços.

O trabalho temporário está regulamentado pela Lei nº 6.019, de 03 de janeiro de 1974, e pelo Decreto nº 73.841, de 13 de março de 1974. A substituição de pessoal regular e permanente restringe-se às hipóteses de afastamento em razão de férias, doença, licença maternidade, por exemplo. Já o acréscimo extraordinário é todo aquele que ocorre de forma incomum e não previsto como atividade normal da empresa. O objeto do contrato é a terceirização da atividade-fim do tomador dos serviços.

É importante destacar que o desrespeito a quaisquer requisitos estabelecidos na Lei do Trabalho Temporário, ainda que o contrato de trabalho esteja formalmente correto, pode ensejar a nulidade do contrato por fraude à lei, sujeitando o tomador

---

2 *Revista do Tribunal Regional do Trabalho da 3ª Região*, nº 63, Belo Horizonte, ano 1, nº 1, 1965/2001, p. 47.

3 Art. 455. Nos contratos de subempreitada responderá o subempreiteiro pelas obrigações derivadas do contrato de trabalho que celebrar, cabendo, todavia, aos empregados, o direito de reclamação contra o empreiteiro principal pelo inadimplemento daquelas obrigações por parte do primeiro.
Parágrafo único. Ao empreiteiro principal fica ressalvada, nos termos da lei civil, ação regressiva contra o subempreiteiro e a retenção de importâncias a este devidas, para a garantia das obrigações previstas neste artigo.

dos serviços ao reconhecimento da relação de emprego com o trabalhador temporário e às suas obrigações acessórias.

Posteriormente, foi criada a Lei nº 7.102, de 20 de junho de 1983, que estabeleceu normas para a constituição e o funcionamento das empresas particulares que exploram serviços de vigilância e de transporte de valores, voltadas a atender a segurança de estabelecimentos financeiros. O objeto do contrato, neste caso, é a terceirização da atividade-meio do tomador dos serviços.

A Súmula (antigo Enunciado) 256, do Tribunal Superior do Trabalho (TST),[4] editada por meio da Resolução nº 4/1986, fixou os limites da intermediação da mão de obra, ao estabelecer que, salvo os casos de trabalho temporário e de serviço de vigilância, previstos nas Leis nº 6.019/74 e 7.102/83, acima referidas, seria ilegal a contratação de trabalhadores por empresa interposta, formando-se o vínculo empregatício diretamente com o tomador dos serviços.

Segundo Maurício Godinho Delgado

> a súmula trazia alguns tópicos orientativos de grande relevância. Nessa linha fixava como claramente excetivas na ordem jurídica as hipóteses de contratação terceirizada de trabalho. A regra geral de contratação mantinha-se, em tal contexto, como o padrão empregatício constante da CLT. Em consequência dessa vertente orientativa, caso considerada ilícita a terceirização perpetrada (por situar-se fora das alternativas das Leis ns. 6.019 ou 7.102, segundo a súmula), determinava-se para todos os fins, o estabelecimento do vínculo empregatício clássico com o efetivo tomador dos serviços.[5]

Outro momento histórico marcante para o instituto jurídico da terceirização no Brasil foi a edição da Lei nº 8.949, de 9 de dezembro de 1994, que acrescentou

---

4   CONTRATO DE PRESTAÇÃO DE SERVIÇOS. LEGALIDADE (Cancelada pela Res. Nº 121 – DJ 19.1103)
    Salvo os casos de trabalho temporário e de serviço de vigilância, previstos nas Leis nº 6.019, de 03/01/1974, e 7.102, de 20/06/1983, é ilegal a contratação de trabalhadores por empresa interposta, formando-se o vínculo empregatício diretamente com o tomador dos serviços.

5   *Curso de direito do trabalho*, 10ª ed. São Paulo: LTr, 2011, p. 435.

o parágrafo único ao artigo 442 da CLT.[6] Referido dispositivo estabeleceu que, qualquer que fosse o ramo de atividade da sociedade cooperativa, não se formaria o vínculo empregatício entre ela e seus associados, nem entre estes e os tomadores de serviços daquela.

Muitas empresas, com o advento de referida Lei, passaram a contratar cooperados, tanto para preencher vagas atreladas a sua atividade-fim quanto a sua atividade-meio, desvirtuando o propósito do legislador ao introduzir o parágrafo único ao referido dispositivo. A Justiça do Trabalho, no entanto, identificando os requisitos contidos nos artigos 2º e 3º da CLT,[7] vem declarando a fraude na contratação da mão de obra reconhecendo o vínculo de emprego entre o cooperado e o tomador dos serviços.

Tantas foram as sentenças que reconheceram o vínculo trabalhista entre cooperados e os respectivos tomadores dos serviços nos últimos anos – quando presentes os requisitos da relação de emprego –, que houve logo um retrocesso do processo de terceirização por meio desta modalidade de intermediação da mão de obra.

A Súmula 311 do TST foi criada por meio da Resolução nº 23/1993 (última modificação em 23 de maio de 2011, quando se modificou o inciso IV e se acresceu os incisos V e VI), com o objetivo de definir os novos contornos da terceirização:

> I – A contratação de trabalhadores por empresa interposta é ilegal, formando se o vínculo diretamente com o tomador dos serviços, salvo no caso de trabalho temporário (Lei nº 6.019, de 03/01/1974).

---

6   Art. 442. Contrato individual de trabalho é o acordo tácito ou expresso, correspondente à relação de emprego.
    Parágrafo único. Qualquer que seja o ramo de atividade da sociedade cooperativa, não existe vínculo empregatício entre ela e seus associados, nem entre estes e os tomadores de serviços daquela.

7   Art. 2º Considera-se empregador a empresa, individual ou coletiva, que, assumindo os riscos da atividade econômica, admite, assalaria e dirige a prestação pessoal de serviço."
    "Art. 3º Considera-se empregado toda pessoa física que prestar serviços de natureza não eventual a empregador, sob a dependência deste e mediante salário.
    Parágrafo único. Não haverá distinções relativas à espécie de emprego e à condição de trabalhador, nem entre o trabalho intelectual, técnico e manual.

II – A contratação irregular de trabalhador, mediante empresa interposta, não gera vínculo de emprego com os órgãos da administração pública direta, indireta ou fundacional (art. 37, II, da CF/1988).

III – Não forma vínculo de emprego com o tomador a contratação de serviços de vigilância (Lei no 7.102, de 20/06/1983) e de conservação e limpeza, bem como a de serviços especializados ligados à atividade-meio do tomador, desde que inexistente a pessoalidade e a subordinação direta.

IV – O inadimplemento das obrigações trabalhistas, por parte do empregador, implica a *responsabilidade subsidiária* do tomador de serviços quanto àquelas obrigações, desde que haja participado da relação processual e conste também do título executivo judicial.

V – Os entes integrantes da administração pública direta e indireta *respondem subsidiariamente*, nas mesmas condições do item IV, caso evidenciada a sua conduta culposa no cumprimento das obrigações da Lei nº 8.666/93, especialmente na fiscalização do cumprimento das obrigações contratuais e legais da prestadora de serviço como empregadora. A aludida responsabilidade não decorre de mero inadimplemento das obrigações trabalhistas assumidas pela empresa regularmente contratada.

VI – A *responsabilidade subsidiária* do tomador de serviços abrange todas as verbas decorrentes da condenação referentes ao período da prestação laboral. *(destacou-se)*

Diferentemente do quanto estabelecido na Súmula 256, que restringia a terceirização às hipóteses de trabalho temporário e de serviço de vigilância, a Súmula 311 ampliou o seu leque, admitindo a terceirização de diversos tipos de serviços, desde que especializados e dissociados da atividade-fim do tomador, e, mesmo nestas hipóteses, desde que ausentes os requisitos da pessoalidade e subordinação direta do trabalhador ao tomador dos serviços. A Súmula 256 foi cancelada com a Resolução nº 121/2003.

Como visto, a Súmula 331 firmou o entendimento de que, à exceção do trabalho temporário disposto na Lei nº 6.019, de 03/01/1974, é ilegal a contratação de mão de obra por empresa interposta, ou seja, definiu a legalidade da terceirização da atividade-fim somente nas restritas hipóteses de contratação de mão de obra temporária.

Descumprida esta regra, haverá o reconhecimento do vínculo laboral com a empresa tomadora dos serviços, nos termos dos artigos 2º e 3º da CLT, e seus reflexos obrigacionais legais, com fundamento no artigo 9º do mesmo diploma legal.[8]

A maior novidade introduzida pela Súmula 311, no entanto, foi o estabelecimento, no ordenamento jurídico brasileiro, da responsabilidade subsidiária do tomador dos serviços. Referida Súmula, atualmente, com a modificação introduzida em 23 de maio de 2011, estabeleceu as seguintes regras:

- responsabilidade subsidiária do tomador dos serviços em razão do inadimplemento das obrigações trabalhistas por parte do prestador dos serviços, condicionada à participação na relação processual e à previsão expressa no título executivo judicial (inciso IV);
- responsabilidade subsidiária dos entes integrantes da Administração Pública direta e indireta na hipótese de conduta culposa no descumprimento das obrigações da Lei nº 8.666/93, especialmente na ausência de fiscalização do cumprimento das obrigações contratuais e legais trabalhistas por parte do prestador dos serviços (inciso V);
- abrangência da responsabilidade subsidiária a todas as verbas decorrentes da condenação referentes ao período da prestação laboral (inciso VI).

Segundo Alice Monteiro de Barros, a responsabilidade subsidiária tem fundamento na teoria da responsabilidade civil. Vejamos o fundamento da sua opinião, expressa no acórdão abaixo transcrito:

> Toda a atividade lesiva a um interesse patrimonial ou moral gera a necessidade de reparação, de restabelecimento do equilíbrio violado, fato gerador da responsabilidade civil. Embora considerada a grande vedete do direito civil, ela se estende a outros ramos da ciência jurídica, inclusive ao direito do trabalho. A função da responsabilidade é servir como sanção, a qual se funda na culpa (responsabilidade subjetiva) e no risco (responsabilidade objetiva), traduzindo essa última uma reformulação da teoria da responsabilidade civil dentro de um processo de humanização. Outra tendência diz respeito à extensão da responsabilidade que amplia-se no tocante ao número de pessoas responsáveis pelos danos, admitindo-se a responsabilidade direta por fato próprio e indireta por fatos de terceiros,

---

[8] Art. 9º Serão nulos de pleno direito os atos praticados com o objetivo de desvirtuar, impedir ou fraudar a aplicação dos preceitos contidos na presente Consolidação.

fundada na ideia da culpa presumida (*in eligendo* e *in vigilando*). *A reformulação da teoria da responsabilidade civil encaixa-se como uma luva na hipótese da terceirização.* O tomador dos serviços responderá, na falta de previsão legal ou contratual, subsidiariamente, pelo inadimplemento das obrigações sociais a cargo da empresa prestadora de serviços; trata-se de uma responsabilidade indireta, fundada na ideia de culpa presumida (*in eligendo*), ou seja, na má escolha do fornecedor da mão de obra e também no risco, já que o evento, isto é, a inadimplência da prestadora de serviços, decorreu do exercício de uma atividade que se reverteu em proveito do tomador. (Tribunal Regional do Trabalho da 3ª Região – 2ª Turma – Autos nº 9578/96 – Relatora Desembargadora Alice Monteiro de Barros – Julgado em 18 de março de 1.997)

Como visto, para Alice Monteiro de Barros, a responsabilidade do tomador dos serviços é indireta, fundada na culpa presumida – ou seja, pela má escolha do fornecedor da mão de obra, também chamada culpa *in eligendo* – e na teoria do risco – pela qual o tomador assume todos os riscos que envolvem a sua atividade.

Ainda temos que a responsabilidade subsidiária do tomador se justificaria em razão da aparente culpa *in vigilando* do tomador dos serviços, ou seja, pelo descumprimento do seu dever de fiscalizar a conduta da contratada para com relação aos seus empregados.

No entanto, há que se destacar que não existe meio eficaz e eficiente que permita o tomador dos serviços controlar os empregados do prestador sem o risco de caracterizar ingerência direta na relação contratual possível de caracterizar interposição de mão de obra. Não há tampouco previsão legal que imponha ao tomador dos serviços a obrigação de acompanhar e fiscalizar o adimplemento das obrigações decorrentes do vínculo mantido entre a tomadora e seus empregados, assim como a quadra dos documentos aos mesmos pertencentes, sobretudo se o empregado que lhe presta serviço o faz também para outras tomadoras.

Desta forma, a responsabilidade subsidiária se justificaria em razão da: culpa *in eligendo*, culpa *in vigilando* e teoria do risco.

Como visto, a base jurídica que regula a responsabilidade subsidiária trabalhista no Brasil não está prevista na lei, mas na jurisprudência da Justiça do Trabalho, consolidada por meio da Súmula 331 do TST.

A responsabilidade subsidiária, concebida pela Justiça do Trabalho, atribui ao tomador dos serviços a obrigação de garantir o adimplemento dos créditos trabalhistas devidos pela empresa prestadora dos serviços, pelo simples fato de ter sido o beneficiário da força de trabalho do obreiro, apenas nos casos de inadimplemento ou inidoneidade financeira do prestador. O tomador dos serviços, neste sentido, pode exigir o respeito ao benefício de ordem que impõe o esgotamento de meios eficazes à constrição patrimonial do prestador dos serviços antes de recorrer ao patrimônio do tomador.

A interpretação dada pelo Poder Judiciário, por meio da Justiça do Trabalho, a respeito do alcance e dos efeitos da terceirização lícita se sedimentou no ordenamento jurídico brasileiro, sendo o instituto da responsabilidade subsidiária do tomador dos serviços matéria pacífica na doutrina e na jurisprudência, mesmo à revelia de previsão legal neste sentido.

O TST, ao editar a Súmula 331, especialmente ao fixar a responsabilidade subsidiária do tomador dos serviços, atuou como verdadeiro legislador, extrapolando os limites da competência conferida pelo artigo 114, §2º, da Constituição Federal ("CF"),[9] que estabelece o chamado poder normativo da Justiça do Trabalho.

Neste compasso, viola também o artigo 22, inciso I, da CF,[10] que atribui à União Federal competência para legislar sobre matéria de Direito do Trabalho.

A Súmula 331, desta forma, afronta os princípios constitucionais da reserva legal (artigo 5º, II[11]), da liberdade contratual – que é fundamento da ordem econômica nacional (artigo 170[12]) – e do contraditório e da ampla defesa (artigo 5º, LV[13]), porque,

---

9 Art. 114. Compete à Justiça do Trabalho processar e julgar: (...)
§ 1º Frustrada a negociação coletiva, as partes poderão eleger árbitros.
§ 2º Recusando-se qualquer das partes à negociação coletiva ou à arbitragem, é facultado às mesmas, de comum acordo, ajuizar dissídio coletivo de natureza econômica, podendo a Justiça do Trabalho decidir o conflito, respeitadas as disposições mínimas legais de proteção ao trabalho, bem como as convencionadas anteriormente. (...).

10 Art. 22. Compete privativamente à União legislar sobre:
I – direito civil, comercial, penal, processual, eleitoral, agrário, marítimo, aeronáutico, espacial e do trabalho; (...).

11 Art. 5º (...)
II – ninguém será obrigado a fazer ou deixar de fazer alguma coisa senão em virtude de lei; (...).

12 Art. 170. A ordem econômica, fundada na valorização do trabalho humano e na livre iniciativa, tem por fim assegurar a todos existência digna, conforme os ditames da justiça social, observados os seguintes princípios: (...).

13 Art. 5º (...)
LV – aos litigantes, em processo judicial ou administrativo, e aos acusados em geral são assegurados o contraditório e ampla defesa, com os meios e recursos a ela inerentes; (...).

sendo lícito o contrato firmado entre o tomador dos serviços e o prestador e, sendo este acionado judicialmente por seus empregados, o contratante, sem qualquer direito de defesa, já se encontraria, de plano, juridicamente responsável patrimonialmente.

A tomadora dos serviços não detém meios suficientes e eficazes para verificar, durante a vigência do contrato mantido com a fornecedora da mão de obra, se a mesma está cumprindo regularmente com suas obrigações legais e contratuais e de cunho trabalhista, uma vez que não mantém relação de subordinação com o trabalhador, não tendo, da mesma forma, poder para intervir em relação jurídica que lhe é estranha ou no exercício empresarial da prestadora.

Se tais violações constitucionais não fossem suficientes para demonstrar a inconstitucionalidade da citada Súmula 331, a sua edição viola também o princípio da legalidade, já que a doutrina e a jurisprudência trabalhista reconhecem que a Justiça do Trabalho somente poderá legislar ao apreciar e julgar os dissídios coletivos de natureza econômica (Poder Normativo da Justiça do Trabalho). No entanto, criou norma sobre o instituto da terceirização.

No que diz respeito à responsabilidade subsidiária da Administração Pública direta e indireta, mesmo com a atual redação da Súmula 331 que a condiciona à conduta culposa no cumprimento das obrigações da Lei nº 8.666/93, em especial no que se refere à fiscalização do cumprimento das obrigações contratuais e legais da prestadora dos serviços como empregadora, flagrante é a violação à Lei n° 8.666, de 21 de junho de 1993, artigo 71,[14] que dispõe ser obrigação da contratada o adimplemento das obrigações de caráter trabalhista, previdenciário, fiscal e comercial.

Não há qualquer dispositivo na referida Lei – que regulamenta a contratação por parte da Administração Pública direta e indireta, nos termos do artigo 37, XXI, da CF[15] –, que atribua responsabilidade à Administração pelo inadimplemento, por parte da contratada, das obrigações do referido artigo 71.

---

14 Art. 71. O contratado é responsável pelos encargos trabalhistas, previdenciários, fiscais e comerciais resultantes da execução do contrato.

15 Art. 37. (...)
XXI – ressalvados os casos especificados na legislação, as obras, serviços, compras e alienações serão contratados mediante processo de licitação pública que assegure igualdade de condições a todos os concorrentes, com cláusulas que estabeleçam obrigações de pagamento, mantidas as condições efetivas da proposta, nos termos da lei, o qual somente permitirá as exigências de qualificação técnica e econômica indispensáveis à garantia do cumprimento das obrigações. (...).

O que se pretende demonstrar é que a Súmula 331, editada pelo TST, decorreu não de uma interpretação, feita pela Corte, de dispositivos legais editados com observância do procedimento constitucionalmente estabelecido – processo legislativo –, mas de uma verdadeira criação de um instituto que não se encontra estabelecido legalmente – a responsabilidade subsidiária em razão da terceirização lícita.

O papel do Poder Judiciário, no entanto, à exceção do poder normativo conferido pelo artigo 114, §2º, da CF, limita-se a fazer a subsunção motivada do fato à norma. Em outras palavras, cabe ao Poder Judiciário garantir a efetividade da norma criada através de procedimento legislativo regular, nos termos da competência que lhe fora constitucionalmente conferida, garantindo ao jurisdicionado a segurança jurídica essencial de um Estado de Direito.

Não obstante, a Justiça do Trabalho, com todo o respeito e a deferência que a instituição merece pelo papel social que desempenha, se enverada em uma seara que suplanta suas atribuições constitucionais, criando um instituto jurídico, interpretando o seu alcance e efeito de maneira extensiva e cobrando da sociedade o seu efetivo cumprimento.

Note-se que não estamos a desmerecer a ideia de responsabilizar o tomador dos serviços pelas verbas trabalhistas inadimplidas pelo prestador dos serviços que livremente escolheu e contratou. Estamos a exigir atenção aos comandos da Constituição Federal que distribuem a competência dos três Poderes do Estado e que não podem ser afastados sob a justificativa da defesa principiológica da proteção ao hipossuficiente.

Não se pode exigir, sem suporte legal, que o estranho à relação jurídica repare danos causados por terceiros. Ressaltamos que a Súmula 331 não se trata de hipótese de integração normativa, nos termos do artigo 4º da Lei de Introdução às Normas do Direito Brasileiro ("LINDB"),[16] em razão de lacuna da lei, pois *"ninguém está obrigado a fazer ou deixar de fazer senão em virtude de lei"*, tendo sido criada uma regra de alcance e efeito geral e abstrato, porém sem observância do procedimento legislativo.

Se, por um lado, o procedimento jurisdicional que impõe a responsabilidade subsidiária ao tomador dos serviços protege o trabalhador, por outro, é responsável por trazer insegurança jurídica e gerar sérias injustiças, como as que frequentemente ocorrem quando o prestador dos serviços é revel, impondo ao terceiro estranho à relação havida com o trabalhador a obrigação de reparar dando que não gerou, sem direito à ampla defesa, mas somente com o dever de pagar.

---

16 Art. 4º Quando a lei for omissa, o juiz decidirá o caso de acordo com a analogia, os costumes e os princípios gerais de direito.

Legitimidade Passiva e Meios de Defesa do Tomador de Serviços

Hodiernamente, é regra a inclusão do tomador dos serviços como litisconsorte passivo nas ações trabalhistas que envolvem terceirização. Isto porque, conforme já destacado, a Súmula 331, ao criar o instituto da responsabilidade subsidiária do tomador dos serviços – que impõe a sua obrigação de arcar com as verbas trabalhistas reconhecidas em juízo, na hipótese de inadimplemento de referidas obrigações por parte do prestador dos serviços – a condicionou à participação do tomador na relação processual e à previsão expressa no título executivo judicial.

Portanto, para que seja efetivamente responsabilizado, o tomador de serviços deve ser acionado, participando, por conseguinte, da relação processual, e deve ser condenado, constando, desta forma, do título executivo judicial a ser posteriormente executado.

Os pedidos, nem sempre fundamentados e claros, normalmente são no sentido de reconhecer a responsabilidade subsidiária e/ou solidária do tomador dos serviços na hipótese de inadimplemento, por parte do empregador, das verbas deferidas ao trabalhador em juízo.

No presente trabalho, vamos restringir a nossa análise às hipóteses de terceirização lícita em que, por exigência do Poder Judiciário, se atribui a responsabilidade subsidiária ao tomador dos serviços.

Os trabalhadores, muitas vezes se distanciando da técnica jurídica, chamam o tomador dos serviços para integrar o polo passivo da lide como responsável subsidiário e/ou solidário.

Não há, no entanto, como se atribuiu ao tomador dos serviços, na terceirização lícita, a responsabilidade solidária, pois, como dispõe o artigo 265[17] do Código Civil ("CC"), a responsabilidade solidária apenas resulta de lei ou da vontade das partes.

Nas relações laborais, a responsabilidade solidária esta restrita à hipótese de empresas pertencentes ao mesmo grupo econômico, nos termos do art. 2º, § 2º, da CLT.[18]

---

17 "Art. 265. A solidariedade não se presume; resulta da lei ou da vontade das partes.".

18 "Art. 2º Considera-se empregador a empresa, individual ou coletiva, que, assumindo os riscos da atividade econômica, admite, assalaria e dirige a prestação pessoal de serviço. (...).
§ 2º Sempre que uma ou mais empresas, tendo, embora, cada uma delas, personalidade jurídica própria, estiverem sob a direção, controle ou administração de outra, constituindo grupo industrial, comercial ou de qualquer outra atividade econômica, serão, para os

No que diz respeito ao contrato de subempreitada, muito se discute a respeito da responsabilidade entre o empreiteiro principal e o subempreiteiro é controvertida. Para parte da doutrina, esta responsabilidade é subsidiária e, para outra parte, é solidária. Com fundamento na Súmula 311, entendemos que a responsabilidade é subsidiária. Já o dono da obra, não possui qualquer responsabilidade, salvo se explorar atividade econômica ligada à construção civil.[19]

Como visto, a responsabilidade solidária, na terceirização lícita, estaria restrita à hipótese de empresas pertencentes ao mesmo grupo econômico e, para parte da doutrina, ao contrato de subempreitada.

No que diz respeito à responsabilidade subsidiária, há que se ressaltar que a mesma está restrita à hipótese em que o trabalhador presta serviços para a tomadora de forma exclusiva, ao menos em um lapso de tempo certo e determinado.

Quando o empregado prestou serviços a mais de uma empresa ao longo do contrato de trabalho mantido com o prestador dos serviços, é necessária a delimitação do período laborado em favor de cada tomador dos serviços, para que seja possível fixar os limites da responsabilidade de cada um dos beneficiários da mão de obra.

A prestação de serviços simultâneos, pelo empregado, a várias tomadoras afasta a incidência da Súmula 331, IV, do TST, pois torna impossível precisar a proporção exata do benefício que cada tomadora teve da força de trabalho do empregado, assim como inviabiliza a fiscalização por parte do empregador.

Restaria afastada, desta forma, um dos principais fundamentos que embasa a responsabilidade subsidiária, a culpa *in vigilando*, pois a prestação simultânea de serviços a vários tomadores os impede de fiscalizar o cumprimento das obrigações trabalhistas por parte do prestador dos serviços. Citamos como exemplo comum de simultaneidade da prestação dos serviços o caso do empregado que realiza a escolta armada a diversos clientes da prestadora em diferentes períodos, dias e horas ao longo do contrato de trabalho.

---

efeitos da relação de emprego, solidariamente responsáveis a empresa principal e cada uma das subordinadas."

[19] CONTRATO DE EMPREITADA. DONO DA OBRA DE CONSTRUÇÃO CIVIL. RESPONSABILIDADE.
Diante da inexistência de previsão legal específica, o contrato de empreitada de construção civil entre o dono da obra e o empreiteiro não enseja responsabilidade solidária ou subsidiária nas obrigações trabalhistas contraídas pelo empreiteiro, salvo sendo o dono da obra uma empresa construtora ou incorporadora.

Desta forma, o tomador dos serviços, uma vez demandado para responder a ação que se fundamente na prestação de serviços simultâneos a várias empresas, sem delimitação de tempo em relação a cada uma das litisconsortes, pode, em sua defesa, demonstrar a inaplicabilidade da Súmula 331 e requerer, em relação a si, a improcedência do pedido de declaração de responsabilidade subsidiária e reflexos.
Neste sentido:

> EMENTA: RESPONSABILIDADE SUBSIDIÁRIA. SERVIÇO DE ENTREGA DE DOCUMENTOS. RELAÇÃO CIVIL. A prestação de serviço de entrega de documentos, realizada de forma simultânea para várias empresas, sendo que nenhuma delas tem atividade econômica ligada ao serviço de entrega, não caracteriza terceirização da qual advenha responsabilidade subsidiária para os tomadores dos serviços. Recurso da reclamante a que se nega provimento." (Tribunal Regional do Trabalho da 4ª Região – 9ª Turma – Recurso Ordinário – Autos nº 00300-2005-001-04-00-6 – Relator Desembargador João Alfredo Borges Antunes de Miranda – Julgado em 02 de dezembro de 2009)

No entanto, não raramente a jurisprudência caminha no sentido de, mesmo tendo sido o serviço prestado de maneira simultânea a várias empresas, reconhecer a responsabilidade subsidiária dos tomadores:

> Pontue-se que, como acima exposto, é incontroverso nos autos que o reclamante prestou serviços para a segunda, terceira, quarta, quinta, sexta e sétima reclamadas de forma concomitante, circunstância esta que não tem o condão de afastar a responsabilidade subsidiária das mesmas. Tal responsabilidade decorre da própria terceirização de serviços, como vimos, sendo certo que o modus operandi das empresas contratantes (prestadora e tomadoras) não pode interferir na garantia de respeito aos direitos trabalhistas. Logo, se a tomadora aceita essa rotatividade de pessoal na prestação de serviços assume o risco da dificuldade de fiscalizar. Nem se alegue que o fato da Lei 7.102/83 exigir que os serviços de vigilância sejam executados por empresas especializadas afastaria a responsabilidade dos tomadores, pois a terceirização tem sido admitida para qualquer serviço ligado à atividade meio das tomadoras, que, em qualquer hipótese, garantem o pagamento de eventuais direitos não

honrados pela empregadora. Destarte, acolho o inconformismo do demandante e declaro a responsabilidade solidária das tomadoras na responsabilidade subsidiária com a prestadora pelos créditos do trabalhador. (Tribunal Regional do Trabalho da 2ª Região – 1ª Turma – Recurso Ordinário – Autos nº 00933-2009-004-02-00-8 – Relatora Desembargadora Beatriz de Lima Pereira – Julgado em 16 de março de 2.011)

O tomador dos serviços, uma vez chamado a integrar o polo passivo da demanda para responder como responsável subsidiário, pode ainda, em sua defesa, adotar alguma das seguintes condutas:
- negar a prestação dos serviços por parte do trabalhador, em razão de não ter mantido vínculo contratual com o empregador e, por consequência, não ter se beneficiado dos serviços supostamente prestados pelo autor da ação. Nesta hipótese, é do autor o ônus de provar – nos termos do artigos 818[20] do CLT e 333, inciso I, do Código de Processo Civil ("CPC")[21] – não só a existência do vínculo indireto entre as partes, assim como o período em que este trabalho fora supostamente prestado;
- reconhecer a terceirização, ou seja, o vínculo civil com o prestador dos serviços, mas negar a prestação dos serviços por parte do trabalhador, em razão de não reconhecê-lo com prestador de serviço em seu favor.[22] Nesta hipótese, é do autor o ônus de provar – nos termos dos já citados artigos 818 da CLT e 333, I, do CPC, não só a existência do vínculo indireto entre as partes, assim como a extensão deste período. Entretanto, é muito comum a jurisprudência

---

20 Art. 818. A prova das alegações incumbe à parte que as fizer.
21 Art. 333. O ônus da prova incumbe:
I – ao autor, quanto ao fato constitutivo do seu direito; (…)
22 EMENTA: RESPONSABILIDADE SUBSIDIÁRIA. NEGATIVA, PELAS SUPOSTAS TOMADORAS DE SERVIÇO, DE RELACIONAMENTO COM A EMPREGADORA DO AUTOR. ÔNUS DA PROVA. Como as supostas tomadoras dos serviços negaram qualquer relacionamento com a empregadora do reclamante, cabia a este comprovar a existência de vinculação, suporte fático necessário para configurar a responsabilidade subsidiária daquelas. Ausente a prova, nega-se provimento ao recurso ordinário do reclamante." (Tribunal Regional do Trabalho da 4ª Região – 8ª Turma – Recurso Ordinário – Autos nº 01147-2008-104-04-00-4 – Relatora Desembargadora Ana Rosa Pereira Zago Sagrilo – Julgado em 18 de junho de 2009).

admitir a responsabilidade do tomador dos serviços pelo simples fato de o mesmo ter mantido vínculo contratual com o empregador. Existiria, nesta hipótese, a presunção do labor do trabalhador em favor do tomador de serviços e a subsequente declaração de responsabilidade subsidiária;

- reconhecer a terceirização, mas negar a prestação dos serviços no período apontado na inicial. Nesta situação caberia ao tomador provar o quanto alegado, ou seja, o período efetivamente laborado. Em situações como esta, na prática, o que se observa é que a prova do litisconsorte é inócua, pois, assim como na situação acima apontada, o simples reconhecimento da terceirização já seria suficiente para reconhecer a responsabilidade subsidiária, havendo presunção da prestação do serviço em favor do tomador em todos os períodos alegados, salvo prova contundente em contrário.

Nas situações em que o autor chama para compor o polo passivo da demanda mais de um tomador dos serviços sem, no entanto, delimitar os períodos pertencentes a cada um deles, cabe aos tomadores arguir, preliminarmente, a inépcia da petição inicial, com fundamento no artigo 295, I, do CPC[23] e 840 da CLT,[24] em razão da ausência de delimitação da responsabilidade de cada um dos litisconsortes, fato que obsta o pleno exercício dos direitos ao contraditório e à ampla defesa.

Como já informado acima, no mérito, se o tomador apontar o período que lhe é afeto, deve prová-lo. Contudo, se negar a prestação dos serviços por parte do trabalhador, cabe a este último fazer prova em favor de suas alegações iniciais, assim como delimitar o período correspondente. Não há como o magistrado fixar a proporcionalidade de trabalho em dia ou período, em relação a cada empresa para a justa condenação.[25]

---

23 Art. 295. A petição inicial será indeferida:
I – quando for inepta;

24 Art. 840. A reclamação poderá ser escrita ou verbal.
§ 1º Sendo escrita, a reclamação deverá conter a designação do presidente da Vara, ou do juiz de Direito, a quem for dirigida, a qualificação do reclamante e do reclamado, uma breve exposição dos fatos de que resulte o dissídio, o pedido, a data e a assinatura do reclamante ou de seu representante.

25 DA RESPONSABILIDADE DAS TOMADORAS DE SERVIÇOS O inadimplemento das obrigações trabalhistas por parte do empregador, implica na responsabilidade subsidiária do tomador de serviços, desde que participe da relação processual e conste do título executivo judicial (S. 331 do TST). Deve também ser especificado o período em que cada uma das tomadoras se beneficiou dos serviços efetuados pelo reclamante, o que não consta dos autos. Aliás, depreende-se ser impossível tal delimitação, porquanto tanto o reclamante

O que, no entanto, se observa na prática é que a regra da distribuição do ônus da prova quase nunca é observada pelos magistrados, bastando para a condenação do tomador de serviços a simples vontade do trabalhador, expressa em singela narrativa que aponta aquele como beneficiário da mão de obra.

Esta situação resta agravada sobremaneira quando o prestador de serviços, verdadeiro empregador, é revel. Muitos trabalhadores, sabedores da contumácia do real empregador e das consequências processuais que isto gera, ingressam com reclamações trabalhistas imbuídas de má fé, deduzindo pedidos sem qualquer suporte fático e confiando numa procedência quase certa.

Efeitos da Revelia da Prestadora dos Serviços em Relação à Tomadora de Serviços

O tomador dos serviços, inserido no polo passivo da reclamação trabalhista como litisconsorte do verdadeiro empregador, ingressa na relação processual com uma restrita possibilidade de defesa, podendo, no entanto, responder por ato ilícito de terceiro, muitas vezes sem o conhecimento dos fatos que envolvem a relação deste terceiro para com o autor da demanda, porém arcando, na maioria das vezes, com o pagamento integral e ilimitado de eventuais verbas deferidas em juízo.

O tomador dos serviços, em sua defesa, está restrito, em síntese, a negar total ou parcialmente a prestação dos serviços por parte do trabalhador em seu benefício, ou alegar a concomitância da prestação dos serviços em favor de outros clientes do prestador, situação que afastaria, segundo parte da jurisprudência pátria, a aplicabilidade da Súmula 331. Pode ainda alegar a prescrição.

O tomador dos serviços, por não gerir a mão de obra do trabalhador, não tem meios de contestar plenamente as alegações de fatos relativos ao contrato de trabalho mantido com seu empregador, já que, por não ter qualquer relação de subordinação com o empregado, não controlava a sua jornada de trabalho, os seus reajustes salarias,

---

quanto sua testemunha, informaram que os serviços de escolta poderiam ser prestados em uma mesma jornada, à diversos tomadores de serviços, inclusive, não figurantes do polo passivo Destarte, em razão da não impossibilidade de limitar temporalmente a responsabilidade subsidiária de cada tomador de serviços, julgo improcedente o pedido de declaração de responsabilidade sucessiva das empresas (…)." (sentença proferida na reclamação trabalhista com autos de nº 00657-2009-054-02-00-4, em trâmite perante a 54ª Vara do Trabalho de São Paulo).

os pagamentos, os recolhimentos fiscais e previdenciários, ou seja, não participou de maneira ativa do contrato de trabalho e não detém informações específicas a respeito das características deste contrato.

Aliás, a ingerência e o controle dos serviços por parte do tomador de serviços poderia até mesmo caracterizar a contratação de mão de obra por interposta pessoa, o que é vedado pelo ordenamento jurídico pátrio e levaria ao reconhecimento do vínculo empregatício direto entre o tomador e o trabalhador.

Neste sentido, quem conhece os fatos que nortearam a relação jurídica laboral é o verdadeiro empregador, sendo ele o responsável pela administração e pela guarda dos documentos que provam, por exemplo, a jornada de trabalho, a forma e o valor da remuneração do empregado, as verbas pagas, os reajustes salariais e promoções, dentre outras informações necessárias para o exercício legítimo dos direitos ao contraditório e à ampla defesa.

O tomador dos serviços, chamado a ingressar o polo passivo da demanda, nestes termos, já ingressa à relação processual em situação de desvantagem, pois não pode apresentar qualquer defesa de mérito em relação aos objetos principais da demanda (oriundos da relação laboral havida entre o empregado e empregador).

A situação se agrava sobremaneira quando o empregador, prestador dos serviços, é revel. A revelia e a confissão ficta que dela decorre induzem à presunção de veracidade das alegações do autor.

Muitos trabalhadores, sabendo da grande probabilidade de que seu ex-empregador não conteste os pedidos por ele formulados, podem abusar de seu acesso à Justiça, fazendo alegações completamente divorciadas da realidade, cujos ônus, embora sem possibilidade de exercício do amplo direito de defesa, serão suportados pelo tomador.

O tomador dos serviços, em algumas situações, além de apresentar defesa relacionada aos limites do vínculo mantido com o prestador dos serviços, contesta de forma genérica os pedidos formulados pelo autor, com fundamento no inciso I do artigo 320 do CPC.[26] No entanto, frise-se, não possui o tomador dos serviços informações a respeito da vida funcional do empregado, pelo que não pode apresentar defesa eficaz e muito menos pode fazer prova documental de suas alegações, já que não possui a guarda dos documentos do empregado.

A consequência da revelia do empregador, na maioria dos casos, é a declaração de procedência dos pleitos formulados pelo Autor, sendo que o tomador dos serviços

---

26 Art. 320. A revelia não induz, contudo, o efeito mencionado no artigo antecedente:
    I – se, havendo pluralidade de réus, algum deles contestar a ação.

que não possuía meios de se defender a respeito dos fatos discutidos na lide é que normalmente tem que arcar com o pagamento da condenação.

É certo que, nestes casos, o tomador de serviços poderá ajuizar, perante a Justiça Comum, ação de regresso em face da empresa prestadora de serviços, que intermediou a mão de obra e que, condenada no âmbito trabalhista, não arcou com o pagamento das verbas que, inadimplidas durante o contrato de trabalho com seu empregado, foram deferidas.

No entanto, na grande maioria das vezes, a empresa prestadora de serviços já não possui mais quaisquer meios de satisfazer a pretensão regressiva (especialmente porque, na fase de cumprimento da sentença trabalhista, provavelmente já houve tentativas de satisfação do crédito obreiro, tentativas estas que, frustradas, fizeram com que a execução fosse redirecionada à empresa tomadora de serviços, responsabilizada subsidiariamente.

Conclusão

Por meio do presente trabalho, tivemos a intenção de demonstrar que o instituto jurídico da responsabilidade subsidiária do tomador de serviços tem por fundamento a Súmula 331 do TST, que cria norma de caráter geral e abstrato, sem, no entanto, submetê-la ao procedimento legislativo constitucionalmente exigido.

Desta forma, buscamos demonstrar que a mencionada Súmula 331 do TST afronta os princípios constitucionais da reserva legal (art. 5º, II da CF), da liberdade contratual (art. 170 da CF), do contraditório e da ampla defesa (art. 5º, LV da CF), além dos artigos 114, §2º, e 22, I, da CF. Não obstante, vem sendo aplicada pela Justiça do Trabalho.

O tomador dos serviços, estranho à relação jurídica de direito material havida entre o prestador dos serviços e seu empregado, para ser responsabilizado, deve ser inserido no polo passivo da demanda e deve constar como do futuro título executivo judicial.

Quando inserido como réu na reclamação trabalhista, o tomador de serviços dispõe de meios extremamente restritos de se defender, já que não possui informações específicas acerca de uma relação da qual não foi protagonista (relação de emprego entre o trabalhador e a empresa prestadora de serviços, com a qual manteve relação puramente comercial).

Isto se agrava quando o real empregador não comparece a juízo para se defender. A revelia, como se sabe, quase sempre dá ensejo à aplicação da confissão ficta, que faz com que se presumam verdadeiras todas as alegações feitas pelo autor em sua petição inicial.

Os meios de defesa do tomador de serviços, portanto, são extremamente restritos e devem ser escolhidos, entre poucas opções, de maneira a se considerar a distribuição do ônus da prova, disciplinado pelos artigos 818 da CLT e 333, I, do CPC.

DO ÔNUS DA PROVA E SUA INVERSÃO

Leandro Abbud

I. Introdução

Tema que sempre se mostra atualizado e digno de eternos debates: ônus da prova e sua inversão. Quantas vezes percebemos Colegas em mesa de audiência querendo produzir prova testemunhal quando, na verdade, a prova é da parte contrária. Quantas vezes percebemos Colegas concordando com o encerramento da instrução processual, sem produzir provas, quando esta era de sua competência. Neste trabalho, vamos procurar debater o tema ônus da prova e sua inversão, sem esgotá-lo na profundidade de sua extensão, mas com o objetivo de sanar as principais dúvidas e proporcionar aos leitores o debate.

O ônus da prova é matéria de importância relevante, pois o seu conhecimento pelas partes no processo indica qual será a prioridade em levar as provas para o processo e a probabilidade de êxito.

Ensina Amauri Mascaro Nascimento que

> "ônus da prova é a responsabilidade atribuída à parte, para produzir uma prova e que, uma vez não desempenhada satisfatoriamente, traz, como consequência, o não reconhecimento, pelo órgão jurisdicional, da existência do fato que a prova destina-se a demonstrar."

Não basta ter o direito; há necessidade de prová-lo. Na prática, significa que os fatos e as provas de tais fatos devem ser levados ao Juiz para que este possa proferir uma decisão baseada nas provas produzidas pelas partes.

Uma má produção de provas pode acarretar o risco da parte não ver sua pretensão acolhida, pois o Juiz deverá atentar-se às provas constantes dos autos.

Cremos que estamos diante de uma das principais e mais importantes funções do Advogado na condução do processo, ou seja, identificar de quem será o ônus de provar um ou mais fatos, identificar o momento da invenção do ônus e até mesmo saber quando parar de produzi-las.

Saber identificar o ônus da prova é ferramenta indispensável e obrigatória para o bom profissional. Ousamos dizer que, na Justiça do Trabalho, trata-se de diferencial de extrema importância que nos mostrará o perfil do Advogado que conduz o processo além do êxito da demanda estar relacionado ao fator probante.

II. Do ônus da prova

Visando buscar o convencimento do juízo a respeito dos fatos que alicerçam a pretensão, as partes devem produzir provas, a fim de comprovar os fatos alegados pelo autor ou pelo réu.

O artigo 333 do Código de Processo Civil menciona que:

> O ônus da prova incumbe:
> I – Ao autor, quanto ao fato constitutivo de seu direito;
> II – Ao réu, quanto a existência de fato impeditivo, modificativo ou extintivo do direito do autor.

No mesmo sentido, o artigo 818 da CLT diz que "a prova das alegações incumbe á parte que as fizer".

Com a análise pura destes dois dispositivos, temos que o autor deve provar os fatos que alegou na peça inicial, ou seja, aqueles constitutivos de seu direito e, o réu, deverá produzir provas se alegou fato impeditivo, modificativo e ou extintivo do direito do autor.

Ainda com a análise dos citados dispositivos, caso o réu não alegue fato impeditivo, modificativo e ou extintivo do direito do autor, a prova será sempre do autor, que deverá produzir provas do fato ou dos fatos constitutivos de seu direito.

Nota-se que a simples aplicação subsidiária do artigo 333 do Código de Processo Civil não é suficiente para que o ônus da prova seja distribuído de forma equilibrada no processo do trabalho.

Isto porque, no processo do trabalho, tendo em vista todos os princípios protetores do trabalhador e os demais princípios e normas que norteiam o direito do trabalho, temos outras formas de aplicar a regra do ônus da prova.

Exemplificando alguns destes princípios, vamos observar que, independentemente das regras trazidas pelos artigos 333 e 818, do Código de Processo Civil e da CLT, respectivamente, o ônus da prova, será ás vezes, do empregador. Vejamos:

O princípio da PRIMAZIA DA REALIDADE, muito aplicado pela Justiça do Trabalho, despreza eventuais provas produzidas, tais como documentos, dando preferência a realidade fática, a verdade real. Assim, mesmo que uma das partes produza prova que destoa da realidade fática, o Juiz poderá desprezar tal prova, julgando pelo princpio da primazia da realidade.

Um dos exemplos da aplicação deste principio é o mencionado na Súmula 12 do Tribunal Superior do Trabalho, que passamos a descrever: "as anotações apostas pelo empregador na carteira profissional do empregado não geram presunção juris et de jure, mas apenas *juris tantum*."

Com isso, mesmo com a produção do documento, o Juiz pode desprezar tal prova tendo em vista a verdade real que busca na instrução probatória.

Outro princípio, que nos ajuda a entender o ônus da prova é o da CONTINUIDADE DA RELAÇÃO DE EMPREGO. Desta forma, quem alega fato contrário a este princípio, como a existência de um documento pondo fim ao contrato de trabalho, deve produzir tal prova.

A Súmula 212 do Tribunal Superior do Trabalho menciona que:

> o ônus de provar o término do contrato de trabalho, quando negados a prestação de serviço e o despedimento, é do empregador, pois o princípio da continuidade da relação de emprego constitui presunção favorável ao empregado.

Pela aplicação deste principio, pouco importa a alegação ou não dos fatos constitutivos, modificativos, impeditivos ou extintivos de direito.

Pela aplicação do PRINCÍPIO DA IRRENUNCIABILIDADE dos direitos trabalhistas, não podemos presumir que o empregado renunciou ao direito que lhe foi conferido por lei.

A Orientação Jurisprudencial nº 215, da Seção de Dissídios Individuais-1, do Tribunal Superior do Trabalho menciona que: "é do empregado o ônus de comprovar que satisfaz os requisitos indispensáveis à obtenção do vale-transporte".

Importante mencionarmos também os princípios da aplicação da norma mais favorável, como o próprio nome diz, disciplina a aplicação da norma mais favorável ao trabalhador, independentemente da sua posição hierárquica; e o princípio da condição mais benéfica, determinando que as condições mais vantajosas do contrato de trabalho prevalecerão mesmo em caso de norma superveniente.

Temos que citar algumas imposições da legislação trabalhista impostas ao empregador. A obrigação de pré-constituição da prova do cumprimento dos direitos trabalhistas, como por exemplo: anotação na Carteira de Trabalho e Previdência Social; inexistência de controle de jornada nos casos de trabalho externo; dever de possuir documentos referentes ao FGTS, recibos salariais, controle da jornada de trabalho quando possuir mais de 10 (dez) empregados.

Independentemente das regras dos artigos 333 do Código de Processo Civil e 818 da CLT, caberá ao empregador produzir as provas relativas aos fatos mencionados nos parágrafos anteriores.

Temos ainda o princípio da aptidão para a prova, segundo o qual o ônus de produzir a prova deve ser atribuído a aquele que tenha os meios para fazê-lo, independentemente de se tratar de fato constitutivo, modificativo, impeditivo e ou extintivo de direito.

Por último, deixamos o princípio do *in dubio pro operário*. Desde já, externamos nossa posição de não concordância da aplicação deste princípio, pois entendemos que apenas há a proteção do hipossuficiente pela norma legal.

Todavia, vários Doutrinadores defendem a aplicação deste princípio com o qual ousamos discordar.

Por fim, é inevitável os esclarecimentos dados por Homero Batista Mateus da Silva, em sua obra *Curso de Direito do Trabalho Aplicado*, de que o art. 818, da CLT é insuficiente para a distribuição do ônus da prova:

> Considerando que a lei não contém palavras inúteis e que a construção do art. 818 é um tanto diferente de seus homólogos, há insistente propostas de uma nova leitura sobre a distribuição do ônus da prova trabalhista. Argumenta-se que a afirmação de que o ônus recai sobre o empregador, dotado de maior aptidão para esse manejo, do que sobre o autor. Mais ou menos, seria adotada uma espécie de critério cronológico: o ônus da prova recai sobre quem falou por último. Então, se o trabalhador afirma que a jornada de todos os empregados é das 08h00 às 20h00, aspirando a horas extras, e a defesa diz que a jornada de todos os empregados é das 08h00 ás 17h00, com uma hora de pausa, o ônus recai sobre a parte que fez essa alegação desabonadora da primeira. Como consequência, a alegação

segunda faz com que a primeira desfrute de presunção relativa, caso venha falhar a comprovação daquela. Esse entendimento é bem ousado, mas pode ser que realmente tenha perpassado pela mente do legislador de 1943, ainda sob o impacto dos princípios do direito do trabalho e sobre a dificuldade da produção de prova por parte do empregado.

Desta forma, quanto mais analisamos o tema, mais situações surgem que fogem das regras processuais trazidas nos artigos 333 do Código de Processo Civil e no artigo 818 da CLT.

III. Da inversão do ônus – do momento processual

Procedimento de extrema relevância para o êxito da parte, autor ou réu, para o deslinde vitorioso na ação trabalhista, é a inversão do ônus da prova. Por diversas vezes observamos Colegas em mesa de audiência sendo "pegos de surpresa" quando o Juiz inverte o ônus da prova. Nas se trata da simples inversão da oitiva de testemunhas, fato esse corriqueiro adotado por alguns Juízes, mas sim do peso do ônus da prova recair sobre a outra parte a partir da inversão.

É de suma importância o profissional identificar as hipóteses de inversão do ônus da prova a fim de que não prejudique seu constituinte por desconhecimento dessa ferramenta processual.

O ônus de provar as alegações incumbe à parte que as fizer. No entanto, considerando a insuficiência do conceito relativo ao ônus da prova constante no texto consolidado, a doutrina majoritária aplica, de forma subsidiária o artigo 333 do Código de Processo Civil, segundo o qual cabe ao autor a demonstração dos fatos constitutivos do seu direito e ao réu a dos fatos impeditivos, extintivos e ou modificativos. Não obstante as regras atinentes a distribuição das provas entre as partes, a doutrina e jurisprudência vêm admitindo, em alguns casos a inversão do ônus da prova, transferindo a prova que inicialmente seria do empregado-reclamante, para o empregador-reclamada, com o objetivo de proteger a parte hipossuficiente da relação jurídico trabalhista.

Quanto à inversão do ônus da prova, Manoel Teixeira Filho afirma que:

> Isto nos leva afirmar, por conseguinte, a grande tarefa da doutrina trabalhista, que tanto se tem empenhado em cristalizar o princípio da

inversão do ônus da prova, em benefício do trabalhador, o qual consistirá em encontrar, no próprio conteúdo do artigo 818 da CLT, os fundamentos que até então vêm procurando, abstratamente, para dar concreção ao princípio do encargo da prova em prol do trabalhador. Vale dizer: o caminho sugerido é o da elaboração de uma precisa exegese daquele artigo, cujo verdadeiro sentido ainda não foi idealmente apreendido pela inteligência doutrinária.

A inversão do ônus da prova deve ocorrer sempre que as alegações do autor permitirem observar a sua verossimilhança com a verdade dos fatos diante das regras de experiência. É o que condiz com o objeto do direito do trabalho e a moderna tendência instrumentalista do processo.

A presunção relativa de veracidade consiste numa técnica de partir da demonstração do indício do fato para a busca da verdade, permitindo ao Juiz que tire conclusões a partir da demonstração desse indício.

As regras sobre os ônus da prova descritas neste trabalho são regras de julgamento e tem maior relevância no momento da inversão do ônus da prova.

Isto porque, estas regras devem ser fixadas previamente para que possam orientar as posições das partes, justamente para dar ideia de previsibilidade do julgamento e evitar o arbítrio do juiz.

Por isso, em caso de inversão do ônus da prova, o juiz deverá na instrução do processo declarar previamente sua posição, de modo a conclamar a parte que arcará com o ônus a produzir a respectiva prova.

O juiz deverá advertir as partes sobre a distribuição do ônus, contudo a efetiva inversão só acontecerá no momento de julgar a causa, pois, antes ainda não se conhecem os resultados mais conclusivos ou menos conclusivos a que a instrução probatória conduzirá.

Exemplo típico de inversão do ônus da prova no processo do trabalho ocorre quando o reclamante interpõe ação trabalhista requerendo vínculo empregatício e a reclamada, alega, qualquer fato impeditivo, modificativo e ou extintivo de direito, como por exemplo, alegação de trabalho autônomo. Nesta hipótese, a reclamada deverá provar o fato alegado, sendo invertido o ônus da prova.

No exemplo acima, mesmo o reclamante não fazendo prova dos fatos alegados na inicial logrará êxito na ação, pois a reclamada atraiu o ônus da prova e deste não se desvencilhou.

Podemos citar outras situações onde o ônus da prova é invertido.

O empregador deverá fazer prova documental da jornada de trabalho quando possuir mais de 10 (dez) empregados. Caso não possuir controle escrito, independentemente de prova produzida pelo empregado, perderá a demanda. Matéria essa contida na Súmula 338 do Tribunal Superior do Trabalho.

A prova do número de empregados também será do empregador.

Quando o empregado alegar que percebia salário inferior ao mínimo, caberá ao empregador fazer a prova do contrário.

O ônus da prova para se demonstrar que o contrato tinha prazo determinado é do empregador, pois há a presunção favorável ao trabalhador, sendo a ele mais benéfico o contrato por prazo indeterminado.

A Súmula 212 do Tribunal Superior do Trabalho traz esta regra:

> o ônus de provar o término do contrato de trabalho, quando negados a prestação de serviço e o despedimento, é do empregador, pois o princípio da continuidade da relação de emprego constitui presunção favorável ao empregado.

Homero Batista Mateus da Silva, em sua obra *Curso de Direito do Trabalho Aplicado*, sobre o tema, discorre de forma muito prática, como lhe é peculiar, que:

> a) o ônus de provar as horas extras pertence ao empregado (fato constitutivo), quando a defesa apresenta contestação específica aos horários, sem levantar outros assuntos; b) a prova produzida pelo trabalhador pode não necessariamente cobrir 100% do período, a critério do convencimento do juiz sobre a repetibilidade do fato; c) para as empresas com mais de dez empregados, surge o conceito de prova pré-constituída, dada a obrigatoriedade de ter, manter e exibir os cartões de ponto, de tal forma que o pêndulo do ônus da prova agora aponta para ela; d) a não apresentação dos cartões de ponto, eis que obrigatórios, põe em dúvida os motivos dessa sonegação, de tal forma que a jurisprudência se inclinou no sentido de atribuir presunção relativa favorável à petição inicial; e) os cartões de ponto fictícios, que apenas preenchem a burocracia legal e não trazem as variações típicas do cotidiano, são equiparados ao nada jurídico e não merecem guarida, sob pena de jogar por terra todo o esforço de dignificar a prova pré-constituída; f) saber o número de empregados se tornou muito importante: as empresas pequenas idôneas devem se antecipar a essa

indagação e produzir tal prova, porque, afinal, estão em plenas condições de dizer sobre seu próprio perfil; medo de falar sobre o número de seus empregados poderá ser interpretado como confirmação do descumprimento da lei; g) diminuiria a quantidade de testemunhas e a pressão sobre as pautas de audiência se as horas extras fossem concentradas na prova documental; é um caminho a ser perseguido.

Na prática, temos que o ônus da prova pode sofrer variações não se limitando às regras convencionais. O Juiz aplicará os princípios que regem o processo do trabalho, podendo inverter o ônus, caso entender que uma parte não poderá produzir a prova que lhe competia. Todavia, em todas as situações deverá comunicar as partes sobre a inversão, fundamentando a decisão.

Compete à parte que tiver maior aptidão para a sua produção e do reconhecimento de que a distribuição do ônus da prova pode embasar-se em critérios determinados pela presunção que possibilitam adotar como verdadeira, até prova em contrário da alegação verossímil.

A inversão do ônus da prova parte dos princípios de direito do trabalho, que servem de base a toda estrutura jurídica laboral; servem para justificar sua autonomia e peculiaridade e são especiais e diferentes dos que vigoram em outros ramos do direito.

IV. Considerações finais

Ratificamos as considerações citadas no inicio do presente estudo: o ônus da prova é matéria de importância relevante, pois o seu conhecimento pelas partes no processo indica qual será a prioridade em levar as provas para o processo e a probabilidade de êxito.

O profissional que desconhece de quem é o ônus para provar um ou outro fato pode prejudicar seu constituinte, pois pode atrair o ônus da prova sem necessidade ou não fazer prova quando esta seria de sua competência.

Cremos que mais importante ou tão quanto importante conhecer os procedimentos adotados pela Justiça do Trabalho, é o Advogado conhecer o ônus da prova e as hipóteses de inversão.

O Juiz em observância a moderna teoria da distribuição dinâmica do ônus da prova, deverá fazer uso dos princípios que regem o Direito do Trabalho para distribuir o ônus da prova, sempre de forma clara e fundamentada, visando não ferir os consagrados princípios constitucionais do contraditório e da ampla defesa, não causando desta forma prejuízos para as partes.

A Doutrina e a Jurisprudência devem cada vez mais debater o tema, trazendo para o processo elementos novos e atualizados, a fim de que o Juiz possa ter mais elementos para distribuir o ônus da prova, sem causar prejuízos processuais às partes.

As decisões atuais sobre a distribuição do ônus probatório caminham no sentido de aplicar os princípios e normas em conformidade com o caso concreto, e não somente aplicar a regra simples dos artigos 333 do Código de Processo Civil e do 818 da CLT.

Com isso, o processo do trabalho tende a ficar mais moderno e Justo, sendo elemento de pacificação social, buscando sempre seu real objetivo: a verdade real.

Referências bibliográficas

DELGADO, Maurício Godinho. *Curso de Direito do Trabalho*, 2ª ed. São Paulo: LTr, 2002.

GIGLIO, Wagner D. *Direito Processual do Trabalho*, 11ª ed. São Paulo: Saraiva, 2000.

MARTINS, Sérgio Pinto. *Direito do Trabalho*, 15ª ed. São Paulo: Editora Atlas, 2002.

MARTINS, Sérgio Pinto. *Direito Processual do Trabalho*, 23ª ed. São Paulo: Editora Atlas, 2005.

MARTINS FILHO, Ives Gandra da Silva. *Manual esquemático de direito e processo do trabalho*, 17ª ed. São Paulo: Saraiva.

MASCARO NASCIMENTO, Amauri. *Curso de Direito Processual do Trabalho*. São Paulo: Saraiva, 2007.

MATEUS DA SILVA, Homero Batista. *Curso de Direito do Trabalho Aplicado*, vol. 9. São Paulo: Campus, 2010.

TEIXEIRA FILHO, Manoel Antonio. *Breves Comentários à Reforma do Poder Judiciário*. São Paulo: LTr, 2005.

PROVA ILÍCITA NO DIREITO PROCESSUAL DO TRABALHO

Cristina Paranhos Olmos[1]

Introdução

A prova possui importância no processo judicial, na medida em que contribui diretamente para a formação do convencimento do julgador em relação aos fatos que devem ser analisados para o julgamento da lide.

É que "a pretensão deduzida pelo autor na petição inicial e a defesa do réu, apresentada na contestação, podem estar assentadas em fatos e em normas jurídicas ou somente em fatos ou, ainda, somente em normas jurídicas".[2]

Se a matéria suscitada pelas partes for matéria de direito, o juiz deverá resolvê-la após a fase postulatória.

Por outro lado, se a matéria debatida no processo estiver amparada em fatos – como costuma ocorrer com frequência nos processos trabalhistas – é necessária a demonstração da existência dos fatos, se negada pelo réu.

A prova pode ser conceituada como "todo elemento que pode levar o conhecimento de um fato a alguém. No processo, significa todo meio destinado a convencer o juízo (órgão judiciário) a respeito da ocorrência de um fato. Assim, a prova tem a finalidade de demonstrar uma situação fática dentro de um processo, reunindo elementos para um juízo de certeza (ou verossimilhança)".[3]

---

1 Advogada. Professora da pós-graduação *lato sensu* em Direito do Trabalho da PUC-SP. Doutoranda em Direito do Trabalho – PUC-SP. Mestre em Direito do Trabalho – PUC--SP. Especialista em Direito Material e Processual do Trabalho – PUC-SP.

2 LOPES, João Batista. *A prova no direito processual civil*, 3ª ed. São Paulo: Editora Revista dos Tribunais, 2007, p. 25.

3 SHIMURA, Sérgio. *Princípio da proibição da prova ilícita*, p. 257. LOPES, Maria Elizabeth de Castro. OLIVEIRA NETO, Olavo de. *Princípios processuais civis na Constituição*. Rio de Janeiro: Elsevier, 2008.

Assim, *"à demonstração dos fatos (ou melhor, das alegações sobre fatos) é que se dá o nome de prova"*,[4] daí a importância que a matéria assume, especialmente no processo do trabalho, em que, no mais das vezes, há cumulação objetiva de pedidos em petição inicial, o que importa em apreciação de diversos fatos para o deslinde da ação.

É necessário, no entanto, que o juiz acolha e valore apenas os meios de prova considerados lícitos, sob pena de se causar insegurança jurídica, o que prejudicaria todo o sistema processual, com ofensa direta a princípios comezinhos de direito. Evidente que tal disposição não é absoluta, havendo hipóteses que merecem análise mais adequada e profunda.

Prova ilícita

No diapasão, resta distinguir os meios de prova lícitos dos meios de prova ilícitos, questão que não é simples como primeira análise faz crer, eis que exige do intérprete a real definição do conceito de ilicitude, e, mais especialmente, da submissão do caso ao princípio da proporcionalidade, como será tratado.

Prova ilícita é aquela que viola normas de direito material ou os direitos fundamentais, verificável no momento de sua obtenção.

O direito não deve proteger alguém que tenha infringido preceito legal para obter qualquer prova, com prejuízo alheio. Nestes casos, o órgão judicial não pode reconhecendo a eficácia da prova, conforme preceitua o artigo 5º, LVI, da Constituição Federal:

> Art. 5º (...)
> LVI – são inadmissíveis, no processo, as provas obtidas por meios ilícitos;

Não há dúvida que a despeito de eventual "desconsideração" da prova ilícita pelo magistrado, seu conhecimento interferirá na convicção pessoal do julgador, ainda que a fundamentação da decisão (artigo 93, X, CF) não possa se basear na prova obtida de forma ilícita.

O artigo 5º, LVI, Constituição Federal, veda as provas ilícitas, assim considerando as provas *obtidas* por meio ilícito.

---

4   *Ibidem*, p. 25.

A proibição constitucional de provas obtidas por meios ilícitos é direito fundamental, que serve *"não só para assegurar os direitos fundamentais do cidadão, mas também para garantir o devido processo legal e dignidade do processo"*.[5]

O artigo 332 do Código de Processo Civil, por sua vez, dispõe que *"Todos os meios legais, bem como os moralmente legítimos, ainda que não especificados neste Código, são hábeis para provar a verdade dos fatos, em que se funda a ação ou a defesa"*.

Também dispõe sobre a matéria a Convenção Americana sobre Direitos Humanos (*Pacto de San Jose da Costa Rica*), em seu artigo 9º: *"ninguém poderá ser objeto de ingerências arbitrárias ou abusivas em sua vida privada, na de sua família, em seu domicílio ou em sua correspondência, nem de ofensas ilegais à sua honra ou reputação"*.

Nesse sentido, ainda a Declaração Universal dos Direitos Humanos, da qual o Brasil é signatário: *"ninguém sofrerá intromissões arbitrárias na sua vida privada, na sua família, no seu domicílio ou na sua correspondência, nem ataques à sua honra e reputação"* (artigo 12).

A ilicitude verifica no meio de obtenção da prova pode ser material ou formal, sendo a ilicitude material o vício que decorre de violação de direito material, e a ilicitude formal o vício que decorre de violação de direito processual.

A prova ilícita, na verdade, poderia ser melhor definida como "prova ilegal", gênero das espécies "prova ilícita" e "prova ilegítima".

Sérgio Shimura distingue a prova ilícita de prova ilegítima: "a) prova ilícita é a que, ao ser colhida, contraria norma de Direito Material; b) prova ilegítima é a que fere disposição de caráter processual".[6]

A distinção é defendida por Maria Elizabeth de Castro Lopes,[7] que entende que a prova será:

> ilegítima quando ofende norma de direito processual e a sua ilegalidade se concretiza no momento da sua produção dentro do processo. Por sua vez, a prova ilícita ocorre fora do processo e é produzida com ofensa à norma de

---

5 SCHIAVI, Mauro. *Manual de direito processual do trabalho*, 3ª ed. São Paulo: LTr, 2010, p. 574.

6 SHIMURA, Sérgio. *Princípio da proibição da prova ilícita*. p. 263. LOPES, Maria Elizabeth de Castro. OLIVEIRA NETO, Olavo de. *Princípios processuais civis na Constituição*. Rio de Janeiro: Elsevier, 2008.

7 LOPES, Maria Elizabeth de Castro. *O juiz e o princípio dispositivo*. São Paulo: Editora Revista dos Tribunais, 2006, p. 47.

direito material. Portanto, a prova ilegal poderá ser ilegítima ou ilícita, ou seja, os fatores que marcam as diferenças entre uma e outra se circunscrevem a como é obtida em que momento é oferecida ou produzida.

Importante ressaltar que o artigo 5º, LVI, Constituição Federal, não restringe qualquer direito de defesa e produção de prova, constituindo apenas limitação à produção da prova, em razão de princípios que norteiam as relações.
Nesse sentido:

> o art. 5º, LVI, não nega o direito à prova, mas apenas limita a busca da verdade, que deixa de ser possível através de provas obtidas de forma ilícita. O interesse no encontro da verdade cede diante de exigências superiores de proteção dos direitos materiais que podem ser violados. Com efeito, dita limitação não encontra fundamento no processo, mas sim na efetividade da proteção do direito material. Ou seja, tal norma constitucional proibiu a prova ilícita para dar maior tutela ao direito material, negando a possibilidade de se alcançar a verdade a qualquer custo. Diante disso, é inegável que houve uma opção pelo direito material em detrimento do direito à descoberta da verdade. A questão, porém, é saber se essa opção exclui uma posterior ponderação – agora pelo juiz – entre o direito que se pretende fazer através da prova ilícita e o direito material violado.[8]

Há três correntes doutrinárias e jurisprudenciais que tratam da admissibilidade da prova ilícita no processo: a) vedação total da prova; b) teoria permissiva; c) teoria da proporcionalidade (ou da regra de ponderação).

Para a corrente que defende a vedação total da prova, toda e qualquer prova obtida por meio ilícito não pode ser admitida no processo. É que considerando que o ordenamento jurídico é uno, toda a conduta considerada ilícita pelo direito material não pode ser considerada de outra maneira pelo direito processual.

É nesse sentido a decisão do Tribunal Regional do Trabalho da 9ª Região:

---

[8] MARINONI, Luiz Guilherme; ARENHART, Sérgio Cruz. *Manual do processo de conhecimento*, 4ª ed. São Paulo: Editora Revista dos Tribunais, 2005, p. 384.

GRAVAÇÃO DE CONVERSA POR UM DOS INTERLOCUTORES – TERCEIRO ESTRANHO A LIDE QUE SE APRESENTA COM FALSA IDENTIDADE – PROVA ILÍCITA – DISPOSIÇÃO DE INDUZIR A ERRO – EVIDENTE TENTATIVA DE PROVOCAR O RESULTADO – *In casu*, é incontroverso que a gravação das conversas em fita magnética foi realizada por um dos interlocutores que se apresentou com outra identidade, ou seja, por um dos participantes do diálogo, mas pessoa estranha a lide. A esposa do reclamante, sob falsa identidade, buscava obter prova para dar suporte à presente reclamação trabalhista. Quando a escuta telefônica ou gravação é feita por um dos interlocutores estranho a lide (ainda que o outro não tenha conhecimento da gravação) é considerada prova ilícita, incidindo a hipótese do inciso LVI do artigo 5º da CF. Sentença que se reforma. (TRT-PR-01680-2006-670-09-00-3-ACO-15802-2011 – 4A. TURMA, Relator: SÉRGIO MURILO RODRIGUES LEMOS, Publicado no DEJT em 03-05-2011)

Para a corrente permissiva, se o conteúdo da prova for lícito, poderá ser utilizada, a despeito de ter sido obtida por meio ilícito. Prestigia, assim, o caráter publicista do processo, o acesso à justiça e a busca da verdade real.[9]

Para a corrente que adota a teoria da proporcionalidade, o juiz deverá valorar, de acordo com o caso concreto, o princípio que deverá ser preferido, e qual deverá ser sacrificado, tudo a fim de obter a justiça da decisão e efetividade processual.

A respeito da aplicação do princípio da proporcionalidade são as lições de João Batista Lopes:

> No campo do processo civil, é intensa sua aplicação, tanto no processo de conhecimento como no de execução e no cautelar. No dia a dia forense, vê-se o juiz diante de princípios em estado de tensão conflitiva, que o obrigam a avaliar os interesses em jogo para adotar a solução que mais se ajuste aos valores consagrados na ordem jurídica. O princípio da proporcionalidade tem íntima relação com a efetividade do processo na medida em que, ao solucionar o conflito segundo os ditames da ordem

---

9 SCHIAVI, Mauro. *Manual de direito processual do trabalho*, 3ª ed. São Paulo: LTr, 2010, p. 576.

constitucional, está o juiz concedendo a adequada proteção ao direito e atendendo aos escopos do processo.[10]

Para a aplicação do princípio da proporcionalidade, o juiz deve analisar os subprincípios da matéria: a) necessidade; b) adequação.

Por necessidade entende-se aquilo que é necessário ainda que com o sacrifício do direito fundamental de não se admitir prova ilícita. O fato a ser provado pela prova ilícita reveste-se de tamanha relevância que se admite o sacrifício do direito fundamental.

Já o subprincípio da adequação significa que a medida escolhida pelo magistrado deve ser adequada à finalidade social do processo.

Nesse sentido, a decisão do Tribunal Regional do Trabalho da 2ª Região:

> PROVA ILÍCITA. Valoração. Prova obtida a partir da gravação clandestina de conversa telefônica. É certo que o ordenamento constitucional brasileiro, em princípio, repudia a aceitação das provas obtidas ilicitamente (art. 5º, LVI da Constituição Federal). Não menos certo é que doutrina e jurisprudência não se mostram convergentes quanto à invalidade e imprestabilidade da prova ilícita e procuram mitigar o rigor dessa inadmissibilidade absoluta, encampando uma tese intermediária fundada nos princípios da proporcionalidade e da razoabilidade. Assim, hodiernamente, propugna-se a ideia de que, em caso extremamente graves e excepcionais, quando estiverem em risco valores fundamentais, também assegurados constitucionalmente, cabe ao julgador admitir e valorar a prova tida por ilícita. Significa dizer que, no caso concreto, deve haver uma análise de proporcionalidade dos bens jurídicos protegidos e quando ocorrer uma lesão a um direito fundamental de maior relevância, a prova deve ser validamente admitida. *In casu*, cotejando os princípios das garantias constitucionais à inviolabilidade da intimidade e da privacidade (art. 5º, X da Constituição Federal), com os princípios da dignidade da pessoa humana, do valor social do trabalho, do acesso à informação inerente ao exercício profissional e da ampla defesa (art. 1º, incisos III e IV e art. 5º, incisos XIV e LV da Constituição Federal), resta irrefutável a prevalência

---

10 LOPES, João Batista. *Princípio da proporcionalidade e efetividade do processo civil. Estudos de direito processual civil. Homenagem ao Professor Egas Dirceu Moniz de Aragão. Coordenação de Luiz Guilherme Marinoni*. São Paulo: Editora Revista dos Tribunais, 2005, p. 135.

da prova obtida a partir da gravação clandestina de conversa telefônica efetivada sem o conhecimento de um dos interlocutores do diálogo, reproduzida em laudo de degravação por perito judicial, mormente se considerada a primazia da realidade dos fatos. Reputo, portanto, válida a prova produzida. (TRT 2ª Região, Acórdão nº: 20090633282, Processo nº 01559-2005-061-02-00-9, 10ª Turma, RELATOR(A): LILIAN GONÇALVES, j. 18/08/2009, p. 01/09/2009)

O princípio da proporcionalidade como critério de admissibilidade da prova produzida ilicitamente passou a ser adotado, inicialmente, na Alemanha, e depois se expandiu para os Estados Unidos da América (sob o nome de princípio da razoabilidade), a fim de evitar ou prevenir injustiças que a vedação total das provas ilícitas pudesse causar.

Assim são as lições de José Joaquim Gomes Canotilho:[11]

> a pretensão de validade absoluta de certos princípios com sacrifício de outros originaria a criação de princípios reciprocamente incompatíveis, com a consequente destruição da tendencial unidade axiológico-normativa da Lei Fundamental. Daí o reconhecimento de momentos de tensão ou antagonismo entre os vários princípios e a necessidade, atrás exposta, de aceitar que os princípios não obedecem, em caso de conflito, a uma 'lógica do tudo ou nada', antes podem ser objecto de ponderação e concordância prática, consoante o seu 'peso' e as 'circunstâncias do caso'.

Entendemos pela adoção do critério da proporcionalidade, com subsunção às regras de ponderação, como meio mais acertado e razoável para a análise da admissibilidade das provas ilegais (ilícitas e ilegítimas).

---

11 CANOTILHO, José Joaquim Gomes. *Constituição dirigente e vinculação do legislador*. Coimbra: Coimbra, 1994, p. 1056.

Prova Ilícita no processo do trabalho

A relação de trabalho é campo fértil para a produção de provas ilícitas. É que a despeito das limitações do poder de direção do empregador, em prol da preservação da dignidade do trabalhador e do respeito aos seus direitos da personalidade, em muitas oportunidades não há estrita observância de tal preceito.

Assim, o empregador, dono do capital que é, sente-se autorizado ao uso de artifícios que ultrapassam o poder de direção e ofendem os direitos da personalidade, a exemplo da instalação de câmeras em vestiários, gravação de conversas telefônicas, monitoração indevida dos *emails*, entre outros.

Deve ser observado que o trabalhador também pode ser o autor da prova ilícita, como o furto de documentos do empregador, situação bastante comum nas relações trabalhistas.

Independentemente de quem produziu a prova ilícita, se empregado ou empregador, há evidente mácula quando a produção da prova é feita por meios ilícitos, não se exigindo que a ilicitude constitua tipo penal, mas apenas que haja ofensa a direitos que devem prevalecer em relação ao direito que se pretende tutelar com a obtenção da prova ilícita (regra de ponderação).

Deve haver harmonização entre as disposições constitucionais, especialmente da inviolabilidade da intimidade, da vida privada (artigo 5º, X), do domicílio (artigo 5º, XI), da correspondência (artigo 5º, XII), e o direito à produção da prova.

Resta ao julgador, portanto, analisar se ao admitir determinada prova está violando direito fundamental da parte, ou até mesmo causando prejuízos morais à parte.

Mauro Schiavi[12] ressalta as cautelas que devem ser adotadas pelo Juiz do Trabalho ao analisar a pertinência ou não da produção da prova obtida por meio ilícito:

a) verificar se a prova do fato poderá ser obtida por outro meio lícito ou moralmente legítimo de prova, sem precisar recorrer à prova ilícita;

b) sopesar a lealdade e boa-fé da parte que pretende a produção da prova ilícita;

c) observar a seriedade e verossimilhança da alegação;

d) avaliar o custo-benefício na produção da prova;

e) aplicar o princípio da proporcionalidade, prestigiando o direito que merece maior proteção;

f) observar a efetiva proteção à dignidade da pessoa humana;

g) valorar não só o interesse da parte, mas também o interesse público.

---

12 SCHIAVI, Mauro. *Manual de direito processual do trabalho*, 3ª ed. São Paulo: LTr, 2010, p. 580-581.

A observância de tais critérios objetivos pelo magistrado é de suma importância para a admissibilidade ou não da prova ilícita no processo do trabalho, cabendo ressaltar que o processo trabalhista, em relação do caráter de relações desenvolvidas entre as partes, merece atenção redobrada pelo julgador quando se depara com a prova obtida por meios ilícitos.

Poderes investigatórios do juiz e admissibilidade da prova ilícita

As situações mais comuns de discussão a respeito da admissibilidade da prova ilegal, no processo do trabalho, são a gravação ou a interceptação telefônicas, o monitoramento de comunicação de sistemas de informática ou telemática, o uso de câmeras em afronta à intimidade e privacidade, o furto de documentos, a exigência de exames médicos que afrontam a intimidade.

Evidentemente que cada uma das hipóteses mencionadas merece estudo pormenorizado, o que não será feito no presente trabalho, em razão de seu formato.

Cumpre ainda consignar apenas quando manifestada a ilicitude na obtenção da prova é que pode ser falar em prova ilegal, de maneira que, por exemplo, nem todo o monitoramento de *email* do empregado é ilícito, mas apenas se houver afronta à intimidade e privacidade do trabalhador.

Exatamente por isso é que o critério da proporcionalidade e análise da subsunção à razoabilidade deve prevalecer para a verificação da mácula da prova, admitindo-a, ainda que em detrimento de alguns princípios, se a relevância do bem jurídico a ser protegido com a obtenção daquela prova (ainda que ilicitamente) justificar.

Analisa-se, assim, o que importa mais ao Direito: o princípio que foi ofendido, ou o bem jurídico que se pretende proteger.

Não há dúvida que em relação a direitos disponíveis, a admissibilidade da prova ilícita deve ser considerada com reservas, e, por outro lado, no que se refere aos direitos indisponíveis, as provas ilícitas – *dependendo de sua forma e produção* – podem ser admitidas, se assim o direito a ser resguardado exigir.

É verdade que a tendência processual civil considera que o juiz não está adstrito às provas produzidas pelas partes, de forma que o juiz poderá até mesmo, por sua iniciativa, determinar a produção de alguma prova.

A despeito disso, "afasta-se, de plano, a ideia de que o juiz tenha poder discricionário de determinar a realização da prova".[13]

O poder do magistrado, em relação à produção da prova, está intimamente vinculado à relevância que determinada prova pode assumir no deslinde de um processo.

É exatamente no mesmo sentido que se verifica a admissibilidade da prova ilícita, pois não pode o magistrado deixar de admitir a prova se é conhecedor da existência da prova que permitirá o esclarecimento sobre os fatos que interferem sua decisão.

Conclusão

Evidentemente que a violação do ordenamento jurídico para a obtenção de prova ilícita deverá ter consequencias de toda ordem para quem praticou a violação mencionada, mas se a confiabilidade da prova for suficiente para o convencimento do magistrado, não há como se excluí-la da convicção do julgador.

Insista-se que isso não importa concluir que todo o meio de prova deve ser admitido, ainda que sua obtenção tenha se dado mediante manifesta ilicitude. Assim, depoimento obtido mediante tortura, por exemplo, não se presta a prova de qualquer coisa, mas, por outro lado, "afastar por completo a possibilidade de o juiz determinar a produção de uma prova ilícita significa aceitar provimento jurisdicional que, provavelmente, não corresponda aos fatos deduzidos pelas partes e relevantes para o julgamento da causa".[14]

Em breve síntese, a admissibilidade da prova ilícita, feitas as considerações sobre a aplicação do princípio da proporcionalidade, é inquestionável, especialmente no processo do trabalho, em que, no mais das vezes, discute-se essencialmente direitos indisponíveis.

Cumpre ressaltar, por fim, que a admissibilidade das provas ilícitas exige a conciliação de valores de interesse público, eis que a defesa dos princípios constitucionais e direitos fundamentais da pessoa merece ser resguardada, mas não poderá ficar o julgador sem elementos suficientes para que possa proferir decisão justa, sob pena de se negar o fim precípuo da atividade jurisdicional, qual seja, o pronunciamento judicial para conferir a justa tutela jurídica pacificadora das relações sociais.

---

13 BEDAQUE, José Roberto dos Santos. *Poderes instrutórios do juiz*. São Paulo: Editora Revista dos Tribunais, 4ª ed., 2009, p. 148.

14 *Ibidem*, p. 142.

Referências bibliográficas

BARBOSA MOREIRA, José Carlos. *Temas de Direito Processual – 2ª Série*, 2ª ed. São Paulo: Saraiva. 1988.

BEDAQUE, José Roberto dos Santos. *Poderes instrutórios do juiz,* 4ª ed. São Paulo: Editora Revista dos Tribunais, 2009.

CANOTILHO, José Joaquim Gomes. *Constituição dirigente e vinculação do legislador.* Coimbra: Coimbra, 1994, p. 1056.

CIRIGLIANO, Raphael. *Prova civil,* 2ª ed. São Paulo: Editora Revista dos Tribunais, 1981.

LOPES, João Batista. *A prova no direito processual civil,* 3ª ed. São Paulo: Editora Revista dos Tribunais, 2007.

_____. *Princípio da proporcionalidade e efetividade do processo civil. Estudos de direito processual civil. Homenagem ao Professor Egas Dirceu Moniz de Aragão.* Coordenação de Luiz Guilherme Marinoni. São Paulo: Editora Revista dos Tribunais, 2005.

LOPES, Maria Elizabeth de Castro. *O juiz e o princípio dispositivo.* São Paulo: Editora Revista dos Tribunais, 2006.

MARINONI, Luiz Guilherme; ARENHART, Sérgio Cruz. *Manual do processo de conhecimento,* 4ª ed. São Paulo: Editora Revista dos Tribunais, 2005.

NERY JUNIOR, Nelson. *Princípios do processo civil na Constituição Federal.* São Paulo: Editora Revista dos Tribunais, 9ª ed., 2009.

SCHIAVI, Mauro. *Manual de direito processual do trabalho,* 3ª ed. São Paulo: LTr, 2010.

SHIMURA, Sérgio. *Princípio da proibição da prova ilícita.* LOPES, Maria Elizabeth de Castro. OLIVEIRA NETO, Olavo de. Princípios processuais civis na Constituição. Rio de Janeiro: Elsevier, 2008.

WAMBIER, Luiz Rodrigues (coord.); ALMEIDA, Flávio Renato Correia de; TALAMINI, Eduardo. *Curso avançado de processo civil: teoria geral do processo e processo de conhecimento,* 8ª ed. São Paulo: Editora Revista dos Tribunais, 2006.

PERÍCIA JUDICIAL E DEPÓSITO DE HONORÁRIOS PRÉVIOS

José Augusto Rodrigues Júnior[1]
Adriana Rittes Garcia Rodrigues[2]

Introdução

Perícia Judicial

Honorários Periciais Prévios

Muito já se discutiu acerca do tema relacionado aos honorários periciais.

Porém, antigamente o debate recaia mais sobre a ótica da responsabilidade, ou seja, quem deveria arcar com o ônus dos honorários em caso de necessidade, e realização de prova técnica.

Aparentemente pacificada tal questão, nos vemos diante de uma nova discussão: a necessidade, ou não, de depósito de honorários prévios para possibilitar a realização de tal prova.

Tornou-se comum a solicitação feita por Peritos, quando designados, ou até mesmo, de plano, a determinação judicial, quando da designação da prova, de garantia de tais valores.

O presente estudo intenta discutir, se existe ou não tal obrigatoriedade, nos termos da lei. E mais, especificamente, se podem, ou não, ser exigidos os honorários prévios das partes.

A perícia técnica é uma das modalidades de prova. Assim é considerada no Direito Processual Civil, no capítulo VI "DAS PROVAS", Seção VII "Da prova pericial", artigo 420 e seguintes, do CPC.

Exclusivamente na Justiça do Trabalho, muito mais do que o requerimento da parte, *a caracterização e a classificação da Insalubridade e da Periculosidade* só podem ser

---

1 Advogado, Sócio fundador do escritório Rodrigues Jr. Advogados.

2 Advogada, especialista em Direito do Trabalho pela Pontifícia Universidade Católica de São Paulo – PUC, Sócia do escritório Rodrigues Jr. Advogados.

feitas através de perícia técnica, o que acaba por lhe conceder importância e responsabilidade ainda maiores. É o que se depreende da leitura do *caput* do artigo 195 da Norma Consolidada:

> Art. 195. A caracterização e a classificação da insalubridade e da periculosidade, segundo as normas do Ministério do Trabalho, far-se-ão através de perícia a cargo de Médico do Trabalho ou Engenheiro do Trabalho, registrados no Ministério do Trabalho.

O parágrafo segundo do dispositivo em questão, estabelece a necessidade de designação pelo Juiz, de perito habilitado para a realização do competente mister.

Da mesma forma, com o engrandecimento da competência da Justiça do Trabalho, após a Emenda Constitucional nº 45, bem como as previsões constantes da Lei 8.213/91, a perícia médica passou a ser prova importantíssima nas reclamatórias em que visam os autores o reconhecimento das doenças decorrentes do trabalho.

Em qualquer das hipóteses, não resta dúvida, atua o Perito Judicial muito mais do que como auxiliar do Juízo, como expressamente consta do artigo 139 do Código de Processo Civil, subsidiariamente aplicado a essa Justiça Especializada.

Acerca do tema, vale relembrar os ensinamentos de Giuseppe Chiovenda, que acerca do trabalho pericial, ponderou:

> Peritos são pessoas chamadas a expor ao juiz não só as observações de seus sentidos e suas impressões pessoais sobre os fatos observados, senão também as induções que se devam tirar objetivamente dos fatos observados ou que se lhe deem por existentes. Isso faz supor que ele são dotados de certos conhecimentos teóricos ou aptidões em domínios especiais, tais que não devam estar ao alcance, ou no mesmo grau, de qualquer pessoa culta (perito médico-legal, perito avaliador, perito agrimensor, perito arquiteto, etc.) Aliás, pode-se escolher para perito ainda uma pessoa inculta, desde que versada na questão técnica discutida em juízo (a lei supõe também peritos que não saibam escrever: art. 265). Quanto mais técnica é a questão submetida ao juiz, tanto maior é a utilidade da perícia.[3]

---

3 CHIOVENDA, Giuseppe; *Instituições de Direito Processual Civil*; 3ª ed., vol. 3. Campinas: Bookseller, 2002, 143p.

Importante ressaltar, ainda, que a questão da insalubridade no processo do trabalho, é tão "técnica", no seu sentido mais amplo, que as condições nocivas não precisam sequer ser corretamente indicadas pela parte na petição inicial. Ou seja, o reclamante pode noticiar na peça vestibular até agente insalubre diverso do que foi constatado em perícia, e não restará prejudicado o pedido. Essa é a inteligência que se subtrai da Súmula 293 do C. Tribunal Superior do Trabalho, cuja redação data do já longínquo ano de 1989, *in verbis*:

> N° 293 – ADICIONAL DE INSALUBRIDADE. CAUSA DE PEDIR. AGENTE NOCIVO DIVERSO DO APONTADO NA INICIAL
> A verificação mediante perícia de prestação de serviços em condições nocivas, considerado agente insalubre diverso do apontado na inicial, não prejudica o pedido de adicional de insalubridade.
> (Res. 3/1989, DJ 14/04/1989)

E, ainda que não esteja o Magistrado vinculado às conclusões do laudo pericial, podendo formar suas convicções considerando outros elementos comprovados nos autos, conforme determina o artigo 436 do Código de Processo Civil, é inegável que o trabalho técnico adquire extrema importância, influenciando diretamente na procedência, ou não, do pedido formulado.

Ousamos ponderar, que a perícia técnica, mercê de suas especificidades, desconhecidas da grande maioria dos Juízes e advogados, e aqui referimo-nos à regra, cientes de que existem exceções, deverá constituir, não apenas um auxílio, mas uma base sólida, fundamentada, para a prestação jurisdicional.

Isso posto, é certo que a realização de referido mister possui um custo. Claro. A perícia técnica, via de regra, deve ser realizada no local da prestação de labor, exceções feitas às hipóteses em que já foram encerradas as atividades, ou comprovada a impossibilidade da vistoria, conforme entendimento consolidado pela Orientação Jurisprudencial n° 278 da SDI – I do C. Tribunal Superior do Trabalho. Para tanto, é necessário o deslocamento do Perito Judicial, assim como dos Assistentes Técnicos, se nomeados, e muitas vezes da própria parte reclamante.

Para a hipótese de perícia médica, é umbilical a necessidade de um exame clínico. Impõe-se seja detalhado, profundo, a fim de serem averiguadas não só as condições clínicas do paciente, reclamante, como também seu histórico profissional e familiar. A análise da existência do nexo de causalidade exigirá também a análise das atividades desenvolvidas, a sua forma, habitualidade, dentre outros.

As conclusões, sejam pela existência de trabalho insalubre ou periculoso, ou ainda pela constatação positiva ou negativa de qualquer moléstia, que seja, ou não, decorrente do trabalho, exige estudo muito marcado, esmiuçado em elementos técnicos, para que possa, efetivamente, representar sustentáculo para a fundamentação judicial.

Concluído o trabalho pericial, e decidida a lide, estabelece o Juiz para quem recai a responsabilidade de arcar com o custo do perito que atuou no feito no estrito cumprimento da lei, e como auxiliar da Justiça.

Muito se discutiu, e ainda pouco se discute, acerca dessa responsabilidade, ou seja, quem deve pagar os honorários desses profissionais?

A questão, aparentemente, foi pacificada com o advento da nova redação do artigo 790-B, da Consolidação das Leis do Trabalho que assim determina:

> Art. 790-B. A responsabilidade pelo pagamento dos honorários periciais é da parte sucumbente na pretensão objeto da perícia, salvo se beneficiária de justiça gratuita. (Artigo acrescentado pela Lei nº 10.537, de 27/08/2002, DOU 28/08/2002, com efeitos após 30 dias da data da publicação).

O dispositivo em questão ainda gera alguns debates, principalmente quando necessária a nomeação de perito contábil, a fim de liquidar o feito, quando existe divergência entre os valores apresentados pelas partes a título de *"quantum debeatur"*.

Sim, pois a "sucumbência na pretensão do objeto da perícia" afastaria a possibilidade de tal responsabilidade ser imputada ao autor? Ficaria o reclamante impossibilitado de arcar com os honorários, uma vez que a empresa já teria sido sucumbente na própria ação... ou caso contrário não se discutiria o valor do crédito?

Entendemos um pouco injusta essa interpretação, pois muitas vezes, os valores apresentados pelo autor, em liquidação, são infinitamente maiores do que aqueles que serão calculados pelo Perito judicial, e até homologados em sentença. Porém, essa é uma discussão que parece fugir um pouco da proposta, tal seja, de discutir a questão dos honorários prévios.

Sobrevindo o novo dispositivo legal, foi cancelada pela Resolução nº 121 do C. Tribunal Superior do Trabalho a Súmula nº 236 que continha exatamente os mesmos termos.

Mas a questão, e aqui entendida como ponto controvertido, está vinculada ao movimento existente na Justiça do Trabalho, de exigência de depósito ou até pagamento de honorários periciais prévios.

Primeiramente, ponderamos que a perícia técnica só será realizada porque foi formulado, na petição inicial, pedido de adicional de insalubridade, ou de periculosidade, pleitos relacionados a supostas doenças profissionais, ou questões contábeis.

Em assim sendo, em tese, a responsabilidade do pagamento dos honorários prévios, recairia, em regra, sobre o reclamante. Essa é a interpretação dada pelo Direito Processual Civil, ao estabelecer, no artigo 19 de seu Código:

Art. 19. Salvo as disposições concernentes à justiça gratuita, cabe às partes prover as despesas dos atos que realizam ou requerem no processo, antecipando-lhes o pagamento desde o início até sentença final; e bem ainda, na execução, até a plena satisfação do direito declarado pela sentença.

Também no mesmo sentido, o *caput* do artigo 33 do mesmo Diploma Legal:

Art. 33. Cada parte pagará a remuneração do assistente técnico que houver indicado; a do perito será paga pela parte que houver requerido o exame, ou pelo autor, quando requerido por ambas as partes ou determinado de ofício pelo juiz.

Porém, na grande maioria das reclamações trabalhistas, é requerido benefício da justiça gratuita. Na maior parte delas, o reclamante não mais está empregado, e afirma não possuir condições de arcar com as despesas decorrentes do processo.

A Lei nº 1.060/50 que estabelece normas para concessão de assistência judiciária gratuita aos necessitados, prevê em seu artigo 3º:

> Art. 3º A assistência judiciária compreende as seguintes isenções:
> I – das taxas judiciárias e dos selos;
> II – dos emolumentos e custas devidos aos juízes, órgãos do Ministério Público e serventuários da Justiça;
> III – das despesas com as publicações indispensáveis no jornal encarregado da divulgação dos atos oficiais;
> IV – das indenizações devidas às testemunhas que, quando empregados, receberão do empregador salário integral, como se em serviço estivessem, ressalvado o direito regressivo contra o poder público federal, no Distrito Federal e nos Territórios, ou contra o poder público estadual, nos Estados;
> V – dos honorários de advogado e peritos;
> VI – das despesas com a realização do exame de código genético – DNA que for requisitado pela autoridade judiciária nas ações de investigação

> de paternidade ou maternidade. (NR) (Inciso acrescentado pela Lei nº 10.317, de 06/12/2001, DOU 07/12/2001)
> VII – dos depósitos previstos em lei para interposição de recurso, ajuizamento de ação e demais atos processuais inerentes ao exercício da ampla defesa e do contraditório. (NR) (Inciso acrescentado pela Lei Complementar nº 132, de 07/10/2009, DOU 08/10/2009)

No ano de 2007, com a edição da Resolução nº 35 do Conselho Superior da Justiça do Trabalho, o Tribunal Regional do Trabalho da 2ª Região editou o Provimento GP/CR nº 09/2007, que alterou artigos do Provimento GP/CR nº 13/2006, estabelecendo que os Peritos Judiciais seriam remunerados pelo Tribunal, sempre que à parte sucumbente for concedido o benefício da Justiça Gratuita e desde que a fixação dos honorários decorra de sentença de conhecimento ou execução proferida a partir de julho de 2006. Assim ficou a nova redação:

> Art. 1º – Alterar o artigo 141 do Provimento GP/CR nº 13/2006 (Consolidação das Normas da Corregedoria), que passa a ter a seguinte redação:
> Art. 141. Os senhores Peritos Judiciais serão remunerados pelo Tribunal Regional do Trabalho da 2ª Região, em consonância com o disposto na Resolução nº 35/2007 do Conselho Superior da Justiça do Trabalho, sempre que à parte sucumbente for concedido o benefício da Justiça Gratuita e desde que a fixação dos honorários periciais decorra de sentença de conhecimento ou execução proferida a partir de 19 de julho de 2006.
> § 1º A parte ficará isenta do pagamento da remuneração pericial mediante o implemento, cumulativo, dos seguintes requisitos:
> I – concessão dos benefícios da Justiça Gratuita expressamente quanto ao pagamento de honorários periciais;
> II – fixação de honorários periciais pelo Juiz;
> III – trânsito em julgado da decisão.
> § 2º Não serão processados pedidos referentes a cálculos homologados antes dessa data.

Anos depois, seguindo a mesma linha da resolução nº 35, foi editada a Resolução nº 66 do Conselho Superior da Justiça do Trabalho, mais uma vez regulamentando, no âmbito da Justiça do Trabalho, a responsabilidade pelo pagamento e antecipação de honorários do perito, no caso de concessão à parte do benefício da justiça gratuita.

Novamente foram considerados, taxativamente, o artigo 790-B da Consolidação das Leis do Trabalho, bem como a existência de rubrica orçamentária específica destinada a despesas resultantes da elaboração de laudos periciais em processos que envolvam pessoas carentes.

Assim estabelece o artigo 2º, reiterando a expressa previsão de pagamento de honorários prévios, constante da Resolução anterior :

> Art. 2º A responsabilidade da União pelo pagamento de honorários periciais, em caso de concessão do benefício da justiça gratuita, está condicionada ao atendimento simultâneo dos seguintes requisitos:
> I – fixação judicial de honorários periciais;
> II – sucumbência da parte na pretensão objeto da perícia;
> III – trânsito em julgado da decisão.
> § 1º A concessão da justiça gratuita a empregador, pessoa física, dependerá da comprovação de situação de carência que inviabilize a assunção dos ônus decorrentes da demanda judicial.
> § 2º O pagamento dos honorários poderá ser antecipado, para despesas iniciais, em valor máximo equivalente a R$ 350,00 (trezentos e cinquenta reais), efetuando-se o pagamento do saldo remanescente após o trânsito em julgado da decisão, se a parte for beneficiária de justiça gratuita.
> § 3º No caso de reversão da sucumbência, quanto ao objeto da perícia, caberá ao reclamado-executado ressarcir o erário dos honorários periciais adiantados, mediante o recolhimento da importância adiantada em GRU – Guia de Recolhimento da União, em código destinado ao Fundo de assistência judiciária a pessoas carentes, sob pena de execução específica da verba. (NR).

Tem-se dessa forma, que pelo menos desde 2007 existe a previsão de pagamento dos honorários periciais pela União. E inclusive honorários prévios, ou seja, ainda na instrução processual, e por óbvio, antes do trânsito em julgado das demandas.

Conclui-se, sem sombra de dúvidas, que exigência de depósitos prévios é ilegal. E até inconstitucional. Assim já deduziu o próprio Conselho Superior da Justiça do Trabalho, ao editar as Resoluções supra mencionadas. Consta expressamente que foi considerado *"o Princípio Constitucional de acesso dos cidadãos ao Poder Judiciário e o dever do Estado de prestar assistência judiciária integral e gratuita às pessoas carentes, conforme disposto nos incisos XXXV, LV, LXXIV do artigo 5º da Constituição Federal"*.

Vale relembrar os termos do dispositivo e inciso mencionados:

> Art. 5º Todos são iguais perante a lei, sem distinção de qualquer natureza, garantindo-se aos brasileiros e aos estrangeiros residentes no País a inviolabilidade do direito à vida, à liberdade, à igualdade, à segurança e à propriedade, nos termos seguintes:
> XXXV – a lei não excluirá da apreciação do Poder Judiciário lesão ou ameaça a direito;
> LV – aos litigantes, em processo judicial ou administrativo, e aos acusados em geral são assegurados o contraditório e ampla defesa, com os meios e recursos a ela inerentes;
> LXXIV – o Estado prestará assistência jurídica integral e gratuita aos que comprovarem insuficiência de recursos;

E nem poderia ser diferente. Não pode a parte, na Justiça do Trabalho, ser condicionada a qualquer depósito, não possuindo condições para tanto, a fim de viabilizar a realização de prova, repise-se, muitas vezes que a própria lei exige para reconhecimento do Direito.

Isso não obstante, cada vez mais, são comuns os pedidos de honorários prévios pelos próprios profissionais que realizarão o trabalho pericial, e a determinação judicial para tanto.

A nossa vivência tem demonstrado que não está sendo observada a Resolução nº 66, no que tange ao pagamento dos honorários pela União. Talvez porque o seu artigo 9º preveja:

> Art. 9º O pagamento dos honorários está condicionado à disponibilidade orçamentária, transferindo-se para o exercício financeiro subsequente as requisições não atendidas.

Por outro lado, a demora no recolhimento de honorários antes da realização da perícia, acabaria por impor um atraso no feito, tornando obrigatória às partes uma espera que, muitas vezes, pode determinar a alteração do próprio quadro fático noticiado na prefacial. Sim, pois, como exemplo, é de se imaginar o processo que contenha pleito que envolva doença profissional, e demore meses, ou anos, para o recolhimento do depósito prévio e consequentemente a realização da perícia. Possivelmente, o simples passar do tempo alterará o estado de saúde da parte reclamante. E o decurso de tempo pode ser prejudicial a ambas as figuras do polo. A parte autora porque talvez a inércia lhe atenue os sintomas, que se agravarão tão logo retome a realização das atividades. A parte ré, porque talvez tenha o ex-colaborador que executar outras atividades, até sem contratação regular, que poderão exacerbar o seu estado, aí sem qualquer responsabilidade da antiga empregadora.

Em suma, a demora do processo não satisfaz qualquer das partes.

Assim, quando da solicitação de depósitos prévios pelo Perito nomeado, vê-se o Juiz na situação de ver atendida uma exigência da lei, pois reconhece não apenas a imposição legal, mas também a importância da prova técnica para firmar seu convencimento. E, muitas vezes, acaba determinando que as partes arquem com o depósito do valor, a título antecipatório dos honorários.

E quando já existe pedido de Justiça Gratuita formulado, muitas são as vezes que o ônus do recolhimento do valor prévio é imposto às empresas, reclamadas. Nessa hipótese, a ilegalidade subsiste, exatamente da mesma forma.

A Constituição protege o acesso ao Judiciário, assim como a lei ordinária estabelece que cada parte arcará com os ônus a que deu causa, ou restou sucumbente. Nas reclamações em que há pedido de adicional de insalubridade, periculosidade, ou reconhecimento de doença profissional, no momento da designação da perícia, a empresa apenas exerceu seu legítimo e constitucional direito de Defesa. Nada mais. A nenhum ônus deu causa, e tampouco existe qualquer sucumbência.

A pretensão foi feita pelo autor. E se esse não possui condições de arcar com despesas prévias, não pode tal exigência ser simplesmente transferida para a iniciativa privada. E pior: obrigar-se a parte a financiar uma prova contra si!

Para a hipótese, entendemos que a Constituição é clara ao estabelecer no artigo 5º, inciso II que:

> II – ninguém será obrigado a fazer ou deixar de fazer alguma coisa senão em virtude de lei;

Na tema, não existe lei que determine que a responsabilidade dos honorários PRÉVIOS é da empresa reclamada. Tampouco a discussão da sucumbência pode ser feita, antes da realização da perícia. Acerca do tema, nos reportamos à elucidativa ementa de Acórdão:

> 128000014276 JCPC.19 – MANDADO DE SEGURANÇA – HONORÁRIOS PERICIAIS PRÉVIOS – PERÍCIA REQUERIDA PELO AUTOR DA AÇÃO – ILEGALIDADE DA ORDEM QUE RESPONSABILIZA A RECLAMADA PELO DEPÓSITO PRÉVIO – Os encargos financeiros das despesas do processo constituem matéria que dispõe de regras específicas no ordenamento jurídico, e, sendo assim, a responsabilidade pelo depósito prévio dos honorários periciais é da parte que houver requerido o exame, no caso, o reclamante, conforme preceitua o artigo 19 do Código de Processo Civil. A inversão do ônus da prova poderia, quando muito, constituir exceção à regra no que diz respeito à sua produção, não quanto à responsabilidade pelo pagamento das respectivas despesas prévias. Segurança parcialmente concedida para tornar sem efeito o ato impugnado. (TRT 17ª R. – MS 31200-80.2010.5.17.0000 – Rel. Des. José Carlos Rizk – DJe 17/11/2010 – p. 18).

Ademais como aqui já anunciado, seria um disparate impor-se que a reclamada financiasse as despesas que possibilitassem a realização da prova pericial contra ela própria, o que também é vedado pela Constituição Federal, que prevê no artigo 5º, inciso LXIII:

> LXIII – o preso será informado de seus direitos, entre os quais o de permanecer calado, sendo-lhe assegurada a assistência da família e de advogado.

Sobre o assunto Nelson Nery Junior e Rosa Maria de Andrade Nery, ensinam: "É da essência da ampla defesa o direito de não ser obrigado a produzir prova contra si mesmo, tanto no processo administrativo como no judicial (penal, civil, trabalhista, eleitoral, militar). Não se pode compelir ninguém a produzir prova contra si mesmo, aplicando-se essa garantia tanto à pessoa física como à jurídica. (...) A Convenção Interamericana de Direitos Humanos (Pacto de San José da Costa Rica – CIDH), de 27/11/1969, tratado internacional sobre direitos humanos, que ingressou na ordem jurídica brasileira por intermédio do DLeg 27, de 26/05/1992, mandado executar por meio do Decreto Presidencial 678, de 06/11/1992, data da sua entrada em vigor no

Brasil, estabelece em seu artigo 8º, 2.g o direito de ninguém ser compelido a produzir prova contra si mesmo".[4]

Igualmente sobre a matéria em desate, é muito esclarecedora a ementa de Acórdão prolatada pelo Tribunal de Alçada de Minas Gerais, que assim decidiu:

> 34030531 JCF.5 JCF.5. II – AGRAVO DE INSTRUMENTO – AÇÃO DE INDENIZAÇÃO – PROVA PERICIAL REQUERIDA POR AMBAS AS PARTES – AUTOR BENEFICIÁRIO DA JUSTIÇA GRATUITA – HONORÁRIOS PERICIAIS – Não há lei que determine a uma das partes que antecipe as despesas pertinentes às perícias requeridas pela outra e, como dispõe o art. 5º, II, da Constituição Federal: Ninguém será obrigado a fazer ou deixar de fazer alguma coisa senão em virtude de lei. "O que esse princípio não faz, e nem poderia fazer – assim como não pode qualquer magistrado – sob pena de ofensa a elementar princípio constitucional, é determinar que a parte produza prova contra si mesma. E é isso que está acontecendo nos autos onde proferida a decisão agravada, na medida em que, mesmo dispensado de produzir provas, o autor manifestou desejo de fazê-lo, e requereu prova pericial. Cabe observar, em parêntesis, que o princípio da inversão do ônus da prova, se dispensa o autor de provar suas alegações, não o impede de fazê-lo, por razões várias, inclusive como forma de tornar indefensável a posição do réu, ainda que este se disponha a produzir provas". Em nome do referido princípio, a parte não pode ser obrigada a adiantar o pagamento das despesas da prova que será contra ela produzida. Caso assim seja, o Poder Judiciário estará determinando que a parte produza provas contra si mesma, o que é inadmissível, sob pena de ofensa a princípio estatuído na Constituição Federal. (TAMG – AI 0425575-6 – (92294) – Juiz de Fora – 1ª C. Cív. – Rel. Juiz Gouvêa Rios – J. 23/12/2003)

Tem-se dessa forma, a inquestionável ilegalidade da exigência do depósito prévio para a realização das perícias técnicas na Justiça do Trabalho. Aliás, causa até certa estranheza o quanto tal questão ainda gere polêmica, haja vista que até o C.

---

4 NERY JUNIOR, Nelson; NERY, Rosa Maria de Andrade; *Constituição Federal comentada e legislação constitucional*, 2ª ed. rev, ampl. e atual. – São Paulo: Editora Revista dos Tribunais, 2009, p. 187.

Tribunal Superior do Trabalho, através da Secção de Dissídios Individuais, II, já firmou seu entendimento sobre o tema, consubstanciado na inteligência que se subtrai da Orientação Jurisprudencial nº 98:

> 98. Mandado de Segurança. Cabível para Atacar Exigência de Depósito Prévio de Honorários Periciais. Inserida em 27.09.02 (nova redação). É ilegal a exigência de depósito prévio para custeio dos honorários periciais, dada a incompatibilidade com o processo do trabalho, sendo cabível o mandado de segurança visando à realização da perícia, independentemente do depósito.

Ou seja, a mais alta Corte Trabalhista do país já firmou seu convencimento, acerca da ilegalidade de exigência de depósito prévio, isso não obstante, muitos são os processos em que existe a determinação. E tal ocorre porque muitos são os peritos nomeados, que requerem a antecipação dos honorários, e na negativa, solicitam a dispensa do mister, com fulcro no artigo 423 do Código de Processo Civil.

E em cumprimento ao quanto determina o artigo 146 do mesmo Codex, os peritos nomeados legitimam seus motivos na impossibilidade de arcar com as despesas iniciais de vistoriais, exames, etc.

Tem-se dessa forma, um impasse, pois o recebimento dos honorários periciais pelo Vistor Judicial pode levar anos.

Na hipótese de ser a empresa reclamada sucumbente, o pagamento dar-se-á quando da execução do feito, após todos os recursos, a fase de liquidação, e até a execução propriamente dita.

Em sendo a parte reclamante sucumbente no objeto da perícia, há a possibilidade de ter sido deferido o benefício da justiça gratuita, alcançando o pagamento dos honorários. Diante dessa possibilidade, restaria ao Sr. Vistor aguardar o pagamento pelo trabalho já realizado, pela União.

E na hipótese de não ter sido a parte reclamante isenta do pagamento dos honorários periciais, receberá o Perito ao final do processo. Em havendo outros créditos, o valor devido ao Vistor será descontado do crédito do reclamante, hipótese já sedimentada pela jurisprudência pátria. O efetivo pagamento seguirá os mesmos trâmites de quando é a empresa a responsável.

Mas se não houver outros valores, e para as lides em que há apenas pedido envolvendo a perícia, ou, se outros existirem, foram improcedentes, terá o perito que executar o reclamante, hipótese bastante onerosa e com enorme chance de insucesso.

Tem-se dessa forma, que não pode o Sr. Perito Judicial ser nomeado e realizar o trabalho, sem saber se irá, ou não, receber os seus devidos, e legítimos, honorários.

A própria lei estabelece a necessidade de serem determinadas perícias realizadas por Médicos ou Engenheiros, a fim de serem reconhecidas as condições orgânicas e efetivas de trabalho, enquadradas nas Normas Regulamentadoras que definem a matéria.

É evidente a importância do trabalho realizado, bem como a necessidade de dar todas as condições para que esse trabalho seja executado da melhor forma possível, com a tranquilidade do pagamento dos honorários, ao final.

Ainda que as partes envolvidas no processo discutam a sucumbência e a responsabilidade do pagamento, bem como a concessão, ou não, da justiça gratuita, essa discussão jamais pode ser transferida para o Perito Judicial. Ou seja, o recebimento dos seus honorários tem que ser uma certeza. Simples assim.

A União não pode transferir para as partes, para a iniciativa privada, as despesas decorrentes da realização de uma prova, que a própria lei exige e impõe.

Há que se ressaltar, ainda, que as partes, muitas vezes, indicam assistentes técnicos para assessorá-las, esses sim, totalmente às suas expensas, conforme já sedimentado com pela Lei Processual Civil, abraçada pela jurisprudência trabalhista.

Se a questão dirimida por perícia é técnica para os Juízes, também o é para as partes e seus procuradores, existindo uma série de elementos e detalhes que fogem ao seu conhecimento. E aqui, novamente, reporta-se à média, ciente de que existem exceções.

Sendo assim, é preciso que seja efetivamente cumprida a previsão da Resolução nº 66 do Conselho Superior da Justiça do Trabalho, não apenas para o pagamento dos honorários periciais, mas também para a antecipação dos valores prévios, possibilitando o imediato início das atividades, evitando-se a demora desnecessária.

Ousamos ponderar que o ideal seria que a Justiça tivesse seu quadro próprio de Peritos, trazendo tranquilidade para os trabalhos, tanto para os que os realizam, como para os jurisdicionados que deles necessitam, repise-se, por imposição da lei. Os profissionais que atuam como auxiliares da Justiça devem ter segurança para fazê-lo, e imparcialidade para as conclusões, tendo a remuneração garantida pelo Estado.

Tal quadro não impediria que a iniciativa privada reembolsasse tal gasto para a União, nas hipóteses em que a lei já prevê, de sucumbência no objeto da perícia, e desde que não tenha sido concedido o benefício da justiça gratuita.

EFEITOS E LIMITES DA CONCILIAÇÃO DAS PARTES NAS DIVERSAS FASES PROCESSUAIS. CONCILIAÇÃO JUDICIAL E SEUS EFEITOS PERANTE AS PARTES E TERCEIRO

Lilian Lygia Mazzeu

A Resolução nº 125/2010 do Conselho Nacional de Justiça diz, em sua exposição de motivos, que "Poder Judiciário Nacional está enfrentando uma intensa conflituosidade, com sobrecarga excessiva de processos, o que vem gerando a crise de desempenho e a consequente perda de credibilidade".[1]

Essa situação é decorrente de inúmeros fatores das transformações por que vem passando a sociedade brasileira, tais como a economia de massa. Alguns desses conflitos são levados ao Judiciário em sua configuração molecular, por meio de ações coletivas, mas a grande maioria é judicializada individualmente, com geração, em relação a certos tipos de conflitos, do fenômeno de *processos repetitivos*, que vem provocando a sobrecarga de serviços no Judiciário.

Nessa linha, o Conselho Nacional de Justiça, através da edição da Resolução nº 125/2010, procura incentivar os Tribunais de todo o país a adotarem os chamados Meios Alternativos de Solução de Conflitos, em especial da *conciliação e da mediação*, como política institucional, proporcionando ao jurisdicionados o *acesso à ordem jurídica justa*, reduzindo a quantidade de conflitos a serem ajuizados e também, a utilização de mecanismos de solução consensual dos conflitos, o que certamente determinará a redução substancial da quantidade de sentenças, de recursos e de execuções judiciais.

Desde que seja adequadamente implementada, a Resolução, certamente assistiremos a uma transformação revolucionária, em termos de natureza, qualidade e quantidade dos serviços judiciários, com o estabelecimento de filtro importante da

---

1 WATANABE, Kazuo. Política Pública do Poder Judiciário Nacional para tratamento adequado dos conflitos de interesses. Disponível em http//: www.cn:j.jus.br/imagens/programas/movimento-pela-conciliação/arquivos/cnj_portal_artigo_%20prof_%20kazuo_politicas_%20publicas.pdf. Acesso em 14/02/2011.

litigiosidade, com o atendimento mais facilitado dos jurisdicionados em seus problemas jurídicos e conflitos de interesses e com o maior índice de pacificação das partes em conflito, e não apenas solução dos conflitos, isso tudo se traduzindo em redução da carga de serviços do nosso Judiciário, que é sabidamente excessiva, e em maior celeridade das prestações jurisdicionais. A consequência será a recuperação do prestígio e respeito do nosso Judiciário.

A Constituição Federal em seu artigo 1º traz uma declaração de princípio dizendo que nossa sociedade está "comprometida, na ordem interna e internacional, com a solução pacífica das controvérsias".[2]

Tal declaração diz respeito a todos, individual ou coletivamente, no âmbito público ou no setor privado e tem estreita relação com o Poder Judiciário, pois os magistrados trabalham justamente com a solução de litígios.

Infelizmente, nem sempre a sentença judicial representa o fim das controvérsias trazidas à apreciação do Poder Judiciário, por se traduzir na solução encontrada por uma terceira pessoa, o juiz, ante o conflito que lhe é apresentado por duas ou mais partes. A sentença põe fim ao processo judicial deixando, muitas vezes, o fato social que a motivou sem solução.

Vivemos hoje uma excessiva jurisdicionalização dos conflitos, com o consequente congestionamento do Judiciário, seja em razão do "hábito" de sempre acionar a Justiça, seja em razão da litigiosidade contida, da ineficiência e ausência do Estado ou da outorga de novos direitos ao cidadão. Processos e litigantes se multiplicam em todos os foros e tribunais do país que persistem nas práticas do modelo de delegar a uma terceira pessoa a capacidade de resolver conflitos, mesmo pressentindo que nem sempre este é o melhor meio para a obtenção da tão aspirada, e a cada vez mais ameaçada, paz social.

Dentro desse quadro, a sociedade e as próprias instituições necessitam buscar métodos não adversariais de solução de conflitos, pois as próprias partes em desacordo, ainda que contando com um agente externo, tem melhores chances de obter a superação da contenda.

O Conselho Nacional de Justiça, na diretriz do seu planejamento estratégico e gestão, assume a importante missão de mobilizar, em parceria com os tribunais de todo o país, o estímulo à conciliação, cumprindo, dessa forma, com o objetivo de preservar a garantia constitucional do acesso à Justiça.

---

2 BRASIL, Constituição Federal, 33ª ed. São Paulo: Saraiva, 2004

Por isso, o Conselho Nacional de Justiça (CNJ) encampou o incentivo às práticas de conciliação lançando no dia 23 de agosto de 2006, em Brasília, o "Movimento pela Conciliação", sob o slogan "Conciliar é legal", com o objetivo de estimular o Judiciário a oferecer os serviços de conciliação e incentivar as populações a fazerem uso destes mecanismos, por iniciativa dos conselheiros Germana de Moraes e Eduardo Lorenzoni, com o apoio da ministra Ellen Gracie, que declarou que *"A conciliação é caminho para a construção de uma convivência mais pacífica. O entendimento entre as partes é sempre a melhor forma para que a justiça prevaleça"*

Um dos principais pontos a favor do "Movimento pela Conciliação", é o fato de que não se necessita de vultosos gastos nem de providências complicadas para sua implementação. Não exige novos prédios, contratações onerosas, criação de cargos ou carreiras, é de baixo custo, não depende da edição de novas leis, pois lida com a noção contida no princípio inerente à licitude. O caminho judicial não fica excluído, caso a tentativa de acordo, por intermédio do conciliador, não tenha êxito. Assim, o serviço de conciliação estará disponível a todos os interessados e será acessível às diversas modalidades de jurisdição, a partir de providências mínimas.

Este movimento não prescinde dos advogados, promotores de justiça, juízes de direito, de entidades e lideranças civis. Sem dúvida não é a solução definitiva para a grave questão do "tempo do processo" e de tantos outros problemas crônicos do Judiciário, mas concorre para a melhoria do Sistema, por ser um instrumento que possibilita o real acesso aos serviços, à tutela e à proteção do Estado Jurisdição.

O movimento, em nível nacional, se traduz em um compromisso dos operadores do Direito aí incluídos juízes, advogados, promotores e procuradores, de que, antes de aceitarem um caso e levá-lo às últimas etapas de um processo judicial, enfatizarão a fase prévia em que as partes buscarão solução para o conflito. Serão eles próprios os agentes e os produtores da justiça, do acordo, da conciliação, na forma preconizada pelo Código de Processo Civil, que determina a tentativa de conciliação prévia em causas que envolvam patrimônio privado, e em algumas causas de direito de família. Essa fase em geral não é suficientemente enfatizada pelos juízes, que cultuam a cultura jurídica atual de justiça imposta e não produzida pelas partes. A conciliação, entretanto, é mais rápida e mais barata do que a sentença, pois o resultado vai estar mais próximo da vontade das partes em conflito. Chega-se a um acordo porque é vantajoso para os dois lados. Se as partes ajudam a construir o acordo, o incentivo para obedecer ao combinado é maior.

Sua importância já estava expressa no Código Comercial de 1850 e na Constituição de 1824, pela simples razão de que é mais vantajoso tanto para as partes quanto para o Estado, por se traduzir em uma economia de tempo e dinheiro.

O movimento representa também um compromisso com a expansão e o aperfeiçoamento dos Juizados Especiais, criados por Hélio Beltrão e Piquet Carneiro, então com o nome de Juizados de Pequenas Causas, que tem como objetivo ampliar o acesso à justiça, diminuir a violência e aumentar a paz social. O movimento busca, também, a formação dos profissionais jurídicos nas técnicas e habilidades necessárias ao treinamento dos conciliadores que ajudarão os juízes.

O Movimento pela Conciliação não diminui a essencialidade dos operadores do Direito. A conciliação conta com a participação de profissionais jurídicos, e eventual ilegalidade ou violação de direitos no procedimento conciliatório pode ser examinada pelo Judiciário. Todo o sistema judicial sai ganhando com a conciliação.

Diminuir a demanda por sentenças é potencializar a atuação dos juízes sobre os casos que mais dependem da sua apreciação. Daí o apoio unânime e enfático do CNJ, que tem como uma de suas principais funções a ampliação e democratização do acesso à Justiça e contribuir para a paz social.

No âmbito da Justiça do Trabalho, a Emenda Constitucional nº 24/1999 extinguiu sua representação classista substituindo-os pela Comissões Prévias de Conciliação, instituída pela Lei nº 9.958, de 12/01/2000, alterando os artigos 625-A a 625-H à Consolidação das Leis do Trabalho.

Sua implantação não diminuiu os dissídios trabalhistas, que continuam exigindo o exercício da função jurisdicional do Estado.

O Juiz do Trabalho, atuando de forma monocrática, ainda tem o dever legal de encaminhar a Conciliação ao longo do processo, por força dos artigos 846, *caput* e seu § 1º, 847 e 850 da Consolidação das Leis do Trabalho, assumindo a função antes exercida pelos Classistas, tornando o contato entre o julgador e as partes interessadas direto e imediato, aumentando a sua responsabilidade institucional aumentada de forma correspondente.

Fundamental, portanto, que o magistrado trabalhista valorize a conciliação judicial como instrumento de efetividade do Direito e da função jurisdicional.

Vale acrescentar o entendimento do eminente jurista René David a respeito: "A busca pela efetividade do direito processual, concebido como mecanismo de concretização do direito material do qual é ele o instrumento inafastável, tem obrigado o magistrado a abandonar o tecnicismo e o formalismo excessivos para construir um processo de resultados, capaz de concretizar, na realidade prática e dentro de um tempo razoável, a finalidade precípua da função jurisdicional: a pacificação, com justiça, dos conflitos intersubjetivos de interesses".[3]

É impossível à máquina judiciária estatal resolver todos os dissídios que lhe forem submetidos através de sentenças (as quais, em sua maioria, ainda precisarão ser executadas após o seu trânsito em julgado) – é que, se for preciso esgotar sempre todas as etapas e fases processuais necessárias para se chegar à efetiva satisfação dos direitos em definitivo reconhecidos como existentes, nunca haverá recursos públicos suficientes para montar e custear um aparato jurisdicional capaz de atender, em tempo razoável, a todos esses litígios.

Nenhum ramo do Poder Judiciário (e muito menos a Justiça do Trabalho brasileira) está preparado para instruir, julgar e, se necessário, executar as sentenças condenatórias proferidas em todos (ou quase todos) os processos que lhe forem ajuizados.

As consequências desse quadro já são, aliás, de conhecimento geral e infelizmente estão presentes em vários setores do Judiciário brasileiro: uma Justiça assoberbada por um número excessivo de processos é inevitavelmente uma Justiça lenta e de baixa qualidade.

Dessa forma, impõe-se a busca de alternativas de solução dos conflitos de interesses, dentre as quais assume especial relevo a conciliação das partes.[4]

Examinando o problema, o professor da Universidade de Roma Nicola Picardi[5] salientou que o direito comparado tem revelado, nos últimos anos, um perfil comum em todos os países, no sentido de reforçar e de desenvolver formas de conciliação, principalmente para garantir uma maior eficiência de todo o aparato judiciário.

Os procedimentos de conciliação parecem-lhe instrumentos desejáveis para a solução de pelo menos três ordens de controvérsia:

a) aqueles litígios, próprios da vida contemporânea, surgidos em decorrência de relações intersubjetivas relativas às ditas "instituições integrais" (tais como a família, a fábrica, a escola, o hospital ou o supermercado). Nessas hipóteses de conflitos surgidos e desenvolvidos no curso de uma relação jurídica ao menos tendencialmente

---

3   DAVID, René, *Os grandes sistemas do direito contemporâneo*, 3ª ed. São Paulo: Martins Fontes, 1996.

4   HAURIOU, André. "Derecho constitucional e instituciones políticas" (ed. espanhola), 1971, p. 30, *apud* BARROSO, Luís Roberto. *Interpretação e aplicação da Constituição – fundamentos de uma dogmática constitucional transformadora*, 3ª ed. São Paulo: Saraiva, 1999.

5   PICARDI. Nicola Il conciliatore". *Rivista Trinestrale di Diritto e Procedura Civile*, vol. 4. Milão, 1984.

continuativa, a sentença jurisdicional não parece, como norma, um instrumento idôneo de solução da controvérsia. Essa tende, de fato, a resolver o problema retrospectivamente, estabelecendo qual das duas partes na lide tinha razão e qual agiu errado, do ponto de vista técnico jurídico. O episódio isolado está inserido na situação complexa da qual saiu e a investigação do julgador tem de ser dirigida não tanto ao passado quanto ao futuro. Sobre a justiça legal, técnica, profissional deve prevalecer, como regra, a busca de toda possibilidade destinada a restabelecer uma convivência pacífica entre as partes;

b) em segundo lugar, as pequenas causas, de reduzida relevância econômica se consideradas caso a caso (como também se dá com as causas trabalhistas de pequeno valor), que se não terminarem por acordo na inauguração da audiência frequentemente serão objeto de abandono pelo autor;

c) em último lugar, as conciliações funcionam como um importante filtro preventivo para aliviar os órgãos judiciais de uma parte de sua atual carga de trabalho; nesse sentido, elas atuam como elemento importante do programa para manter e para restituir a eficiência do aparato judiciário, em seu conjunto.

Em suma, o fenômeno da conciliação atua em dois planos: o qualitativo, onde recupera faixas contenciosas que de outro modo restariam só em estado potencial, contribuindo assim para tornar realidade a efetividade da tutela jurisdicional dos direitos constitucionalmente prometida; e o plano quantitativo, onde atenua a pressão numérica dos processos judiciais, contribuindo assim para reduzir seu tempo de tramitação global e preservar a própria qualidade da atuação dos organismos judiciários, em consequência menos assoberbados.

Tal percepção tem inclusive levado o legislador processual de todos os países, nos últimos anos, a ampliar a ênfase e o espaço destinados à atividade conciliatória dos órgãos jurisdicionais em geral, como instrumento indispensável de agilização e de racionalização do próprio funcionamento da jurisdição.

Nessa linha de perspectiva, o próprio direito processual civil brasileiro, nas recentes e sucessivas reformas do CPC levadas a cabo ao longo da década de 1990, não por acaso alterou a redação de seu artigo 331 (através da Lei nº 8.952/94) para tornar obrigatória, em todos os processos regidos pelo procedimento ordinário que versem sobre direitos disponíveis e que não tenham sido extintos sem julgamento de mérito nem possam ser objeto de julgamento antecipado da lide, a designação de uma audiência de conciliação, à qual deverão comparecer as partes ou seus procuradores habilitados a transigir para, uma vez obtida a conciliação, sua redução a termo e homologação por sentença.

É fundamental a compreensão da importância da conciliação como um componente inevitável e importantíssimo do mecanismo de solução estatal dos conflitos intersubjetivos de interesses, nas sociedades contemporâneas. Isso é necessário, antes de tudo, para eliminar o inegável e equivocado preconceito que os operadores de Direito ainda têm com as conciliações em geral e, em particular, com os acordos trabalhistas – como se a Justiça que enfatizasse as conciliações em detrimento daquela que sempre decidisse os conflitos a ela submetidos através de sentença autoritativamente proferida fosse, de algum modo, uma "Justiça menor" e, também, de alguma forma sociedades primitivas, renasce a necessidade de solução harmônica dos problemas, de modo a preservar as relações, com uma tendência resultante de se evitarem os litígios".[6]

O processo do trabalho brasileiro frequentemente tem sido vítima de críticas e de preconceitos absolutamente injustificados.

Por um lado, os ataques partem daqueles que têm interesse em que ele não opere na forma célere, concentrada, simplificada e com a participação intensa e ativa do Juiz na condução do processo, que são suas características e sua própria razão de ser. De outro, os reparos vêm daqueles que, por uma visão antiquada e limitada da ciência processual, enxergam nessas peculiaridades (de fato contrárias às notas fundamentais do procedimento ordinário clássico, formalista, exageradamente lento, complexo e limitador da atuação do julgador, por apreço excessivo ao princípio dispositivo) a manifestação de deficiências técnicas absolutamente inexistentes.

É que o processo do trabalho corresponde, na verdade, a um verdadeiro sistema de tutela jurisdicional diferenciada que, como se sabe, corresponde à pré-ordenação de procedimentos distintos daquele procedimento comum clássico (seja através da concentração e da simplificação das fases e dos atos processuais, como é o caso tanto do procedimento trabalhista tradicional quanto daquele estabelecido pela Lei nº 9.957/2000, que instituiu o procedimento sumaríssimo através dos novos artigos 852-A até 852-I que acrescentou à CLT, seja através da técnica de sumarização da cognição, típica das medidas cautelares e antecipatórias) para que o instrumento processual se adapte de forma adequada e efetiva às peculiaridades das situações jurídicas substanciais que ele tem por função concretizar, nos casos de conflito "menores" os juízes que encaminhassem, com a ênfase e o empenho necessários, o entendimento entre as partes.

---

6   PINTO, José Augusto Rodrigues, "Ação homologatória de pagamento da extinção do contrato individual de em[rego por justa causa". São Paulo: LTr, p. 33-36, 1998.

Ressalte-se: também na fase conciliatória em Juízo o papel do juiz é fundamental, como instrumento estatal de equalização jurídica de partes materialmente desiguais e de controle da aplicação das normas de ordem pública que versam sobre direitos privados indisponíveis e sobre temas de interesse da sociedade em geral (questões tributárias e previdenciárias, por exemplo).

Nessa perspectiva, o magistrado[7] não é um mero "homologador" passivo de todo e qualquer acordo que lhe seja submetido pelos litigantes.[8]

O jurista baiano José Augusto Rodrigues Pinto preceitua que homologar é "confirmar ou aprovar por autoridade judicial ou administrativa" e homologação é "a aprovação por autoridade judicial ou administrativa a certos atos de particulares para que produzam efeitos jurídicos que lhe são próprios". Do ponto de vista etimológico, "homologar" equivale a "tornar próprio" aquele negócio jurídico.

Nesta última modalidade de homologação, aliás, compete ao julgador (e é aliás seu dever) examinar com a profundidade que lhe parecer necessária não só os aspectos formais do ajuste (com vistas a assegurar a livre e consciente manifestação da vontade das partes) como também o seu conteúdo, para evitar ofensa a normas de ordem pública e para assegurar a existência de uma genuína transação.

A necessidade de o Juiz do Trabalho participar ativamente não apenas da homologação das condições afinal transacionadas pelas partes como também, anteriormente, de suas próprias negociações em Juízo e da formulação da proposta final delas resultante tem uma razão ainda mais importante: assim como as sentenças e suas respectivas execuções, também as conciliações judiciais exercem um profundo impacto na aplicação prática do direito material em vigor. Afinal, a própria aplicação do direito material pelos tribunais de determinada sociedade (através das sentenças ou das conciliações celebradas em Juízo) é, além de mecanismo de justa pacificação daquele conflito específico que foi submetido à sua apreciação e julgamento, também um poderoso instrumento de indução do cumprimento espontâneo das normas, na perspectiva mais geral da sociedade na qual eles estão inseridos. É o que salientavam há muito Mauro

---

7 "Lides simuladas: a Justiça do Trabalho como órgão homologador", publicado na publicado na *Revista do Tribunal Regional do Trabalho da 3ªRegião*, vol. 60, julho/dezembro 99, p. 119-152, e na *Revista do Ministério Público do Trabalho PRT da 3ªRegião*, vol. 3, 1999, p. 73-124 e na LTr 64-01/39-56.

8 GRINOVER, Ada Pellegrini, "Os Fundamentos da Justiça Conciliativa", disponível em http://www.cnj.jus.br

Cappelletti e Briant Garth,[9] depois de lembrarem que as técnicas processuais (o modo pelo qual os direitos substanciais se tornam efetivos) servem a funções sociais: "qualquer regulamentação processual, inclusive a criação ou o encorajamento de alternativas ao sistema judiciário formal, tem um efeito importante sobre a forma como opera a lei substantiva – com que frequência ela é executada, em benefício de quem e com que impacto social. Uma tarefa básica dos processualistas modernos é expor o impacto substantivo dos vários mecanismos de processamento de litígios.[10]

Se a efetividade ou a proteção processual são apenas outro aspecto do conteúdo do Direito, como também relembram aqueles mesmos autores, pode-se afirmar com segurança que a própria aplicação do direito material nos tribunais é também um instrumento de indução do tão desejado cumprimento espontâneo das normas jurídicas.

Quanto mais efetiva a máquina jurisdicional, menos ela vai ter que trabalhar, no futuro ou a médio prazo. Quanto mais os destinatários das normas jurídicas souberem que só lhes resta cumprir a lei, por absoluta falta de melhor alternativa, menos será necessário o acionamento da máquina jurisdicional e mais eficácia e efetividade terão as normas jurídicas. Essa é, portanto, a perspectiva final com a qual os operadores do Direito em geral, mas especialmente os que exercem a função jurisdicional do Estado, têm que trabalhar – quanto mais eficaz for a jurisdição, menos ela será acionada.

A prática do juiz na conciliação tem que ter subjacentes essas mesmas considerações, pois não são só as decisões trabalhistas (de mérito ou não, de primeiro grau ou das suas instâncias recursais) que exercem impacto nas relações de trabalho, mas também o número e o conteúdo das conciliações trabalhistas. Em outras palavras, não é qualquer conciliação que deve ser homologada, não só pelos aspectos éticos e de direito material já mencionado, mas também por essa consideração eminentemente prática: se a maior parte dos acordos trabalhistas homologados em Juízo tiver seu conteúdo muito inferior ao conjunto de direitos abstratamente assegurados pelo direito material trabalhista que deveria reger o relacionamento jurídico mantido pelas partes, aqueles que são os destinatários daquelas normas substantivas e que, ao menos em princípio, estariam obrigados a seu estrito cumprimento sempre vão poder contar com a homologação, pelo Estado-Juiz, de um acordo correspondente a condições de trabalho (e a direitos) muito mais vantajosos para ele, empregador, que o simples

---

9   CAPPELLETTI, Mauro; GARTH, Bryant. *Acesso à justiça*, Porto Alegre: Sergio Antonio Fabris Editor, 1988, p. 12.

10 Cândido R. DINAMARCO. *A instrumentalidade do processo*, 7ª ed. São Paulo: Malheiros Ed., 1999, p. 162.

cumprimento da lei. Nesse quadro, existe o perigo de as conciliações judiciais serem usadas como um instrumento de esvaziamento e de inefetividade, na prática, do direito material trabalhista: as empresas razoavelmente organizadas sempre farão uma análise global da relação custo/benefício, sabendo muito bem quando lhes convém, ou não, cumprir a lei trabalhista.

Verifica-se que, nestes últimos casos de conflito, a ameaça é daquele que em princípio se beneficia do direito material, porque sabe que pode contar com uma jurisdição efetiva, capaz de, com boa probabilidade, sancionar aquele que não cumpriu espontaneamente os preceitos de conduta estabelecidos pelo ordenamento jurídico em vigor.

Mais concretamente: qual o valor médio das conciliações trabalhistas, em função do valor das obrigações trabalhistas deliberadamente descumpridas por determinados empregadores, ao longo do contrato de trabalho ou por ocasião de sua rescisão; se as conciliações normalmente são celebradas com ou sem assinatura da CTPS, com incidência ou não das contribuições previdenciárias e das obrigações tributárias e com ou sem a denominada quitação plena por todas as obrigações porventura decorrentes daquele contrato de trabalho ou da relação jurídica de outra natureza havida entre as partes. Por outro lado, qualquer empresa razoavelmente organizada faz uma análise dos custos relativos de sua política trabalhista: vale ou não a pena descumprir a lei trabalhista, à luz da relação custo-benefício? Quais os ganhos financeiros dessa conduta, em confronto com os riscos dos ônus (também financeiros) daí decorrentes (multas aplicadas pela fiscalização trabalhista, tributária e previdenciária e pela própria Justiça do Trabalho – artigos 467 e 477, § 8º, da CLT). As possíveis vantagens para o empregador são numerosas e substanciais: o número de empregados que de fato ajuízam reclamações trabalhistas frequentemente é bem inferior ao número de lesados; existem os ganhos decorrentes da prescrição trabalhista, que vão erodindo, total ou parcialmente, os direitos trabalhistas; os acordos judiciais quase sempre são celebrados em valor inferior ao devido; no caso de não conciliação na fase de conhecimento, os ganhos no mercado financeiro são sempre superiores aos ônus decorrentes do prosseguimento da ação trabalhista; resta sempre a possibilidade de vitória por vicissitudes processuais – confissão ficta, por exemplo; se nada disso ocorrer, existe sempre a possibilidade de acordo somente na execução, ainda por valor inferior ao declarado como devido, em sentença passada em julgado.[11]

---

11 MANZI, José Ernesto. O uso de técnicas psicológicas na conciliação e na colheita da prova judiciária. *Jus Navigandi*, Teresina, ano 9, nº 325, 28/05/2004. Disponível em: <http://jus.uol.com.br/revista/texto/5243>

O que, na estrita ordem de considerações empresariais de natureza econômica e administrativa, é até compreensível (embora não justificável, do ponto de vista jurídico) – o erro maior, evidentemente, é daqueles operadores do Direito que, tendo ou devendo ter na equação em prol da plena e efetiva aplicação das normas jurídicas em vigor.

Existem algumas regras básicas que o conciliador magistrado deve ter em mente ao conduzir uma audiência de conciliação.[12]

a) em primeiro lugar, nunca aceitar passivamente a negativa inicial absoluta a um acordo ou os valores inicialmente propostos por ambas as partes, submetendo-os a críticas objetivas e fundamentadas. Os reclamantes e seus advogados fazem propostas iniciais claramente exageradas, frequentemente superiores até mesmo à liquidação do somatório de seus pedidos iniciais. Por outro lado, as primeiras quantias oferecidas pelos demandados e seus procuradores, por seu valor excessivamente reduzido, são também claramente irrealistas e inaceitáveis, sendo útil que os julgadores que não tenham condições de estimar rapidamente o valor potencial de cada pedido inicial em plena audiência o façam previamente, por si mesmo ou através de algum funcionário da Vara;

b) antes de fazer alguma proposta financeira, deve o julgador, ainda que rapidamente, apontar para as partes as principais questões controvertidas e, se possível, as dificuldades e os riscos recíprocos que correrão, caso o feito prossiga (sendo útil, em alguns casos, a oitiva imediata de um ou de ambos os litigantes, o que muitas vezes permitirá evidenciar a falsidade de pelo menos algumas das alegações constantes da inicial e da defesa e quebrar a resistência das partes a um acordo mais razoável);

c) deverá ele ainda relembrar aos litigantes que a conciliação, por ser geralmente a expressão processual de uma transação, não deve ser celebrada apenas pelos valores espontaneamente reconhecidos como devidos pelo demandado (afinal, este deve pagar ao reclamante, além dos valores incontroversos, alguma quantia que corresponda a direitos que ele não reconhece devidos mas foram postulados pelo autor – ou seja, algo que corresponda à "res dubia" que é o objeto necessário de qualquer transação, em decorrência da própria definição legal dada ao instituto pelo artigo 1.025 do Código Civil);

d) em contrapartida, deverá ser desfeita a ilusão do autor, muitas vezes manifestada, de que poderá receber em acordo o total ou algo muito próximo da quantia que ele próprio considera devida, pois, nesse caso é evidente que nada de vantajoso adviria da conciliação para a parte contrária e o reclamante, por sua vez, não estaria

---

12 TRIBUNAL DE JUSTIÇA DO ESTADO DE SÃO PAULO – Material de Apoio para os Conciliadores dos Juizados especiais Cíveis do Estado de SãoPaulo, 2009

fazendo nenhuma concessão recíproca, elemento que, repita-se, é inerente a uma verdadeira transação;

e) por fim, para não desgastar e dar maior peso à sua intervenção conciliadora, não deve em princípio o juiz do trabalho, no decorrer da audiência, fazer mais que uma proposta quantitativa para que as partes se conciliem, a menos que tenha ocorrido algum fato novo no seu decorrer que justifique a revisão do montante inicialmente sugerido, como, por exemplo, a confissão de alguma das partes a respeito de algum fato a ela desvantajoso no decorrer das tratativas ou ao ser interrogada pelo juiz.

Cabe, porém, formular algumas advertências, para evitar mal-entendidos: não pode o juiz do trabalho transmitir aos litigantes a impressão de que está disposto a transigir com normas de ordem pública ou com os valores das despesas processuais em geral, em troca de um acordo. Isso, além de incompatível com a dignidade e a seriedade da função jurisdicional, pode ensejar a equivocada conclusão de que o Poder Judiciário estaria mais interessado em livrar-se de todos ou de quase todos os litígios, para que não houvesse necessidade da instrução do processo ou da prática dos atos decisórios que são, por definição, o seu desfecho natural. Por outro lado, estão fadados ao insucesso quaisquer argumentos que ingenuamente apelem ao desejo das partes de "homenagear o Juízo" com a celebração de qualquer conciliação (tendo caráter meramente retórico, como é evidente, qualquer manifestação dos litigantes ou de seus procuradores nesse sentido).

Finalmente, não deve também o juiz do trabalho agir de forma autoritária, respeitando a liberdade de qualquer das partes de não celebrar acordo, mesmo depois de advertida para as consequências negativas que poderão lhe advir do prosseguimento do feito, em virtude do direito constitucional, assegurado a todo e qualquer litigante, de receber a tutela jurisdicional de mérito que declare em definitivo o direito aplicável à controvérsia posta em Juízo (ainda que seu conteúdo afinal seja contrário aos seus interesses.

Para a Semana Nacional pela Conciliação, os tribunais selecionam os processos que tenham possibilidade de acordo e intimam as partes envolvidas no conflito. Caso o cidadão ou instituição tenha interesse em incluir o processo na Semana, deve procurar, com antecedência, o tribunal em que o caso tramita.

Quando uma empresa ou órgão público está envolvido em muitos processos, normalmente, o tribunal faz uma audiência prévia para sensibilizar a empresa/órgão a trazer ao mutirão boas propostas de acordo.

As conciliações pretendidas durante a Semana são chamadas de processuais, ou seja, quando o caso já está na Justiça. No entanto, há outra forma de conciliação: a pré-processual ou informal, que ocorre antes do processo ser instaurado e o próprio interessado busca a solução do conflito com o auxílio de conciliadores e/ou juízes.

A Semana Nacional pela Conciliação é um marco anual das ações do Conselho Nacional de Justiça e dos tribunais para fortalecer a cultura do diálogo.

A busca do melhor acordo possível deve passar pela mais vasta gama de soluções, sempre com a preocupação de procurar interesses comuns que conciliem, de maneira criativa, os interesses divergentes das partes. Nesse sentido, é importante que o acordo reflita algum padrão justo, razoável e que seja consenso entre as partes envolvidas. Pode-se, por exemplo, tomar como referência o valor de mercado, uma opinião especializada ou uma lei.

Assim, ao discutir as soluções, nenhum dos lados precisa ceder ao outro.

Ambos devem acatar uma solução justa, baseada em critérios previamente discutidos e aceitos.

Para resolver interesses conflitantes, as pessoas devem acordar no que seja, no mínimo, justo para ambas.

Normalmente, as partes envolvidas numa negociação acreditam existir uma única alternativa para a solução do problema, e caminham nessa direção.

Isso se deve a alguns fatores: acomodação, ausência de criatividade para buscar outras opções, falta do hábito de buscar diferentes soluções.

Sendo assim, quanto mais forem estimuladas a criarem alternativas de ganhos mútuos, mais facilmente chegarão a um acordo.

Todas as alternativas levantadas para a solução do problema devem ser consideradas, cabendo ao conciliador indicar outras que lhe ocorrerem, mas sempre com imparcialidade. Quanto mais opções existirem para atender aos interesses dos envolvidos numa conciliação, maiores serão as chances de se chegar a um acordo.

O conciliador deve sempre estar atento para que os acordos obtidos sejam realistas, devendo satisfazer ao máximo as partes e prevenir questionamentos futuros, a fim de que sejam o mais duradouro possível.

Após a síntese dos pontos comuns encontrados, cabe ao conciliador fazer um resumo do acordo de forma compreensível para as partes, o que as auxiliará na escolha de soluções que atendam aos critérios da realidade: um acordo que seja imparcial, sensato, eficiente e que aprimore o relacionamento entre as pessoas envolvidas na conciliação.

Em suma, para que os meios alternativos de resolução de controvérsias, em especial dos meios consensuais – mediação e conciliação – sejam corretamente utilizados e constituam efetivamente um modo de assegurar aos jurisdicionados um verdadeiro e adequado acesso à justiça e à ordem jurídica justa, há a necessidade de estabelecimento de uma política pública de tratamento adequado dos conflitos de interesses, que dê um mínimo de organicidade, qualidade e controle à sua prática.

A instituição de semelhante política pública pelo CNJ, além de criar um importante filtro da litigiosidade, estimulará em nível nacional o nascimento de uma nova cultura, não somente entre os profissionais do direito, como também entre os próprios jurisdicionados, de solução negociada e amigável dos conflitos.

Essa cultura terá inúmeros reflexos imediatos em termos de maior coesão social e determinará, com toda a certeza, mudanças importantes na organização da sociedade, influindo decisivamente na mudança do conteúdo e orientação do ensino universitário na área de Direito, que passará a formar profissionais com visão mais ampla e social, com plena consciência de que lhes cabe atuar muito mais na orientação, pacificação, prevenção e composição amigável, do que na solução contenciosa dos conflitos de interesses.

Em seu *discurso de posse* na Presidência do Supremo Tribunal Federal, o eminente Ministro Cezar Peluso externou o seu entendimento a respeito dos problemas que acometem o Judiciário brasileiro, fazendo-o nos seguintes termos:

> Pesquisas recentes e confiáveis mostram que 43% dos brasileiros, ao sentirem seus direitos desrespeitados, procuram soluções por conta própria. Só 10% vão diretamente à Justiça. Os outros dividem-se na busca de mediação de advogados, no recurso à polícia, na renúncia ao interesse e, pasmem, até no uso da força. É verdade que, entre os que recorrem ao Judiciário, 46% se declaram satisfeitos e, apenas 23%, inconformados. Mas está claro que isso não pode consolar-nos.
>
> Ora, as rápidas transformações por que vem passando, sobretudo nas últimas décadas, a sociedade brasileira, tem gravado e quadro lastimável, em virtude da simultânea e natural expansão da conflituosidade de interesses que, desaguando no Poder Judiciário, o confronta com sobrecarga insuportável de processos, em todas as latitudes do seu aparato burocrático. E uma das causas proeminentes desse fenômeno está, como bem acentua o Des. Kazuo Watanabe, na falta de uma política pública menos ortodoxa do Poder Judiciário em relação ao tratamento dos conflitos de interesses. O mecanismo judicial, hoje disponível para dar-lhes resposta, é a velha solução adjudicada, que se dá mediante produção de sentenças e, em cujo seio, sob influxo de uma arraigada cultura de dilação, proliferam os recursos inúteis e as execuções extremamente morosas e, não raro, ineficazes.

É tempo, pois, de, sem prejuízo doutras medidas, incorporar ao sistema os chamados meios alternativos de resolução de conflitos, que, como instrumental próprio, sob rigorosa disciplina, direção e controle do Poder Judiciário, sejam oferecidos aos cidadãos como mecanismos facultativos de exercício da função constitucional de resolver conflitos. Noutras palavras, é preciso institucionalizar, no plano nacional, esses meios como remédios jurisdicionais facultativos, postos alternativamente à disposição dos jurisdicionados, e de cuja adoção o desafogo dos órgãos judicantes e a maior celeridade dos processos, que já serão avanços muito por festejar, representarão mero subproduto de uma transformação social ainda mais importante, a qual está na mudança de mentalidade em decorrência da participação decisiva das próprias partes na construção de resultado que, pacificando, satisfaça seus interesses.

Tão logo assumiu o cargo de Presidente da Suprema Corte, o Ministro Cezar Peluso cuidou imediatamente de concretizar a política pública anunciada, nomeando uma comissão especial para proceder aos respectivos estudos.

A Resolução nº 125, de 29 de novembro de 2010, é resultado dessa iniciativa e o CNJ por meio dela institucionalizou a *"Política Judiciária Nacional de tratamento adequado dos conflitos de interesses no âmbito do Poder Judiciário"*.

Seguem alguns dos pontos mais importantes dessa Resolução:

a) atualização do conceito de acesso à justiça, nãocomo mero acesso aos órgãos judiciários e aos processos contenciosos, e sim como acesso à ordem jurídica justa;

b) direito de todos os jurisdicionados à solução dos conflitos deinteresses pelos meios mais adequados a sua natureza e peculiaridade, inclusive com a utilização dos mecanismos alternativos de resolução de conflitos, como a mediação e a conciliação;

c) obrigatoriedade de oferecimento de serviços de orientação e informação e de mecanismos alternativos de resolução de controvérsias, além da solução adjudicada por meio de sentença;

d) preocupação pela boa qualidade desses serviços de resolução de conflitos, com a adequada capacitação, treinamento e aperfeiçoamento permanente dos mediadores e conciliadores;

e) disseminação da cultura de pacificação, com apoio do CNJ aos tribunais na organização dos serviços de tratamento adequado dos conflitos, com a busca da cooperação dos órgãos públicos e das instituições públicas e privadas da área de ensino, para a criação de disciplinas que propiciem o surgimento da cultura da solução pacífica dos conflitos de interesses;

f) é imposta aos Tribunais a obrigação de criar:

1. Núcleos Permanentes de Métodos Consensuais de Solução de Conflitos;

2. Centros Judiciários de Solução de Conflitos e Cidadania;

3. Cursos de capacitação, treinamento e aperfeiçoamento de mediadores e conciliadores, "com a observância do conteúdo programático e carga horária mínimos estabelecidos pelo CNJ";

4. banco de dados para a avaliação permanente do desempenho de cada Centro;

5. Cadastro dos mediadores e conciliadores que atuem em seus serviços.

Desde que seja adequadamente implementada a Resolução, certamente assistiremos a uma transformação revolucionária, em termos de natureza, qualidade e quantidade dos serviços judiciários, com o estabelecimento de filtro importante da litigiosidade, com o atendimento mais facilitado dos jurisdicionados em seus problemas jurídicos e conflitos de interesses e com o maior índice de pacificação das partes em conflito, e não apenas solução dos conflitos, isso tudo se traduzindo em redução da carga de serviços do nosso Judiciário, que é sabidamente excessiva, e em maior celeridade das prestações jurisdicionais. A consequência será a recuperação do prestígio e respeito do nosso Judiciário.

Com a implantação do Núcleo Fixo da Conciliação no âmbito do Tribunal Regional do Trabalho da 2a Região, em vias de concretização, assistiremos, com toda a certeza, à profunda transformação do nosso tribunal, que substituirá a atual "*cultura da sentença*" pela "*cultura da pacificação*", disso nascendo, como produto de suma relevância, a maior coesão social.

CORREIÇÃO PARCIAL E RECLAMAÇÃO CORRECIONAL À INSTÂNCIA SUPERIOR

Raíssa Bressanim Tokunaga
Fernando Rogério Peluso

Até os dias de hoje, pouco se utiliza a correição parcial – ou reclamação correicional – no processo do trabalho, de modo que o seu instituto ainda é objeto de questionamento acerca das hipóteses de cabimento e formas de utilização, o que nos motivou a abordar o tema.

Etimologia e origem histórica da correição parcial

Correição possui origem etimológica do latim, *correctio*, de *corrigere*, e deriva do verbo *correger*, que significa corrigir, reformar, emendar, sanar.

No vocabulário jurídico, correger compreende "realizar correção, ou seja, realizar exames ou vistoria nos expedientes e documentos de certo órgão, a fim de verificar se os serviços estão sendo desempenhados com eficiência e lisura".[1]

A correição parcial é o instituto por meio do que qual as partes informam o Tribunal ou o órgão corregedor sobre erros e abusos dos juízes, possibilitando a aplicação de medidas administrativas, desde a advertência até uma punição.

A origem da correição parcial remonta do direito romano, alcançando os portugueses por meio das Ordenações Filipinas (Livro II, Título 26, nº 15) e Manuelinas (Livro II, Título 45, nº 8).

Tratava-se de um remédio dos reis para, dentre outros, fiscalizarem as atividades dos magistrados no tocante a probidade e eficiência. Com o passar dos tempos houve a divisão dos poderes (Executivo, Legislativo e Judiciário), sendo que tal função passou a ser exercida pelo próprio Judiciário, por meio do juiz corregedor.[2]

---

1 In: *Encicopédia Saraiva do Direito*. São Paulo: Saraiva, 1982, vol. 20, p. 512.
2 ALMEIDA, Amador Paes de. *Curso prático de processo do trabalho*, 12ª ed. São Paulo: Saraiva, 1999, p. 259.

No Brasil, a correição parcial tem como antecendente o agravo de instrumento de dano irreparável, previsto no artigo 669, §15, do Regulamento nº 737, de 1850, e destinado a corrigir os atos interlocutórios defeituosos, desde que não houvesse recurso adequado à espécie e nem a possibilidade de revisão do ato pelo próprio juiz do despacho.

Mas o primeiro diploma legal a instituir expressamente a correição parcial foi o Decreto nº 9.623, de 1911, que dispunha sobre a organização judiciária do Distrito Federal, cujo artigo 142 dizia que se for do conhecimento do Conselho Supremo ou da Procuradoria-Geral "fato grave que exija correição parcial em qualquer ofício da justiça, deverá aquele efetuá-la imediatamente, qualquer que seja a época do ano". Para a citada norma, a correição servia para "omissão de deveres atribuída aos juízes e funcionários da justiça, ou para emenda de erros ou abusos, contra a inversão tumultuária dos atos e fórmulas da ordem legal dos processos, em prejuízo do direito das partes".[3]

Em 1940, o Decreto-lei 2.726 estabeleceu como competência do Corregedor-Geral do Tribunal de Justiça da Capital da República o julgamento das "correições parciais e autos, para emenda de erros, ou abusos, que importem na inversão tumultuária dos atos e fórmulas da ordem legal do processo, quando para o caso não haja recurso".

Para Manoel Antonio Teixeira Filho, a correição parcial tem origem "em essência, de duas causas: a) a falta de uma satisfatória sistematização legal da medida, notadamente no que respeita ao seu cabimento; b) a antipatia por suas origens alguma espúrias e por sua índole ditatorialesca – nada obstante existam pensadores que não tenham hesitado em dirigir-lhe acalorados discursos apologéticos".[4]

Denominação e disposição legal

O instituto da correição parcial também é denominado de reclamação correicional.[5]

A Constituição Federal de 1988 dispõe no artigo 96, I, *b*, a existência da correição parcial, *in verbis*:

---

3 MARTINS, Sergio Pinto. *Direito processual do trabalho: doutrina e prática forense; modelos de petições, recursos, sentenças e outros*, 24ª ed. São Paulo: Editora Atlas, 2005, p. 470.

4 *Sistema de recursos trabalhistas*, 8ª ed. São Paulo: LTr, 1995, p. 420.

5 Outras denominações dadas pela doutrina: recurso clandestino (Egas Diniz Moniz de Aragão. *A correição parcial*. São Paulo: J. Bushatsky Editor, 1969, p. 11) e recurso anômalo (Tarcisio Alberto Giboski. Função Corregedora nos Tribunais, *Revista do TST*, vol. 67, nº 2, abr/jun 2001, p. 108-130).

Art. 96. Compete privativamente:
I – aos tribunais:
(...)
b) organizar suas secretarias e serviços auxiliares e os dos juízos que lhes forem vinculados, velando pelo exercício da *atividade correcional respectiva* (grifamos).

Infraconstitucionalmente, no processo do trabalho, a Consolidação das Leis do Trabalho (CLT) estabelece no artigo 682, XI, a competência do juiz presidente do Tribunal Regional do Trabalho para decidir a correição parcial:

Art. 682. Competem privativamente aos Presidentes dos Tribunais Regionais, além das que forem conferidas neste e no título e das decorrentes do seu cargo, as seguintes atribuições:
XI – exercer *correição*, pelo menos uma vez por ano, sobe as Juntas, ou parcialmente sempre que se fizer necessário, e solicitá-la, quando julgar conveniente, ao Presidente do Tribunal de Apelação relativamente aos Juízes de Direito investidos na administração da Justiça do Trabalho (grifamos).

Em complementação, o artigo 709, II, da CLT, prevê que é de competência do Ministro Corregedor do Tribunal Superior do Trabalho o julgamento da reclamação correicional, conforme abaixo transcrito:

Art. 709. Compete ao Corregedor, eleito dentre os Ministros togados do Tribunal Superior do Trabalho:
II – Decidir *reclamações contra atos atentatórios da boa ordem processual* praticados pelos Tribunais Regionais e seus presidentes, quando inexistir recurso específico (grifamos).

Nesse mesmo sentido a Lei nº 1.533/51– Lei do Mandado de Segurança, no tocante ao descabimento de *mandamus* quando o despacho ou a decisão judicial puder ser modificado(a) pela via correicional:

Art. 5. Não se dará mandado de segurança quando se tratar:
II – de despacho ou decisão judicial, quando haja recurso previsto nas leis processuais ou possa ser modificado por via de correção.

Atualmente, encontra-se superada a discussão quanto ao cabimento da correição parcial no processo do trabalho, por três motivos: (i) o instituto é fundamentado na Carta Magna; (ii) no Judiciário Trabalhista há previsão em norma concernente à organização judiciária; e (iii) supletivamente, os regimentos internos dos Tribunais vêm disciplinando sobre o tema.

Conceito

A correição parcial existe como medida destinada a possibilitar a intervenção de uma autoridade judiciária superior diante de atos que tumultuem o processo pela instância inferior.

O instituto tem como prerrogativa ser uma providência de ordem disciplinar destinada a coibir os andamentos desordenados do processo ou os abusos cometidos indiscriminadamente pelos magistrados. Busca-se, assim, que Tribunal devolva o feito ao seu curso normal, corrigindo os equívocos procedimentais cometidos.

Carlos Henrique Bezerra Leite esclarece que a correição parcial poderá ser manejada "nas hipóteses em que a parte se sentir na iminência de sofrer prejuízo em decorrência de tumulto ocorrido no processo e desde que não exista um remédio específico para sanar o prejuízo provocado pelo juiz da causa".[6]

Nos dizeres de Christóvão Piragibe Tostes Malta "contra os atos processuais praticados com ofensa à ordem legal, 'à boa ordem processual', como se costuma dizer, e contra os quais não seja previsto recurso na lei com efeito suspensivo, admite-se a reclamação ao corregedor correspondente à autoridade que praticou o ato irregular".[7]

O atentado contra a boa ordem procedimental tem inúmeros efeitos, tais como a demora da prestação jurisdicional, a dificuldade de a parte provar o que entende como

---

6 *Curso de direito processual do trabalho*, 9ª ed. São Paulo: LTr, 2011, p. 925.
7 *Prática do processo trabalhista*, 30ª ed. São Paulo: LTr, 2000, p. 615.

seu direito, o acréscimo das despesas processuais e o agravo à credibilidade da Justiça ante seus jurisdicionados.[8]

Nesse sentido, entendemos como ato tumultuário da boa ordem processual aquele que não observa as regras legais do processo,[9] o que não se confunde com a ampla direção exercida pelo magistrado na sua condução.[10]

Existem duas espécies de correição:

(i) geral ou ordinária: trata-se de uma atividade fiscalizatória exercida habitualmente pelo juiz corregedor na área de sua responsabilidade, sem motivo específico e como decorrência das suas obrigações funcionais;[11]

(ii) parcial ou extraordinária: fiscalização do juiz corregedor a um caso específico, geralmente denunciado por pessoa interessada.

Sergio Pinto Martins classifica em três as espécies de correição parcial, acrescentando a extraordinária, realizada pelo juiz corregedor nas Varas de sua responsabilidade, sem prazo determinado, no momento em que for necessária.[12]

O objeto do presente estudo é a correição parcial ou extraordinária, que é destinada a corrigir atos já praticados pelo juiz, de modo que não tem a pretensão de funcionar como uma medida preventiva de erros futuros.

Natureza jurídica

A doutrina se divide quanto à natureza jurídica da correição parcial, sendo que encontramos três correntes: (i) reclamação; (ii) recurso e (iii) incidente processual.

Antes de apresentarmos os três entendimentos, mister se faz a distinção entre recurso e reclamação.

---

8   SAAD, Eduardo Gabriel. *Temas trabalhistas: 1. Da correição parcial. 2. Substituição de sentença*, LTr Suplemento Trabalhista 137/00, ano 36, São Paulo, 2000, p. 758.

9   Exemplo: retirar petição dos autos quando já houve a juntada.

10 Art. 765, CLT. "Os Juízos e Tribunais do Trabalho terão ampla liberdade na direção do processo e velarão pelo andamento rápido das causas, podendo determinar qualquer diligência necessária ao esclarecimento delas."

11 O artigo 682, XI, da CLT, prevê como atribuição dos Presidentes dos Tribunais o exercício da correição, pelo menos uma vez por ano, nas Varas do Trabalho, ou sempre que se fizer necessária.

12 *Op. cit.*, p. 472.

O recurso é um meio processual de impugnação das decisões interlocutórias e das sentenças, garantindo às partes, ao Ministério Público do Trabalho e a terceiro prejudicado que possam se valer de reexame da decisão.

Já a reclamação versa como queixa, buscando que se reconheça a existência de um direito.

Assim, os dois institutos possuem natureza jurídica distinta, pois enquanto a reclamação é um meio de exigir a proteção administrativa ou a tutela jurisdicional, o recurso funciona como um meio de impugnação de atos do juiz somente.[13]

A corrente que defende a natureza jurídica de reclamação fundamenta a correição parcial como um direito de petição e, como tal, assegurado constitucionalmente no artigo 5º, XXXIV, "a".

A crítica a esse posicionamento gira em torno de que o direito de petição não se iguala ao direito de ingressar com ações ou acionar o Poder Judiciário para que tome providências, pois "tutela uma forma excepcional de intervenção do particular, *ut cives*, nos atos de gestão da coisa pública".[14]

O direito de petição, para J. J. Gomes Canotilho, "é um direito político que tanto pode se dirigir à defesa dos direitos pessoais (queixa, reclamação) como à defesa da constituição, das leis ou do interesse geral".[15]

Nesse cenário em que o direito de petição se presta à defesa dos direitos fundamentais do ser humano à luz da Carta Magna, não há como equipará-lo ao tutelado pela correição parcial, de natureza processual.

A segunda corrente considera que a correição parcial possui natureza de recurso, porquanto sua finalidade é a de proporcionar à parte que se vê prejudicada a análise da sua questão por um órgão judicial hierarquicamente superior, proferindo um novo juízo de valor que pode manter ou reformar o ato ou despacho impugnado.[16]

Para Aloysio Santos, ainda que reconheça que não se trata efetivamente de um recurso "no elenco de medidas processuais possíveis de serem usadas no curso do processo, esta correicional se posiciona, sem dúvida, ao lado dos recursos, considerando que ela instaura um procedimento, é passível de preclusão ou impossibilidade

---

13 SANTOS, Aloysio. *A correição parcial: reclamação ou recurso acessório?*, 2ª ed. São Paulo: LTr, 2002, p. 37.

14 ARAGÃO, Egas Diniz Moniz de. *Op. cit.*, p. 53.

15 *Direito constitucional*, 6ª ed. Coimbra: Livraria Almedina, 1996, p. 663.

16 São seguidores desse entendimento Moacyr Amaral Santos, Miguel Reale e Fernando Tourinho Filho.

de revisão do despacho atacado, caso não seja apresentada no prazo previsto nos regimentos internos dos tribunais e, finalmente, existe desde que o ato reclamado seja lesivo à parte reclamante. Esses princípios são inerentes exatamente aos recursos no sistema do Código de Processo Civil e da Consolidação das Leis do Trabalho".[17]

Existe uma coerência lógica na interpretação de que a correição parcial possui natureza de recurso, especialmente sob a ótica estrutural, mas no mínimo então estamos tratando de uma atipicidade. Isso porque os recursos propriamente ditos possuem rol exaustivo nas leis processuais e visam modificar o provimento jurisdicional consumado em decisões ou sentenças por meio de um colegiado, o que não é o caso da correição parcial.

De fato, esta trata de um controle administrativo e/ou disciplinar do juiz e não tem a intenção de interferir na atividade jurisdicional definitiva.

Para José Frederico Marques, a correição parcial possui natureza de recurso supletivo ou sucedâneo de recurso, pois a parte lança mão de um procedimento camuflado de providência disciplinar por não haver recurso previsto em lei.[18]

Interessante também é o posicionamento de Ricardo Verta Luduvice, citando Pedro Paulo Teixeira Manus, em que afirma que "a correição parcial seria um 'minirrecursinho' de espaço estreito e seria utilizada em casos graves em que a atuação do juiz do trabalho causasse uma marca indelével no processo".[19]

De fato, a correicional tem sido utilizada como recurso, na medida em que pleiteia a reforma da decisão judicial via Corregedoria, tendo em vista a inexistência de uma técnica sistematização da medida, o que configura omissão legislativa quanto às hipóteses de cabimento. Aliado a isto encontramos a expectativa do prejudicado de obter reparo do ato de modo célere, desconsiderando-se a possibilidade da via recursal no momento adequado.

Para a terceira corrente doutrinária,[20] também minoritária, mas com a qual compactuamos, a correição parcial tem natureza de incidente processual, providência de ordem disciplinar e administrativa prevista nos regimentos internos dos tribunais.

---

17 *Op. cit.*, p. 42.
18 *Manual de direito processual*, vol. I, 2ª ed. São Paulo: Saraiva, 1974, p. 08.
19 *Correição parcial no processo trabalhista*, São Paulo: Método Editora, 2000, p. 24.
20 São adeptos da natureza jurídica de incidente processual da correição parcial: Sergio Pinto Martins, Francisco Antonio de Oliveira, Amador Paes de Almeida, Amauri Mascaro Nascimento e Wagner Giglio.

Esse posicionamento defende que o comportamento do magistrado no processo é mais importante do que o ato jurisdicionado praticado.

Somos adeptos dessa corrente pelo fato de a correição parcial não se enquadrar no conceito de reclamação ou recurso, na medida em que se caracteriza como um meio para o interessado provocar a intervenção de uma autoridade judiciária hierarquicamente superior, inclusive não sendo cabível quando existir via recursal apropriada. Além disso, não se submete ao contraditório.

A Jurisprudência da Tribunal Superior do Trabalho também caminha nesse sentido, tendo decidido recentemente, em 01 de fevereiro de 2011, *verbis:*

> É manifestamente inviável a pretensão revisora de acórdão, na medida em que os vícios de juízo não são passíveis de correição parcial, que fica jungida ao exame de erros de procedimento que impliquem abuso do poder jurisdicional.
> Não se decide em correição parcial o direito discutido no processo, mas apenas a atuação tida como procedimentalmente tumultuária.
> A função correicional restringe-se ao controle administrativo e disciplinar, com objeto limitado apenas aos vícios de atividade que provoquem desvirtuamentos procedimentais ou atentem contra a boa ordem processual.
> Com efeito, extrapola a competência funcional da Corregedoria-Geral discutir se correta ou não a decisão constante do acórdão hostilizado, sob pena de afrontar os atributos ontológicos da magistratura, encerrados no livre convencimento e independência, por força do qual o juiz se submete apenas à sua convicção na aplicação da lei. O controle das decisões compete às instâncias jurisdicionais superiores, de acordo com o sistema recursal.
> Apenas os órgãos com função jurisdicional estão legitimados a reexaminar e rever acórdão, não sendo cabível a utilização de Reclamação Correicional como sucedâneo de recurso para impugnar *error in judicando*.[21]

Logo, podemos perceber que a correição parcial possui aparência de reclamação, objetivo de recurso e procedimento de ação especial.

---

21 TST, CorPar-201-84.2011.5.00.0000, Ministro Corregedor-Geral da Justiça do trabalho Carlos Alberto Reis de Paula, j. 01/02/2011, DEJT 03/02/2011. Extraído do site: http://ext02.tst.jus.br/pls/ap01/ap_red100.resumo?num_int=13782&ano_int=2011&qtd_acesso=424197

Requisitos e cabimento

A correição parcial pressupõe três requisitos de admissibilidade:

1. existência de uma decisão ou despacho contendo erro ou abuso que possa tumultuar o andamento normal do processo;
2. inexistência de recurso específico contra esse ato para corrigir o erro de procedimento;
3. dano ou possibilidade de dano para a parte.

No tocante ao cabimento, é utilizada para corrigir erros, abusos e atos contrários à boa ordem processual, na hipótese de inexistência de previsão de recurso ou outro meio processual, de modo que se direciona contra vícios da atividade e não erros de julgamento.

Normalmente, o instituto da correição parcial está previsto nos regimentos internos dos Tribunais, especialmente quanto aos pressupostos ou requisitos de admissibilidade.

Não pressupõe preparo ou recolhimento de depósito recursal, bem como não há necessidade de pagamento de custas processuais. Nem mesmo existe previsão de contrarrazões.

Há que se atentar para a utilização correta da correição parcial, eis que tem sido utilizada no processo do trabalho como agravo de instrumento com vistas a modificar as decisões interlocutórias. Pode-se justificar na ausência de sistematização da medida, o que causa imprecisões nos regimentos internos dos Tribunais quanto a prazos e foros de interposição. Mas também na impossibilidade de recurso das decisões interlocutórias no processo do trabalho versus a expectativa do prejudicado em obter a reforma do ato mais rapidamente.

Competência

A competência para o julgamento da correição é:
1. do Ministro Corregedor do TST, para reclamações contra atos atentatórios da boa ordem processual praticados pelos Tribunais Regionais e seus Presidentes (artigo 709, II, da CLT);

2. dos Presidentes do Tribunais Regionais para o exercício da correição, pelo menos uma vez por ano, sobre as Varas, ou parcialmente sempre que necessário (artigo 682, XI, da CLT); e

3. do Tribunal Pleno, quando o Tribunal Regional não for dividido em Turmas, para julgar em única ou última instância as reclamações contra atos administrativos de seu Presidente ou de qualquer de seus membros, assim como dos juízes de primeira instância e de seus funcionários (artigo 678, I, "d", 2, da CLT).

Procedimento.

A petição inicial da correição parcial deverá ser escrita, acompanhada dos documentos necessários, e conter:

(i) a designação da autoridade, que será o juiz corregedor;

(ii) a qualificação do autor e a indicação da autoridade que praticou o ato atentatório contra a boa ordem processual;

(iii) o fato e os fundamentos jurídicos do pedido;

(iv) o pedido, com suas especificações;

(v) a indicação das provas necessárias à instrução dos fatos; e

(vi) data e assinatura do autor ou se representante deve estar munido de procuração com poderes específicos, sob pena de não conhecimento da medida.

É bom esclarecer que mesmo que a parte tenha apresentado pedido de reconsideração, o prazo para a interposição da correição parcial não é suspenso, bem como a correição também não interrompe o andamento do processo principal.

O juiz de primeira instância não poderá negar seguimento à medida, ainda que tenha sido apresentada intempestivamente.

Após autuada a correição, o juiz corrigido deverá receber cópia da inicial e dos documentos, para que preste as informações necessárias por meio de ofício ao juiz corregedor.

O julgamento da correição é realizado pelo juiz corregedor, em decisão monocrática. Da decisão do Ministro Corregedor-Geral caberá agravo regimental (artigo 709, §1º, da CLT[22]), endereçado às seções especializadas ou ao Pleno do TST.

---

22 Art. 709. "Compete ao Corregedor eleito dentre os Ministros Togados do Tribunal Superior do Trabalho:

Quanto à legitimidade, a correição parcial pode ser proposta por qualquer das partes que se sinta prejudicada por um *error in procedendo* ou um ato do magistrado que tumultue o feito, bem como pelo Ministério Público do Trabalho, se for parte na ação.

Vale ressaltar que diante do silencio da lei quanto aos procedimentos a serem adotados para a correição parcial, recomendamos a verificação do regimento interno do Tribunal onde tramita o processo principal, para fins de adequação da medida ao caso concreto.

Constitucionalidade da correição parcial

Sob a ótica do processo civil, alguns doutrinadores, tais como Moacyr Amaral Santos, Christóvão Tostes Malta, Campos Batalha, Arruda Alvim, Nelson Nery Júnior e José Frederico Marques, dentre outros, defendem que o instituto da correição parcial previsto no regimento interno dos Tribunais é inconstitucional.

A justificativa se dá com fundamento na Constituição Federal, artigo 22, I, que dispõe que somente cabe à União legislar sobre processo, prerrogativa não conferida ao Poder Judiciário.

Sendo assim, se a Lei Maior determinou a competência para legislar sobre matéria processual privativa da União, retirando até mesmo dos Estados essa possibilidade, a previsão expressa nos Códigos de Organização Judiciária e nos Regimentos Internos viola o mandamento constitucional.

Ou seja, considerando-se que os Códigos Estaduais de Organização Judiciária preveem a correição parcial como uma espécie de recurso de natureza processual (e não administrativo-disciplinar), há fundamento jurídico para considerá-la inconstitucional nos moldes como vem sendo adotada.

Para Moacyr Amaral dos Santos, "trata-se de um instrumento com vestes e função de recurso criado por leis de organização judiciária e até mesmo por disposições inseridas em regimentos internos dos Tribunais, e, pois, flagrantemente inconstitucionais, repelido pela doutrina, mas admitido e agasalhado pela jurisprudência, para suprir lacunas e obviar defeitos, muitas vezes insuperáveis".[23]

---

§1º – Das decisões proferidas pelo Corregedor, nos casos do artigo, caberá o agravo regimental, para o Tribunal Pleno."

23 *Primeiras linhas de direito processsual civil*, vol. I, 4ª ed. São Paulo: Max Limonad, 1971, p. 215.

No âmbito do processo do trabalho, a constitucionalidade da medida é indiscutível, pois encontra previsão expressa na CLT, nos artigos 682 e 709, já transcritos anteriormente.

Correição parcial e independência do juiz

Dentre todos os aspectos que já tratamos no presente estudo, cabe ainda a análise da delimitação dos atos passíveis de atuação da Corregedoria, já que este órgão não possui legitimidade para interferir no exercício independentemente da função jurisdicional, prerrogativa constitucional do magistrado.

Vale elucidar, diante da própria definição de correição parcial, que os atos jurisdicionais pautados no livre convencimento do juiz não se encontram sujeitos à correição parcial.

Cabe analisar, portanto, quando do cabimento da via correicional, se se encontra resguardada a independência do magistrado, prerrogativa indissociável ao exercício da função judicante, como parte integrante do Estado Democrático de Direito. Destaca-se, ainda, que a função judicante tem alicerce em dois pilares: a subordinação do juiz à Constitucional Federal e à lei; e a irrestrita independência e imparcialidade do juiz no tocante às partes, terceiros e outros Poderes da República.[24]

A atividade jurisdicional é resguardada com valores e princípios para sua legitimação, de modo que pelo princípio do dispositivo processual o Estado atribui ao juiz o poder geral de conduzir o processo (artigo 130 do CPC[25] combinado com artigo 765 da CLT).

Além disso, outros princípios estão presentes, tais como o do sistema de avaliação dos elementos probantes pelo magistrado, consubstanciado no método da persuasão racional (artigo 131 do CPC[26]), além do livre convencimento do magistrado, embora deva ser motivado.

---

24 GOUVÊA, Ligia Maria Teixeira. Delimitação da correição parcial. In: *Revista Trabalho & Doutrina*, nº 22, São Paulo: Saraiva, 1999, p. 37.

25 Art. 130. "Caberá ao juiz, de ofício ou a requerimento da parte, determinar as provas necessárias à instrução do processo, indeferindo as diligências inúteis ou meramente protelatórias."

26 Art. 131. "O juiz apreciará livremente a prova, atendendo aos fatos e circunstâncias constantes dos autos, ainda que não alegados pelas partes; mas deverá indicar, na sentença, os motivos que lhe formaram o convencimento."

Nesses moldes, o juiz goza de independência justamente com a finalidade de cumprir a lei, já que sua função é expressar a vontade legal.

Ou seja, o poder de intervenção da Corregedoria deve interferir apenas nos atos decorrentes de *error in procedendo* que causem desordem processual, como medida de verificação do procedimento e não da livre convicção judicial, já que não configura uma medida de sujeição intelectual do órgão hierarquicamente inferior.

Tabela comparativa de Regimentos Internos de alguns Tribunais Regionais do Trabalho.

Apresentamos abaixo uma tabela comparativa de Regimentos Internos de alguns Tribunais Regionais do Trabalho, para fins de comparação de procedimentos adotados para processamento da correição parcial:

	TRT 2ª R. (SP)	TRT 15ª R. (SP)	TRT 10ª R. (DF)	TST
Nomenclatura	Reclamação Correicional	Reclamação Correicional	Pedido de Correição	Correição parcial
Prazo	5 dias	5 dias	8 dias	5 dias
Endereçamento	Juiz da Causa	Corregedor	Corregedor	Corregedor-Geral
Requisitos	Regimento Interno	Regimento Interno	Regimento Interno	Regimento Interno da CGJT
Prazo para Julgamento	10 dias	–	–	10 dias

Verificamos que cada Tribunal Regional possui regramento próprio para processar a correição parcial, que pode diferenciar desde a nomenclatura adotada até o prazo para apresentação da medida e endereçamento.

Conclusão

À guisa de conclusão, acreditamos que a correição parcial é uma forma de controle interno dos atos judiciais do magistrado, que deve ter como ponto de partida a questão procedimental (aquela que busca garantir o bom andamento processual).

Esse aspecto é essencial para a medida, tendo em vista que se houver enfrentamento do mérito da demanda estaremos diante de hipótese recursal e não de regularidade do procedimento.

O instituto merece ser analisado de maneira pedagógica, não como forma de intimidar ou punir o juiz que tem seu ato corrigido, sendo que esbarra na ampla liberdade que esse possui de conduzir o processo.

Nesse cenário, verificamos que a atividade correicional:

1. não se executa sobre ato jurisdicional, mas procedimental;
2. relaciona-se com a atividade administrativa do magistrado;
3. tem cabimento em hipótese de tumulto processual;
4. só tem cabimento se não existir recurso para o mesmo ao ou outro meio de defesa.

É fato que a correição parcial, diante da imprecisão legislativa quanto aos seus requisitos legais, encontra-se numa zona de desconforto para os interessados na sua utilização, de modo que a exigir que o Juiz Corregedor utilize-se, na prática, de critérios de sua vida prática para apreciar a correição.

Não há que se falar, no entanto, em extrapolação da competência pelo Juiz Corregedor, eis que deve se ater à correção do bom andamento do processo, encontrando o limite no artigo 765 da CLT e de modo a não haver interferência na atividade judicante do magistrado, que deve ser livre e independente para tomar suas decisões.

Quanto à natureza da correção, compactuamos com a corrente que entende ser um incidente processual, providência de ordem disciplinar e administrativa prevista nos regimentos internos dos tribunais.

Entendemos que não se enquadra no conceito de reclamação ou recurso, na medida em que se trata de um meio para o interessado provocar a intervenção de uma autoridade judiciária hierarquicamente superior, inclusive não sendo cabível quando existir via recursal apropriada.

Para o instituto da correição parcial, o comportamento do magistrado no processo é mais importante do que o ato jurisdicionado praticado.

RESPONSABILIDADE SOLIDÁRIA E SUBSIDIÁRIA NA JUSTIÇA DO TRABALHO

Alexandre Gomes Kamegasawa[1]

Inicialmente, entendemos necessário ser esclarecida qual a definição de ambas as responsabilidades, para em seguida passarmos ao estudo de cada um dos institutos ora em debate, uma vez que temos constatado que em algumas petições iniciais, muitas vezes, trazem confusão na formulação dos pedidos, trocando os mesmos, ou ainda, pedindo-os cumulativamente.

Maria Helena Diniz, em seu Dicionário Jurídico, sobre a Responsabilidade Solidária, assim preleciona:

> RESPONSABILIDADE SOLIDÁRIA. Direito Civil. Responsabilidade resultante de obrigação solidária passiva.[2]
> SOLIDARIEDADE. Direito Civil. Existência numa mesma obrigação de multiplicidade de credores ou de devedores, ou de uns e outros, onde cada credor tem direito à totalidade da prestação, como se fosse o único credor, ou cada devedor está obrigado pelo débito todo como se fosse o único devedor. Logo, o credor, havendo solidariedade, pode exigir de qualquer dos codevedores a dívida por inteiro, e o adimplemento da prestação por um dos devedores libera todos ante o credor comum.[3]

Conforme se verá a seguir, a Responsabilidade Subsidiária se diferencia da Solidária, tendo aspectos completamente distintos uma da outra:

---

1 Advogado Trabalhista do escritório Eli Alves da Silva Advogados Associados desde novembro/2002, graduado em 1999 pela Faculdade de Direito da FMU, Ex-Secretário e Membro Efetivo da Comissão de Direito Trabalhista da OAB/SP e Ex-Secretário Adjunto da Comissão Especial de Direito Empresarial do Trabalho da OAB/SP.
2 DINIZ, Maria Helena. *Dicionário Jurídico*, vol. 4. São Paulo: Saraiva, 1998.
3 DINIZ, Maria Helena. *Dicionário Jurídico*, vol. 4. São Paulo: Saraiva, 1998, p. 415.

RESPONSABILIDADE SUBSIDIÁRIA. Direito civil e direito comercial. Responsabilidade que recai sobre garantias que somente são exigidas quando a principal é insuficiente.[4]
SUBSIDIÁRIA. Ação ou responsabilidade que confirma a principal.[5]

Diante dos esclarecimentos acima, podemos concluir que a Responsabilidade Solidária converte-se numa obrigação principal a ser assumida e cumprida pelos devedores solidários, sendo que a Responsabilidade Subsidiária, por sua vez, pressupõe a necessidade de esgotamento das tentativas de cumprimento pelo devedor principal, que se não cumprida, poderá a obrigação ser dirigida ao devedor subsidiário.

A advocacia empresarial tem se confrontado com reclamações trabalhistas, onde os pedidos de responsabilização solidária e subsidiária são feitos de forma genérica, sem qualquer preocupação com os requisitos técnicos e jurídicos da aplicabilidade de uma ou de outra, onde se exagera da premissa do *"Da mihi factum et dabo tibi jus –* Dá-me o fato e te darei o direito", pois se constata o pedido de uma quando é cabível a outra, ou de ambas, quando aparentemente, o reclamante não sabe qual é a corretamente aplicável ao caso concreto, tentando passar ao magistrado a competência para definir qual o seu real direito, muitas vezes, havendo flagrante violação aos requisitos essenciais da petição inicial, previstos no artigo 840, da CLT.

Assim, visando à compreensão clara e objetiva de cada responsabilidade ora em estudo, passaremos a debatê-las de forma individual, apresentando as peculiaridades, requisitos e obrigações de cada uma, ressaltando que o estudo visará uma apresentação específica sobre a aplicabilidade das mesmas no processo do trabalho.

Responsabilidade solidária na justiça do trabalho

A Responsabilidade Solidária decorrente das relações de trabalho e de emprego se baseiam legalmente na previsão contida no artigo 2º, parágrafo 2º, da Consolidação Leis do Trabalho, que assim prevê:

---

4   DINIZ, Maria Helena. *Dicionário Jurídico*, vol. 4. São Paulo: Saraiva, 1998, p. 187.
5   DINIZ, Maria Helena. *Dicionário Jurídico*, vol. 4. São Paulo: Saraiva, 1998, p. 439.

> Artigo 2º/CLT. Considera-se ao empregador a empresa, individual ou coletiva, que, assumindo os riscos da atividade econômica, admite, assalaria e dirige a prestação pessoal de serviços.
> Parágrafo 1º (...)
> Parágrafo 2º Sempre que uma ou mais empresas, tendo, embora, cada uma delas, personalidade jurídica própria, estiverem sob a direção, controle ou administração de outra, constituindo grupo industrial, comercial ou de qualquer outra atividade econômica, serão, para os efeitos da relação de emprego, solidariamente responsáveis a empresa principal e cada uma das subordinadas.

Trata a responsabilidade solidária de obrigação principal conjunta, onde o credor poderá buscar seu cumprimento junto a qualquer dos devedores, independentemente de preferência de ordem, não havendo sequer a obrigatoriedade de cobrá-los conjuntamente, vez que o devedor solidário é responsável direto e objetivo pela obrigação, de acordo com a previsão contida no artigo 264, do Código Civil:

> Artigo 264/CC. Há solidariedade, quando na mesma obrigação concorre mais de um credor, ou mais de um devedor, cada um com direito, ou obrigado, à dívida toda.

O Ilustre Jurista e Doutrinador Sérgio Pinto Martins, sobre o tema afirma que:

> A Lei nº 6404/76 estabelece que o grupo deve ser necessariamente de sociedades, mas no Direito do Trabalho o grupo é mais amplo, pois é grupo de empresas, dando margem à existência do grupo de fato ou do grupo formado por pessoas físicas. Assim, as pessoas físicas de uma mesma família que controlam e administram várias empresas formarão o grupo econômico, pois comandam e dirigem o empreendimento, não importando que tipo de pessoa detenha a titularidades do controle, se pessoa física ou jurídica.[6]

---

6 MARTINS, Sergio Pinto, *Comentários a CLT*. São Paulo: Editora Atlas, 1998, p. 36.

A solidariedade, à luz do artigo 265, do Código Civil, se impõe pela vontade expressa das partes ou por previsão legal:

> Artigo 265/CC. A solidariedade não se presume; resulta da lei ou da vontade das partes.

Na justiça do trabalho, os requisitos que pressupõe a solidariedade às vezes tentam ser manipulados de forma a não aparecerem, visando fraudar a existência dos contratos de trabalho, seja pela terceirização fraudulenta ou pela tentativa de descaracterização da existência do grupo econômico.

Tem sido muito comum a tentativa de alguns grupos econômicos, após constatarem a insolvência de uma de suas empresas, transferir a atividade, fundo de comércio, marcas, pessoal, maquinários, imóveis, enfim, todo o patrimônio, seja material ou humano, para uma terceira empresa, visando proteger o patrimônio da empresa insolvente de eventuais execuções.

Para tanto, alguns grupos econômicos tem se valido de práticas pouco recomendadas e muitas vezes ilegais, sendo que referidos atos tem sido reconhecidos pela justiça do trabalho como fraudulentos, imputando às empresas envolvidas a responsabilidade solidária pelos valores e obrigações devidos aos empregados:

> Solidariedade – Grupo Econômico – A solidariedade quanto às responsabilidades decorrentes das relações trabalhistas, regidas e impostas pela CLT às empresas que tenham controle acionário ou administração comuns, deflui da presunção da existência de interesses comuns, satisfeitas aquelas condições. Ademais, não só a existência de sócios comuns culmina no reconhecimento da solidariedade. Comprovada a promiscuidade na administração das empresas envolvidas, reconhece-se a constituição de grupo econômico e, emergente desta situação a corresponsabilidade destas pelos fardos trabalhistas.[7]

Além da administração promíscua de empresas pertencentes ao mesmo grupo econômico, tem a responsabilidade solidária sido imputada aos casos onde resta

---

[7] Ac. un. da 10 T. do TRT da 2ª R., RO 02940091409, Rel. Wagner José de Souza, j. 4-12-95, DJ-SP II 19-1-96, p. 38"

configurada a fraude decorrente da contratação de mão de obra intermediada por outra empresa, ainda que estas não sejam pertencentes ao mesmo grupo econômico.

No caso em tela podemos exemplificar situações onde uma empresa terceiriza determinado setor ou atividade, onde no decorrer dos anos há a substituição da empresa terceirizada mas não dos empregados, que continuam prestando serviços sempre para a mesma empresa tomadora, havendo apenas a substituição da anotação do seu contrato de trabalho pela nova empresa prestadora. Nessa situação, quando buscada a prestação da tutela jurisdicional pelo empregado, com base na previsão contida no artigo 9º, da Consolidação das Leis do Trabalho, tem sido reconhecido como seu empregador a empresa tomadora, e condenando-se todas as empresas envolvidas, tomadora e prestadoras, de forma solidária, visto ser comprovada a fraude visando apenas violar o direito do empregado:

> Artigo 9º/CLT. Serão nulos de pleno direito os atos praticados com o objetivo de desvirtuar, impedir ou fraudar a aplicação dos preceitos contidos na presente Consolidação.

Pedimos vênia para transcrever parte da sentença proferida em 24 de maio de 2011, pela Juíza Federal do Trabalho, Dra. Heloisa Menegaz Loyola, nos autos da reclamação trabalhista nº 02203004120095020086, que tramita perante a 86ª Vara do Trabalho de São Paulo, que apreciou exatamente a matéria ora em comento:

> 4. CONTRATO DE TRABALHO
> Alega o reclamante que foi contratado pela 3ª reclamada, de 16/02/2004 até 27/07/2005, ato contínuo foi contratado pela 4ª reclamada até 24/06/2007 e, no dia seguinte, contratado pela 1ª reclamada até a dispensa, em 09/02/2009, sempre prestando serviços em favor da 2ª reclamada. Requer a declaração de vínculo de emprego com a 2ª reclamada, nulidade das contratações e unicidade contratual.
> As reclamadas contestam o alegado, argumentando que responderiam apenas pelo período de cada contrato, com exceção da 4ª ré, revel e confessa. A 2ª reclamada afirma que manteve contrato com as outras reclamadas, mas não admite o fato de o reclamante ter lhe prestado serviços.

Diante disso, era do reclamante o ônus de comprovar a veracidade de suas alegações, nos termos nos artigo 818 da CLT e 333, I, do CPC, do qual se desincumbiu a contento.

Com efeito, a primeira testemunha, que trabalhou com o autor a partir de agosto/2006, pela 4ª e 1ª reclamadas, afirma que sempre trabalharam na mesma função, sempre em benefício da 2ª reclamada, subordinados a funcionários da 2ª reclamada, com material da 2ª reclamada e sempre no mesmo local.

A segunda testemunha trabalhou com o autor a partir de fevereiro de 2005, pela 3ª reclamada, também afirma que prestaram serviços para a 2ª reclamada, subordinados a funcionários da 2ª reclamada, com o sistema de informática, ferramenta de trabalho, da 2ª reclamada.

Assim sendo, tenho como nulo de pleno direito os contratos de trabalho por intermédio das 1ª, 3ª e 4ª reclamadas, nos termos do art. 9º da CLT, ficando reconhecido o vinculo empregatício da reclamante com a 2ª. reclamada, pois foi a real beneficiária do serviço prestado pelo autor e empregadora, no período compreendido entre 16/02/2004 até 09/02/2009, na função de operador de telemarketing, com salário de R$ 1.407,65 mensais.

Deverá o autor ser intimado para que em 10 dias contados do trânsito em julgado, junte aos autos sua CTPS, intimando-se a 2ª. reclamada para que nos 10 dias subsequentes, proceda as necessárias anotações, sob pena de não o fazendo, arcar com o pagamento de multa diária em favor da reclamante, no importe de 1/30 de seu salário último, desde o vencimento da obrigação até seu efetivo cumprimento o limite do valor do salário do autor.

Após o trânsito em julgado, serão expedidos ofícios ao INSS, DRT e CEF, para aplicação das penalidades cabíveis na esfera administrativa.

Considerando-se que a irregularidade na contratação importa em fraude ao INSS, impedindo o recolhimento de contribuições previdenciárias e também face a intermediação ilegal de mão de obra, será expedidos, ainda, após o trânsito em julgado, ofício ao Ministério Público, para apuração de ocorrência de eventual ilícito na esfera penal.

Diante da fraude na contratação, responderão as reclamadas de forma solidária, nos termos do artigo 9º da CLT e, por analogia a regra do artigo 455 da CLT.

Assim, podemos concluir que a responsabilidade solidária pode ser imputada a qualquer das empresas pertencentes ao mesmo grupo econômico do qual faz parte a devedora principal, ou ainda, mediante a confirmação da reunião de empresas, mesmo que não pertençam ao mesmo grupo econômico, visando a prática de atos violadores às relações de emprego e dos direitos dele decorrentes, a exemplo da terceirização fraudulenta de atividade-fim através de empresa intermediadora de mão de obra.

Responsabilidade Subsidiária Na Justiça Do Trabalho

A Responsabilidade Subsidiária não possui previsão legal, estando no âmbito da Justiça do Trabalho, albergada pelo entendimento jurisprudencial unificado através da Súmula nº 331, do Tribunal Superior do Trabalho, que prendeu regulamentar a matéria, assim dispondo:

> CONTRATO DE PRESTAÇÃO DE SERVIÇOS. LEGALIDADE (nova redação do item IV e inseridos os itens V e VI à redação) – Res. 174/2011, DEJT divulgado em 27, 30 e 31/05/2011
> I – A contratação de trabalhadores por empresa interposta é ilegal, formando-se o vínculo diretamente com o tomador dos serviços, salvo no caso de trabalho temporário (Lei nº 6.019, de 03/01/1974).
> II – A contratação irregular de trabalhador, mediante empresa interposta, não gera vínculo de emprego com os órgãos da Administração Pública direta, indireta ou fundacional (art. 37, II, da CF/1988).
> III – Não forma vínculo de emprego com o tomador a contratação de serviços de vigilância (Lei nº 7.102, de 20/06/1983) e de conservação e limpeza, bem como a de serviços especializados ligados à atividade-meio do tomador, desde que inexistente a pessoalidade e a subordinação direta.
> IV – O inadimplemento das obrigações trabalhistas, por parte do empregador, implica a responsabilidade subsidiária do tomador dos serviços quanto àquelas obrigações, desde que haja participado da relação processual e conste também do título executivo judicial.
> V – Os entes integrantes da Administração Pública direta e indireta respondem subsidiariamente, nas mesmas condições do item IV, caso evidenciada a sua conduta culposa no cumprimento das obrigações da Lei nº 8.666, de 21/06/1993, especialmente na fiscalização do cumprimento das obrigações contratuais e legais da prestadora de serviço como empregadora.

A aludida responsabilidade não decorre de mero inadimplemento das obrigações trabalhistas assumidas pela empresa regularmente contratada.

VI – A responsabilidade subsidiária do tomador de serviços abrange todas as verbas decorrentes da condenação referentes ao período da prestação laboral.

De maneira simplória, podemos definir que a Responsabilidade Subsidiária na Justiça do Trabalho, será aplicada nos casos em que o reclamante ao distribuir sua reclamação trabalhista, incluirá no polo passivo além da empresa que contratou diretamente seu labor e anotou seu contrato de trabalho, definida como prestadora, também a empresa tomadora, que firmou a contratação da empresa prestadora.

Sendo a reclamação julgada procedente, com o reconhecimento da contratação da empresa prestadora pela empresa tomadora, a fase de execução se iniciará contra a primeira, e em não sendo localizados bens e/ou ativos financeiros suficientes para a garantia da execução, será determinado pelo Juiz do Trabalho, de ofício, a execução da empresa tomadora, responsável subsidiária pelas obrigações e deveres devidos pela empresa prestadora.

A terceirização de mão de obra é o típico caso da existência de responsabilidade subsidiária, onde a empresa terceirizada, responsável pela anotação do contrato de trabalho do empregado, não honra com suas obrigações trabalhistas, causando à empresa tomadora do seu serviço e que se beneficiou diretamente do labor prestado pelo empregado, a responsabilidade subsidiária das obrigações porventura devidas, devendo, como requisito para aplicabilidade dessa responsabilidade, serem ambas as empresas acionadas judicialmente, ainda na fase de cognição, para que a empresa tomadora faça parte do título executivo judicial.

Diferentemente da responsabilidade solidária, que decorre de previsão legal ou da vontade das partes, a responsabilidade subsidiária pode ser presumida, devendo ser provado apenas a existência da relação jurídica entre as empresas tomadora e prestadora.

A característica principal da responsabilidade subsidiária é que o empregado da prestadora se socorre de uma garantia, mesmo que subjetiva, de recebimento dos seus direitos, em caso de inadimplência ou insolvência do seu empregador, que muitas vezes se resumem a empresas sem qualquer estrutura, que intermediam em sua grande maioria a contratação de profissionais de limpeza, vigilância, portaria, atendimento, entre outras atividades meio.

Como regra geral, temos verificado que, na prática, a Justiça do Trabalho não tem isentado a empresa tomadora de serviços da responsabilidade subsidiária, mesmo se ventilada a ausência de culpa *in vigilando* e *in eligendo*, bastando a simples comprovação da existência da relação jurídica entre as empresas tomadora e prestadora para a efetivação da condenação impondo a responsabilidade subsidiária.

É importante ressaltar que a única fundamentação a amparar a aplicabilidade da responsabilidade subsidiária no processo do trabalho, se resume à Súmula nº 331 do Tribunal Superior do Trabalho, ao qual passaremos a analisar individualmente cada inciso:

Inciso I

I – A contratação de trabalhadores por empresa interposta é ilegal, formando-se o vínculo diretamente com o tomador dos serviços, salvo no caso de trabalho temporário (Lei nº 6.019, de 03/01/1974).

Pretendeu a Corte Superior evitar a mercantilização do empregado, sendo que no caso concreto, não se trataria de responsabilidade subsidiária mas sim solidária, salvo na exceção prevista em caso de trabalho temporário, onde a empresa tomadora não se eximirá de ser executada subsidiariamente, caso a prestadora seja inadimplente e insolvente.

Inciso II

II – A contratação irregular de trabalhador, mediante empresa interposta, não gera vínculo de emprego com os órgãos da Administração Pública direta, indireta ou fundacional (art. 37, II, da CF/1988).

O referido inciso II foi editado face o Princípio da Indisponibilidade da Coisa Pública, pois com o advento da Constituição Federal de 1988, houve um exagero na quantidade de ações distribuídas na Justiça do Trabalho, visando o reconhecimento do direito ao vínculo empregatício com o Poder Público, na qualidade de servidor, para aqueles que estivessem trabalhando há pelo menos 5 (cinco) anos, conforme previsto no artigo 19, das Disposições Transitórias.

À época, houve muitas decisões que reconheceram como nulas as contratações feitas por empresas interpostas, passando o vínculo a ser formalizado com o Poder Público, que figurava na condição de tomador, passando o empregado a usufruir de todos os benefícios e condições inerentes ao servidor concursado, entre eles a estabilidade.

Justifica-se a existência do referido inciso a bem do serviço e do patrimônio público, devendo apenas ser ressalvada sua razoabilidade, em respeito ao previsto no artigo 173, parágrafo 1º, da Constituição Federal:

> Art. 173. Ressalvados os casos previstos nesta Constituição, a exploração direta de atividade econômica pelo Estado só será permitida quando necessária aos imperativos da segurança nacional ou a relevante interesse coletivo, conforme definidos em lei.
> Parágrafo 1º A lei estabelecerá o estatuto jurídico da empresa pública, da sociedade de economia mista e de suas subsidiárias que explorem atividade econômica de produção ou comercialização de bens ou de prestação de serviços, dispondo sobre: (Redação dada pela Emenda Constitucional nº 19, de 1998)
> Inciso III
> III – Não forma vínculo de emprego com o tomador a contratação de serviços de vigilância (Lei nº 7.102, de 20/06/1983) e de conservação e limpeza, bem como a de serviços especializados ligados à atividade-meio do tomador, desde que inexistente a pessoalidade e a subordinação direta.

O entendimento desse inciso é muito simples, pois possibilita a terceirização das atividades nele descritas, sem que haja a formação de vínculo empregatício com a empresa tomadora, todavia, não poderá existir na relação de fato entre o empregado e a tomadora, a presença da pessoalidade e da subordinação, pois daí prevalecerá o contrato realidade, havendo a possibilidade de reconhecimento do vínculo empregatício.

Ressalta-se que apesar do inciso prever a possibilidade de terceirização sem o reconhecimento de vínculo empregatício, não há como se afastar o instituto da responsabilidade subsidiária, pois em caso de inadimplemento ou insolvência da empresa prestadora, será a tomadora acionada para o cumprimento da obrigação, desde que constante do título executivo judicial.

> Inciso IV
> IV – O inadimplemento das obrigações trabalhistas, por parte do empregador, implica a responsabilidade subsidiária do tomador dos serviços quanto àquelas obrigações, desde que haja participado da relação processual e conste também do título executivo judicial.

Esse inciso resume toda a matéria aqui explanada anteriormente, onde se fundamentam os inúmeros pedidos formulados na Justiça do Trabalho, visando a imputação da responsabilidade subsidiária às empresas tomadoras, em relação aos consectários legais devidos pelas empresas prestadoras de mão de obra.

A exigência de que a tomadora, para ser responsabilizada subsidiariamente, participe da fase de conhecimento do processo e conste do título executivo judicial é de suma importância, pois incluirá a responsabilidade e a presença de cada responsável dentro dos limites da coisa julgada, o que, inclusive, possibilitará ao tomador, uma eventual ação regressiva contra o prestador, visando recuperar qualquer valor despendido.

Inciso V
V – Os entes integrantes da Administração Pública direta e indireta respondem subsidiariamente, nas mesmas condições do item IV, caso evidenciada a sua conduta culposa no cumprimento das obrigações da Lei nº 8.666, de 21/06/1993, especialmente na fiscalização do cumprimento das obrigações contratuais e legais da prestadora de serviço como empregadora. A aludida responsabilidade não decorre de mero inadimplemento das obrigações trabalhistas assumidas pela empresa regularmente contratada.

Como já dito anteriormente, na prática, as condenações impostas pela Justiça do Trabalho, tem sido proferidas de forma ampla e genérica, simplesmente apurando-se a existência ou não da relação jurídica entre as empresas tomadora e prestadora, recaindo sobre a Administração Pública a condenação subsidiária de qualquer verba reconhecida como devida pela empresa prestadora.

Inciso VI
VI – A responsabilidade subsidiária do tomador de serviços abrange todas as verbas decorrentes da condenação referentes ao período da prestação laboral.

O último inciso da Súmula 331 prevê que a responsabilidade subsidiária abrange não só as verbas devidas originalmente pela prestadora, mas também encargos, multas e quaisquer outras decorrentes da relação de emprego, dentro do período em que houve a efetiva prestação do empregado para a tomadora, por intermédio da prestadora.

O entendimento textualizado pela Súmula nº 331, do Tribunal Superior do Trabalho, socorre a lacuna existente na legislação, que não prevê a imputação da responsabilidade subsidiária às empresas tomadoras de serviços, sendo, de forma indireta, uma maneira do Poder Judiciário estar legislando.

Nesse sentido existe uma corrente de interpretação, de certa forma frágil, visto violar entendimento sumulado pelo Tribunal Superior do Trabalho, que não concorda com os procedimentos determinados por Súmulas.

Não existindo qualquer disposição legal que autorize a cobrança subsidiária de verbas trabalhistas da empresa tomadora de serviços, inexistiria a possibilidade jurídica do Poder Judiciário condenar a mesma ao pagamento de verbas atinentes a empresa prestadora.

Neste aspecto, a Constituição Federal em seu artigo 5º, inciso II, consagrou como base fundamental e alicerce do ordenamento democrática do Estado de Direito, o *princípio da legalidade* ou *princípio da legalitariedade*,[8] nos seguintes termos:

> Art. 5º
> (...)
> II – ninguém será obrigado a fazer ou deixar de fazer alguma coisa senão em virtude de lei.

Com efeito, inexistindo lei que regulamente a responsabilidade subsidiária, não há como o ordenamento jurídico albergar o pedido do reclamante em sua tutela jurisdicional, sob pena de estar-se contrariando mandamento Constitucional.

Neste sentido, oportuna, *data venia*, os ensinamentos do eminente professor e jurista Cretella Júnior, que ao comentar a aplicação do princípio constitucional da legalidade, assim, resenha a questão:[9]

> Pensamos com o mesmo autor[10] que esse princípio é 'a base fundamental' (p. 582), que 'ele está no cerne da construção, que é a democracia representativa' (p. 583), que 'é inerente à democracia' (p. 583); não há então por que não exaltá-la, e até com exagero.

---

8 MIRANDA, Pontes de. *Comentários*, 3ª ed., Rio, Ed. Forense, 1987, vol. V, p. 1

9 CRETELLA JÚNIOR, J. *Comentários à Constituição de 1988*, vol. I. Rio de Janeiro: Forense, p. 193.

10 FERREIRA FILHO, Manoel Gonçalves. *Comentários à Constituição Brasileira*, 6ª ed., 1986, p. 583.

Desta forma, por não existir lei que regulamente a responsabilidade subsidiária, não haveria como ser aplicada ao processo do trabalho.

Não obstante a edição da Súmula 331 pelo Colendo Tribunal Superior do Trabalho, não existe embasamento legal para a aplicação da referida Súmula, tornando-se ineficaz. Destarte, em que pese o entendimento daquela Corte Superior, não compete ao Poder Judiciário invadir a competência do Poder Legislativo e editar normas que contrariem Cláusulas Pétreas da Constituição Federal, sob pena de estar-se ferindo a harmonia entre os Três Poderes do Estado e por consequência, vir a abalar as estruturas do Estado Democrático de Direito.

Reportamos aos ensinamentos do Prof. Cretella Júnior, que destaca que a Norma Constitucional deve ser aplicada a todos os poderes e órgãos, nos seguintes termos:[11]

> O indefinido 'ninguém' refere-se não apenas ao particular, ao cidadão, como também ao próprio Estado, ao governante, ao Poder Executivo e ao Poder Judiciário, que não podem criar obrigações novas, limitando-se a ação dos agentes desses Poderes ao cumprimento da lei ('suporta a lei que fizeste' – patere legem quam fecisti).

E mais adiante resume o alcance do princípio:[12]

> a) no Estado democrático, ou Estado de direito (Rechtstaat), nenhuma autoridade pode tomar decisão individual, obrigando alguém a fazer ou deixar de fazer alguma coisa, que não se contenha nos limites fixados por uma disposição ou regra geral, ou seja, por uma lei formal ou material; (...); c) nenhum ato jurídico é válido, a não ser que seja conforme as regras editadas pelo Poder Legislativo, pelo que as autoridades dos três Poderes somente podem tomar decisões se estas não contrariarem normas válidas do sistema jurídico em que se encontram

---

11 CRETELLA JÚNIOR, J. *Comentários à Constituição de 1988*, vol. I. Rio de Janeiro: Forense, p. 195.

12 CRETELLA JÚNIOR, J. *Comentários à Constituição de 1988*, vol. I. Rio de Janeiro: Forense, p. 196.

Com base neste princípio, um quase *dogma do direito natural*, não existindo norma que determine a responsabilidade subsidiária, não há como ser o reclamante favorecido com o pleito de condenação subsidiária, por faltar-lhe amparo legal. Com efeito, existirá o instituto da impossibilidade jurídica do pedido.

Assim, encerramos esse estudo concluindo que a responsabilidade subsidiária não possui previsão legal, estando amparado apenas pelo entendimento jurisprudencial unificado pela Súmula nº 331, do Tribunal Superior do Trabalho, que prevê em seus incisos as condições de sua aplicabilidade ao caso concreto, ficando ainda, em aberto, o debate sobre a legalidade da edição das Súmulas, que em muitos casos, assim como na nº 331, acaba, mesmo que de forma indireta, legislando sobre matéria trabalhista.

AÇÃO REVISIONAL PROPOSTA PELO EMPREGADOR NA JUSTIÇA DO TRABALHO

Aparecida Tokumi Hashimoto

1. Introdução

Neste trabalho tratamos da aplicação da ação revisional ao processo trabalhista.

São frequentes as ações movidas por Sindicatos representantes de categorias profissionais, na condição de substitutos processuais, nas quais postulam o pagamento de adicional de insalubridade e/ou periculosidade para os trabalhadores de uma empresa, quando ainda em curso a relação de emprego.

Para garantir o pagamento, mês a mês, das prestações vincendas, é comum a sentença determinar à empresa condenada ao pagamento do adicional de insalubridade ou periculosidade, que inclua o valor correspondente em folha de pagamento (OJ 172 da SDI-1).

Todavia, por ser a relação de emprego uma relação continuativa ou de trato sucessivo, as sentenças proferidas em ações de adicionais de insalubridade e periculosidade estão sujeitas à influência da cláusula *rebus sic stantibus*, ou seja, prevalecem enquanto não modificada a situação fática ou jurídica que ensejou a sua prolação.

Nos dias atuais, em razão da necessidade de se tornarem competitivas no mundo globalizado, as empresas estão tomando várias providências, tais como: modernização do seu parque industrial, mediante aquisição de máquinas e equipamentos tecnológicos mais avançados; uso de produtos químicos menos agressivos à saúde humana; fornecimento de equipamentos de proteção individual mais adequados e eficazes a cada atividade; orientação e treinamento aos trabalhadores sobre o uso correto, guarda, conservação e substituição dos EPIs, quando da sua danificação ou extravio; implantação de medidas de proteção coletiva de prevenção de riscos ambientais, dentre outras, que promovem uma completa transformação do meio ambiente de trabalho e tornam possível a eliminação e/ou neutralização de agentes insalubres e/ou perigosos.

Se eliminada ou neutralizada a insalubridade e/ou periculosidade, cabível o ajuizamento de ação revisional com lastro no art. 471, I, do Código de Processo Civil, aplicável subsidiariamente ao processo do trabalho, por força do art. 769 da Consolidação das Leis do Trabalho (omissão do direito processual do trabalho), pela empresa que pretenda se exonerar da obrigação de continuar pagando o adicional de insalubridade e/ou periculosidade imposta por sentença transitada em julgado.

2. Ação revisional

O artigo 471, I, do Código de Processo Civil prescreve que:

> Nenhum juiz decidirá novamente as questões já decididas, relativas à mesma lide, salvo: I – se, tratando-se de relação jurídica continuativa, sobreveio modificação no estado de estado ou de direito, caso em que poderá a parte pedir a revisão do que estatuído na sentença.

A expressão "salvo" em seguida ao texto respectivo, sugere a ideia equivocada de que o juiz poderia julgar novamente questões já decididas, relativas à mesma lide, o que não é verdade. Tal regra não comporta qualquer exceção.

O legislador, ao utilizar a expressão "salvo", só teve a intenção de permitir à parte a revisão de julgado em relação jurídica continuativa, por via de ação revisional, respaldada na superveniência de modificação no estado de fato ou de direito.

A alteração ou modificação no estado de fato ou de direito do que foi decidido na sentença anterior justifica o exercício de novo e superveniente direito de ação pela parte que pretende a modificação da obrigação então vigorante.

Não se trata de alterar a decisão trânsita em julgado, mas de dar regramento jurídico diferente ao que "foi estatuído na sentença" em face do novo quadro fático-jurídico. Aquilo que ficou assentado na sentença não se altera, nem é revogado, apenas deixa de ser aplicado à relação jurídica material atual entre as partes, porque esta já não é mais a mesma.

3. Ação revisional x Ação rescisória

Não há como se confundir ação de revisão com ação rescisória.

A ação rescisória objetiva a rescisão de uma sentença transitada em julgado, isto é, a extinção da situação jurídica definida pela sentença anterior, eivada de algum dos vícios elencados no artigo 485, do CPC.

Já a ação revisional é o remédio jurídico cabível àquelas hipóteses em que se pretende novo comando sentencial em face da alteração do estado de fato ou de direito sobre o qual a sentença anterior se alicerçou.

A pretensão do autor da demanda não é dirigida à rescisão da sentença exequenda, mas sim, à sua revisão através de nova ação, em razão da modificação do estado de fato, de modo a adaptar o pronunciamento anterior à nova realidade fática superveniente.

Não se busca através da ação revisional a modificação da sentença anterior, pois esta foi alicerçada nas circunstâncias e pressupostos daquele momento. O que se pretende através da ação revisional é adaptar aquele comando judicial, conforme a alteração sofrida nos pressupostos da relação jurídica, porque os pressupostos sobre os quais se assentou não mais subsistem.

A ação revisional constitui nova demanda, distinta da anterior, posto que a relação jurídico-processual que constitui o objeto da demanda anterior é completamente distinta da relação jurídica que se estabelece e que se pretende discutir na ação revisional.

A única identidade que emerge de ambas as ações são as partes que figuram nos polos ativo e passivo da relação, uma vez que os demais componentes, causa petendi e pedido, são distintos.

Na ação revisional busca-se a prolação de uma nova sentença destinada ao reconhecimento desta alteração ocorrida no plano de direito material e sua repercussão na relação até então existente, com a criação, alteração e extinção de obrigações.

Por consequente essa nova sentença tem em vista não modificar a sentença anterior, mas sim, reconhecer ou estabelecer novo regramento à obrigação então vigente, face a modificação introduzida por uma situação de fato ou de direito superveniente, na indigitada relação de direito material.

4. Necessidade de ajuizamento da revisional

Desaparecida ou alterada a situação jurídica definida na sentença trânsita em julgado, como ensejadora do pagamento do adicional de insalubridade ou periculosidade, a empresa está ou não obrigada a ajuizar ação revisional para poder suprimir o pagamento do adicional respectivo?

Quando cessadas as condições insalubres ou perigosas, a regra é buscar uma outra sentença para regular o novo quadro fático-jurídico em que a relação continuativa passou a se desenvolver. Para se alcançar essa nova sentença é preciso se socorrer da ação revisional.

Assim, diante de uma condenação no pagamento de adicional de insalubridade, o empregador terá que aforar uma ação de revisão, com realização de nova perícia oficial confirmando a inexistência de condições insalubres, para exonerar-se da obrigação de continuar pagando o referido adicional.

Corroborando esse entendimento estão os seguintes julgados:

> ADICIONAL DE INSALUBRIDADE – INCLUSÃO EM FOLHA DE PAGAMENTO – OBRIGAÇÃO DEVIDA – NECESSIDADE DE MANIFESTAÇÃO JUDICIAL. A inclusão em folha do adicional de insalubridade é consequência lógico-legal, implícita no pedido e decorrente, como é óbvio, do fato de que todo e qualquer pagamento salarial deve ser objeto de documentação para fins trabalhistas, fiscais e previdenciários. O fato de o adicional tornar-se indevido, no futuro, porque sua causa geradora, ou seja, o ambiente de trabalho do empregado, deixou de ser agressivo à saúde, por certo que será motivo para excluir o título da folha de pagamento, mas não impedir sua inclusão, enquanto não ocorrer o fato extintivo do direito. Por outro lado, e com fundamento no art. 471, inciso I, do CPC, resta evidenciado que a empresa deve manifestar a ação de revisão ou modificação em processo diverso daquele em que se prolatou a decisão, não produzindo, portanto, a cessação da insalubridade, o efeito imediato pretendido pela parte. Recurso de revista não provido. (Proc. TST-RR-353.568/97; Ac. 4ª Turma; Relator Ministro Milton de Moura França. DJ 28/04/2000)
>
> EXECUÇÃO. COISA JULGADA. ADICIONAL DE PERICULOSIDADE. FATO MODIFICATIVO SUPERVENIENTE. INSURGÊNCIA NA PRÓPRIA AÇÃO EM CURSO. 1. A decisão quando aplica regras concernentes a parcelas de prestação sucessiva, oriundas de uma relação jurídica continuativa, respeita as circunstâncias existentes à época de seu pronunciamento, e neste particular faz coisa julgada, não podendo ser modificada na mesma ação, sob pena de violar o artigo 5º, XXXVI, da Constituição da República. 2. Com efeito, nos termos do *caput* do artigo 471 do Código de Processo Civil, *"nenhum juiz decidirá novamente as questões já decididas, relativas à mesma lide"*. 3. Sobrevindo modificação no estado de fato ou de direito das condições existentes ao tempo em que o comando decisório foi proferido, existe a possibilidade de sua revisão, mas por meio de ação revisional, nos termos da ressalva

contida no artigo 471, I, do Código de Processo Civil, aplicável ao Processo do Trabalho, consoante autoriza o artigo 769 da Consolidação das Leis do Trabalho. 4. Violação do artigo 5º, inciso XXXVI, da Constituição da República que se reconhece. 5. Recurso de revista conhecido e provido (Processo: RR – 7965300-91.2003.5.02.0900 Data de Julgamento: 17/06/2009, Relator Ministro: Lelio Bentes Corrêa, 1ª Turma, Data de Publicação: DEJT 18/09/2009)
AGRAVO DE INSTRUMENTO. RECURSO DE REVISTA. ADICIONAL DE INSALUBRIDADE. EXCLUSÃO. NECESSIDADE DE NOVA MANIFESTAÇÃO JUDICIAL. No caso de cessar as condições ambientais insalubres, o empregador poderá fazer uso de ação revisional, no que concerne à exigência de nova manifestação judicial, para a exclusão do adicional de insalubridade, de acordo com o procedimento previsto no art. 471, I, do CPC – de aplicação subsidiária no Processo do Trabalho –, que garante, expressamente, à parte a possibilidade de pedir a revisão do que foi estatuído na sentença, quando sobrevier modificação do estado de fato. Agravo conhecido e desprovido" (Proc. TST-AIRR-2502040.87.2003.5.01.0902. Ac. 3ª Turma. Relator Juiz Convocado Cláudio Couce de Menezes. DJ 25/06/2004)

No mesmo sentido, a lição de Sérgio Pinto Martins:[1]

> Se o adicional vem sendo pago por força de decisão que transitou em julgado, entendo que o empregador não poderá parar de pagar imediatamente o adicional de insalubridade. Do contrário, violará a coisa julgada (art. 5º, XXXVI, da Constituição). Deverá promover a ação revisional para esse fim.

---

1 MARTINS, Sérgio Pinto. *Comentários às Súmulas do TST*. São Paulo: Editora Atlas, 2010, p. 150.

E de Eduardo Gabriel Saad:[2]

> Erra o empresário que, logo após o saneamento do ambiente de trabalho, suspende o pagamento do adicional de insalubridade que vinha pagando a seus empregados por determinação judicial.
>
> Na hipótese, a licitude da interrupção desse pagamento fica na dependência de revisão da sentença que condenara o empresário a pagar o sobredito adicional.
>
> Parece-nos certo, *in casu*, ser admissível o requerimento da antecipação dos efeitos da tutela, com apoio no art. 273 do CPC, desde que se faça prova inequívoca de que, realmente, modificaram-se as condições do trabalho insalubre. Para isso, nada melhor que um laudo elaborado por médico do trabalho ou engenheiro de segurança devidamente credenciado por lei para realizar tal exame.
>
> Tal laudo, a nosso ver, serve para fundamentar o pedido de antecipação da tutela, pois o Juiz sempre terá de determinar o exame do local de trabalho por perito que designar.
>
> A conduta por nós sugerida é justificável, uma vez que há fundado receio de dano irreparável ou de difícil reparação se continuar pagando o adicional aos empregados depois de saneado o ambiente de trabalho.
>
> Não se faz mister, portanto, que o empresário fique aguardando o julgamento da ação revisional

Em sentido contrário, a opinião de Valentin Carrion, segundo o qual não há texto legal expresso que determine o pedido de revisão por meio de ação autônoma, podendo a questão da eliminação das circunstâncias agressoras ser debatida na própria execução de sentença, pelo rito de artigos de liquidação, com amplo debate:

> Revisão da coisa julgada. Insalubridade reconhecida em sentença transitada em julgado. Eliminação das circunstâncias agressoras. A jurisprudência processual civil, ao interpretar o art. 471, I, do CPC (revisão da coisa julgada), optou pela ação revisional. Mas não há texto legal expresso que assim determine. Por outro lado, quando faltam determinadas normas

---

2 SAAD, Eduardo Gabriel. *Direito Processual do Trabalho*, 3ª ed. São Paulo: LTr. 2002, p. 503.

no direito processual do trabalho, a aplicação de normas alheias deve ser efetuada mediante mecanismos autônomos e com a necessária adaptação (Jaeger, Krotoschin e Campos Batalhas. 'Trat. de D. Jud', deste). O direito processual laboral, pela sua vocação simplificadora, deve optar pelo debate na própria execução de sentença, rito de artigos de liquidação, com amplo debate, sendo desnecessária a ação revisional autônoma. Entretanto, quando esta foi proposta pela empresa, a exigibilidade do adicional de insalubridade vai até a citação, na forma de certos julgados do STF (RE 87.105), para hipóteses afins. Não se pode pretender aguardar pelo trânsito em julgado, estimulando a interposição maliciosa de recursos, durante anos, ferindo a vontade da lei material (CLT, art. 194) (TRT/SP, AP 10.366/84, Valentin Carrion, 8ª T. 8.4.85. In: *Comentários à Consolidação das Leis do Trabalho*. Valentin Carrion, 33ª ed. atual. por Eduardo Carrion. São Paulo: Saraiva, 2008, p. 191)

É, aliás, o mesmo entendimento expresso no seguinte julgado, oriundo da Terceira Turma do Tribunal Superior do Trabalho:

ADICIONAL DE INSALUBRIDADE – PARCELAS VINCENDAS
A condenação em parcelas vincendas não ofende os arts. 194 e 195 da CLT, pois, como assentado no acórdão regional, cessadas as condições insalubres, 'poderá a reclamada, sem prejuízo do ajuizamento da ação revisional, comunicar tal fato no próprio processo onde restou deferido o adicional deixando de efetuar o pagamento respectivo a partir da eliminação do risco, a fim de possibilitar ao Juízo a confirmação do fato novo, assegurando-se à parte contrária, obviamente o contraditório. Agravo a que se nega provimento'. (Proc. TST-AIRR-755.055/2001.0 – Ac. 3ª Turma. Relatora Ministra Maria Cristina Irigoyen Peduzzi. DJ 13/09/2002)

Segundo essa linha de entendimento, como o direito ao recebimento do adicional de insalubridade está condicionado ao trabalho em condições insalubres, a posterior eliminação da causa, autoriza a imediata suspensão do pagamento do adicional, independentemente do ajuizamento de ação judicial, bastando a comunicação do fato no próprio processo onde foi deferido o adicional, com garantia do contraditório à parte contrária.

Há casos em que a própria sentença condenatória já declara a prescindibilidade do ajuizamento de nova ação para a retirada do pagamento do adicional de insalubridade, caso cessada a causa, como se vê do seguinte julgado:

> ADICIONAL DE INSALUBRIDADE. INCLUSÃO EM FOLHA DE PAGAMENTO. Não há vedação legal para a inclusão do adicional de insalubridade na folha de pagamento de empregados; ao contrário, tal determinação obedece ao princípio da máxima utilidade da execução. Ademais, o pagamento do adicional de insalubridade constitui salário condicional, ou seja, recebe-se enquanto persistir a causa que gera o direito. A empresa não está obrigada a ajuizar ação revisional, quando cessadas as condições ambientais insalubres. Há a possibilidade ou a faculdade de a empresa poder valer-se de tal remédio processual, apenas por precaução, evitando-se processos judiciais futuros, mas não há norma legal específica que determine a ação revisional" (Processo TST-RR-383.183/97.9 – Ac. 5ª Turma – Relator Ministro Rider Nogueira de Brito. DJ de 09/02/2001)

Entendemos que o pedido de revisão do que foi estatuído na sentença condenatória, via de regra se dá por meio de ação revisional, porque reclama novo acerto sobre questões supervenientes de fato ou de direito. Quando, porém, a própria sentença condenatória já declara a desnecessidade de nova ação judicial, bastará o empregador comunicar no processo a cessação das condições ambientais insalubres e suspender o pagamento do adicional respectivo.

5. Determinação da competência para o conhecimento das ações revisionais

É majoritário o entendimento doutrinário e jurisprudencial trabalhista de que a competência para julgar a ação revisional é do Juízo que julgou a ação originária.

Esse entendimento decorre da interpretação de que ação revisional, por pressupor a existência de uma ação principal, é ação acessória, o que atrai a aplicação da regra da prorrogação de competência tratada no artigo 108, do CPC: "*A ação acessória será proposta perante o juiz competente para a ação principal*".

Por consequência, a ação revisional deve ser distribuída por dependência ao mesmo Juízo que proferiu a sentença original (art. 253, do CPC).

Entretanto, cabe ressaltar que há autores que entendem que não há qualquer relação de acessoriedade entre a ação revisional e a ação anterior, visto que ambas seriam autônomas e distintas, o que afastaria a aplicação do critério da prevenção.

Dito entendimento está fundamentado no fato de que a ação revisional é uma nova lide, com nova *causa petendi* e novo pedido.

E se a ação revisional é ação autônoma e desvinculada da anterior, então pode ser distribuída para outra Vara, diversa da que julgou a lide anterior.

Em comentário lúcido sobre competência nas demandas revisionais de alimentos, José Orlando Rocha de Carvalho,[3] ressalta que:

> Se os tribunais, já estão admitindo a competência de foro diverso, é porque já admitem que não se trata da mesma lide e nem da mesma causa de pedir e, portanto, de alteração da mesma sentença e, destarte, mesmo na contraditória negativa, estão a admitir a coisa julgada.
>
> Dito isto, ressalte-se que o entendimento preciso da questão hoje, tanto na doutrina, quanto na jurisprudência pesquisada, é de que a ação revisional por deter autonomia em relação à ação finda – que estabeleceu os alimentos – pode ser proposta em outro foro que não a do juízo da sentença, entretanto, se neste for ajuizada, deverá ser distribuída para a Vara que a julgou anteriormente, por conveniência de ordem lógica e, até mesmo, prática.

Há também quem sustente que a competência originária para julgar a ação revisional é do Tribunal Regional do Trabalho.

Contudo, a regra da competência funcional aplica-se para os casos em que se pretende a alteração, modificação ou anulação de decisões relativas à mesma lide, como é o caso da ação rescisória.

> Ocorre porém que a ação revisional não se destina a desconstituição da situação jurídica definida pela sentença anterior, mas sim, a adaptação desse comando judicial conforme a alteração sofrida nos pressupostos da relação jurídica, tratando-se, portanto de outra lide.

---

3 CARVALHO, José Orlando Rocha de Carvalho. *Alimentos e Coisa Julgada*. São Paulo: Editora Oliveira Mendes, 1998, p. 37.

O critério que define a competência para apreciar e julgar a ação revisional não se confunde com a competência recursal, definida em razão da hierarquia

Tratando-se de nova ação, distinta da anterior, a regra da competência funcional originária para processar e julgar a ação revisional é aquela inserta no artigo 651, da CLT, já que inexiste dispositivo legal atribuindo competência originária ao Tribunal Regional do Trabalho.

6. Procedimento

Na petição inicial, deve constar expressamente que eventos posteriores à sentença impuseram a modificação do quadro fático-jurídico que lastreou a condenação no pagamento do adicional de insalubridade ou periculosidade, de modo a justificar o cabimento da ação revisional.

Se não tiver ocorrido fato superveniente que justifique a modificação do julgado anterior, inexistente é a possibilidade da ação revisional. Nessa hipótese, a obrigação estatuída na sentença anterior prevalece enquanto não ocorrerem fatos supervenientes que justifiquem novo regramento, por faltar *causa petendi* para a propositura de ação revisional.

Em relação à prova técnica, Luiz Carlos Amorim Robortella e Antônio Galvão Peres[4] ressaltam que o juiz, *"Ao determinar a realização de prova técnica, nos termos do art. 195 da CLT, deve exigir do perito o confronto da realidade atual com a descrita na sentença revisando ou no laudo que a embasou. É uma providência necessária para evitar o risco de reforma da sentença, em vez de revisão"*

A ação revisional só pode ser proposta após o trânsito em julgado da ação principal. devendo a petição inicial ser acompanhada da certidão comprobatória.

7. Limites da revisão

A motivação da revisão da sentença anterior pode ser para majorar, reduzir ou exonerar da obrigação antes fixada.

Nas ações revisionais ajuizadas na Justiça do Trabalho, em geral, a alegação é de que houve alteração nas condições laborais que resultou na eliminação da insalubridade ou periculosidade constatada na ação anterior. A alteração de fato pode estar

---

4 ROBORTELLA, Luiz Carlos Amorim; PERES, Antonio Galvão. *O direito do trabalho na empresa e na sociedade contemporâneas.* São Paulo: LTr. 2010, p. 336.

relacionada à utilização de equipamentos de proteção individual mais eficazes e adequados à atividade, à introdução de maquinário moderno que não produz ruído; à substituição do produto químico considerado nocivo à saúde humana por outro não insalubre; à implementação de medidas de proteção coletiva capazes de diminuir a intensidade do agente agressivo a limites de tolerância. É o que se vê, a título de exemplo, do seguinte julgado:

> AGRAVO DE INSTRUMENTO. RECURSO DE REVISTA. AÇÃO REVISIONAL. ADICIONAL DE INSALUBRIDADE. UTILIZAÇÃO DE EPIs. O Tribunal Regional concluiu, com base na prova pericial, que os efeitos dos agentes nocivos à saúde do empregado, ora agravante, foram eliminados mediante o fornecimento de aparelhos protetores pela empresa autora. Dessa forma, o processamento do apelo revela-se inviável, pois, para se concluir de forma distinta, ou seja, que os EPIs fornecidos pela reclamada não eram eficazes para eliminar a insalubridade e que não eram devidamente utilizados pelos empregados, o que, em tese, poderia alterar a decisão recorrida, seria imprescindível a reapreciação da prova coligida nos autos, procedimento vedado nesta fase recursal de natureza extraordinária, nos termos da Súmula nº 126 do TST. Agravo de instrumento a que se nega provimento. Processo: ED-AIRR – 222640-02.2006.5.02.0461 Data de Julgamento: 05/08/2009, Relator Ministro: Walmir Oliveira da Costa, 1ª Turma, Data de Publicação: DEJT 14/08/2009.

Em uma relação continuativa também pode ocorrer mudança legislativa em relação a base de cálculo do adicional de insalubridade ou do percentual, bem como a exclusão de um agente como fator insalubre, por ato de autoridade competente (ex: iluminamento), a reclamar o ajuizamento de ação revisional.

Quanto a alteração de entendimento jurisprudencial, não se configura como mudança de direito a autorizar o ajuizamento de ação revisional, segundo entendimento pacífico do Tribunal Superior do Trabalho:

> AGRAVO DE INSTRUMENTO. RECURSO DE REVISTA. ADICIONAL DE INSALUBRIDADE. BASE DE CÁLCULO. EMPREGADO QUE PERCEBIA O ADICIONAL CALCULADO

SOBRE SALÁRIO NORMATIVO. AÇÃO AJUIZADA PARA O FIM DE PERCEBER O ADICIONAL CALCULADO SOBRE A REMUNERAÇÃO MAS QUE TRANSITOU EM JULGADO DETERMINANDO O CÁLCULO SOBRE O SALÁRIO MÍNIMO. ALTERAÇÃO POR MEIO DE AÇÃO REVISIONAL. IMPOSSIBILIDADE. ARTIGO 5º, XXXVI, DA CONSTITUIÇÃO FEDERAL DE 1988. Do quadro fático delineado pelo v. acórdão do e. TRT da 17ª Região, infere-se que em 23/9/98 o Reclamante, embora até então recebesse o adicional de insalubridade calculado sobre o salário normativo, ajuizou uma ação em que postulava a percepção de adicional de insalubridade no grau máximo e calculado sobre a remuneração; aquela ação transitou em julgado determinando o pagamento do adicional referido no grau máximo mas calculado sobre o salário mínimo. Nesse contexto, embora a coisa julgada produzida na primeira ação tenha piorado a situação inicial do Reclamante, ao menos no que tange à base de cálculo do adicional de insalubridade, não há mesmo como cogitar-se de adoção do salário normativo como base de cálculo daquele adicional, sob pena de afronta ao artigo 5º, XXXVI, da Constituição Federal de 1988. Incólumes, portanto, os artigos 471 do CPC e 7º, *caput*, e inciso IV da CF/88, bem como a Súmula Vinculante nº 4 do STF e a Súmula 228 do TST. Agravo de instrumento não provido. (Processo: AIRR – 108240-93.2005.5.17.0007 Data de Julgamento: 02/09/2009, Relator Ministro: Horácio Raymundo de Senna Pires, 6ª Turma, Data de Publicação: DEJT 11/09/2009)

"Agravo de INSTRUMENTO EM RECURSO DE REVISTA. AÇÃO REVISIONAL. ARTIGO 471, I, DO CPC. CABIMENTO. A modificação do entendimento jurisprudencial em torno da matéria após o trânsito em julgado da sentença ou a alteração do regime jurídico já constituída ao tempo do ajuizamento da ação cuja decisão se pretende revisar, não caracterizam as hipóteses previstas no artigo 471, I, do CPC à ensejarem o cabimento da ação revisional. Agravo conhecido e desprovido" (Proc. TST-AIRR-1657500-96.2002.5.21.0900. Ac. 2ª Turma. Relator Juiz Convocado Luiz Carlos Gomes Godoi. DJ 10/06/2005)

8. Efeitos da sentença

Uma sentença pode projetar o seu comando, tanto para o futuro como para o passado.

A sentença declaratória produz efeito *ex tunc*, isto é, tem eficácia retroativa à data em que se verificou a situação jurídica objeto da ação. Ex: nulidade do contrato de trabalho celebrado com empresa pública sem aprovação prévia em concurso público; o efeito da sentença declarativa retroage à data da celebração do contrato.

A sentença proferida em ação constitutiva tem três efeitos: criação, modificação ou extinção de uma relação jurídica. Via de regra, o efeito da sentença constitutiva é *ex nunc*, isto é, para o futuro (ex: rescisão indireta do contrato de trabalho), mas há casos em que ela é dotada de efeito *ex tunc*, por retroagir a uma determinada data (sentença que anula o ato jurídico e determina que as partes sejam restituídas ao estado em que se achavam antes do ato anulado).

A sentença condenatória tem efeito *ex tunc*.

9. Efeitos da sentença anterior

As sentenças proferidas em ações pertinentes a relações jurídicas continuativas, como é o caso das ações relativas a pagamento de adicional de insalubridade ou adicional de periculosidade a trabalhadores com contrato de trabalho em vigor (contratos de execução sucessiva), transitam efetivamente em julgado e produzem coisa julgada material, prevalecendo enquanto não forem proferidas novas sentenças declarando a existência de fatos supervenientes ocorridos na relação jurídica de direito material e instituindo novo regramento à obrigação anteriormente fixada.

José Orlando Rocha de Carvalho *assim entende:*

> Assim, a sentença proferida em ação de alimentos ou outras de natureza determinativas transitam efetivamente em julgado e produzem coisa julgada material – enquanto os fatos permaneçam inalterados –, embora admitam a revisão do julgado não por efeito da mutabilidade ou discutibilidade da própria sentença ali proferida. Mas e, sobretudo, porque fatos supervenientes ocorridos na relação jurídica de direito material, reclamam a edição de novo comando sentencial para o fim de declarar a existência ou constituir a predita relação material, consoante os efeitos que se queira

atribuir ao decisum judicial, em tal caso. Destarte, enquanto esta nova sentença não vier a ser proferida, prevalecerá a res iudicata da anterior (*Alimentos e Coisa Julgada*, José Orlando Rocha de Carvalho, Ed. Oliveira Mendes, 1998, p. 18)

10. Efeitos da sentença proferida na ação revisional

É controvertido o tema sobre os efeitos da sentença proferida na ação revisional que autoriza a supressão do pagamento do adicional de insalubridade ou periculosidade: se retroage à data da propositura da ação ou à data da prolação da sentença ou do trânsito em julgado ou à data em que a perícia atestou que o trabalhador deixou de trabalhar em condições insalubres/perigosas ou à data em que ocorreu a eliminação das condições insalubres/perigosas.

Segundo Pontes de Miranda,[5] a ação de modificação não é constitutiva, mas sim, ação mandamental e sua eficácia somente começa *ex nunc*, isto é, desde quando é proposta:

> a ação de modificação de modo nenhum impugna a sentença, que foi a prestação jurisdicional quando o autor exerceu a sua pretensão à sentença ou à execução. Nada tem com a ação rescisória, nem com o recurso de embargos infringentes do julgado. Nem a ação de modificação é constitutiva, erro em que tantos processualistas incorreram.
> A (8) responda-se: não há sentença com reserva, no caso da sentença a cuja eficácia se prende a ação de modificação; a caracterização do primeiro julgado como tal (sentença condicional resolutiva) aberraria dos fatos. Não há dúvida que a ação de modificação não diz respeito à não existência, nem à não validade da sentença que se quer executar. Tão-somente à interpretação, ou versão, da sua eficácia. Houve modificação essencial e imprevista das circunstâncias que foram pressupostas para a condenação quanto ao futuro, a determinação do importe no futuro e a duração da prestação no futuro. Futuro, aí, está por "depois de encerrado o debate" (art. 456); mas pode ocorrer o que se prevê no art. 462.
> Pretendeu-se que a ação de modificação fosse constitutiva (entre outros, PAUL OERTMANN, Zur Lehre von der Abanderungsklage, *Archiv fur*

---

5 F. C., Pontes de Miranda. *Comentários ao Código de Processo Civil*. Rio de Janeiro: Forense. 1974, p 198, 199, 200 e 201.

die civilistische Praxis, 109, 318); porém ainda ignoravam tais juristas a existências das ações mandamentais.

(9) Trata-se de ação mandamental contra a interpretação ou versão da eficácia da sentença, tal como os embargos de terceiro e os do executado. A eficácia da ação de modificação somente começa ex nunc, isto é, desde que se propõe (Felix Jaeger, Die Umwandlungsklage, 27). Por isso mesmo pode ser intentada desde que se encerrou o debate, pois nada tem com a apelação, a que se liga o exame do que ocorreu até a sentença da primeira instância.

(....)

3) EFICÁCIA DA SENTENÇA, NA AÇÃO DE MODIFICAÇÃO – A parte que sofreu a eficácia além do previsto como justo não pode pedir indenização, salvo a partir da propositura da ação de modificação, cuja sentença tem efeito desde esse momento (dito efeito ex nunca, em contraposição aos efeitos ex tunc da sentença, na ação rescisória). Portanto, se a propôs, e a execução sobrevêm, a sentença favorável, que é mandamental, pode evitar que se ultime a ação de execução, ou servir de base à ação de dano

Abonando essa doutrina estão os seguintes julgados, oriundos do Tribunal Superior do Trabalho:

AÇÃO REVISIONAL – EFEITO EXNUNC. Na relação jurídica continuada, a parte poderá pedir revisão da sentença prolatada, quando fato superveniente modificar o estado de fato e de direito. No entanto, na hipótese concreta, admitir a pretensão da Agravante em retroagir os efeitos da ação acarretaria uma colisão com a sentença em vigor, em flagrante infringência ao instituto da coisa julgada. Apelo não provido. (Proc. AIRR-760459/2001.1 – TST – Ac. 2ª T – Relator: Ministro José Simpliciano Fontes de F. Fernandes – DJ 11/11/2005)

AGRAVO DE INSTRUMENTO. PERICULOSIDADE. CESSAÇÃO. INTERRUPÇÃO DO PAGAMENTO DO ADICIONAL. AJUIZAMENTO DE AÇÃO REVISIONAL. Pretensão recursal no sentido de dar-se à ação revisional eficácia ex tunc (considerada a data da cessação da atividade em situação de risco, na acepção legal). Impossibilidade: o desfazimento de relação continuativa, até então consolidada por meio de decisão judicial, somente ocorre com o advento de nova decisão judicial, o que impõe a esta eficácia ex nunc. Violação dos artigos 194 da CLT e 5º, II, da Constituição Federal, e divergência jurisprudencial não demonstradas. Agravo de instrumento a que se nega provimento. (Processo: AIRR - 777276-53.2001.5.10.5555 Data de Julgamento: 28/09/2005, Relator Ministro: Gelson de Azevedo, 5ª Turma, Data de Publicação: DJ 14/10/2005)

No mesmo diapasão, o julgado abaixo transcrito do Tribunal Regional do Trabalho da 2ª Região:

> Adicional de periculosidade fixado em sentença trânsita em julgado – Parcelas vincendas – Cessação das condições de risco – Necessidade de ação revisional autônoma – Consoante se extrai dos arts. 193 e 194 da Consolidação das Leis do Trabalho, e Orientação Jurisprudencial nº 172 da SDI-1 do C. TST o próprio ordenamento consolidado, sistematimente interpretado, versa no sentido de que o adicional deixará de ser exigível quando norma expedida pelo Ministério do Trabalho revogar disposição que antes havia decretado como sendo de condição perigosa, e, ainda, vigente a norma mas mantido o risco, a condição se modificar mediante nova análise em prova pericial. Se a condenação foi imposta pelo Juiz do Trabalho, mediante prova técnica elaborada em fase de processo cognitivo onde se respeitaram os princípios da ampla defesa e do contraditório, necessariamente somente uma nova perícia, assegurando ao empregado o mesmo contraditório, é que teria o condão de fazer cessar o pagamento do adiciona, ainda assim, observando o perito de confiança do juízo que restaram cessados os riscos à vida do trabalhador. O art. 471 do CPC autoriza ajuizamento de ação revisional autônoma, por se tratar de um novo feito de cunho cognitivo declaratório, cuja obrigação da executada em pagar adicional de periculosidade somente cessará com a distribuição da reclamação trabalhista revisional, consoante se extrai, e se adapta, dos termos do art. 219 do CPC. Eventual prejuízo com a demora do processo cognitivo revisional ensejará a faculdade de uso cumulado do procedimento especial consignatório. Agravo de Petição a que se dá provimento, para determinar o prosseguimento da execução pelas parcelas cujos pagamentos foram suspensos, e determinar nova reinclusão

em folha de pagamento de parcelas vincendas, devidas multas diárias já estipuladas no v. aresto Regional (TRT 2ª Reg. AP 00787199804102007 – (Ac. 10ª T. 20050648629) – Rel. Juiz Celso Ricardo Peel Furtado de Oliveira, DJSP 25/10/2005, p. 116)

O acórdão supra, colhido *a fortiori*, retrata o entendimento de que o empregador só se exonera da obrigação de pagar o adicional de periculosidade fixada em sentença transitada em julgado a partir da distribuição da ação revisional, cuja sentença tenha acolhido o pedido, por força dos termos do artigo 219 do Código de Processo Civil.

É que de acordo com o artigo 219, do CPC, um dos efeitos da citação válida é tornar a coisa litigiosa, isto é, o direito deduzido em Juízo apto a constituir o objeto da pretensão do demandante. Somente a partir daí o empregador se desonera do pagamento dos adicionais de insalubridade e periculosidade. Da mesma forma, só partir da citação válida, é que se constitui o devedor em mora.

Nesse caso, a sentença proferida na ação revisional não poderia retroceder seus efeitos para antes da data da sua distribuição, ainda que a modificação do estado de fato tenha ocorrido muito antes, porque iria ferir a coisa julgada.

Para Humberto Theodoro Júnior[6] a sentença proferida na ação revisional é de natureza constitutiva, porque altera a relação jurídica até então vigente entre as partes, projetando-se para o futuro (não tem efeito retroativo):

> Nenhum juiz decidirá novamente as questões já decididas, relativas à mesma lide, salvo se, tratando-se de relação continuativa, sobreveio modificação no estado de fato ou de direito; caso em que poderá a parte pedir a revisão do que foi estatuído na sentença (art. 471, nº I).

> Isto se dá naquelas situações de julgamento rebus sic stantibus, como é típico o caso de alimentos. A sentença, baseando-se numa situação atual, tem sua eficácia projetada sobre o futuro. Como os fatos que motivaram o comando duradouro da sentença se podem alterar ou mesmo desaparecer, é claro que a eficácia do julgado não deverá perdurar imutável e intangível. Desaparecida a situação abrangida pela sentença, a própria sentença

---

6 THEODORO JR, Humberto. *Curso de Direito Processual Civil.* vol. I, 18ª ed. Rio de Janeiro: Forense. 1996, p. 540

tem que desaparecer também. Não se trata, como se vê, de alterar a sentença anterior, mas de obter uma nova sentença para uma situação também nova.

A modificação do decisório será objeto de outra ação – a ação revisional – cuja sentença, se for de procedência, terá natureza constitutiva, pois alterará a relação jurídica vigente entre as partes.

Ainda de acordo com Humberto Theodoro Júnior, somente a partir da sentença de procedência da ação revisional é que passa a vigorar a nova obrigação, respeitando-se o passado.

A Quinta Turma do Tribunal Superior do Trabalho consignou o mesmo entendimento que Humberto Theodoro Júnior, segundo o qual o desfazimento da situação continuativa, até então consolidada por meio de decisão judicial, somente ocorre com o advento de nova decisão judicial na ação revisional, o que impõe a esta uma eficácia *ex nunc*, conforme se vê do seguinte julgado:

> AGRAVO DE INSTRUMENTO. PERICULOSIDADE. CESSAÇÃO. INTERRUPÇÃO DO PAGAMENTO DO ADICIONAL. AJUIZAMENTO DE AÇÃO REVISIONAL. Pretensão recursal no sentido de dar-se à ação revisional eficácia ex tunc (considerada a data da cessação da atividade em situação de risco, na acepção legal). Impossibilidade: o desfazimento de relação continuativa, até então consolidada por meio de decisão judicial, somente ocorre com o advento de nova decisão judicial, o que impõe a esta eficácia ex nunc. Violação dos artigos 194 da CLT e 5º, II, da Constituição Federal, e divergência jurisprudencial não demonstradas. Agravo de instrumento a que se nega provimento
> (Proc. AIRR-777.276/2001.0 – TST – Ac. 5ª T – Relator Ministro Gelson de Azevedo – DJ 14/10/2005)

Outras decisões de Tribunais Regionais do Trabalho adotaram o entendimento de que a sentença da ação revisional só produz efeitos a partir do seu trânsito em julgado, salvo se concedida tutela antecipada:

AÇÃO REVISIONAL. Adicional de insalubridade. O efeito da sentença que o declara indevido somente se dá com o trânsito em julgado, permanecendo incólume a condenação até então (art. 471, I, CPC) – Honorários periciais são pagos pela requerente (art. 33 do CPC) (TRT 2ª R, RO 01528; Ac. 20050815185, 7ª turma; Rel. Juíza Cátia Lungov; Julg. 17/11/2005; DOESP 25/11/2005)

RECURSO ORDINÁRIO EM AÇÃO REVISIONAL. I. AÇÃO REVISIONAL JULGADA PROCEDENTE EM PARTE. INSALUBRIDADE. PROVA TÉCNICA. A conclusão do laudo encontra amparo no relatório da vistoria e as alegações do réu-recorrente não se afiguram suficientes para elidir a conclusão do Vistor. II – HONORÁRIOS PERICIAIS. Foram arbitrados moderadamente, guardando proporção com o trabalho executado e com as normas aplicáveis. Constituem encargo do sucumbente, ou seja, do réu. III. AÇÃO REVISIONAL. EFEITOS DA R. DECISÃO QUE JULGA PROCEDENTE A AÇÃO. Efeito ex. A supressão do pagamento do adicional de insalubridade somente poderá ser efetivada a partir do trânsito em julgado (TRT 2ª R; RO 01054-2004-463-02-00-9; Ac. 2008/0480564; Décima Primeira Turma; Rel. Juiz Carlos Francisco Berardo; DOESP 17/06/2008, p. 56)

RECURSO ORDINÁRIO EM AÇÃO REVISIONAL. ADICIONAL DE INSALUBRIDADE. Tratando o adicional de insalubridade de remunerar condição prejudicial à saúde do trabalhador, sua supressão é medida que se impõe ao não mais se constatar as tais características danosas. Demais disso, seu pagamento tem natureza de relação de trato sucessivo, considerando-se implícita a condição de subsistência do estado de fato no qual se baseou. Sobrevindo, modificação neste, poderá importar a supressão do pagamento. É o que dispõe o artigo 194 da CLT. A presente decisão tem natureza constitutiva, já que altera 'relação jurídica vigente entre as partes'. Tem, pois, efeito ex nunc: A supressão do pagamento do adicional de insalubridade somente poderá se dar a partir de seu trânsito em julgado, sendo indevida, desse modo, a restituição de valores até então pagos (TRT 2ª R – RO 00524-2005-465-02-00-0; Ac. 2009/0424330; 12ª Turma; Rel. Des. Fed. Marcelo Freire Gonçalves; DOESP 05/06/2009, p. 31)

AÇÃO REVISIONAL. EFEITOS. A recorrente não se conforma com a sentença declaratória com efeito ex nunc, aduzindo que o adimplemento do adicional de insalubridade é indevido a partir da distribuição da ação. Não lhe assiste razão. Somente com a prolação da decisão de cunho constitutivo é que se pode cogitar de sustação de pagamento. Antes disso, o que havia, era prestação jurisdicional anterior passível de cumprimento. E o mero ajuizamento de ação revisional, com pedido de tal natureza não acarreta, por si só, o deferimento da pretensão, salvo concessão de tutela antecipada, o que acertadamente não se efetivou nos autos antes da sentença. Como corolário do que até aqui se decidiu, é inconsistente a alegação de enriquecimento ilícito. (TRT 2ª R; RO 02102-0096-200-55-02-0464; Ac. 2011/0440166; Décima Sétima Turma; Rel. Des. Fed. Sérgio Roberto Rodrigues; DOESP 11/04/2011; p. 18)

Essa tese pode ser rechaçada com o argumento de que o recurso trabalhista só é recebido no efeito devolutivo, logo produz efeitos imediatos, não condicionados ao trânsito em julgado. Ademais disso, a se acolher essa tese, se estaria estimulando a interposição de recursos protelatórios pela parte interessada apenas para retardar os efeitos da sentença da ação revisional.

Recentemente, o Tribunal Superior do Trabalho, por meio de sua Quarta Turma, decidiu que, em tese, a sentença revisional produz efeitos para o futuro, porém excepcionalmente produz efeitos para o passado "no caso em que a Lei regente do direito substancial assim o indique":

RECURSO DE REVISTA. ADICIONAL DE PERICULOSIDADE. AÇÃO DE REVISÃO. TERMO INICIAL DA CESSAÇÃO DO PAGAMENTO. O tribunal regional consignou que foi deferido o pagamento de adicional de periculosidade ao reclamante em reclamação trabalhista anterior e que a reclamada propôs a presente ação de revisão para obter a cessação do pagamento, uma vez que o reclamante não mais trabalha exposto a risco. A corte de origem registrou que os efeitos da sentença revisional, favorável à pretensão da empresa, começam a contar da data da propositura da ação de revisão e não da data de cessação da exposição ao risco. No recurso de revista, a reclamada alega que o reclamante deixou de trabalhar em condições de risco em setembro de 1999 e que os efeitos da sentença revisional por meio da qual se autorizou a supressão do pagamento do adicional de periculosidade devem retroagir àquela data e não à data da propositura da ação de revisão (24/05/2006). A sentença proferida em ação revisional por meio da qual se autoriza a cessação do pagamento de adicional de periculosidade tem natureza constitutiva negativa, já que produz a modificação de uma relação jurídica vigente. Em tese, tal espécie de provimento produz efeitos para o futuro, porém pode excepcionalmente produzir efeitos para o passado, no caso em que a Lei regente do direito substancial assim o indique. Relativamente ao adicional de periculosidade, o art. 194 da CLT dispõe que o direito do empregado ao adicional de insalubridade ou de periculosidade cessará com a eliminação do risco à sua saúde ou integridade física. Desse modo, estando o direito ao adicional de periculosidade condicionado à presença do risco no ambiente de trabalho, é forçoso concluir que a parcela em discussão deixa de ser devida no momento em que o risco cessa, ainda que tal situação venha a ser reconhecida em juízo somente depois, em ação de revisão. Recurso de revista de que se conhece e a que se dá provimento. (TST; RR 362685-91.2006.5.12.0036; Quarta Turma; Rel. Min. Fernando Eizo Ono; DEJT 23/06/2011; p. 987)

No caso dos adicionais de insalubridade e periculosidade, o art. 194 da CLT dispõe que a eliminação da insalubridade ou periculosidade faz cessar o pagamento do adicional respectivo: "o direito do empregado ao adicional de insalubridade ou de periculosidade cessará com a eliminação do risco à sua saúde ou integridade física, nos termos desta Seção e das normas expedidas pelo Ministério do Trabalho". Desse modo, os efeitos da sentença revisional retroagem à data em que ocorreu a eliminação do risco à saúde ou integridade física.

SISTEMA RECURSAL TRABALHISTA

José Alberto Couto Maciel
Roberto Caldas Alvim de Oliveira

Princípios

Inicialmente, devemos esclarecer que essa é uma obra destinada a homenagear nosso colega e brilhante advogado Doutor José Granadeiro Guimarães, e, se assim é, não poderíamos trazer à baila noções jurídicas repetidas, bordões de doutrina e estudos superficiais sobre os temas propostos, porque homenagear Granadeiro é dizer muito mais, uma vez que foi ele um "muito mais" entre nós todos.

Não desejamos, nessas breves linhas, aprofundar-nos na doutrina e jurisprudência sobre o tema, mas queremos dizer de um sentimento próprio do que venha a ser o sistema recursal trabalhista, em decorrência de nossa própria atividade como advogados.

Para que se entenda o sistema recursal trabalhista precisa-se conhecer de seus princípios. A doutrina de há muito classificou os princípios processuais em informativos e fundamentais. Informativos por terem caráter universal, dispensando demonstrações, fundados em critérios técnicos e lógicos, sendo praticamente destituídos de conteúdo ideológico.

Já os princípios fundamentais, também denominados gerais, como leciona Manoel Antônio Teixeira Filho, são os que possuem conteúdo político e ideológico, permitindo ser contrapostos por outros princípios, de acordo com as circunstâncias políticas, sociais, ideológicas e econômicas.

Nosso sistema recursal trabalhista adota os princípios informativos e fundamentais decorrentes da Constituição e de normas infraconstitucionais.

É na Constituição que encontramos os princípios do "devido processo legal", a inafastabilidade da jurisdição, o princípio do Juiz natural, que não se confunde com o juízo especializado (Justiça do Trabalho), Juízo competente, publicidade, ampla defesa, fundamentação das decisões, e, além de outros comuns aos demais ramos do direito, a igualdade de tratamento.

Todos são iguais perante a lei, está inscrito no artigo 5º, *caput*, da Constituição, afirmando o artigo 125 do Código de Processo Civil que "o juiz dirigirá o processo conforme as disposições deste Código, competindo-lhe:
 I – assegurar às partes igualdade de tratamento."
De acordo com este princípio, o magistrado deve tratar desigualmente os desiguais e na Justiça do Trabalho, em decorrência deste mesmo princípio, os empregados sempre foram tratados de forma benéfica, pretendendo o Juiz igualar a força econômica da empresa pela proteção jurídica de maior vulto ao hipossuficiente.

A base dessa estrutura no direito, que se criou em 1943, e com certeza com valiosas razões na época, está no artigo 468 da Consolidação das Leis do Trabalho com relação ao direito substantivo, que expressa:

> Art. 468. Nos contratos individuais de trabalho só é lícita a alteração das respectivas condições, por mútuo consentimento, e, ainda assim, desde que não resultem, direta ou indiretamente, prejuízos ao empregado, sob pena de nulidade da cláusula infringente desta garantia.

No direito processual do trabalho pretendeu o legislador igualar os direitos do trabalhador, mediante normas processuais a ele favoráveis, como a inversão do ônus da prova, a celeridade e concentração dos atos de procedimento, a irrecorribilidade das decisões interlocutórias, a isenção de custas e honorários advocatícios, a atuação judicial de ofício, mantendo-se sempre o duplo grau de jurisdição, princípio segundo o qual as partes podem submeter a matéria decidida por um juízo à reapreciação de outro.

Embora não seja garantia constitucional, inclusive havendo possibilidades de não interposição do recurso em determinadas decisões, o duplo grau de jurisdição é uma tradição de nosso direito, sobre a qual, inclusive, os próprios magistrados de mais elevada estatura (Ministros do Supremo Tribunal Federal), frente à estatística de número de processos que tramitam em seus gabinetes, volta e meia clamam por uma alteração na redução desse duplo grau.

O que pretendemos demonstrar, porém, é que nosso sistema recursal e os princípios que o regem, está ainda com uma visão de 1943, quando o princípio da igualdade, com o corolário de tratar-se desigualmente os desiguais, cada vez evidencia que esses desiguais do Século XX já não são tão desiguais e que o Direito do Trabalho se encaminha para uma época em que sua atuação não é, propriamente, a de defender o trabalhador, mas de solucionar os conflitos decorrentes das relações de trabalho, dentre as quais, muitas das partes estão equilibradas, e, por outro lado, o equilíbrio pode cair, ao contrário, na própria empresa frente ao poderio político, técnico e mesmo econômico do trabalhador, não mais considerado somente o empregado, mas aquele que trabalha, quer na relação de emprego, quer na relação de trabalho, muito mais ampla.

O que vemos hoje na Justiça do Trabalho, entretanto, e cada vez mais com as novas composições dos Tribunais, são princípios ideológicos, acrescidos de proteções em favor dos trabalhadores, aplicáveis de forma arcaica, usando-se do direito com interesses de proteção social, como se pudéssemos usar do lucro das empresas para distribuição de uma sociedade mais igualitária, na qual o magistrado agisse como um distribuidor de riquezas.

Não é mais possível se entender, no Século XXI, que o empregado possa apresentar uma reclamação trabalhista, pedindo inúmeros benefícios, a maioria sem qualquer respaldo legal, movimentando todo um Tribunal, inclusive com os recursos atinentes, e não seja punido nem mesmo com a obrigação de pagar honorários e custas processuais, bastando que se declare como sem condições para tanto.

Faz o legislador reformas processuais, cobrando depósitos em rescisórias, aumentando seguidamente as custas para recursos e valor dos depósitos, impondo multas relevantes aos recursos empresariais que entendem inviáveis e criam os Juízes, mediante restrições sumulares e outras, limitações cada vez maiores aos recursos, pretendendo, através da jurisprudência limitar o volume de processos, como se legisladores fossem, mas não se vê nenhuma atitude, quer do magistrado, quer do legislador, no sentido de reduzir o bazar de reclamações que é criado pelo trabalhador ao ingressar em uma Justiça que, em 2011, continua ainda feita como se fosse para ele mesmo e não no sentido da criação de uma garantia para ambas as partes em litígio.

É preciso alterar o nosso sistema recursal trabalhista, não só com medidas legislativas que lhe concedam maior validade, tornando célere o desenlace do conflito, como também, e especialmente, necessário se faz, até em decorrência da Emenda Constitucional nº 45, caracterizar a Justiça do Trabalho, não mais como Justiça do Trabalhador, mas aquela que decide os conflitos decorrentes da relação de trabalho, de forma ampla, onde há partes em que uma pode ser mais fraca economicamente do que a outra, mas na qual quem estabelece a garantia de equilíbrio é a Lei e não a ideologia dos homens que a aplicam.

Procedimento e efeitos dos recursos no processo individual do trabalho

Busca-se nos recursos a reforma da decisão (sentença ou acórdão), quer de forma total ou parcial e são eles interpostos, em princípio, para um órgão colegiado.

São recursos trabalhistas:

Recurso ordinário;
Recurso de Revista;
Embargos de divergência;
Agravo de Instrumento;
Agravo Regimental;
Pedido de revisão (Lei 5.584/70, art. 2º, parágrafo 1º);
Embargos de declaração;
Agravo de petição.

Há uma vinculação entre esses recursos, que podemos entender como um mecanismo, algo que, embora funcione na área do direito, opera-se como uma engrenagem, um projeto de engenharia feita pelos estudiosos do direito, cujo caminho segue uma ladeira, com pressupostos semelhantes, interrompido pelo trânsito em julgado do processo, quando de seu final, ou pela vontade das partes em não recorrer, o que fará, da mesma forma, com que transite em julgado o processo.

Assim, da decisão de primeiro grau, após embargos de declaração se necessários, segue-se o recurso ordinário para o Tribunal Regional do Trabalho. Este poderá ser admitido ou não pelo juízo de admissibilidade. Caso não seja poderá a parte interpor agravo de instrumento, ou, se positivo o despacho, apreciará o Tribunal Regional o recurso.

Do acórdão do Tribunal Regional poderá a parte que sucumbiu ofertar recurso de revista (com possibilidades antes dos declaratórios), e o juízo de admissibilidade o admitirá ou não. Se negativo caberá o agravo de instrumento e se positivo decidirá sobre o recurso o Tribunal Superior do Trabalho, mediante decisões de suas Turmas.

Da decisão da Turma no recurso de revista, e quando houver divergência entre as Turmas do TST, ou de sua seção de dissídios individuais, caberão embargos para a seção, aqui não havendo juízo de admissibilidade.

O importante, porém, é que todos esses recursos, seguindo o mecanismo anteriormente citado, devem ser interpostos no prazo de oito dias, com exceção dos embargos de declaração cujo prazo é de cinco, são passíveis de depósito judicial e dependem do pagamento das custas, e correm ultrapassando barreiras, de acordo com os juízos de admissibilidades, usando para tanto, quando negados, do referido agravo de instrumento.

Transitado em julgado o processo, teremos ainda na execução, caso sejam impugnados os embargos, agravo de petição e, havendo matéria constitucional ainda em debate, o processo executório passará pelos mesmos trâmites da fase de conhecimento, seguindo-se o recurso de revista, o agravo de instrumento, os embargos e, em todos, embargos de declaração quando preciso for, ou seja, até os dias atuais, não houve uma reforma processual que determinasse que a decisão, transitada em julgado em qualquer instância, tenha valor líquido inquestionável para pagamento, o que terminaria com este processo temerário de execução, onde o tempo é tão longo quando o da fase de conhecimento.

Os meios de impugnar as decisões judiciais, ou são recursos, ou ações autônomas de impugnação, sendo que os primeiros têm como pressuposto a inexistência da coisa julgada, enquanto os segundos são interpostos exatamente contra a coisa julgada, como no caso de ações rescisórias, pois ela é insuscetível de ser recorrida, ordinária ou extraordinariamente.

O recurso visa o aperfeiçoamento da decisão judicial e é justificado pelo princípio do "duplo grau de jurisdição". É que as apreciações sucessivas da matéria garantem uma solução melhor, sendo que, em geral, o julgamento superior compete a um colegiado que estuda a decisão anterior, baseada nos fatos e no direito da causa.

Entende-se que o juiz, sabendo que sua decisão pode ser revista, procura julgar da melhor forma, sendo que a parte, mediante sentença desfavorável pronunciada em novo grau de jurisdição, prolatada por um colegiado, mais se conforma com a decisão contrária, estando aí os princípios da justiça" e da "certeza jurídica", que informam a teoria geral dos recursos.

Mas, se assim entendeu sempre a doutrina e a jurisprudência sobre os recursos, nesse nosso novo mundo jurídico, em uma fase processual na qual os magistrados discutem mais a estatística dos julgamentos do que propriamente o direito das partes, esse mecanismo de recursos a ser revisto por um colegiado, tem sofrido infortúnios que, talvez, melhor que não existissem.

É que o recurso, ao ser remetido ao Tribunal local, ou de lá para os Tribunais Superiores, é distribuído a um relator o qual, em um percentual que alcança quase a totalidade dos processos, aprecia o citado recurso mediante despacho, cabendo certamente que um agravo regimental (ou, simplesmente, agravo pela nova orientação do art. 577, § 1º do CPC) de difícil e remota apreciação de maior profundidade, ou seja, não há, propriamente, uma apreciação do colegiado no qual as partes procuravam maior certeza no decidir.

Mais ainda, como estatisticamente os magistrados têm em seus gabinetes assessores para estudo dos recursos, em número que alcance todos os processos em que são relatores, por falta de tempo e pela ânsia da estatística, própria de um procedimento novo e nefasto, decisões são minutadas por funcionários que as preparam a fim de que o juiz as exponha no julgamento superior, sendo que as partes terão maior certeza sobre seu direito na decisão de um juiz de primeiro grau do que na mente de um auxiliar de magistrado cujo colegiado muitas vezes não decide sobre o recurso.

São efeitos do recurso obstar o trânsito em julgado da decisão impugnada, suspender a eficácia imediata da sentença e devolver a matéria, objeto do recurso, à instância "ad quem".

Existe um Juízo de Admissibilidade que se inicia na instância de origem e é sempre declaratório. Se positivo abre a possibilidade de apreciação do processo no tribunal "ad quem" e se negativo, tranca-o, ensejando remédio próprio, o qual, na Justiça do Trabalho, é o agravo de instrumento.

Na justiça do trabalho não cabe recurso de decisões interlocutórias (súmula 214/TST), cabendo apenas um único recurso para todas as hipóteses existentes, com exceção dos embargos de declaração (princípio da unirrecorribilidade dos recursos).

Somente é recorrível o "dispositivo" da sentença ou acórdão, porque só ele faz coisa julgada, sendo que é necessário demonstrar no recurso o prejuízo quanto à conclusão da sentença, onde provoca-se a viabilidade de novo julgamento.

Recurso sem fundamentação

A orientação contida na súmula nº 422, do TST, que diz que "não se conhece de recurso para o TST, pela ausência do requisito de admissibilidade inscrito no art. 514, II, do CPC, quando as razões do recorrente não impugnam os fundamentos da decisão recorrida, nos termos em que fora proposta", tem tido ampla aplicação pelo tribunal superior, que, especialmente, em agravos de instrumento não os conhece por não atacarem o despacho que inadmitiu o recurso de revista e simplesmente repetem os argumentos utilizados nesse recurso.

Alguns exageros têm sido cometidos pelo TST ao aplicar referida súmula, pois, na maioria das vezes, os despachos de admissibilidade dos tribunais regionais não enfrentam todos os temas elencados no recurso de revista e se limitam a aplicar súmulas para o trancamento do apelo, tais como: súmula 126 (matéria fática), súmula 296 (especificidade da divergência), súmula 333 (decisões superadas pela iterativa jurisprudência), entre outras de caráter meramente processual ou extrínseco do apelo.

Extremamente difícil se torna para o recorrente/agravante combater a "ausência de argumentos" do despacho de admissibilidade e somente lhe resta reiterar as razões já expostas no recurso de revista e tentar demonstrar que a revista tinha condições de processamento.

Como contrariar despacho que diz que a matéria é fática, a não ser dizendo que ela não é fática e que é de direito. O agravante, empregado ou empregador, somente poderá demonstrar que a questão não é fática reiterando o que já foi dito no recurso de revista, ou seja, trata-se de questão de direito amparada na lei tal, na jurisprudência tal. Mas, mesmo assim, o TST insiste em não conhecer do agravo dizendo que não houve a impugnação dos fundamentos da decisão recorrida.

Pior que isto, os Tribunais Regionais estão a aplicar a mesma súmula (que é dirigida a recursos para o TST), ao argumento de que o recurso ordinário não está fundamentado. Os Tribunais Regionais desconsideram que o "jus postulandi" ainda existe e que o reclamante ou o reclamado, sem advogado, poderá interpor o recurso ordinário por mera petição, sem a necessária fundamentação e impugnação de todos os fundamentos da sentença.

Mesmo que se discuta que o "jus postulandi" alcança somente o segundo grau de jurisdição e que a parte deverá estar representada por advogado constituído nos autos para a interposição do recurso de revista, ainda assim, o recurso ordinário prescinde de advogado na causa e poderá ser aviado pela parte, que, evidentemente, não domina o direito do trabalho e as regras processuais.

Reitera-se a intenção do judiciário trabalhista de não julgar os processos, apenas fixar estatísticas de quantos processos foram trancados e de quantos processos não foram conhecidos.

Embargos de declaração

Consequência disso, da reiterada intenção de não julgar, é o aumento do número de embargos de declaração que são opostos contra as sentenças e acórdãos, na ânsia da parte de ver apreciado e julgado o seu recurso, conforme o art. 93, IX da Constituição Federal que determina que: "todos os julgamentos dos órgãos do Poder Judiciário serão públicos, e fundamentadas todas as decisões, sob pena de nulidade".

Importante ressaltar que o Tribunal Superior do Trabalho não aceita embargos de declaração contra despachos devendo a parte estar alerta para isso, pois perderá o prazo do recurso cabível caso oponha declaratórios contra despacho de admissibilidade dos recursos. E nem poderá alegar o princípio da fungibilidade recursal, pois os fundamentos não serão os mesmos.

Os embargos de declaração ganharam previsão específica na CLT, art. 897-A: "caberão embargos de declaração da sentença ou acórdão, no prazo de cinco dias, devendo seu julgamento ocorrer na primeira audiência ou sessão subsequente a sua apresentação, registrada na certidão, admitido efeito modificativo da decisão nos casos de omissão e contradição no julgado e manifesto equívoco no exame dos pressupostos extrínsecos do recurso."

A concessão de efeito modificativo, quando cabível, é medida salutar e de economia processual, pois evita que a parte tenha que recorrer para a instância superior quando o próprio juiz ou tribunal pode corrigir o seu equívoco no julgamento.

Essa medida reduz o número de recursos e livra a parte da necessidade da garantia do juízo – depósito recursal, e pagamento das custas do processo.

Os embargos de declaração, evidentemente, não podem substituir o recurso e deverão ser objetivamente apresentados indicando a omissão, contradição e obscuridade constantes na decisão. Por vezes, nem caberá o efeito modificativo, mas a providência servirá para pré-questionar (súmula 297/TST) matéria a ser devolvida ao tribunal.

Os declaratórios, com intuito procrastinatório, sofrerão a pena legal da multa e a parte estará sujeita a pecha de litigância de má-fé.

A obscuridade, que está prevista no art. 535, I, do CPC, não foi repetida na CLT, contudo o judiciário trabalhista continua a aceitá-la como fundamento para a oposição dos declaratórios.

Interessante observar como alguns magistrados ainda ficam indignados com os embargos de declaração opostos pelas partes, na crença de que a decisão proferida está perfeita e não necessita ser aclarada e, por vezes, até modificada.

Respondem aos declaratórios com a má vontade daqueles que se entendem acima do conhecimento médio e que o seu ofício julgador já se encerrou. Impõem multa e nada respondem obrigando a parte a recorrer com o pedido de nulidade para que nova decisão seja proferida, observadas as razões dos embargos de declaração, o que contribui para o crescente número de processos nos tribunais.

Agravo de instrumento

A Resolução Administrativa TST/1418, de 30 de agosto de 2010, que regulamentou o processamento do agravo de instrumento interposto de despacho que negar seguimento a recurso de competência do Tribunal Superior do Trabalho prevê, em seu art. 1º, seu processamento nos autos do recurso denegado.

A medida é amplamente salutar, especialmente, pela nova realidade normativa, já que não há mais razão para o trâmite de processos físicos no tribunal, tendo em vista a substituição desses processos pelo processo eletrônico, sendo certo que a coexistência de ambos resultaria em duplicidade antieconômica.

Entendemos, contudo, que a determinação deveria ser estendida aos agravos direcionados aos Tribunais Regionais que, pelas mesmas razões, economizariam com a não autuação de mais um processo e que, caso providos, permitiriam o julgamento de plano do recurso nos autos principais.

Pressupostos extrínsecos

Os pressupostos extrínsecos de admissibilidade dos recursos (recolhimento de custas, depósito recursal, preparo, representação processual e o cumprimento dos prazos recursais), devem ser rigorosamente observados pela parte recorrente, sob pena de não ter o mérito do seu apelo julgado pela instância superior.

As custas são calculadas sobre o valor da condenação ou valor arbitrado pelo juiz da causa, no percentual de 2%, e deverão observar a guia própria – a GRU.

Os depósitos recursais serão recolhidos também em guia própria, à disposição do reclamante na conta do FGTS, sendo que o valor a ser depositado corresponderá ao da condenação ou até o limite previsto pelas Instruções Normativas baixadas pelo TST.

O preparo observará o valor divulgado pelo Supremo Tribunal Federal, para interposição de recurso extraordinário.

O TST flexibilizou a exigência no preenchimento das guias de recolhimento entendendo como suficiente a indicação mínima para identificação do processo, desde que o valor esteja correto e comprovada a autenticação bancária.

A parte deve estar devidamente representada por advogado e, para tanto, deverá juntar aos autos procuração específica para esse fim. Poderá, ainda, conferir a outorga tácita que corresponde ao reconhecimento em juízo da atuação do advogado como sendo o seu constituído. A falta da comprovação expressa ou tácita da representação levará ao não conhecimento dos recursos interpostos, por inexistentes.

Na primeira instância, como prevê o art. 13 do Código de Processo Civil, o juiz determinará prazo para que o vício seja sanado.

O Tribunal Superior do Trabalho editou a Orientação Jurisprudencial nº 373, que dispõe sobre a irregularidade de representação da pessoa jurídica quando não identificado o outorgante e de seu representante.

A exigência é totalmente descabida, pois o art. 654, § 1º, do Código Civil Brasileiro prescreve como necessário "a indicação do lugar onde foi passado, a qualificação do outorgante e do outorgado, a data e o objetivo da outorga com a designação e a extensão dos poderes conferidos".

Como se observa, referida norma não exige identificação e/ou qualificação do representante legal, cabendo salientar que outorgante é a pessoa jurídica e não seu representante legal, que não é parte no processo. Além disso, regra geral o representante legal está identificado no reconhecimento da sua firma pelo Tabelião, que atesta que aquela assinatura é do representante da referida pessoa jurídica.

A própria jurisprudência do TST já entende que a procuração da pessoa jurídica é inteiramente válida se preenchidos os requisitos do art. 654 do Código Civil, salvo se contestada pela parte contrária. Diz a Orientação Jurisprudencial nº 255:

> OJ 255 – O art. 12, VI, do CPC não determina a exibição de estatutos da empresa em juízo como condição de validade do instrumento de mandato outorgado ao seu procurador, salvo se houver impugnação da parte contrária.

A forma não pode prevalecer sobre o conteúdo do processo, sob pena de se renegar a segundo plano a função maior da Justiça, a entrega da prestação jurisdicional.

Recurso adesivo

O recurso adesivo é plenamente aceito na processualística trabalhista e cabe, no prazo de 8 (oito) dias, nas hipóteses de interposição de recurso ordinário, de agravo de petição, de recurso de revista e de embargos, sendo desnecessário que a matéria nele veiculada esteja relacionada com a do recurso interposto pela parte contrária – inteligência da súmula nº 283/TST.

O recurso adesivo segue a sorte do recurso principal, o que significa que somente será julgado se o primeiro tiver sido conhecido. Em regra, o recurso adesivo será julgado após o julgamento do recurso principal, salvo se, o seu julgamento prejudicar o primeiro, e, nesse caso, o tribunal inverterá a ordem do julgamento.

A compatibilidade do recurso adesivo no processo do trabalho poderia, a princípio, comprometer a celeridade, pois, depois de vencido o prazo para o recurso principal, ainda se admite que no prazo das contrarrazões a parte interponha, concomitantemente, o adesivo o que gerará a necessidade de novo prazo para a parte contrária contraarrazoá-lo. Contudo, é plenamente válida a aceitação dessa modalidade recursal, pois permite à parte recorrer somente em caso de a outra parte ter recorrido, o que contribui para o encerramento do processo se não houver o recurso principal com o convencimento das partes de que a decisão entregou a contento a prestação jurisdicional.

Relevante destacar que a Justiça do Trabalho aceita que o recurso adesivo defenda matéria que não necessariamente esteja relacionada com a do recurso interposto pela parte contrária.

Agravo de petição

Os recursos na Justiça do Trabalho têm efeito apenas devolutivo, podendo a parte iniciar a execução provisória, a qual seguirá até a penhora, enquanto existir o procedimento recursal. É certo que pode a parte, demonstrando seu bom direito e o prejuízo flagrante com o curso da execução provisória, requerer mediante ação cautelar no próprio recurso, que seja dado a ele efeito suspensivo.

O agravo de petição será interposto contra decisão do juiz, nas execuções, sempre que definitiva. O juiz poderá entender em processá-lo em autos apartados, se a impugnação for parcial, para dar prosseguimento à execução acelerando com isso o término da fase executória.

Característica maior do agravo de petição diz respeito à delimitação justificada das matérias e os valores impugnados a fim de evitar a renovação de matéria já vencida pela coisa julgada.

Caberá à parte agravante justificar e delimitar na decisão atacada quais os pontos que não observaram a sentença exequenda e paralelamente a isso apresentar memória de cálculo com os valores que entende devidos.

O agravo de petição poderá, por vezes, atacar matérias incidentais que não exigirão a impugnação de valores, mas sim, de interpretação da coisa julgada e, nesses casos, o tribunal decidirá o rumo que deverá seguir a liquidação da execução.

O Tribunal Superior do Trabalho somente conhecerá de recurso de revista contra acórdão em agravo de petição se demonstrada a violação literal a dispositivo da Constituição Federal, conforme dispõe a súmula 266/TST, "A admissibilidade do recurso de revista interposto de acórdão proferido em agravo de petição, na liquidação de sentença ou em processo incidente na execução, inclusive os embargos de terceiros, depende de demonstração inequívoca de violência direta à Constituição Federal".

Alguns juízes, infelizmente, permitem o uso abusivo do agravo de petição, o que retarda em muito a conclusão do processo e prejudica o detentor do direito que terá que aguardar todo o longo caminho recursal (agravo de petição, recurso de revista, recurso extraordinário) para, somente depois disso, receber a sua verba alimentar.

Processo eletrônico e digitalização

Uma última consideração a respeito das inovações introduzidas pela Lei nº 11.419, de 19 de dezembro de 2006, que trata do processo eletrônico.

Existe grande confusão entre processo eletrônico e digitalização de processos.

O processo eletrônico pressupõe que todas as peças dos autos, desde a inicial, defesa etc., serão enviadas eletronicamente a vara ou tribunal, como já faz o Conselho Nacional de Justiça – CNJ, que não aceita nenhuma peça em papel.

O processo eletrônico exige a certificação eletrônica e somente os autorizados com a senha correspondente poderão acessar as informações e as peças dos processos.

A digitalização de peças não se confunde com processo eletrônico, pois consiste em digitalizar o que já está juntado aos autos, em papel, e não existe confiabilidade nesse tipo de serviço pelo volume descomunal de petições, recursos, documentos, laudos, despachos, decisões, etc. que compõem os autos do processo.

Não raras as vezes que se detecta a digitalização incompleta, por exemplo, em agravos de instrumento, o que põe em risco a segurança jurídica, pois incumbe a parte velar pelo correto traslado de peças, mas não é dela a obrigação de digitalizar essas peças e sofrerá o prejuízo caso esteja a faltar peça reputada como essencial para o entendimento da causa.

Sem dúvida que o processo eletrônico trará ganhos magníficos à celeridade processual, imprimirá maior agilidade ao trâmite burocrático e permitirá às partes o exame dos autos sem a necessidade do comparecimento ao foro ou a carga deles. Porém, não podemos perder de vista que a máquina não substituirá o conhecimento jurídico e a sensibilidade dos juízes, dos membros do Ministério Público e dos advogados, responsáveis pelo cumprimento do devido processo legal, pelo respeito ao amplo direito de defesa, pela entrega da prestação jurisdicional e, principalmente, pela manutenção da segurança jurídica, sem o que desaparecerá o estado democrático de direito.

SUSTENTAÇÃO ORAL NOS TRIBUNAIS DA JUSTIÇA DO TRABALHO

Eli Alves da Silva[1]

Sustentação oral é a oportunidade que o advogado tem para apresentar oralmente as alegações contidas no recurso da parte que representa, postando-se na tribuna perante o colegiado julgador. É a última oportunidade que a parte tem para manifestar-se antes do julgamento em instância superior, razão pela qual deverá utilizar argumentos com o poder de persuasão com a narração dos principais pontos demonstrados em sua tese, gerando a convicção da verdade que se alega, visando o convencimento dos julgadores.

Apesar do artigo 554, do Código de Processo Civil,[2] em seu texto falar da sustentação oral em recursos, com exceção aos Embargos Declaratórios e Agravo de Instrumento, isso significa que *contrario senso*, nos demais recursos, é possível a sustentação oral, que também é cabível nas ações com competência originária dos Tribunais, a exemplo da ação rescisória e mandado de segurança.

A sustentação oral deve se referir de forma limitada às questões articuladas no recurso, não podendo versar sobre tema que não constou do recurso interposto, sob pena de permitir-se a suplementação do mesmo recurso, o que violaria o princípio do contraditório, garantido constitucionalmente através do artigo 5º, inciso LV, da nossa Carta Magna.[3]

---

1 Advogado, especialista em direito empresarial do trabalho pela Faculdade de Direito da Universidade Mackenzie. Conselheiro e Presidente da Comissão de Direito Trabalhista da Ordem dos Advogados do Brasil, Seção São Paulo e Ex-Presidente da Associação dos Advogados Trabalhistas de São Paulo.
www.elialvesdasilvaadvogados.com.br – eli@elialvesdasilvaadvogados.com.br

2 Artigo 554, do Código de Processo Civil: "Na sessão de julgamento, depois de feita a exposição da causa pelo relator, o presidente, se o recurso não for de embargos declaratórios ou de agravo de instrumento, dará a palavra, sucessivamente, ao recorrente e ao recorrido, pelo prazo improrrogável de 15 (quinze) minutos para cada um, a fim de sustentarem as razões do recurso."

3 Artigo 5º: Todos são iguais perante a lei, sem distinção de qualquer natureza, garantindo-se aos brasileiros e aos estrangeiros residentes no País a inviolabilidade do direito à vida, à

Quando houver inscrição de advogados de ambas as partes interessadas em fazer sua respectiva sustentação oral, em primeiro lugar, usará da palavra o patrono do reclamante/autor.

A CLT não traz qualquer disciplinamento em relação à sustentação oral. Diante disso, por força do seu artigo 769,[4] aplica-se subsidiariamente o artigo 554, Código de Processo Civil, bem como o artigo 7º, inciso IX, da Lei 8906/94 (EAOAB).[5]

Originalmente o texto constante da Lei 8.906/94 determinava que a sustentação oral seria apresentada após o voto do relator. Entretanto, em razão da propositura de Ação Direta de Inconstitucionalidade pela Associação dos Magistrados Brasileiros, que recebeu o número 1.127, foi julgada por maioria, a inconstitucionalidade de parte do referido inciso no que tange à sustentação oral ser realizada após o voto do Relator. Vencidos o ministro relator e o ministro Sepúlveda Pertence.

Essa inconstitucionalidade foi declarada pelo fato da Lei determinar a realização da sustentação oral após o voto do relator.

Os argumentos daqueles que defendiam a inconstitucionalidade de parte do inciso IX, do artigo 7º, da Lei 8.906/94, quanto à sustentação oral ser feita após o voto do Relator, eram no sentido de que uma vez iniciados os debates e julgamento entre os magistrados, não haveria oportunidade para intervenção de terceiros, exceto quando da utilização da palavra pela ordem, para esclarecimento de matéria de fato, nos termos do inciso X, do mesmo artigo.[6]

---

liberdade, à igualdade, à segurança e à propriedade, nos seguintes termos... Inciso LV: aos litigantes em processo judicial ou administrativo, e aos acusados em geral são assegurados o contraditório e ampla defesa, com os meios e recursos a ela inerentes." (destaque meu)

4 Artigo 769, da CLT: "Nos casos omissos, o direito processual comum será fonte subsidiária do direito processual do trabalho, exceto naquilo em que for incompatível com as normas deste Título."

5 Artigo 7º da Lei 8906/94: "São direito do advogado": – Inciso IX: "sustentar oralmente as razões de qualquer recurso ou processo, nas sessões de julgamento, após o voto do relator, em instância judicial ou administrativa, pelo prazo de quinze minutos, saldo se prazo maior for concedido."

6 Estatuto da OAB – Lei 8906/94 – Artigo 7º, inciso X, diz: "usar da palavra, pela ordem, em qualquer juízo ou tribunal, mediante intervenção sumária, para esclarecer equívoco ou dúvida surgida em relação a fatos, documentos ou afirmações que influam no julgamento, bem como para replicar acusação ou censura que lhe forem feitas."

Em que pese essa fundamentação, a meu ver a grande preocupação dos magistrados era a de que havendo possibilidade de sustentação oral após relatório e voto, o advogado poderia utilizar-se de argumentos confrontando diretamente a proposta de voto e fundamentos do relator e isso poderia trazer uma situação de desconforto ao magistrado e, consequentemente, poderia querer responder ou complementar sua argumentação, o que ensejaria uma discussão direta entre advogado e magistrado. Na realidade, isso não se justifica, pois cada um terá seu momento para se manifestar; portanto, não existe espaço para qualquer tipo de discussão descomedida, mesmo porque o presidente da turma, ao dirigir os trabalhos, tem a seu favor o poder de polícia, podendo inclusive cassar a palavra de quem estiver utilizando-a de forma hostil e desproporcional.

Na prática, ao contrário do que imaginavam alguns e, ao mesmo tempo, opondo-se à decisão do Supremo Tribunal Federal quanto a essa matéria, o que hoje observamos é que na maioria das Turmas dos Tribunais da Justiça do Trabalho o presidente diante da presença do advogado na tribuna para fazer sustentação oral, solicita ao advogado a dispensa do relatório, que usualmente é autorizado, ato contínuo, antes de passar a palavra para o advogado iniciar sua sustentação oral, determina que o magistrado relator apresente sua conclusão de voto, pois havendo coincidência na conclusão com a pretensão do advogado da parte, sugere ao advogado que abra mão da sua sustentação oral. Isso normalmente ocorre quando existe a inscrição de uma única parte. O objetivo dessa prática pelos Tribunais tem sido dar maior celeridade a julgamentos precedidos de sustentação oral.

Essa situação é extremamente temerosa para o advogado, pois pode ocorrer que após a apresentação da conclusão do magistrado relator, o advogado abra mão da sustentação oral e quando da colheita dos votos dos demais julgadores, a decisão seja contrária à encaminhada pelo relator e em havendo desistência da sustentação oral, não terá mais a oportunidade de retomá-la. Assim, na eventualidade do advogado se deparar com o questionamento do presidente da Turma para que abdique da sustentação oral, a melhor maneira de se proceder é o advogado não abster-se desse direito, apenas informar ao presidente de que só terá condições de tomar essa decisão após a coleta dos demais votos, pois prevalecendo decisão contrária à do relator, retomará a palavra para a sua sustentação oral, isso evidentemente, desde que o advogado tenha pleno conhecimento de que sua tese ou elementos relevantes do processo traduzam-se no convencimento de alguns ou todos os julgadores, fazendo com que reconsiderem seus votos. Essa possibilidade existe, já que o voto poderá ser alterado até o momento da proclamação do resultado pelo presidente da Turma.[7]

Certa feita, assisti a uma sessão de julgamento, onde o Presidente da Turma determinou que o Relator apresentasse sua conclusão de voto e após manifestação do magistrado, sendo favorável às razões de recurso apresentadas pela parte representada pelo Advogado, lhe foi perguntado se diante daquela conclusão ele desistiria da sustentação oral, o que foi confirmado pelo advogado. Na sequência, durante a coleta dos votos dos demais julgadores, o resultado foi de dois votos contrários ao do Relator. Considerando que o advogado havia renunciado ao direito de sustentar oralmente, perdeu a oportunidade de qualquer argumentação e o mais grave, por sua própria deliberação.

Tais circunstâncias são extremamente delicadas para o advogado enfrentar no seu trabalho cotidiano, razão pela qual o profissional deve estar permanentemente preparado, não somente com a parte técnica como também com as questões psicológicas.

Na realidade, o que se observa é que os Tribunais perceberam que, na prática, a sustentação oral feita após o voto do relator em nada atrapalha o andamento dos trabalhos. Observa-se também que ainda há temores relacionados ao momento da integral leitura do voto do relator, antes da sustentação oral. Acredito que esse receio se relacione ao fato do advogado, durante a sua fala, levantar algum questionamento direto sobre o que foi apresentado no voto. Isso geraria como dito anteriormente, certo desconforto aos magistrados. Não vejo razão para existência de tal receio, pois desde que o relator tenha encaminhado sua proposta de decisão de forma consistente e bem fundamentada, não tem o que temer. Ademais após o encaminhamento da sugestão de voto, o advogado, por meio de sustentação oral, pode trazer argumentos que demonstrem a existência de equívocos contidos na proposta do relator. Não é demérito algum ao magistrado, declarar que diante da sustentação oral, venha a refletir sobre outros aspectos que são considerados relevantes e que não foram abordados no seu voto e consequentemente retire o processo de pauta para melhor análise. Além de não ser desmerecimento, demonstra maior transparência, lealdade e humildade por parte do magistrado.

Objetivamente, considero que não é a melhor prática a que vem sendo utilizada em alguns Tribunais a de apresentar a conclusão do voto antes da sustentação oral. Na verdade, quando há inscrição para sustentação oral, o relator deve cristalinamente apresentar seu voto integralmente, possibilitando ao advogado apontar eventuais questões contraditórias às pretensões de sua defesa, sobre aspectos abordados no voto. Não justificando eventual

---

7 RITRT – 2ª Região – Artigo 102, '§ 5º: "O desembargador poderá modificar o seu voto antes da proclamação do resultado."

alegação de que a não leitura integral do vota trará maior agilidade ao julgamento. Deve-se priorizar a qualidade do julgamento em detrimento da sua quantidade.

Dependendo da sua convicção e com o seu poder de persuasão, o advogado poderá reverter o julgamento favorecendo o seu constituinte. Não existe a meu ver justificativa plausível para a apresentação só da parte conclusiva do voto; portanto é possível concluir que os termos do inciso IX, do artigo 7º, da Lei 8.906/94, estavam corretos em todos os sentidos, pois concedia ao julgamento maior transparência bem como outorgava ao advogado a oportunidade de exercer o sagrado direito da ampla defesa, considerando que, com a leitura integral do voto, o advogado adquire reais condições para sustentar sobre pontos específicos advindos do voto, cuja exploração dos mesmos poderá conduzir à convicção dos demais julgadores e até mesmo do relator. Já a não apresentação do voto antes da sustentação oral deixa o advogado "sem alvo". Com isso, pode ocorrer do advogado argumentar sobre determinada tese ou fato que muitas vezes sequer é foco do que entendeu ou interpretou o relator, ou seja, prejudicará a objetividade da argumentação.

Infelizmente, o que se verifica é que essa prática utilizada por alguns Tribunais, já está formalmente definida através do Regimento Interno do Colendo Tribunal Superior do Trabalho, quando em seu artigo 145, § 1º, determina:

> Ao proferir seu voto, o Relator fará um resumo da matéria em discussão e antecipará sua conclusão, hipótese em que poderá ocorrer a desistência da sustentação, ante a antecipação do resultado. Havendo, porém, qualquer voto divergente daquele anunciado pelo Relator, O Presidente voltará a facultar a palavra ao advogado desistente. Não desistindo os advogados da sustentação, o Presidente concederá a palavra a cada um dos representantes das partes, por dez minutos, sucessivamente.

Com esse disciplinamento, é possível ver que o texto de Lei que foi suscitado e teve a sua inconstitucionalidade declarada, voltou na prática, porém em forma de Regimento Interno e, ainda, deformado, pois a Lei originalmente determinava que a sustentação oral, seria feita após o voto do relator. Agora, o que ainda se exige em nível de Tribunal Superior do Trabalho, é apenas um resumo da matéria e a conclusão do voto.

Isso, para o advogado, é muito ruim, pois quando faz uso da tribuna para realizar sua sustentação oral, parte de uma visão geral sobre a tese a ser defendida e não especificamente sobre os pontos a serem atacados que são contrários à sua tese recursal. Não resta dúvida que seria muito mais transparente a apresentação do voto na íntegra, pois com isso o advogado teria conhecimento de onde estaria o foco a ser atacado e não faria uso de argumentações genéricas.

É importante que o advogado ao pretender utilizar da prática de elaborar a sustentação oral, procure conhecer o Regimento Interno do respectivo Tribunal, pois isso lhe dará maior segurança evitando surpresas desagradáveis. Para melhor entendimento, exemplifica-se a divergência de procedimento regulado pelos Tribunais. Tem-se que o Tribunal Regional do Trabalho da 2ª Região permite ao advogado fazer a sustentação oral desde que devidamente constituído, bastando para tanto, a juntada do instrumento procuratório na Secretaria da Turma, a tempo de ser conferida.[8] Por outro lado, o Tribunal Regional do Trabalho da 15ª Região, quando trata dessa matéria, já tem disciplinamento diferente, pois determina que a inscrição para sustentação oral seja admitida a partir da publicação da pauta, no órgão oficial e até às 18h00 horas do dia anterior ao da sessão de julgamento.[9]

Outro exemplo não menos importante é quanto ao tempo que o advogado tem para elaboração de sua sustentação oral, pois tanto o Código de Processo Civil em seu artigo 554, quanto o artigo 7º, inciso IX, da Lei 8.906/94, determinam que o prazo seja de quinze minutos. Porém, lamentavelmente, os regimentos dos Regionais, têm limitado esse tempo a dez minutos, a exemplo do Regimento Interno do Tribunal Regional do Trabalho da 15ª Região. E no caso do Tribunal Regional do Trabalho da 2ª Região, o tempo é de dez minutos, baseados no seu artigo 100, do seu Regimento Interno, podendo ser prorrogado por mais cinco minutos quando a matéria for considerada relevante.

Essa regulamentação do tempo determinado, inferior a quinze minutos para a sustentação oral, s.m.j., é inconstitucional, por contrariar o artigo 96, inciso I, letra "a", da nossa Carta Magna,[10] já que os regimentos internos dos Tribunais devem observar as normas de processo e das garantias processuais das partes. Assim sendo, regimento interno que restringe o tempo de sustentação oral inferior a quinze minutos contraria

---

8   RITRT-2ª Região – Artigo 101
9   RITRT-15ª Região – Artigo 135
10 Artigo 96, da Carta Magna: "Compete privativamente": – Inciso I: "aos Tribunais: – letra 'a': eleger seus órgãos diretivos e elaborar seus regimentos internos, com observância das normas de processo e das garantias processuais das partes, dispondo sobre a competência e o funcionamento dos respectivos órgãos jurisdicionais e administrativos." (destaque meu)

a garantia processual determinada pelo artigo 554, do Código de Processo Civil,[11] e também sedimentado no artigo 5º, inciso LV, da Constituição Federal.[12]

Essa mesma inconstitucionalidade também pode ser aplicada aos dispositivos inseridos em Regimento Interno que tenham por objetivo restringir o direito do advogado na apresentação de sustentação oral, como exemplo a imposição de horário para sua inscrição. Nesse particular tem-se a decisão da Corregedoria Geral da Justiça do Trabalho, através de seu então corregedor Ministro Ridel Nogueira de Brito, quando da concessão de liminar em pedido de providência formulado pelo eminente advogado paulista Luís Carlos Moro,[13] garantindo-lhe o direito de proceder sustentação oral quando foi

---

11 "Na sessão de julgamento, depois de feita a exposição da causa pelo relator, o presidente, se o recurso não for de embargos declaratórios ou de agravo de instrumento, dará a palavra, sucessivamente, ao recorrente e ao recorrido, pelo prazo improrrogável de 15 (quinze) minutos para cada um, a fim de sustentarem as razões do recurso."

12 Artigo 5º da Constituição Federal : "Todos são iguais perante a lei, sem distinção de qualquer natureza, garantindo-se aos brasileiros e aos estrangeiros residentes no País a inviolabilidade do direito à vida, à liberdade, à igualdade, à segurança e à propriedade, nos termos seguintes:"(...) Inciso LV: "aos litigantes, em processo judicial ou administrativo, e aos acusados em geral são assegurados o contraditório e ampla defesa, com os meios e recursos a ela inerentes." (destaque meu)

13 "Trata-se de pedido de providência formulado por Luís Carlos Moro, advogado, requerendo que lhe seja assegurado o direito de proceder à sustentação oral nas sessões de julgamento da 1ª, 2ª e 3ª Turmas do Tribunal Regional do Trabalho da 15ª Região, a serem realizadas hoje. Relata que a sua inscrição não foi aceita porque efetuada quinze minutos após as 18:00h de ontem, prazo último para essa finalidade, nos termos do artigo 135 do Regimento Interno do TRT da 15ª Região. Postula o deferimento liminar desse pedido e, a posteriori, seja examinada a possibilidade de alteração da referida norma regimental. Decido. A não apresentação do original da petição, no prazo de 5 (cinco) dias, implicará a extinção do processo sem julgamento do mérito. Devido à urgência, examina-se de pronto o pedido liminar formulado no presente processo. Embora o Regimento Interno do TRT da 15ª Região preveja que a inscrição para sustentação oral deva ocorrer até às 18 horas do dia anterior à sessão de julgamento, a praxe dos Tribunais Regionais e também desse Tribunal Superior do Trabalho é admitir que as inscrições sejam formalizadas até poucos minutos antes da abertura das sessões, sem que isto implique qualquer tumulto no desenvolvimento dos trabalhos. Assim, considerando que o prejuízo advindo da não garantia do direito de sustentar oralmente pode ser maior que eventual contratempo nas sessões marcadas para hoje, concluo pela caracterização dos elementos essenciais à concessão da tutela requerida neste Pedido de Providências, principalmente a fim de se evitar possível cerceamento do

impedido de fazer sua inscrição sob a alegação que era intempestiva, nos termos do artigo 135, do Regimento Interno do Tribunal Regional do Trabalho da 15ª Região.[14]

Outro aspecto que considero importante ressaltar nesse trabalho é quanto à oportunidade e conveniência da realização da sustentação oral.

É muito comum ouvir de alguns advogados que não têm a prática de fazer sustentação oral e nem mesmo estímulo para isso, dizerem que não serve para nada, considerando que o desembargador já traz o seu voto pronto e os demais integrantes do julgamento simplesmente o acompanham. Mesmo porque segundo tais argumentos, dificilmente outro desembargador vai abrir divergência, pois se tal iniciativa for vencedora, ele passará a ter a responsabilidade de redigir o acordão e, com tanto a fazer que já tenha o magistrado em razão do grande número de processo que lhe são distribuídos semanalmente, não iria querer ter mais essa atribuição.

Na prática, o que tenho percebido e constatado é que isso não é totalmente verdadeiro. Ao contrário do que se imagina, é possível constatar que em grande número de casos concretos, após a sustentação oral, muitos relatores pedem para retirar o processo de pauta para melhor analisá-lo, ou o que é ainda mais comum, os demais desembargadores pedem vista. Havendo esse pedido de vista, normalmente, o julgador compromete-se a reapresentar na próxima sessão. Quando isso ocorre, nem mesmo é necessária nova publicação da sessão de julgamento, porém, quando não há o compromisso de reapresentar o processo para julgamento na sessão seguinte, o Presidente da Turma já comunica que a nova data para julgamento será publicada no diário oficial.

Acredito, pela prática que tenho tido em sustentação oral nos Tribunais, que o advogado tem que estar muito bem preparado em relação ao processo e ou às matérias que serão abordadas na sustentação oral, demonstrando efetiva segurança e convencimento próprio, para que possa transmitir isso aos julgadores. Posso testemunhar que uma sustentação

---

direito de defesa e o atraso na entrega da prestação jurisdicional. Com esses fundamento, DEFIRO a liminar para garantir o direito do Requerente de proceder à sustentação oral nos processos nº 00980-2004-053-15-00-6, 01788-2004-046-15-00-9 e 00662-2003-102-15-00-0, incluídos nas pautas das sessões da 1ª, 2ª e 3ª Turmas do TRT da 15ª Região, a serem realizadas hoje. Dê-se ciência, com urgência, aos eminentes Presidentes dos referidos órgãos judicantes, ao Presidente do TRT e ao Requerente. Publique-se. Brasília, 6 de setembro de 1005. RIDEL DE BRITO Corregedor Geral da Justiça do Trabalho (Decisão publicada no DJU de 09/09/2005).

14 RITRT 15ª – Artigo 135, *caput*: "A inscrição para sustentação oral será admitida a partir da publicação da pauta, no órgão oficial e até às 18:00 horas do dia anterior ao da sessão de julgamento."

oral bem feita pode, em muitos casos, mudar o resultado do julgamento. Porém, uma sustentação oral mal preparada e/ou mal apresentada não desperta a atenção dos julgadores, tornando-a inócua, contribuindo apenas para o desprestígio do advogado.

Muitos advogados dão verdadeira aula quando apresentam suas respectivas sustentações orais. Como bom exemplo disso, posso citar as várias vezes em que tive a oportunidade de assistir as sustentações orais apresentadas pelo saudoso colega José Granadeiro Guimarães. Por sua longa história na advocacia, sua experiência e bom trato que mantinha com colegas, servidores e também com magistrados. Sempre muito bem alinhado e ultimamente acompanhado de sua elegante bengala. Era respeitadíssimo, em suas sustentações orais despertava a atenção de todos, principalmente pelo fato de estar sempre muito bem preparado. Não utilizava o processo para manusear durante julgamento, porém, sua sustentação oral era seguida por algumas poucas anotações que trazia do seu escritório. Além de demonstrar conhecimento e segurança, também cativava confiança. Todos os magistrados prestavam muita atenção nas suas manifestações. Como comprovação da confiança que todos depositavam nele, não poderia deixar de relatar uma passagem, da qual não tive a oportunidade de assistir, porém tomei conhecimento, fato confirmado por seu então *ex adverso* José Carlos Arouca.

Segundo o nobre colega Arouca, ainda antes de ter assumido o cargo de desembargador do Tribunal Regional do Trabalho da 2ª Região, na vaga reservada ao quinto constitucional da Classe dos Advogados, certa vez estava inscrito para sustentação dupla onde o seu *ex adverso* era exatamente o Dr. Granadeiro. Ocorre que, naquele dia, em função de outra sustentação oral que o Dr. Arouca tinha para fazer em Turma diversa, atrasou-se muito e quando foi apregoado o processo, o Dr. Granadeiro dirigiu se até a Tribuna e informou ao Presidente que o Dr. Arouca ainda não havia chegado, requerendo que outros processos fossem julgados a fim de dar oportunidade para que o seu colega chegasse. O Presidente da Turma respondeu: "Não posso aguardar mais, pois já foi ultrapassado um quinto dos julgamentos da pauta". Diante disso, o Dr. Granadeiro respondeu: "Então eu não vou sustentar!" E se retirou da sessão. Este é um exemplo de que a cordialidade e a lealdade, no exercício da advocacia podem e devem ser praticadas pelo advogado, em demonstração de que com elegância no trato com o colega adversário (e não inimigo), há espaço para todos e que dentre os operadores do direito podem ser praticadas sem qualquer tipo de comprometimento.

Tenho defendido constantemente que a sessão de julgamento é ato solene e como tal deve ser respeitada e reverenciada. Como a própria lei determina, não existe hierarquia e nem subordinação entre advogados, magistrados e membros do Ministério Público, devendo todos tratarem-se com consideração e respeito recíprocos.[15]

Quando o advogado está inscrito para fazer a sustentação oral, deve se apresentar alguns minutos antes, dirigindo-se ao servidor que normalmente está auxiliando na sessão, apresenta-se e indicar o número de ordem do processo que tem interesse em realizar a sustentação. Preferencialmente deve também solicitar o processo para dar uma manuseada e tomar conhecimento de eventuais manifestações da parte contrária, do Ministério Público do Trabalho ou alguma decisão de última hora.

Antes de ocupar a tribuna, nos Tribunais onde é exigida, deverá vestir a beca, como exemplo o Colendo Tribunal Superior do Trabalho, por força do parágrafo único do artigo 140, do seu Regimento Interno.[16]

Quanto à obrigatoriedade na utilização da beca, nem todos os Tribunais Regionais do Trabalho exigem, a exemplo do TRT da 2ª Região – São Paulo. Particularmente, tenho defendido e considerado importante que nem só houvesse essa exigência bem como o hábito do advogado em utilizá-la, principalmente pelo fato da sessão de julgamento ser uma maneira de valorização da atividade da advocacia e, também, ser uma vestimenta própria para ser utilizada em um momento de expressiva solenidade. Além disso, considerando que normalmente o representante do Ministério Público do Trabalho e os Magistrados estão com a vestimenta apropriada para tal, importante também é a apresentação do advogado da mesma forma.

Acredito ainda que a própria OAB deveria editar provimento específico recomendando que o advogado ao se apresentar perante aos julgadores nas sessões de julgamento em qualquer Tribunal deveria estar trajando a beca. Ainda mais, em cada um desses Tribunais, a OAB deveria manter uma sala denominada "sala das becas", onde o advogado poderia obtê-las para uso durante as sessões.

Ao ocupar a tribuna, deve aguardar o Presidente de turma lhe dar a palavra. Normalmente será perguntado ao advogado, se dispensa a leitura do relatório do voto. A boa prática determina a dispensa. Na sequência, é comum que o Presidente determine ao Relator a conclusão do voto. Caso essa conclusão seja favorável às razões do recurso, é perguntado se ele dispensa a sustentação. Havendo conveniência nessa dispensa e sendo respondido pelo Advogado que dispensa passa-se à coleta dos demais votos dos desembargadores.

---

15 Lei 8906/94 – artigo 6º *caput*.

16 Parágrafo único – Artigo 140, do RITST: "Na sustentação oral, ou para dirigir-se ao Colegiado, vestirão a beca, que lhes será posta à disposição."

O Advogado também deverá preocupar-se em estar bem apresentado em suas vestimentas. Afinal, vivemos em uma sociedade capitalista cuja apresentação é constantemente avaliada e aliada a uma boa preparação técnica só acrescenta. Também é importante que o advogado transpareça serenidade, distanciando-se de possíveis demonstrações de nervosismo ou ressentimentos. A sustentação oral, apesar de exigir certa veemência na sua manifestação, também deve ser encarada como sendo a última oportunidade para que o advogado da parte possa argumentar para formar a convicção dos julgadores, fazendo com os magistrados entendam a mensagem transmitida pelo profissional da advocacia.

Existem advogados que possuem evidentes habilidades quanto ao desenvolvimento do raciocínio, outros têm maiores dificuldades, o importante é ter a preocupação de estudar bem o processo, fazendo breves anotações para que possa ordenar o seu raciocínio e consequentemente mostrar maior segurança no que está dizendo.

É muito importante que o advogado não leve os termos da sua sustentação oral por escrito para não demonstrar simples leitura de algo anteriormente preparado. A leitura em uma sustentação não serve de atrativo para os magistrados. Ao contrário, demonstra que o profissional não está preparado para o seu ofício. Quando muito o advogado poderá ler alguma ementa de decisão que possa servir de paradigma para o caso que está sendo julgado. O mesmo é possível, quando o advogado faz a leitura de parte da decisão que está sendo revista, se isso lhe interessar, bem como a leitura de conteúdo de algum documento que possa contribuir para os seus argumentos objetivando o convencimento dos desembargadores.

Com isso, percebe-se que o ideal é que o advogado esteja perfeitamente integrado e familiarizado com o processo, bem como convicto da tese defendida, com as provas produzidas e com profundos conhecimentos sobre o direito da parte que está representando. Isso naturalmente dará maior segurança ao advogado quando da sustentação oral, fazendo com que os julgadores prestem atenção no que está expressando. Não adianta o advogado ocupar a tribuna apenas para marcar presença, ou frise-se, apresentando sustentação oral de maneira superficial ou simplesmente lendo texto previamente escrito. De igual forma, não é aconselhável que o advogado queira decorar o que ele vai falar na tribuna. Possivelmente demonstrando fragilidade e incorrendo no risco de perder passagens e acontecimentos inesperados no decorrer de sua sustentação oral. É aconselhável que o advogado leve algumas anotações correspondentes ao roteiro a ser seguido durante a sua fala, até para que não se perca na abordagem, principalmente tratando-se de julgamento de processo trabalhista onde normalmente aborda vários pedidos e teses em um só julgamento. Caso considere importante mencionar alguma jurisprudência, é importante que cite o número do acordão, bem como o prolator e o Tribunal que deu origem àquela decisão referida.

Uma sustentação oral bem feita, onde o advogado demonstra conhecimento sobre a matéria, mesmo não havendo sucesso na solução do litígio a favor do seu constituinte, seguramente contribui para a obtenção do respeito e admiração dos julgadores.

Quando do encerramento da sua sustentação oral cabe ao advogado reiterar o seu pleito, como por exemplo: Espera o recorrente que seu recurso seja conhecido, bem como lhe seja dado provimento, por uma questão de justiça!

Ao iniciar a sustentação oral, é recomendado fazer uma saudação ao Presidente da Turma, ao representante do Ministério Público do Trabalho e também aos demais julgadores. Não é necessário citar o nome de cada um deles, até para que essa saudação não fique muito extensa e cansativa.

Ao encerrar a sustentação oral, havendo mais de um inscrito, o advogado deverá se retirar da Tribuna, dando lugar ao seu colega. É aconselhável que fique em pé ao lado da Tribuna. Ao advogado que falar depois, também é importante que ao término de seu pronunciamento desocupe a tribuna, permanecendo também em pé do lado oposto. Eventualmente, durante a manifestação e voto dos desembargadores julgadores, poderá surgir a necessidade de alguma manifestação, o que poderá ser requerida a palavra, ao presidente da turma, pela ordem.[17]

Essa questão relativa ao uso da palavra "pela ordem" é extremamente relevante e importante. O advogado deverá solicitá-la e exigi-la desde que atendidos os requisitos legais. Ao presidente da turma, não restará alternativa a não ser conceder a palavra. Caso o advogado faça uso indevido dessa oportunidade caberá ao presidente cassar a palavra do advogado. Portanto, é aconselhável que o advogado tenha cuidado ao utilizar esse dispositivo legal, para que ele não fique desmoralizado, por ter baseado o seu pleito vendo-o inicialmente deferido e depois utilizá-lo de forma indevida.

Após a conclusão da sustentação oral, o advogado deve aguardar o pronunciamento da decisão, que é feita pelo presidente da turma e, somente após isso, despedir-se dos julgadores, bem como, se for o caso, do seu colega *ex adverso*.

---

17 Estatuto da OAB – Lei 8.906/94 – Artigo 7º, inciso X, que diz: "usar da palavra, pela ordem, em qualquer juízo ou tribunal, mediante intervenção sumária, para esclarecer equívoco ou dúvida surgida em relação a fatos, documentos ou afirmações que influam no julgamento, bem como para replicar acusação ou censura que lhe forem feitas."

O PRÉ-QUESTIONAMENTO NO RECURSO DE REVISTA – A POSIÇÃO DE VANGUARDA DO TRIBUNAL SUPERIOR DO TRABALHO

Osmar Mendes Paixão Côrtes

Considerações sobre a recorribilidade extraordinária

A doutrina costuma classificar os recursos em ordinários e extraordinários. A distinção está no objeto do recurso. O recurso extraordinário é aquele que tem como objeto imediato a proteção do direito objetivo (incidentalmente protegendo o direito subjetivo), ao contrário do ordinário, que visa diretamente à prestação jurisdicional relativa à tutela dos interesses das partes em litígio, tendo como objeto o direito subjetivo.

Identifica-se finalidade e interesse públicos, além dos privados, a justificar a gama recursal hoje existente.

Não basta, conforme Pontes de Miranda destaca, para a exata realização do direito objetivo, um conjunto de boas regras de direito processual, "é de mister a criação de certas vias de recursos, que permitam a apreciação da aplicação da lei pelos tribunais".[1] Os recursos que se prestam a esse fim são os extraordinários.

Os extraordinários têm devolutividade menor do que os ordinários, já que estão submetidos a requisitos específicos de admissibilidade, relacionados aos seus próprios objetivos. A amplitude da impugnação é, assim, maior nos ordinários do que nos extraordinários.

São extraordinários, no Direito Processual Civil Brasileiro, o recurso especial e o recurso extraordinário (*stricto sensu*), e, por consequência, de forma indireta, os recursos a eles relacionados, como o agravo de instrumento contra decisões denegatórias, agravo interno ou regimental, embargos de divergência.

A origem da recorribilidade extraordinária, pelo recurso extraordinário em sentido estrito, está ligada diretamente ao writ of error do direito saxônico, que nasceu

---

[1] MIRANDA, Pontes de. *Comentários ao Código de Processo Civil* (de 1973). Tomo VIII. Rio de Janeiro: Forense, 1975, p. 20.

na Inglaterra, com a finalidade de, segundo José Afonso da Silva, "corrigir erros de direito em favor da parte prejudicada".[2] O instituto desenvolveu-se, e passou às colônias inglesas, entre as quais os Estados Unidos da América do Norte, onde ganhou um plus de auxiliar na manutenção do direito federal frente à limitada autonomia dos Estados, em um modelo federativo.

No Brasil, após uma fase de centralização política, marcada pela presença de um poder absoluto na Constituição de 1824, adotou-se, após a Proclamação, a forma federativa de Estado, pelo primeiro decreto do Governo Provisório, em 1889 (artigo 1º). Consequência disso foi a instituição da dualidade de justiça — federal e estadual, já que os Estados deveriam gozar de uma certa autonomia, mas limitada pela União, que é soberana e dá unidade política à nação.

O modelo de federalismo adotado implicava em certa autonomia aos Estados, mas limitada e coordenada em função do poder da União. Havia, portanto, necessidade, segundo José Afonso da Silva, de "dar à União um meio de manter a autoridade do Direito federal, ante possíveis erros das justiças estaduais (então instituídas) na aplicação daquele Direito".[3] Era necessário achar um meio para dirimir os conflitos entre os poderes estaduais e federal.

A solução foi encontrada na adoção do *writ of error*, traduzido, quase literalmente, do *writ of error* do *Judiciary Act*, do Direito norte-americano (artigo 58, § 1º, do decreto 510, de 1890, do Governo Provisório).

O *writ of error* não era sequer previsto na Constituição Federal dos Estados Unidos da América e, mesmo assim, foi amplamente recebido como um instrumento indispensável à coordenação e unidade do direito federal. No caso brasileiro, o recurso extraordinário foi expressamente previsto, e a mesma função, de forma explícita. As autoridades estaduais, consoante anota Vasco de Lacerda Gama, nesse contexto, não deveriam se sentir ameaçadas, porque a "liberdade, a autonomia e a propria soberania, existem, devem existir amplas e perfeitamente garantidas, mas dentro da lei, dentro das attribuições respectivas".[4]

Assim ingressou no Brasil, antes mesmo da Constituição de 1891, o recurso extraordinário, influenciado pelo *writ of error*, do *Judiciary Act* norte-americano.

---

2   SILVA, José Afonso da. *Do Recurso extraordinário no processo civil brasileiro*. São Paulo: Editora Revista dos Tribunais, 1963, p. 29.
3   SILVA, José Afonso da. *Op. cit.* p. 29.
4   GAMA, Vasco de Lacerda. S/editora, 1937. p. 211.

A ideia de recurso extraordinário liga-se, dessa forma, à de Federação, à de unidade de justiça, à necessidade de assegurar, segundo Pontes de Miranda, "em todo o território e em todas as dimensões do ambiente jurídico nacional, a realização uniforme da *lei federal*",[5] principalmente considerando a existência das justiças estaduais.

Em um Estado, ainda que unitário, é essencial haver um órgão jurisdicional de hierarquia superior, com a finalidade de preservar o ordenamento objetivo e dar uma interpretação uniforme às normas vigentes.

Nos Estados que adotam a forma federativa, a necessidade de uma Corte com essas atribuições é ainda maior, pois convivem dois tipos de justiça — as estaduais e as federais. A unidade do direito impõe a unidade jurisdicional.

Com a Constituição Republicana de 1891, o *writ* ganhou força, porque, repita-se, sentiu-se a necessidade de, adotado o modelo federativo, haver um meio de manutenção e controle da unidade do direito.

O nome "extraordinário" foi utilizado pela primeira vez no Regimento Interno do Supremo Tribunal Federal de 1891,[6] e o recurso foi mantido e afirmado por todas as Constituições posteriores, ganhando nítidos contornos semelhantes aos da atualidade já com a Reforma de 1926. Ao longo do desenvolvimento político e constitucional brasileiro, foi sempre fortalecido, tendo ultrapassado períodos de maior e menor democratização e sobrevivido a fases de forte centralização política.

O nosso recurso extraordinário liga-se, assim, de forma indissociável, ao modelo federativo, à ideia de unidade de justiça. Aliás, anote-se que não apenas o recurso extraordinário em sentido estrito, mas todos os recursos de natureza extraordinária carregam essa função de dar unidade à Federação, protegendo o ordenamento jurídico.

Após a Constituição de 1988, parte da competência do Supremo Tribunal Federal foi atribuída ao Superior Tribunal de Justiça que assumiu, pela via do recurso especial, a função de unificar a interpretação e evitar violações à legislação infraconstitucional. A Corte Suprema ainda manteve, entretanto, a função de, pela via do recurso extraordinário, manter a integridade da Constituição Federal e, ainda, a unidade da Federação.

Pelo próprio histórico do recurso extraordinário (e da recorribilidade extraordinária), observa-se que há particularidades e nuances que justificam seus objetivos próprios e algumas formalidades exigidas pelos Tribunais Superiores, como o pré-questionamento.

---

5   MIRANDA, Pontes de. *Comentários ao Código de Processo Civil* (de 1973). Tomo VIII, p. 19.
6   A primeira Constituição a chamá-lo de extraordinário foi a de 1934.

O requisito do cabimento do recurso extraordinário está previsto no artigo 102, III, e o do recurso especial no artigo 105, III, da Constituição Federal. O do recurso de revista, por seu turno, está no artigo 896, da Consolidação das Leis do Trabalho.

Teses jurisprudenciais sobre o pré-questionamento

Pré-questionamento significa o trato, pela decisão recorrida, da matéria a ser reexaminada pelo Tribunal Superior. Não basta que esteja posta no recurso de natureza extraordinária, deve estar debatida na decisão objeto do recurso.

E essa exigência não é nova. Já do texto da Constituição Brasileira de 1934 ela ficou clara, considerando a expressão que vinculava o cabimento do recurso contra decisão que fosse contrária a literal disposição de tratado ou lei federal "sobre cuja aplicação se haja questionado". Isso significa que a afronta ao texto constitucional pela aplicação da lei deveria necessariamente estar tratada na decisão recorrida e deveria ter sido suscitada pela parte. Ou seja, a aplicação da lei desrespeitada deveria ser questionada pela parte e a decisão deveria tê-la desrespeitado perante a Constituição.

Portanto, o pré-questionamento não constitui requisito à parte do cabimento, mas está englobado nele. Isso porque, para analisar, por exemplo, se o recurso extraordinário atende as alíneas "a", "b", "c" ou "d", do permissivo constitucional (artigo 102, III), é essencial que tenha a decisão recorrida tratado do tema que será levado à apreciação do Supremo Tribunal Federal. Da mesma forma quanto ao recurso de revista (artigo 896, da CLT).

Ademais, os Tribunais Superiores, historicamente, não podem reexaminar matéria fática, em relação à qual as instâncias ordinárias são soberanas, pela própria natureza da recorribilidade extraordinária que objetiva preservar a integridade do ordenamento jurídico. Os aspectos fáticos devem ser, portanto, apreciados em primeira e segunda instâncias (e devem constar das decisões ordinárias recorridas), não pelas Cortes Superiores.

Assim, o pré-questionamento está ligado ao próprio cabimento do recurso, não constituindo requisito autônomo. A história não contradiz esse entendimento, pois sempre foi exigido que a decisão recorrida tratasse do tema objeto do recurso de natureza extraordinária, mesmo no *writ of error* do Direito Inglês e do Direito Norte-americano, em que sempre se pressupôs a existência de "erro" que aparecesse no *record* (registro) da decisão recorrida. Nesse sentido, inclusive, a observação do Ministro Lúcio de Mendonça:

> Para que caiba este recurso, é necessário que a questão que o provoca tenha sido effectivamente agitada em processo movido perante as justiças

estaduais e lá tenha sido julgada: não basta que tal questão se possa ou pudesse suscitar naquella ordem judiciaria. Isto é expresso no *Judiciary Act*, a que mais de uma vez nos termos referidos como a origem remota do nosso recurso:

'But to authorize the removal under that act, it most appear by the record, either expressely or by clear and necessary intendment, that some one of the enumerated questions did arise in the State court, and was there passed upon. It is not sufficient that might have arisen or been applicable.'

Ainda neste ponto assentou o supremo tribunal a sã doutrina no Accordam de 11 de maio de 1895".[7]

No exame da satisfação da exigência, preliminar ao do recurso, pelos Tribunais Superiores, surge a questão de saber se basta que a matéria tenha sido debatida ou se os dispositivos legais devem estar expressos na decisão recorrida.

Ao nosso juízo, é suficiente que a matéria tenha sido apreciada na decisão, o que a torna passível de reexame pelo Supremo Tribunal Federal ou pelo Superior Tribunal de Justiça, sendo dispensável a referência numérica ao dispositivo legal, exigência feita apenas para o recurso. Nesse sentido, merece destaque a seguinte decisão:

Ementa
RECURSO EXTRAORDINÁRIO – PRÉ-QUESTIONAMENTO – CONFIGURAÇÃO – RAZÃO DE SER. O pré-questionamento não resulta da circunstância de a matéria haver sido arguida pela parte recorrente. A configuração do instituto pressupõe debate e decisão prévios pelo Colegiado, ou seja, emissão de juízo sobre o tema. O procedimento tem como escopo o cotejo indispensável a que se diga do enquadramento do recurso extraordinário no permissivo constitucional. Se o Tribunal de origem não adotou tese explícita a respeito do fato jurígeno veiculado nas razões recursais, inviabilizado fica o entendimento sobre a violência ao preceito evocado pelo recorrente. AGRAVO – ARTIGO 557, § 2º,

---

7 MENDONÇA, Lúcio de. *Do Recurso Extraordinário*, p. 26-27 *apud* CAVALCANTI, João Barbalho Uchôa. *Constituição Federal Brasileira (1891)*. Brasília: Senado Federal, 2002. p. 244-245.

DO CÓDIGO DE PROCESSO CIVIL – MULTA. Se o agravo é manifestamente infundado, impõe-se a aplicação da multa prevista no § 2º do artigo 557 do Código de Processo Civil, arcando a parte com o ônus decorrente da litigância de má-fé. (STF – RE 425282-PE. Rel. Min. Marco Aurélio. Primeira Turma. DJ de 30-09-2005).

Há entendimento do Supremo Tribunal Federal, todavia, em sentido contrário, exigindo referência à norma apontada como violada, na decisão recorrida:

> EMENTA
> "RECURSO EXTRAORDINÁRIO. EXIGÊNCIA DE PRÉ-QUESTIONAMENTO EXPLÍCITO DA NORMA QUE SE TEM POR OFENDIDA, INCLUSIVE DE NATUREZA CONSTITUCIONAL. NÃO BASTA, A TANTO, PRÉ-QUESTIONAMENTO IMPLÍCITO.
> APLICAÇÃO À ESPÉCIE DAS SÚMULAS 454 E 279. AGRAVO DESPROVIDO." (STF — AgrAg 116390. Rel. Min. Néri da Silveira. DJ de 04-03-88. 1ª Turma).

> EMENTA
> "AGRAVO REGIMENTAL EM RECURSO EXTRAORDINÁRIO. ADMINISTRATIVO. AUSÊNCIA DE PRÉ-QUESTIONAMENTO. REDUÇÃO DE VENCIMENTOS. MATÉRIA CONTROVERTIDA.
> 1. Pré-questionamento implícito. Inadmissibilidade. Diz-se pré-questionada a matéria quando a decisão impugnada haja emitido juízo explícito a respeito do tema, inclusive mencionando o dispositivo constitucional previamente suscitado nas razões do recurso submetido à sua apreciação.
> 2. Se o acórdão recorrido, para decidir o mérito da questão objeto do extraordinário, não faz qualquer referência à norma constitucional tida como violada e não foram opostos embargos de declaração para sanar a omissão, não se conhece do recurso extraordinário em face do teor das Súmulas 282 e 356 desta Corte.
> 3. Reenquadramento e ausência de redução de vencimentos. Matéria decidida nas instâncias ordinárias em face das provas coligidas para os autos. Reexame. Não cabimento do extraordinário. Súmula 279/STF.

Agravo regimental não provido." (STF — AgrRe 254434. Rel. Min. Maurício Corrêa. DJ de 02-08-2002. 2ª Turma).

A posição mais acertada, no nosso ver, é a primeira, admitindo a satisfação do requisito pelo efetivo exame da questão pela decisão recorrida, dispensada, apenas, a referência numérica ao dispositivo.

E há, ainda, decisões do Supremo Tribunal Federal, possibilitando a satisfação do requisito pela mera oposição de embargos de declaração, pela parte sucumbente:

EMENTA
"I – RE: pré-questionamento mediante embargos de declaração: a oposição pertinente dos embargos declaratórios satisfaz a exigência do pré-questionamento (Súmula 356), ainda que a omissão apontada pelo embargante não venha a ser suprida pelo tribunal a quo (RE 210.638, DJ 19/06/1998).

II – Não sendo a função de liquidante de empresa de economia mista equiparável a cargo em comissão, o tempo de exercício de tal função por funcionário público não podia ser computado para fins de estabilidade financeira." (STF RE – 236316-RS. 1ª Turma. Rel. Min. Sepúlveda Pertence. DJ de 06-01-98).

EMENTA
"I. Recurso extraordinário: pré-questionamento mediante embargos de declaração. A rejeição dos embargos não impede que, no julgamento do recurso extraordinário, se considere pré-questionada a matéria neles veiculada, como resulta, a contrario sensu, da Súmula 356, desde que sobre essa matéria tivesse de pronunciar-se o órgão julgador. A teor da Súmula 356, o que se reputa não pré-questionado é o ponto indevidamente omitido pelo acórdão primitivo sobre o qual 'não foram opostos embargos declaratórios'. Mas, se opostos, o Tribunal a quo se recusa a suprir a omissão, por entendê-la inexistente, nada mais se pode exigir da parte.

II. Proventes de aposentadoria: Constituição, art. 40, par 4: regra de paridade com os vencimentos do cargo correspondente que tem precisamente o sentido de dispensar que a lei estenda ao inativo em cada caso, o benefício ou vantagem que outorgue ao servidor em atividade: logo, quando incide, o dispositivo constitucional ilide a aplicação da Súmula 339. (STF — RE-214724-RJ. 1ª Turma. Rel. Min. Sepúlveda Pertence. DJ 06-11-98).

Essa corrente parte da interpretação da própria Súmula 356, do Supremo Tribunal Federal, segundo a qual "o ponto omisso da decisão, sobre o qual não foram opostos embargos declaratórios, não pode ser objeto de recurso extraordinário, por faltar o requisito do pré-questionamento".

Ou seja, interpretando o verbete, chega-se à conclusão de que, se foram opostos embargos declaratórios, a matéria pode ser dada por pré-questionada.

Louvável esse entendimento, em nome da economia e da celeridade processual, mas que não nos parece o mais tecnicamente correto, já que o Supremo Tribunal Federal estará reexaminando matéria não constante da decisão recorrida.

A regra deve ser a de, se o Tribunal inferior não apreciar todas as questões trazidas no recurso de natureza ordinária, serem opostos os pertinentes embargos declaratórios apontando a omissão no exame da matéria legal e fática, se for o caso. Não havendo a integração da decisão originária, em resposta aos embargos, a parte recorrente deve postular a nulidade da decisão que se recusou a apreciar as questões omissas (legais ou fáticas), por ofensa aos artigos 5º, LIV, e 93, IX, da Constituição Federal (e, no caso do recurso de revista, artigos 832, da CLT, 458, do CPC, e 93, IX, da CF). E o Tribunal Superior deverá decretar a nulidade da decisão por ausência de resposta aos embargos, o que configura desrespeito à regra do devido processo legal e da fundamentação das decisões judiciais.

As decisões que entendem pré-questionada a matéria pela simples oposição de embargos declaratórios prestigiam a celeridade e a economia (evitando anulações e idas e vindas dos processos), mas podem pecar ao pressupor que a matéria ventilada em embargos está na decisão recorrida.

O Superior Tribunal de Justiça tem entendimento consolidado na Súmula 211, segundo a qual "inadmissível recurso especial quanto à questão que, a despeito da oposição de embargos declaratórios, não foi apreciada pelo Tribunal *a quo*".

A jurisprudência majoritária do Superior Tribunal de Justiça, interpretando o verbete, orienta-se no sentido de admitir o pré-questionamento se a tese foi apreciada pela decisão recorrida (ainda que não referido o dispositivo legal) e de exigir a oposição de embargos declaratórios se a matéria não foi devidamente examinada pela decisão recorrida. Por outro lado, não tem admitido a satisfação do requisito pela simples oposição dos embargos.

O posicionamento do Tribunal Superior do Trabalho

O Tribunal Superior do Trabalho, de forma muito acertada, consolidou seu entendimento na Súmula 297, segundo a qual:

> PRÉ-QUESTIONAMENTO – OPORTUNIDADE – CONFIGURAÇÃO
> I. Diz-se pré-questionada a matéria ou a questão quando na decisão impugnada haja sido adotada, explicitamente, tese a respeito.
> II. Incumbe à parte interessada, desde que a matéria haja sido invocada no recurso principal, opor embargos declaratórios objetivando o pronunciamento sobre o tema, sob pena de preclusão.
> III. Considera-se pré-questionada a questão jurídica invocada no recurso principal sobre a qual se omite o Tribunal de pronunciar tese, não obstante opostos embargos de declaração.

Ou seja, hoje, na Justiça do Trabalho, a matéria é dada por pré-questionada, em primeiro lugar, se tiver sido apreciada, explicitamente, na decisão recorrida. Não é necessária a referência ao número da norma. Basta que a tese tenha sido examinada.

Havendo omissão, devem ser opostos embargos declaratórios. Se não respondidos, pode ser que a simples oposição dos embargos seja suficiente.

Não é sempre, e daí o grande acerto do Tribunal Superior do Trabalho, que a simples oposição de embargos declaratórios satisfaz o pré-questionamento.

Apenas se a questão objeto dos embargos for jurídica o requisito do pré-questionamento pode ser satisfeito com a simples oposição dos declaratórios.

Se a questão objeto dos embargos for fática, a regra é a tradicional – postular, no recurso de revista, a nulidade do acórdão que julgou mal os embargos declaratórios, por ofensa aos artigos 832, da CLT, 93, IX, da CF, ou 458, do CPC. Os autos retornariam ao Tribunal inferior, assim, para novo julgamento dos embargos. Respondidas as questões fáticas, novo recurso levará o caso para o Tribunal Superior do Trabalho reapreciar a matéria (já pré-questionada – constante da decisão recorrida).

Ao limitar às questões jurídicas a satisfação do requisito do pré-questionamento pela simples oposição de embargos declaratórios, o Tribunal Superior do Trabalho acaba com o risco de se abrirem as portas da jurisdição extraordinária para matérias fáticas (se estas fossem objeto dos embargos não respondidos).

A vanguarda da posição do Tribunal Superior do Trabalho – O Projeto do Novo Código de Processo Civil

O Projeto do novo Código de Processo Civil (PLS 166) contempla expressamente a possibilidade de a mera oposição de embargos satisfazer o requisito do pré-questionamento, no artigo 979, segundo o qual "consideram-se incluídos no acórdão os elementos que o embargante pleiteou, para fins de pré-questionamento, ainda que os embargos de declaração não sejam admitidos, caso o tribunal superior considere existentes omissão, contradição ou obscuridade."

Consoante já anotado, essa posição surgiu de uma interpretação *a contrario sensu* da Súmula 356 do Supremo Tribunal Federal, segundo a qual o ponto sobre o qual não foram opostos embargos declaratórios não pode ser tido por pré-questionado.

A intenção da súmula era a de explicitar que os embargos declaratórios são a via própria para pré-questionar matérias a serem devolvidas nos recursos extraordinários. Mas é importante anotar que eles servem para esse propósito na medida em que servem para sanar omissões e forçar a decisão recorrida a apreciar questões sobre as quais ela deveria já ter se manifestado expressamente.

Os embargos "pré-questionadores" não são uma nova hipótese de embargos. Repita-se que eles servem para pré-questionar na medida em que obrigam a decisão a ser objeto do recurso de natureza extraordinária a se manifestar sobre questão relevante que já deveria ter sido expressamente analisada mas não foi. E só com a apreciação dessa questão relevante é que se poderá bem demonstrar o cabimento do recurso extraordinário ou do especial.

A intenção original da Súmula 356 não foi a de afirmar que a simples oposição de embargos declaratórios satisfaz a exigência do pré-questionamento. Mas a sua interpretação *a contrario sensu* levou a essa tese, agora contemplada no Projeto do novo Código de Processo Civil – se a questão que não foi objeto de embargos declaratórios não pode ser dada por pré-questionada, logo, a questão que foi objeto pode ser dada por pré-questionada.

Mas é importante que se anote que não são quaisquer embargos opostos que servem para satisfazer o requisito do pré-questionamento, na linha do que colocado na Súmula 297/TST.

Se os embargos forem conhecidos e respondidos, obviamente a matéria estará pré-questionada. Se não forem, todavia, deve-se, em primeiro lugar, ver se a matéria era de ordem fática ou jurídica. Se fática, não respondidos os embargos, a matéria não pode ser dada por pré-questionada, sob pena de se consentir com a conclusão de que a matéria colocada nos embargos pela parte recorrente corresponde ao que deveria estar no acórdão.

Se apenas jurídica a questão objeto dos embargos declaratórios (por exemplo, se a intenção da parte for provocar a manifestação mais completa do Tribunal sobre tese ou dispositivo legal já referido na decisão), a simples oposição dos embargos pode servir para pré-questionar a matéria.

Note-se que o artigo 979 contempla a posição de vanguarda de que a simples oposição basta para pré-questionar, mas especifica, de forma correta, que o Tribunal Superior deve considerar existentes omissão, contradição ou obscuridade. Ou seja, o Tribunal Superior, ao julgar o recurso de natureza extraordinária, deve notar que a matéria objeto dos embargos, não devidamente respondidos, deveria integrar o acórdão recorrido – e a essa conclusão o Tribunal só poderá chegar se a matéria objeto dos embargos for jurídica. Se fática, não, sob pena de adentrar o reexame de fatos e provas – o que é vedado.

Portanto, não é qualquer matéria objeto dos embargos de declaração que poderá ser dada por pré-questionada. Ao contrário, dar-se-á por pré-questionada a matéria objeto dos embargos se, cumulativamente: (i) os embargos forem conhecidos, (ii) a matéria for jurídica (não fático-probatória), e (iii) o Tribunal Superior considerar que o vício da decisão embargada (omissão, obscuridade ou contradição) de fato existiu.

Essa, a leitura ideal, que não abre margem para que os Tribunais Superiores presumam que a matéria fática constante nos declaratórios é verdadeira ou adentrem o reexame de fatos e provas, o que vai de encontro com a própria e tradicional função das Cortes Superiores – guardiãs da Federação, da Constituição e da legislação infraconstitucional.

O artigo 979, assim, evita a declaração desnecessária de nulidades para resposta aos embargos. Se o Tribunal Superior já tiver elementos suficientes para julgar a causa, dando por pré-questionada a matéria (até por celeridade – valor constitucionalmente garantido no artigo 5º, da Constituição Federal), dispensado fica o acolhimento de preliminares de nulidades por ausência de resposta devida a embargos declaratórios.

E a inserção do dispositivo na futura legislação mostra a correção da postura do Tribunal Superior do Trabalho, consolidada na Súmula 297.

AÇÃO RESCISÓRIA NO PROCESSO DO TRABALHO FUNDAMENTOS DE ADMISSIBILIDADE, PROCEDIMENTO E RECURSO

Suzana Comelato[1]

Introdução

Há situações nas quais somente após o curso do processo, quando já transitada em julgado a decisão, a parte toma conhecimento de eventos que poderiam interferir no resultado da demanda.

Ao demandante, nesses casos, faculta-se a utilização da ação rescisória.

Essa modalidade de ação, regida pelo Código de Processo Civil, já que não há previsão expressa na Consolidação das Leis do Trabalho, estabelece, entretanto, requisitos e condições específicas para que seja manejada perante a Justiça Especializada, tendo como nascedouro os Tribunais Regionais do Trabalho.

Feita a breve introdução, verificaremos os requisitos e condições para a procedibilidade da ação rescisória no âmbito da Justiça Especializada.

Conceito

A ação rescisória é uma ação que tem por objeto a anulação de uma sentença transitada em julgado para que outra seja proferida.

---

1 Advogada sócia da Comelato Nascimbem Sociedade de Advogados, especializou-se em Direito Tributário pelo Instituto Brasileiro de Estudos Tributários – IBET e Direito dos Contratos pelo Centro de Extensão Universitária (CEU), membro da Comissão de Direito Empresarial do Trabalho da OAB-SP, membro da Comissão de Direito Administrativo Contencioso Tributário da OAB e Juíza do Tribunal de Impostos e Taxas do Estado de São Paulo-TIT.

A rescisão não é espécie de recurso, mas é "um remédio jurídico contra a coisa julgada". É ainda, nos dizeres de Luís Eulálio de Bueno Vidigal,[2] "ação pela qual se pede a declaração de nulidade da sentença".

Diz Tostes Malta[3] que "ação rescisória se volta para rescindir uma decisão transitada em julgada e para eventual proferimento de uma nova decisão de mérito. De fato, se não for rescindida a decisão atacada, não há como prolatar novo julgamento de mérito".

Manoel Antonio Teixeira Filho[4] diz que ação rescisória "é aquela por meio da qual se pede a desconstituição, da coisa julgada, nos casos previstos em lei, podendo haver novo julgamento da causa".

A ação rescisória, é portanto, ação, porém, sua aplicação dá-se em caráter excepcional, somente se verificadas as hipóteses previstas no artigo 485 do Código de Processo Civil, sem as quais não se pode falar na utilização dessa ação.

Da aplicação subsidiária do Código de Processo Civil

A CLT não trata da ação rescisória, fazendo-lhe apenas referência no artigo 836, quando veda aos órgãos da Justiça do Trabalho conhecer de questões já decididas, excluindo a hipótese da ação rescisória.

Alude o diploma laboral no artigo 769 que nos casos omissos, o direito processual comum será fonte subsidiária do direito processual do trabalho, autorizando-se neste ponto a aplicação do artigo 485 do CPC que trata da ação rescisória.

Apesar de muito haver sido discutido a respeito do cabimento da ação rescisória na Justiça do Trabalho, atualmente, a possibilidade de utilização dessa ação autônoma de impugnação, de natureza constitutiva negativa quanto ao juízo rescindendo, que enseja a instauração de outra relação processual distinta daquela em que foi proferida a decisão rescindenda, restou dirimida, cujos debates resultaram na edição do Enunciado 194 do TST que diz que "as ações rescisórias ajuizadas na Justiça do Trabalho, serão admitidas, instruídas e julgadas, conforme os artigos 485 usque 495 do Código de Processo Civil de 1973".

---

2 ALMEIDA, Amador Paes de. *Curso Prático de Processo do Trabalho*, 14ª ed. São Paulo: Saraiva, 2002, p. 453.

3 MALTA, Cristóvão Piragibe Tostes. *Prática do Processo Trabalhista*, 31ª ed. revista e atualizada, São Paulo: LTr, 2002, p. 618.

4 TEIXEIRA FILHO, Manoel Antonio. *Ação rescisória no Processo do Trabalho*. São Paulo: LTr, 1991, p. 60.

Considerando-se a inexistência de regra própria na CLT a respeito da ação rescisória, comporta aplicação o disposto no artigo 485 do Código de Processo Civil que delimita as situações em que se afigura cabível a ação rescisória, assim como os artigos seguintes que regem a ação.

Cabimento e requisitos da ação rescisória

A ação rescisória tem cabimento quando houver sido proferida sentença de mérito, transitada em julgada, desde que a sentença se adeque a uma das hipóteses previstas no artigo 485 do Código de Processo Civil.

O artigo 485 do CPC prevê que a sentença de mérito, transitada em julgada, poderá ser objeto de rescisão quando: i) houver sido proferida em virtude de prevaricação, concussão ou corrupção do juiz; ii) houver sido proferida por juiz absolutamente incompetente ou impedido; iii) resultar de dolo da parte vencedora em detrimento da parte vencida ou de colusão entre as partes a fim de fraudarem a lei; iv) ofender a coisa julgada; v) violar literal disposição de lei; vi) fundar-se em prova cuja falsidade tenha sido apurada em processo criminal o que seja provada na própria rescisória; vii) depois da sentença, o autor obtiver documento novo, cuja existência ignorava ou de que não pode fazer uso, capaz, por si só, de lhe assegurar pronunciamento favorável; viii) houver fundamento para invalidar a confissão, desistência ou transação em que se baseou a sentença; ix) fundada em erro de fato resultante de atos ou de documentos da causa.

A primeira hipótese consiste na prática dos fatos típicos, antijurídicos, culpáveis e puníveis previstos nos artigos 319. 316 e 317 do Código Penal, não havendo, entretanto, para a configuração do requisito que tenha ocorrido o reconhecimento do ilícito penal praticado pelo magistrado para ensejar a rescisória, como ensina Sérgio Pinto Martins.[5]

Na sequência, a segunda hipótese trata do juiz impedido ou absolutamente incompetente.

Incompetente é o juiz que não pode conhecer da matéria a ele submetida à apreciação, como por exemplo, o juiz do trabalho que profere decisão sobre direitos relativos a servidores públicos estatutários estaduais, cuja matéria está afeta a Justiça Comum.

Impedido está o juiz quando: i) for parte no processo; ii) houver atuado como mandatário da parte, perito, atuado como representante do MP ou servido como

---

5 MARTINS, Sergio Pinto. *Direito Processual do Trabalho*, 22ª ed. São Paulo: Editora Atlas, 2004, p. 500.

testemunha; iii) tiver conhecido da questão em primeiro grau e tiver proferido decisão; iv) houver atuado como advogado da parte, seu cônjuge ou qualquer parente consanguíneo ou afim, em linha reta ou na linha colateral, até o terceiro grau; v) for órgão de direção ou administração de pessoa jurídica, parte na causa.

A terceira hipótese legal prevê a possibilidade de rescisão da sentença quando esta resultar de dolo da parte vencedora em detrimento da parte vencida, ou de colusão entre as partes, objetivando fraudar a lei, entendendo-se a colusão como acordo oculto entre os litigantes que praticam atos simulados, com a finalidade de fraudar a lei ou terceiros.

A quarta situação legal refere-se a ofensa à coisa julgada, pois, a sentença não poderá decidir matéria já decidida, na qual haja preclusão de todos os recursos cabíveis.

Será cabível ainda a rescisória quando houver violação literal de disposição de lei.

Vicente Greco Filho[6] assim se pronuncia sobre a violação literal de lei que enseja o corte rescisório "a violação de lei para ensejar a rescisão deve ser frontal e induvidosa. Se a lei comportava mais de uma interpretação razoável não incide o dispositivo, se a sentença optou por uma delas".

Nesse sentido veja-se posicionamento do TST:

> Na ação rescisória não se examina o direito de alguém, mas a sentença passado em julgado. Não se discute a justiça ou injustiça da sentença, nem se tergiversa sobre a melhor ou mais adequada interpretação da norma jurídica. Há que se configurar violação expressa de um direito, não em função do interesse particular da parte, e sim em atenção à defesa de uma norma de interesse público
> (TST – RO – AR 27458/91.0 – Relator Ministro Cnéa Moreira – Ac. SDI 711/92).

A rescisória igualmente encontra cabimento quando estiver baseada em prova cuja falsidade for apurada em processo criminal ou na própria ação rescisória; quando o autor obtiver documento novo depois da sentença, cuja existência era ignorada, ou do qual não pode fazer uso, capaz por si só, de lhe assegurar pronunciamento favorável.

Também é cabível quando houver fundamento par invalidar confissão, desistência ou transação em que se baseou a sentença, cuja confissão é a real e não a ficta.

---

6   GRECO FILHO, Vicente. *Direito Processo Civil Brasileiro*, 2º vol., 11ª ed. São Paulo: Saraiva, p. 425.

Admite-se a rescisão fundada em erro de fato, resultante de atos ou documentos de causa, sendo considerado erro, quando a sentença admitir um fato inexistente ou quando considerar inexistente um fato que realmente ocorreu.

As hipóteses previstas no artigo 485 do CPC, que regula a ação rescisória, são taxativas, não admitindo ampliação do rol elencado no dispositivo em cotejo.

Do depósito prévio e as hipóteses legais de dispensa

Estabelece o art. 836 da CLT, alterado pela Lei 11.495/2007, que é vedado aos órgãos da Justiça do Trabalho conhecer de questões já decididas, excetuados os casos expressamente previstos neste Título e a ação rescisória, que será admitida na forma do disposto no Capítulo IV do Título IX da Lei no 5.869, de 11 de janeiro de 1973 – Código de Processo Civil, sujeita ao depósito prévio de 20% (vinte por cento) do valor da causa, salvo prova de miserabilidade jurídica do autor.

Constitui pressuposto de admissibilidade da ação rescisória, portanto, o recolhimento do depósito prévio que deverá ser realizado nos moldes previstos na Instrução Normativa 21 do TST.

Sendo julgada improcedente a rescisória, o valor depositado reverterá em favor do réu, a título de multa.

Especificamente no âmbito trabalhista, o art. 836 da CLT afasta a necessidade do depósito prévio para aqueles que comprovarem a miserabilidade jurídica, regra estendida pela IN nº 31/2007 do C. TST à massa falida e ao autor que "perceber salário igual ou inferior ao dobro do mínimo legal, ou declarar, sob as penas da lei, que não está em condições de pagar as custas do processo sem prejuízo do sustento próprio ou de sua família".

O art. 488, parágrafo único, do CPC, dispensa da efetivação do depósito apenas a União, os Estados, os Municípios e o Ministério Público. O artigo 24-A da Lei nº 9.028/1995 garante essa isenção para as autarquias e fundações da União, mas nada estabelece quanto às autarquias e fundações públicas dos Estados e Municípios.

Cumpre registrar que o depósito em questão não se confunde com custas ou emolumentos, possuindo natureza de multa a ser revertida em benefício da parte contrária, nos termos dos arts. 494 do CPC e 5º da IN nº 31/2007 do C. TST, de modo que não se aplica o disposto no art. 790-A, I, da CLT.

De outra parte, os arts. 1º do Decreto-Lei nº 779/1969, 39 da Lei nº 6.830/1980 e 1º-A da Lei nº 9.494/1997 também não tratam especificamente da isenção quanto ao depósito prévio exigido para a admissão da ação rescisória.

Saliente-se, por oportuno, que o art. 836 da CLT é claro ao exigir o depósito prévio da importância correspondente a 20% do valor da causa.

A SDI-2 do C. TST a respeito da matéria já se pronunciou no seguinte sentido, conforme ementa publicada em 05/08/2011, no DEJT, referente ao processo AR – 2163626-30.2009.5.00.0000, do qual foi relator o Ministro Luiz Philippe Vieira de Mello Filho, a seguir transcrita:

> AÇÃO RESCISÓRIA – DEPÓSITO PRÉVIO – AUSÊNCIA. O art. 836 da CLT e a Instrução Normativa nº 31/2007 não preveem a isenção do depósito prévio para as autarquias estaduais, valendo ressaltar que o art. 488, parágrafo único, do CPC, aplicável subsidiariamente, apenas estabelece que não cabe a exigência do depósito à União, aos Estados, aos Municípios e ao Ministério Público. Por sua vez, resulta inviável conceder-se prazo para tanto, por não se tratar de irregularidade capaz de dificultar o julgamento do mérito, prevista no art. 284 do CPC, mas de pressuposto específico de admissibilidade da ação rescisória, cuja ausência é causa de extinção do processo, nos termos do art. 267, I e IV, c/c o art. 490, II, todos do CPC. Precedentes desta Corte. Ação rescisória extinta, sem julgamento do mérito.

Portanto, apenas nas hipóteses acima elencadas verifica-se autorização legal para a dispensa ao cumprimento do requisito do depósito prévio, previsto na legislação, cujo descumprimento importa na inadmissibilidade da ação.

Procedimento da ação rescisória e do recurso cabível

A ação rescisória deve ser proposta no prazo de dois anos contados do trânsito em julgado da decisão que se pretende rescindir.

Como se trata de ação de natureza desconstitutiva, com prazo previsto em lei, o mesmo é de natureza decadencial, não havendo possibilidade de interrupção ou suspensão, cuja contagem inicia-se do trânsito em julgado da última decisão proferida na causa, seja de mérito ou não, conforme Enunciado 100 do TST, devendo-se considerar ainda, a possibilidade de se operarem coisas julgadas parciais durante o curso do processo.

É legitimado para propor a ação rescisória quem foi parte no processo ou seu sucessor, terceiro interessado e o Ministério Público, sendo neste último caso, adstrita a legitimidade apenas nas hipóteses em que a intervenção do órgão era obrigatória ou quando a sentença for resultado de colusão entre as partes, objetivando fraudar a lei.

A legitimidade passiva, por sua vez, será de todos aqueles que foram parte no processo e não figuram, naturalmente, no polo ativo da ação rescisória. O litisconsórcio, na ação rescisória, é necessário em relação ao polo passivo da demanda, pois, ante a indivisibilidade do objeto, não se admite solução diferente para cada uma delas, já que há identidade de direitos e obrigações.

A petição inicial será, necessariamente, instruída com a certidão do trânsito em julgado da decisão rescindenda e cópia desta, a qual deverá atender aos requisitos do artigo 282 do CPC, podendo na falta dos requisitos deste ser indeferida com fundamento no artigo 295 do mesmo diploma.

A competência originária para julgar a ação rescisória é dos Tribunais Regionais do Trabalho, nos termos do artigo 678, I, c, 2, da CLT, cabendo recurso ordinário ao Tribunal Superior do Trabalho da decisão proferida, nos termos da Súmula nº 158.

As ações rescisórias das decisões do Tribunal Superior do Trabalho são de competência originária da Seção de Dissídios Individuais, sejam elas das turmas ou da própria Seção e na hipótese de sentenças normativas do TST, a competência será da Seção de Dissídios Coletivos.

Do pedido liminar na ação rescisória

A ação rescisória não tem efeito suspensivo, conforme previsto no artigo 489 do Código de Processo Civil, porém, em casos excepcionais, há possibilidade de concessão de liminar para o fim de suspender o cumprimento da sentença.

A concessão da liminar poderá ser obtida por meio de medida cautelar incidental prevista no artigo 796 do Código de Processo Civil ou por meio de pedido de antecipação dos efeitos da tutela, com fundamento no artigo 273 do mesmo diploma.

Entretanto, nos casos de pedido de tutela antecipada em ação rescisória há divergência à sua concessão.

O TST emitiu a Orientação Jurisprudencial OJ 121 da SDI-II que diz:

> Ação Rescisória. Pedido de Antecipação de Tutela. Descabimento. Não se admite tutela antecipada em sede de ação rescisória, na medida em que não se pode desconstituir antecipadamente a coisa julgada, com base em

juízo de verossimilhança, dadas as garantias especiais de que se reveste o pronunciamento estatal transitado em julgado.

Porém, a aplicação da tutela antecipada, encontra cabimento nos termos do § 7º do artigo 273 do Código de Processo Civil que prevê que se "o autor, a título de antecipação de tutela, requerer providência de natureza cautelar, poderá o juiz, quando presentes os respectivos pressupostos, deferir a medida cautelar em caráter incidental do processo ajuizado".

Apesar do instituto da tutela antecipada constituir-se em inovação do CPC, destinado ao provimento antecipado do amparo jurisdicional incidente sobre o próprio direito questionado em juízo, possuindo caráter satisfativo, ainda que seja de cunho interlocutório, há a possibilidade da medida pretendida, verificados o perigo da demora e a fumaça do bom direito, que seja atendida a pretensão com natureza acautelatória, como autoriza o disposto no § 7º. do artigo 273 do Código de Processo Civil.

A reforma do CPC neste sentido veio fortalecer e ampliar o poder discricionário do Juiz, rompendo com a sua limitação às tutelas cautelares, para armá-lo com o instrumento da antecipação da tutela podendo antecipar a eficácia, ainda que provisoriamente, da decisão de mérito, uma tutela preventiva provisória, sempre que entender adequada e necessária.

Assim, preenchidos os pré-requisitos legais dispostos no artigo 273 do CPC, quais sejam, a verossimilhança e a existência de prova inequívoca de modo a afastar definitivamente o fundado receio de dano irreparável ou de difícil reparação, os quais funcionam como limites legais à sua aplicação será concedida a tutela antecipada.

O eminente jurista Nélson Nery Júnior defende a viabilidade da tutela antecipada em ação rescisória, desde que "vislumbrando o relator que o pedido contido na rescisória é fundado, e que o atraso na entrega da prestação jurisdicional poderá tornar ineficaz o direito do autor, pode conceder o adiantamento, em nome da efetividade do processo, que deve ser buscada e implementada pelo magistrado".

Recorrendo a tal orientação, a jurisprudência já está se inclinando no sentido de admitir que o Juiz, também no instituto da tutela antecipada tal qual nas ações cautelares inominadas, possui o poder geral de cautela do artigo 798 do CPC, nos termos do que dispõe a Medida Provisória-1.984-22/00, em seu artigo 15, bem como o artigo 273, § 7º do CPC admite que o pedido de tutela antecipada possa ser recebido como medida acautelatória, em caráter incidental em ação rescisória, já que não se admite a rescisão antecipada da coisa julgada.

Assim, na hipótese de restar demonstrado pelo autor da ação rescisória a presença do *fumus boni iuris* e do *periculum in mora*, pressupostos autorizadores da tutela cautelar, cabível se afigura a tutela antecipada como pedido cautelar para determinar a suspensão da decisão rescindenda.

Veja-se ilustrativa decisão do Tribunal Superior do Trabalho a respeito da matéria tratada, admitindo a concessão dos efeitos da tutela antecipada nos moldes previstos no artigo 273, § 7º. do CPC:

REMESSA OFICIAL E RECURSO ORDINÁRIO EM AÇÃO RESCISÓRIA. TUTELA ANTECIPADA. Apesar desta Colenda Corte admitir a concessão de tutela antecipada em fase recursal (Orientação Jurisprudencial nº 68 da SBDI-2), não a admite em ação rescisória (Orientação Jurisprudencial nº 121 da SBDI-2), sob o fundamento de que não se pode desconstituir antecipadamente a coisa julgada. Entretanto, a jurisprudência já está se tornando pacífica no sentido de que o Juiz, tal qual nas ações cautelares inominadas, possui o poder geral de cautela do artigo 798 do CPC, nos termos do que dispõe a Medida Provisória-1.984-22/00, em seu artigo 15; bem como o artigo 273, § 7º do CPC admite que o pedido de tutela antecipada pode ser recebido como medida acautelatória, desde que demonstrado o *fumus boni iuris* e o *periculum in mora*, hipótese dos presentes autos. Pedido de tutela antecipada deferido como cautelar. ENUNCIADO Nº 83/TST E SÚMULA Nº 343 DO STF. INAPLICÁVEIS. A v. decisão rescindenda foi prolatada quando não mais era controvertida a questão sob exame, diante da edição da Orientação Jurisprudencial nº 02 da SBDI 2 do TST, anteriormente a v. decisão que se buscou rescindir, não se justificando, por isso, a aplicação do óbice insculpido na Súmula e no Enunciado acima mencionados. Aplicação na espécie do que dispõe a Orientação Jurisprudencial nº 77 da SBDI 2 do TST. ADICIONAL DE INSALUBRIDADE. BASE DE CÁLCULO. VIOLAÇÃO LITERAL DE LEI – ARTIGO 192 DA CLT. Viola o art. 192 da CLT decisão que acolhe pedido de adicional de insalubridade com base na remuneração do empregado (Orientação Jurisprudencial nº 02 da SBDI 2 desta Colenda Corte). Remessa oficial e recurso ordinário em ação rescisória providos.
(TST – acórdão processo nº ROAR nº 627700-46.2002.5.09.0909 – j. 24/05/2005)

Verifica-se, portanto que, cabível se afigura a suspensão da sentença rescindenda por meio da antecipação dos efeitos da tutela, com fundamento no artigo 273, § 7º. do CPC.

Sentença homologatória e ação rescisória

Prevê o artigo 486 do CPC que os atos jurídicos que não dependem de sentença, ou em que esta for meramente homologatória, podem ser rescindidos como "os atos jurídicos em geral, nos termos da lei civil".

Justificada a aplicação do diploma processual comum, verifica-se que a sentença homologatória está sujeita a ação rescisória, pois, da mesma forma que a decisão de mérito, a sentença homologatória produz coisa julgada.

A Súmula nº 259 do TST dispõe que *só por ação rescisória é impugnável o termo de conciliação previsto no parágrafo único do art. 831 da CLT.*

Configura-se adequada, portanto, a pretensão de desconstituir a sentença homologatória por meio da ação rescisória.

Veja-se decisão do TST ilustrativa da questão:

> 1 – AÇÃO RESCISÓRIA. CABIMENTO QUANDO VISA À DESCONSTITUIÇÃO DE SENTENÇA HOMOLOGATÓRIA DE ACORDO. Incidência da orientação uniforme da jurisprudência do TST, consolidada na Súmula nº 259, segundo a qual: Só por ação rescisória é impugnável o termo de conciliação previsto no parágrafo único do art. 831 da CLT. Adequada, portanto, a pretensão de desconstituir a sentença rescindenda por meio da presente ação. Preliminar de extinção do feito que rejeita. 2 – AÇÃO RESCISÓRIA. DECISÃO QUE HOMOLOGOU ACORDO. INVIABILIDADE DA PRETENSÃO SOB O FUNDAMENTO DE DOLO DA PARTE VENCEDORA. De acordo com a Súmula nº 403, II, do TST, Se a decisão rescindenda é homologatória de acordo, não há parte vencedora ou vencida, razão pela qual não é possível a sua desconstituição calcada no inciso III do art. 485 do CPC (dolo da parte vencedora em detrimento da vencida), pois constitui fundamento de rescindibilidade que supõe solução jurisdicional para a lide. 3 – AÇÃO RESCISÓRIA. DECISÃO QUE HOMOLOGOU ACORDO. PRETENSÃO FUNDAMENTADA NO ART. 485, VI, DO CPC. ALEGAÇÃO DE DECISÃO BASEADA EM PROVA FALSA. Hipótese em que o autor pretende desconstituir a sentença, alegando ser falsa a

assinatura aposta na procuração outorgada ao advogado que o representou na respectiva reclamação trabalhista. Alegação que, no caso concreto, desserve à pretensão rescisória da sentença homologatória, já que o termo de acordo homologado foi assinado pelo próprio autor, e não apenas pelo advogado cuja representação é impugnada. Além disso, contrariamente ao alegado, a prova dos autos demonstra a autenticidade do documento em referência. Inviável, portanto, o corte rescisório com base nesse fundamento. 4 – AÇÃO RESCISÓRIA. DECISÃO QUE HOMOLOGOU ACORDO. PEDIDO DE RESCISÃO DA SENTENÇA COM FUNDAMENTO NO ART. 485, VIII, DO CPC. SENTENÇA BASEADA EM TRANSAÇÃO INVÁLIDA. Alegações do autor de que a reclamação trabalhista, na qual resultou o acordo homologado, foi proposta, na realidade, por iniciativa da então empregadora, e de que o acordo foi celebrado e homologado sem conhecimento de sua parte. O corte rescisório, fundado no art. 485, VIII, do CPC, depende de demonstração inequívoca de que a transação impugnada foi celebrada com fundamento em erro, dolo ou coação (arts. 171, II, e 849, *caput*, do Código Civil). No presente caso, todavia, os argumentos trazidos pelo autor na inicial e no recurso Ordinário repousam sobre meros indícios, insuficientes para autorizar a rescisão pretendida. Além disso, contrariamente ao alegado, existem nos autos provas conclusivas de que o acordo em questão foi subscrito pelo próprio autor, acompanhado de advogado. Impossível, portanto, a rescisão com base no art. 485, VIII, do CPC. Recurso ordinário conhecido e não provido. (TST – ROAR – 12200-51.2007.5.08.0000 – j. 23/03/2010)

Efetivamente existe a coisa julgada da sentença homologatória de acordo trabalhista e essa sentença não poderia ser alterada, pois, não se poderia ignorá-la e desprezar a segurança jurídica, um dos pilares do Estado de Direito.

Conclusão

Nota-se que a ação rescisória é remédio processual, que adequadamente utilizado, mediante preenchimento dos requisitos legais, afigura-se eficaz e essencial para a solução de questões cujo mérito tenha sido apreciado e esteja abarcado pela coisa julgada.

As hipóteses de abrandamento do rigor da coisa julgada, como diz Nelson Nery Junior,[7] são as previstas expressa e taxativamente na lei, não admitindo o sistema jurídico a relativização da coisa julgada fora dos casos autorizados em *numerus clausus*, sob pena de negar-se o fundamento da república do Estado Democrático de Direito, compreendido no artigo 1º da Constituição Federal, que é formado entre outros elementos, pela autoridade e segurança da coisa julgada.

Existindo, portanto, casos que mereçam tratamento diferenciado no que pertine à coisa julgada é que poderão ser abrandados os rigores desta, se preenchidas as hipóteses descritas em lei, sem o que tal não se fará possível.

---

[7] NERY JUNIOR, Nelson. *Teoria Geral dos Recursos*, 6ª ed. São Paulo: Editora Revista dos Tribunais, 2004, p. 522.

EXECUÇÃO DE CONTRIBUIÇÕES PREVIDENCIÁRIAS E FISCAIS NA JUSTIÇA DO TRABALHO E EXECUÇÃO DE MULTAS IMPOSTAS PELOS ÓRGÃOS PÚBLICOS

Marcelo Pereira Gômara
Maury Lobo de Athayde

I. Introdução

O momento atual pode ser considerado como o auge da importância da execução dos recolhimentos das contribuições previdenciárias e fiscais, assim como da execução das multas impostas por órgãos públicos pela Justiça do Trabalho.

Com a evolução legislativa que ampliou a competência da Justiça do Trabalho, sedimentada com a Emenda Constitucional 45/2004, temas que muitas vezes eram considerados como secundários passaram a ter maior relevância, muitas vezes se tornando tão importantes no processo quanto a própria discussão sobre as verbas trabalhistas.

Aliado à ampliação da competência, temos uma mudança de postura da Administração Pública, que passou a dar maior importância à execução das contribuições previdenciárias, fiscais, e das multas impostas por seus órgãos, ao perceber que tais questões poderiam se tornar importante fonte de custeio, aumentando significativamente a arrecadação do Fisco.

Não é por outra razão, por exemplo, que o valor arrecadado pela União Federal na execução das contribuições previdenciárias pela Justiça do Trabalho já se tornou umas das principais fontes de arrecadação de valores pela Administração.

Da mesma maneira, as multas impostas por órgãos públicos, em especial pelas Superintendências Regionais do Trabalho – SRT's, ainda que não possam ser consideradas tão relevantes financeiramente, se mostram valiosa arma para auxiliar ao Governo fiscalizar e obrigar às empresas ao cumprimento da legislação trabalhista.

Uma vez inscritas em dívida ativa, as autuações trabalhistas, mesmo multas com valores relativamente baixos, se tornam óbice à renovação da certidão conjunta de tributos federais das empresas, documento que é imprescindível para a realização de negócios, tais como a participação em licitações e a elegibilidade para o recebimento de financiamentos do Banco Nacional de Desenvolvimento – BNDES.

Infelizmente, o número de novas controvérsias a serem enfrentadas, decorrentes dessa ampliação da competência da Justiça do Trabalho, aumentou na mesma proporção do crescimento da importância da execução dessas contribuições e multas.

Nesse sentido, a seguir serão abordados alguns dos pontos mais controvertidos envolvendo a execução de contribuições previdenciárias e fiscais e a execução das multas impostas pelos Órgãos Públicos na Justiça do Trabalho.

II. Questões controvertidas envolvendo a Execução de contribuições previdenciárias e fiscais na Justiça do Trabalho e execução de multas impostas pelos Órgãos Públicos

Primeiramente, começaremos a análise com as questões mais polêmicas envolvendo a execução das contribuições previdenciárias na Justiça do Trabalho, em razão deste tema reunir um maior número de controvérsias, porém, também serão abordadas algumas questões controvertidas relativas à execução de contribuições fiscais e das multas impostas por órgãos públicos na Justiça do Trabalho.

Da competência da Justiça do Trabalho para a execução das Contribuições Previdenciárias decorrentes de sentenças declaratórias

Um dos principais pontos controvertidos a serem solucionados na Justiça do Trabalho é a amplitude da competência da Justiça do Trabalho para execução das contribuições previdenciárias decorrentes das sentenças que proferir. A competência da Justiça do Trabalho limita-se às sentenças condenatórias em pecúnia ou também abrange as sentenças meramente declaratórias, como, por exemplo, as decisões de reconhecimento da existência de vínculo empregatício em ação trabalhista?

Essa questão passou a ser fortemente discutida na medida em que a União Federal, percebendo a possibilidade de majorar a arrecadação, passou a pleitear, além das contribuições previdenciárias incidentes sobre as verbas pagas na ação, aquelas relativas ao período no qual o vínculo empregatício tenha sido reconhecido.

A relevância desses recolhimentos passou a ser ainda maior, considerando a dificuldade enfrentada pelos trabalhadores que conseguiam obter a declaração da existência do vínculo empregatício pela Justiça do Trabalho, porém não tinham o tempo de serviço reconhecido pela Previdência Social para fins de aposentadoria.

Isto porque, além da discussão sobre os efeitos da ausência de recolhimentos, por parte do empregador, dos valores relativos às contribuições previdenciárias desse período de vínculo empregatício reconhecido, temos que a legislação previdenciária prevê que o tempo de serviço reconhecido pela Justiça do Trabalho somente será válido caso esteja fundamentado em prova material, ou pelo menos haja indício de prova material.

Entretanto, as empresas começaram a questionar a competência da Justiça do Trabalho para executar as contribuições previdenciárias relativas ao período do vínculo empregatício, considerando a redação dos dispositivos legais que regulamentam a matéria.

De acordo com o entendimento anteriormente pacificado pelos Tribunais, a competência da Justiça do Trabalho se limitava à execução das contribuições previdenciárias incidentes sobre as condenações em pecúnias, tendo à época sido editada a Súmula 368 do C. Tribunal Superior do Trabalho.

Porém, a Lei 11.457/2007 alterou o parágrafo único do artigo 876 da CLT, incluindo a previsão da execução de ofício das contribuições sociais devidas sobre os salários pagos durante o período contratual reconhecido.

Os Tribunais Regionais, por outro lado, continuaram a declarar a incompetência da Justiça do Trabalho para executar as contribuições previdenciárias decorrentes das sentenças de caráter declaratório.

Nesse sentido, em setembro de 2008, o Supremo Tribunal Federal, em julgamento do Recurso Extraordinário nº 569056, por unanimidade, determinou expressamente que não cabe à Justiça do Trabalho executar contribuições previdenciárias sobre período cujo vínculo de emprego tenha sido reconhecido, declarando, expressamente, que a competência da Justiça do Trabalho para execução de contribuições previdenciárias limita-se aos valores pecuniários deferidos em sentença ou pagos em acordo.

O Supremo Tribunal Federal também reconheceu a repercussão geral deste recurso, declarando o efeito *erga omnes* e determinando, por unanimidade, a edição de Súmula Vinculante, a qual aguarda publicação, o que acabou por ratificar o posicionamento já adotado pelo Tribunal Superior do Trabalho, conforme Súmula 368.

Dessa forma, pode se considerar como majoritário o entendimento de que a competência da Justiça do Trabalho para a execução das contribuições previdenciárias está limitada às decisões condenatórias em pecúnia que proferir e aos valores objeto de acordo homologado que integrem o salário-de-contribuição, considerando a análise do Supremo Tribunal Federal sob o enfoque constitucional.

Da competência da Justiça do Trabalho para a execução das Contribuições Previdenciárias relativas aos Riscos Ambientais do Trabalho – RAT – e relativas às outras entidades (terceiros)

Outra questão a ser enfrentada diz respeito à competência da Justiça do Trabalho para executar a parcela das contribuições previdenciárias relativa aos Riscos Ambientais do Trabalho (que substituiu o Seguro Acidente do Trabalho – SAT) e a parcela relativa às terceiras entidades e fundos.

A parcela do RAT varia entre 0,5 e 6% sobre o salário de contribuição (1 a 3% de contribuição, multiplicado pelo FAP, que pode variar de 0,5 a 2,0), enquanto que as parcelas destinadas aos terceiros representam, em média, 5,8% do valor total das contribuições previdenciárias.

Como se observa, existe um grande interesse econômico por parte da União Federal e das outras entidades no recolhimento destas parcelas, considerando o valor envolvido nesses recolhimentos e o fato de o sistema de previdência social brasileiro ser regido pelos princípios da solidariedade e da universalidade de cobertura e de atendimento.

A jurisprudência vem se consolidando no sentido da incompetência da Justiça do Trabalho para execução dessas contribuições. Tal arguição se dá com base e fundamento na limitação da competência trazida justamente pelo artigo 114 da Constituição Federal, que a delimitou da seguinte forma: "a execução, de ofício, as contribuições sociais previstas no art. 195, I, a e II".

É inequívoco, portanto, que o artigo 114 limitou a competência para execução das contribuições previstas no artigo 195, I "a" e II, da Constituição Federal, sendo que nestes dispositivos não existe referência à parcela devida às entidades privadas de serviço social (terceiros), nem tampouco à parcela destinada ao SAT, razão pela qual não caberia a esta Justiça a execução de referidos valores.

Não seria crível admitir-se que se tratou de erro na criação do artigo 114 da Constituição Federal, mas sim que o constituinte, propositalmente, excluiu tais parcelas da competência da Justiça do Trabalho, pois, se assim não fosse, não teria delimitado a competência às contribuições previstas no artigo 195, I, a, e II.

Ainda, o artigo 240 do texto constitucional, inclusive, distingue as contribuições devidas às outras entidades das contribuições sobre as folhas de salários, o que excluiria da Competência da Justiça do Trabalho a execução de ofício das contribuições destinadas a terceiros.

Quanto ao SAT/RAT, esta contribuição também não está prevista no artigo 195, I, a, ou II.

Desta forma, inexiste previsão legal que delegue à Justiça do Trabalho a competência para a execução da parcela destinada às terceiras entidades e ao RAT e, diante do princípio constitucional previsto no artigo 5º, inciso II da Carta Magna, não há como se entender que a Justiça do Trabalho seria competente para executar tais contribuições.

O dilema vem sendo resolvido pelo Judiciário, e o Supremo Tribunal Federal – STF já sinalizou ter o entendimento de que a Justiça do Trabalho não é competente para executar as contribuições destinadas ao RAT e às terceiras entidades e fundos.

Entretanto, até que o STF decida a questão de forma definitiva, cabe aos Magistrados da Justiça do Trabalho efetuar esse controle constitucional de forma difusa.

Da natureza jurídica das contribuições previdenciárias e do fato gerador

Outra questão que está sendo muito discutida nos últimos anos é a alteração do artigo 43 da Lei 8.212/91, trazida pela Lei 11.941/2009, por meio da qual ficou definido que o fato gerador da obrigação previdenciária seria a data da prestação dos serviços pelo empregado.

Com base nessa alteração legislativa, a União Federal passou a tentar cobrar juros e multa de mora previstos pela legislação previdenciária desde a data da prestação dos serviços, e não da liquidação de sentença, mesmo que a empresa pague os valores devidos, dentro do prazo legal – segundo dia do mês seguinte ao da liquidação da sentença, conforme estabelecido pelo artigo 276 do Decreto 3048/99.

Essa exigência decorre da nova redação do artigo 43 da Lei 8.212/91, que foi expressa ao determinar a data da prestação de serviços como momento do fato gerador, o que gera a primeira discussão envolvendo essa alteração.

O que fazer nos casos em que os valores sujeitos aos recolhimentos previdenciários foram reconhecidos pela sentença de primeiro grau e confirmados por acórdão do Tribunal Regional, tendo referida decisão transitada em julgado em data anterior à vigência da medida provisória 449/2008, que posteriormente foi convertida na Lei 11.941/2009?

Em todos os casos, a União Federal tenta aplicar a nova redação do artigo 43 da Lei 8.212/91, mesmo que, em algumas situações, tal aplicação seja de forma retroativa, o que é expressamente vedado pela Constituição Federal.

O artigo 150, III, "a" da Carta Magna é claro ao prever a irretroatividade da lei tributária, sendo mais adequada a aplicação a esses do artigo 276, do Decreto nº 3.048/99, que é taxativo ao definir como fato gerador a sentença de liquidação.

Dessa maneira, pelo menos nas ações nas quais são discutidas verbas relativas aos períodos anteriores a dezembro de 2008, não há como se considerar que o fato gerador da obrigação previdenciária seria a data da prestação de serviços, devendo ser observados os critérios vigentes na época do pagamento já efetuado pela reclamada, sob pena de afronta aos princípios constitucionais acima elencados.

Uma vez definido, ainda que precariamente, a partir de que momento seria válida a aplicação da nova redação do artigo 43 da Lei 8.212/91, temos a segunda polêmica envolvendo o tema.

Da ilegalidade da nova redação do artigo 43 da Lei 8.212/91

Ainda que se considere que a aplicação da nova redação do artigo 43, da Lei 8.212/91, trazida Lei 11.941/2009 para todos os casos nos quais a União ainda não tenha sido intimada, existe um questionamento sobre a legalidade de referido dispositivo legal, em sua nova redação.

Não há como se falar em recolhimento em atraso, com apuração de multa e juros contados da data da prestação dos serviços sobre o valor das contribuições previdenciárias a serem pagas pela empresa, quando o trabalhador somente passou a fazer jus a tais recolhimentos após a declaração judicial.

Apenas a obrigação vencida e não adimplida está sujeita à aplicação de juros e multa, e, no caso, a obrigação (recolhimento das contribuições previdenciárias) não poderia ser considerada vencida, eis que a mesma somente passou a ser exigida a partir do trânsito em julgado da decisão judicial, ou seja, não existia anteriormente.

Se a verba sujeita à incidência previdenciária somente foi reconhecida após a prolação da sentença, não nos parece razoável que a empresa seja obrigada a pagar juros e multas relativos à data anterior a esta mesma sentença.

Por outro lado, a argumentação da União Federal, igualmente válida, consiste no fato de a legislação previdenciária prever que serão devidas contribuições previdenciárias sobre valores **devidos** ou pagos ao trabalhador; que consta expressamente na lei que o fato gerador dessas contribuições previdenciárias seria a prestação de serviços; e que o regime geral de previdência social funciona em sistema de competência, e não de caixa, ou seja, as contribuições devem sempre estar atreladas às datas de prestação de serviços para que se possam efetuar corretamente a contagem do tempo de contribuição, seja para obtenção de aposentadoria, seja para o cumprimento de carência necessária a alguns benefícios.

Primeiramente, ressalte-se que o último argumento da União Federal mencionado acima seria plenamente válido, caso o INSS reconhecesse as contribuições e tempos de contribuições executadas perante a Justiça do Trabalho. Entretanto, inexplicavelmente, a União apenas efetua a arrecadação das contribuições perante a Justiça do Trabalho, mas não reconhece o tempo de serviço do trabalhador (ou somente o aumento da contribuição para fins de cálculo dos benefícios), sob o argumento de que não é parte da ação trabalhista e, portanto, esta não gera obrigações ao INSS.

Ora, se a sentença trabalhista faz efeitos para a União Federal com relação à arrecadação, também deveria fazer com relação ao cômputo dessa arrecadação para os trabalhadores. E, se assim não faz, não pode exigir que o recolhimento obedeça ao regime de competência.

Além disso, utilizando-se a mesma forma de interpretação feita pela União Federal, a Lei 8212/91 de fato utiliza o termo remuneração "devida" ao fixar o fato gerador da contribuição previdenciária. Contudo, tal previsão não se coaduna com o comando constitucional.

Afinal, o artigo 195, I "a", da Constituição Federal, define o fato gerador das contribuições previdenciárias como sendo "a folha de salários e demais rendimentos do trabalho PAGOS OU CREDITADOS".

Como se vê, a Constituição Federal utiliza os verbos pagos ou creditados no tempo passado e, inclusive, não utiliza o termo "devidos". Portanto, a Constituição Federel delimitou o fato gerador das contribuições previdenciárias como sendo os salários pagos ou creditados e, assim o fazendo, estabeleceu que as contribuições previdenciárias somente são devidas após o pagamento da remuneração.

Em consonância com a previsão constitucional, o artigo 30 dessa mesma Lei nº 8.212/91 determina que a arrecadação das contribuições previdenciárias ocorra no momento da remuneração do empregado.

Assim, se o pagamento das contribuições previdenciárias somente passa a existir depois de prolatada decisão na ação trabalhista, não há como se falar em fato gerador na data de prestação de serviços, mas sim na data de pagamento da verba trabalhista.

Portanto, ainda que a nova redação do artigo 43 pudesse ser aplicada de forma retroativa, considerando que o crédito previdenciário decorre do trabalhista, e que o fato gerador da contribuição previdenciária não se dá com a prestação de serviços, mas sim com o pagamento do principal, nos termos do artigo 195, I, "a", da Carta Magna, entendemos ser ilegal a nova redação do artigo 43 da Lei 8.212/91.

Existem, entretanto, entendimentos contrários, no sentido de considerar como legal a determinação do artigo 43 da Lei 8.212/91, e fixar a data da prestação de serviços como a data do fato gerador das obrigações previdenciárias. Nesse sentido, temos, ainda, outra questão a considerar.

Da decadência aplicável às contribuições previdenciárias discutidas em ações trabalhistas

A terceira questão diretamente relacionada com as considerações acima consiste na definição do prazo decadencial para a cobrança das contribuições previdenciárias decorrentes das decisões proferidas pelos juízes do trabalho.

Recentemente, o STF declarou expressamente serem inconstitucionais os prazos decadenciais previstos pela legislação previdenciária (Lei 8212/91), inclusive editando a Súmula Vinculante nº 8: "São inconstitucionais o parágrafo único do artigo 5º do Decreto-lei 1569/77 e os artigos 45 e 46 da Lei 8212/91, que tratam de prescrição e decadência de crédito tributário".

Com essa decisão, encerrou-se a discussão a respeito do tema, restando absolutamente pacificado a aplicação do prazo decadencial de 5 (cinco) anos, previsto pelo CTN, para realização de lançamentos tributários.

Importante notar as consequências jurídicas da determinação prevista na Súmula nº 8 deverão ser respeitadas por todos, assim como que o prazo decadencial de 05 (cinco) anos não se interrompe ou se suspende.

Analisando-se as previsões do Código Tributário Nacional, é fácil concluir que acontribuição previdenciária se classifica como tributo sujeito a lançamento por homologação, nos termos do artigo 150 do Código Tributário Nacional, e a sistemática do seu recolhimento consiste em o contribuinte apurar o valor devido ao Fisco, declarar referido valor por meio das ferramentas competentes, como, por exemplo, a Guia de Recolhimento do FGTS e Informações à Previdência Social (GFIP), e recolher o valor informado através da Guia da Previdência Social (GPS).

Ao Fisco, restaria homologar as informações e os recolhimentos efetuados pelo contribuinte ou efetuar um lançamento complementar, de ofício, para constituir o crédito que considera devido.

Nesse sentido, a legislação tributária estabelece um prazo para que tal homologação, expressa ou tácita, ocorra. O prazo se encontra no mesmo artigo 150, no parágrafo 4º do Código Tributário Nacional, que estabelece que decorridos 5 anos, contados do fato gerador, sem questionamento do Fisco, *eventual crédito tributário é extinto definitivamente*.

É necessário destacar, ainda, que esta questão influencia diretamente na discussão relativa ao artigo 43 da Lei 8212/91, que passou a estabelecer a data da prestação dos serviços como fato gerador das contribuições previdenciárias.

Afinal, caso se adote o entendimento de que o fato gerador da contribuição previdenciária é a data da prestação de serviços, deverá ser observado o prazo decadencial de 05 (cinco) anos, contados da data do fato gerador, para a cobrança das contribuições previdenciárias.

Em outras palavras, caso a União Federal insista na aplicação da regra do artigo 43, que define a data da prestação dos serviços como fato gerador das contribuições para apuração de juros e multa, essa mesma data deverá ser considerada como fato geradora para aplicação do prazo decadencial.

Como se observa, a execução das contribuições previdenciárias na Justiça do Trabalho vem gerando grandes polêmicas, decorrentes, em sua maioria, de adaptações feitas na legislação trabalhista e previdenciária em desacordo com os princípios do direito do trabalho.

Das contribuições previdenciárias e fiscais incidentes sobre verbas reconhecidas em sentença, nos casos em que é realizado acordo

Um exemplo de adaptação legislativa que trouxe consequências controvertidas é a execução das contribuições previdenciárias e fiscais incidentes sobre verbas reconhecidas em sentença, nos casos em que é realizado acordo.

De um lado, temos um dos mais antigos costumes da justiça trabalhista, consistente na realização de acordos como forma de solução de conflitos e a liberdade das partes em realizar tais acordos.

De outro lado, temos as determinações legais, em especial a do artigo 832, §6º da Consolidação das Leis do Trabalho – CLT, com a redação dada pela Lei 11.457/07, que prevê que o acordo celebrado após o trânsito em julgado da sentença ou após a elaboração dos cálculos de liquidação de sentença não prejudicará os créditos da União.

É extremamente comum a realização de acordos em todas as fases processuais de uma ação trabalhista, sendo ainda mais comum que tal acordo seja feito após a prolação da sentença, situação na qual as partes já possuem um indicativo das verbas que seriam devidas ou não.

Entretanto, existem verbas que são transacionadas pelas partes e que não se encaixam no conceito do "salário de contribuição" feita pelos artigos 22, I e 28, I, da Lei 8.212/91, tampouco no conceito de renda, não podendo, portanto, sofrer incidências previdenciárias ou fiscais.

Nesse sentido, nos casos de acordo após a sentença, são discriminadas as verbas a serem pagas ao trabalhador, bem como os valores dos recolhimentos fiscais e previdenciários incidentes sobre essas parcelas, a serem quitadas pelas partes.

Ainda que as verbas pagas no acordo sejam calculadas nos termos da sentença proferida no caso, temos enfrentado a argumentação da União Federal no sentido de que a transação não poderia afetar créditos de terceiros e, portanto, as contribuições previdenciárias devem ser calculadas com base na sentença proferida, conforme previsto pela CLT.

Com relação ao imposto de renda, temos que o seu fato gerador não é a renda hipotética, e sim o valor efetivamente auferido pela pessoa física, ou seja, o fato gerador é a disponibilização da renda.

Do ponto de vista previdenciário, a Lei 11.941/2009 alterou a legislação relativa ao tema, e o artigo 43 da Lei 8.212/91, passou a ter a nova redação:

> Art. 43. Nas ações trabalhistas de que resultar o pagamento de direito sujeitos à incidência de contribuição previdenciária, o juiz, sob pena de responsabilidade, determinará o imediato recolhimento das importâncias devidas à Seguridade Social. (Redação dada pela Lei n° 8.620, de 05/01/1993)
> (...)
> § 5o Na hipótese de acordo celebrado após ter sido proferida decisão de mérito, a contribuição será calculada com base no valor do acordo. (Incluído pela Lei nº 11.941, de 2009).

Verifica-se, portanto, que o legislador editou o dispositivo em comento de forma clara o suficiente para determinar que os recolhimentos previdenciários incidam sobre o valor do acordo, não prevalecendo eventual sentença proferida anteriormente a este acordo.

Mencionada lei trata especificamente da matéria, sendo posterior à própria determinação pela qual foi inserida a redação do artigo 832, §6º da CLT, o que nos leva a concluir que o dispositivo da CLT foi tacitamente revogado.

Como se observa, existe um conflito entre as disposições relativas à execução dos créditos da União na Justiça do Trabalho e a legislação previdenciária e fiscal, pois, a se adotar o entendimento da CLT, existe a possibilidade de se atribuir a responsabilidade de recolher tributo aos contribuintes, sem que tenha ocorrido o seu fato gerador. Entretanto, por se tratarem de normas da mesma hierarquia, entendemos que há de prevalecer o artigo 43, § 5º, da Lei 8212/91, uma vez que posterior à previsão contida na CLT.

Da suspensão da exigibilidade do valor discutido na execução fiscal e das certidões de regularidade fiscal

Como já dito acima, além da relevância econômica dos recolhimentos previdenciários e fiscais, no tocante à execução das multas impostas por órgãos públicos, o enfoque acaba por ser outro.

Muito embora os valores pecuniários das multas não sejam tão relevantes, o simples fato de uma empresa ter uma multa sendo executada na justiça do trabalho pode acarretar em graves transtornos.

Isto porque, uma vez inscrita em dívida ativa, a multa trabalhista se torna óbice para a renovação da certidão de regularidade fiscal das empresas, documento este que é imprescindível para a realização de negócios, pois, sem a certidão, as empresas não podem alienar determinados ativos, participar em licitações ou receber financiamentos do governo.

Lamentavelmente, por vezes as normas trabalhistas deixavam de ser observadas, pois a punição não compensava o esforço.

Nesse sentido, a Administração Pública encontrou um meio eficaz de solucionar uma deficiência no controle do cumprimento das normas trabalhistas pelas empresas, pois, agora, com a execução das multas sendo um impedimento à renovação da certidão, o custo para algumas empresas evitar o risco de autuação, por meio da adequação das suas atividades às normas trabalhistas, vale mais a pena do que ficar sem a certidão de regularidade fiscal.

Seguindo essa tendência, surge agora a possibilidade de se ter a certidão de regularidade trabalhista, que seria o equivalente à de regularidade fiscal, porém com o foco voltado para os valores devidos em ações trabalhistas.

A sistemática para a obtenção da certidão de regularidade fiscal não é nova, e mesmo assim os procedimentos são constantemente alterados, muitas vezes prejudicando o contribuinte.

Para a obtenção de uma certidão de regularidade fiscal, é necessário que a empresa não tenha débitos impeditivos, situação na qual a certidão emitida é a Certidão Negativa de Débitos (CND), ou os débitos impeditivos devem estar com a exigibilidade suspensa, sendo emitida a certidão positiva, com efeitos de negativa (CPEN).

Para que o débito tenha a sua exigibilidade suspensa, é necessária a comprovação de um dos requisitos previstos no artigo 151 do Código Tributário Nacional – CTN, geralmente o depósito judicial.

Uma vez depositado o valor, esse débito continua sendo discutido na ação judicial, porém a empresa tem que apresentar toda a documentação relativa a este discussão, para que a essa condição de suspensão da exigibilidade do débito possa ser confirmada pela Procuradoria Geral da Fazenda Nacional (PGFN), e certidão possa ser emitida.

Ocorre que, até pouco tempo atrás, toda a documentação necessária para a comprovação da suspensão da exigibilidade dos débitos tinha que ser apresentada a cada seis meses, que é o prazo de validade da certidão.

Nesse sentido, ao tentar renovar a certidão, milhares de cópias de processos eram apresentadas na Procuradoria para a comprovação da suspensão da exigibilidade dos débitos, o que quase sempre se mostrava ineficiente.

Apenas recentemente, o sistema informatizado da PGFN foi adequado para excluir da lista de restrições os débitos cuja suspensão da exigibilidade já tenha sido comprovada. O sistema da certidão previdenciária, entretanto, não sofreu tal atualização, e as empresas continuam sofrendo com a burocracia de apresentar semestralmente milhares de páginas de processos para obter a sua certidão.

Nesse sentido, imaginemos uma empresa que tenha um excessivo número de ações trabalhistas, e que terá que providenciar a documentação necessária para comprovar que a exigibilidade dos débitos impeditivos à sua certidão está suspensa.

Além da necessidade de apresentação de toda essa documentação, existe também a questão das ações trabalhistas que tem trâmites muito mais céleres, menos recursos, e prazos mais curtos.

Aliado a este ponto, temos que ainda não é certo qual será o sistema informatizado que garantirá a expedição dessa certidão trabalhista, e qual a dificuldade que encontrarão as empresas na obtenção desse documento.

Diante desse cenário, existe o risco de que a Justiça do Trabalho seja inundada com ações judiciais, em especial as mandamentais, pleiteando a expedição da certidão em razão da demora no trâmite administrativo.

Ainda que a iniciativa nos pareça louvável, existe um receio de que o procedimento para a obtenção dessa certidão, ao menos no começo, acabará por prejudicar o funcionamento da Justiça do Trabalho.

Este crescente número de ações, aliado ao já excessivo contingente normal de processos da Justiça do Trabalho, pode destruir um dos pilares que tornaram a Justiça do Trabalho uma das mais efetivas do Brasil, a celeridade na prestação jurisdicional.

II. Conclusão

Considerando a relevância econômica envolvida na execução das contribuições previdenciárias e fiscais perante a Justiça do Trabalho, e a viabilidade do exercício da atividade econômica no Brasil, é preciso se tentar colocar um freio no ímpeto arrecadatório da União Federal, que vem buscando receber valores sabidamente indevidos e ao mesmo tempo não dá a contrapartida necessária ao trabalhador.

Entretanto, ainda estamos longe da definição de um procedimento para a execução das contribuições previdenciárias que seja justo para todos os envolvidos e que respeite os parâmetros constitucionais.

A sistemática da execução das multas impostas pelos órgãos públicos na Justiça do Trabalho ainda não está totalmente sedimentada, e o advento da certidão de regularidade trabalhista poderá gerar um excessivo número de ações judiciais, prejudicando a celeridade e capacidade de atendimento da Justiça do Trabalho.

Apesar de ter sua competência largamente ampliada e de possibilitar uma resolução mais célere dos processos, a Justiça do Trabalho não pode ser considerada como a solução para todos os problemas, exercendo papéis que caberiam a outros órgãos e perdendo as qualidades que sempre a destacaram.

Dessa maneira, para que se mantenha um nível aceitável de prestação de atividade jurisdicional, será imprescindível o bom senso do Judiciário em suas decisões, aliado a uma atuação forte dos advogados, de forma a se evitar que sejam cometidos abusos por parte da Administração Pública, até que um caminho definitivo, justo e equitativo seja encontrado para as execuções das contribuições previdenciárias, fiscais e multas impostas pelos Órgãos Públicos na Justiça do Trabalho.

EMBARGOS À EXECUÇÃO. EXCEÇÃO DE PRÉ-EXECUTIVIDADE. EMBARGOS DE TERCEIRO. FRAUDE À EXECUÇÃO

Ezequiel do Carmo Munhoz

Embargos à execução

Conceito e Natureza Jurídica

Os embargos à execução, nos dizeres de Manoel Antônio Teixeira Filho,[1] conceituam-se como ação do devedor, ajuizada em face do credor, no prazo e formas legais, com o objetivo de extinguir, no todo ou em parte, a execução, desconstituindo, ou não, o título em que esta se funda.

No que diz respeito à natureza jurídica, apesar de não haver consenso, a corrente majoritária, apoiada na doutrina e jurisprudência, entende que os embargos à execução constituem ação de conhecimento, incidental ao processo de execução, onde o executado assume o polo ativo da relação jurídica, formulando pretensão consistente na anulação do processo de execução ou na resilição do título executivo.

Renato Saraiva,[2] citando Wagner Giglio, leciona que nos embargos à execução, o executado se coloca na posição oponente, de quem ataca, o que vale dizer que o executado age, exerce direito de ação pela qual ele formula uma pretensão consistente na anulação do processo de execução ou no desfazimento da eficácia do título executório. Trata-se, portanto, de uma ação constitutiva, porque destinada a uma sentença constitutiva, visto que visa à desconstituição da relação processual executória ou da eficácia do título executório. Assim, os embargos, como ação que são, dão lugar a uma nova relação processual, a um novo processo, em que o embargante funciona como autor, e o exequente, isto é, o embargado, funciona como réu.

---

1 *Execução no Processo do Trabalho*, 4ª ed. São Paulo: LTr, 2004.
2 *Curso de Direito Processual do Trabalho*, 5ª ed. São Paulo: Método, 2008.

Matéria arguível

O artigo 884, § 1º, da CLT, estabelece as matérias que podem ser alegadas nos embargos à execução, limitando-as às alegações de cumprimento da decisão ou do acordo, quitação ou prescrição da dívida, desde que ocorridos após a sentença.

Todavia, como a CLT não esgotou todas as matérias passíveis de arguição pela sede de embargos, a doutrina majoritária entende pela aplicação subsidiária do antigo artigo 741 do CPC, o qual estabelece:

> Art. 741. Na execução fundada contra a Fazenda Pública, os embargos só poderão versar sobre:
> I – falta ou nulidade de citação, se o processo correu à revelia;
> II – inexigibilidade do título;
> III – ilegitimidade das partes;
> IV – cumulação indevida de execuções;
> V – excesso de execução;
> VI – qualquer causa impeditiva, modificativa ou extintiva da obrigação, com pagamento, novação, compensação, transação ou prescrição, desde que superveniente à sentença;
> VII – incompetência do juízo da execução, bem como suspeição ou impedimento do juiz.

O que se depreende, portanto, é que o artigo 884, § 1º, da CLT, apenas exemplifica as matérias que podem ser arguidas via embargos de execução, ao contrário do antigo artigo 741 do CPC, que reflete as questões de ordem pública e de interesse social que motivam a sua utilização.

Destacamos, ainda, a seguinte jurisprudência:

> EMBARGOS À EXECUÇÃO – MATÉRIA ARGUÍVEL – COMPATIBILIDADE ENTRE OS SISTEMAS DO CPC E O DA CLT – PRELIMINAR DE NULIDADE DE NEGATIVA DE PRESTAÇÃO JURISDICIONAL – RECURSO PROVIDO. O artigo 884, § 1º, da CLT dispõe que a matéria de defesa será restrita às alegações de cumprimento da decisão ou do acordo, quitação ou prescrição da dívida. Não se pode reconhecer, como assim entendeu o Juízo de origem, que a enumeração contida no citado dispositivo legal é taxativa, não permitindo

que o embargante possa alegar outras matérias, como a incompetência do Juízo, a inexigibilidade do título, a ilegitimidade de parte ou, ainda, excesso de execução. O CPC, por sua vez, elenca, em seu artigo 741, as matérias que podem ser alegadas pelo embargante, as quais se mostram harmoniosas e compatíveis com o sistema processual trabalhista, como a ilegitimidade de parte e o excesso de execução ou nulidade da execução até a penhora. A interpretação dada ao artigo 884, § 1º, da CLT não pode ser simplista de modo a limitar as hipóteses em que o devedor possa se fundar nos embargos apresentados, uma vez que os sistemas do CPC e o da CLT apresentam-se compatíveis. Preliminar de nulidade da sentença acolhida, com determinação de remessa dos autos ao Juízo de origem para que seja apreciado o mérito dos embargos à execução, prosseguindo-se o feito como for de direito. (TRT/SP, 2ª Região, Acórdão nº 20080658304, 3ª Turma, Processo nº 02717-1999-077-02-00-4, Relatora MERCIA TOMAZINHO, Publicado em 19/08/2008)

Prazo

Para opor embargos à execução, o executado deve garantir previamente o juízo, conforme dispõem os artigos 884 da CLT e 16, § 1º, da Lei nº 6.830, de 1980, por meio de depósito, nomeação de bens à penhora ou penhora coercitiva, valendo frisar que, caso o juízo não esteja totalmente garantido, os embargos não serão admitidos.

Essa regra, porém, não se aplica à Fazenda Pública, que está dispensada de garantir o juízo para opor embargos à execução, conforme dispõe o artigo 730 do CPC.

Na sequência, garantida a execução ou penhorados os bens, o executado terá o prazo de cinco dias para apresentar seus embargos, com igual prazo ao exequente para impugnação, com exceção da Fazenda Pública, que possui o prazo de 30 dias, conforme Medida Provisória nº 2.180-35, de 24/08/2001.[3]

Todavia, a sessão Plenária do Tribunal Superior do Trabalho, em 04/08/2005, ao julgar o Incidente de Uniformização de Jurisprudência suscitado no RR-70/1992-011-04-00.7, declarou a inconstitucionalidade do artigo 4º da Medida Provisória nº 2180-35/2001, reduzindo o prazo para Fazenda Pública oferecer embargos à execução na Justiça do Trabalho, sob os seguintes fundamentos:

---

3 Em vigor, por força da Emenda Constitucional nº 32, de 11/09/2001.

MEDIDA PROVISÓRIA AMPLIANDO O PRAZO FIXADO NOS ARTS. 730 DO CPC E 884 DA CLT, DE DEZ E CINCO, RESPECTIVAMENTE, PARA TRINTA DIAS, PARA OS ENTES PÚBLICOS OPOREM EMBARGOS À EXECUÇÃO MEDIDA PROVISÓRIA N° 2.180-35/01 – INCONSTITUCIONALIDADE À LUZ DO ART. 62, *CAPUT*, DA CONSTITUIÇÃO FEDERAL. 1. A jurisprudência do STF admite, ainda que excepcionalmente, o controle jurisdicional da urgência, pressuposto constitucional da medida provisória (STF-ADIMC-2.213/DF, Rel. Min. Celso de Mello, Pleno. DJ de 23/04/04). 2. A urgência para a edição de medidas provisórias é um requisito atrelado a dois critérios: um objetivo, de ordem jurídico temporal, identificado pela doutrina mais tradicional como verificação da impossibilidade de se aguardar o tempo natural do processo legislativo sumário; e outro subjetivo, que se relaciona não tanto a um determinado lapso temporal, mas, principalmente, a um juízo político de oportunidade e conveniência (urgência política). 3. Na hipótese dos autos, a controvérsia gira em torno da caracterização, ou não, da urgência da Medida Provisória n° 2.180-35, de 24/08/01, e, consequentemente, discute-se sobre a constitucionalidade do art. 4° da referida norma, que estabelece dilatação do prazo em favor de entes públicos para oposição de embargos à execução, concedendo típico favor processual aos entes públicos. 4. Seguindo os fundamentos determinantes da decisão do Supremo Tribunal Federal nas ADIMC-1.753/DF e 1.910/DF (referentes à ampliação do prazo para ajuizamento de ação rescisória), deve-se concluir, na presente hipótese, que o favor processual concedido aos entes públicos, no sentido de triplicar o prazo para a oposição dos embargos à execução, carece de urgência política, ou seja, não se revela proporcional, apresentando-se como um privilégio inconstitucional. Declaração de inconstitucionalidade do art. 4° da Medida Provisória n° 2.180-35, de 24/08/01. (TST, IUJ-RR-70/1992-011-04-00.7, Relator Ministro IVES GANDRA MARTINS, Publicado em 23/09/2005)

Em complemento, destacamos uma recente decisão do Colendo TST, sob os mesmos fundamentos:

RECURSO DE REVISTA. EXECUÇÃO. EMBARGOS À EXECUÇÃO. INTEMPESTIVIDADE INCONSTITUCIONALIDADE DA MEDIDA PROVISÓRIA nº 2.180/2001. O Plenário desta Corte, em 4/8/2005, no Incidente de Uniformização de Jurisprudência suscitado no RR-70/1992-011-04-00.7, declarou a inconstitucionalidade do art. 4º da Medida Provisória nº 2180-35/2001, que ampliou os prazos fixados nos arts. 730 do CPC e 884 da CLT. Assim, o lapso para a oposição de embargos continua sendo o prazo previsto no art. 884 da CLT. Recurso de revista de que não se conhece. (TST, 5ª Turma, Processo nº 183600-89.2008.5.21.0921, Relatora Ministra KÁTIA MAGALHÃES ARRUDA, Publicado em 17/06/2011)

Procedimento

Na lide trabalhista, os embargos à execução são recebidos somente nos efeitos suspensivos e ficam apensados aos autos da execução, suspendendo-a até o julgamento dos mesmos.

Quando houver vários executados no mesmo processo e apenas um dos devedores apresentar embargos, a suspensão não se aplica aos demais devedores, caso a matéria objeto dos embargos diga respeito somente ao embargante. Nesse caso, cada executado deve apresentar individualmente seus embargos, mediante garantia prévia da execução.

Recebendo os embargos, o juiz pode rejeitá-los liminarmente, quando forem intempestivos, ineptos ou manifestamente protelatórios, bem como designar audiência para produção de provas e oitiva de testemunhas, que será realizada no prazo de cinco dias.

Havendo custas, estas ficarão a cargo da parte vencida.

Exceção de pré-executividade

Conceito e Natureza Jurídica

Na exceção de pré-executividade, ao contrário dos embargos à execução, é possível que o devedor, mesmo sem a garantia prévia do juízo, submeta ao magistrado, nos próprios autos da execução, determinadas matérias, como pressupostos processuais, condições da ação, nulidades ou defeitos do título executivo, desde que evidentes, flagrantes e suficientemente provadas de plano.

Apesar de ser um instituto relativamente novo no ordenamento jurídico brasileiro, a exceção de pré-executividade, mesmo sem previsão legal, ganhou notoriedade e respeito entre os fomentadores de direito.

Hoje, após uma fase de questionamentos, a doutrina e a jurisprudência se posicionaram de forma uníssona pela aceitação do incidente.

Araken de Assis,[4] por exemplo, conceitua a exceção de pré-executividade da seguinte forma:

> Embora não haja qualquer previsão legal explícita, se o órgão judiciário, por lapso, tolerar a falta de algum pressuposto, é possível o executado requerer seu exame, quiçá promovendo a extinção da demanda executória, a partir do lapso de vinte e quatro horas. Tal provocação de matéria passível de conhecimento de ofício pelo juiz prescinde a penhora, e, a *fortiori*, do oferecimento de embargos.

O Tribunal Regional do Trabalho da 2ª Região, reconhecendo a admissibilidade da exceção de pré-executividade, conceituou-a da seguinte forma:

> EXCEÇÃO DE PRÉ-EXECUTIVIDADE. Traduz forma excepcional de defesa sem a garantia do juízo logo após a decisão homologatória, desde que provada de forma clara a existência de erro material ou outra espécie de erronia que resulte em apuração de valores exorbitantes impossibilitando a normal defesa por embargos face à ausência de patrimônio capaz de garantir a instância. (TRT/SP, 5ª Turma, Acórdão nº 02990106566, Processo nº 19990382576, Relator FRANCISCO ANTONIO DE OLIVEIRA, Publicado em 13/08/1999).

No que diz respeito à natureza jurídica, a doutrina entende a exceção de pré-executividade como: incidente processual, incidente defensivo, incidente de execução, defesa ou certo tipo de defesa, pedido de reconsideração e defesa indireta.

Destarte, uma corrente majoritária entende que ela tem caráter incidental, por estabelecer uma relação de causalidade entre a solução do incidente e o êxito da execução.

---

4 *Manual do Processo de Execução*, 3ª ed. São Paulo: Editora Revista dos Tribunais, 2002.

Carlos Alberto Camiña Moreira,[5] por exemplo, entende que a exceção de pré-executividade tem a natureza de incidente, pois agiliza o procedimento executivo e se insere nas atitudes comprometidas com a efetividade do processo.

A Justiça do Trabalho, por sua vez, entende que a natureza jurídica da exceção de pré-executividade é de incidente processual, conforme se verifica no presente julgado do Tribunal Regional do Trabalho da 15ª Região:

> O incidente processual de exceção de pré-executividade direciona-se ao atendimento de situações especiais, devendo ser fundamentado em prova documental previamente constituída, e não para afastar a salutar imposição legal da garantia da execução com base em meras alegações de falta de citação. ademais, a matéria acha-se prevista no artigo 741 do CPC como matéria de defesa via embargos à execução. Segurança que se denega. (TRT, 15ª Região, 2ª Turma, Acórdão nº 1252620020000200, Relatora Juíza SONIA MARIA PRINCE FRANZIN, publicado em 07/11/2003)

Matéria arguível

Antes de iniciar este item, cabe lembrar que os embargos à execução continuam sendo o principal meio de defesa do devedor, sendo admitida a exceção de pré-executividade somente para atacar o processo de execução que carece de regularidades, invocando matérias de ordem pública e questões de mérito.

Com isso, podemos destacar algumas hipóteses em que é possível a utilização da exceção de pré-executividade, com base no rol já estabelecido pela doutrina e jurisprudência, como:

Questões de Ordem Pública:
– Nulidade da citação no processo de conhecimento;
– Ilegitimidade de parte;
– Incapacidade processual;
– Incapacidade postulatória;
– Litispendência e coisa julgada;
– Ausência de possibilidade jurídica do pedido;
– Desrespeito à coisa julgada;

---

5 *Defesa sem embargos do executado: exceção de pré-executividade*, 3ª ed. São Paulo: Saraiva, 1998.

– Inexistência do título;
– Incompetência absoluta e relativa;
– Falta de liquidez;
– Inexigibilidade do título executivo judicial decorrente de sentença prolatada em ação de cumprimento fundada em decisão normativa que sofreu posterior reforma.

Questões de Mérito:
– Pagamento;
– Transação;
– Novação;
– Prescrição da execução.

Prazo

Por se tratar de instituto sem previsão legal, num primeiro plano, não há que se falar em prazo para oferecimento da exceção de pré-executividade, porém, a doutrina e jurisprudência, mesmo divergentes, trataram de se posicionar sobre a matéria.

Leonardo Greco,[6] por exemplo, entende que não existe prazo para oferecimento da exceção de pré-executividade, devendo, contudo, ser arguida na primeira oportunidade.

Marcos Feu Rosa,[7] por sua vez, entende que a exceção de pré-executividade poderá ser oferecida desde o ajuizamento da ação executiva, permanecendo viva a possibilidade enquanto o juiz não extinguir o processo.

Pontes de Miranda[8] entende que o prazo para oferecimento da exceção de pré-executividade é o mesmo concedido ao executado para pagar ou nomear bens à penhora, ou seja, 24 horas no processo civil e 48 horas no processo do trabalho.

Já a Justiça do Trabalho entende que a exceção de pré-executividade pode ser arguida a qualquer tempo, desde que em momento anterior à realização da penhora, conforme se verifica no presente julgado do Tribunal Regional do Trabalho da 5ª Região:

---

6 *O processo de execução*. Rio de Janeiro: Renovar, 2001.

7 *Exceção de pré-executividade*. Porto Alegre: Livraria do Advogado, 1996.

8 *Dez anos de pareceres*. Rio de Janeiro: Francisco Alves, 1975.

EXCEÇÃO DE PRÉ-EXECUTIVIDADE. PRAZO PARA AJUIZAMENTO. A exceção de pré-executividade é uma objeção, que tem por objetivo evitar a constrição de bens, logo pode ser arguida a qualquer tempo, desde que em momento anterior à realização da penhora, como ocorreu no caso em tela. (TRT, 5ª Região, 1ª Turma, Acórdão nº 14956/07, Processo nº 01616-1996-004-05-00-7-AP, Relatora Desembargadora VÂNIA CHAVES, Publicado em 13/06/2007)

Assim, apesar de não haver um consenso entre as citadas posições, entendemos que elas se completam, já que a exceção de pré-executividade pode ser utilizada para arguir tanto as questões de ordem pública quanto as questões de mérito.

No primeiro caso, considerando que as matérias atinentes aos requisitos da execução não estão sujeitas aos efeitos da preclusão, entendemos que não existe prazo para apresentação da exceção de pré-executividade, entretanto, a parte interessada deve utilizá-la na primeira oportunidade, sob pena de responder pelas despesas de retardamento.

No segundo caso, como a matéria está sujeita à preclusão, entendemos que o executado deve utilizá-la no prazo destinado ao pagamento ou nomeação de bens.

Procedimento

A exceção de pré-executividade pode ser apresentada nos próprios autos da execução, por simples petição, logo após a citação do devedor.

Para alguns autores, no entanto, como Marcos Feu Rosa,[9] caso haja audiência no processo de execução, a exceção de pré-executividade pode ser suscitada pela via oral, devendo os termos constar na ata de audiência, já que não existe rigor técnico para essa modalidade de defesa.

Após o recebimento da exceção, o juiz intimará a parte contrária para se manifestar, em respeito princípio do contraditório.

[9] *Op. cit.*

Embargos de terceiro

Conceito e Natureza Jurídica

Como a CLT é omissa em relação aos embargos de terceiro, torna-se imperativa, portanto, a aplicação subsidiária do CPC, mais notadamente os artigos 1.046 até 1.054, que traz o tema esmiuçado em seu bojo.

O conceito, por exemplo, está contido no artigo 1.046 do CPC, nos seguintes termos:

> Art. 1.046. Quem, não sendo parte no processo, sofrer turbação ou esbulho na posse de seus bens por ato de apreensão judicial, em casos como o de penhora, depósito, arresto, sequestro, alienação judicial, arrecadação, arrolamento, inventário, partilha, poderá requerer lhe sejam manutenidos ou restituídos por meio de embargos.

Os embargos em questão podem ser de terceiro senhor e possuidor ou apenas possuidor (artigo 1.046, § 1º, do CPC), possuindo natureza jurídica de ação incidental, utilizada tanto no processo cognitivo como também no processo de execução, cuja finalidade é proteger a posse ou a propriedade de bens de terceiros estranhos ao processo (em regra) em função da ameaça (turbação) ou efetiva constrição judicial (esbulho).

Matéria arguível

Nos embargos de terceiro, a matéria objeto de prova, discussão e julgamento, dependerá do fundamento invocado pelo embargante. Se ele se define como senhor e possuidor, deve provar domínio e posse, bem como demonstrar o fato da lesão atual ou iminente, em decorrência da injusta invasão de sua esfera jurídica por ato judicial.

Compete destacar, ainda, que o artigo 1.046, § 2º, do CPC, equipara a terceiro a parte que, posto figure no processo, defende bens que, pelo título de sua aquisição ou pela qualidade em que os possuir, não possam ser atingidos pela apreensão judicial.

Nesse caso, o devedor, que é parte no processo, também pode, excepcionalmente, oferecer embargos de terceiro, sempre que for necessário resguardar determinados bens que possui na qualidade de locatário, arrendatário e comodatário, por exemplo.

Considera-se também terceiro o cônjuge que defende a posse de bens dotais, próprios, reservados ou de sua meação (artigo 1.046, § 3º, do CPC), bem como o credor hipotecário, pignoratício ou anticrético, os quais, embora não sejam possuidores ou proprietários, são detentores de direito real sobre bens alheios (artigo 1.047, II, do CPC).

Prazo

De acordo com o artigo 1.048 do CPC, os embargos de terceiro podem ser opostos a qualquer tempo no processo de conhecimento, enquanto não transitada em julgado a sentença. Já no processo de execução, o prazo é de até cinco dias após a arrematação, adjudicação ou remição, mas sempre antes da assinatura da respectiva carta.

O prazo para contestação, no entanto, é de dez dias (artigo 1.053 do CPC), sendo que, terminado esse prazo, o juiz procederá de acordo com o artigo 803 do CPC, que assim dispõe:

> Art. 803. Não sendo contestado o pedido, presumir-se-ão aceitos pelo requerido, como verdadeiros, os fatos alegados pelo requerente (arts. 285 e 319); caso em que o juiz decidirá dentro em 5 (cinco) dias.
>
> Parágrafo único. Se o requerido contestar no prazo legal, o juiz designará audiência de instrução e julgamento, havendo prova a ser nela produzida.

A competência para interposição dos embargos de terceiros, no entanto, segue a mesma do juízo em que foi ordenado o ato constritivo, pois os embargos serão distribuídos por dependência, conforme preceitua o artigo 1.049 do CPC. Se a execução, por exemplo, for feita por carta, o juízo competente para julgar e processar os respectivos embargos é o do deprecante, ressalvando a competência do juízo deprecado quando o bem apreendido tenha sido por ele indicado, ou se os embargos versarem unicamente sobre vícios ou defeitos da penhora, avaliação ou alienação dos bens (artigo 747 do CPC).

Procedimento

De acordo com o artigo 1.050 do CPC, a petição inicial dos embargos de terceiro deve observar os seguintes requisitos:

– O disposto no artigo 282 do CPC

– A prova sumária da posse do bem e a qualidade ou condição de terceiro
– Prova documental e rol de testemunhas

De acordo com Renato Saraiva,[10] sendo provada a posse, o juiz deferirá liminarmente os embargos de terceiro, ordenando a expedição de mandado de manutenção ou de restituição em favor do embargante (conforme a hipótese de turbação ou esbulho), o qual somente receberá os bens depois de prestar caução e os devolver com seus rendimentos, caso a sentença, a final, rejeitar o pedido sobre o qual versa a ação (artigo 1.051 do CPC).

No entanto, se os embargos de terceiro versarem sobre todos os bens, o juiz determinará a suspensão do curso do processo principal e se versarem sobre parte dos bens, o processo principal prosseguirá em relação aos bens não embargados (artigo 1.052 do CPC).

O recurso cabível em face da sentença proferida nos embargos de terceiro é o agravo de petição.

Fraude à execução

Por se tratar de outro tema sem previsão na CLT, recorremos novamente ao CPC para conceituar a fraude à execução, dessa vez aos artigos 593 e 615-A, § 3º, que assim dispõem:

> Art. 593. Considera-se em fraude de execução a alienação ou oneração de bens:
> I – quando sobre eles pender ação fundada em direito real;
> II – quando, ao tempo da alienação ou oneração, corria contra o devedor demanda capaz de reduzi-lo à insolvência;
> III – nos demais casos expressos em lei.
> Art. 615-A. (...)
> § 3º Presume-se em fraude à execução a alienação ou oneração de bens efetuada após a averbação (art. 593).

Concluímos, portanto, que a fraude à execução consiste, basicamente, na alienação ou oneração de bens sem reserva de patrimônio suficiente para fazer frente a uma obrigação pecuniária que já vem sendo objeto de discussão judicial.

---

10 *Op. cit.*

Contudo, é importante diferenciar a fraude à execução da fraude contra credores, que consiste principalmente no momento em que se caracteriza a atitude fraudulenta, pois, enquanto a fraude contra credores ocorre antes da existência de ato judicial por parte do credor, a fraude de execução acontece já no curso do processo, podendo ser reconhecida de ofício pelo Juiz, inclusive em sede de embargos de terceiro.

Outra consequência da declaração de fraude à execução é a configuração de ato atentatório à dignidade da Justiça, conforme dispõe o artigo 600, I, do CPC, com aplicação de multa ao devedor, revertida em favor do credor, em montante não superior a 20% (vinte por cento) do valor atualizado do débito em execução, exigível na própria execução (artigo 601, CPC).

Além do ilícito processual, essa modalidade de fraude também configura crime contra a Administração da Justiça, nos termos do artigo 179 do Código Penal.

Nota-se, portanto, que a fraude à execução é mais grave que a fraude contra credores, vez que na última o prejudicado é apenas o terceiro credor, enquanto que na primeira o maior prejudicado é o Estado.

Trata-se efetivamente de ato de maior gravidade, porque acarreta dano aos credores e atenta contra o eficaz desenvolvimento da atividade jurisdicional, razão pela qual recebe resposta ainda mais enérgica da ordem jurídica.

Nas palavras de Cândido Rangel Dinamarco,[11] a fraude à execução *é ato de rebeldia à autoridade estatal exercia pelo juiz no processo*. Isso porque está em jogo, além dos interesses particulares, a própria efetividade da atividade jurisdicional do Estado, e que a reação ao ato do devedor, nessas circunstâncias, deve ser mais severa.

Assinala-se ainda, conforme lição de Manoel Antonio Teixeira Filho,[12] que na fraude à execução, a má-fé não precisa ser provada pelo credor, como se exige na fraude contra credores (artigo 161 do Código Civil), pois é presumida pela própria norma legal (artigo 593 do CPC). Além disso, enquanto os atos praticados em fraude contra credores são anuláveis, os realizados em fraude à execução são ineficazes, pois os primeiros são desconstituídos e os últimos são inexistentes.

---

11 *Execução Civil*, 3ª ed. São Paulo: Malheiros Ed., 1993.

12 *Op. cit.*

A PENHORA DA MARCA COMO GARANTIA DE CRÉDITOS TRABALHISTAS

Carlos Dias da Silva Corradi Guerra

Introdução

Ao iniciar o presente trabalho, cabe esclarecer que para tratarmos do assunto central, que seja, a penhora da marca como garantia dos créditos trabalhistas, há a necessidade de passarmos pelas definições de propriedade bem como de marca.

De outra forma, não haveria como enfrentarmos questão tão nova.

1. Da propriedade na Constituição Federal de 1988

É possível observar na CF/88 que propriedade não constitui uma instituição única, mas várias se relacionando com os diversos tipos de bens e titulares.

Desta feita, a Constituição assegura o direito de propriedade em geral (art. 5º, XXII) e também a propriedade urbana (art. 182, § 2º), a propriedade rural (arts. 5º, XXVI, e 184 a 186) e a propriedade industrial e intelectual (art. 5º, XXVII e XXIX).

Sendo certo que cada uma possui aspectos próprios, também o regime jurídico da propriedade esta relacionado às características de cada uma delas, sob os fundamentos das normas constitucionais bem como das leis complementares.

Assim temos, dentre tantas, a propriedade industrial e intelectual, tema que será o enfoque do presente trabalho.

O art. 5º, XXVII, assegura o direito autoral, conferindo aos autores o direito exclusivo de utilizar, publicar e reproduzir suas obras. Já no art. 5º, XXIX, é assegurado aos autores de inventos industriais o privilégio para sua utilização bem como proteção às criações industriais, à propriedade das marcas, aos nomes de empresa e a outros signos distintivos.

2. Da propriedade na lei de Propriedade Industrial, nº 9.279/96

A LPI é a Lei Complementar que rege os direitos de propriedade industrial e juntamente com a CF/88 determina o conjunto de regras aplicáveis á estes bens intangíveis e móveis.

Na previsão do artigo 5º da LPI temos que: *"Consideram-se bens móveis, para os efeitos legais, os direitos de propriedade industrial."*

3. Da marca enquanto propriedade

Segundo o Art. 129 da LPI, a propriedade da marca se adquire pelo registro validamente expedido, conforme as disposições legais, conferindo ao seu detentor o uso exclusivo em todo o território nacional.

Assim, o direito *erga omnes* da marca lhe atribui a natureza jurídica da propriedade, em toda a extensão do termo e uma vez adquirida cabe a seu titular o *"ius utendi, fruendi et abutendi"*, conforme dizeres do Código Civil, art. 1.228.

O direito denomina-se adquirido quando consolidada a sua integração ao patrimônio do respectivo titular, cumprindo-se os requisitos legais e de fato, que seria o deferimento efetivo da marca pelo órgão competente (Instituto Nacional da Propriedade Industrial – INPI) e de acordo com a Lei, bem como seu efetivo uso pelo titular, previsto na legislação.

O festejado professor João da Gama Cerqueira, ensina que "o registro torna certa a data da apropriação da marca e fixa os seus elementos, alem de fazer público o ato da apropriação".

Além da propriedade, cabe ressaltar que outros direitos mobiliários de fruição e garantia se aplicam às marcas registradas. É possível averiguar no artigo 136 da LPI a possibilidade de gravames e limitações ao direito de propriedade, dentre eles a penhora.

Definindo "propriedade industrial" dentro do direito positivo brasileiro, as marcas são direitos reais, exclusivos, de caráter patrimonial, regidos pelas normas dos direitos reais sobre bens móveis, visto ser este o paradigma dos direitos de propriedade industrial.

Nos dizeres do ilustre jurista Denis Borges Barbosa, no artigo "Nota sobre a noção de propriedade da marca na Lei Ordinária Brasileira", 2005, "Em sua faceta de propriedade, a marca registrada, como indicado acima, compreende as faculdades elementares do domínio. A aproximação entre os dois regimes é marcante, como demonstram os art. 129 e 130. Nota a doutrina que, de todos os direitos da propriedade intelectual, a marca é o mais assimilável à propriedade comum, mesmo por ser a única modalidade que não é limitada no tempo."

4. Da penhora da marca

A possibilidade de penhora da marca está ligada à definição explicitada nos itens anteriores, tratando a mesma como um bem imaterial, porem um direito real.

Nesse diapasão, aquele que tem o dever de adimplir mas não o faz, sofre sanções executivas com a finalidade de satisfação do direito do credor, ainda que de forma coercitiva, mediante medidas de constrição de bens (penhora, busca-e-apreensão).

A penhora da marca determina que esta propriedade vá responder pelo crédito na execução, ficando assim, sujeita à execução forçada, podendo ser submetida à expropriação para satisfazer o crédito do exequente.

Sobre o tema, o Tribunal de Justiça do Rio Grande do Sul vem consolidando o que segue:

> AGRAVO DE INSTRUMENTO. CUMPRIMENTO DE SENTENÇA. PENHORA DE MARCA DE PESSOA JURÍDICA. POSSIBILIDADE. AUSÊNCIA DE DESRESPEITO À GRADAÇÃO LEGAL, PORQUANTO RESPEITADOS OS PRINCÍPIOS DA EFETIVIDADE DA EXECUÇÃO E DA MENOR ONEROSIDADE AO EXECUTADO. (TJRS. Agravo de Instrumento nº 70030258990, Relatora Des. MARILENE BONZANINI BERNARDI, julgado em 08 de julho de 2009).

E ainda:

> AGRAVO DE INSTRUMENTO. AÇÃO DE EXECUÇÃO. PENHORA. COTAS SOCIAIS, MARCA E ATIVO SOCIAL. IMPENHORABILIDADE INEXISTENTE. MANUTENÇÃO DA CONSTRIÇÃO. Direcionada a execução sobre a pessoa jurídica e seus sócios, possível a penhora de cotas sociais, por integrarem o patrimônio dos devedores, respondendo, assim, pelas dívidas por eles contraídas. Art. 591 do CPC. Precedentes. A marca e o ativo social da empresa, co-executada, não pode inserir-se na norma de impenhorabilidade prescrita pelo

art. 649, VI do CPC, visto tratar-se de regra destinada às pessoas físicas, microempresas ou empresas de pequeno porte, do que não se trata a pessoa jurídica executada. Precedentes da Corte. Ademais, não houve comprovação acerca da necessidade de tais bens ao exercício da atividade profissional, ônus que incumbia aos agravantes. Manutenção das restrições. NEGADO SEGUIMENTO AO AGRAVO DE INSTRUMENTO. (Agravo de Instrumento nº 70019799634, Décima Oitava Câmara Cível, Tribunal de Justiça do RS, Relator: André Luiz Planella Villarinho, Julgado em 24/05/2007)

É certo desta forma que a marca é um bem de valor econômico mensurável e não há na lei qualquer impedimento à sua penhora.

Na observação do artigo 655 do CPC, averigua-se que, na ordem de penhora, a propriedade móvel é a terceira em linha de preferência. Sendo a marca uma propriedade móvel, sua penhora é legal e está dentre as primeiras a serem tidas como garantidoras de créditos.

Cabe salientar ainda que o Tribunal de Justiça de São Paulo, além de considerar a possibilidade da penhora sobre a marca, entende que tal fato não constitui ofensa ao princípio da menor onerosidade ao executado (artigo 620 do Código de Processo Civil), conforme entendimento abaixo:

> EXECUÇÃO DE TÍTULO EXTRAJUDICIAL – PENHORA – MARCA – Determinação de extenção da penhora que recaia sobre as marcas dos executados – Admissibilidade, desde que observados seus respectivos titulares, incidindo sobre os direitos das marcas – Devedores que não negam a existência da dívida – Bens encontrados são insuficientes à garantia do Juízo – Ampliação da penhora que não caracteriza ofensa ao artigo 620 do Código de Processo Civil, haja vista ser medida necessária à satisfação do crédito exequendo – Recurso Improvido, com recomendação. (TJSP, Seção de Direito Privado – 37ª Câmara, Agravo de Instrumento nº 7.351.434-8, Relator Des Mário de Oliveira, Julgado em 02 de setembro de 2009)

Assim, a utilização de marcas para garantir créditos é um procedimento que vem ganhando força nos últimos tempos ressalvando, contudo, que para sua maior efetividade é importante avaliá-la e contabilizá-la corretamente.

A intangibilidade da marca era o óbice existente que inviabilizava seu oferecimento como garantia, o que não mais ocorre. Apesar de intangível a marca é mensurável. Havendo tutela jurídica em relação à esta propriedade, a mesma terá valor.

5. Efeitos e limites da penhora de marca

A natureza jurídica da penhora pode ser tida como um ato executivo que tem por finalidade a preservação e individualização do bem dado em garantia.

No entendimento de Humberto Theodoro Junior, no livro *Curso de Direito Processual Civil*, Ed. Forense, 2002, 2V, "Trata-se, em suma, do meio de que vale o Estado para fixar a responsabilidade executiva sobre determinados bens do devedor."

Assim, o primeiro efeito da penhora é o de modificar a situação jurídica do bem penhorado, fixando no mesmo a destinação de servir à satisfação do crédito do exequente.

O bem é retirado do âmbito de disponibilidade do devedor a fim de evitar que seja alienado em detrimento da execução lesando tanto o exequente quanto o terceiro de boa-fé que o adquire.

Tratando-se de marca, a penhora da mesma deverá ser anotada no registro da marca no INPI, gravando-se a limitação ou o ônus que recaia sobre o registro. Tais anotações produzirão efeito perante terceiros a partir da data da publicação da mesma, nos moldes determinados pelos artigos 136 e 137 da LPI.

Assim, podemos elencar como efeitos da penhora:

a. A individualização da marca que será destinada a garantir o crédito;

b. garantia do juízo da execução;

c. privação do devedor da posse direta sobre a marca;

d. anotação no registro da marca perante o INPI, tornando ineficaz a alienação da mesma em detrimento da execução.

Quanto aos limites aplicados para a efetivação da penhora de marcas, cabe ressaltar como balizador do mesmo os princípios Constitucionais e, dentre eles, especificamente o Princípio da Proporcionalidade.

Trata-se de princípio que harmoniza, mantem e preserva de forma justa e equilibrada os direitos e deveres dos litigantes que se socorrem no judiciário.

O princípio da proporcionalidade pode ser entendido como a possibilidade de maior satisfação do crédito com o menor ônus possível ao devedor.

Portanto, evitar que a penhora da marca signifique a paralisação da empresa devedora é limite a ser observado. Por certo que, a inviabilização das atividades da empresa não gera resultados benéficos a qualquer das partes envolvidas podendo ainda significar uma lesão a outro princípio: a função social da empresa.

A fim de ver satisfeito um crédito, não há como colocar em risco a empresa e todos os trabalhadores que dali garantem seu sustento.

A penhora da marca tem que ser feita de forma que, apesar do executado não poder aliená-la, ele possa auferir os lucros advindos do uso da mesma a fim de dar continuidade ao seu negócio, preservando a instituição e os trabalhos que ali são gerados.

A proporcionalidade deverá ser analisada sob a ótica de três outros subprincípios: adequação, necessidade e razoabilidade.

A adequação imporá que, ao penhorar uma marca, este seja o meio mais apropriado naquelas circunstâncias para a garantia do crédito, se estabelecendo a harmonia entre o que é pretendido e o meio de sua consecução.

Quanto à necessidade, pretende-se impor o menor gravame possível ao executado, de forma que se pague o que é devido, contudo, com critérios de preservação da função social da empresa.

Já a razoabilidade visa evitar um excesso de penhora gerando com a penhora da marca mais efeitos negativos do que positivos.

Humberto Theodoro Junior, no Código de Processo Civil, anotações ao artigo 620, denota com maestria estes limites:

> É bom de ver que o estrangulamento e a extinção das empresas não são o desiderato da sociedade contemporânea nem, muito menos, o objetivo do processo de execução, cujo desenvolvimento, ao contrário, a lei manda subordinar-se ao princípio fundamental da menor onerosidade possível para o executado.

Citando ainda Pontes de Miranda, em Tratado de Propriedade Industrial, § 2.205:

> Marca é pertença. Transfere-se, empenha-se, executa-se forçadamente, ligando-se ao fundo de emprêsa ou ao gênero de indústria ou de comércio de que é pertença. Mas é preciso que já seja pertença ou ainda seja pertença. Se ainda não no é, não pode estar dependente de fundo de empresa, ou de gênero de indústria ou de comércio o sinal distintivo. Se não mais

é pertença, ou porque foi destruído o fundo de empresa, ou o gênero de indústria ou de comércio, ou porque alienou aquele ou alienou esse o titular daquele ou desse e titular da pertença, cessando a pertinencialidade, pode ser transferida a propriedade do sinal distintivo, como pode ser penhorado ele, ou arrestado, ou sequestrado ou sujeito a alguma outra medida de constrição.

Ainda, o Tribunal Federal da Segunda Região e o Tribunal de Justiça do Rio de Janeiro, já se posicionaram:

> AGRAVO DE INSTRUMENTO – EXECUÇÃO –PROPRIEDADE INDUSTRIAL – MARCA – PENHORA – ADMISSIBILIDADE "O devedor responde, para o cumprimento de suas obrigações, com todos os seus bens presentes e futuros, salvo as restrições estabelecidas em lei" (CPC, art. 591). A marca industrial – como bem integrante do patrimônio da empresa devedora, de valor economicamente mensurável – pode ser penhorada. ACORDAM, em Sexta Câmara Civil, por votação unânime, dar provimento parcial ao recurso.

6. Da execução trabalhista

O executado poderá garantir a execução nos termos do art. 882 da CLT, nomeando bens à penhora, no prazo de 48 hs da citação, observada a ordem de preferência estabelecida no art. 655 do CPC.

Aqui surge a primeira circuntância onde a marca poderá ser aproveitada de forma menos gravosa pelo executado.

Oferecer a marca como garantia é um meio do mesmo não ter as contas da empresa constritas belo sistema BACEN – JUD, possibilitando uma dilação de prazo para discutir eventuais recursos apresentados, sem estar sujeito à medida extremamente prejudicial ao andamento da empresa.

Da mesma forma, o exequente não estará desprotegido, tendo como garantia de seu crédito um patrimônio de grande relevância para a empresa executada e que muito provavelmente, antes que seja arrematado, o crédito do trabalhador será satisfeito por aquele a fim de evitar mácula em sua marca.

O executado não pagando ou garantindo a execução, proceder-se-á a penhora dos bens, tantos quantos bastem ao pagamento da importância da condenação.

No procedimento trabalhista, a utilização da penhora da marca a fim de garantir os créditos trabalhistas é figura que começa a ganhar destaque.

Antes esquecida e até mesmo inviável ante o desconhecimento sobre a extensão de tal propriedade, torna-se a cada dia mais eficaz no sentido de evitar que o executado possa se esquivar do adimplemento de suas obrigações.

A suspensão da execução por falta de bens penhoráveis, conforme artigo 791, III do CPC, inviabilizavam aos trabalhadores receberem o que de direito, tem uma solução relativamente fácil quando se pretende a penhora da marca da empresa reclamada.

O cuidado que se deve ter nestas circunstâncias é o de averiguar se a marca esta regulamente registrada no Instituto Nacional da Propriedade Industrial.

A propriedade da mesma é adquirida, como dito em linhas anteriores, pelo registro validamente expedido bem como com as prorrogações deste registro devidamente efetivados.

Após a concessão de uma marca, a cada 10 anos há a necessidade de prorrogação deste registro, o que garante a continuidade da propriedade consubstanciada no título aquisitivo expedido pelo INPI.

Em não havendo a prorrogação, a propriedade é perdida.

Penhorar uma marca que não esta concedida ou então que não foi prorrogada após seu prazo de vigência, não garante a efetividade da execução para recebimento de créditos trabalhistas, visto que o bem objeto de penhora não se prestará a arrematação nos moldes previstos no artigo 888 da CLT.

Caso recente demonstra a efetividade da penhora de uma marca na justiça do trabalho, bem como os cuidados que devem ser tomados ao se utilizar de tal medida a fim de que, o que é uma benesse, não acabe por se tornar um tormento para o trabalhador.

Em ação que tramita na 3ª Vara do Tribunal do Regional do Trabalho, Celso Elias Zottino, ex jogador de futebol, aparece como o novo detentor da marca "Operário Futebol Clube", penhorada nos autos do processo para garantir um crédito trabalhista.

Contudo, os defensores do atleta não buscaram informações sobre a real situação das marcas no INPI antes que fosse efetivada a penhora da mesma.

O clube executado possui dois processos de registros para a marca mencionada, números 900.261.609 e 900.261.757. O primeiro processo foi indeferido pelo INPI e o segundo, apesar de deferido, foi arquivado por falta de pagamento da retribuição relativa ao primeiro decênio da marca.

Ou seja, foram penhoradas marcas que não tinham o título de propriedade válidos.

É possível observar que, na data de 22 de outubro de 2010, foi efetivado novo pedido de registro para a marca "Operário Futebol Clube", processo numero 903.060.620 em nome do exequente Celso Zottino, contudo, trata-se de uma expectativa de direito.

O INPI poderá indeferir referido pedido de registro, a exemplo do que ocorreu com o processo 900.261.609 e o exequente acabar "ganhando mas não levando".

7. Conclusão

Pelo todo exposto é de se concluir que a marca, enquanto propriedade intangível, porém mensurável é um ótimo instrumento garantidor de créditos trabalhistas.

Possibilita uma garantia ao exequente e é meio menos gravoso ao executado.

Contudo, há a necessidade premente de se atentar às circunstâncias em que se encontra esta propriedade no INPI a fim de evitar que marcas que foram indeferidas ou arquivadas por falta de pagamento do primeiro decênio ou de sua prorrogação sejam penhoradas e venham a gerar uma dificuldade ao recebimento do crédito devido ao trabalhador.

AÇÕES POR DANO MORAL

Júlio César Martins Casarin[1]

Introdução

Nas reuniões que temos com o aguerrido grupo que compõe o Comitê de Direito Empresarial do Trabalho na Comissão de Direito Trabalhista da nossa OAB/SP, bem como nos grupos de estudos da combativa Associação dos Advogados Trabalhistas e mesmo no cotidiano forense, observamos que o chamado dano moral é um assunto que gera muita polêmica.

Através das seguintes considerações, queremos ao final do raciocínio, responder, juntamente com o digno leitor, a pergunta: existe hoje uma indústria da ação do dano moral trabalhista, e, se existe pode e deve a mesma ser prevenida e combatida? Tal pergunta parte de um advogado que ao longo de mais de duas décadas ininterruptas do exercício desta profissão fantástica que é a advocacia, constata que o dano moral trabalhista tem se expandido com rapidez espantosa e resultados funestos. Portanto o estudo da matéria é de suma importância.

Conceito de dano moral

Temos a origem etimológica da palavra dano em *demere*, cujo significado é tirar, diminuir, apoucar. Assim, o dano vem para causar mudança no estado de bem-estar da pessoa a qual vê diminuir o seu patrimônio, seja material, seja moral.

Pontes já ensinava que o dano patrimonial atinge o patrimônio e o dano moral atinge o próprio ser humano, no seu âmago, na sua essência.

Hoje, após discussões doutrinárias e jurisprudenciais a atual Constituição Federal (artigo 5º, V e X) e também do Código Civil (artigo 186), contemplam o dano moral,

---

[1] Advogado especialista em Direito do Trabalho, Membro Efetivo da Comissão de Direito do Trabalho da OAB/SP e atual Vice Presidente da Associação dos Advogados Trabalhistas de São Paulo

seja no aspecto interior (honra, intimidade, privacidade), seja no aspecto exterior (imagem, boa-fama, reputação, estética).

Com propriedade leciona Yussef Cahali,[2] "no dano patrimonial, busca-se a reposição em espécie ou em dinheiro pelo valor equivalente, de modo a poder-se indenizar plenamente o ofendido, reconduzindo o seu patrimônio ao estado que se encontraria se não tivesse ocorrido o fato danoso; com a reposição do equivalente pecuniário, opera-se o ressarcimento do dano patrimonial. Diversamente, a sanção do dano moral não se resolve numa indenização propriamente, já que indenização significa eliminação do prejuízo e das suas consequências, o que não é possível quando se trata de dano extrapatrimonial; a sua reparação se faz através de uma compensação, e não de um ressarcimento; impondo ao ofensor a obrigação de pagamento de uma certa quantia de dinheiro em favor do ofendido, ao mesmo tempo que agrava o patrimônio daquele, proporciona a este uma reparação satisfativa".

Assim, a reparação pelo dano moral não tem apenas caráter privado. Possui caráter publicista no sentido de que protege o ser humano e assegura a sua dignidade. A Carta Magna assegura logo no artigo 1º, III, a dignidade da pessoa humana como um dos fundamentos da República Federativa do Brasil, e no artigo 5º, incisos V e X, assegura a indenização por dano moral. A propósito sustenta, em recente artigo publicado, o magistrado Mauro Schiavi que "a reparação por danos morais tem caráter publicista, já que é um direito fundamental previsto na Constituição, interessando não somente ao indivíduo mas à toda sociedade, como manifestação de proteção da dignidade do ser humano."

A importância do tema

O tema ora debatido reveste-se de profunda importância, seja para o advogado, que na condição de primeiro juiz da causa deverá elaborar um pedido condizente com a realidade daquele caso, seja para o magistrado, que tem árdua tarefa de estipular o valor do imponderável ao "dizer o direito" do ofendido.

Neste breve estudo procuraremos nos ater aos dois opostos geradores do mesmo mal. A importância do tema não fica restrita ao dano moral praticado pelo empregador contra o empregado, apenas e tão somente. Açambarca também o dano moral do empregado contra o empregador. O ideal seria as partes envolvidas e os operadores

---

2 CAHALI, Yussef Said. *Dano Moral*, 3ª ed. São Paulo: Editora Revista dos Tribunais, 2005, p. 44.

do direito atuarem preventivamente. Porém esta não é nossa cultura. O grau de beligerância no Brasil pode ser medido em milhões de ações que inundam a Justiça especializada todos os anos.

Em face da contemporaneidade do assunto e da complexidade do tema podemos afirmar que existe no mundo inteiro uma preocupação com a matéria. Hoje os juslaboralistas brasileiros e europeus não focam apenas no conteúdo patrimonializado da relação de trabalho, mas também na proteção dos interesses mais íntimos e personalizados dos envolvidos na relação jurídica. E tendo em vista que o principal interesse da relação de trabalho é verem as partes seus objetivos alcançados, sempre dentro do respeito aos dispositivos e ditames legais, deve este tema receber atenção do empregador, de seus prepostos e dos empregados.

Porém uma vez ocorrido o dano, não a conciliação, a conversa ou o entendimento, mas a ação judicial é, em nosso país, infelizmente, o caminho natural. E ajuizada a demanda, há o autor que demonstrar tal dano. Desta forma o preponderante na ação de dano moral é a prova do fato. Chiovenda ensina que "provar significa formar a convicção do juiz sobre a existência ou não de fatos relevantes do processo".

Assim, seja o empregado, seja o empregador o autor da ação de danos morais, é na demonstração em juízo daquele prejuízo alegado que a situação será definida. Como provar algo tão subjetivo?

Comungamos do entendimento do eminente Valdir Florindo[3] que aclara a questão: "Certamente, o dano moral, ao contrário do dano material, não reclama prova específica do prejuízo objetivo, porque o gravame decorre do próprio resultado da ofensa. Daí, não há falar-se em prova do dano moral, mas sim certeza sobre o fato, desde de que haja inequívoca relevância jurídica na ofensa, obviamente".

Ou seja, em se tratando de dano moral, inexiste a imprescindibilidade de prova robusta. Basta demonstrar a certeza sobre o fato.

As ações de Dano Moral movidas pelo empregado em face do empregador

Basicamente o empregado pode sofrer dano moral advindo do empregador por duas formas de assédio: assédio moral e assédio sexual. Ambas trazem em seu bojo

---

3 FLORINDO, Valdir. *Dano Moral e o Direito do Trabalho*, 4ª ed. São Paulo: LTr, 2002, p. 351.

nuances que os diferenciam. Encontramos tais diferenças nas palavras do jurista Rodolfo Pamplona Filho:

> De fato, qualquer uma das formas de assédio (tanto sexual, quanto moral) traz, em seu conteúdo, a ideia de cerco. De fato, o assédio, seja sexual ou moral, é uma conduta humana, como elemento caracterizador indispensável da responsabilidade civil, que gera potencialmente danos, que podem ser tanto materializados, quanto extra patrimoniais. Todavia, a diferença essencial entre as duas modalidades reside na esfera de interesses tutelados, uma vez que o assédio sexual atenta contra a liberdade sexual do indivíduo, enquanto o assédio moral fere a dignidade psíquica do ser humano. Embora ambos os interesses violados sejam direitos da personalidade, não há que se confundir as duas condutas lesivas, embora seja possível visualizar, na conduta reiterada do assédio sexual, a prática de atos que também atentam contra a integridade psicológica da vítima.

Ao sofrer assédio moral, o empregado sofre com o abuso de direito. Este deve ser duramente reprimido, posto que a todos é dado buscar o melhor para si, mas jamais abusar de um igual. Além disto, o abuso viola a personalidade do agredido e atinge sua *psique* e por vezes sua incolumidade física. Normalmente são condutas repetitivas de conteúdo ofensivo ou humilhante praticadas pelo empregador que levam o empregado a pleitear danos morais. Normalmente, um ato isolado não é suficiente para caracterizar, doutrinariamente, tal conduta doentia. O escopo do assédio moral é buscar a total exclusão da vítima do ambiente de trabalho. Por exemplo: o rigor excessivo na exigência de cumprimento das atividades, a imposição ao trabalhador de tarefas para as quais não está habilitado ou estranhas ao seu cargo, a restrição à sua atuação profissional, a proibição de seu ingresso em determinados setores da empresa por ele antes frequentados, as humilhações verbais, com tratamento desrespeitoso ou vexatório, revistas íntimas abusivas, o castigo por não ter alcançado as metas ou cotas de produção estabelecidas pela empresa, são todas atitudes de assédio moral.

Já no assédio sexual, podemos afirmar que existem os chamados avanços ao sinal vermelho, nos quais se usa e abusa do poder e da posição hierárquica superior nas relações de trabalho para obtenção de favores de natureza sexual. Tal conduta, feita de forma acintosa ou mais velada, como uma condição para a contratação ou permanência no emprego interfere duramente na vida da vítima. Por isso mesmo a Lei 10.224 de 15/05/2001 tipificou tal conduta, a saber:

Código Penal
Art. 216-A. Constranger alguém com o intuito de obter vantagem ou favorecimento sexual, prevalecendo-se o agente da sua condição de superior hierárquico ou ascendência inerentes ao exercício de emprego, cargo ou função.
Pena detenção, de 1 (um) a 2 (dois) anos.
– Dispositivo introduzido pela Lei nº 10.224, de 15/05/2001

Holywood há alguns anos atrás colocou Michael Douglas em uma verdadeira "saia-justa" com Demi Moore e escancarou o assédio sexual para o mundo todo em *Assédio Sexual* (*Disclosure*. Barry Levinson, EUA, 1994).

No Brasil, o Ministério do Trabalho e do Emprego aborda a questão do assédio sexual como "a abordagem, não desejada pelo outro, com intenção sexual ou insistência inoportuna de alguém em posição privilegiada que usa dessa vantagem para obter favores sexuais de subalternos ou dependentes. Para sua perfeita caracterização, o constrangimento deve ser causado por quem se prevaleça de sua condição de superior hierárquico ou ascendência inerentes ao exercício de emprego, cargo ou função. Assédio Sexual é crime (art. 216-A, do Código Penal, com redação dada pela Lei nº 10.224, de 15 de maio de 1991)."

Uma vez ocorrido o assédio e caracterizado o dano, partirá o empregado para ação judicial. E esta ação, pelo seu caráter eminentemente subjetivo, deve ser a mais ampla possível.

Alguns tentam diferenciar "dano moral" e "mero aborrecimento". Tudo sob o argumento de que existiriam transtornos diários inerentes do cotidiano de uma sociedade complexa e que não caracterizariam dano moral. Ora, o que para uma pessoa pode ser um mero aborrecimento, para outra é uma profunda agressão. Portanto há que se ter muito cuidado com tal limitação ainda mais na seara trabalhista onde a esfera mais íntima dos indivíduos é profundamente violentada com a prática do assédio. Nosso Judiciário tende a ser cada vez menos complacente com a situação. De fato, a reparação civil por danos morais é cada vez mais invocada quando se fala em assédio moral e assédio sexual.

As ações de dano moral trabalhista movidas pelo empregador contra o empregado

A outra face da mesma moeda. O dano moral ocasionado ao empregador (pessoa física ou jurídica) por atitude ilegal do empregado.

Primeiramente um breve escorço se faz necessário sobre a possibilidade de pessoa jurídica sofrer dano moral. Com relação aos danos morais sofridos pelas pessoas jurídicas, os tribunais pátrios enfim reconheceram a supremacia da moral e da imagem, considerando-as como atributos inabaláveis, ínsitos a elas e juridicamente passíveis de reparação quando injustamente afrontadas. Assim, perfeitamente possível o desabono social da pessoa jurídica, seu desprestígio perante terceiros e a mácula de sua imagem. Reconhece-se, em uníssono, a reparação moral às pessoas jurídicas, conforme vastíssima Doutrina e na Jurisprudência, inclusive tendo sido objeto da Súmula 227, exarada pelo Egrégio Superior Tribunal de Justiça, que assim dispõe: *"A pessoa jurídica pode sofrer dano moral".*

Assim leciona Humberto Theodoro Júnior:

> "O nome, o conceito social e a privacidade, são bens jurídicos solenemente acobertados pela tutela constitucional, bens que cabem tanto à pessoa física como à jurídica. Logo, não há razão alguma para excluir as pessoas jurídicas do direito de reclamar ressarcimento dos prejuízos suportados no plano do nome comercial, do seu conceito na praça, do sigilo dos seus negócios etc."
> (Dano Moral, ed. Oliveira Mendes, cap. 5, p. 13).

Transferindo-se tal situação para o palco da relação de trabalho temos como certo que o empregador pode vir a ser agredido pelo seu empregado, fazendo jus à reparação pelo prejuízo moral por si suportado. Aliás, certamente que o empregador tem honra e boa fama a proteger. Este é o espírito do artigo 482 da CLT, letra "k" (uma das hipóteses de justa causa para o empregado).

Ensina João de Lima Teixeira Filho em *Instituições de Direito do Trabalho* (vol. I, p. 643):

> No Direito do Trabalho, essa posição se nos afigura inatacável em virtude da formulação simétrica dos arts. 482, k, e 483, e, da CLT colocar indistintamente empregado e empregador na posição de agente ou objeto do

mesmo ilícito trabalhista – 'ato lesivo da honra e da boa fama'. É certo que tal se dá para fins de extinção da relação de emprego. Todavia, não menos exato é que a lei pressupõe que a honra e a boa fama do 'empregador' possam ser tisnadas. E se podem sê-lo é porque o empregador as tem. A maior incidência do ilícito em relação a uma das partes do contrato de trabalho, o empregado, não pode gerar o raciocínio simplista de que o outro contratante está ao desabrigo de igual direito, quando episodicamente agravado. O direito não se erige pela frequência de vezes com que o ilícito é praticado contra seu titular...

Indubitável, portanto, o dano moral trabalhista tem mão dupla e que a pessoa jurídica do empregador pode ser moralmente agredida pelo seu empregado, garantindo a Constituição Federal também a reparação pelos danos sofridos a este título.

Também aqui o direito de ação deve ser o mais amplo possível.

Existe uma indústria do dano moral trabalhista no Brasil?

Fala-se muito em uma "indústria" de milionárias indenizações por danos morais. Contudo, parafraseando o brilhante advogado Luis Carlos Moro, em lúcida exposição tempos atrás na sede da Associação dos Advogados Trabalhistas de São Paulo podemos dizer com convicção, acompanhando o mesmo ao afirmar que "a indústria do dano moral realmente existe, posto que o assédio moral na sociedade brasileira vem sendo praticado em escala industrial".

Há que se repensar as relações de trabalho, cabendo a cada um de nós a conscientização no sentido de buscar a harmonia dentro do contexto bíblico: "Tudo o que quereis que os homens vos façam, fazei vós a eles".

Diz-se que é "melhor prevenir do que remediar". Esta máxima é perfeitamente adequada para o problema do dano moral trabalhista, quer seja ocasionado pelo empregador, que seja pelo empregado. Comecemos pelo respeito mútuo e por valores tão esquecidos nos dias de hoje: a educação, os bons modos, a cortesia, o entendimento dos limites e o reconhecimento das qualidades das pessoas que integram a força de trabalho de um empreendimento humano. Tudo isto visando um fim e dentro do respeito e da harmonia que devem reger as relações humanas. Fugindo de tais parâmetros, o ser humano ingressa no perigoso solo da agressão moral. E o dano moral, uma vez ocasionado resultará em indenização. É necessária total concentração, comprometimento e cautela por parte do empregador e prepostos, bem como do empregado, o primeiro para evitar seja extrapolado o exercício regular de seu poder diretivo e disciplinar e o segundo para o fim de zelar pela honra e pela boa fama de seu empregador. É de suma importância a atividade de prevenção ao dano moral trabalhista, seja para evitar-se condenação em altas quantias arbitradas a título de indenizações por danos morais, seja principalmente pela preservação dos indivíduos envolvidos.

Necessários se fazem amplos esclarecimentos a todos os envolvidos, seja pelo Governo, em razão do custo de tal patologia social, seja por organismos não governamentais, seja pelas próprias empresas. Sem sombra de dúvida que a informação prévia aos atores da relação de trabalho é importantíssima. Tanto empregador como empregado precisam ter absoluta noção que o ambiente de trabalho é sagrado e que certos comportamentos que são tolerados com brincadeiras entre amigos, no ambiente de trabalho não encontram lugar. Ademais, a educação prévia afasta quaisquer alegações dos que praticam o dano moral, o que se reveste de suma importância no exercício da liberdade, posto que "o meu direito termina onde começa o do outro". Sem esta noção mínima de respeito, as relações tendem a deteriorar-se e os custos da operação e do labor a avolumar-se. A atenção da vítima e a fiscalização da empresa através de seus prepostos são fundamentais.

Por parte dos órgãos governamentais, algumas medidas, ainda que tímidas, vem sendo anunciadas. Tramita na Câmara dos Deputados projeto de lei que tipifica também o assédio moral (com já vimos o assédio sexual já tem previsão na legislação penal). De autoria do então deputado Marcos de Jesus (PL-PE), a proposição 4.742, de 2001, acrescenta ao Código Penal brasileiro o artigo 146 – A. Por tal dispositivo, a pena para quem assediar trabalhador em posição hierárquica inferior poderá ir do pagamento de multa à detenção, de três meses a um ano.

Por ser interdisciplinar, o tema é polêmico e ainda carente de regulação em vários países, apesar de sua ampla incidência. Segundo dados recentes da Organização Internacional do Trabalho (OIT), 42% dos trabalhadores do mundo são vítimas de alguma forma de assédio moral, a maioria mulheres. Mesmo a jurisprudência formada em torno do assédio moral é recente – os primeiros acórdãos são de 2002. Enquanto não existir uma prevenção efetiva, a "indústria do dano moral" se perpetuará porque a agressão moral ainda é praticada em escala industrial na nossa sociedade.

A indústria do dano moral é apenas um reflexo da nossa sociedade, via de regra, mal educada, voraz e focada no lucro fácil. O Judiciário deve exercer portanto com sabedoria seu poder para repreender o interesse material acima de tudo, pois como diz o Marquês de Maricá "a dialética do interesse é quase sempre mais poderosa que a da razão e consciência".

Por fim, ressaltamos que imensa responsabilidade recai sobre os ombros dos magistrados, em especial os de primeiro grau, os quais devem atentar firmemente para o caso concreto, separando o joio do trigo e punindo com severidade os que realmente perpetram a agressão moral na sociedade. E a punição em pecúnia é a melhor forma de fazer o agressor sentir a sanção na parte mais sensível do seu corpo: o bolso.

A indústria do dano moral somente irá acabar quando cada um tiver a consciência que deve-se tratar o outro da mesma maneira como gostaria de ser tratado ou nas palavras de Jesus Cristo: "portanto, tudo o que vós quereis que os homens vos façam, fazei-lho também vós, porque esta é a lei e os profetas" (Mateus 7:12).

Assim à pergunta "existe uma indústria do dano moral?" pode-se responder que sim, não por problemas com o instituto ou com o seu uso abusivo, mas porque a sociedade de hoje pratica em escala industrial a agressão moral e enquanto a prevenção não gerar resultados, ela continuará a existir.

Considerações finais

Nos dias atuais, tanto organizações como indivíduos deparam-se com uma nova era, onde a velocidade das mudanças é cada vez maior. O avanço tecnológico, a concorrência acirrada, se somam à busca incessante por produtividade cada vez maior e profundas mudanças sociais. As empresas e os profissionais estão enfrentando uma nova realidade que cria conflitos, exigindo novas posturas. O cenário pode ser fértil para a deterioração das relações interpessoais. Tanto empregadores como empregados podem escolher o caminho mais fácil e "aproveitar" ou "sugar o máximo" um do outro.

Porém, se as pessoas escolherem relacionarem-se eticamente com todos os membros de sua família, trabalho e grupo social, fomentando a cooperação dos membros, e agregando valores para si próprios, para os seus e para a empresa, haverá uma luz no fim do túnel. Cada um pode fazer a sua parte. E o operador do direito tem papel fundamental, não só para estudar e discutir o tema, mas também para desempenhar a sua função de apaziguador social. O único combate de forma eficaz ao dano moral trabalhista passa pela formação de um coletivo multidisciplinar, envolvendo os empregados, as empresas, os sindicatos, os advogados, médicos do trabalho, sociólogos, juízes, procuradores, antropólogos e grupos de reflexão. Caso contrário as ações de danos morais continuarão atulhando a Justiça do Trabalho.

AÇÕES CIVIS ADMISSÍVEIS NO PROCESSO TRABALHISTA: AÇÃO DE PRESTAÇÃO DE CONTAS; AÇÃO MONITÓRIA; AÇÃO DE CONSIGNAÇÃO EM PAGAMENTO EM PRESTAÇÕES SUCESSIVAS E AÇÃO ANULATÓRIA

Arthur Cahen[1]

I. Introdução

O presente estudo tem por objetivo auxiliar os operadores do direito empresarial do trabalho a se utilizar, na prática, de algumas ações civis cabíveis na Justiça Trabalhista, mas que, por suas especificidades, não são utilizadas no cotidiano obreiro.

A ideia é fomentar o uso destes procedimentos civis. Até porque, com a ampliação da competência da Justiça do Trabalho, trazida pela Emenda Constitucional 45/04, os advogados trabalhistas, sobretudo os atuantes na área empresarial trabalhista, tiveram de se adaptar às mudanças trazidas com a ampliação de seu leque de atuação. Com isso, passaram a lidar com demandas e consultas atinentes a questões de cunho material ou processual não só trabalhistas, mas também civis, tributárias, previdenciárias, constitucionais e administrativas.

Assim, hoje o advogado empresarial trabalhista tem que estar preparado para lidar com conflitos cuja solução possa ser alcançada através de ações/procedimentos em

---

1   Associado e Coordenador da Equipe de Consultoria Trabalhista e Relações Sindicais do escritório Leite, Tosto e Barros Advogados; Especialista em Direito e Processo do Trabalho pela Universidade Presbiteriana Mackenzie; Com cursos de extensão na Harvard Law School (nos EUA), no Conselho Profisional de Ciencias Jurídicas (na Argentina), na Fundação Getúlio Vargas (FGV/SP) e na Escola Superior de Advocacia (ESA/SP).

princípio estranhos ao processo do trabalho, para desempenhar o seu mister angariando bons resultados para os seus clientes.

II. Ação de Prestação de Contas

Conceito

A ação de prestação de contas é uma espécie de ação cominatória na qual o devedor presta contas ou assegura o direito às contas de quem pode exigi-las, livrando-se da obrigação que lhe compete.

Trata-se de ação de natureza dúplice, na medida em que permite ao credor acessar as contas de seu interesse, ao passo que absolve o devedor da obrigação de prestá-las.

Via de consequência não admite a reconvenção.

Base Legal

Esse instrumento processual possui sustentáculo legal no artigo 914 e seguintes do Código de Processo Civil (CPC).

Cabimento

Hoje é pacífica a utilização do procedimento de prestação de contas no âmbito da Justiça do Trabalho, observada, é claro, sua delimitação constitucional de competência material. Nestas hipóteses, em que seu cabimento é aceito, se faz imperioso que se adapte o procedimento ao direito processual trabalhista.

Apesar de viável, a ação de prestação de contas se mostra não usual na Justiça do Trabalho, porquanto, na prática, o trabalhador (que costuma ser o credor) prefere ingressar diretamente com a reclamação trabalhista, por meio da qual ele não apenas requer a prestação de contas, mas também pleiteia as eventuais diferenças devidas.

Hipóteses mais comuns na Justiça do Trabalho

Normalmente, a ação de prestação de contas é utilizada, no âmbito da Justiça do Trabalho, nos casos em que há divergências relativas à: (i) vendas/comissões; (ii) revisão de contas; (iii) prestação de contas pelo sindicato; (iv) apreciação de contas de representante comercial.

A primeira hipótese geralmente se concretiza quando o vendedor comissionado tem dúvidas acerca de seus créditos ou quando não lhe são franqueadas as cópias dos pedidos de venda, e este quer receber a prestação de contas das vendas efetuadas e as respectivas comissões. Todavia, existe a possibilidade inversa, na qual a empresa ingressa com a ação de prestação de contas para demonstrar ao vendedor que lhe tiver questionado, extrajudicialmente, sobre a correção das comissões pagas, em razão das vendas efetuadas.

A segunda situação apontada se concretiza no caso em que haja dúvida, por parte do empregado, no tocante ao valor de determinada conta. Por exemplo, o empregado, após receber as parcelas rescisórias decorrentes da extinção do seu contrato de trabalho, pode exigir a revisão das suas contas rescisórias, por entender que este possui um crédito não contabilizado ou computado de forma equivocada. É possível, ainda, que os trabalhadores requeiram a prestação de contas relativa ao pagamento de participação nos lucros ou resultados ou gratificações ajustadas, quando considerarem que o valor apurado pela empresa está em desacordo com os critérios estabelecidos no programa/ajuste. Assim como no primeiro caso, existe a possibilidade inversa, ou seja, a empresa pode ajuizar ação de prestação de contas para demonstrar a licitude do cálculo rescisório ou da participação nos lucros ou resultados/gratificação ajustada com intuito de evitar controvérsias e se eximir da obrigação de prestá-las.

A terceira hipótese pode acontecer, por exemplo, quando a empresa questiona os valores cobrados a título de contribuição patronal ou quando o trabalhador pretende que o sindicato preste contas dos valores descontados a título de honorários advocatícios em demanda coletiva patrocinada pelo sindicato como seu substituto processual. Neste caso, a relação jurídica entre o trabalhador e seu sindicato, que envolva cobrança de honorários pelo advogado indicado por este, para a defesa de interesses daquele em determinada ação judicial, não é mera relação jurídica entre advogado e cliente, regida pela Lei 8.906/94. Ou seja, não é mera relação de consumo. Essa relação envolve a representação sindical, que, no plano individual, abrange e justifica a participação dos entes sindicais em ações individuais ou plúrimas como meros assistentes ou como efetivos substitutos processuais.

Por último, a nosso ver, mostra-se possível a utilização da ação de prestação de contas pelos integrantes de uma relação de representação comercial que tenham dúvidas ou queiram esclarecer a forma de apuração e cálculo de comissões ou rescisão.

Procedimentos

Como já dito, a ação de prestação de contas competirá a quem tiver o direito de exigi-las ou a obrigação de prestá-las.

Seu processamento, via de regra, é dividido em dois momentos, sendo o primeiro aquele em que o Juízo irá avaliar e decidir, através de uma decisão interlocutória, se há direito ou o dever de prestar contas, e o segundo, em que as contas prestadas serão julgadas.

Vale destacar que existem dois procedimentos distintos a serem adotados na propositura da ação de prestação de contas:

Primeiro, aquele que pretender exigir a prestação de contas, o faz mediante requerimento judicial. Não se faz necessário que se requeira a citação do réu, conforme preceitua a legislação processual civil, uma vez que tal ato é automático na Justiça Obreira, independentemente de determinação judicial.

Ainda, ao contrário do que ocorre no processo civil, em que o réu tem prazo de cinco dias para apresentar as contas ou contestar a ação, na Justiça do Trabalho é designada audiência para tentativa de conciliação das partes. Na referida audiência, o réu poderá prestar as contas exigidas ou contestar a demanda.

Comparecendo as partes à audiência e prestadas as contas, terá o autor cinco dias para se manifestar sobre elas.

Havendo necessidade de produção de provas, o juiz designará audiência de instrução e julgamento. Caso contrário, proferirá, desde logo, a decisão julgando se o réu tem o dever de prestá-las e se o autor tem o direito de exigi-las.

Se o réu não contestar a ação ou não negar a obrigação de prestar as contas, haverá o julgamento antecipado da lide, sendo condenado a prestá-las no prazo de 48 horas, sob pena de não lhe ser lícito se insurgir contra as que o autor apresentar.

Se as contas forem apresentadas no prazo, terá o autor cinco dias para se manifestar sobre elas.

Se fossem necessárias provas, será designada audiência de instrução e julgamento.

Caso o réu não apresente as contas, terá o autor prazo de dez dias para apresentá-las, para perícia e/ou julgamento.

Segundo, aquele que estiver obrigado a prestar contas requererá ao réu para, em audiência, aceitá-las ou contestar a ação.

Se o réu não contestar a ação ou se declarar que aceita as contas oferecidas, serão estas julgadas dentro de dez dias.

Se o réu contestar a ação ou impugnar as contas e houver necessidade de produzir provas, o juiz pode designar audiência de instrução e julgamento.

Em ambos os casos, o não comparecimento do autor importará na extinção sem resolução de mérito da demanda, com seu consequente arquivamento. Já a ausência do réu importará em revelia, além de confissão quanto à matéria de fato (art. 844 da CLT).

Ademais, as contas, tanto do autor quanto do réu serão apresentadas em forma mercantil, especificando-se as receitas e a aplicação das despesas, o respectivo saldo e serão instruídas com os documentos justificativos.

Para Carlos Henrique Bezerra Leite,[2] o saldo credor declarado na sentença poderá ser cobrado em execução forçada, na forma prevista no artigo 918 do CPC, sendo a competência para processar a execução da própria Justiça do Trabalho.

Da decisão proferida na ação de prestação de contas, cabe a interposição de recurso ordinário, com esteio no quanto disposto no artigo 855 "a" do Texto Consolidado.

III. Ação Monitória

Conceito

A ação monitória é um procedimento especial que objetiva a obtenção de um título executivo judicial, de forma mais célere, sem impor a necessidade de se propor uma ação prévia de cognição tradicional. Traduz-se em um procedimento de cognição sumária, cuja finalidade consiste em possibilitar ao credor de quantia certa, coisa fungível ou determinado bem móvel, que possui prova escrita do seu crédito, sem força de título judicial, o reconhecimento desse direito.

Base Legal

Tem como sustentação legal as disposições contidas nos artigos 1.102a, 1.102b e 1.102c do Código de Processo Civil (CPC).

---

2 LEITE, Carlos Henrique Bezerra. *Curso de Direito Processual do Trabalho*, 6ª ed. São Paulo: LTr, 2008, p. 1249-1250.

Cabimento

A ação monitória, quando estiver diretamente ligada à relação de trabalho ou de emprego, é totalmente compatível com o processo trabalhista, nos termos do disposto no artigo 114 da Carta Constitucional, na medida em que constitui modalidade híbrida de procedimento cognitivo, permitindo a agilização do recebimento do crédito normalmente de natureza alimentar trabalhista.

A este processo, no entanto, deve ser aplicado subsidiariamente o Direito Processual Civil, a fim de seja suprida a omissão existente no Processo do Trabalho no que se refere ao procedimento monitório, com base no artigo 769 da Consolidação das Leis do Trabalho (CLT).

Não obstante, Sergio Pinto Martins[3] defende o não cabimento da ação monitoria no processo do trabalho, por ser incompatível com suas determinações.

Procedimentos

De acordo com o artigo 1.102a do CPC, a ação monitória compete a quem pretender, com base em prova escrita, sem eficácia de título executivo, pagamento de soma em dinheiro, entrega de coisa fungível ou de determinado bem móvel.

Vale lembrar a lição de Amador Paes de Almeida,[4] de que o documento particular assinado pelo devedor e duas testemunhas não poder ser alvo de ação monitória, pois tal instrumento possui eficácia executiva, a teor do artigo 585, II, do CPC.

Ademais, ressalta o ilustre doutrinador, que excluem-se das hipóteses de ação monitória as obrigações de fazer, não fazer, coisa infungível e imóvel.

A petição inicial deve atender às exigências do comando legal acima e do artigo 840, § 1º, do Texto Consolidado.

Com a petição inicial, deve ser apresentada a prova escrita do direito alegado.

Se verificados os pressupostos de cabimento da ação monitória e estando a petição inicial devidamente instruída do documento que respalda o pleito, o juízo deferirá de plano a expedição do mandado de pagamento ou de entrega da coisa.

---

3 MARTINS, Sérgio Pinto. *Direito Processual do Trabalho*, 30ª ed. São Paulo: Editora Atlas, 2010, p. 581/583.

4 ALMEIDA, Amador Paes de. *Curso Prático de Processo do Trabalho*, 21ª ed. São Paulo: Saraiva, 2011, p. 499/501.

Pelas regras processuais civis, o prazo para pagamento ou entrega da coisa seria de quinze dias, contados da juntada da citação aos autos.

Todavia, a nosso ver, neste ponto o pedido a ser formulado na inicial e seguido pelo Judiciário Obreiro deveria ser de que o prazo de pagamento ou entrega seja feito na audiência de conciliação.

Se o réu pagar o débito ou entregar a coisa vindicada, ficará isento de arcar com as custas e honorários advocatícios.

Por outro lado, se o réu intentar resistir à ordem de pagamento ou entrega da coisa determinada pela Justiça Laboral, este deverá fazê-lo na audiência de conciliação, por meio do oferecimento dos embargos monitórios (art. 1.102b).

Se os embargos não forem opostos, constituir-se-á, de pleno direito, o título executivo judicial, convertendo-se o mandado inicial em mandado executivo.

O oferecimento dos embargos pode ser feito sem a prévia garantia do juízo, na medida em que tal procedimento suspende a eficácia do mandado monitório e institui o processo de cognitivo nos próprios autos, pelo procedimento ordinário.

Sendo os embargos ao mandado rejeitados, constituir-se-á o título executivo extrajudicial, incumbindo ao autor iniciar a execução forçada.

Após a sentença, dispensa-se nova citação do devedor, pois já está ciente da execução. Neste caso, expede-se apenas mandado de penhora.

Contra esta decisão, pode a parte sucumbente interpor recurso ordinário à segunda instância, visando à reforma do julgado de origem, o qual será processado e julgado sob efeito devolutivo, autorizando a execução provisória, mas não a execução definitiva.

Portanto, pode-se dizer que na ação monitória existem duas fases, sendo que, na primeira, o procedimento monitório instaura a execução *inaudita altera parte*, caso preenchidos os requisitos legais, e a segunda, que se concretiza caso o réu oponha os embargos monitórios com intuito de discutir o mandado inicial, passando a ter a oportunidade de exercer o contraditório e a cognição completa do processo no rito ordinário.

Da reconvenção

Vale salientar que o entendimento jurisprudencial consubstanciado na Súmula 292 do Superior Tribunal de Justiça entende ser cabível a reconvenção na ação monitória após a conversão do procedimento em ordinário.

Desta forma, entendendo ser o réu devedor e credor, pode este suscitar tal situação em sede de reconvenção.

Hipóteses mais comuns na Justiça do Trabalho

Apesar de tímida a utilização da ação monitória na Justiça do Trabalho, a adoção deste procedimento pode ser utilizado quando houver:

I. Crédito constante em nota promissória ou cheque recebido em razão da relação de trabalho e emprego;

II. Crédito decorrente de instrumento de confissão de dívida, assinado pelo devedor, sem testemunhas;

III. Crédito referente à contribuição sindical, devidamente instruído com a guia de recolhimento da contribuição sindical, contendo a devida individualização do contribuinte e o valor da dívida, acompanhados do demonstrativo detalhado do cálculo do valor devido ou outros documentos que demonstrem certeza e exigibilidade da obrigação;

IV. Crédito confessado ou compromisso de entrega de coisa fungível ou bem móvel assumido em documento público ou particular no qual haja expresso e literal reconhecimento da dívida, tais como, mas não se limitando a: atas de audiência (judicial ou administrativa) ou reunião, regulamento interno, contratos, cartas, memorandos, e-mails, etc.

V. Termo de Rescisão do Contrato de Trabalho;

VI. Comprovantes de (não) recolhimento de FGTS/INSS.

Cumpre salientar que a ação monitória pode ser ajuizada pela empresa contra o trabalhador ou empregado, ou ainda contra os sindicatos profissional ou patronal.

IV. Ação de Consignação em Pagamento em Prestações Sucessivas

Conceito

A ação de consignação em pagamento em prestações sucessivas visa desonerar o devedor quanto à dívida que reconhece existir (de quantia ou de coisa), evitando, com isso, a sua sujeição ao pagamento de multa e outras penalidades decorrentes da mora.

Base Legal

A ação de consignação em pagamento em prestações sucessivas encontra respaldo legal nos artigos 334 e seguintes do Código Civil, e 890 e seguintes do CPC.

Cabimento

Em que pese o Texto Consolidado não estatuir a ação de consignação em pagamento entre as ações cabíveis perante a Justiça do Trabalho, certo é que não existe nenhum impedimento de que tal procedimento seja adotado nesta seara.

Nesta esteira, leciona Renato Saraiva,[5] ao dizer que não há dúvida de que a consignação judicial, prevista no digesto processual civil, tem aplicação subsidiária ao processo do trabalho.

Indubitavelmente que tal situação somente pode ocorrer quando o direito material em litígio envolver discussões entre empresas, empregados, trabalhadores ou sindicatos (art. 114 da CF).

Destarte, tendo em vista que o ordenamento juslaboralista é omisso com relação a essa situação, torna-se lícito valer-se de tal mecanismo judicial, com esteio no art. 769 da CLT.

Procedimentos

Com a promulgação da lei nº 8951/94, o Código de Processo Civil passou a facultar ao devedor de dívida em dinheiro, valer-se da via extrajudicial para evitar os riscos da mora ou do pagamento se tornar ineficaz, antes de partir para o processo em si.

Para João de Lima Teixeira Filho,[6] as modificações trazidas ao CPC conferiram à ação de consignação em pagamento, para saldar obrigações em pecúnia (art. 890, § 1º), duas fases distintas: a *latere* do Poder Judiciário e a outra tipicamente judicial.

Existe muita divergência acerca da possibilidade de se valer da via extrajudicial nos casos trabalhistas. Contudo, filiamo-nos à corrente que defende a possibilidade

---

5 SARAIVA, Renato. *Curso de Direito Processual do Trabalho*, 4ª ed. São Paulo: Método, 2007, p. 784.

6 TEIXEIRA FILHO, João de Lima. *Instituições de Direito do Trabalho*, 22ª ed. São Paulo: LTr, 2005, p. 1.475/1.476.

da consignação extrajudicial, por entender que facultar ao devedor valer-se de um depósito bancário em nome do credor, cientificando-o mediante correspondência com aviso de recebimento, na qual se estabelece prazo de dez dias para manifestação de recusa, não ofende os princípios de direito e processo do trabalho.

Todavia, para não fugir do escopo do nosso estudo, nos limitaremos a descrever os procedimentos a serem observados especificamente na ação de consignação em pagamento de prestações sucessivas.

A ação de consignação em pagamento pode ser proposta:

– se o credor não puder ou, sem justa causa, recusar receber o pagamento, ou dar quitação na devida forma;

– se o credor não for, nem mandar receber a coisa no lugar, tempo e condição devidos;

– se o credor for incapaz de receber, for desconhecido, declarado ausente, ou residir em lugar incerto ou de acesso perigoso ou difícil;

– se ocorrer dúvida sobre quem deva legitimamente receber o objeto do pagamento;

– se pender litígio sobre o objeto do pagamento.

Para que a consignação tenha força de pagamento é preciso que concorram, em relação às pessoas, ao objeto, modo e tempo, todos os requisitos sem os quais não é válido o pagamento.

Via de regra, o depósito será requerido no lugar do pagamento, cessando, tanto que se efetue, para o depositante, os juros da dívida e os riscos, salvo se for julgado improcedente.

Na lição de Wagner D. Giglio,[7] quando a consignação em pagamento tiver como base discussões relacionadas à relação de emprego, deverá o depósito ser realizado preferencialmente na conta do Fundo de Garantia por Tempo de Serviços do empregado.

Enquanto o credor não declarar que aceita o depósito ou não o impugnar, poderá o devedor requerer o levantamento, pagando as respectivas despesas e subsistindo a obrigação para todas as consequências de direito.

Julgado procedente o depósito, o devedor já não poderá levantá-lo.

De acordo com o artigo 893 do CPC, o autor deve propor a ação judicial de consignação, requerendo, na exordial, o depósito da quantia devida no prazo de cinco dias, a contar de seu deferimento, pelo juiz, eliminada a fase anterior da audiência de oferta.

---

7 GIGLIO, Wagner D. *Direito Processual do Trabalho*, 15ª ed. São Paulo: Saraiva, 2005, p. 312-316.

Deferido o depósito, passam os juros e a correção monetária a correr por conta do banco depositário, salvo se for julgada improcedente a ação.

Em não sendo realizado o depósito no prazo fixado pelo Juízo, extingue-se o processo sem resolução de mérito, face à perda do objeto.

De outra banda, em sendo realizado, competirá ao réu, em audiência, soerguê-lo ou ofertar sua contestação.

Tratando-se de prestações periódicas/sucessivas, uma vez consignada a primeira, pode o devedor continuar a consignar, no mesmo processo e sem mais formalidades, as que se forem vencendo, desde que os depósitos sejam efetuados em até cinco dias, contados da data do vencimento.

Se ocorrer dúvida sobre quem deva legitimamente receber o pagamento, o autor requererá o depósito e a citação dos que o disputam para provarem o seu direito, como acontece comumente nos casos em que há dúvida sobre o titular do direito de receber crédito sindical.

O não comparecimento do réu à audiência e/ou a não apresentação de contestação acarretarão os efeitos da revelia e, por conseguinte, a demanda será julgada procedente, sendo declarada extinta a obrigação e condenando-se o réu nas custas e honorários advocatícios. Proceder-se-á do mesmo modo se o credor receber e der quitação.

Se assim não for, durante a audiência inicial, o réu pode alegar, através de contestação, que:

I. não houve recusa ou mora em receber a quantia ou coisa devida;
II. foi justa a recusa;
III. o depósito não se efetuou no prazo ou no lugar do pagamento;
IV. o depósito não é integral.

No caso do item 4, a alegação será admissível se o réu indicar o montante que entende devido, caso em que poderá, desde logo, levantar a parte incontroversa, com a consequente liberação parcial do autor, prosseguindo o processo quanto à parcela controvertida.

Quando na contestação o réu alegar que o depósito não é integral, é lícito ao autor completá-lo em dez dias contados da data da audiência, salvo se corresponder à prestação cujo inadimplemento acarrete a rescisão do contrato.

No âmbito trabalhista, em sendo contestada a ação, seguem-se as fases de conciliação e instrução. Terminados estes atos e não frutificando a derradeira tentativa conciliatória, será proferido o julgamento.

Se a decisão prolatada acatar a tese inicial, julgará subsistente a consignação e o pagamento. Caso contrário, se recepcionados os argumentos de defesa, a consignação será julgada insubsistente, sujeitando o devedor aos ônus decorrentes.

Quando a consignação se fundar em dúvida sobre quem deva legitimamente receber, não comparecendo nenhum pretendente, converter-se-á o depósito em arrecadação de bens de ausentes. Caso compareça apenas um, o juiz decidirá de plano. Se, por outro lado, comparecer mais de um, o juiz declarará efetuado o depósito e extinta a obrigação, continuando o processo a correr unicamente entre os credores, hipótese em que se observará o procedimento ordinário.

A sentença que concluir pela insuficiência do depósito determinará, sempre que possível, o montante devido, e, neste caso, valerá como título executivo, facultado ao credor promover-lhe a execução nos mesmos autos.

As despesas com o depósito, quando julgado procedente, correrão à conta do credor, e no caso contrário, à conta do devedor.

É entendimento pretoriano uníssono aquele que defende a tese de que a apreciação da ação de consignação em pagamento na Justiça Laboral limita-se apenas ao valor depositado em juízo pelo consignante.

Caso o consignado queira discutir se o quantum depositado em juízo é o efetivamente devido, deverá fazê-lo através do remédio processual cabível.

A decisão prolatada em primeiro grau poderá ser alvo de recurso ordinário interposto pela parte interessada.

Reconvenção

Tendo em vista que a consignação em pagamento é modalidade de extinção da obrigação (art. 972 do CC), é plenamente possível a apresentação de reconvenção na ação consignatória quando a matéria é conexa (art. 315 do CPC), junto com a contestação.

Hipóteses mais comuns na Justiça do Trabalho

Via de regra, a ação de consignação em pagamento em prestações sucessivas é proposta na Justiça do Trabalho nas hipóteses em que o empregador intenta pagar salários, comissões, percentagens ou verbas rescisórias ao empregado e este se recusa a recebê-las, se ausenta ao trabalho ou deixa de se apresentar no sindicato ou perante o órgão do Ministério do Trabalho e Emprego para homologar sua rescisão.

Todavia, essa ferramenta jurídica pode ser utilizada, também, quando:

(i) o empregador efetua a consignação das férias para evitar o pagamento em dobro;
(ii) o empregado for declarado judicialmente ausente ou falecer deixando saldo salarial e seus herdeiros não forem conhecidos ou habilitados nos termos da lei, ou, ainda, quando conhecidos, houver litígio entre os herdeiros sobre as verbas trabalhistas deixadas pelo *de cujus*;
(iii) houver litígio entre o empregado e seu(s) credor(es) de alimentos;
(iv) o empregado se tornar legalmente incapaz;
(v) o trabalhador estiver recebendo equivocadamente valores a maior referentes à remuneração pactuada ou quando receber quantias em nome do empregador, hipótese em que ajuíza a ação em questão a fim de não incorrer em risco de ser acusado de falta grave de improbidade com fulcro na alínea "a" do artigo 482 da CLT;
(vi) houver dúvida sobre enquadramento sindical, a empresa ajuíza a ação para se eximir do risco de se apropriar indevidamente da contribuição sindical descontada de seus empregados e para se eximir da mora, até que se decida o legítimo representante sindical patronal ou profissional.

Nas situações em que a consignação decorre da recusa do empregado ou da sua ausência, esse será notificado para receber, em juízo, o pagamento consignado.

Já quando o credor for desconhecido, a notificação se dará por edital, e quando houver dúvidas sobre o credor, os possíveis favorecidos serão notificados para comprovar seu direito.

V. Ação Anulatória

Conceito

A ação anulatória, via de regra, tem por intuito declarar e desconstituir um ato administrativo ou judicial eivado de vício insanável ou nulidade (absoluta ou relativa), por não se ter observado regras dispostas no direito material. Ou, ainda, para anular cláusula normativa constante de instrumento coletivo de trabalho, quando viciada ou ilegal.

Base Legal

A primeira hipótese encontra fundamento legal no artigo 486 do CPC.

Já a ação anulatória de cláusulas coletivas encontra-se consubstanciada pelo artigo 83, IV da Lei Complementar 75/93.

Cabimento

Os Tribunais Trabalhistas têm recepcionado e julgado essa modalidade de ação, quando fundadas em situações previstas em lei ou derivadas da relação de trabalho e emprego (art. 114 da Constituição Federal).

Do mesmo modo, tem processado e julgado as demandas que visam anular cláusula de instrumento coletivo de trabalho viciada ou contrária às disposições legais.

Procedimentos

As empresas têm se valido com maior frequência desta ferramenta jurídica para vindicar a anulação de decisões ou atos jurídicos em geral eivados de vícios.

A petição inicial deve ser elaborada respeitando os requisitos estabelecidos nos artigos 282 do CPC e 840 da CLT e combater o vício apto a ensejar a anulação do ato judicial ou administrativo, calcando sua tese no direito material violado.

Em regra, a nulidade deve ser demonstrada através de prova documental. Contudo, é facultado ao autor requerer a produção de provas periciais e testemunhais em sua inicial e fazê-las no transcorrer do processo.

Apesar de se tratar de uma espécie de ação declaratória, existe a possibilidade de cumular o pedido de anulação de um ato com pedido de repetição de indébito de valor eventualmente pago indevidamente, conforme o caso concreto.

O juízo competente para conhecer da causa que tiver por intenção anular ato judicial, será o mesmo juízo em que praticado o ato supostamente eivado de vício, a teor do entendimento cristalizado na Orientação Jurisprudencial nº 129 do Tribunal Superior do Trabalho – Seção de Dissídios Individuais (Subseção II).

De outra banda, o juízo competente para processar e julgar as ações anulatórias que visem desconstituir outros atos será o de 1ª Instância.

Ao contrário do que ocorre no processo civil, a defesa não é apresentada pelo réu quinze dias depois da juntada da citação ao processo, mas sim em audiência inicial/una.

Uma vez encerrada a fase de instrução, o processo será decido pelo juízo.

Da decisão proferida, cabe recurso ordinário. Neste sentido, reza o artigo 231 do Regimento Interno do TST.

Hipóteses mais comuns na Justiça do Trabalho

Essa modalidade de ação costuma ser ajuizada, para anular os seguintes atos:

I. Autos de Infração lavrados irregularmente pela fiscalização do trabalho;

II. Justa causa aplicada sem supedâneo no art. 482 da CLT ou em outros dispositivos legais;

III. Dispensa de trabalhador estável, sem justa causa. Empregado estável é (ilegalmente) demitido;

IV. Atos judiciais trabalhistas, assim entendidos aqueles em que intervém o juiz e ainda as sentenças judiciais meramente homologatórias, tais como: a arrematação, adjudicação, etc.;

V. Eleições sindicais;

VI. Eleições da CIPA ou da Comissão de Participação nos Lucros ou resultados.

Para Ives Gandra da Silva Martins Filho,[8] a ação anulatória prevista na Lei Complementar 75/93 serve para declaração de nulidade de cláusulas de contratos, acordos e convenções coletivas que violem as liberdades individuais e coletivas ou os direitos individuais dos trabalhadores.

A ação anulatória mais comum ajuizada pelo MPT é a que visa a anulação de cláusula coletiva que institua contribuições que beneficiam os cofres do sindicato profissional ou patronal, uma vez que envolvem direitos individuais tuteláveis dos trabalhadores/empregadores.

A legitimidade para propor ação anulatória de convenção coletiva de trabalho restringe-se ao Ministério Público do Trabalho e às entidades sindicais representantes das categorias econômica e profissional por ela abrangidas.

---

8   MARTINS FILHO, Ives Gandra da Silva. *Manual de Direito e Processo do Trabalho*, 19ªed. São Paulo: Saraiva, 2010, p. 404.

Assim, o trabalhador, de forma individual, não é parte legítima para ajuizar ação anulatória visando a declaração da nulidade de cláusula convencional de instrumento coletivo de trabalho em face da natureza dos direitos envolvidos – direitos coletivos da categoria.

VI. Conclusão

Conforme explicitado acima, mostra-se juridicamente possível a utilização e manejo das citadas ações civis na Justiça do Trabalho, se fazendo imperioso que os operadores do direito empresarial do trabalho façam uso destes instrumentos processuais na defesa dos interesses e direitos de seus clientes, de modo a se consolidar a ampliação da competência laboral e, por conseguinte, do âmbito de atuação técnica e profissional dos advogados que militam nesta área.

NOVA LEI DO MANDADO DE SEGURANÇA: AVANÇO OU RETROCESSO?

Estêvão Mallet[1]

1. Introdução

É costume atribuir-se preeminência, quando menos temporal, ao direito sobre a ação. Assim fazia o art. 75, do antigo Código Civil, ao estabelecer que "(a) todo o direito corresponde uma ação, que o assegura", desdobramento da máxima romana *ubi ius, ibi remedium*. Historicamente, porém, a equação apresenta-se de modo invertido. Muitas vezes surge antes a ação e depois o direito.[2] Como escreveu Henry Sumner Maine, "*It is certain that, in the infancy of mankind, no sort of legislature, not even a distinct author of law, is contemplated or conceived of. Law has scarcely reached the footing of custom; it is rather a habit. It is, to use a French phrase, 'in the air.' The only authoritative statement of right and wrong is a judicial sentence after the facts, not one presupposing a law which has been violated, but one which is breathed for the first time by a higher power into the judge's mind at the moment of adjudication*".[3] E não faltam exemplos de situações em que é a ação que permite o desenvolvimento da tutela material. No sistema da common law é algo mais frequente, a ponto de encontrarem-se autores que o caracterizam como aquele em que "la presenza di un 'primary or antecedent

---

1 Professor de Direito do Trabalho da Faculdade de Direito da Universidade de São Paulo, Conselheiro Seccional da Ordem dos Advogados do Brasil, Secção de São Paulo, Presidente do Conselho Curador da Escola Superior da Advocacia (ESA), da Ordem dos Advogados do Brasil, Secção de São Paulo, e advogado.

2 Vejam-se as considerações de Frederic Jesup Stimson em *Popular Law-making*, verbis: "*Parliament did not begin by being a law-making body. Its legislative functions were not very active, as they were confined to declaring what the law was; more important were its executive and judicial functions*" (passagem extraída da versão virtual da obra, produzida pelo *The Project Gutenberg EBook*, divulgada em maio de 2004).

3 *Ancient law*. Londres: John Murray, Albemarle Street, 1920, p. 7.

right' – cioè un diritto soggettivo – pressuppone che vi sia un 'sanctioning or remedial right'".[4] Também no sistema da civil law encontram-se expressivos casos em que adquire precedência o remédio processual sobre o direito substancial. Pense-se, para dar um exemplo, no tanto que a liberdade de ir e vir, ainda quando constitucionalmente enunciada, mesmo que com toda solenidade, deve à figura do habeas corpus. Não sem razão Pontes de Miranda escreveu, tendo sob os olhos o writ quase milenar, que "os direitos firmam-se quando têm garantias".[5] Outro bom exemplo relaciona-se com o mandado de segurança. Foi a sua criação, de início na Constituição de 1934,[6] que favoreceu a evolução teórica em torno do conceito de desvio de poder, ajudou a traçar com mais nitidez os limites da discricionariedade administrativa e permitiu, no fundo, melhor delinear o conteúdo de muitas outras garantias fundamentais. A nova regulamentação do mandado de segurança, posta pela Lei nº 12.016, longe está de respeitar, no entanto, a importância alcançada pelo instituto. Repleta de defeitos e problemas, pouco inovadora e em contradição com os valores prestigiados pela Constituição, tipifica evidente retrocesso normativo, como facilmente se percebe a partir de sua mais detida análise.

2. Defeitos formais

O primeiro defeito da Lei nº 12.106 talvez seja de caráter formal. É triste ver quão distante se encontra o legislador de hoje do apuro estilístico do Código Civil de 1916. O art. 6º, § 1º, da Lei nº 12.016, reprodução do parágrafo único, do art. 6º, da Lei nº 1.533, certamente levantaria a ira de Ruy Barbosa: "No caso em que o documento necessário à prova do alegado se ache em repartição ou estabelecimento público". Por muito menos criticou ele passagens do Projeto de Código Civil, escritas de forma "ora derramada, ora troncha".[7] Não custaria nada – e melhoria muito o texto – dizer, na

---

4   PEGORARO, Lucio; REPOSO, Antonio. *Le fonti del diritto negli ordinamenti contemporanei*. Bolonha: Monduzzi, 1993, p. 59.
5   *História e prática do* habeas-corpus, nº 3. Rio de Janeiro: José Konfino, 1955, p. 62.
6   Art. 113, nº 33.
7   *Parecer sobre a redação do Código Civil*, vol. XXIX. Rio de Janeiro: Ministério da Justiça, 1949, p. 16.

atual lei do mandado de segurança: "Se o documento necessário à prova do alegado estiver em repartição ou estabelecimento público".[8]

Ao lado da redação ruim, o desprezo à técnica é manifesto. O art. 10, § 2º, exclui o ingresso de litisconsorte ativo após "o despacho da petição inicial". Mas o exame da aptidão do requerimento inicial envolve, como sabe qualquer um, decisão, e não despacho, conforme a terminologia do art. 162, do CPC. Aliás, nem de modo tecnicamente deficiente soube o legislador expressar o que desejava. É evidente que se pretende, com a proibição posta, impedir a quebra do princípio do juiz natural, com o ingresso de novos litigantes depois de conhecido o julgador.[9] Mas para alcançar o resultado pretendido com a regra do art. 10, § 2º, é preciso impedir o ingresso de litisconsorte ativo já a partir da distribuição da petição, não apenas depois do exame de sua aptidão, como realçado pela jurisprudência mais atenta, desprezada pela Lei nº 12.016, como o seguinte aresto: "A inclusão de litisconsortes ativos facultativos em momento ulterior ao ajuizamento da ação fere o princípio do juiz natural, insculpido no art. 5º, incisos XXXVII e LIII, da CF/88, independentemente da apreciação da liminar e da efetivação da citação do réu".[10]

3. Omissões

Além das deficiências formais, não faltam omissões na Lei nº 12.016. O art. 1º, § 2º, exclui o cabimento do mandado para impugnar "atos de gestão". A solução é

---

8 Parece que a perda da qualidade redacional no campo legislativo não ocorre apenas no Brasil. Em França, do *Code Civil* dizia-se que era lido diariamente por Stendhal, como forma de aprimorar a sua redação. Para Planiol, a precisão e a clareza dos seus dispositivos *"n'ont jamais été surpassées, et bien rarement atteintes"* (*Traité élémentaire de droit civil*. Paris: LGDJ, 1932, p. 38). A doutrina atual, por sua vez, critica o novo *Code du Travail*, em vigor desde 1º de maio de 2008, repleto de ambiguidades, esoterismos, opacidade e outros defeitos. Não falta quem afirme tratar-se de um exemplo de *"manque de culture juridique"*. MORVAN, Patrick. *Le vocabulaire du Droit du Travail* em *Les notions fondamentales du Droit du Travail*, nº 11. Paris: Éditions Panthéon-Assas, 2009, p. 14).

9 Cf., sobre o ponto, MEDINA, José Miguel Garcia; ARAÚJO, Fábio Caldas de. *Mandado de segurança individual e coletivo*. São Paulo: Editora Revista dos Tribunais, 2009, p. 149.

10 STJ – 1ª T., REsp nº 931.535/RJ, Rel. Min. Francisco Falcão, julg. em 25/10/2007. DJU de 05/11/2007 p. 238.

perfeitamente justificável e não vai além de referendar a jurisprudência consolidada.[11] Não faz sentido, todavia, aludir apenas a "atos de gestão comercial", como se fossem os únicos insuscetíveis de questionamento em mandado de segurança. Os administradores de empresas públicas, de sociedades de economia mista e de concessionárias de serviço público praticam também atos outros de gestão, além daqueles de natureza comercial, como os de gestão civil e trabalhista. A alteração do local de trabalho do emprego, nos termos do art. 469, da CLT, é um bom exemplo. Outro é a atribuição de certa função ao empregado, não abrangida no objeto do contrato, mas considerada compatível com sua condição pessoal, a justificar a aplicação do art. 456, parágrafo único, da CLT, ao menos segundo o juízo do empregador. Não há como impugnar atos do gênero, além de outros assemelhados, por meio de mandado de segurança, como pôde o Tribunal Superior do Trabalho assinalar, em mais de uma ocasião,[12] em jurisprudência acompanhada pelos Tribunais Regionais.[13] Não os mencionou, porém,

---

11 STJ – 3ª T., REsp nº 577.396/PE, Rel. Min. Castro Filho, julg. em 06/12/2005. DJU de 20/02/2006 p. 331.

12 "Mandado de segurança. Ato de empregador. É incabível mandado de segurança contra ato praticado por representante de empresa pública, no caso, a Caixa Econômica Federal, por não se revestir de ato de autoridade, mas mero ato de gestão. Recurso ordinário não provido" (TST – Pleno, RO-MS nº 59.862/92, Rel. Min. Ney Doyle. DJU de 26/11/1993). Em outro julgado, o Tribunal Superior do Trabalho assentou que "a contratação de empregado se equipara a um ato de natureza privada. Assim, inexistindo ato de autoridade na hipótese, é incabível a impetração do mandado de segurança." (TST – SDI II, RO-MS nº 2.002/2001-000-15-00.0, Rel. Min. Gelson de Azevedo, julg. em 21/10/2003. DJU de 14/11/2003).

13 "Mandado de segurança. Adequação. O ajuizamento do mandado de segurança exige a existência de direito líquido e certo a ser defendido de ato ilegal, ou com abuso de poder, de autoridade pública ou agente de pessoa jurídica no exercício de atribuições do poder público (art. 5o, LXIX, da CF). Por sua vez, sendo a empregadora pessoa jurídica de direito público interno, que celebrou contrato com as autoras nos moldes da CLT, a alteração na jornada de trabalho das impetrantes não pode ser considerada ato de autoridade pública, mas de mera gestão, pois os contratos de emprego não se encontram na esfera de regime jurídico administrativo, notadamente porque as prerrogativas do poder público não se mostram presentes, havendo falta de interesse processual na escolha do mandado de segurança para a defesa dos direitos postulados, motivo pelo qual a extinção do processo, sem resolução do mérito, nos termos do art. 267, VI, do CPC, é medida que se impõe."

o legislador, em manifesta omissão, que abre indesejável espaço para incorretas propostas interpretativas, já alvitradas em doutrina.[14]

Igualmente omissa é a previsão do art. 2º, ao repetir o texto da lei anterior. Preocupou-se o legislador tão somente com as consequências patrimoniais do ato, quando podem estar em causa, no mandado de segurança, outros valores, como os de natureza cultural, artística, estética, histórica, cultural, urbanística, paisagística etc. O tratamento meramente patrimonialista dado ao problema da competência amesquinha a importância do *writ* constitucional.

Tampouco se compreende não tenha a nova lei cuidado do mandado de segurança impetrado contra ato judicial. É grande a relevância, até prática, da hipótese, mesmo após as várias modificações estabelecidas no Código de Processo Civil para a disciplina do agravo de instrumento. Dela não cogita, porém, a Lei nº 12.016, salvo para repetir a velha excludente relacionada com decisão suscetível de recurso "com efeito suspensivo" e para adicionar outra, atinente a "decisão judicial transitada em julgado",[15] na linha da Súmula 268, do Supremo Tribunal Federal.[16] Problemas antigos ficam sem solução de direito positivo – como a formação de litisconsórcio entre o réu no mandado de segurança e a outra parte na relação processual em que praticado o ato judicial impugnado – e novas dificuldades surgem. Mencione-se uma, bastante curiosa: a previsão do art. 14, § 2º, de interposição de recurso pela autoridade coatora, estende-se também ao caso de mandado de segurança impetrado contra ato judicial? É intuitivo que, ao interpor recurso, perde o juiz a condição de sujeito imparcial, de modo que não pode mais exercer as funções no processo em que proferida a decisão impugnada. De qualquer modo, interposto o recurso – como já se viu em um caso concreto – o superveniente afastamento do juiz do caso prejudica a impugnação ou não? A nova lei não esclarece.

(TRT – 2ª Reg., 14ª T., RO nº 01164.2009.391.02.006, Rel. Juiz Adalberto Martins, Ac. nº 20100957735).

14 Luana Pedrosa de Figueiredo Cruz, por exemplo, afirma o cabimento de mandado de segurança para impugnar outros atos praticados pelas pessoas indicadas no art. 1º, § 1º, "que não sejam de exclusiva gestão comercial". *Comentários à lei do mandado de segurança*. São Paulo: Editora Revista dos Tribunais, 2009, p. 36).

15 Art. 5º, II e III.

16 "Não cabe mandado de segurança contra decisão judicial com trânsito em julgado".

4. Desatualização

Ao tratar da comunicação do mandado, dispôs o art. 13: "Concedido o mandado, o juiz transmitirá em ofício, por intermédio do oficial do juízo, ou pelo correio, mediante correspondência com aviso de recebimento, o inteiro teor da sentença à autoridade coatora e à pessoa jurídica interessada". Que a lei mexicana sobre o amparo faça referência a notificação por meio de telégrafo, em casos urgentes,[17] compreende-se. Afinal, trata-se de diploma aprovado em 1936. Não fica bem a uma lei de 2009, no entanto, prender-se a formas de comunicação – entrega em mãos ou envio pelo correio – que a evolução tecnológica permite chamar de arcaicas, sem fazer nenhuma referência aos meios eletrônicos de transmissão de dados. Nem fica diminuída a crítica pela ressalva contida no parágrafo único, do mesmo artigo, que remete ao disposto no art. 4º, especialmente no § 1º, *verbis*: "Poderá o juiz, em caso de urgência, notificar a autoridade por telegrama, radiograma ou outro meio que assegure a autenticidade do documento e a imediata ciência pela autoridade". Não é preciso urgência para que se admita a transmissão do mandado por via eletrônica. Há quinze anos, em colóquio realizado na cidade francesa de Nanterre, Jacques Doucède observava que "*la dématérialisation des documents (…) finira par s'imposer aussi dans notre monde judiciaire*".[18] Chegou a prognosticar: "*la copie exécutoire du jugement peut être aussitôt adressée à l'huissier par télétraitement*".[19] A Lei nº 12.016 insiste em fechar os olhos à realidade que se acerca do direito em geral e talvez se mostre de maneira ainda mais intensa no direito processual.

A referência, no art. 14, § 3º, a execução provisória da sentença concessiva do mandado de segurança é mais um anacronismo inexplicável. Sem discutir a descabida restrição posta pela parte final do dispositivo – que exclui a dita execução provisória "nos casos em que for vedada a concessão da medida liminar" –, não é preciso aceitar a categoria das sentenças mandamentais para perceber que a decisão proferida em mandado de segurança, não é executada, mas cumprida. E o anacronismo fica mais evidente após o advento da Lei nº 11.232, que passou genericamente a referir-se a "cumprimento da sentença".

---

17 Art. 31, assim redigido, na parte que aqui interessa: "En casos urgentes, cuando lo requiera el orden público o fuere necesario para la mejor eficacia de la notificación, la autoridad que conozca del amparo o del incidente de suspensión, podrá ordenar que la notificación se haga a las autoridades responsables por la vía telegráfica".

18 *Les solutions d'organisation matérielle* em *Le temps dans la procédure*. Paris: Dalloz, 1996, p. 49.

19 *Les solutions d'organisation matérielle cit.*, p. 49.

5. Deficiências sistemáticas

A sistematização da Lei nº 12.016 revela várias falhas. A disciplina do pedido de suspensão de segurança, por exemplo, não poderia ser pior. Em primeiro lugar, admite o art. 15 pedido de suspensão formulado por "pessoa jurídica de direito público interessada ou do Ministério Público". A qualificação da pessoa jurídica como "interessada" é desnecessária, redundante mesmo. Lembra a expressão "mulher grávida". Não se imagina requerimento formulado por quem não tenha interesse jurídico. Nas palavras de Provinciali, "*ogni attività umana e specie quelle giuridiche, ed in particolare quelle processuali, deve trovare in un interesse pratico il congeno che le muove: e il fenomeno giuridico non può prescinderne, senza mettersi fuor della realtà*".[20] De qualquer modo, não leva em conta o texto legal que, se podem figurar como autoridade coatora até pessoas de direito privado, inclusive pessoas naturais,[21] também a elas se deve estender a possibilidade de requerer a suspensão da segurança. Trata-se, aliás, de algo que doutrina[22] e jurisprudência[23] admitem e bem poderia haver o legislador inscrito na nova legislação, para afastar dúvida por vezes suscitada em precedentes isolados.[24]

---

20 *Sistema delle impugnazioni civile*. Padova: CEDAM, 1943, § 32, p. 193.

21 Art. 1o, § 1o.

22 MEIRELLES, Hely Lopes. *Mandado de segurança, ação popular, ação civil pública, mandado de injunção e habeas data*. São Paulo: Editora Revista dos Tribunais, 1989, nº 13, p. 57; NORTHFLEET, Ellen Gracie. Suspensão de sentença e liminar. In: *Revista de Processo*, vol. 97/185-186; ALVIM, Eduardo Arruda. Suspensão da eficácia da decisão liminar ou da sentença. In: *Aspectos Polêmicos e Atuais do Mandado de Segurança: 51 anos depois*. São Paulo: Editora Revista dos Tribunais, 2002, p. 267.

23 "Agravo regimental. Suspensão de liminar. Empresa Brasileira de Correios e Telégrafos – ECT. Legitimidade. – As empresas públicas e as sociedades de economia mista, nos termos da jurisprudência desta Corte, têm legitimidade para ingressar com pedidos de suspensão de liminar e de segurança, quando na defesa de interesse público decorrente da delegação" (STJ – CE, AgRg AgRg EDcl SLS nº 771/SC, Rel. Min. Cesar Asfor Rocha, julg. em 30/06/2009. DJe de 24/08/2009). Sempre no mesmo sentido, STJ, CE, AgRg na SLS nº 765/PR, Rel. Min. Barros Monteiro, julg. em 21/11/2007. DJ de 10/12/2007 e STJ, CE, AgRg na SLS nº 37/CE, Rel. Min. Edson Vidigal, julg. em 29/06/2005. DJ de 19/09/2005, p. 171).

24 Não admitindo pedido de suspensão, formulado por pessoa jurídica de direito privado, contra liminar deferida em ação civil pública, TRF – 1ª Reg., 2ª Sec., MS nº 9501156109, Rel. Juíza Eliana Calmon. DJ de 23/10/1995, p. 72.254. Propondo interpretação ampla para o

Ademais, permitiu-se a cumulação do pedido de suspensão com o agravo, introduzido pela Lei nº 12.016, para impugnar a decisão concessiva ou denegatória de liminar.[25] Os legitimados a requerer a suspensão de segurança passam a ter duas vias para questionar a mesma decisão, com quebra da unirrecorribilidade ou singularidade recursal e atentado à garantia do juiz natural. Podem escolher o juízo mais conveniente – a presidência ou os demais juízes – a partir do exame dos precedentes jurisprudenciais. Se houver algum precedente favorável da presidência do tribunal, a ela dirigirão o pedido. Se os precedentes forem contrários, tentarão a sorte com a distribuição de agravo. Mas, como advertiu certa feita Felix Frankfurter, em voto proferido no julgamento do caso *United States v. Rabinowitz*, não se deve estimular "*the belief that Law is the expression of chance*".[26] Mais ainda, podem os legitimados variar o meio de impugnação, sem a restrição subjacente à máxima *electa una via non datur regressus ad alteram*, vez por outra invocada pela jurisprudência para repelir duplo ataque, por vias distintas, à mesma decisão.[27] Mais grave é aceitar-se o oferecimento de pedido de suspensão depois de desprovido o agravo, como decorre do disposto no § 3º, do art. 15,[28] de modo a possibilitar que, ao juízo contrário à suspensão proferido pelo colegiado, se sobreponha eventual juízo singular favorável do presidente do mesmo tribunal, com conflito insolúvel de decisões.

De outro lado, medida voltada apenas a assegurar a suspensão da segurança – não a permitir o seu deferimento, negado no juízo *a quo* – teleologicamente equipara o interesse público com o interesse da pessoa em nome de quem age a autoridade coatora, sem considerar a diferença entre interesse público primário e interesse

---

caput, do art. 15, da vigente lei, BUENO, Cássio Scarpinella. *Curso sistematizado de direito processual civil*, tomo III. São Paulo: Saraiva, 2010, p. 71/72.

25 Art. 7º, § 1º, da Lei nº 12.016.

26 339 U.S. 56. A passagem transcrita encontra-se a p. 86.

27 STJ – 2ª T., AgRg R MS nº 27.159 – SP, Rel. Min. Humberto Martins, julg. em 04/11/2008. DJU de 21/11/2008, com a seguinte ementa: "A existência de recurso cabível – agravo interno – desautoriza o uso do mandado de segurança, especialmente quando não se observa teratologia no ato. Eleita uma via, não é dado regresso a outra (*electa una via non datur regressus ad alteram)*".

28 Admitindo expressamente o pedido de suspensão, depois de desprovido o agravo, José Miguel Garcia Medina e Fábio Caldas de Araújo, Mandado de segurança individual e coletivo, *op. cit.*, p. 179.

público secundário, que a jurisprudência distingue sem grande esforço.[29] O primeiro pode ser ameaçado justamente pelo indeferimento do pedido de liminar, não pelo seu acolhimento. O exemplo do mandado de segurança impetrado para cassar ordem de reintegração, deferida em favor da Administração, em prejuízo de entidade de interesse público, ilustra bem o ponto.[30]

Em resumo, o que cabia, diante do tratamento dispensado ao agravo pela nova lei, era simplesmente eliminar o pedido de efeito suspensivo, inclusive para não privilegiar o polo passivo da impetração, com regime recursal mais favorecido.

6. Deficiências estruturais

Perdeu o legislador ótima oportunidade para superar a descabida colocação da autoridade coatora como parte passiva na ação de mandado de segurança, em vez da pessoa jurídica, como é correto. Talvez fizesse a construção algum sentido no início, quando o remédio processual do mandado de segurança estava mais associado ao ato de autoridade em si do que à violação do direito, por conta da assimilação procedimental à figura do *habeas corpus*, presente na Constituição de 1934.[31] Hoje é algo que está superado, como enfatizado pela doutrina mais esclarecida.[32] O agente atua em nome e por conta da pessoa jurídica, como órgão que é. Os atos que pratica vinculam a pessoa jurídica.[33] Para questioná-los judicialmente há que citar a pessoa

---

29 Em jurisprudência, por exemplo: "não se confunde o interesse público que afeta genericamente toda a coletividade (interesses primários) com aquele interesse individual do Estado, de natureza secundária" (TRF – 3ª Reg., Turma Suplementar da 2ª Sec., AI nº 38.726, Rel. Juiz Souza Ribeiro. DJF3 de 20/08/2008).

30 A hipótese foi tratada, com bastante propriedade, embora em contexto ligeiramente diferente, pelo TRF – 2ª Reg., 1ª T., na Ap. Cív. nº 314.461, Rel. Juiz Ricardo Regueira. DJU de 01/04/2004, p. 112.

31 Art. 113, nº 33.

32 BARBI, Celso Agrícola. *Do mandado de segurança*. Rio de Janeiro: Forense, 1976, nº 154, p. 175, e nº 157, p. 177-178; BARROSO, Darlan Barroso; ROSSATO, Luciano Alves. *Mandado de segurança*. São Paulo: Editora Revista dos Tribunais, 2009, p. 41.

33 "Parte passiva no mandado de segurança não é a autoridade responsável pala ilegalidade ou pelo abuso de poder, mas sim a pessoa jurídica de direito publico, da qual a autoridade indigitada como coatora é órgão" (STJ – 6ª T., AgRg MC nº 383/RS, Rel. Min. Adhemar Maciel, julg. em 26/03/1996. DJU de 14/10/1996, p. 39.035).

jurídica. Afinal, como diz Pontes de Miranda, "se um órgão social comete ato ilícito, a pessoa jurídica responde, porque o ato foi seu".[34] Em caso de ação proposta por terceiro, diante de ilegal rescisão de contrato, promovida por sociedade anônima, ninguém pensa em citar a pessoa do diretor que subscreve, em nome da sociedade, a notificação rescisória. A nova legislação do mandado de segurança, porém, insiste na necessidade de notificação da autoridade coatora e se contenta com a mera "ciência do feito ao órgão de representação judicial da pessoa jurídica interessada".[35] A solução, além de impor, para explicá-la, construções teóricas artificiosas e inadequadas – como a de que a autoridade coatora seria substituto processual da pessoa jurídica[36] –, dá margem a que se discuta a incidência das regras sobre invalidade de citação em caso de comunicação viciosa da impetração à pessoa jurídica.[37] Para piorar, a inclusão da autoridade coatora como parte passiva na ação de mandado de segurança suscita vários problemas de legitimidade nos casos de atos complexos, praticados por órgãos colegiados, além de criar dificuldades para definição da competência, quando investida a autoridade que edita a norma, de que decorre o ato objeto da impetração, de foro por prerrogativa de função, não estendido ao agente que pratica materialmente o ato.[38] Curioso que, com a disciplina mantida pela nova lei,

---

34 *Tratado de direito privado*, nº 3. Rio de Janeiro: Borsoi, 1954, p. 390.

35 Art. 7º, incisos I e II.

36 Mandado de segurança. Ente público. Citação do Estado como litisconsorte. Desnecessidade. Embargos declaratórios. Questões analisadas. Violações não caracterizadas. Conforme inúmeros precedentes desta Corte, em casos tais, não há falar-se em citação do Estado como litisconsorte em mandado de segurança, pois a autoridade apontada como coatora age como substituta processual daquele. (STJ – 5ª T., REsp nº 256.107/AM, Rel. Min. José Arnaldo da Fonseca, julg. em 13/03/2002. DJU de 29/04/2002 p. 274).

37 Hely Lopes Meirelles, por exemplo, embora tenha escrito ao tempo da lei anterior, considera dispensável a citação da pessoa jurídica diante "da necessidade de simplificação e celeridade do processo do mandado de segurança" (Mandado de segurança, ação popular, ação civil pública, mandado de injunção e *habeas data* cit., nº 8, p. 33). Como se pudesse a citação ser posta de lado para satisfazer a necessidade de simplificação do processo.

38 No caso da Portaria 540/2004, do Ministério do Trabalho e Emprego, por exemplo, o Superior Tribunal de Justiça tanto se considerou competente (STJ – 1ª Sec., AgRg MS nº 10.461/DF, Rel. Min. Teori Albino Zavascki, julg. em 13/04/2005. DJU de 02/05/2005, p. 147) como incompetente para examinar impetração para questioná-la (STJ – 1ª Sec., MS nº 13.967/DF, Rel. Min. Benedito Gonçalves, julg. em 16/02/2009. DJe de 05/03/2009).

retrocedeu-se ao que prevalecia antes do Código de Processo Civil de 1939, quando a pessoa jurídica tinha de ser citada, e não apenas comunicada da impetração.[39]

É ainda bastante criticável a excessiva e desmesurada preocupação da nova lei com a tutela do Poder Público. Fica-se com a impressão de que foi ela elaborada para proteger o interesse primário do Estado, não o direito do particular, violado por ato do Poder Público. A abertura de dupla via para suspender a segurança – já tratada anteriormente – é prova do que se diz. Também o é a previsão de novo pedido de efeito suspensivo, caso negado o primeiro, nos termos do art. 15, § 1º, *verbis*: "Indeferido o pedido de suspensão ou provido o agravo a que se refere o *caput* deste artigo, caberá novo pedido de suspensão ao presidente do tribunal competente para conhecer de eventual recurso especial ou extraordinário". O exagero salta aos olhos. Admite-se novo pedido de suspensão independentemente do exame do preenchimento dos pressupostos – cada vez mais estritos – de cabimento do recurso especial ou extraordinário, especialmente, no tocante ao último, a repercussão geral. Por conseguinte, não se exclui exerçam os tribunais superiores jurisdição na causa, para efeito de exame do pedido de suspensão, sem que venham a conhecer de recurso especial ou extraordinário. Julga-se o acessório (o pedido de suspensão), sem julgamento sobre o principal (recurso sobre a decisão final). O contraste com o sentido dado pela Constituição à disciplina do mandado segurança é inapagável. O constituinte favoreceu a tutela do direito violado pelo ato da autoridade coatora, a ponto de admitir recurso ordinário apenas quando denegatória a decisão, não quando concessiva.[40] E a jurisprudência interpretou de modo ampliativo a previsão, para admitir o recurso ainda quando extinto o processo sem julgamento do mérito.[41] A legislação ordinária inverte os termos da

---

39 Dispunha o art. 322, do CPC de 1939: "Art. 322. Despachando a petição inicial, o juiz mandará: I – notificar o coator...; II – citar o representante judicial, ou, à falta, o representante legal da pessoa jurídica de direito público interessada na ação".

40 Arts. 102, II, a, e 105, II, b, da Constituição, em regra repetida pelo art. 18, da Lei nº 12.016.

41 "Mandado de segurança contra decisão de Tribunal de Justiça (...) A locução constitucional – 'quando denegatória a decisão' – tem sentido amplo, pois não só compreende as decisões dos tribunais que, apreciando o meritum causae, indeferiram o pedido de mandado de segurança, como também abrange aquelas que, sem julgamento do mérito, operam a extinção do processo" (STF – Pleno, MS nº 21.112 AgR/PR, Rel. Min. Celso de Mel, julg. em 07/06/1990. DJU de 29/06/1990, p. 6.220). Sempre no mesmo sentido: "Recurso ordinário. Mandado de segurança. Extinção sem julgamento do mérito. Cabimento... 1. É cabível recurso ordinário contra acórdão que, no julgamento de mandado de segurança,

equação e estabelece tutela privilegiada para a suspensão da segurança, não para a sua denegação. Eis um bom exemplo de subversão da escala de valores da Constituição.

A restrição ao deferimento de liminar em mandado de segurança coletivo, posta pelo art. 22, § 2º, não faz nenhum sentido. A tutela de urgência, que se traduz na liminar, relaciona-se com a garantia constitucional de ação. Não pode ser proscrita ou postergada pela legislação ordinária. Como escreve Vittorio Denti, "*il potere di tutela d'urgenza costitutisce un attributo fondamentale della funzione giurisdizionale*".[42] Muito apropriadamente assinalou o Supremo Tribunal Federal que, "além de resultar da cláusula de acesso para evitar lesão a direito – parte final do inciso XXXV do artigo 5º da Constituição Federal –, o poder de cautela, mediante o implemento de liminar, é ínsito ao Judiciário".[43] A ação direta de inconstitucionalidade, apresentada pelo Conselho Federal da Ordem dos Advogado do Brasil, para impugnar a limitação do art. 22, § 2º, da Lei nº 12.016,[44] tem toda pertinência.

Outra crítica a que se sujeita a nova lei está na insistência do velho erro de mencionar apenas a possibilidade de suspensão do "ato que deu motivo ao pedido".[45] Ninguém mais discute o cabimento de mandado de segurança para impugnar também ato omissivo. No direito comparado, colhe-se previsão expressa de cabimento do remédio equivalente ao mandado de segurança também contra ato omissivo. A Constituição da Argentina, por exemplo, ao tratar do amparo, alude ao seu cabimento "*contra todo acto u omisión de autoridades públicas o de particulares*".[46] Já se pacificou, de

---

julga extinto o processo sem exame de mérito. Precedentes" (STJ – 6ª T., RMS nº 3.771/SC, Rel. Min. Maria Thereza de Assis Moura. DJU de 30/10/2006). Ainda assim STJ – 1ª T., RMS nº 17.883/MA, Rel. Min. Luiz Fux. DJU de 14/11/2005 e STJ – 2ª T., RMS nº 14.678/SP, Rel. Min. Castro Meira. DJU de 01/12/2003.

42 Intervenção no *XV Convegno Nazionale dell'Associazione Italiana fra gli Studiosi del Processo Civile*, Rimini, Maggioli, 1986, p. 164.

43 STF – Pleno, ADPF nº 172 REF-MC/RJ, Rel. Min. Marco Aurélio, julg. em 10/06/2009 DJe nº 157, divulg. em 20/08/2009, pub. em 21/08/2009.

44 ADIn nº 4.296, Rel. Min. Marco Aurélio.

45 Art. 7º, III, da Lei nº 12.016.

46 Art. 43, *caput*. A Constituição da Província de Buenos Aires, por sua vez, estabelece, em seu art. 20, nº 2: "*La garantía de Amparo podrá ser ejercida por el Estado en sentido lato o por particulares, cuando por cualquier acto, hecho, decisión u omisión proveniente de autoridad pública o de persona privada, se lesione o amenace, en forma actual o inminente con arbitrariedad o ilegalidad manifiesta, el ejercicio de los derechos constitucionales individuales y colectivos*".

igual modo, a jurisprudência nacional,[47] em harmonia com o que sempre preconizara a doutrina.[48] Há mesmo a Súmula 429, do Supremo Tribunal Federal.[49] Suspender ato omissivo não significa nada e tampouco impede que se consume a lesão, decorrente da inércia de quem deveria agir. Daí ser mais correto não limitar a eficácia da liminar à mera suspensão do ato, relacionando-a com a providência necessária e adequada para evitar o perecimento do direito. Falar ainda em mera suspensão obriga o emprego de malabarismos teóricos, como os que levaram à criação do efeito suspensivo ativo.

No tratamento do mandado de segurança coletivo, ponto em que se esperaria maior avanço, quer pela falta de parâmetros normativos mais claros, quer pela experiência recolhida a partir da aplicação, durante bom tempo, de outras normas legais sobre o tema – como a Lei de Ação Civil Pública e o Código de Defesa do Consumidor –, a nova lei, quando não erra – como faz ao estabelecer condicionante para o deferimento de medida liminar –, nada traz de significativo. Nem a dispensa de prévia constituição e funcionamento da associação por certo lapso de tempo, prevista na Lei de Ação Civil Pública[50] e no Código de Defesa do Consumidor,[51] teve o legislador o cuidado de estender à impetração de segurança. É preciso recorrer à analogia para que se chegue ao resultado correto. A definição dada aos direitos individuais homogêneos, como sendo aqueles "decorrentes de origem comum e da atividade ou situação específica da totalidade ou de parte dos associados ou membros do impetrante",[52] não é adequada. Não leva em conta que para a homogeneidade não é decisiva a origem comum. O que importa é, isso sim, a prevalência das questões comuns sobre as questões individuais, como realçado em várias legislações que mais apropriadamente

---

47 "Constitucional. Administrativo. Militar: anistia. Mandado de segurança. I. – A hipótese não consubstancia ação de cobrança, mas tem por finalidade sanar omissão da autoridade coatora, que não deu cumprimento integral às Portarias do Ministro de Estado da Justiça. Cabimento do mandado de segurança. Liquidez e certeza do direito dos impetrantes, que se apoiam em fatos incontroversos" (STF – 2ª T., RMS nº 24.953/DF, Rel. Min. Carlos Velloso, julg. em 14/09/2004. DJU de 01/10/2004, p. 37) e STJ – 3ª Sec., MS nº 13.372/DF, Rel. Min. Napoleão Nunes Maia Filho, julg. em 14/05/2008. DJe de 26/05/2008).

48 Celso Agrícola Barbi, *Do mandado de segurança cit.*, nº 99, p. 120.

49 "A existência de recurso administrativo com efeito suspensivo não impede o uso do mandado de segurança contra omissão da autoridade".

50 Art. 5º, § 4º, da Lei nº 7.347.

51 Art. 82, § 1º

52 Art. 21, parágrafo único, II.

disciplinaram a tutela coletiva de direitos.[53] Na Rule 23, das Federal Rules of Civil Procedure norte-americanas, para o processamento de class action, a partir da homogeneidade dos direitos em discussão, é preciso que "the court finds that the questions of law or fact common to class members predominate over any questions affecting only individual members, and that a class action is superior to other available methods for fairly and efficiently adjudicating the controversy".[54] Nem mesmo é de exigir-se identidade de questões para todos os interessados, como parece querer a nova lei, ao mencionar "atividade ou situação específica da totalidade ou de parte dos associados ou membros do impetrante". Consoante teve oportunidade de assinalar a Corte Suprema da Província canadense de Ontário, no julgamento do caso Mouhteros v. DeVry Canada Inc., a tutela coletiva de direito é compatível com alguma diversidade na situação dos envolvidos, pois "some differences can be accommodated through the creation of subclasses".[55]

Para arrematar, abusou a lei dos prazos impróprios. É verdade que a garantia de ação compreende a garantia de adequada duração do processo – agora explicitada na Constituição[56] –, pois, como assinalado pela doutrina italiana, "*la domanda di giustizia... è anche domanda di giustizia 'tempestiva'*".[57] Mas tal garantia não se efetiva com

---

53 Cf., sobre o ponto, com indicação de diferentes sistemas jurídicos e de vários precedentes jurisprudenciais, MALLET, Estêvão. Considerações sobre a homogeneidade como pressuposto para a tutela coletiva de direitos individuais *in* tutela processual coletiva trabalhista. In: *Temas*, São Paulo: LTr, 2010, p. 9 e segs.

54 *Rule 23, (b), (3)*. Embora haja outras hipóteses de cabimento de *class action* no direito norte-americano, a doutrina anota que, desde a reformulação do texto legal, em 1966, "*class actions brought since 1966 have almost all been (b) (3) actions...*" LABOWITS, Edwuard S. *Class actions in the Federal system and in California: shattering the impossible dream* em *Buffalo Law Review*, vol. 23 (1973-1974), p. 614.

55 *CanLII 14686 (ON S.C.)*, decisão de 1998. A passagem transcrita encontra-se no item 17 da decisão. Do mesmo modo, decidiu a Suprema Corte da Califórnia: "*a community of interest does not depend upon an identical recovery*" (*Vasquez v. Superior Court* (1971) 4 Cal.3d 809 [94 Cal. Rptr. 796, 484 P.2d 964]). Sem divergir, a *United States Tenth Circuit Court of Appeals*, em *DG v. Richard L. Devaughn* (nº 9-5093), pontuou: "*Factual differences between class members' claims do not defeat certification where common questions of law exist*".

56 Art. 5°, LXXVIII.

57 CHIAVARIO, Mario. *Processo e garanzie della persona*. Milão: Giuffrè, 1984, II, *Le garanzie fondamentali*, p. 257. Bem a propósito, assentou o Tribunal Constitucional português que o direito de acesso aos tribunais ou à tutela jurisdicional abrange a garantia: "de obter uma

a mera previsão de prazos para a prática de atos por magistrados e servidores, ainda quando estabelecidos em termos enfáticos e aparentemente rigorosos, como se vê tanto na Lei nº 12.016. Previu o *caput*, do art. 12, por exemplo, prazo "improrrogável de 10 (dez) dias" para manifestação do Ministério Público. Também mencionou o parágrafo único, do mesmo dispositivo, a prolação de sentença "necessariamente(...) em 30 (trinta) dias". Na jurisdição recursal, o prazo para conclusão "não poderá exceder de 5 (cinco) dias", segundo o art. 20, § 2º Previsões do gênero existiam e existem em profusão, em várias normas legais. Nunca surtiram efeito. O procedimento sumaríssimo do Código de Processo Civil deveria concluir-se em 90 dias, com prolação de sentença 5 dias após concluída a instrução.[58] De tanto serem descumpridas as exigências, preferiu o legislador deixá-las de lado.[59] A Consolidação das Leis do Trabalho também impõe prazos para a audiência em procedimento sumaríssimo e para o julgamento do pedido.[60] Nas localidades com movimento judiciário elevado a regra não passa de letra morta. É – e tem de ser – diariamente desconsiderada, por falta de condições materiais para a mais rápida conclusão dos processos. Como se não bastasse, alguns dos prazos, fixados com excessiva brevidade, tornam-se completamente inexequíveis. É inimaginável supor tenham as autoridades administrativas condições de sempre fornecer, em apenas 48 horas, os elementos necessários à defesa do ato impugnado no mandado, como quer o art. 9º, da Lei nº 12.016. Tudo leva a crer que não tinha em mente a Lei nº 12.016, ao lidar com os prazos, a advertência de Montaigne: "*vaudroit mieux faire vouloir aux loix ce qu'elles peuvent, puis qu'elles ne peuvent ce qu'elles veulent*".[61]

---

solução num prazo razoável" (Decisão nº 934/96, 10/07/1996, item nº 12, tomada no Processo nº 489/93). Com a nova redação dada ao art. 20, da Constituição de Portugal, após a decisão transcrita, explicitou-se compreender o direito de acesso aos tribunais a garantia de duração razoável dos processos, nos termos do nº 4, do referido dispositivo, *verbis*: "4. Todos têm direito a que uma causa em que intervenham seja objecto de decisão em prazo razoável e mediante processo equitativo".

58 Arts. 280 e 281.
59 Cf. Leis ns. 9.245, de 26/12/1995 e 10.444, de 07/05/2002.
60 Arts. 852-B, III.
61 *Les essais de Michel de Montaigne*, Paris: Presses Univeritaires de France, 1978, *livre 1*, cap. 23, t. 1, p. 122.

7. Conclusão.

O juízo que se pode fazer da Lei nº 12.016 não é positivo. Mais preocupada em limitar a eficácia do mandado de segurança do que em aprimorar a sua disciplina, a nova legislação não traz avanços dignos de nota, antes implica retrocesso. Melhor teria sido deixar tudo como estava.

ACIDENTE DE TRABALHO E ÔNUS DA PROVA: RESPONSABILIDADE CIVIL DO EMPREGADOR SOB A ÓTICA DA JUSTIÇA DO TRABALHO

Marcos César Amador Alves[1]

1. Introdução

O objeto do presente estudo versa sobre a temática do acidente de trabalho e ônus da prova no processo do trabalho, considerando, de modo primacial, a análise da responsabilidade civil do empregador sob a ótica da Justiça do Trabalho no Brasil.

Trata, pois, das implicações, no que concerne à distribuição da obrigação probatória no processo do trabalho, do dever de responsabilização do tomador de serviço pelos riscos sociais que venham a atingir a integridade física e a saúde dos empregados. Abordar bens jurídicos tão importantes implica a necessidade de observar os valores envolvidos sob a ótica dos direitos humanos.

A Constituição brasileira, em seu artigo 1º, III,[2] aclama a dignidade humana como fundamento da República. Alinhada com o espírito da Declaração Universal dos Direitos Humanos de 1948, a exaltar as aspirações de Kant,[3] segundo o qual o homem é um fim em si, e não um meio, a ideia da primazia da pessoa fundada na dignidade humana foi enlevada ao centro de proteção do ordenamento jurídico. Os acidentes que vitimam o trabalhador no exercício profissional, ao ofenderem o próprio direito à vida, representam a antítese extrema do princípio fundamental proclamado.

---

1 Advogado, sócio de Amador Alves Advogados, doutorando em Direito do Trabalho pela Faculdade de Direito da Universidade de São Paulo – USP, mestre em Direito das Relações Sociais pela Pontifícia Universidade Católica de São Paulo – PUC-SP.

2 Constituição Federal de 1988 – "Art. 1º – A República Federativa do Brasil, formada pela união indissolúvel dos Estados e Municípios e do Distrito Federal, constitui-se em Estado Democrático de Direito e tem como fundamentos: III – a dignidade da pessoa humana"

3 KANT, Immanuel. *A paz perpétua e outros opúsculos*. Lisboa: Edições 70, 1995.

O Brasil, a despeito da ampla gama de leis e regulamentos a tratar da segurança e saúde do trabalhador, ocupa, segundo estatísticas internacionais, a lamentável e vergonhosa posição de líder mundial em ocorrência de acidentes de trabalho.

Arnaldo Süssekind[4] elenca as principais razões para a censurável realidade exposta:

> a) Falta de conscientização de empresários e trabalhadores para a importância da prevenção dos infortúnios do trabalho. Muitos empregados rejeitam o uso de equipamentos individuais de proteção e preferem receber o adicional sobre os salários do que insistir, junto às CIPAs e aos sindicatos, para que a empresa elimine ou neutralize os riscos de acidentes e doenças profissionais. Por seu turno, muitas empresas resistem a reformas do estabelecimento para eliminar ou reduzir os riscos;
> b) Formação profissional inadequada, quase sempre sem transmitir ao trabalhador noções fundamentais de prevenção de acidentes correlacionadas com o ofício ensinado, sobretudo em empresas terceirizadas;
> c) Jornadas de trabalho com horas extraordinárias – circunstâncias agravadas nas grandes cidades por longos períodos de transporte incômodo e fatigante;
> d) Alimentação imprópria e insuficiente;
> e) Prestação de serviço insalubre em jornadas de trabalho concernentes às atividades normais, quando recomendável é o encurtamento do período de trabalho, e não o adicional de salário, a fim de limitar a agressão dos agentes físicos e químicos a níveis de tolerância;
> f) Grande quantidade de trabalhadores sem o devido registro como empregados, alta-rotatividade da mão de obra e abuso na 'terceirização' de serviços – fatores que, em regra, desmotivam os programas empresariais visando à prevenção dos acidentes de trabalho.

O atual tema escolhido revela, pois, indiscutível gravidade. Com especial ênfase, será objeto de investigação o pronunciamento da jurisprudência trabalhista na apreciação de demandas que envolvem acidentes de trabalho.

O estudo proposto, portanto, apresenta inegável interesse e importância manifesta.

---

4 SÜSSEKIND, Arnaldo. *Direito constitucional do trabalho*. Rio de Janeiro: Renovar, 1999, p. 235-236.

2. Acidente de trabalho: definição

O risco de acidente de trabalho está indissociavelmente ligado a qualquer trabalho humano. A adequada compreensão do tema em análise exigem em momento inicial, a enunciação da definição de acidente de trabalho.

Antes de apresentar, propriamente, a definição legal, conveniente se mostra a transcrição da advertência de Mozart Victor Russomano:[5]

> O acidente do trabalho, para ser bem compreendido e para que as normas que disciplinam a matéria possam ser fielmente interpretadas, deve ser situado, antes de tudo na sua verdadeira posição, como um *evento de grande recuperação social.*
> Se não detivermos nossa atenção no reflexo que o acidente do trabalho provoca no seio do grupo humano, *nós não poderemos perceber suas perspectivas mais profundas,* não teremos como justificar os novos rumos abertos pelo legislador, não saberemos bem aplicar as suas leis, porque desconheceremos o espírito que as anima e não conseguiremos enfim, encontrar – na busca incessante de melhores normas para maior felicidade do homem – caminhos ainda ignorados.

Impõe-se, para a conceituação do acidente de trabalho, a transcrição da legislação aplicável, notadamente a Lei Federal nº 8.213/91, a qual evidencia seus elementos definidores, a saber:

> Art. 19. *Acidente do trabalho é o que ocorre pelo exercício do trabalho a serviço da empresa ou pelo exercício do trabalho dos segurados referidos no inciso VII do art. 11 desta Lei, provocando lesão corporal ou perturbação funcional que cause a morte ou a perda ou redução, permanente ou temporária, da capacidade para o trabalho.*
> § 1º A empresa é responsável pela adoção e uso das medidas coletivas e individuais de proteção e segurança da saúde do trabalhador.
> § 2º Constitui contravenção penal, punível com multa, deixar a empresa de cumprir as normas de segurança e higiene do trabalho.

---

5 RUSSOMANO, Mozart Victor. *Comentários à lei de acidentes do trabalho*, 3ª ed. São Paulo: Editora Revista dos Tribunais, 1970, p. 9.

> § 3º É dever da empresa prestar informações pormenorizadas sobre os riscos da operação a executar e do produto a manipular.
> § 4º O Ministério do Trabalho e da Previdência Social fiscalizará e os sindicatos e entidades representativas de classe acompanharão o fiel cumprimento do disposto nos parágrafos anteriores, conforme dispuser o Regulamento.

O texto reproduzido ratifica o denominado acidente-tipo. A mesma Lei Federal nº 8.213/91, exibe modalidades distintas de acidente de trabalho, classificadas como doenças ocupacionais, as quais se dividem em doenças do trabalho (mesopatias) e doença profissional (ergopatias e tecnopatias). Eis o teor do artigo 20 da Lei Federal nº 8.213/91:

> Art. 20. Consideram-se acidente do trabalho, nos termos do artigo anterior, as seguintes entidades mórbidas:
> *I – doença profissional, assim entendida a produzida ou desencadeada pelo exercício do trabalho peculiar a determinada atividade e constante da respectiva relação elaborada pelo Ministério do Trabalho e da Previdência Social;*
> *II – doença do trabalho, assim entendida a adquirida ou desencadeada em função de condições especiais em que o trabalho é realizado e com ele se relacione diretamente, constante da relação mencionada no inciso I.*
> *§ 1º Não são consideradas como doença do trabalho:*
> a) a doença degenerativa;
> b) a inerente a grupo etário;
> c) a que não produza incapacidade laborativa;
> d) a doença endêmica adquirida por segurado habitante de região em que ela se desenvolva, salvo comprovação de que é resultante de exposição ou contato direto determinado pela natureza do trabalho.
> § 2º Em caso excepcional, constatando-se que a doença não incluída na relação prevista nos incisos I e II deste artigo resultou das condições especiais em que o trabalho é executado e com ele se relaciona diretamente, a Previdência Social deve considerá-la acidente do trabalho.

Importante destacar que o parágrafo primeiro do artigo 20 transcrito elenca aquelas que não são consideradas doenças do trabalho, quais sejam: a doença degenerativa, a inerente a grupo etário, a que não produza incapacidade laborativa e a doença endêmica, nas condições que especifica.

A Lei Federal nº 8.213/91 contém ainda, em seu artigo 21, os nominados acidentes do trabalho por equiparação, associado indiretamente ao trabalho, a estabelecer sensível elastecimento conceitual. Vejamos:

> Art. 21. *Equiparam-se também ao acidente do trabalho*, para efeitos desta Lei:
> I – o acidente ligado ao trabalho que, embora não tenha sido a causa única, haja contribuído diretamente para a morte do segurado, para redução ou perda da sua capacidade para o trabalho, ou produzido lesão que exija atenção médica para a sua recuperação;
> II – o acidente sofrido pelo segurado no local e no horário do trabalho, em consequência de:
> a) ato de agressão, sabotagem ou terrorismo praticado por terceiro ou companheiro de trabalho;
> b) ofensa física intencional, inclusive de terceiro, por motivo de disputa relacionada ao trabalho;
> c) ato de imprudência, de negligência ou de imperícia de terceiro ou de companheiro de trabalho;
> d) ato de pessoa privada do uso da razão;
> e) desabamento, inundação, incêndio e outros casos fortuitos ou decorrentes de força maior;
> III – a doença proveniente de contaminação acidental do empregado no exercício de sua atividade;
> IV – o acidente sofrido pelo segurado ainda que fora do local e horário de trabalho:
> a) na execução de ordem ou na realização de serviço sob a autoridade da empresa;
> b) na prestação espontânea de qualquer serviço à empresa para lhe evitar prejuízo ou proporcionar proveito;
> c) em viagem a serviço da empresa, inclusive para estudo quando financiada por esta dentro de seus planos para melhor capacitação da mão de obra, independentemente do meio de locomoção utilizado, inclusive veículo de propriedade do segurado;
> d) no percurso da residência para o local de trabalho ou deste para aquela, qualquer que seja o meio de locomoção, inclusive veículo de propriedade do segurado.

§ 1º Nos períodos destinados a refeição ou descanso, ou por ocasião da satisfação de outras necessidades fisiológicas, no local do trabalho ou durante este, o empregado é considerado no exercício do trabalho.

§ 2º Não é considerada agravação ou complicação de acidente do trabalho a lesão que, resultante de acidente de outra origem, se associe ou se superponha às consequências do anterior.

De se notar que o inciso I do artigo 21 supracitado, contempla as hipóteses de concausas, ou causas correntes, que contribuem para o efeito danoso, também configurando acidente de trabalho.

Consoante se percebe, a legislação é detalhista e alongada, exigindo a leitura exaustiva de seus comandos para a compreensão plena do alcance do conceito de acidente de trabalho. A amplitude da gama de acontecimentos hábeis ao enquadramento como acidente de trabalho demanda, de todos os estudiosos, especial atenção, justificada diante da dimensão valorativa do bem jurídico tutelado.

3. Responsabilidade civil do empregador nos acidentes de trabalho

O evento acidente de trabalho produz, no âmbito jurídico, diferentes repercussões, que podem reverberar nas esferas acidentária, civil, trabalhista, administrativa e – até mesmo – criminal.

Ao estudo vertente, importa, como corte epistemológico, a caracterização da responsabilidade civil do empregador nos acidentes de trabalho e suas jurídicas consequências.

Algumas noções preliminares, necessárias à compreensão da responsabilidade civil do empregador nos acidentes de trabalho, revelam-se úteis. Entre elas, a lição de Sílvio de Salvo Venosa:

> O termo responsabilidade é utilizado em *qualquer situação na qual alguma pessoa, natural ou jurídica, deva arcar com as consequências de um ato, fato, ou negócio danoso*. Sob essa noção, toda atividade humana, portanto, pode acarretar o dever de indenizar. Desse modo, o estudo da responsabilidade

civil abrange todo o conjunto de princípios e normas que regem a obrigação de indenizar.[6]

Ainda com índole prefacial, importante ressaltar a definição de responsabilidade civil proposta por Fábio Ulhôa Coelho: "a responsabilidade civil é a obrigação em que o sujeito ativo pode exigir o pagamento de *indenização* do passivo por ter sofrido prejuízo imputado a este último".[7]

No sistema brasileiro, as normas que fundamentam a responsabilidade civil estão contidas, de modo basal, no regramento do atual Código Civil, notadamente nos artigos seguintes:

> Art. 186. Aquele que, por ação ou omissão voluntária, negligência ou imprudência, violar direito e causar dano a outrem, ainda que exclusivamente moral, comete ato ilícito.
> Art. 187. Também comete ato ilícito o titular de um direito que, ao exercê-lo, excede manifestamente os limites impostos pelo seu fim econômico ou social, pela boa-fé ou pelos bons costumes.
> Art. 927. Aquele que, por ato ilícito (arts. 186 e 187), causar dano a outrem, fica obrigado a repará-lo.
> Parágrafo único. Haverá obrigação de reparar o dano, independentemente de culpa, nos casos especificados em lei, ou quando a atividade normalmente desenvolvida pelo autor do dano implicar, por sua natureza, risco para os direitos de outrem.
> Art. 949. No caso de lesão ou outra ofensa à saúde, o ofensor indenizará o ofendido das despesas do tratamento e dos lucros cessantes até ao fim da convalescença, além de algum outro prejuízo que o ofendido prove haver sofrido.

Para a análise específica em relação aos acidentes de trabalho, conforme se verá na sequência, necessária se demonstra a caracterização dos denominados pressupostos da responsabilidade civil do empregador.

---

6   VENOSA, Sílvio de Salvo. *Direito Civil – Responsabilidade Civil*, 7ª ed. São Paulo: Editora Atlas, 2007, p. 1.
7   COELHO, Fábio Ulhôa. *Curso de Direito Civil*, vol. 2. São Paulo: Saraiva, 2005, p. 252.

Pressupostos da responsabilidade civil do empregador nos acidentes de trabalho

A responsabilidade civil do empregador nos acidentes de trabalho fundamenta-se em pressupostos essenciais, quais sejam, ação, dano, nexo causal e nexo de imputação, relativo ao dolo ou culpa patronal.

A ação, como pressuposto primeiro, é a conduta comissiva ou omissiva, própria ou de terceiros, que provoca dano.

O dano refere-se à consequência do acidente de trabalho, anteriormente definido. A obrigação de indenizar dele decorre diretamente. O dano poderá apresentar índole material (dano emergente e lucro cessante) e moral (com impacto, nos bens morais, na esfera íntima da vítima), além do nominado dano estético, assim visto o que altera aspectos físicos da aparência do ofendido.

É considerado nexo causal, ou nexo de causalidade, a vinculação, o elo de ligação, entre a fato gerador e o dano verificado.

O nexo de imputabilidade, por fim, está associado ao dolo ou culpa do empregador a determinar a ocorrência do acidente laboral.

São consideradas, comumente, excludentes de nexo causal, as hipóteses de força maior, caso fortuito, culpa exclusiva da vítima e culpa exclusiva de terceiro. São, portanto, fatores que impedem a formação do nexo causal.

A título meramente ilustrativo, interessante se mostra a designação dos nominados excludentes de responsabilidade civil, que equivalem à falta de pressuposto da responsabilidade civil, como a ausência de conduta, a ausência de dano, a ausência de nexo de causalidade, ausência de nexo de imputação, a prescrição e decadência, a disposição legal e a cláusula de não indenizar.

Regra geral de responsabilidade civil do empregador nos acidentes de trabalho

O advento do acidente de trabalho produz efeitos jurídicos imediatos em relação à apuração da responsabilidade civil do empregador. A inquirição do dever de reparação, própria da disciplina da responsabilidade civil do empregador, se revela imanente.

Para tratar da responsabilidade civil do empregador nos acidentes de trabalho, imperiosa se mostra a transcrição do artigo 7º, XXVIII, da Constituição Federal, *in verbis*:

Art. 7º – São direitos dos trabalhadores urbanos e rurais, além de outros que visem à melhoria de sua condição social:
XXVIII – seguro contra acidentes de trabalho, a cargo do empregador, sem excluir a indenização a que este está obrigado, *quando incorrer em dolo ou culpa*;

O dispositivo apresentado, de envergadura constitucional, evidencia a regra geral aplicável ao acidente de trabalho, qual seja, a da responsabilidade civil subjetiva, em que a culpa do empregador precisa ser robustamente demonstrada para ensejar o dever de indenizar.

Acerca da responsabilidade civil subjetiva do empregador, Sebastião Geraldo de Oliveira assim se pronuncia:

> Pela concepção clássica da responsabilidade civil subjetiva, só haverá obrigação de indenizar o acidentado se restar comprovado que o empregador teve alguma culpa no evento, mesmo que de natureza leve ou levíssima. A ocorrência do acidente ou doença proveniente do risco norma da atividade da empresa não gera automaticamente o dever de indenizar, restando à vítima, nessa hipótese, apenas a cobertura do seguro de acidente do trabalho, conforme as normas da Previdência Social.
>
> O substrato do dever de indenizar tem como base o comportamento desidioso do patrão que atua de forma descuidada quanto ao cumprimento das normas de segurança, higiene ou saúde do trabalhador, propiciando, pela sua incúria, a ocorrência do acidente ou doença ocupacional. Com isso, pode-se concluir que, a rigor, o acidente não surgiu do risco da atividade, mas originou-se da conduta culposa do empregador.
>
> Na responsabilidade subjetiva só caberá a indenização se estiverem presentes o dano (acidente ou doença), o nexo de causalidade do evento com o trabalho e a culpa do empregador. Esses pressupostos estão indicados no art. 186 do Código Civil e a indenização correspondente no art. 927 do mesmo diploma legal, com apoio maior no art. 7º, XXVIII, da Constituição da República. *Se não restar comprovada a presença simultânea dos pressupostos mencionados, não vinga pretensão indenizatória.*[8]

---

8   OLIVEIRA, Sebastião Geraldo de. *Indenizações por acidente do trabalho ou doença ocupacional*, 5ª ed. São Paulo: LTr, 2009, p. 90-91.

Responsabilidade civil objetiva do empregador

A despeito do mandamento constitucional supracitado (CF, art. 7º XXVIII), nota-se, hodiernamente, a tendência doutrinária e jurisprudencial no sentido de conferir maior abrangência à responsabilidade civil objetiva do empregador nos casos relativos à ocorrência de acidentes de trabalho.

De acordo com a teoria da responsabilidade civil objetiva, o dever de indenizar decorrerá, simplesmente, da demonstração da ocorrência do dano e da existência de nexo causal entre o dano e atividade empresarial desenvolvida, independentemente da necessidade de provar a culpa, no caso, do empregador.

Os adeptos da corrente em análise sustentam o posicionamento adotado, notadamente, com base no advento do Código Civil de 2002, que, por meio do parágrafo único do artigo 927, teria abarcado a teoria do risco. Ademais, também o princípio protetivo, próprio do Direito do Trabalho, as previsões de responsabilidade objetiva que caracterizam o Direito Ambiental, as atividades nucleares, o Código de Defesa do Consumidor, entre outros, serviriam de esteio ao novo paradigma adotado.

Outro elemento considerado para a sustentação da responsabilidade objetiva do empregador refere-se ao nominado Nexo Técnico Epidemiológico – NTEP, instituído pela Lei Federal nº 11.430/2006, a seguir estudado.

O Nexo Técnico Epidemiológico – NTEP

Na análise do nexo causal atinente aos acidentes de trabalho, particularidade expressiva emergiu com o advento da Medida Provisória nº 316/2006, convertida posteriormente na Lei Federal nº 11.430/2006, a qual instituiu o nominado Nexo Técnico Epidemiológico – NTEP. Mencionada norma incluiu novo artigo no texto da Lei Federal nº 8.213/91, a saber:

> Art. 21-A: A perícia médica do INSS considerará caracterizada a natureza acidentária da incapacidade quando constatar ocorrência de *nexo técnico epidemiológico* entre o trabalho e o agravo, decorrente da *relação entre a atividade da empresa e a entidade mórbida motivadora da incapacidade* elencada na Classificação Internacional de Doenças – CID, em conformidade com o que dispuser o regulamento

§ 1º A perícia médica do INSS deixará de aplicar o disposto neste artigo quando demonstrada a inexistência do nexo de que trata o *caput* deste artigo.

§ 2º A empresa poderá requerer a não aplicação do nexo técnico epidemiológico, de cuja decisão caberá recurso com efeito suspensivo, da empresa ou do segurado, ao Conselho de Recursos da Previdência Social.

Dessa forma, surgia elemento aparentemente transformador da concepção do nexo causal pertinente ao acidente do trabalho. O Nexo Técnico Epidemiológico, que relaciona a verificação do diagnóstico médico de acordo com sua incidência estatística dentro da Classificação Nacional de Atividade – CNAE, corresponde a um arrolamento de doenças comuns a determinadas atividades, conforme informações formais de notificação de acidentes. Desse modo, constatado que um determinado trabalhador é portador de uma patologia específica que se vincula com as atividades desenvolvidas para o empregador, o nexo previdenciário é presumido – relativamente, diga-se – e o benefício pertinente é concedido, mesmo sem a emissão da Comunicação de Acidente de Trabalho – CAT.

No campo da responsabilidade civil do empregador, a jurisprudência e a doutrina têm lançado, ainda que de modo elementar, posicionamento no sentido de presumir como presente o nexo causal entre a patologia do trabalhador e suas atividades para o empregador quando verificado o NTEP. O NTEP, dessa forma, é reconhecido como uma presunção legal *juris tantum* (art. 212, IV, CC[9]), admitindo, pois, prova em sentido contrário. Haverá, assim, nexo causal entre a enfermidade e a execução do trabalho na tomadora de serviços. Em termos práticos, significa dizer que há inversão do ônus da prova em benefício da vítima, no caso, o trabalhador hipossuficiente. Ao empregador, em consequência, a obrigação de produzir a prova de inexistência do nexo causal.

Neste sentido, ensina José Affonso Dallegrave Neto[10] que:

> na órbita judicial trabalhista, uma vez caracterizado o NTEP a doença é declarada ocupacional; vale dizer: *há nexo causal entre a moléstia e a execução do trabalho na empregadora*. Assim, perante a Justiça do Trabalho

---

9   Código Civil Brasileiro – "Art. 212. Salvo o negócio a que se impõe forma especial, o fato jurídico pode ser provado mediante: IV – presunção;"

10 NETO, José Affonso Dallegrave. Nexo técnico epidemiológico e seus efeitos sobre a ação trabalhista indenizatória. In: *Revista do Tribunal Regional do Trabalho da 3ª Região*, vol. 46, nº 76, jul./dez. 2007, Belo Horizonte: TRT 3ª Região, 2007, p. 145.

a doença ocupacional decorrente de NTEP se equipara ao acidente do trabalho. Para o empregador se alijar da indenização terá que demonstrar a *culpa exclusiva do empregado, fato de terceiro ou força maior*, vez que a presunção relativa favorecerá sempre a vítima.

No entanto, a tendência da responsabilização objetiva do empregador nos acidentes de trabalho como novo paradigma não parece absoluta, como se demonstrará.

4. A competência da Justiça do Trabalho para julgar causas envolvendo acidente de trabalho

Impõe-se, ainda que de modo objetivo e sintético, a compreensão da evolução legislativa e jurisprudencial a respeito da competência hoje reconhecida à Justiça do Trabalho para a apreciação das demandas que envolvem acidentes de trabalho.

Com o advento da Emenda Constitucional nº 45, de 30/12/2004, o artigo 114 da Carta Magna passou a apresentar a redação seguinte:

> Art. 114 – Compete à Justiça do Trabalho processar e julgar:
> I – as ações oriundas da relação de trabalho, abrangidos os entes de direito público externo e da administração pública direta e indireta da União, dos Estados, do Distrito Federal e dos Municípios;
> II – as ações que envolvam exercício do direito de greve;
> III – as ações sobre representação sindical, entre sindicatos, entre sindicatos e trabalhadores, e entre sindicatos e empregadores;
> IV – os mandados de segurança, habeas corpus e habeas data, quando o ato questionado envolver matéria sujeita à sua jurisdição;
> V – os conflitos de competência entre órgãos com jurisdição trabalhista, ressalvado o disposto no art. 102, I, "o";
> *VI – as ações de indenização por dano moral ou patrimonial, decorrentes da relação de trabalho;*
> VII – as ações relativas às penalidades administrativas impostas aos empregadores pelos órgãos de fiscalização das relações de trabalho;
> VIII – a execução, de ofício, das contribuições sociais previstas no art. 195, I, "a", e II, e seus acréscimos legais, decorrentes das sentenças que proferir;

IX – outras controvérsias decorrentes da relação de trabalho, na forma da lei.

§ 1º – Frustrada a negociação coletiva, as partes poderão eleger árbitros.

§ 2º – Recusando-se qualquer das partes à negociação coletiva ou à arbitragem, é facultado às mesmas, de comum acordo, ajuizar dissídio coletivo de natureza econômica, podendo a Justiça do Trabalho decidir o conflito, respeitadas as disposições mínimas legais de proteção ao trabalho, bem como as convencionadas anteriormente.

§ 3º – Em caso de greve em atividade essencial, com possibilidade de lesão do interesse público, o Ministério Público do Trabalho poderá ajuizar dissídio coletivo, competindo à Justiça do Trabalho decidir o conflito.

Até então, a Súmula 15 do Superior Tribunal de Justiça preponderava de modo irrestrito. Eis o seu inteiro teor:

STJ Súmula nº 15 – 08/11/1990 – DJ 14/11/1990
Competência – Acidente do Trabalho
Compete à Justiça Estadual processar e julgar os litígios decorrentes de acidente do trabalho.

Enunciado entendimento era corroborado pelo Supremo Tribunal Federal, que sustentava seu posicionamento a partir da aplicação do artigo 109, I, da Carta Maior.[11]

A transposição da competência para a Justiça do Trabalho foi determinada, de modo perene, pelo Supremo Tribunal Federal, com a edição da Súmula Vinculante nº 22, publicada em 11/12/2009. Considerando o texto dos artigos art. 7º, XXVIII, 109, I e 114 da Constituição Federal, assim pontificou o E. STF:

Súmula Vinculante 22
A Justiça do Trabalho é competente para processar e julgar as ações de indenização por danos morais e patrimoniais decorrentes de acidente de trabalho

---

11 Constituição Federal de 1988 – "Art. 109 – Aos juízes federais compete processar e julgar: I – as causas em que a União, entidade autárquica ou empresa pública federal forem interessadas na condição de autoras, rés, assistentes ou oponentes, exceto as de falência, as de acidentes de trabalho e as sujeitas à Justiça Eleitoral e à Justiça do Trabalho;"

propostas por empregado contra empregador, inclusive aquelas que ainda não possuíam sentença de mérito em primeiro grau quando da promulgação da Emenda Constitucional 45/04.

Desse modo, restou consolidada a competência reconhecida à Justiça do Trabalho para a apreciação das ações que tratam de indenizações decorrentes dos acidentes de trabalho propostas por empregado contra empregador.

5. Responsabilidade civil do empregador sob a ótica da justiça do trabalho

Em consonância com o escopo do presente estudo, será objeto de especial investigação o pronunciamento da jurisprudência trabalhista na apreciação de demandas que envolvem acidentes de trabalho, identificando as divergentes linhas de entendimento atualmente adotadas.

Adoção da responsabilidade subjetiva

No que respeita à adoção da responsabilidade subjetiva do empregador no tocante aos acidentes de trabalho, assim se pronuncia, exemplificativamente, a jurisprudência trabalhista:

> ACIDENTE DE TRABALHO. PRESCRIÇÃO TRABALHISTA. INTELIGÊNCIA DO ARTIGO 7º, INCISO XXVIII, DA CONSTITUIÇÃO. I – Tendo em conta a peculiaridade de a indenização por danos material e moral, oriundos de infortúnios do trabalho, terem sido equiparadas aos direitos trabalhistas, a teor da norma do artigo 7º, inciso XXVIII, da Constituição, não se revela juridicamente consistente a tese de que a prescrição do direito de ação devesse observar o prazo prescricional do Direito Civil. II – Com efeito, se o acidente de trabalho e a moléstia profissional são infortúnios intimamente relacionados ao contrato de trabalho, e por isso só os empregados é que têm direito aos benefícios acidentários, impõe-se a conclusão de a indenização prevista no artigo 7º, inciso XXVIII, da Constituição se caracterizar como direito genuinamente trabalhista, atraindo por conta disso a prescrição trabalhista do artigo 7º, inciso XXIX, da

Constituição. III – Essa conclusão não é infirmável pela pretensa circunstância de a indenização prevista na norma constitucional achar-se vinculada à responsabilidade civil do empregador. Isso nem tanto pela evidência de ela reportar-se, na realidade, ao artigo 7º, inciso XXVIII, da Constituição, mas sobretudo pela constatação de a pretensão indenizatória provir não da culpa aquiliana, mas da culpa contratual do empregador, extraída da não observância dos deveres contidos no artigo 157 da CLT. *IV – Aqui é bom salientar o fato de havendo previsão na Constituição da República sobre o direito à indenização por danos material e moral, provenientes de infortúnios do trabalho, na qual se adotou a teoria da responsabilidade subjetiva do empregador, não cabe inclusive trazer à colação a responsabilidade objetiva de que trata o § único do artigo 927 do Código Civil de 2002.* V – Isso em razão da supremacia da norma constitucional, ainda que oriunda do Poder Constituinte Derivado, sobre a norma infraconstitucional, segundo se constata do artigo 59 da Constituição, pelo que não se pode cogitar da revogação do artigo 7º, inciso XXVIII, da Constituição, pela norma do § único do artigo 927 do Código Civil de 2002, não se aplicando, no caso, a norma do § 1º do artigo 2º da LICC. VI – Recurso provido". (Processo: RR – 158400-86.2005.5.18.0010 Data de Julgamento: 31/10/2007, Relator Ministro: Antônio José de Barros Levenhagen, 4ª Turma, Data de Publicação: DJ 23/11/2007.)

RECURSO DE REVISTA. DANO MORAL – INDENIZAÇÃO. *A responsabilidade do empregador, em se tratando de moléstia oriunda das atividades laborais, deve ser analisada à luz da responsabilidade subjetiva.* Nexo causal e responsabilidades configurados. Recurso de revista conhecido e provido. (ED-RR – 346700-21.2002.5.12.0037 Data de Julgamento: 27/06/2007, Relator Ministro: Renato de Lacerda Paiva, 2ª Turma, U.V. Data de Publicação: DJ 03/08/2007).

Adoção da responsabilidade objetiva

Para a adoção da responsabilidade objetiva do empregador nos casos que envolvem acidente de trabalho, os pretórios trabalhistas assim fundamentam o posicionamento enunciado:

RECURSO DE REVISTA. DANO MORAL. ACIDENTE DE TRABALHO. *RESPONSABILIDADE OBJETIVA (ART. 927, PARÁGRAFO ÚNICO, CC).* INEXISTÊNCIA DE CULPA EXCLUSIVA DA VÍTIMA (FATO DA VÍTIMA). A regra geral do ordenamento jurídico, no tocante à responsabilidade civil do autor do dano, mantém-se com a noção da responsabilidade subjetiva (arts. 186 e 927, *caput*, CC). Contudo, tratando-se de atividade empresarial, ou de dinâmica laborativa (independentemente da atividade da empresa), fixadoras de risco acentuado para os trabalhadores envolvidos, desponta a exceção ressaltada pelo parágrafo único do art. 927 do CC, tornando objetiva a responsabilidade empresarial por danos acidentários (responsabilidade em face do risco). Noutro norte, a caracterização da culpa exclusiva da vítima é fator de exclusão do elemento do nexo causal para efeito de inexistência de reparação civil no âmbito laboral quando o infortúnio ocorre por causa única decorrente da conduta do trabalhador, sem qualquer ligação com o descumprimento das normas legais, contratuais, convencionais, regulamentares, técnicas ou do dever geral de cautela por parte do empregador. Se, com base nos fatos relatados pelo Regional, se conclui que a conduta da vítima do acidente não se revelou como causa única do infortúnio, afasta-se a hipótese excludente da responsabilização da empregadora pelo dano causado. Recurso conhecido e provido. (RR-850/2004 – 021-12-40.0, 6ª T., Rel. Min. Mauricio Godinho Delgado, DJ 12/06/2009)

RECURSO DE REVISTA. INDENIZAÇÃO POR DANOS MORAIS E MATERIAIS. ACIDENTE DE TRABALHO. RESPONSABILIDADE DA EMPRESA. *Se existe nexo de causalidade entre a atividade de risco e o efetivo dano, o empregador deve responder pelos prejuízos causados à saúde do empregado, tendo em vista que a sua própria atividade econômica já implica situação de risco para o trabalhador.* Assim, constatada a atividade de risco exercida pelo autor, não há como se eliminar a responsabilidade do empregador, pois a atividade por ele desenvolvida causou dano ao empregado, que lhe emprestou a força de trabalho. Recurso de revista conhecido e provido. (Processo: RR – 123940-17.2005.5.03.0099 Data de Julgamento: 07/11/2007, Relator Ministro: Aloysio Corrêa da Veiga, 6ª Turma, Data de Publicação: DJ 30/11/2007.)

Aplicação do NTEP

Com base na aplicação do nominado Nexo Técnico Epidemiológico – NTEP, decisões trabalhistas vêm reconhecendo o nexo causal presumido atinente ao acidente do trabalho para fins de responsabilidade civil, como no aresto seguinte:

> 1. Ação civil pública ajuizada pelo MPT com o objetivo de atribuir à instituição financeira obrigações de fazer relacionadas à emissão de CAT em caso de suspeita de LER/DORT. Tutela inibitória de caráter genérico, envolvendo a proteção de interesses coletivos decorrentes de normas imperativas de proteção à saúde, de fruição de benefício previdenciário e de tratamento não discriminatório, que se caracterizam como interesses sociais indisponíveis dos trabalhadores, legitimando, portanto, a atuação do MPT (arts. 127 e 129, III, CF). Ademais, possível a atuação ministerial inclusive para tutela de interesses individuais homogêneos (arts. 127 e 129, IX, da CF c/c arts. 1º e 90 do CPC e art. 21 da LACP). Precedente do E. STF (RExt 213.015-0). 2. Em caso de suspeita de LER/DORT, é obrigatória a emissão de CAT pela instituição bancária, pois a competência para aferir a existência de nexo técnico entre a doença e o labor é do órgão previdenciário (art. 169 da CLT c/c art. 337 do Dec. 3.048/99 e item 8 da IN 98/2003 do INSS). 3. *Presume-se o nexo técnico epidemiológico entre as doenças e as atividades econômicas elencadas no Regulamento da Previdência, sendo do empregador o ônus da prova quanto à não caracterização da doença ocupacional* (inovação legislativa decorrente da MP 316, de 11.08.06, convertida na Lei 11.430/06 que acrescentou o artigo 21-A à Lei 8.213/91 e da nova redação dada ao artigo 337 do Dec. 3.048/99 pelo Dec. 6.042/2007). 4. Previsão regulamentar de reconhecimento objetivo de nexo causal entre a maioria das doenças classificadas como LER/DORT e a atividade laboral em bancos múltiplos (art. 337, § 1º, do Dec. 3.048/99 – Lista B do Anexo II). 5. Abrangência nacional da decisão da ação civil pública (artigo 103 do CDC). 6. Indenização no valor de R$500.000,00 pelo dano moral coletivo configurado a ser revertida ao FAT. (TRT-PR-98905-2004-007-09-00-9-ACO-07300-2008, 5ª. Turma, Rel. Rubens Edgard Tiemann, DJPR em 11/03/2008)

6. Considerações finais

Ante o exposto, é imperioso reconhecer e considerar que o artigo 7º, XXVIII, da Constituição Federal, não foi objeto de alteração ou derrogação até o presente. Relevante apresentar, de modo reiterado, seu inteiro conteúdo:

> Art. 7º – São direitos dos trabalhadores urbanos e rurais, além de outros que visem à melhoria de sua condição social:
> XXVIII – seguro contra acidentes de trabalho, a cargo do empregador, sem excluir a indenização a que este está obrigado, *quando incorrer em dolo ou culpa*;

De se destacar no texto constitucional: de um lado, a previsão do seguro específico para o infortúnio laboral, decorrente da teoria do risco social – responsabilidade objetiva – e dirigido contra o Estado; de outro, a complementação da proteção pela reparação civil, quando evidenciado dolo ou culpa patronal – responsabilidade subjetiva. A louvável motivação dos que adotam a teoria da responsabilidade civil objetiva do empregador é reveladora de sensibilidade humanitária. No entanto, não há como sustentá-la diante dos expressos termos constitucionais, de caráter significativamente técnico e soberano.

A Carta Maior contempla, por conseguinte, a regra geral aplicável ao acidente de trabalho, qual seja, a da responsabilidade civil subjetiva. Assim, para a responsabilização do empregador, a culpa ou o dolo do empregador precisa ser robustamente comprovada – não pode ser presumida. Apenas com enunciada demonstração, eclodirá, a partir de uma visão técnica, o dever de indenizar.

Relevante destacar, ainda, o escólio de Helder Martinez Dal Col:

> *Querer responsabilizar objetivamente o empregador por qualquer acidente sofrido pelo empregado é fadar a relação de trabalho ao insucesso, tornando-a inviável.* A ele cabe a responsabilidade pela falha na prevenção, pelo excesso de jornada imposto, pela inobservância das regras de ergonomia, segurança e outras, que comprometam a normalidade do ambiente do trabalho ou das condições em que este devia ter-se realizado, ou seja, quando cria condições inseguras para o trabalhador. *O sistema da culpabilidade subjetiva é, ainda, o mais coerente para fins de reparação de danos, sobretudo quando estabelecido no país um sistema de previdência social, que repara objetivamente o acidente, funcionando como seguro*

contra a infortunística. E se pudesse ser tido como atividade culposa do empregador, permitir o trabalho em atividades que são perigosas por sua própria natureza, haveria séria justificativa para desestimular a produção, agravando o desemprego.[12]

Do acidente de trabalho emergem, portanto, consequências distintas. Quanto àquela atinente ao benefício-acidentário devido pela Previdência Social, vigora o princípio do risco social – a própria adoção do Nexo Técnico Epidemiológico tem sua destinação vinculada às finalidades de natureza previdenciária. De outro lado, em relação à qual prepondera o princípio da responsabilidade subjetiva, quando houver demonstração de culpa ou dolo patronal, a reparação pecuniária dos danos oriundos do acidente de trabalho a cargo do empregador. Esta a interpretação conforme o artigo 7º, inciso XXVIII, da Constituição. É possível concluir, com plena convicção, que essa é a regra vigente no ordenamento brasileiro a qual, a despeito das divergências evidenciadas, merece prevalecer.

Bibliografia

BRANDÃO, Claudio. *Acidente do trabalho e responsabilidade civil do empregador*. São Paulo: LTr, 2010.

CAVALIERI FILHO, Sérgio. *Programa de Responsabilidade Civil*, 5ª ed. São Paulo: Malheiros Ed., 2003.

COELHO, Fábio Ulhôa. *Curso de Direito Civil*. Vol. 2. São Paulo: Saraiva, 2005.

CORTEZ, Julpiano Chaves. *Responsabilidade civil do empregador no acidente do trabalho: cálculos*. São Paulo: LTr, 2009.

COSTA, Hertz J. *Acidentes do trabalho na atualidade*. Porto Alegre: Síntese, 2003.

---

12 DAL COL, Helder Martinez *apud* OLIVEIRA, Sebastião Geraldo de. *Indenização por acidente do trabalho ou doença ocupacional*, 5ª ed. São Paulo: LTr, 2007, p. 107.

LOPEZ, Teresa Ancona. *Princípio da precaução e evolução da responsabilidade civil*. São Paulo: *Quartier Latin*, 2010.

MONTEIRO, Antonio Lopes; BERTAGNI, Roberto Fleury de Souza. *Acidentes do trabalho e doenças ocupacionais: conceito, processos de conhecimento e de execução e suas questões polêmicas*. São Paulo: Saraiva, 2007.

NEGRINI, Daniela Aparecida Flausino. *Acidente do trabalho e suas consequências sociais*. São Paulo: LTr, 2010.

NETO, José Affonso Dallegrave. Nexo técnico epidemiológico e seus efeitos sobre a ação trabalhista indenizatória. In: *Revista do Tribunal Regional do Trabalho da 3ª Região*, vol. 46, nº 76, jul./dez. 2007, Belo Horizonte: TRT 3ª Região, 2007.

OLIVEIRA, Sebastião Geraldo de. *Indenizações por acidente do trabalho ou doença ocupacional*, 5ª ed. São Paulo: LTr, 2009.

RUSSOMANO, Mozart Victor. *Comentários à lei de acidentes do trabalho*, 3ª ed. São Paulo: Editora Revista dos Tribunais, 1970.

SÜSSEKIND, Arnaldo. *Direito constitucional do trabalho*. Rio de Janeiro: Renovar, 1999.

VENOSA, Sílvio de Salvo. *Direito Civil – Responsabilidade Civil*, 7ª ed. São Paulo: Editora Atlas, 2007.

A EXECUÇÃO TRABALHISTA E A DEFESA EMPRESARIAL – PROTESTO EXTRAJUDICIAL DE CRÉDITOS TRABALHISTAS

José Fernando Moro[1]

É com verdadeira emoção que principio minha modesta intervenção pela evocação da memória do inesquecível José Granadeiro Guimarães. Paradigma de advogado e dotado de incomum rapidez de raciocínio, sua manifesta vocação para a advocacia não se exteriorizava tão somente em suas magistrais ações verbais em audiências e sustentações orais as quais tive o privilégio de testemunhar, quer na condição de admirador confesso, quer na terrível posição de ex-adverso.

Granadeiro, mais que aula de ética, elegância, coleguismo e simpatia, foi líder genuíno, daqueles que conduzem seus liderados sendo incapaz de constrangê-los. Sua modéstia nunca lho prejudicou a altivez com a qual conduziu sua impecável advocacia até o fim de sua vitoriosa e paradigmática carreira.

Sua biografia se confunde com o que de melhor há na advocacia brasileira. Aos que como eu, tiveram a ventura de partilhar de momentos sempre tão marcantes quanto inolvidáveis, fica o carinho e a devoção do eterno amigo, admirador e aluno.

1. Nota Introdutória

O Processo do Trabalho experimenta, na execução de sentença, que se positiva pela satisfação da coisa julgada, a efetividade da jurisdição.

Assim é que, após as resistências do devedor instrumentadas no repertório recursal previsto em lei, acrescidas aquelas que a experiência tratou de inquirir como "exercício regular de resistência do executado", acabaram por obrigar o Judiciário

---

1 Advogado trabalhista, sócio da Moro e Scalamandré Advocacia, professor de direito e processo do trabalho, especialista em direito coletivo do trabalho, secrtário geral do tribunal regional do trabalho de são paulo de 1992/1996, master em direito do trabalho, pela Universidad de Castilla-La Mancha, Espanha.

Trabalhista a adotar as mais variadas formas de expropriação de ativos dos executados no processo do trabalho.

Modernamente, a prática é revelada em expedientes como as penhoras *on line* e o protesto extrajudicial de créditos trabalhistas.

Essa, a razão da intervenção que se ora propõe: qual o verdadeiro limite da defesa patronal na execução trabalhista? E para a jurisdição, existem limites diversos daqueles previstos na lei? O que se admite como razoável para o exercício do direito de defesa que tem, como todos os demais, como limite, o abuso?

Essa a proposta de discussão que nos foi proposta pela ASSOCIAÇÃO DOS ADVOGADOS DE SÃO PAULO. E tema não é sem razão e mais oportuno impossível diante do quadro de banalização tanto pela desenfreada mecanização dos atos ditos de execução, quanto pelas lastimáveis consequências advindas de postura réproba de menoscabo aos primados do Contraditório, da Ampla Defesa e Devido Processo Legal.

2. Execução trabalhista

No campo das matérias relacionadas ao processo de execução da sentença trabalhista, muito embora desde a promulgação da Consolidação das Leis do Trabalho em 1º de maio de 1943 não tenha havido alteração substancial, sua adequação à evolução tecnológica e social é que suscitou, nos campos doutrinário e jurisprudencial, um sem número de alterações.

Em tempos que se caracterizam pela velocidade e democratização das informações, até como decorrência dessas novidades, o processo de execução trabalhista vivencia essa necessidade de agilidade de adaptação que norma positiva alguma poderia conferir, dadas as características de nosso processo legislativo, sempre menos célere que as necessidades as quais deveria a lei, tutelar.

Formada a coisa julgada, a decisão a executar poderá ser objeto de regular liquidação, passo antecedente da execução da sentença propriamente dita.

A execução de sentença trabalhista está disciplinada pelo disposto nos artigos 876 e seguintes da Consolidação das Leis do Trabalho. O artigo 889 da norma consolidada estabelece, igualmente, o acervo legal que disciplinará o direito aplicável ao processo de execução trabalhista, dispondo:

> Art. 889 – Aos trâmites e incidentes do processo da execução são aplicáveis, naquilo em que não contravierem ao presente Título, os preceitos

que regem o processo dos executivos fiscais para a cobrança judicial da dívida ativa da Fazenda Pública Federal (Lei 6380/80).

Evidentemente, naquilo que compatível com os preceitos da Consolidação das Leis do Trabalho, não se olvide ser subsidiária, a aplicação da Norma Processual Comum, a teor do que disciplina o artigo 789 consolidado.

2.1. Liquidação de sentença

Visa, fundamentalmente, converter valores precisos e correspondentes a coisa julgada, o crédito dela decorrente.

Em se tratando de execução definitiva – ao contrário daquela formada por carta de sentença, na execução provisória (artigos, 899 consolidado e 590 do Código de Processo Civil) –, será processada nos autos da ação de conhecimento.

É a liquidação procedida por: cálculos, através do oferecimento de artigos ou pela via do arbitramento.

Mais comumente adotada na execução trabalhista, *a liquidação da coisa julgada por meio de cálculos* se dá quando admissível quantificar a decisão por maio de conta aritmética das partes e/ou, por determinação de perícia contábil. Quando ofertado o valor pelo exequente, o juiz poderá promover adequações e eventuais simples correções, fixando o valor do quantum debeatur e determinando a quitação do débito em 48 horas sob pena de penhora através de mandado de citação.

Garantido o juízo pelo depósito ou constrição judicial, determinará o juízo de execução, poderá o executado oferecer embargos à execução, no prazo de cinco dias.

A liquidação por cálculos é distinta daquela estabelecida *por arbitramento*, que se dá, quando constatada a necessidade de parecer técnico para que se estime o valor, de conformidade com o entendimento do juízo que a liquidação demandará necessidade de suprir imperfeições, pela ausência de critérios objetivos definidores do valor.

Registre-se a recentíssima inserção do parágrafo 6º, do artigo 879 consolidado, inserido pela lei 12.405/2011, que estabelece:

> § 6º Tratando-se de cálculos de liquidação complexos, o juiz poderá nomear perito para a elaboração e fixará, depois da conclusão do trabalho, o valor dos respectivos honorários com observância, entre outros, dos critérios de razoabilidade e proporcionalidade.

Os tribunais trabalhistas, majoritariamente assentam, que a liquidação por arbitramento somente é factível, caso dispensável a prova de fato novo que modifique a fixação da condenação ou individuação do respectivo objeto, ocasião em que se dará a *liquidação da sentença por artigos* que, igualmente, não admite fatos estranhos ao contraditório.

Em todas as modalidades de liquidação (*por cálculos, por artigos ou por arbitramento*), exceção feita à homologação direta (advinda da aceitação imediata, como corretos, dos cálculos do exequente), parece inadmissível procedimento outro que não o respeito ao contraditório. O que se observa na Justiça do Trabalho, por vezes, é inescusável prática da burocratização cartorial dos decretos em execução, desde singelos despachos até as decisões mais importantes.

Em tempo: observância do contraditório não se traduz pelos robóticos e dizimáticos despachos que determinam: "diga sobre o que se disse acerca do que foi dito".

Assim, fica o registro da realidade que não condiz com os princípios da concentração e do informalismo, com a ressalva de que informalismo, para esse efeito, não representa passar ao largo do direito positivo, mas simplificar, tanto quanto possível, os atos da jurisdição que visam à satisfação plena da coisa julgada.

2.2. Modalidades de Execução

Corriqueira, na esfera trabalhista, é aquela formulada *por quantia certa*, como aludido no o tema da liquidação de sentença.

Fixado o valor, o juiz determinará o pagamento sob pena de penhora, que deverá obedecer à ordem preferencial do artigo 655 do Código de Processo Civil que estabelece os ativos que devem ser expropriados em sequência por ele assim definida:

> Art. 655. A penhora observará, preferencialmente, a seguinte ordem:
> I – dinheiro, em espécie ou em depósito ou aplicação em instituição financeira;
> II – veículos de via terrestre;
> III – bens móveis em geral;
> IV – bens imóveis;
> V – navios e aeronaves;
> VI – ações e quotas de sociedades empresárias;
> VII – percentual do faturamento de empresa devedora;
> VIII – pedras e metais preciosos;

IX – títulos da dívida pública da União, Estados e Distrito Federal com cotação em mercado;
X – títulos e valores mobiliários com cotação em mercado;
XI – outros direitos.

Incomum, na execução trabalhista a execução caracterizada como de *entrega de coisa, prevista nos artigos 621 e 622 do Código de Processo Civil* em que, determinada a entrega no prazo de dez dias, poderá o executado, opor embargos à execução.

Já a execução advinda da *obrigação de fazer, estabelecida nos artigos 644 e 645 do Código de Processo Civil* está, na Justiça do Trabalho diretamente relacionada à determinação de anotação na carteira Profissional do Empregado, dos respectivos comandos da coisa julgada.

De notar, que a determinação de garantia da execução cumprida pela oferta de bens está submetida, além da verificação de observância da ordem preferencial estabelecida no *655 do Código de Processo Civil, a aceitação pelo exequente do bem indicado e oferecido pela executado (artigos 646 e 657, da norma processual comum).*

2.3. Suspensão e extinção da execução

A regra processual civil estabelece as hipóteses em que a execução poderá ser suspensa. Vejamo-las:

>Art. 791. Suspende-se a execução:
>I – no todo ou em parte, quando recebidos com efeito suspensivo os embargos à execução (art. 739-A);
>II – nas hipóteses previstas no art. 265, I a III;
>III – quando o devedor não possuir bens penhoráveis.

Assim, caso haja falecimento de uma das partes ou perda de suas respectivas capacidades processuais; quando assim deliberaram e manifestarem expressamente essa vontade, exequente e executado; ou ainda, quando verificada a oposição de exceções de impedimento ou suspeição do juiz, suspensa será, a execução da sentença. A oposição de embargos de terceiro, na forma do artigo 1052 da Lei adjetiva civil igualmente é causa suspensiva da execução, desde que a oposição da medida seja vertente sobre a totalidade dos bens penhorados.

A execução será extinta na forma disposta pelo artigo 794 da Lei Processual que dispõe:

> Art. 794. Extingue-se a execução quando:
> I – o devedor satisfaz a obrigação;
> II – o devedor obtém, por transação ou por qualquer outro meio, a remissão total da dívida;
> III – o credor renunciar ao crédito.

A quitação da obrigação ou a remissão total da dívida são causas extintivas para as quais o juízo de execução não terá, certamente, o mesmo cuidado na circunstância de eventual renúncia, na forma do item III da norma investigada. A razão é singela, já que renúncia a crédito de natureza alimentar deve ser verificada com cúria extrema pelo magistrado, notadamente, em ações em que a relação de emprego se acha em plena vigência, mesmo que com a execução de sentença em curso.

A transação, a arrematação e a remição são, igualmente, causas extintivas da execução. Isso não ocorre, na prática, com a prescrição (a despeito do disposto na da letra a, do inciso IXX do artigo 7º da Constituição Federal), que no processo do trabalho resta inviabilizada pela admissão dos atos executórios por impulso *ex officio* (A Súmula 114 do Tribunal Superior do Trabalho não admite a prescrição intercorrente no processo trabalhista).

2.4. Embargos

Recebidos com efeito suspensivo após a garantia da execução, deverão ser opostos por petição na forma do artigo 884 consolidado que dispõe:

> Art. 884 – Garantida a execução ou penhorados os bens, terá o executado 5 (cinco) dias para apresentar embargos, cabendo igual prazo ao exequente para impugnação.
> § 1º – A matéria de defesa será restrita às alegações de cumprimento da decisão ou do acordo, quitação ou prescrição da dívida.
> § 2º – Se na defesa tiverem sido arroladas testemunhas, poderá o Juiz ou o Presidente do Tribunal, caso julgue necessários seus depoimentos, marcar

audiência para a produção das provas, a qual deverá realizar-se dentro de 5 (cinco) dias.

§ 3º – Somente nos embargos à penhora poderá o executado impugnar a sentença de liquidação, cabendo ao exequente igual direito e no mesmo prazo.

§ 4º – Julgar-se-ão na mesma sentença os embargos e as impugnações à liquidação apresentadas pelos credores trabalhista e previdenciário.

§ 5º – Considera-se inexigível o título judicial fundado em lei ou ato normativo declarados inconstitucionais pelo Supremo Tribunal Federal ou em aplicação ou interpretação tidas por incompatíveis com a Constituição Federal.

Observe-se que os embargos à execução são distintos dos embargos à penhora ou a arrematação, porquanto os dois últimos têm como objeto, impugnações advindas de atos judiciais específicos (penhora e arrematação).

Já os embargos a execução tem espectro de impugnação substancialmente mais amplo, de repertório de insurreição mais extenso pela diversificação das matérias objetadas, claramente superior aos demais embargos referidos.

Aspecto fundamental a ressaltar é a necessidade imperiosa de delimitação das matérias e valores com indicação precisa das matérias a impugnar.

A experiência revela, que os embargos à execução ventilam, como matérias corriqueiras deles decorrentes, irregularidades na liquidação de sentença, impugnações em relação à existência de excesso de execução, penhora que recai sobre bem dito de família, ou ausência de observância de requisitos formais como a expedição do mandado de citação que deve ser acompanhado da decisão exequenda ou termo de acordo não cumprido, na forma do § 1º do artigo 880 da Consolidação das Leis do Trabalho.

Nos embargos à execução, o executado poderá alegar toda a matéria de defesa (lei 6380/80, § 2º do artigo, 16; artigos 821, 879 e 884 da norma consolidada e artigo 741 do Código de processo Civil), vedada a oposição de reconvenção, bem como postulação da compensação de valores.

O juiz determinará seja ofertada impugnação pelo exequente ou credor, em cinco dias e, julgada subsistente a penhora, determinará a avaliação do bem penhorado, na forma do §2º do artigo 886 consolidado.

2.5. Agravo de petição

Cabível das decisões do juiz nas execuções, no prazo de oito dias, somente será recebido com delimitação das matérias e valores objetados pela impugnação.

Devem ser processados nos autos principais ante a ausência de necessidade de instrumento a formar, e os tribunais rejeita agravos interpostos de decisões que não advenham da oposição de embargos.

Muito embora a regra geral do artigo 899 consolidado seja a do efeito meramente devolutivo nas apelações trabalhistas, como o agravo de petição é interposto apenas após a garantia do juízo, na prática, o agravo é dotado de efeito suspensivo, ainda que por via oblíqua. Transcreve-se o artigo 897 consolidado, nas disposições alusivas ao agravo de petição, quais sejam:

> Art. 897 – Cabe agravo, no prazo de 8 (oito) dias:
> a) de petição, das decisões do Juiz ou Presidente, nas execuções;
> § 1º – O agravo de petição só será recebido quando o agravante delimitar, justificadamente, as matérias e os valores impugnados, permitida a execução imediata da parte remanescente até o final, nos próprios autos ou por carta de sentença.
> § 2º,3º,4º,5º,6º,7º – omissis;
> § 8º – Quando o agravo de petição versar apenas sobre as contribuições sociais, o juiz da execução determinará a extração de cópias das peças necessárias, que serão autuadas em apartado, conforme dispõe o § 3º, parte final, e remetidas à instância superior para apreciação, após contraminuta.

O agravo será processado e admitido pelo juízo de primeiro grau, após concessão de idêntico prazo de oito dias para impugnação e remessa posterior ao Tribunal Regional para que aprecie as razões e pedidos nele contemplados.

Caso do acórdão regional sobrevier, ofensa a letra expressa da Constituição Federal, na forma do §4º do artigo 896 da Consolidação das Leis do Trabalho, caberá recurso de revista para o Tribunal Superior do Trabalho igualmente no prazo de oito dias.

Em todas as hipóteses, cabe oposição de embargos declaratórios, na forma do artigo 897 A consolidado, inclusive com efeito modificativo do julgado como amplamente admitido pelos tribunais, matéria objeto da Súmula 278 do Tribunal Superior do Trabalho.

Vale o registro: não são de considerar "recursos", *a ação rescisória, o mandado de segurança e ação anulatória de ato judicial*, já que consistem em meios autônomos de impugnação de decisão. Visam outra prestação jurisdicional. Nos recursos, o que se objetiva é a mesma prestação, apenas alterado o resultado.

3. O protesto extrajudicial de crédito trabalhista

A lei 9492/1997, em seu primeiro artigo, estabelece a definição de protesto, qual seja:

> Art. 1º. Protesto é o ato formal e solene pelo qual se prova a inadimplência e o descumprimento de obrigação originada em títulos e *outros documentos de dívida*.

É pela abertura oferecida pelo quanto se destaca na norma ("outros documentos da dívida"), acrescidas as disposições da aplicação subsidiária da norma processual comum pelo artigo 789 consolidado é que surge o protesto como modalidade adjacente de propulsão coativa para o adimplemento do crédito trabalhista.

A possibilidade da efetivação do protesto na esfera trabalhista parece, quanto à legalidade incontesse, quer pelos razões acima expostas, quer porque por não colidir ou convolar-se incompatível com qualquer regramento processual da norma consolidada.

O que suscita interrogações nada desprezíveis é a efetividade da adoção dessa medida. A uma porque, ainda que se constitua em tradicional instrumento de constrangimento e coação do devedor, não consta tenha, ao menos quanto ao crédito trabalhista inadimplido, o vezo de "ovo de Colombo" que seus entusiastas lho atribuem.

Principiemos pela reflexão mediante a qual quem está definitivamente condenado – já que somente se admitira o protesto após o trânsito em julgado da sentença – e não promoveu a quitação respectiva, muito provavelmente assim não fez, não porque pretendeu afrontar o dever de cumprir determinação judicial, mas certamente, porque não teve meios para fazê-lo.

A duas, por razão mais singela: ainda que por hipótese se considerasse o executado-devedor contumaz mal pagador, o protesto teria efeito de placebo e pior: erigiria aqueles mencionados no primeiro exemplo (inadimplemento por insuficiência de meios) a idêntico status processual que o executado inescrupuloso e que se vale dos expedientes os mais réprobos para furtar-se de suas obrigações. E de qualquer natureza, não importando se decorrentes de sentença transita em julgado. Tenha-se em conta que a publicidade da condição de devedor pela via do protesto só configuraria circunstância humilhante aos que são dotados dos valores morais dignos de reconhecimento.

A três, porquanto a adoção pelos tribunais de convênios para a implantação do protesto como meio coercitivo revela, implicitamente, o reconhecimento do Judiciário da ineficácia e menoscabo público de suas determinações, o que, em se tratando de regimes jurídicos que primam pelo império dos valores do estado democráticos de direito, configura triste quadro de admissão tácita da ineficácia da Justiça.

A substituição, ainda que para cumprimento da coisa julgada, da força coercitiva da decisão judicial pelo "elevado prestígio" do universo cartorial comum, deve ser visto como subproduto da quadra de descrédito institucional pela qual passa o Judiciário o que, reedite-se, encerra precedente inadequado a democracias assentadas pela existência de sólidas instituições sólidas.

Por fim, não pode passar ao largo do paciente leitor que a adoção do protesto extrajudicial de crédito trabalhista não é tão recente a ponto de observarmos que, desde sua admissão, pouco ou nada fez para imprimir efetividade à execução de sentença.

Inquestionável que aos executados não se admitem "convites judiciais" para quitação de créditos originários da execução de sentença.

Execuções de sentença são positivadas por atos de força previstos em lei. E ninguém teria a ousadia de asseverar o inverso.

4. Resultado da experiência prática pela adoção do protesto como modalidade adicional de efetivação da execução de sentença trabalhista

O se verifica logo após quase três anos de convênio entre O tribunal Regional do Trabalho de São Paulo (convenio entre o Tribunal e o Instituto de Estudos de Protesto do Brasil e os dez Cartórios de Registro de Protestos, de 12 de dezembro de 208, integra disponível no sítio do TRT da Segunda Região) pouco difere do quanto aqui foi expendido.

O Protesto dos créditos trabalhistas não constituiu expediente com resultado vitorioso que dele se esperava.

Se sua adoção, pela via do convênio referido teve méritos, estão todos eles assentados na conclamação da discussão sobre a necessidade de revisão de toda a normativa que disciplina as formas de coerção do executado para que, cumprida a coisa julgada, tenha o Judiciário condições de, ao menos, não depender de expedientes engenhosos para que suas decisões sejam cumpridas.

O papel do Judiciário é solução de conflitos a ele submetidos; jamais a criação de novos, como se tem verificado, circunstância que se lamenta e afasta o Judiciário de seu único destinatário: o cidadão.

5. Ementas alusivas ao protesto

Tribunal Regional do Trabalho – TRT 3ªR Processo: 01676-2004-077-03-00-1 AP Data de Publicação: 04/03/2010 Órgão Julgador: Sétima Turma Juiz Relator: Juiz Convocado Jesse Claudio Franco de Alencar Juiz Revisor: Juiz Convocado Fernando A. Viegas Peixoto
Agravante: LUCIANO MIGLIO CARVALHO
Agravado: PAULO CÉSAR CURY SILVA – ME

EMENTA: PROTESTO EXTRAJUDICIAL. TÍTULO JUDICIAL TRABALHISTA EM EXECUÇÃO. A Lei 9.492/97 não restringe o protesto extrajudicial em face do devedor, reconhecido como tal em título judicial, já tendo sido, inclusive, celebrado convênio entre este Eg. TRT e os tabeliães de protesto do Estado de Minas Gerais visando à implementação de protestos decorrentes de decisões proferidas pela Justiça do Trabalho da 3ª Região, com expressa permissão para a inclusão de nomes de devedores em listas de proteção ao crédito. A medida constitui importante instrumento de coerção indireta do executado ao pagamento da dívida, em face da publicidade de que se reveste e da sua repercussão nas relações sociais, civis e comerciais do devedor. Agravo de petição provido para determinar o protesto extrajudicial do título, verificada a tentativa frustrada de localização do devedor e de bens passíveis de penhora. (...)

Ementa: AGRAVO DE PETIÇAO. EXPEDIÇAO DE OFÍCIO AOS CARTÓRIOS DE REGISTRO DE PROTESTOS. A expedição de ofícios a cartórios de registro de protestos para protestar sentença judicial é providência que compete à exequente. A diligência requerida excede a esfera do impulso oficial ao processo de execução. Agravo que não deve ser acolhido. (...)

TRT-4 – Inteiro Teor. AGRAVO DE PETICAO AP 362008120035040028...
Data de Publicação: 14 de Abril de 2010

Encontrado em: AOS CARTÓRIOS DE REGISTRO DE PROTESTOS. Cabível ao Juízo da execução oficiar (...) que efetuem o protesto da sentença em nome do executado. Sem contraminuta, sobem (...) vedação legal para o protesto da sentença, sendo o crédito líquido, certo

SENTENÇA JUDICIAL TRABALHISTA REGISTRO NO CARTÓRIO DE PROTESTO DE TÍTULOS. Embora o protesto cambial seja, em princípio endereçado aos títulos extrajudiciais, pode ser aplicado aos títulos judiciais na qualidade de tutela específica, com amparo no art. 461, do CPC, como forma de garantir a efetividade da decisão proferida. Processo 01154-1997-023-05-00-7 AP, ac. nº 012346/2007, Relatora Desembargadora DALILA ANDRADE, 2ª TURMA, dj 22/05/2007.

TÍTULO JUDICIAL TRABALHISTA. INSCRIÇÃO DO DÉBITO NO CARTÓRIO DE PROTESTO DE TÍTULOS E DOCUMENTOS. CABIMENTO. Embora o protesto cambial seja, em princípio, endereçado aos títulos extrajudiciais, pode ser aplicado aos títulos judiciais na qualidade de tutela específica, com amparo no art. 461, do CPC, como forma de garantir a efetividade da decisão proferida.

Por outro lado, não há obstáculo, no sistema jurídico, à pretensão formulada. Apelo a que se dá provimento para determinar a averbação do crédito exequendo no cartório de protesto de títulos e documentos. Processo 01572-2001-015-05-00-7 AP, ac nº 001474/2007, Relatora Desembargadora DALILA ANDRADE, 2ª TURMA, DJ 06/02/2007.

TJ APELAÇÃO CÍVEL – AÇÃO DECLARATÓRIA C/C INDENIZAÇÃO POR DANOS MATERIAIS E MORAIS – PROTESTO – CARTA DE SENTENÇA – SENTENÇA LÍQUIDA – VIOLAÇÃO AO CONTRADITÓRIO E À AMPLA DEFESA

– PRÉ-QUESTIONAMENTO – RECURSO IMPROVIDO – Não há como acolher a alegação do recorrente de que foi violado o contraditório e a ampla defesa, pois se a devedora/apelante teve contra si um processo judicial, no qual, após o devido contraditório e ampla defesa, a obrigação foi reconhecida pelo Estado-juiz, e se dela não se insurgiu, desnecessárias novas intimações para que aquela "tome conhecimento" do dever de honrar o que foi estipulado em sentença. Se não foi pago o título de crédito no vencimento, age em regular exercício de direito o credor que o aponta para protesto. O protesto de título judicial configura medida compreendida no âmbito do exercício regular de direito do exequente, que vem tentando receber seu crédito, não havendo falar em reparação de danos. O pré-questionamento significa o prosseguimento do debate de matéria apreciada na decisão recorrida, não sendo necessária a manifestação expressa do acórdão sobre dispositivos legais. (TJMS – AC 2008.022515-6/0000-00 – Campo Grande – Rel. Paulo Alfeu Puccinelli – J. 13/10/2008)

O provimento do TRT de São Paulo

O Tribunal Regional do Trabalho da 2ª. Região fez publicar no ultimo dia 13 de abril, o Provimento GP/CR nº: 04/2010, que alterou o Provimento GP/CR nº: 13/2006, destinado a disciplinar o protesto de créditos trabalhistas nas Varas do Trabalho. De acordo com o texto normativo foi acrescido ao artigo 251 do Provimento GP/CR 13/2006, o artigo 251-A, cuja redação é a seguinte:

> Art. 251-A. Nas Varas localizadas fora da Sede o sistema de protesto "on line" de sentenças trabalhistas será utilizado quando um ou mais devedores no processo forem domiciliados na Capital de São Paulo ou nos municípios de Barueri, Carapicuíba, Jandira, Osasco, Cotia, Itapevi, Taboão da Serra, Embu, Diadema, São Bernardo do Campo, São Caetano do Sul, Ferraz de Vasconcelos, Guarulhos, Mauá, Suzano, Embu-Guaçu, Itapecerica da Serra, Itaquaquecetuba, Poá e Santo André.
> Parágrafo único. O protesto de sentenças com devedores domiciliados em comarcas diversas das indicadas no *caput* se efetivará com a emissão de certidão de crédito trabalhista lavrada pela Vara com a observância dos requisitos do artigo 252 desta norma. A certidão será entregue à parte credora ou ao seu patrono que se responsabilizará pelo encaminhamento ao Cartório de Protesto, ou ao Serviço de Distribuição para Protesto nos municípios em que houver mais de um cartório, bem como pela devolução do titulo protestado à Vara de Origem para que seja dado prosseguimento à execução.

IV. PROCESSO COLETIVO DO TRABALHO

DISSÍDIOS COLETIVOS – ASPECTOS PRÁTICOS

Rogério da Costa Strutz

Procuramos de forma bastante objetiva abordar neste texto, a exemplo do que fizemos em outras recentes publicações, questões relacionadas às relações coletivas de trabalho e seus efeitos práticos no cotidiano das categorias patronais e profissionais, com a única pretensão de ilustrar o abalizado conhecimento dos profissionais que atuam na área, sejam operadores do direito, negociadores ou representantes das áreas de recursos humanos e relações trabalhistas.

Inicialmente, não podemos deixar de assinalar dois aspectos relevantes. O primeiro deles no sentido de que, ao contrário da maioria dos países, a relação capital X trabalho tem regulamentação na legislação e na jurisprudência brasileira, neste aspecto até por força do poder normativo conferido à Justiça do Trabalho. O segundo aspecto que merece destaque diz respeito ao fato de que todo ordenamento jurídico brasileiro e a doutrina mais abalizada prestigiam a conciliação como a melhor forma de solução dos conflitos sejam eles de que natureza for, especialmente no Direito do Trabalho.

Como não é tradição brasileira a utilização da arbitragem, as negociações entre categorias profissionais e patronais se mostram, em tese, a forma mais eficiente e profícua de solução dos conflitos coletivos de trabalho.

Relevante registrar, ainda, que esse processo negocial, que ainda está longe do ideal, foi amadurecendo e se aperfeiçoando a partir do final dos anos 70 e início dos anos 80 do século passado, marcados por movimentos paredistas sem precedentes na relação capital x trabalho, com destaque para as greves deflagradas principalmente na região do ABC e, em um segundo momento, na região do Vale do Paraíba, ambas no Estado de São Paulo.

A falta de preparo e diálogo, bem como o radicalismo das partes envolvidas naquelas oportunidades causaram sérios prejuízos a trabalhadores, empresas e ao próprio país.

Com o amadurecimento das relações capital X trabalho, sindicalistas e representantes patronais, gradualmente, passaram a encarar a nova realidade de uma forma muito mais profissional, buscando composições que atendessem, de um lado, aos interesses dos trabalhadores e, de outro, aos dos setores empresariais.

Esses entendimentos entre as categorias profissionais e econômicas são prestigiados formalmente pela Constituição Federal, em especial no Art. 7º, XXVI, "reconhecimento das convenções e acordos coletivos de trabalho".

O sucesso dos entendimentos entre categorias patronais e profissionais são formalizados em Convenções ou Acordos Coletivos, também denominados de forma genérica de instrumentos normativos.

Sob um enfoque prático, os acordos coletivos são os instrumentos celebrados entre Sindicato Profissional e uma ou mais Empresas, abrangendo um universo de trabalhadores relativamente restrito e que ficam exclusivamente sujeitos aos seus efeitos.

Por seu turno, as Convenções Coletivas são os instrumentos celebrados entre Sindicato (s) Profissional (is) e todo um segmento econômico, citando-se como exemplo Sindicatos de Metalúrgicos e Sindicato das Montadoras de Veículos Automotores.

A abrangência das convenções coletivas é muito mais ampla e gera efeitos em um universo muito maior de trabalhadores e Empresas.

Os instrumentos normativos, sejam acordos ou convenções, contemplam cláusulas ditas sociais (ex. complementação de auxílio previdenciário, garantia de emprego pré-aposentadoria, ausências justificadas, etc.), como aquelas ditas econômicas, destacando-se dentre estas o reajuste salarial, piso salarial, etc.

O diploma consolidado, em especial em seu Art. 613, estabelece os requisitos formais para a celebração de convenções e acordos coletivos, destacando-se a designação dos Sindicatos convenentes ou dos Sindicatos e empresas acordantes, categoria de trabalhadores abrangidos, condições (cláusulas) aplicáveis aos contratos de trabalho durante a sua vigência, direitos e deveres de empregados e empregadores, e penalidades para o descumprimento das cláusulas estabelecidas.

Há algum tempo que, por questões de praticidade e do próprio amadurecimento da relação capital x trabalho, nas datas-bases, as partes têm estabelecido vigência de dois anos para as cláusulas sociais e um ano para as cláusulas econômicas, ou seja, somente a fixação e aplicação de reajustes é negociada anualmente, enquanto todas as demais condições normativas o são a cada dois anos.

Finalmente é preciso destacar que as convenções e acordos coletivos devem ser depositadas no órgão local do Ministério do Trabalho e Emprego no prazo de 8 dias contados da sua formalização e entram em vigor após 3 dias contados da data de entrega nesse órgão (Art. 614, *caput* e § 1º).

Esse depósito tem caráter meramente cartorial e objetiva principalmente dar publicidade à Convenção ou Acordo Coletivo, na medida em que não cabe ao órgão do Ministério do Trabalho e Emprego qualquer interferência nas condições ajustadas.

Malgradas as negociações entre as partes, inevitável se torna a provocação para intervenção do poder judiciário trabalhista, com a instauração de Dissídio Coletivo.

A competência originária para apreciar e julgar os dissídios coletivos é dos Tribunais Regionais do Trabalho, à exceção das categorias com abrangência nacional cuja competência é do Tribunal Superior do Trabalho.

Os dissídios coletivos de trabalho podem ser subdivididos naqueles de natureza jurídica (I), naqueles de natureza econômica (II) e naqueles de greve (III).

O Dissídio Coletivo de Natureza Jurídica tem a finalidade de interpretar de modo geral e abstrato disposições normativas aplicáveis às categorias profissionais e econômicas envolvidas, constantes de cláusulas obscuras, contraditórias ou nulas existentes numa sentença normativa, numa convenção ou em um acordo coletivo de trabalho.

O Dissídio Coletivo de Natureza Econômica, normalmente instaurado por ocasião da data-base da categoria, tem por objetivo precípuo o estabelecimento das condições econômicas e sociais que serão aplicadas no seu período de vigência, normalmente um ano, na medida em que o estabelecimento de duração maior (até dois anos) somente poderá decorrer de negociação das partes, jamais por imposição da Justiça do Trabalho.

Nesse particular, ao contrário do entendimento vigente até então, recentemente o C. Tribunal Superior do Trabalho editou o Precedente Normativo nº 120, ampliando para até 4 anos a vigência das sentenças normativas proferidas pelos Tribunais Regionais, nos seguintes termos:

> PN-120 SENTENÇA NORMATIVA. DURAÇÃO. POSSIBILIDADE E LIMITES (positivo) – (Res. 176/2011, DEJT divulgado em 27, 30 e 31/05/2011)
> A sentença normativa vigora, desde seu termo inicial até que sentença normativa, convenção coletiva de trabalho ou acordo coletivo de trabalho superveniente produza sua revogação, expressa ou tácita, respeitado, porém, o prazo máximo legal de quatro anos de vigência.

A análise, ainda que superficial, dos dissídios coletivos de natureza econômica não pode escapar das disposições da Constituição Federal (Art. 114, §§ 1º e 2º), no sentido de que, frustrada a negociação coletiva, as partes poderão eleger árbitros e recusando-se qualquer das partes à negociação coletiva ou à arbitragem, é facultado às mesmas, de comum acordo, ajuizar dissídio coletivo de natureza econômica, podendo a Justiça do Trabalho decidir o conflito, respeitadas as condições mínimas legais de proteção ao trabalho, bem como as convencionadas anteriormente.

Como já aduzido anteriormente, não é tradição brasileira a submissão das questões trabalhistas à arbitragem. Consequência natural é a formulação de representação para instauração do dissídio coletivo.

Entretanto, o texto constitucional exige o comum acordo das partes para a instauração do processo. Essa exigência, respeitados os entendimentos em contrário, não nos parece requisito lógico, e isso por uma razão muito simples: dificilmente as partes que não conseguiram levar as negociações coletivas a bom termo, se comporiam para atender essa exigência constitucional para obter uma solução judicial.

A nosso ver, sempre respeitados os entendimentos em contrário, o comum acordo entre as partes pode ter uma conotação da utilização "da lei do menor esforço". Como as negociações são longas, desgastantes, as partes optam por simplesmente delegar ao poder judiciário a solução dos seus problemas que não conseguiram resolver diretamente.

Na prática, a questão do comum acordo não tem sido considerada em grande parte dos Tribunais Regionais, que fundamentam entender que o comum acordo estabelecido na Constituição Federal não é uma obrigação, mas sim mera faculdade, podendo ou não ser cumprida pelas partes.

Entretanto, esse não é o entendimento do Tribunal Superior do Trabalho que, ao contrário dos Regionais, considera o comum acordo como requisito indispensável para o processamento do feito, extinguindo, invariavelmente, sem julgamento do mérito, os processos em que não esteja caracterizada essa concordância mútua, por entender que ausente pressuposto processual.

São exemplos recentes desse entendimento, as seguintes decisões:

> – RODC – 2017700-93.2006.5.02.000 – SINDICATO DOS ENGENHEIROS NO ESTADO DE SÃO PAULO – PUBLICADO 21/03/2011 – Relator MINISTRO FERNANDO EIZO ONO;
> – RODC 2018000-23.2009.5.02.0000 –SINDICATO DOS ENGENHEIROS NO ESTADO DE SÃO PAULO – PUBLICADO 25/03/2011 – Relator MINISTRO FERNANDO EIZO ONO.
> – RODC – 2014600-35.2008.5.02.0000 – SINDICATO DOS ENGENHEIROS NO ESTADO DE SÃO PAULO – PUBLICADO EM 10/08/2011 Relator MINISTRO WALMIR OLIVEIRA DA COSTA.

Por seu turno, parece inócua a disposição constitucional – respeitadas as condições mínimas legais de proteção ao trabalho.

É evidente que a decisão regional (sentença normativa) não poderá desrespeitar os direitos mínimos previstos em lei.

Outro aspecto do texto constitucional que merece destaque diz respeito ao fato de que deverão ser levadas em conta as condições convencionadas anteriormente.

Mais uma vez, respeitados entendimentos em contrário, a regra legal e o prazo de vigência estabelecido nos instrumentos normativos (antes limitados ao máximo de 2 anos e agora ampliado para até 4 anos), deixam clara a natureza temporária das concessões. É da essência dos instrumentos normativos a temporariedade.

A lógica jurídica também recusa a prorrogação do instrumento normativo cujo prazo se expirou. O instrumento normativo foi concebido na lei para ser por prazo determinado dada a mutabilidade das condições sociais e econômicas. Essa transitoriedade resulta da interpretação dos arts. 613, II e seu parágrafo 3º, 868, parágrafo único, da Consolidação das Leis do Trabalho e da Súmula 277, do Tribunal Superior do Trabalho, verbis:

> SUM-277 – SENTENÇA NORMATIVA. CONVENÇÃO OU ACORDO COLETIVOS. VIGÊNCIA. REPERCUSSÃO NOS CONTRATOS DE TRABALHO (redação alterada na sessão do Tribunal Pleno em 16/11/2009) – Res. 161/2009, DEJT divulgado em 23, 24 e 25/11/2009
> I – As condições de trabalho alcançadas por força de sentença normativa, convenção ou acordos coletivos vigoram no prazo assinado, não integrando, de forma definitiva, os contratos individuais de trabalho.
> II – Ressalva-se da regra enunciada no item I o período compreendido entre 23/12/1992 e 28/07/1995, em que vigorou a Lei nº 8.542, revogada pela Medida Provisória nº 1.709, convertida na Lei nº 10.192, de 14/02/2001.

De tudo resulta que a interpretação jurídica lógica e de bom senso não poderia ser no sentido de que as condições anteriores devem integrar os contratos de trabalho e só devem ser alteradas se a outra parte, no caso os sindicatos profissionais concordarem com isso.

Terminado o prazo de vigência do instrumento normativo anterior, as novas condições haveriam de ser objeto de novas negociações, para a conformação de nova convenção ou acordo e, em sendo impossível, obter solução judicial.

Finalmente, o Dissídio Coletivo de Greve é o que apresenta o maior número de particularidades.

Não se pode discorrer sobre greves fora do contexto político do país nos momentos em que foram deflagradas, conduzidas, administradas e resolvidas, seja por decisão judicial ou autocomposição.

Embora o primeiro movimento organizado de paralisação que se tem notícias data de 1858, a questão nunca mereceu atenção mais cuidadosa do legislador até a Constituição Federal de 1988.

Durante esse lapso de tempo, a legislação brasileira tratou a questão de forma secundária e bastante diversa. Ora tipificou a greve como ilícito penal, ora restringiu a punição apenas aos atos de constrangimento e violência. Em outros momentos impôs requisitos que inviabilizavam, na prática, qualquer movimento paredista, chegando a tratá-la como questão de segurança nacional.

Efetivamente, não se pode ignorar a realidade decorrente do crescimento dos movimentos sindicais nos finais dos anos 1970 e início dos anos 1980, principalmente na região do ABC paulista, com a criação das centrais sindicais e até mesmo, porque não dizer, do próprio Partido dos Trabalhadores.

Em decorrência desse quadro, o direito à greve foi assim disciplinado na Constituição Federal de 1988 (Art. 9º):

> É assegurado o direito de greve, competindo aos trabalhadores decidir sobre a oportunidade de exercê-lo e sobre os interesses que devam por meio dele defender.
> § 1º A lei definirá os serviços ou atividades essêncías e diporá sobre o atendimento das necessidades inadiáveis da comunidade.
> § 2º Os abusos cometidos sujeitam os responsáveis às penas da lei.

A greve é definida na legislação como a suspensão coletiva, temporária e pacífica, total ou parcial, de prestação pessoal de serviços a empregador.

O direito à greve foi regulamentado efetivamente na Lei 7783/89, que também estabeleceu os requisitos que devem ser observados para deflagração de movimentos paredistas, estabelecendo alguns pouco mais rígidos para o que ela própria definiu como serviços ou atividades essenciais, quais sejam:

– tratamento e abastecimento de água; produção e distribuição de energia elétrica, gás e combustíveis;
– assistência médica e hospitalar;
– distribuição e comercialização de medicamentos e alimentos;

– funerários;
– transportes coletivos;
– captação e tratamento de esgoto e lixo;
– telecomunicações;
– guarda, uso e controle de substâncias radioativas, equipamentos e materiais nucleares;
– processamento de dados ligados a serviços essenciais;
– controle de tráfego aéreo;
– compensação bancária.

Esses requisitos, na verdade, constituem-se em meras formalidades burocráticas que não criam grandes óbices a deflagração de movimentos paredistas. Exige-se a convocação de assembleias, a definição das reivindicações, o suposto esgotamento da fase de negociações, a comunicação ao empregador com antecedência de 48 horas e, se serviço ou atividade essencial, também aos usuários, com antecedência de 72 horas.

Estabelece, também, que empregados e empregadores deverão manter equipes para assegurar o funcionamento dos serviços cuja paralisação implique em prejuízo irreparável pela deterioração irreversível do bem ou do equipamento (exemplo um forno de siderurgia) ou daqueles essenciais à imediata retomada das atividades normais das atividades da empresa quando cessar o movimento paredista.

A Lei de Greve impõe também que nas atividades consideradas essenciais, os empregadores e empregados garantam durante o movimento paredista a prestação dos serviços indispensáveis ao atendimento das necessidades inadiáveis da sociedade.

Na prática, é quase impossível obter essa autocomposição, o que implica na propositura de Medida Cautelar Inominada, perante o Tribunal Regional do Trabalho para que seja estabelecido o contingente necessário ao atendimento dessas necessidades inadiáveis.

Normalmente, são deferidas liminares impondo pesadas multas caso descumprida a ordem judicial.

A Lei 7783/89 estabelece, ainda, que constitui-se abuso do direito de greve, quando o movimento paredista é deflagrado na vigência de convenção coletiva, acordo coletivo ou sentença normativa, a menos que a paralisação tenha por objeto o cumprimento de cláusula estabelecida em instrumento normativo ou que seja motivada por superveniência de fato novo ou acontecimento superveniente que modifique substancialmente a relação de trabalho.

Outra particularidade do Dissídio Coletivo de Greve diz respeito ao fato de que a representação para instauração do processo poderá ser formulada pelas partes e também pelo Ministério Público do Trabalho.

Durante o movimento paredista, não se pode violar ou constranger os direitos e garantias fundamentais de outrem. As manifestações e atos de persuasão utilizados pelos grevistas não poderão impedir o acesso ao trabalho nem causar ameaça ou dano à propriedade ou à pessoa.

A transgressão a essas disposições legais enseja a propositura de Interdito Proibitório.

O interdito proibitório significa a ordenança expedida pelo magistrado para a prática de certo ato ou proteção de um direito individual. Serve à defesa de relações jurídicas que se apresentam com interesse patrimonial ou pecuniário. O interdito proibitório é medida para proibir que outro possa cometer atos prejudiciais à coisa ou à propriedade. Tende a garantir a posse quando está ameaçada de violência ou esta é iminente, próxima ou atual. No interdito proibitório se receia ou se tem como certo a violência (v. Pinto Ferreira. *Enciclopédia Saraiva*, e vocabulário jurídico de Plácido e Silva, em ambos verbete "interdito proibitório").

O manejo da ação de interdito proibitório em situações como esta, em que atos de grevistas e eventuais pessoas outras estranhas à empresa resultam no total impedimento de acesso e saída de empregados, clientes, fornecedores, visitantes, etc., das dependências da empresa, é o remédio processual para garantir a posse mansa e pacífica.

O atendimento do disposto na lei, assim como a garantia do direito de ir e vir dos empregados, dirigentes, clientes, fornecedores e demais interessados, é dever do Judiciário como um todo. À Justiça, uma vez provocada, compete a defesa do patrimônio alheio eventualmente ameaçado por incitamentos espúrios e anarquistas.

Assim, verificado o dano ao patrimônio da empresa em face do impedimento de qualquer acesso às suas dependências, justifica-se o uso do interdito proibitório, cuja liminar, prudentemente concedida, terá o condão de evitar consequências desastrosas para a empresa, empregados, fornecedores, clientes, em suma, a uma coletividade diretamente atingida.

Ademais, não se exige que se aguarde ser totalmente violentada na posse para, só então, ingressar com a possessória de reintegração, quando os prejuízos experimentados já são atuais, iminentes e até mesmo palpáveis.

Existindo o justo receio de que trata o art. 932 do CPC, o interdito proibitório, com deferimento da medida liminar para imediato desbloqueio do acesso às dependências da empresa, bem como que os grevistas se abstenham de praticar qualquer ato que obstrua os acessos da empresa, se constitui no remédio jurídico para assegurar o livre trânsito de pessoas e veículos.

Nesse contexto, com inúmeras variáveis, os Tribunais Regionais decidirão sobre a abusividade ou não do movimento paredista, deferindo ou não eventuais reivindicações formuladas pelos grevistas.

Das decisões proferidas em dissídios coletivos, independentemente da sua natureza, cabem Recursos Ordinários para o Tribunal Superior do Trabalho, constituindo-se o preparo apenas no pagamento das custas arbitradas (não há depósito recursal).

Ocorre, contudo, que o apelo tem efeito meramente devolutivo, nos exatos termos do Art. 899 da Consolidação das Leis do Trabalho.

Na prática, isso significa dizer que as sentenças normativas prolatada pelos Tribunais Regionais podem ser objeto de Ação de Cumprimento imediatamente após a publicação do respectivo acórdão.

Esse entendimento é corroborado pela Súmula 246 do TST, que dispõe ser dispensável o trânsito em julgado da sentença normativa para a propositura da ação de cumprimento.

Registre-se, por oportuno, que se o acórdão não for publicado em 20 dias contados da data do julgamento, a ação de cumprimento pode ser proposta com base apenas na certidão de julgamento, nos exatos termos do Art. 7º, § 6º, da lei 7.701/88.

Para evitar o cumprimento desde logo de uma condição estabelecida em sentença normativa, o Art. 14, da Lei 10.192/2001, dispôs sobre a possibilidade de formulação de pedido de efeito suspensivo.

Nos termos dessa disposição, o pedido deverá ser formulado ao Ministro Presidente do Tribunal Superior do Trabalho, a quem foi atribuída competência exclusiva para conferi-lo na medida e extensão que entender cabível, até o julgamento do Recurso Ordinário interposto.

Normalmente o deferimento do efeito suspensivo fica restrito a concessões regionais que extrapolam os limites da razoabilidade ou afrontam precedentes já consagrados na mais alta Corte da Justiça do Trabalho.

Para concluir esta sucinta explanação, importante se faz algumas considerações a respeito de Dissídios Coletivos, normalmente de natureza econômica, envolvendo categorias diferenciadas ou de profissionais liberais a elas equiparados.

Categoria diferenciada ou de profissionais liberais a ela equiparados, segundo o Art. 511, § 3º, da Consolidação das Leis do Trabalho, "é a que se forma dos empregados que exerçam profissões ou funções diferenciadas por força de estatuto profissional especial ou em consequência de condições de vida singulares", em outras palavras, como ensinou o saudoso Dr. Valentin Carrion, *Comentários à Consolidação das Leis do*

Trabalho (35ª ed. – 2010 – Saraiva – p. 479), categoria profissional diferenciada é a que tem regulamentação específica de trabalho diferente da dos demais empregados da mesma empresa, o que lhe faculta convenções ou acordos coletivos próprios (ai incluem-se também as sentenças normativas – não consta do ensinamento original), diferentes dos que possam corresponder à atividade preponderante do empregador, que é a regra geral.

São exemplos de categorias diferenciadas, a dos motoristas, desenhistas técnicos, enfermeiros, telefonistas em geral, propagandistas, vendedores, secretárias, publicitários, técnicos de segurança do trabalho, profissionais de educação física, etc. e de profissionais liberais a ela equiparados, engenheiros, advogados, etc.

Em razão dessas categorias estarem diluídas em uma infinidade de empresas dos mais diversos segmentos econômicos, é praticamente inviável o estabelecimento de negociações coletivas com vistas à formatação de convenções ou acordos coletivos nas suas respectivas data-base.

Diante desse quadro, somente resta às entidades sindicais profissionais correspondentes, após cumpridas as formalidades legais e estatutárias exigidas, formularem representação para a instauração de dissídios coletivos, a fim de que o poder judiciário estabeleça as condições sociais e econômicas aplicáveis a esses trabalhadores.

Também em razão da pulverização desses profissionais, com raríssimas exceções, esses dissídios coletivos são instaurados contra os Sindicatos Patronais que representam os diversos segmentos econômicos, com o objetivo de que as sentenças normativas prolatadas gerem efeitos sobre todas as empresas por eles representadas.

Relevante registrar que as empresas somente serão atingidas pelos efeitos das Convenções e Acordos Coletivos ou sentenças normativas caso elas próprias ou seu Sindicato Patronal as subscreverem ou integrarem o polo passivo dos respectivos dissídios coletivos, nos exatos termos da Súmula 374 do Tribunal Superior do Trabalho.

> SUM-374 NORMA COLETIVA. CATEGORIA DIFERENCIADA. ABRANGÊNCIA (conversão da Orientação Jurisprudencial nº 55 da SBDI-1) – Res. 129/2005, DJ 20, 22 e 25/04/2005
> Empregado integrante de categoria profissional diferenciada não tem o direito de haver de seu empregador vantagens previstas em instrumento coletivo no qual a empresa não foi representada por órgão de classe de sua categoria. (ex-OJ nº 55 da SBDI-1 – inserida em 25/11/1996)

A NEGOCIAÇÃO COLETIVA DE TRABALHO E OS SEUS NÍVEIS DE ATUAÇÃO

Davi Furtado Meirelles

No âmbito da negociação coletiva de trabalho os níveis são os mais variados possíveis. Seu campo de atuação é amplo e seu estudo tem sido objeto de distintos ângulos, perspectivas e tendências, de modo que na integração dos vários enfoques a matéria passa a ser multidisciplinar: negociação coletiva por profissão ou ramo de atividade econômica; em nível de empresa, de categoria, regional, nacional e, mais recentemente, as formas tripartites e o ideal de concertação social, com a presença do Estado como partícipe, no seu papel de ator social.

Antes de mais nada, porém, cabe ressaltar que a Organização Internacional do Trabalho (OIT), em sua Recomendação nº 163, de 19/06/1981, nos ítens 4 e 5,[1] estimula a prática na negociação coletiva para todos os níveis, abrangendo todos os sujeitos coletivos.

Mas, como se poderia entender o que quer dizer níveis de negociação coletiva? O grande mestre Amauri Mascaro Nascimento[2] é quem melhor definiu a questão. Para ele,

---

[1] 4. (1) Medidas condizentes com as condições nacionais devem ser tomadas, se necessário, para que a negociação coletiva seja possível em qualquer nível, inclusive o do estabelecimento, da empresa, do ramo de atividade, da indústria, ou dos níveis regional ou nacional.
(02) Nos países em que a negociação coletiva se desenvolve em vários níveis, as partes da negociação devem procurar assegurar-se de que haja coordenação entre esses níveis.
5. (1) As partes da negociação devem tomar medidas para que seus negociadores, em todos os níveis, tenham a oportunidade de passar por treinamento adequado.
(2) As autoridades públicas podem oferecer, a pedido, assistência a organizações de empregadores e de trabalhadores nesse treinamento.
(3) O conteúdo e a supervisão dos programas desse treinamento devem ser definidos pela apropriada organização em causa, de trabalhadores ou de empregadores.
(4) Esse treinamento não prejudicará o direito de organizações de trabalhadores e de empregadores de escolherem seus próprios representantes para fins da negociação coletiva.

[2] *Iniciação ao Direito do Trabalho*, 29ª ed. São Paulo: LTr, 2003, p. 582.

níveis são degraus. São as instâncias em que as negociações coletivas se desenvolvem. Correspondem aos níveis de entidades sindicais. Há sindicatos, federações, confederações e centrais sindicais. São organizações sobrepostas. Formam uma grande pirâmide de associações sindicais.

Assim, quanto aos níveis de contratação coletiva, tem-se aquela no âmbito da empresa, a que abrange a categoria toda e a que envolve diversas categorias. Há absoluta autonomia entre esses níveis.

A diferenciação não é complicada. Em nível empresarial, o processo negocial interessa à própria empresa, ou ao grupo ao qual ela está vinculada na negociação, e aos sindicatos dos trabalhadores, ou somente à representação no local de trabalho, se lá existir, significando, o plural, no primeiro caso (dos sindicatos), tanto se houver mais de uma categoria naquela empresa, ou grupo empresarial, quanto se a discussão contratual abranger mais de uma categoria de trabalhadores.

Mas, no direito brasileiro, em princípio, os agentes participantes da negociação coletiva são apenas as entidades sindicais de 1º grau, respectivamente, de trabalhadores e empregadores, que representam aquelas categorias ali em questão. É o que disciplina o inciso VI do art. 8º constitucional.[3]

Ou seja, o ordenamento jurídico pátrio parte da premissa de que a negociação coletiva somente pode ocorrer em nível de sindicatos, enquanto entidades representativas das categorias econômicas e profissionais de 1º grau. Esses seriam detentores do monopólio representativo no processo negocial.

Todavia, no nosso modesto modo de ver, não é bem essa a interpretação correta da norma constitucional, posto que a liberdade sindical preconizada no *caput* do referido dispositivo fundamental estaria sendo violada com tal entendimento. Há exceções à regra geral constitucional. A legislação infraconstitucional (art. 617, § 1º, da CLT[4]) não se confronta com a nova ordem constitucional e, portanto, ainda está em vigor.

---

3 Art. 8º – É livre a associação profissional ou sindical, observado o seguinte: VI – é obrigatória a participação dos sindicatos nas negociações coletivas de trabalho;

4 Art. 617 – Os empregados de uma ou mais empresas que decidirem celebrar Acordo Coletivo de Trabalho com as respectivas empresas darão ciência de sua resolução, por escrito, ao Sindicato representativo da categoria profissional, que terá o prazo de 8 (oito) dias para assumir a direção dos entendimentos entre os interessados, devendo igual procedimento ser observado pelas empresas interessadas com relação ao Sindicato da respectiva categoria econômica.

A legislação consolidada acima lembrada estipula que na ausência, ou recusa, dos sindicatos, as respectivas federações assumem o controle das negociações, o mesmo ocorrendo com as confederações, no lugar das federações.

Portanto, interpretar de forma gramatical e rígida o que diz o inciso VI do art. 8º constitucional não é o melhor caminho. Até mesmo porque, a exclusão das federações e confederações, não as considerando no conceito amplo de sindicatos, atenta, frontalmente, ao princípio de liberdade sindical consagrado no *caput* do mesmo dispositivo da Lei Maior, como se disse linhas acima.

Até mesmo os trabalhadores, diretamente, podem assumir o processo de contratação, na ausência ou recusa de todos os entes sindicais acima. O próprio dispositivo da CLT citado autoriza-os. Cabe discutir se essa regra está ou não em vigor. Se se considerar que o legislador constitucional quis, realmente, privilegiar os sindicatos no processo de negociação coletiva, tornando-a prerrogativa apenas deles, tem-se que o dispositivo celetizado ora invocado foi revogado. Porém, não é essa a melhor interpretação e não foi esse o entendimento que o TST chegou a ter, quando chamado a se manifestar.[5]

---

§ 1º – Expirado o prazo de 8 (oito) dias sem que o Sindicato tenha se desincumbido do encargo recebido, poderão os interessados dar conhecimento do à Federação a que estiver vinculado o Sindicato e, em falta dessa, à correspondente Confederação, para que, no mesmo prazo, assuma a direção dos entendimentos. Esgotado esse prazo, poderão os interessados prosseguir diretamente na negociação coletiva, até o final.

5 No dissídio coletivo de natureza econômica, Processo nº RODC 670593/2000.5, publicado no DJ em 30/08/2002, cujo relator foi o Ministro Wagner Pimenta, tendo como partes, de um lado, a empresa BRASCABOS COMPONENTES ELÉTRICOS E ELETRÔNICOS LTDA., como suscitante-recorrente, e de outro lado, o SINDICATO DOS TRABALHADORES NAS INDÚSTRIAS METALÚRGICAS, MECÂNICAS DE MATERIAL ELÉTRICO E OURIVES DE LIMEIRA E REGIÃO, como suscitado-recorrido, o TST validou Acordo Coletivo de Trabalho, para regulamentação de Banco de Horas, firmado diretamente entre a empresa e seus empregados, após recusa, respectivamente, do sindicato, da federação e da confederação da categoria ali envolvida, concedendo o suprimento da outorga sindical, cuja parte dispositiva foi a seguinte: "ACORDAM os Ministros da Secretaria de Dissídios Coletivos do Tribunal Superior do Trabalho, por maioria, dar provimento ao recurso para homologar o acordo coletivo de trabalho que implantou o banco de horas durante todo o interregno compreendido de 20/2/1998 a 20/2/2000, invertidos os ônus da sucumbência no tocante às custas, vencidos os Exmos. Ministros Francisco Fausto e José Luciano de Castilho Pereira, que negavam provimento

Mas, o Supremo Tribunal Federal, por exemplo, não compactua da posição de que a negociação coletiva pode acontecer sem a presença do organismo sindical, ainda que nos casos extremos, como na ausência deste ou na sua recusa injustificada.

Por ocasião da edição da Medida Provisória nº 794, de 29/12/2004, que, pela primeira vez, disciplinou sobre o processo de negociação da Participação nos Lucros e Resultados (PLR), a possibilidade de participação dos sindicatos profissionais nas negociações não foi contemplada, conforme dispunha o *caput* do seu art. 2º

À época, a polêmica sobre a obrigatoriedade ou não da participação dos sindicatos nas negociações coletivas sobre a PLR se instalou, levando a uma grande reação no meio sindical, que não queria perder a prerrogativa que a Constituição havia garantido.

Visando garantir a presença dos sindicatos de trabalhadores nas negociações envolvendo a PLR, a Confederação Nacional dos Metalúrgicos da CUT (CNM-CUT), a Confederação Nacional dos Trabalhadores na Agricultura (CONTAG) e a Confederação dos Químicos da CUT ingressaram no Supremo Tribunal Federal com uma Ação Direta de Inconstitucionalidade (ADIN), que recebeu o nº 1.361-1, a qual logrou êxito, em liminar, no que se refere à obrigatoriedade de participação dos sindicatos nas negociações, com fundamento no dispositivo constitucional acima referido.

Porém, ainda que a nova redação daquele dispositivo da Medida Provisória da PLR, posteriormente transformada em Lei nº 10.101/2000, tenha sido modificada, para contemplar a participação sindical, certo é que a intenção do legislador continuou sendo a de privilegiar a negociação direta com a comissão interna dos trabalhadores.

Portanto, numa interpretação mais correta e abrangente do sistema jurídico pátrio, baseado na Teoria da Recepção,[6] tem-se que a regra do § 1º do art. 617 da CLT foi recepcionada pela Constituição de 1988. É que os sujeitos da negociação coletiva são, na verdade, os trabalhadores, representados pelas suas respectivas organizações sindicais, e os empresários, por si, ou também representados por suas organizações sindicais. Tal qual o direito de greve, o direito à negociação coletiva é um direito do trabalhador de exercício coletivo.

---

ao recurso. O Exmo. Ministro Presidente da Sessão deferiu o pedido de juntada de voto vencido do Exmo. Ministro José Luciano de Castilho Pereira e de voto convergente do Exmo. Ministro João Oreste Dalazen."

6 Pela Teoria da Recepção, a Constituição nova revoga a velha, mas não a legislação infra--constitucional, que continuará em vigor se os princípios e normas não forem incompatíveis com a nova Constituição.

Partindo daquela premissa inicial, porém, vê-se que as federações e as confederações não têm legitimidade para negociar e assinar os instrumentos normativos, se há sindicatos constituídos naquelas bases territoriais. Apenas onde a categoria não é organizada em sindicatos, aquelas entidades de grau superior podem suprir a ausência deles.

O mesmo ocorre com as centrais sindicais. Aliás, no ordenamento jurídico brasileiro, durante anos, elas não eram admitidas e reconhecidas como entes sindicais, o que somente aconteceu com a Lei nº 11.648, de 31/03/2008. É que o Brasil adotou o sistema verticalizado, com enquadramento por categoria e unicidade de organização, o que é incompatível com a existência das centrais sindicais, que vivem num ambiente de liberdade plena, num sistema horizontalizado de representação, abrangendo inúmeras categorias e num ambiente de pluralidade. Porém, elas existem desde a década de 80 do século passado, são evidentemente representativas, têm força política e atuam nas mais diversas esferas administrativas.[7]

Não há como negar, pois, a importância das centrais sindicais num amplo processo de negociação. Otávio Pinto e Silva[8] reconhece o papel das centrais, enquanto interlocutoras de uma negociação mais abrangente, entre trabalhadores e empresários, que "poderia passar a ser efetuada periodicamente em escala nacional, tendo em vista a implementação do contrato coletivo de trabalho."

Porém, sem a participação do sindicato, as cláusulas negociadas por entidades de grau superior não se aplicam na sua base territorial. Se uma entidade sindical superior quiser negociar em representação a um grupo de sindicatos, o instrumento negociado terá que receber a anuência de cada sindicato em cuja base territorial as cláusulas serão aplicadas. No entanto, essas entidades de grau superior desenvolvem a articulação política da negociação e, de modo complementar, assinam, em conjunto com os sindicatos, os respectivos instrumentos.

Segundo o professor Amauri,[9]

---

[7] No Brasil, as centrais sindicais têm assento em diversos órgãos colegiados, ou conselhos administrativos públicos, como no FGTS (Fundo de Garantia por Tempo de Serviço), no FAT (Fundo de Amparo ao Trabalhador), dentre outros. A Lei nº 11.648/2008 reconheceu a central sindical como uma forma de organização geral dos trabalhadores, segundo a definição do seu art. 1º

[8] *Subordinação, Autonomia e Parassubordinação nas Relações de Trabalho*. São Paulo: LTr, 2004, p. 170.

[9] *Iniciação ao Direito do Trabalho*, 29ª ed. São Paulo: LTr, 2003, p. 582.

essas restrições da lei têm criado problemas práticos. Impedem que entidades de grau superior, diretamente, negociem e assinem contratos coletivos de trabalho, sem a presença dos sindicatos municipais, intermunicipais ou estaduais, para que nas respectivas bases a norma possa ser exigível e validamente aplicada.

Outro argumento intransponível contra o monopólio dos sindicatos no processo negocial, como se viu, é que o direito à negociação coletiva de trabalho é do trabalhador, e não do sindicato, apenas sendo exercido de forma coletiva, por meio de uma organização representativa.

Ou seja, o legislador constitucional privilegiou os sindicatos como agentes da negociação coletiva de trabalho; todavia, não excluiu outras organizações representativas do processo negocial, sejam elas as demais entidades de níveis superiores (federações e confederações), ou as próprias representações nos locais de trabalho (vinculadas ou não aos sindicatos), naquelas exceptualidades que a própria legislação infraconstitucional permitiu.

Vale acrescentar que o Projeto de Emenda Constitucional nº 369/2005, base inicial para a reforma sindical que foi discutida no âmbito do Fórum Nacional do Trabalho (FNT), tenta solucionar de vez a questão relativa ao monopólio dos sindicatos no processo de contratação coletiva.

A nova redação[10] do inciso VI do art. 8º da Carta Política, se aprovada a proposta, contemplará todos os entes sindicais no processo de negociação coletiva, pois, substituirá a expressão "sindicatos" por "entidades sindicais", alcançando os vários níveis que a nova estrutura sindical deverá fazer surgir.

Porém, no Anteprojeto de Lei de Relações Sindicais, os sindicatos continuaram sendo privilegiados, posto que, muito embora o seu art. 97, *caput* e parágrafo único,[11] prever a negociação coletiva em todos os níveis, desde o inicial (art. 98, §§ 1º e 2º[12]),

---

10 "é obrigatória a participação das entidades sindicais na negociação coletiva".

11 Art. 97 – A negociação coletiva e o contrato coletivo de trabalho poderão ter abrangência nacional, interestadual, estadual, intermunicipal e municipal. Parágrafo Único – As confederações, federações e sindicatos de trabalhadores e de empregadores poderão instaurar a negociação coletiva e celebrar o contrato coletivo.

12 Art. 98 – A negociação coletiva deverá guardar correspondência com o âmbito de representação dos atores coletivos.
§ 1º – O nível inicial da negociação coletiva corresponde à organização dos sindicatos de trabalhadores.

o controle da negociação coletiva continuará nas mãos dos sindicatos, que poderão avocar a contratação a qualquer tempo, ainda que a representação interna esteja à frente das tratativas no âmbito empresarial (art. 88, *caput* e §§).

Ao tratar dos níveis de negociação, José Cláudio Monteiro de Brito Filho[13] sugere que a negociação coletiva, "dependendo dos objetivos e do universo que se pretendem alcançar, pode ser desenvolvida em diversos níveis". Dessa forma, a negociação coletiva "pode ser feita por empresa, por categoria e até supracategorias". E acrescenta que a mesma pode abranger apenas os associados, como no caso da Itália, ou envolvendo todos os empregados, independentemente de filiação, como acontece no Brasil.

Lembra o mesmo autor que a OIT, quando tratou do tema, estipulou como níveis de negociação coletiva considerando desde aquela realizada na empresa até a negociação nacional, que ele considera como "centralizada", "havendo entre estes dois extremos, espaço para uma extensa gama de sistemas intermediários".

Independentemente dos vários níveis de negociação coletiva, não há como afirmar que um é mais vantajoso que o outro. O que vai determinar a escolha de um deles, nas legislações em que essa liberdade de escolha é possível, são os objetivos pretendidos e a experiência que se tem sobre as diversas hipóteses, permitindo a adoção do nível mais adequado à situação real a ser tratada.

Algumas legislações, porém, não permitem essa liberdade de escolha, onde os níveis de negociação coletiva são determinados, impostos por lei, como o modelo brasileiro sugeriu.

Certo é que a negociação coletiva sobrevive em vários ambientes. E a variação ambiental vai ocorrer de acordo com a dimensão do conflito a ser discutido.

Por exemplo, quando as tratativas envolverem amplos interesses, em momentos de profunda crise econômica ou social, seu ambiente será os grandes espaços de negociação, muitos deles tripartites (trabalhadores, empregadores e poderes públicos), que poderão dar origem a grandes pactos sociais, ou mesmo a um processo de concertação social. Os atores da negociação, nesses casos, poderão ser as entidades sindicais de grau superior (centrais, confederações e federações), além do ente público, conforme o caso.

Porém, se as discussões forem de interesses categoriais, regionais, setoriais, cujos objetivos não venham extrapolar os limites das partes diretamente envolvidas,

---

§ 2º – As diferenças de organização e de critérios de agregação entre as entidades sindicais de trabalhadores e de empregadores não poderão ser invocadas como justificativa para a recusa à negociação coletiva.

13 *Direito Sindical*. São Paulo: LTr, 2000, p. 189.

encontrarão ambiente ideal na convergência das representações sindicais de graus inferiores (sindicatos e, quando muito, federações).

Aliás, no caso de múltiplas categorias, a negociação coletiva poderá ocorrer entre diversos entes sindicais, tanto de um lado, quanto de outro, de categorias diferenciadas, com interesses comuns ou não.

Já as questões mais próximas do cotidiano da empresa, das rotinas de trabalho, ou seja, que envolvam interesses individuais dos trabalhadores, terão um espaço de tratativas mais adequado no interior das próprias empresas, quando os atores do processo deverão ser o empregador e a representação interna dos trabalhadores, seja esta vinculada ou não ao sindicato representativo, podendo este, também, participar do processo, em conjunto com a representação interna, ou não.

A propósito, ainda que a legislação brasileira tenha colocado obstáculos para esse ambiente de negociação, certo é que, nas empresas onde a organização no local de trabalho se faz presente, onde o direito à informação é observado, o processo de contratação coletiva tem verificado progressos enormes, sobretudo após a regulamentação da participação nos lucros ou resultados, desde as inúmeras medidas provisórias editadas[14] até o advento da Lei nº 10.101/2000, a qual estimula a negociação coletiva direta entre as partes (trabalhadores e empresa).

Esse fenômeno tem demonstrado que a contratação coletiva tende a surtir resultados mais satisfatórios, quando realizada diretamente entre a empresa e a representação dos trabalhadores, pois são eles que conhecem os problemas mais de perto, vivenciam o dia a dia da atividade fabril, têm objetivos mais coincidentes e, com o tempo, ganham mais confiança um no outro, para fazer fruir com mais confiança e responsabilidade o repasse das informações necessárias para se chegar a uma contratação mais adequada ao momento real.

Essas experiências positivas foram sentidas e vividas junto aos metalúrgicos do ABC. A negociação coletiva no local de trabalho, ainda que, no caso presente, o Sindicato dos Metalúrgicos do ABC, como um dos mais fortes e atuantes do país, venha participando ativamente dessas contratações, em conjunto com as representações internas, são as que alcançam os melhores e mais significativos resultados.

Sob um outro ângulo, os níveis de contratação podem ser entendidos, também, como articulados e não articulados.

---

14 A primeira Medida Provisória (nº 794) sobre a participação nos lucros ou resultados surgiu ao apagar das luzes do Governo Itamar Franco, em 29/12/1994. Até ser transformada na Lei nº 10.101, em 19/12/2000, foram 77 medidas provisórias reeditadas.

No primeiro caso, há uma relação de união (não de unificação), de comunhão de interesses ou, como diz o próprio nome, de articulação entre objetivos comuns, respeitadas as situações especiais de cada partícipe.

Siqueira Neto,[15] com muita sabedoria, delineou uma hipótese de contratação coletiva articulada nacionalmente, garantida por uma legislação de incentivo e sustento,[16] a qual seria a base mínima a ser respeitada por todos, que desencadearia em diversas outras contratações, em níveis estaduais, regionais, municipais, até chegar ao chão das fábricas. O que ele chamou de contrato coletivo nacional seria adaptado a cada situação em que a contratação viesse a desenvolver.

Na negociação coletiva não articulada, até mesmo envolvendo uma só categoria, não existe a relação de união de interesses, de estratégias comuns, de objetivos afins. Como exemplo prático, no Brasil, seria o mesmo que dizer que a contratação coletiva levada a efeito pela categoria metalúrgica ligada à Força Sindical, não teria os mesmos propósitos e finalidades da mesma negociação implementada pelos metalúrgicos da Central Única dos Trabalhadores (CUT), ainda que os sindicatos patronais fossem os mesmos. As pautas seriam diferenciadas, e os acordos alcançados, por conseguinte, também.

Em outra abordagem, os níveis de negociação coletiva, levando-se em conta a concentração dos atos de contratação, poderão levar aos modelos concentrado e descentralizado, conforme definição de Amauri Mascaro Nascimento.[17]

A obviedade está presente. No primeiro caso, há uma concentração da negociação coletiva num nível maior dos entes sindicais. Enquanto que, do lado oposto, há uma normal distribuição de poderes para negociar sem a necessária centralização superior.

Importante, aqui, diferenciar a concentração da articulação, vista logo acima. No primeiro caso, todo o processo negocial cabe ao ente sindical superior indicado, que se faz presente por toda a categoria ali representada. No caso da contratação articulada, como verificado, há apenas uma negociação superior, que define o mínimo a ser respeitado, descendo em diversas e variadas negociações em níveis inferiores, fazendo uma adequação com cada situação localizada.

---

15 *Contrato Coletivo de Trabalho – Perspectiva de rompimento com a legalidade repressiva*. São Paulo: LTr, 1991, págs. 196 a 209.

16 O autor descreve a legislação de incentivo e sustento, ou de suporte, como sendo a regulação de direitos mínimos, inflexíveis, os quais não seriam objeto da contratação e deveriam ser garantidos e respeitados (*op. cit.*, p. 201-205).

17 *Compêndio de Direito Sindical*, 5ª ed. São Paulo: LTr, 2008, p. 329.

Por fim, e de forma proposital, deixou-se para analisar o que seria o nível mais elevado de negociação coletiva: as discussões tripartites, que dão origem aos pactos sociais e podem levar a um processo de concertação social.

Em linhas gerais, para que não se estabeleça uma confusão entre os institutos citados, tem-se que o processo de negociação tripartite envolve, necessariamente, os entes sindicais dos trabalhadores, as organizações empresariais e o governo, seja em nível federal, estadual ou municipal, dependendo do interesse e do objeto a ser contratado.

Os pactos sociais, geralmente, são os acordos que nascem desse processo de contratação tripartite, onde os três lados assumem compromissos, como uma das espécies de um amplo acerto geral, chamado de concertação social. Ou seja, poder-se-ia dizer que o pacto social seria uma espécie, da qual a concertação social seria o gênero.

Porém, os pactos sociais e a concertação social, muitas vezes, se confundem. Amauri Mascaro Nascimento,[18] por exemplo, considera que os pactos sociais "são acordos macroeconômicos tripartites – entre governo, trabalhadores e empregadores –, também denominados entendimentos, acordos nacionais ou concertação social."

Com os pactos sociais a negociação coletiva atinge seu nível máximo, pois não serão apenas os problemas localizados que deverão merecer o interesse dessa ampla contratação, mas também, e principalmente, as questões gerais, que permitem intervenção em políticas econômicas e sociais de alcance nacional.

Em razão deste alcance maior é que o professor Amauri[19] leciona que "o conteúdo dos pactos sociais é mais amplo. Abrange, frequentemente, questões da mais alta envergadura, de ordem econômica, trabalhista e política, de modo a caracterizar-se como macroacordo, planejamento geral de natureza socioeconômica." Porém, o mestre ressalva que os pactos sociais "podem ter por objeto muitos dos mesmos temas das contratações coletivas: salários, preços, emprego, desemprego, sindicalização e outros".

Ainda nesta linha de raciocínio, continua o mesmo autor[20] discorrendo que

> a ideia sobre o conteúdo dos pactos sociais é a de colaboração dos grupos sociais com o governo, para elaboração conjunta de um plano de política econômica e social, em troca de deveres que as partes assumem, visando a consecução do objetivo comum, o que leva alguns autores a ver nos pactos

---

18 *Compêndio de Direito Sindical*, 5ª ed. São Paulo: LTr, 2008, p. 314.
19 *Compêndio de Direito Sindical*, 5ª ed. São Paulo: LTr, 2008, p. 314.
20 *Compêndio de Direito Sindical*, 5ª ed. São Paulo: LTr, 2008, p. 314.

sociais um instrumento de tipo neocorporativista, na medida em que resultam da integração das forças sociais nos esforços do governo.

O pacto social representa mais um instrumento da negociação coletiva, conforme entendimento de José Augusto Rodrigues Pinto,[21] para quem "a negociação coletiva está para o pacto social como o processo está para o seu resultado". Dessa forma, o pacto social estaria no mesmo plano de igualdade do acordo coletivo e da convenção coletiva de trabalho, como mais um instrumento da negociação coletiva.

O que fundamenta a necessidade de um pacto social é uma situação de anormalidade política ou econômica, ou seja, uma crise que venha exigir uma conjugação de vontades, de cooperação entre as três partes envolvidas na discussão.

E nem poderia ser diferente, pois numa situação de normalidade, as condições de trabalho somente interessam ao binômio capital e trabalho, reduzindo-as ao nível categorial ou, mesmo, empresarial, conforme o caso.

A ideia de concertação social vem de longa data.[22] Desde a reconstrução de vários países europeus, após as 1ª e 2ª Guerras Mundiais (1914-1918 e 1939-1945), esse processo já vinha sendo observado. Porém, foi com os "Pactos de Moncloa", em 1977, na Espanha, que a prática da concertação social veio concretizar-se.[23]

Pois bem, no Brasil, as poucas experiências de negociações tripartites, de pactos sociais, somente tiveram início com o surgimento das centrais sindicais, sobretudo das duas maiores, quais sejam, a Central Única dos Trabalhadores (CUT) e a Força Sindical.[24] Foram elas que impulsionaram esse tipo de negociação, até mesmo, pela natureza de legítimas representantes de uma variada camada da classe trabalhadora, envolvendo diversas categorias.

O processo que resultou na criação das centrais sindicais foi originado no chamado "novo sindicalismo", surgido no final dos anos 70, do século passado, principalmente na região do ABC paulista. Porém, numa primeira fase, essa nova experiência de

---

21 *Direito Sindical e Coletivo do Trabalho*. São Paulo: LTr, 1998, p. 194.

22 José Augusto Rodrigues Pinto dá como certo que o pacto social teve origem escandinava, nos "acordos básicos" realizados na Dinamarca, em 1899, e na Noruega, em 1902, que objetivavam o estabelecimento de formas de relação de trabalho entre trabalhadores e empresas, e destes com o Estado – *Direito Sindical e Coletivo do Trabalho*. São Paulo: LTr, 1998, p. 196.

23 Flávio Antonello Benites Filho, *Direito Sindical Espanhol – A Transição do Franquismo à Democracia*. São Paulo: LTr, 1997, págs. 65 a 69.

24 A CUT nasceu em 1983 e a Força Sindical em 1991.

organização sindical tinha uma concepção mais conflituosa, corroborada pelo momento político que o Brasil vivia à época, em plena ditadura militar, com censura e restrições de direitos. A CUT nasceu nesse ambiente.

Com o processo político de redemocratização do país, com a perspectiva de uma nova ordem constitucional, esse "novo sindicalismo" passou a viver uma segunda fase, de orientação mais propositiva, o que permitiu uma ampliação do processo de negociação coletiva, dando origem a um ensaio de pacto social ainda no Governo Sarney, quando o Ministério do Trabalho tinha à frente um ex-advogado do então Sindicato dos Metalúrgicos de São Bernardo do Campo e Diadema, o ministro Almir Pazzianotto Pinto.

A Força Sindical, ao contrário, já nasceu num ambiente diferenciado, quando as grandes greves do final da década de 1970 e início da de 1980 já não mais vinham acontecendo com frequência. Trata-se de uma central sindical originária do que se convencionou chamar de "sindicalismo de resultados".

No Governo Itamar Franco, entre 1992 e 1994, essas duas centrais sindicais foram agentes importantes no processo de negociação tripartite realizado no âmbito das câmaras setoriais que, juntamente com o empresariado e com o governo federal, construíram um espaço de discussão, que resultou em redução de impostos, garantia de emprego aos trabalhadores e diminuição de preço dos produtos fabricados, permitindo o reaquecimento de uma economia extremamente estagnada naquele momento.

Ou seja, esse nível mais elevado de negociação coletiva constitui um campo fértil de atuação das centrais sindicais, considerando que, no Brasil, é o único momento em que elas têm atuado como agentes de um processo mais amplo de negociação coletiva

MEDIAÇÃO E ARBITRAGEM NO DIREITO COLETIVO DO TRABALHO

Flávio Obino Filho[1]

I. Noção de Conflito

As relações interpessoais são por sua própria natureza conflitivas. O homem, em sociedade, nas mais diversas situações se depara com conflitos de interesse. A forma natural de superação de qualquer conflito é a negociação. A negociação é praticada pelas pessoas, de maneira consciente ou inconsciente, a todo o momento e em diferentes cenários. Nós estamos sempre negociando.

Em que pese identificarmos na negociação a forma primária de solução dos conflitos, nem sempre é este o caminho escolhido pelas partes divergentes. Classicamente existem três maneiras de resolver disputas: pela imposição do poder, pelo exercício do direito, ou pela defesa de ambos os lados de seus próprios interesses (negociação).

Nos conflitos individuais e coletivos de trabalho não é diferente. Eles são solvidos pela imposição de poder (por exemplo: controle do pagamento do salário e poder do empregador de por fim a relação contratual ou poder do coletivo dos trabalhadores de interromper o processo produtivo); pelo exercício do direito (imposição de regras legais, carecendo a execução forçada da intervenção do Estado através da Justiça do Trabalho); ou através da negociação (individual ou coletiva).

No presente ensaio, vamos centrar a nossa análise nos conflitos coletivos de trabalho e, consequentemente, no sistema brasileiro de solução de conflitos trabalhistas coletivos, identificando a existência de espaços legais, bem como a oportunidade da adoção da mediação e da arbitragem como métodos de solução.

---

1 Flávio Obino Filho, advogado trabalhista empresarial especializado no direito coletivo do trabalho, negociador atuante em mesas redondas em todo o Brasil, Ex-Presidente do Conselho Deliberativo do Fundo de Amparo do Trabalhador – CODEFAT, Ex-Conselheiro da OAB/RS.

II. Sistema de Solução dos Conflitos Trabalhistas Coletivos no Brasil

Antes da lei de sindicalização de 1931, que estabeleceu a criação dos Conselhos Mistos e Permanentes de Conciliação para a composição dos conflitos entre patrões e operários, inexistia no Brasil qualquer parâmetro oficial para dirigir ou orientar as relações trabalhistas. A administração do conflito dependia do poder das partes. Assim, as relações de trabalho em nosso país eram como uma briga de rua, ou seja, na ausência de uma estrutura legal, o poder dos antagonistas determinava o resultado das relações trabalhistas.

Neste contexto, os reduzidos processos de negociação implementados tinham como pano de fundo o próprio poder dos antagonistas.

A partir da Lei Sobre Convenções Coletivas (Decreto-Lei nº 21.761, de 23 de agosto de 1932) que seguiu a Lei de Sindicalização e, posteriormente, pela regulamentação inserida em Título próprio na Consolidação das Leis do Trabalho, a luta foi retirada das ruas e levada ao ringue. A legislação introduziu "direitos" como substitutos do "poder".

A luta no ringue centrava-se em torno de um juiz: o Estado juiz. O poder normativo da Justiça do Trabalho e o intervencionismo do Governo nas questões salariais completaram o quadro que enaltecia o direito como forma de superação do conflito. Neste cenário é que se inscreve o Decreto nº 54.018/64 estabelecendo uma política salarial rígida aos agentes em conflito.

Adotando um modelo americano superado do final da década de 1940 (acordo de produtividade da General Motors e da United Auto Workers), foi criado no início dos anos 1980 o mecanismo obrigatório de repasse aos salários do índice anual de produtividade; índice este medido e divulgado pelo Poder Executivo. O império dos direitos floresceu nos anos 1980.

A própria negociação, forma natural de solução dos conflitos coletivos, passou a ser balizada pelas normas de direito e pelas decisões da Justiça do Trabalho, no exercício do poder normativo.

A instituição do Sistema Nacional de Relações do Trabalho através do Decreto nº 88.984/93 que teve como objetivo otimizar a negociação coletiva e aprimorar a utilização de outros meios de solução dos conflitos coletivos – foi criado, inclusive, o Serviço Nacional de Mediação e Arbitragem –, não mudou a realidade de "negociação" baseada em direitos.

A negociação com espeque em direitos produziu, decorrentemente, acordos baseados nos "direitos". Os instrumentos de ajuste coletivo cresceram de uma dezena de cláusulas para dezenas de páginas. A linguagem contratual foi substituída por questões de cautela e segurança. Repetição de normas consagradas em lei, normatização de comportamentos, enfim restou estabelecido um movimento para codificar todas as contingências relativas ao trabalho em forma de direitos. Foi forjada, neste cenário, uma geração de advogados-negociadores ou de negociadores-advogados, na qual me incluo.

Na luta pelo mercado o consultor Júlio Lobos, autor do à época festejado "Manual de Guerrilha Trabalhista" dedicou um capítulo inteiro para defender o afastamento dos advogados das mesas de negociação. Em capítulo intitulado "O homem da caixa-preta", citava Shakespeare em seu King Henry VI, ato IV, cena 2, ou seja, "a primeira coisa que faremos: vamos matar todos os advogados".[2] Dizia o autor que aos advogados estava reservado apenas dois papéis: o contencioso trabalhista e a redação do acordo.

Após mais de cinquenta anos da mudança das negociações baseadas no poder em negociações fundadas em direitos, o sistema foi consagrado na Constituição de 1988, que reafirmou a competência da Justiça do Trabalho para julgar os dissídios coletivos entre trabalhadores e empregadores, podendo estabelecer normas e condições, respeitadas as disposições convencionais e legais mínimas de proteção ao trabalho.

Já na vigência da ordem constitucional inaugurada com a Carta Magna de 1988 foi promulgada a Lei nº 7.701, de 21 de dezembro de 1988, dispondo sobre a especialização de Turmas dos Tribunais do Trabalho em processos coletivos. O indigitado diploma legal autorizava o TST e os tribunais regionais a adotarem jurisprudência predominante em dissídios coletivos.

Os tribunais foram detalhistas e exaustivos na normatização de sua jurisprudência predominante através de precedentes, que acabaram por balizar e turbinar as negociações coletivas. Os sindicatos operários passaram a incorporar nas suas pautas de reivindicações todos os precedentes positivos dos tribunais regionais e do TST, com a certeza de que caso não obtivessem sucesso na negociação, teriam os mesmos garantidos pela Justiça do Trabalho no exercício do poder normativo. Segundo José Alberto Couto Maciel "poder este que enfraquece a própria negociação coletiva, pois as partes que se consideram beneficiadas com decisões judiciais, não aceitarão negociar por vantagens inferiores, mediante convenções ou acordos".[3] O mesmo autor sentenciava:

> e a tendência é a de que, no futuro, com a sedimentação da jurisprudência dos Tribunais Regionais e do TST, e seu conhecimento pelas partes, mais rara se tornará a negociação, pendendo uma parte para o Tribunal, se

---

2 *Manual de Guerrilha Trabalhista*. São Paulo: Melhoramentos, 1986, p. 111.

3 *Precedentes do TST em Dissídios Coletivos Comentados*. São Paulo: LTr, 1990, p. 13.

as decisões deste lhe for mais benéfica. Ninguém realiza uma negociação para conceder mais, ou ganhar menos, sabendo previamente que existe um órgão judicial que lhe dará maior vantagem, daí o enfraquecimento da negociação coletiva frente ao amplo poder normativo da Justiça do Trabalho.[4]

Por mais incongruente que possa parecer, a partir dos anos 1990, passamos a assistir ao declínio do sistema de negociação baseada em direitos. O agente desta mudança foi o próprio Estado-juiz, ou seja, o Tribunal Superior do Trabalho que passou a extinguir, por problemas formais, a maioria dos processos de dissídio coletivo a ele submetidos. A Instrução Normativa do TST nº 4, de 8 de julho de 1993 (revogada em 2003), que uniformizava procedimentos nos processos de dissídio coletivo, é emblemática deste período a medida em que ao burocratizar o processo, criava as condições para a sua extinção.

Em pronunciamento no Seminário Internacional Interlabor (São Paulo/abril-1997), o então Ministro Presidente do Tribunal Superior do Trabalho, Ermes Pedro Pedrassani, disse que a extinção de processos pelo TST constitui deliberada forma de coerção, com o propósito de impor às partes a negociação coletiva.

Nesta mesma linha, em 1998, foram adotadas orientações jurisprudenciais que davam publicidade ao entendimento prevalecente na Corte de extinção dos processos de dissídio coletivo. A seguir elencamos algumas das causas extintivas contidas nos indigitados precedentes: a) pauta reivindicatória não registrada em ata; b) não observância do *quorum* estabelecido no art. 612 da CLT; c) não realização de assembleias em cada um dos municípios que compõe a base territorial do sindicato; d) ausência de indicação do total de associados da entidade sindical impossibilitando aferição do *quorum* para deliberação; e) não correspondência entre as atividades exercidas pelos setores profissional e econômico envolvidos no conflito; f) negociação prévia insuficiente decorrente de não realização de mesa redonda em âmbito do Ministério do Trabalho; g) edital de convocação da assembleia não publicado em jornal que circule em cada um dos municípios componentes da base territorial do sindicato profissional; h) não observância do prazo entre a publicação do edital e a realização da assembleia previsto no estatuto social; e i) não esgotamento das tratativas negociais diretas antes da solicitação de mediação pelo Ministério do Trabalho.

A postura adotada pelo Tribunal Superior do Trabalho era nitidamente de incentivo à negociação coletiva direta entre as partes e refletiu no número de processos de dissídio coletivo submetidos à Justiça do Trabalho.

---

4   *Op. cit.* p. 17/18.

Os dados disponíveis do Tribunal Regional do Trabalho da 4ª Região demonstram que os processos anuais de revisão de dissídio coletivo que eram de 705 em 1995, baixaram para 476 em 1999 e para 333 em 2001.

A *Lex Legum* de 1988, como acima destacado, consagrou o poder normativo da Justiça do Trabalho, mas o legislador constituinte, de forma que poder-se-ia classificar como contraditória, atento a necessidade de garantir maior autonomia aos atores das relações entre capital e trabalho, também adotou princípios de valorização da negociação coletiva, senão vejamos: a) ajuizamento do processo de dissídio coletivo somente após restar frustrada a negociação coletiva; b) o reconhecimento das convenções e acordos coletivos de trabalho, c) a possibilidade de redução salarial em convenção ou acordo coletivo, d) compensação horária e redução de jornada mediante acordo individual ou convenção coletiva de trabalho, e e) possibilidade de adoção de turnos ininterruptos de revezamento superiores a seis horas por negociação coletiva.

A contradição presente na *Lex Legum* de 1988 que ao mesmo tempo estabelecia a intervenção do Estado como juiz dos conflitos coletivos e por outro incentivava a solução negociada entre as partes acabou conciliada, com a edição da Emenda Constitucional nº 45/2004 que estabeleceu que o Estado somente solveria os litígios coletivos de trabalho caso as partes em conflito, em comum acordo, optassem pela intervenção da Justiça do Trabalho. Assim, o país rompeu com o sistema de solução de conflitos baseado no exercício de direitos e adotou, como regra, a solução através da negociação coletiva que deve ser praticada até a exaustão pelas partes.

Esta transformação acompanha tendência mundial de necessidade de flexibilização das relações de trabalho para fins de enfrentamento da concorrência empresarial hoje globalizada. O sistema de codificação e normatização de todas as particularidades que envolvem a relação de trabalho, ou seja, aquele resultante da negociação de direitos, surge como um entrave para a adoção de fórmulas criativas de parceria empregado-empresa, ou mesmo impedem reduções no custo da mão de obra.

O dilema brasileiro é muito semelhante ao americano narrado por Jerome Barret em seu "*P.A.S.T is the Future*", onde p.a.s.t não refere a passado, mas a princípios (principles), pressupostos (assumptions), passos (steps) e técnicas (techniques), senão vejamos:

> Os empregadores que procuram reduzir os custos da mão de obra sem se preocuparem com o prejuízo potencial no relacionamento e, aqueles que procuram formar associações empresa-empregado limitadas, estão ambos se distanciando da negociação baseada em direitos e em direção a algo mais arraigado à realidade do mercado. No primeiro caso, os

empregadores tem retrocedido, voltando à negociação baseada no poder. Eles estão interessados primariamente na redução do custo da mão de obra através de qualquer meio e procuram concessões sem levar em conta o pagamento por comprabilidade ou por custo de vida. Se o sindicato ameaça desafiar essa estratégia pela greve, reposições (de pessoal) são sempre facilmente conseguidas. Nestes casos, o poder tem, mais uma vez, se tornado a base dos resultados da negociação. No caso em que apenas mudanças limitadas e quase sempre superficiais são introduzidas na organização, a negociação baseada em direitos se mantém como norma. Mas, nos casos em que verdadeiras sociedades empresa-empregado são formadas, os lados estarão se distanciando da negociação baseada em direitos e não estarão retornando à negociação baseada no poder. Ao contrário, estarão se movendo em direção a negociação baseada em interesses para assegurar seu futuro comum.[5]

Em que pese este redirecionamento do nosso sistema de solução de conflitos no sentido de incentivar a negociação por interesses, a legislação trabalhista brasileira ainda é um entrave para as negociações criativas e que tenham por objetivo ganhos mútuos.

III. A legislação trabalhista e os limites à negociação coletiva

No início do primeiro Governo Lula foi criado o Fórum Nacional do Trabalho, com a participação de representantes do Estado, trabalhadores e empresários, com o objetivo de propor alterações na legislação sindical e trabalhista. Os debates a respeito da reforma sindical evoluíram, mas a reforma trabalhista ficou para um segundo momento. Naquela oportunidade, criticamos a decisão, porque não fazia sentido alterar a legislação sindical para melhor legitimar os representantes de empresários e trabalhadores caso mantida a atual legislação do trabalho, que é exaustiva, detalhista e engessada, deixando um pequeno espaço para a negociação coletiva. Nada justificava que preparássemos os melhores atores, caso estes permanecessem sem palco para o seu ofício.

A legislação trabalhista vigente está ultrapassada e já não condiz com a realidade das relações de trabalho. Impõe-se uma reforma ampla da legislação com discussão do

---

5 *P.A.S.T. Is The Future*. Falls Church, Va. 1995.

marco legal. As alterações não podem ficar limitadas a uma mera faxina na CLT com supressão apenas das normas que não mais produzem efeitos. A CLT sofre de fadiga institucional e acaba por inibir as relações entre empregado e empregador no âmbito da empresa. Hoje são poucos os que sabem o número de artigos abrigados na CLT. Não basta abrir a última página de uma edição impressa ou navegar até o final de um arquivo eletrônico, pois, em seu corpo, encontramos artigos com números que se repetem e diferenciados por letras. Confesso desconhecer quantos são os artigos, mas com certeza são mais de mil, que se somam a parágrafos e alíneas. À legislação consolidada se somam leis esparsas, diplomas específicos, normas de categoria, regulamentos e portarias. Cumprir a legislação trabalhista no Brasil é uma verdadeira gincana. Segurança jurídica é palavra estranha ao sistema. Mesmo uma empresa extremamente organizada, que tenha como objetivo o fiel cumprimento da lei, assessorada pelos mais competentes advogados, não escapará de demandas trabalhistas, sendo provável a sua condenação por não observância de determinada norma de proteção contida nesta teia legislativa pseudoprotetiva.

Neste cenário de legislação sufocante não há espaço para a consertação entre trabalhadores e empresários, através da contratação individual ou mesmo como produto da negociação coletiva. De outra parte, se deve ter presente que a CLT, em que pese tenha sofrido ajustes ao longo dos anos, foi moldada na metade do século passado, para proteger uma força de trabalho majoritariamente rural e de indústrias de modelo fordista. Foi desenhada para uma época em que os trabalhadores não tinham acesso a informação e efetivamente eram hipossuficientes em comparação aos seus empregadores. Com a democratização do acesso a informação, com o aumento dos níveis de alfabetização e a diminuição dos trabalhadores situados na linha da pobreza, a hiperproteção hoje não mais se justifica. O trabalhador de hoje entende de mercado e conhece a empresa em que trabalha. O trabalhador de hoje tem espaço, voz e voto. Não é por outra razão que por oito anos tivemos como presidente um metalúrgico forjado no chão de fábrica.

No final do Governo Fernando Henrique Cardoso a questão da necessária alteração do marco legal das relações de trabalho foi enfrentada. Com efeito, a proposta estabelecia que o negociado prevaleceria sobre o legislado, respeitados princípios insculpidos na Constituição Federal. Assim, aprovada a proposta, o único limite à negociação coletiva seriam os direitos trabalhistas contidos na *Lex Legum*. A proposta foi batizada de flexibilização do direito do trabalho.

Inquestionavelmente o princípio que justificava e sustentava a proposta – valorização da negociação coletiva – é o que deve ser perseguido quando se pretende adotar um novo marco legal para as relações de trabalho no Brasil. A proposta, contudo, foi apresentada em época inapropriada – final de Governo –, em regime de urgência (injustificável) e parida em gabinetes, sem participação dos atores das relações capital e trabalho. Combatida em seu conteúdo e com evidente vício de origem a proposta foi arquivada a pedido do Presidente Lula (era de iniciativa do Executivo) e esquecida, restando apenas a estigmatização de que flexibilização é sinônimo de desregulamentação e desestruturação do direito do trabalho, quando na verdade se presta para adequar a lei, em sua aplicação, à realidade.

O marco legal precisa ser alterado, seja para dar mais espaço a concertação, seja para fins de adequação às alterações sofridas nas formas de produção, que não se encaixam no modelo de proteção da legislação trabalhista consolidada. O trabalho domiciliar, que cresce a cada dia com os avanços da tecnologia, as novas ferramentas de trabalho que desconhecem o modelo de jornada, dias de trabalho e horário comercial, por exemplo, não encontram previsão adequada na CLT.

Pesquisa realizada pelo Banco Mundial com 133 países indica que apenas o Panamá e Portugal possuem leis trabalhistas menos flexíveis que as brasileiras.[6] Leis trabalhistas antigas, desatualizadas e hiperprotetivas dão a falsa ideia da proteção, mas acabam por prejudicar a massa trabalhadora. Em que pese o aumento da contratação formal em 2010, ao verificarmos que a maioria da força de trabalho no Brasil ainda é informal, ou seja, está fora da super proteção da CLT, a constatação é óbvia. Este tipo de legislação é danosa em todos os momentos econômicos. Elas não contribuem para a criação de empregos nos picos de expansão econômica e também não protegem do desemprego nos momentos de retração. Neste sentido, os números da população economicamente ativa do país são pedagógicos. O desemprego no Brasil é dos menores desde o início da série histórica em 2002. Capitais brasileiras, como Porto Alegre e Rio de Janeiro, convivem já há um ano com números de pleno emprego – em torno de 5%. A atividade econômica no ano de 2010 cresceu em média 10%. Assim, todas estas variáveis levariam a conclusão de que o número de empregados formais aumentou na mesma proporção. Errado. O número de contratações formais, por exemplo, em setembro de 2010, foi menor do que o número de empregos com carteira assinada gerados em setembro de 2009.[7] Assim, estamos gerando postos de trabalho, mas na sua maioria continuam fora da proteção da CLT, o que demonstra categoricamente que nem nos picos de expansão econômica leis como a nossa auxiliam na contratação.

---

6   Doing Business. Banco Mundial. 2004.

7   Instituto Brasileiro de Geografia e Estatística – Pesquisa Mensal de Emprego.

Leis detalhistas e engessadas como a brasileira também não protegem do desemprego nos momentos de retração como assistimos no final de 2008 e início de 2009.

Assim, o atual sistema de relações de trabalho, em razão da sua falta de autonomia e agilidade para se adequar ao novo mundo do trabalho, não tem atendido as necessidades dos trabalhadores, nem ajuda na competitividade e desenvolvimento das empresas. Há consenso de que este modelo anacrônico precisa ser reformado. O dissenso reside em como fazê-lo e que novo modelo adotar. Desenvolvimento econômico e incentivo ao emprego são as palavras de ordem.

Nos últimos vinte anos foram realizados no Brasil vários fóruns, congressos e organizados grupos de trabalho tripartites que se dedicaram a discutir e debater um novo modelo de relações sindicais e do trabalho. Os Ministros Barelli e Paulo Paiva foram incansáveis criando as condições para que os atores das relações de trabalho e o Governo construíssem um novo modelo. Foram discussões de mais calor do que luz, de mais transpiração do que inspiração. Com o advento do Governo Lula e a criação de um novo Fórum Nacional do Trabalho a expectativa era de que a reforma trabalhista e sindical saísse das boas intenções e aditivada pela vontade política fosse implementada. Os sindicatos de base – patronais e de trabalhadores – acabaram alijados do processo e o projeto final não foi chancelado pela sociedade. Os meses de trabalho estão hoje reproduzidos em um projeto que há mais de cinco anos permanece adormecido em algum escaninho do Congresso Nacional.

A reforma trabalhista e sindical é polêmica. A reforma trabalhista e sindical não combina com um Governo que coloca a própria governabilidade acima de qualquer interesse maior da sociedade. A reforma trabalhista não é prioridade, pelo contrário, mais uma vez será relegada a um plano secundário, mantida a política de pequenos ajustes em um modelo que se perdeu no tempo.

O mesmo marco legal que inibe a negociação coletiva, acaba também por não incentivar a adoção de formas alternativas de resolução dos conflitos coletivos de trabalho, como a mediação e a arbitragem.

IV. Das Formas Alternativas de Resolução de Conflitos

A partir da década de 1970, o mundo civilizado compreendeu a imperiosidade da criação de mecanismos extremamente eficazes de composição de desavenças vis--à-vis da inadequação – a este novo cenário da arena mundial – dos tradicionais meios de solução de controvérsias. A solução encontrada na Europa e na América do Norte e ainda tímida no Brasil, foi a de reanimar os institutos da mediação e arbitragem, o que logo ensejou a criação de prestigiadas Cortes, com intensa atividade na remoção de arestas das relações comerciais (internacionais e locais) e trabalhistas domésticas de centenas de países.

A solução extrajudicial de conflitos é uma evolução da própria liberdade contratual: se o indivíduo é livre para contratar, porque também não será livre para resolver os conflitos que nascem do contrato que livremente estabeleceu? O questionamento é proposto pelo magistrado trabalhista mineiro Antonio Alvarez da Silva, citado por Antonio Gomes de Vasconcelos. "Quem tem capacidade para engajar-se a negociar seus interesses com outrem tem, por definição, a mesma capacidade e autonomia para interpretar sua vontade e resolver conflitos que daí nasçam".[8]

A mediação é o ato de terceiro, estranho ao conflito de interesses, que aproxima as partes para que elas próprias negociem. Funciona como um facilitador. A negociação é direta, apenas a iniciativa é do terceiro. A mediação, segundo escolas tradicionais que tratam das formas alternativas de solução de conflitos, abrange também a conciliação. Nesta hipótese, o terceiro não se restringe à iniciativa da negociação; ele também negocia, sugere, propõe e se esforça no sentido de estabelecer o acordo de vontade das partes em conflito.[9]

A arbitragem é um procedimento de heterocomposição, cabendo a um terceiro por fim ao conflito, diferenciando-se da mediação em que as próprias partes põem fim ao conflito (autocomposição). "Na arbitragem, é o árbitro quem resolve obrigatoriamente o conflito, elaborando o laudo que se pressupõe aceitável pelos litigantes, mas cujas cláusulas se baseiam em critérios próprios, e não nos das partes".[10] Alguns autores sustentam que sendo a arbitragem facultativa e tendo como impulso inicial um ajuste entre as partes em conflito que o procedimento seria de autocomposição, com o que não concordamos.

---

8   *Sindicatos na Administração da Justiça*. Belo Horizonte: Del Rey.
9   *Mediação e Arbitragem – Estratégia de Desenvolvimento*. Porto Alegre: INAMA/RS. 1997, p. 13.
10 DA COSTA, Walmir Oliveira. *Breve Estudo sobre a Solução dos Conflitos Trabalhistas no Brasil e no Direito Comparado – Direitos Coletivos do Trabalho na Visão do TST – Homenagem ao Ministro Rider Nogueira de Brito*. São Paulo: LTr, 2011, p. 165.

V. Mediação e Arbitragem de Conflitos Coletivos e a Legislação Brasileira

O art. 114 da Constituição Federal aponta a negociação coletiva entre as partes envolvidas como a forma natural de superação dos conflitos coletivos de trabalho. Na hipótese de concertação entre as partes é celebrado título coletivo extrajudicial que obrigará as entidades envolvidas e seus representados. É celebrado *inter partes*, mas tem efeito *erga omnes*. O aludido instrumento passará a ter eficácia a partir do seu depósito, para fins de registro, junto ao Ministério do Trabalho, atualmente utilizando-se do "Sistema Mediador".

Não alcançando as partes a superação do conflito através da negociação direta, poderão se utilizar do instituto da mediação.

O Brasil, na forma do disciplinado na Constituição Federal, adotou o modelo americano, englobando no conceito de mediação tanto a facilitação como a conciliação.

A utilização de um neutro pelos atores das relações coletivas de trabalho independe de qualquer regulamentação em lei. De toda a sorte, a matéria foi tratada na Medida Provisória que dispõe sobre as regras complementares ao Plano Real, transformada, após incontáveis reedições, na Lei nº 10.192, de 14 de fevereiro de 2001. Neste sentido, reza o art. 11 que:

> Frustrada a negociação entre as partes, promovida diretamente ou através de mediador, poderá ser ajuizada a ação de dissídio coletivo. § 1º O mediador será designado de comum acordo pelas partes ou, a pedido destas, pelo Ministério do Trabalho, na forma da regulamentação que trata o § 5º deste artigo. § 2º A parte que se considerar sem as condições adequadas para, em situação de equilíbrio, participar da negociação direta, poderá, desde logo, solicitar ao Ministério do Trabalho a designação de mediador, que convocará a outra parte. § 3º O mediador designado terá prazo de até trinta dias para a conclusão do processo de negociação, salvo acordo expresso com as partes interessadas. § 4º Não alcançado o entendimento entre as partes, ou recusando-se qualquer delas à mediação, lavrar-se-á ata contendo as causas motivadoras do conflito e as reivindicações de natureza econômica, documento que instruirá a representação para o ajuizamento do dissídio coletivo. § 5º O Poder Executivo regulamentará o disposto neste artigo.

O dispositivo legal, mesmo antes da sua transformação em lei, já havia sido regulamentado através do Decreto nº 1.572, de 28 de julho de 1995, que consagra o princípio de livre escolha do mediador pelas partes. Caso as partes não façam a escolha, poderão solicitar que seja o mesmo designado pelo Ministério do Trabalho. A escolha poderá recair em mediador privado previamente cadastrado – desde que as partes concordem quanto ao pagamento dos honorários por ele proposto – ou em servidor do quadro do Ministério do Trabalho, sem ônus para as partes. Somente serão cadastrados como mediadores privados aqueles que comprovarem experiência na composição dos conflitos de natureza trabalhista e conhecimentos técnicos específicos (art. 4º, § 1º).

A matéria também é tratada nas Portarias GM/MTb nº 817 e 818, de 30 de agosto de 1995. Dispõe o art. 3º da Portaria nº 817/95 que: "o exercício da mediação integra o processo de negociação coletiva de trabalho e visa oferecer às partes informações sobre os efeitos e consequências do conflito, formular propostas ou recomendações às representações em litígio e estimulá-la à solução aceitável". De outra banda, a Portaria nº 818/95 estabelece a forma como deverá ser comprovada a experiência na composição de conflitos e o conhecimento técnico.

Assim, o instituto da mediação previsto na Carta Magna de 1988, foi regulamentado como condição para a instauração do processo de dissídio coletivo. Estabelece a lei que não tendo sido o conflito submetido previamente aos procedimentos de mediação, o processo de dissídio coletivo será extinto por ausência de pressuposto processual. Neste cenário, a mediação passou a ser encarada pelas partes como uma etapa meramente burocrática. O sindicato com intenção de submeter o conflito ao Judiciário (geralmente o profissional) encaminha o pedido de mediação ao Ministério do Trabalho, optando pela designação de um servidor como mediador, sendo a parte adversa convidada a participar do procedimento. Ausente o sindicato patronal é lavrada ata da tentativa de conciliação em âmbito do Ministério do Trabalho. Nos casos em que há o comparecimento do sindicato empresarial, no mais das vezes, a reunião se limita a lavratura de ata, onde é consignado que as partes esgotaram as tratativas negociais, cumprida assim a formalidade exigida em lei e observada pelos tribunais trabalhistas.

O instituto, desta forma, não é aproveitado. Os principais esforços de conciliação são feitos por alguns magistrados responsáveis pela instrução do processo de dissídio coletivo, pelo Ministério Público do Trabalho quando o interesse da sociedade está em jogo, e em alguns casos pelos poucos servidores do Ministério do Trabalho e Emprego efetivamente preparados para atuarem como facilitadores em conflitos coletivos de trabalho. A utilização de mediadores remunerados não foi assimilada pelas entidades sindicais, sendo certo que estes terceiros, acostumados com o conflito coletivo de trabalho e sua solução, em muito poderiam contribuir para a autocomposição dos litígios categoriais trabalhistas.

Ultrapassada a negociação direta entre as partes, com a utilização ou não de um mediador, sem restar superado o conflito, poderão as partes, nos termos da disposição inscrita no art. 114, § 1º, da Constituição Federal de 1988, eleger árbitros. A arbitragem prevista é de natureza privada e caracteriza-se como meio pacífico de superação do conflito coletivo, pois depende de uma manifestação de vontade das duas partes em conflito.

Eleito o árbitro, sua sentença arbitral obrigará as partes envolvidas e todos os seus representados. Antes do advento da Lei nº 9.307/96 o entendimento prevalecente era de que o laudo arbitral deveria ser homologado na Justiça do Trabalho para que produzisse efeitos, forte no disposto nos então vigentes arts. 1.085 a 1.097 do Código de Processo Civil, subsidiariamente aplicado em face da permissão contida no art. 769 da CLT.

Segundo José Alberto do Couto Maciel

> o que a Constituição de 1988 reconheceu expressamente foi a possibilidade de ser aplicado o Juízo arbitral, expresso no Código de Processo Civil, não reforçando a viabilidade de se solucionar os conflitos coletivos de trabalho mediante arbitragem facultativa ou obrigatória, sem homologação judicial, como alguns pretendem.[11]

Complementa o autor que

> qualquer que seja o tipo de arbitragem, facultativa ou obrigatória, não tem ela força coercitiva em nosso direito, nem a constituição lhe outorgou esta possibilidade, baseando-se nosso sistema de conflitos coletivos preferencialmente na solução jurisdicional, decorrente da decisão normativa da Justiça do Trabalho.[12]

Respeitando as limitações legais, sempre trilhamos direção oposta, entendendo que firmado o compromisso arbitral pelas partes o laudo deveria obrigar os sindicatos e seus representados sem a necessidade de homologação judicial. Com a publicação

---

11 *Op. cit.*, p. 19.
12 *Op. cit.*, p. 20.

da Lei da Arbitragem o cenário jurídico foi alterado, sendo certo que não há mais necessidade da homologação.

A intervenção da Justiça do Trabalho nos raros casos de arbitragem de conflitos coletivos de trabalho registrados no Brasil sempre o foi de forma atabalhoada, sendo emblemático conflito em que as partes escolheram como árbitro juiz presidente de Junta de Conciliação e Julgamento. Referimo-nos ao conflito instaurado em 1992 envolvendo o Sindicato dos Empregados no Comércio de Lages/SC e o Sindicato do Comércio Varejista de Lages/SC. Na época a instrução dos processos de revisão de dissídio coletivo era normalmente delegada pelo Presidente do TRT para o Presidente da Junta de Conciliação e Julgamento da sede das entidades sindicais em conflito. Quando da realização da audiência as partes, após chegarem a um impasse na negociação direta, sugeriram que o conflito fosse solvido por arbitragem, elegendo como árbitro o próprio Juiz Presidente da Junta de Conciliação e Julgamento Antonio Carlos Facioli Chedid. Registrando em ata que era inusitada a escolha de um magistrado de primeiro grau para solver o impasse, o juiz em referência aceitou o encargo, tendo, inclusive (registro em ata) telefonado para o Presidente do TRT que não se opôs, sugerindo que "após a solução, o feito seja submetido à apreciação da Corte". O juiz, investido como árbitro, fixou condições nos pontos em que havia impasse entre as partes, tendo as mesmas registrado em ata "seu profundo agradecimento à justiça por ter solvido mais uma vez de forma justa e harmônica o conflito entre o capital e o trabalho".[13]

Como se depreende dos próprios registros em ata, as partes, culturalmente arraigadas a tradição de solução dos conflitos pelo Poder Judiciário, ao final agradecem à Justiça pela solução do litígio e não ao juiz que se despiu da sua condição de magistrado e atuou como árbitro.

Os autos foram remetidos para o Tribunal Regional do Trabalho da 12ª Região que, ao apreciar as deliberações considerou irregular o laudo arbitral adotado, por entender que o mesmo precede o ajuizamento do dissídio coletivo, que não foi o caso, é por não ser conferida ao juiz a legitimidade para exercer a função de árbitro. A decisão foi adotada pelo voto de desempate da presidência, em acórdão da lavra da Juíza Ione Ramos.[14]

Estatui, ainda, o art. 114 da Constituição Federal que frustrada a negociação coletiva e não exercida a opção da arbitragem privada, compete à Justiça do Trabalho conciliar e julgar os dissídios coletivos de trabalho. Trata-se do Poder Normativo da

---

13 *Revista LTr.* São Paulo: LTr, vol. 56, julho de 1992, p. 880.

14 Proc. TRT 12ª Reg. VER-DC 0217/92 – Ac. TP 3373/92, 20/09/1992.

Justiça do Trabalho que era acionado por qualquer uma das partes em conflito, independentemente da aceitação da outra, antes da alteração ocorrida em 2004.

O § 2º do art. 114, com a redação dada pela Emenda Constitucional nº 45/2000 é expresso neste sentido:

> Recusando-se qualquer das partes à negociação coletiva ou à arbitragem, é facultado às mesmas, de comum acordo, ajuizar dissídio coletivo de natureza econômica, podendo a Justiça do Trabalho decidir o conflito, respeitadas as disposições convencionais e legais mínima de proteção ao trabalho, bem como as convencionadas anteriormente.

Assim, para que hoje ocorra a intervenção da Justiça do Trabalho para solver o conflito coletivo é essencial o comum acordo das partes litigantes. No sistema anterior a intervenção da Justiça do Trabalho no exercício do poder normativo era obrigatória, bastando o impulso de uma das partes em conflito. Na vigência do dispositivo com a nova redação dada pela Emenda Constitucional nº 45/04 a intervenção somente estará legitimada havendo acordo entre os sindicatos. A condição de comum acordo é reconhecida pela Seção de Dissídios Coletivos do TST, como pressuposto de constituição e desenvolvimento válido e regular do processo, na forma do art. 267, IV, do CPC.

A matéria também é pacífica na grande maioria dos tribunais regionais, sendo exceções os estaduais do Rio Grande do Sul e de São Paulo, que firmaram entendimento no sentido de que a expressão "comum acordo" não se constitui em requisito para o ajuizamento da ação, que poderá ocorrer por iniciativa de qualquer uma das partes. Sustentam que entendimento contrário implicaria em violação ao exercício do direito de ação constitucionalmente previsto. A posição não tem prevalecido no reexame dos processos pelo Tribunal Superior do Trabalho, e não poderia ser diferente. Com efeito, no exame dos dissídios coletivos a atividade dos tribunais é de natureza normativa e não jurisdicional, não se tratando de ação típica e, consequentemente, não havendo de se falar no direito de ação protegido pela *Lex Legum* de 1988. Nos processos de dissídio coletivo não se decide sobre lesão ou ameaça de direito, mas são criadas novas normas categoriais. O comum acordo, assim, é mero pressuposto de constituição previsto no próprio texto constitucional em procedimentos em que o tribunal do trabalho exerce atividade normativa.

Havendo o comum acordo entre as partes, a matéria é apreciada pelo tribunal regional, cabendo recurso ordinário ao Tribunal Superior do Trabalho contra a sentença normativa proferida. O Poder Judiciário, ao apreciar o conflito, cria novas condições de trabalho como se poder legiferante fosse. Também é cabível o recurso extraordinário ao STF para reapreciação da decisão do TST quando a condição fixada ou o próprio exercício do poder normativo suscita questões de ordem constitucional.

Prevalece no STF o entendimento de que o exercício do poder normativo constitucional pela Justiça do Trabalho é limitado. Assim, havendo norma legal disciplinando a matéria, ou nas hipóteses em que a Constituição adotou princípio a ser regulamentado por lei, não existe campo para a atuação do Poder Normativo.

VI. Conclusões

A nova redação do art. 114 da Constituição Federal, ao afastar a possibilidade de que uma das partes imponha a intervenção da Justiça do Trabalho para solução do conflito, reanima os institutos da negociação coletiva, da mediação e da arbitragem.

A eleição do constituinte de 1988 foi da negociação coletiva como forma natural e incentivada de solução dos conflitos coletivos de trabalho, mas a preservação do poder normativo da Justiça do Trabalho sempre funcionou como agente inibidor da solução negociada. Muitos dos líderes sindicais, frente ao impasse, abriam mão da sua responsabilidade pelo resultado, transferindo o mesmo para o Estado. Assim, um resultado que desagradasse a categoria seria de responsabilidade do Poder Judiciário e não do líder responsável pela condução da negociação.

A condição do comum acordo, aliada a necessidade de solução dos conflitos, tem funcionado como fator que obriga os líderes sindicais a negociarem até a exaustão. Neste cenário, a intervenção de mediadores privados que funcionem efetivamente como facilitadores para se chegar a um acordo deve ser valorizada.

Quanto à arbitragem, há de ser considerado que nos conflitos coletivos de trabalho ela tem natureza normativa, produzindo os mesmos efeitos de uma convenção coletiva de trabalho, sendo pouco provável que as partes abram mão do controle do resultado para que um terceiro fixe condições a serem observadas obrigatoriamente por toda uma coletividade de representados.

Quando se trata de solução de um conflito coletivo econômico, a decisão arbitral não tem natureza jurisdicional, mas sim normativa, já que nestes casos não se trata de deliberar sobre a base de uma regra preexistente, mas sim de criar uma nova norma que solucione o conflito criado pelas pretensões opostas das partes, quanto às condições socioeconômicas que devem regrar suas relações de trabalho.[15]

Outrossim, até pela especialização da Justiça do Trabalho em matéria trabalhista de natureza coletiva, entendemos que a estrutura dos tribunais regionais do trabalho – órgãos especializados – poderá ser utilizada pelas partes para a solução do litígio de comum acordo e desde que abram mão do direito de recorrer às instâncias superiores. A modalidade que entendemos mais adequada nestes casos é a de arbitragem de ofertas finais.

Na arbitragem de ofertas finais cada uma das partes vai submeter ao órgão arbitral sua última proposta, sendo que o órgão ficará engessado, tendo que acolher, na íntegra, a proposta de um dos litigantes. Este tipo de modalidade faz com que as partes aproximem ao máximo as suas propostas, diminuído, consequentemente, o risco de uma decisão muito diferente do resultado pretendido.

A arbitragem de ofertas finais está prevista no art. 4º, II, da Lei nº 10.101/2000 para solver impasses na fixação da participação dos empregados nos lucros e resultados e de certa forma é apontada como procedimento que deveria ser adotado pelas partes nos conflitos coletivos de trabalho – regra não observada pelos tribunais do trabalho. Com efeito, a Lei nº 10.192/95, que criou regras complementares ao Plano Real, já estabelecia em seu art. 12 que "no ajuizamento do dissídio coletivo, as partes deverão apresentar, fundamentadamente, suas propostas finais, que serão objeto de conciliação ou deliberação do Tribunal, na sentença normativa".

Ressalvado o acima consignado quanto ao pequeno espaço para a negociação coletiva decorrente da legislação trabalhista exaustiva, o momento é propício para que as partes que ainda remanescem como órfãs do sistema de solução dos conflitos coletivos de trabalho através da intervenção da Justiça do Trabalho valorizem a "negociação até a exaustão", com ou sem a participação de um mediador, e que enxerguem a atual estrutura da Justiça do Trabalho como um órgão arbitral que poderá ser acionado para intervir no conflito através do procedimento de arbitragem de ofertas finais.

Com a negociação e a mediação e arbitragem privadas, a solução do conflito trabalhista coletivo se torna menos castelo da norma, baixando-se a ponte que o libera para chegar à realidade.

---

15 CORDOVA, Efrén. *Relações Coletivas de Trabalho na América Latina.* Genebra: LTr – IBRART; 1985, p. 256.

O PODER NORMATIVO

Mário Gonçalves Júnior[1]

A primeira lição de sociologia de quem quiser colocar os pés na faculdade de direito é: "o ser humano é um ser gregário". Trocaria sinceramente essa *máxima*, embora acreditável por tanto tempo, por algo mais abrangente e sincero: "o ser humano é gregário *desde que*, para os "líderes" desses seres, os outros puderem ser conduzidos a fazer o que aqueles "líderes" quiserem". Se as massas não puderem seguir o mando dos líderes, os "seres humanos" não serão exatamente "gregários": uns disputarão os outros. É só recapitular as grandes guerras, as invasões bárbaras, as cruzadas, e a outra conclusão não se chegará senão à inarredável de que de "gregária" a humanidade não tem absolutamente nada. A aglomeração em comunidades sempre se fez no entorno da força, física ou intelectual, de um núcleo que subjugou o restante, ainda que sob a modalidade menos severa do "pacto social".

Há planetariamente uma gama caótica de valores, religiões, culturas, padrões de comportamento em todos os aspectos, não mais separada por fronteiras físicas, geográficas, dado o grau de globalização e de transposição entre nações que a imigração livre ou forçada permite que, mesmo nos territórios soberanos, ou dito soberanos, onde a chamada *ordem jurídica interna* se impôs, os conflitos sociais continuarão existindo nas incontáveis alternativas de pensamento.

As fronteiras físicas de outrora, quando o mundo era tão mais gigantesco do que as populações, funcionavam para isolar essas diferenças culturais todas. Hoje, não mais. O planeta está tomado. Acotovelam-se multidões nas grandes cidades, com códigos de conduta e de crença variados.

É neste contexto que há de se entender o chamado "poder normativo". O "poder normativo" genericamente falando é o *troféu* dos vencedores sobre os vencidos, ou o *privilégio dos que vencem*. Até a *história* costuma ser criticada como inevitavelmente a *versão dos vencedores*.

Há nisto, claro, um componente incômodo: quem faz cumprir as regras postas, sabendo ou não, o faz seguindo a lógica do "vencedor" em algum lugar ou nalguma época

---

[1] Advogado trabalhista, pós-graduado em Direito Processual Civil e Direito do Trabalho.

do passado, distante ou nem tanto. Mas é, por assim dizer, um "conduzido" pelos valores do vencedor que estipulou as regras sob as quais o julgador fará valer sua *sentença*.

Não que as regras postas sejam necessariamente *injustas*, ou que os vencedores que as ditaram sejam necessariamente *opressores*, e que a minoria, ou os vencidos de antes dessas leis, por sua vez, teriam códigos melhores a impor. Nada disto. Mas quem aplica a lei deve ter em mente, sempre, que a própria lei, enquanto triunfo, qualquer que seja o tempo, o espaço e as circunstâncias, não derivou senão de uma obra puramente humana, seja nas batalhas físicas ou intelectuais que lhes procederam, seja nos nomes respeitabilíssimos que seguirem num determinado sentido, que não perceberam que, antes deles, uma longa batalha na história do homem se deu para que pudessem gostosamente *opinar de suas cátedras*.

A pergunta original é sempre a mesma: DE ONDE VEM O PODER de ditar regras aos outros, ainda que emanem de um ente estatal?

Essa pergunta serve apenas para entender o contexto. Hoje é difícil alcançar as origens das inspirações legislativas, dado que o arcabouço trabalhista data da década de 1940, da chamada "era Vargas". Que valores estiveram ali, compondo o *caldo* cultural e político que ditou a legislação que até hoje aplicamos (além da bastante repetida inspiração na Carta Del Lavoro do fascismo italiano)? Muitos críticos tem por anacrônica a legislação ainda vigente por conta de sua longevidade, tendo o mundo mudado tanto de lá pra cá, mas não se pode afastar que de alguma maneira *nos acostumamos – ou acomodamos? – a ela* (nenhuma Constituição Federal ousou tamanha adesão ou eficácia por tanto tempo), que os movimentos de reforma sempre não passaram de meros ensaios frustrados. E o país caminha, ainda debaixo desse sistema, anacrônico ou não, que em tempos de crescimento da economia global permite a redução das taxas de desemprego, mas em épocas de crise, lançam na mesma proporção milhares de trabalhadores à informalidade. O ideal seria uma legislação que apresentasse a mesma qualidade na bonança e na crise. Nossa legislação, virando o olhar para o passado recente, definitivamente não tem essa virtude.

E é essa legislação, cujos pilares resistem até hoje, que atribui à Justiça do Trabalho o poder de normatizar as relações coletivas de trabalho, complementarmente aos direitos básicos previstos na própria lei.

Partir do pressuposto de que legislação alguma poderia regrar toda a multidão de situações específicas, categoria por categoria, empresa por empresa, é, entretanto, uma *válvula de escape* que impede ou alivia as pressões e o caos, ângulo sob o qual tem se mostrado, senão ideal, ao menos útil ao sistema vigente.

A alteração do artigo 114 da Constituição pela Emenda 45 colocou à prova essa relativa flexibilidade de se permitir nos casos concretos de conflitos grupais legislar pontualmente, acomodando as diferenças no universo das empresas e trabalhadores. A expressão "de comum acordo", que parecia *atar* o poder normativo da Justiça do Trabalho numa posição de exceção ou de coadjuvância, acabou não mudando, na prática, nada. Bastando que uma das partes no conflito coletivo recusasse a jurisdição, ao impasse restaria tão-somente o esgotamento pela própria via negocial levada às últimas consequências: se a jurisdição fosse impedida de atuar nos impasses mais críticos, negociação alguma se poderia esperar, senão apenas o acirramento da disputa, como num cabo-de-guerra em que venceria ou o poder de mobilização da classe trabalhadora, ou o poder econômico das empresas de suportarem, por maior ou menor tempo, as greves, visando esvaziá-lo através do sufocamento da fonte de subsistência de seus empregados.

Passado esse teste de fogo da Emenda 45/04, não há a menor dúvida da presença, com importância, do poder normativo, o que comprova que já tentamos nos livrar dele, mas, sem um modelo alternativo à manga, as críticas que se fizeram até hoje contra o Poder Normativo nunca conseguiram disfarçar bem o *odor da utopia*.

Aliás, o Ministério Público do Trabalho recentemente assumiu firme campanha contra até mesmo a adoção dos tribunais de arbitragem para a solução de conflitos trabalhistas, sustentando ser dos órgãos do Ministério do Trabalho e dos Sindicatos a competência legal para assistir os conflitos antes que cheguem ao judiciário. Nisto, aliás, o MPT não está em má companhia: mesmo o Tribunal Superior do Trabalho tem se mostrado, em sua jurisprudência, bastante refratário a essa espécie de solução extrajudicial de lides trabalhistas.

É preciso, pois, reconhecer que as forças das instituições e da sociedade, não só no legislativo (que resiste a discutir e implementar reforma da legislação do trabalho), como também no próprio Judiciário (que nenhum conteúdo prático enxergou na expressão constitucional "de comum acordo"), caminham no sentido de fortalecer a intervenção estatal nos conflitos individuais e coletivos, preservando como intocável o poder normativo da Justiça do Trabalho. É uma tendência que, num curto prazo, parece irreversível, bastando recobrar as últimas investidas fracassadas.

Pena que o legislativo esteja há décadas sob crescente descrédito popular, cedendo espaço aos outros dois poderes. Vimos isto recentemente em histórica decisão do Supremo Tribunal Federal que, à míngua de regulamentação própria, aplicou por analogia a Lei de Greve para os servidores públicos. De outra forma, o Estado, ou melhor, a sociedade, necessitada de serviços públicos, ver-se-ia refém dos funcionários. Sem reforma política, ao que tudo indica, essa inanição do Legislativo tenderá a piorar.

Numa situação de quase trinta partidos políticos não é de se esperar que o país supere a crise, mormente num regime bicameral que não parece ter destinado assuntos da Federação ao Senado e as demais à Assembleia, ambas votando freneticamente sobre as mesmas matérias. Isto aliado ao lamentável apetite pela corrupção só faz emparedar os outros dois Poderes: o Executivo, que se vê tentado a abusar das medidas provisórias, e o Judiciário que preenche mais lacunas legais do que gostaria através da analogia e outros métodos que deveriam ser igualmente excepcionais.

Tudo a revelar induvidosamente que a história aprofunda o modelo de alta interferência estatal na economia e nas relações sociais, não porque seja o melhor modelo, mas porque o sistema tal como está, sem uma guinada radical, não nos permite melhor destino.

A questão maior segue sendo quais os limites do Poder Normativo, dado que todo poder é limitado no Estado de Direito. O artigo 114 é no sentido de outorgar à Justiça do Trabalho "decidir o conflito, respeitadas as disposições mínimas legais de proteção ao trabalho, bem como as convencionadas anteriormente". Numa decisão histórica do Ministro Coqueijo Costa, fixou-se na mais Alta Corte laboral que "o poder normativo atribuído à Justiça do Trabalho, limita-se, ao norte, pela Constituição Federal; ao sul, pela lei, a qual não pode contrariar; a leste, pela equidade e no bom senso; e a oeste, pela regra consolidada no artigo 766, conforme o qual nos dissídios coletivos serão estipuladas condições que assegurem justo salário aos trabalhadores, mas 'permitam também justa retribuição às empresas interessadas'" (TST RODC 30/82, 27/05/1982, Pleno, DL 12/08/1982 – http:jus.com.br/revista/texto/7176/poder-normativo-da-justiça-do-trabalho-após-a-ec-no...).

As condições mínimas, ditadas pela legislação, e/ou pelas convencionais já conquistadas, estas últimas apelidadas de cláusulas pré-existentes, parecem sinalizar o limite mais rígido do Poder Normativo, salvo quando a própria lei expressamente permite em situações críticas a mitigação dos direitos, como na hipótese constitucional de redução de salários com redução proporcional de jornada.

Infelizmente talvez esse não seja o melhor modelo para o Poder Normativo se o sistema não tivesse adotado um sindicalismo à sombra do Estado, mas é o que existe, até que alguma reforma venha do Poder Legislativo.

As chamadas cláusulas pré-existentes em convenções e acordos coletivos, todavia, não nos parecem refletir com suficiente sinceridade o artigo 114 da Constituição Federal, pela própria característica fundamental das negociações coletivas, que visam adequar as condições de trabalho e contrapartidas aos interesses e necessidades não só de empregados, como também de empregadores. A própria Constituição alça a iniciativa privada como cânone constitucional da mesma magnitude do que a dignidade do trabalho. Assim, aliando-se os dois princípios, o da flexibilidade substancial da negociação coletiva com o da similitude de interesses de patrões e trabalhadores, não há como se pretender *eternizar* uma conquista dos trabalhadores ou uma concessão patronal. Em dadas circunstâncias, principalmente quando alteradas as originais, ao contrato coletivo de trabalho dever-se-ia permitir maior abertura de revisão, não se privilegiando apenas um polo da disputa, o que, ademais, levaria a longo prazo ao *inflacionamento insuportável* dos direitos e vantagens de grupos de empregados, desestabilizando as próprias conquistas com o risco de demissão coletiva à falta de outra alternativa para preservar o equilíbrio financeiro da empresa.

Os investimentos dependem, por fim, de um mínimo de *segurança* jurídica, de modo que se uma concessão patronal trouxer implícita sua eterna irrevogabilidade, ou as concessões serão amesquinhadas de saída, empobrecendo a negociação com os Sindicatos, ou impedirão que nos anos seguintes a categoria possa aspirar novos horizontes mais afinados com o momento da própria negociação.

Parece que os mais respeitados doutrinadores já se deram conta desses paradoxos todos, porém não há o menor sinal de reforma legal ou de alteração do curso da jurisprudência, havendo todos que trabalhar e conviver com o velho modelo corporativista, mais por necessidade do que por preferência.

EFEITOS DA SENTENÇA NORMATIVA NOS DISSÍDIOS INDIVIDUAIS

Nelson Nazar

1. Introdução

O direito coletivo, ao lado do direito individual, representa inquestionavelmente a substância do Direito do Trabalho, não constituem, portanto, setores estanques do ramo laboral.

A Constituição Federal de 1988, é a principal fonte normativa o Direito Coletivo, já em seu artigo 5º, inciso XVII, verifica-se:"é plena a liberdade de associação para fins lícitos, vedado a de caráter paramilitar", direito assegurado desde a primeira Constituição da República de 1891, no artigo 72, parágrafo 8º, que garantiu o direito de associação pacífica.

As regras criadas pelo Direito Coletivo influenciam o direito individual, vez que ambas possuem o mesmo fim, almejam a proteção do trabalho.

De acordo com Amauri Mascaro Nascimento, o direito coletivo é o ramo do direito do trabalho que tem por objeto o estudo das normas e das relações jurídicas que dão forma ao modelo sindical.[1]

O jurista Cesarino Júnior, em sua obra, conceitua o direito coletivo com uma visão subjetivista, sendo o conjunto de leis sociais que consideram os empregados e empregadores coletivamente reunidos, principalmente na forma de entidades sindicais.[2]

Tratar a lide de forma coletiva, visa alcançar decisões uniformes e ágeis para as partes que encontram-se no mesmo patamar de igualdade, evitando decisões conflitantes. Visa também, conferir segurança ao trabalhador que muitas vezes deixa de ingressar com reclamação individual temendo possíveis retaliações por parte do empregador.

---

1   NASCIMENTO, Amauri Mascaro. *Compêndio de Direito Sindical*. São Paulo: LTr, 2000, p. 19.
2   Citado por NASCIMENTO, Amauri Mascaro. *Compêndio de Direito Sindical*. São Paulo: LTr, 2000, p. 18.

É evidente que diante de violações de massa, o indivíduo, singularmente lesado, se encontra em situação inadequada para reclamar contra o prejuízo pessoalmente sofrido. As razões são óbvias: em primeiro lugar, pode até ignorar seus direitos, por tratar-se de campo novo e praticamente desconhecido; sua pretensão individual pode, ainda, ser por demais limitada; e as custas do processo podem ser desproporcionais a seu prejuízo econômico. Não se pode olvidar, de outro lado, o aspecto psicológico de quem se sente desarmado e em condições de inferioridade perante adversários poderosos, cujas retorsões podem temer; nem se pode deixar de lado a preocupação para com possíveis transações econômicas, inoportunas, exatamente na medida em que o conflito é pseudoindividual, envolvendo interesses de grupos e categorias.[3]

O Ministro Pedro Paulo Teixeira Manus, esclarece a definição de interesse coletivo no aspecto trabalhista.

> O interesse coletivo, no direito do trabalho, é aquele de que é titular a categoria, ou uma parcela da categoria, como o grupo de empregados de algumas empresas, de uma empresa, ou grupo de empregados de um ou de alguns setores de uma empresa. Esse interesse ultrapassa as pessoas que a integram porque indeterminado, sendo titular o grupo, cujos integrantes podem vir a ser determinados a cada momento e estão ligados entre si por pertencerem à mesma empresa, setor ou categoria profissional.[4]

Os sindicatos, em regra, são os legitimados nas relações coletivas, cabendo a eles a defesa dos direitos e interesses coletivos ou individuais da categoria, inclusive em questões judiciais ou administrativas, e a obrigatoriedade da participação nas negociações coletivas de trabalho, conforme dispõe o artigo 8º, da Carta Magna, em seus incisos III e VI.

O direito coletivo, tem como função pacificar os conflitos de interesse, através da negociação coletiva que resultará na autocomposição, estabelecida na regra das

---

[3] Trocker, "La tutela giurisdizionale degli interessi diffusi com particolare riguardo alla protezione dei consumatori contro atti do concorrenza sleale:analisi comparativa dell'esperienza tedesca". In: *Tutela dos Interesses Difusos*. São Paulo: Max Limonad, 1984, p. 33.

[4] MANUS, Pedro Paulo Teixeira. *Negociação Coletiva e Contrato Individual de Trabalho*. São Paulo: LTr, 2001, p. 27.

convenções e acordos coletivos. O dissídio coletivo, por outro lado, expressa a atuação estatal, na impossibilidade das partes lograrem êxito na negociação coletiva.

A Emenda Constitucional 45 de 2004, como veremos adiante, alterou a substância do dissídio coletivo, inserindo a regra do "comum acordo".

2. Das formas de solução dos conflitos

No ordenamento jurídico pátrio, existem duas formas de conflitos, os individuais e os coletivos.

Os conflitos de interesses, desde o convívio em sociedade, sempre foram um impasse nas relações individuais, é da natureza humana não se declinar à pretensão de outros; o que os distinguem são as formas como são solucionados.

Na Antiguidade, observava-se uma sociedade submissa aos que detinham o poder, fossem eles um monarca ou a igreja, época que prevalecia a autotutela.

Com o tempo, as formas de solução dos conflitos aperfeiçoaram-se. Surge o conceito de jurisdição e, consequentemente, o Estado Democrático de Direito em contrapartida ao Estado Absoluto de Direito, e a partir daí foram criadas a autocomposição e a heterocomposição.

Na autotutela e na autocomposição o conflito é solucionado pelas próprias partes, já no caso da heterocomposição, há a presença de um terceiro distante das partes.

Autotutela caracteriza-se pela imposição do interesse de uma das partes em relação a outra, é uma forma de coação, visando alcançar um objetivo, esta prática é vista na Justiça do Trabalho, através da greve e do lockout.

A autocomposição pode ocorrer de três formas: transação, em que as partes de comum acordo chegam a uma composição, como ocorre no acordo e na convenção coletiva; renúncia, uma das partes despoja-se de seu direito, e submissão, em que uma das partes sujeita-se ao interesse da outra parte.

A heterocomposição é vista através da arbitragem ou da jurisdição. Na arbitragem, as partes envolvidas elegem um terceiro na forma de contrato bilateral de submissão de seus interesses, que irá dirimir o conflito segundo sua convicção, e o cumprimento da decisão será obrigatório para elas. Já na jurisdição, o conflito será dirimido pelo Estado-Juiz, que proferirá uma sentença normativa.

Temos afirmado em diversos escritos, que o contrato coletivo possui o perfil multifacetário. Ora se apresenta sob a forma de convenção coletiva; ora, sob a forma de acordo coletivo; e, por vezes sob a forma de um contrato impróprio – o dissídio coletivo, que como dissemos, tem por pressuposto a impossibilidade de êxito nas negociações coletivas. O contrato de trabalho, portanto, muito embora seja singelo e submisso ao princípio da verdade real, possui uma estrutura complexa onde incidem normas que incluem, inclusive a adesão à normatividade positiva.

Nesse contexto, são formas de solução dos conflitos trabalhistas, o acordo coletivo, a convenção coletiva e a sentença normativa. São avanços na busca de melhores condições de trabalho, pois independem de legislação previamente fixada para dirimir conflitos de interesses, e servem de complemento para as normas legais e contratuais trabalhistas, inclusive com previsão constitucional, no artigo 7º, em seu inciso XXVI.

Reza o artigo 611 da Consolidação das Leis Trabalhista:

> Convenção coletiva é o acordo de caráter normativo, pelo qual dois uma mais Sindicatos representativos de categorias econômicas e profissionais estipulam condições de trabalho aplicáveis, no âmbito das respectivas representações, às relações individuais de trabalho.
>
> Parágrafo Primeiro: É facultado aos sindicatos representativos de categoria profissional celebrar acordos coletivos com uma ou mais empresas da correspondente categoria econômica, que estipulem condições de trabalho, aplicáveis no âmbito da empresa ou das empresas acordantes às respectivas relações de trabalho.

Sérgio Pinto Martins ressalta em sua obra a importância da autocomposição para o Direito Laboral.

> A autocomposição é a forma de solução de conflitos trabalhistas realizada pelas próprias partes. Elas mesmas chegam à solução de suas controvérsias, sem a intervenção de um terceiro. Este é, realmente, o melhor meio de solução do conflito, pois ninguém melhor do que as próprias partes para solucionar suas pendências, porque conhecem os problemas existentes em suas categorias.[5]

O acordo coletivo e a convenção coletiva, são considerados os mais importantes métodos de solução do conflitos na sociedade moderna, criando condições de

---

[5] MARTINS, Sérgio Pinto. *Direito do Trabalho*. São Paulo: Editora Atlas, 2002.

trabalho a serem aplicadas aos contratos individuais do trabalho. O intuito dos referidos institutos é que, ao serem elaborados espontaneamente pelos próprios interessados, alcancem com maior eficácia os anseios dos mesmos, pois se espelham nas suas reais necessidades e conveniências.

A negociação coletiva visa obter com celeridade a harmonização dos interesses das partes envolvidas, a fim de não necessitar da intervenção do órgão jurisdicional.

É cediço que a Consolidação das Leis do Trabalho foi publicada no ano de 1943, dessa forma, muitos dos seus regramentos encontram-se inoperantes e ultrapassados. É imperiosa a utilização da negociação coletiva visando alcançar os interesses das partes, criando novas regras, que serão aplicáveis aos casos concretos.

Cabe mencionar que não prevalecerão nos contratos individuais de trabalho disposições que contrariem os ajustes instrumentalizados por meio de convenção ou acordo coletivo de trabalho.

As negociações coletivas de trabalho terão eficácia *erga omnes*, aplicada a toda categoria inserida nos limites da base territorial dos sindicatos envolvidos. E se não cumprida, poderá o empregado individualmente, ou o sindicato interessado, ajuizar Ação de Cumprimento, de competência da vara do trabalho. Não logrando êxito na negociação coletiva, os interessados poderão valer-se do Estado, para ter dirimida sua controvérsia, fazendo uso da sentença normativa em que o Poder Judiciário será acionado pelas partes visando criar uma norma que será aplicada não só aos diretamente envolvidos no dissídio, mas a todos da mesma categoria, situados na base territorial do Tribunal Regional do Trabalho.

O Tribunal Superior do Trabalho, no artigo 219 do seu Regimento Interno, estabelece como premissa para o ajuizamento do dissídio coletivo a prévia tentativa de negociação coletiva entre as partes: "Frustrada, total ou parcialmente, a autocomposição dos interesses coletivos em negociação promovida diretamente pelos interessados ou mediante intermediação administrativa do órgão competente do Ministério do Trabalho, poderá ser ajuizada a ação de dissídio coletivo".

3. Do poder normativo da Justiça do Trabalho

Em 1748 o filósofo francês Montesquieu, inspirado em John Locke, sistematizou a ideia da Teoria da Separação de Poderes. Visando garantir liberdade aos cidadãos e reduzir o absolutismo dos governos, institui que os poderes Executivo, Legislativo e Judiciário seriam independentes e harmônicos entre si.

Os três poderes são permeados de funções típicas, que são aquelas exercidas preponderantemente por um deles, no entanto, possuem também funções atípicas, que são exercidas secundariamente, não sendo a atividade fim, é o que podemos constatar ao verificar o poder judiciário legislando através do poder normativo conferido à justiça laboral.

O Poder Normativo consiste na possibilidade que o Poder Judiciário tem de afastando-se de sua atividade típica, elaborar novas condições de trabalho que serão aplicadas aos conflitos de interesses das partes envolvidas e de toda a categoria profissional e econômica.

Criado na Era Vargas, o poder normativo sofreu influência da "Carta Del Lavoro", proveniente do regime fascista italiano, inovando nosso ordenamento jurídico. O Poder Normativo poderá ser utilizado quando as partes não lograrem êxito em compor seus interesses pela via da negociação coletiva, será de competência dos Tribunais Regionais do Trabalho, quando o dissídio for no âmbito do regional, ou do Tribunal Superior do Trabalho, quando o dissídio abranger mais de um regional.

É através do dissídio coletivo que se discutem interesses das coletividades representadas, já que acabam por equiparar-se a comandos jurídicos estabelecidos em lei. O Dissídio Coletivo, portanto, tem como característica a coletividade das categorias envolvidas.

São partes para instaurar o dissídio coletivo, os sindicatos na qualidade de representante das categorias, eis que atuam defendendo os interesses coletivos, como já afirmamos acima.

O parágrafo 3º do artigo 114 da Constituição Federal, estabelece que em caso de greve em atividade essencial, desde que haja possibilidade de lesão do interesse público, o Ministério Público terá legitimidade para ajuizar um dissídio coletivo. Dispunha o artigo 856 da Consolidação das Leis do Trabalho que "A instância será instaurada mediante representação escrita ao presidente do Tribunal. Poderá também ser instaurada por iniciativa do presidente", no entanto, o artigo 8º da Lei nº 7.783/89, alterou o dispositivo legal, e como regra, apenas poderão ser parte nos dissídios coletivos os sindicatos e o Ministério Público do Trabalho.

O dissídio coletivo pode ser de natureza jurídica ou econômica. No dissídio de natureza jurídica busca-se a interpretação da norma existente, não tendo o condão de inovar no mundo jurídico. Urge lembrar, que esta é a função típica do judiciário sendo proferida sentença meramente declaratória. Já o dissídio coletivo de natureza econômica busca a criação de novas normas acerca de condições de trabalho, que serão utilizadas no âmbito das relações individuais de trabalho.

No caso de dissídio coletivo de natureza econômica, em que sejam discutidas novas condições de trabalho, o Tribunal poderá determinar que os efeitos da sentença normativa sejam extensíveis a todos os empregados da referida categoria profissional, mesmo aos que não fizeram parte do dissídio, conforme preceitua o artigo 870 da Consolidação das Leis do Trabalho.

Os efeitos advindos das sentenças normativas são *erga omnes*, aplicáveis a todos da categoria, indistintamente, não havendo diferença entre os associados ou não, dos sindicatos envolvidos.

As normas coletivas criam direitos de caráter privado, complementando a lei e propiciando a melhoria da condição social do trabalho. Os direitos por ela criados possuem natureza distinta dos alcançados por meio de lei, estes últimos se incorporam de forma definitiva ao contrato individual de trabalho. Outro ponto importante é que, em regra, as leis não têm vigência temporária, ao contrário da normas coletivas que são transitórias.

Apesar da Justiça Laboral ser dotada de um poder normativo, é importante esclarecer que tal poder não é ilimitado, pois o Judiciário no exercício da função típica do Poder Legislativo, não poderá contrariar ou se sobrepor a legislação em vigor, bem como às cláusulas previstas em convenções ou acordos coletivos que, de acordo com o artigo 7º, inciso XXVI da Constituição Federal, estabeleçam direitos mínimos inerentes à determinada categoria profissional.

Acerca do tema, Américo Plá Rodriguez, afirma que na negociação coletiva, nenhum interesse de classe deverá prevalecer sobre o interesse público, não podendo, entretanto, ser transacionados preceitos que resguardam a saúde do obreiro, como os relativos à saúde do obreiro, como os relativos à higiene e segurança do trabalho, e também os que se referem à integridade moral, situando-se aqui o direito à honra, à intimidade, à boa fama, à privacidade.[6]

---

6 Citado em BARROS, Alice Monteiro de. *Curso de Direito do Trabalho*. São Paulo: LTr, 2007, p. 1225.

Da exigência do "comum acordo" para o ajuizamento do Dissídio Coletivo

Ao analisarmos a sentença normativa, não podemos deixar de mencionar a alteração do artigo 114, parágrafo 2º da Constituição Federal advinda da Emenda Constitucional nº 45/2004, que passou a exigir o "comum acordo" para a instauração de dissídio coletivo, senão vejamos:

> Recusando-se qualquer das partes à negociação ou à arbitragem, é facultado às mesmas, de *comum acordo*, ajuizar dissídio coletivo de natureza econômica, podendo a Justiça do Trabalho decidir o conflito, respeitadas as disposições mínimas legais de proteção do trabalho, bem como as convencionadas anteriormente.(grifo nosso)

Há quem diga que referido dispositivo legal teve por fim estimular a negociação coletiva, através da limitação do poder normativo da justiça do trabalho, como leciona Alice Monteiro de Barros em sua obra:

> À primeira vista, parece-nos violar a autonomia do sindicato condicionar o exercício do direito de ação à aquiescência da outra parte e, consequentemente, um desrespeito a esse direito. Analisando melhor o assunto, concluímos que a intenção da lei, foi de fato, imprimir nova dimensão ao poder normativo atribuído à Justiça do Trabalho, mantendo-o de forma mitigada com o objetivo de estimular a negociação coletiva.[7]

Muito já foi discutido acerca da constitucionalidade ou não da exigência do "comum acordo" para a propositura do dissídio coletivo, pois, a princípio, configuraria uma ofensa ao direito ao acesso à justiça, previsto no inciso XXXV do artigo 5º da Constituição Federal,[8] que dispõe que a lei não excluirá da apreciação do Poder Judiciário lesão ou ameaça a direito.

---

7 BARROS, Alice Monteiro de. *Curso de Direito do Trabalho*. São Paulo: LTr, 2007, p. 1251.

8 Artigo 5º, inciso XXXV, da Constituição Federal, *in verbis*: a lei não excluirá da apreciação do Poder Judiciário lesão ou ameaça a direito.

No entanto, é importante observar que no caso do dissídio coletivo de natureza econômica, não há incompatibilidade entre os referidos preceitos, pois nele o cerne da discussão são os interesses da categoria, consubstanciados em reivindicações que objetivam unicamente a melhoria das condições de trabalho, não se podendo falar que há ofensa à direito, sendo possível a convivência harmônica das duas normas.

Acerca do acima mencionado, o Procurador Geral da República, na ADI n.3432-4/DF, proferiu:

> Ação Direta de Inconstitucionalidade em face do parágrafo segundo do artigo 1º da Emenda Constitucional 45/04. O Poder Normativo da Justiça do Trabalho, por não ser atividade substancialmente jurisdicional, não está abrangido pelo âmbito normativo do artigo 5º, inciso XXXV, da Constituição Federal. Assim sendo, sua restrição pode ser levada a efeito por meio de reforma constitucional, sem que seja violada cláusula pétrea que estabelece o princípio da inafastabilidade do Poder Judiciário.

Nesta mesma linha de pensamento é possível citar julgado extraído do Tribunal Superior do Trabalho em que o Ministro Walmir Oliveira da Costa, no julgamento do Processo nº TST-RO427800-24.2008.5.04.0000, decidiu:

> Conforme a jurisprudência firmada pela Seção Especializada em Dissídios Coletivos do Tribunal Superior do Trabalho, a partir da exigência trazida pela Emenda Constitucional nº 45/05 ao art. 114, § 2º, da Constituição Federal, o comum acordo constitui pressuposto processual para o ajuizamento do dissídio coletivo de natureza econômica, o que em nada afronta o art. 5º, XXXV, da Constituição Federal, pois não se cogita de lesão ou ameaça a direito, mas se objetiva a criação de normas e condições de trabalho.[9]

Ainda nesse contexto, o Ministro do Tribunal Superior do Trabalho Fernando Eizo Ono, da mesma forma se posicionou no julgamento do processo nº TST-RO-4340-86.2010.5.01.0000, conforme se depreende de trecho abaixo citado:

---

9 Disponível em <www.tst.jus.br>. Acesso em 07/10/2011.

> A exigência de comum acordo para ajuizamento de dissídio coletivo de natureza econômica não é inconstitucional, uma vez que o direito de ação não é ilimitadamente exercitável, podendo a lei dispor sobre requisitos, condições e pressupostos para o seu exercício, a exemplo das hipóteses previstas no art. 616, § 4º, da CLT, em que se determina o exaurimento da negociação coletiva antes do ajuizamento do dissídio coletivo de natureza econômica, e no art. 217, § 1º, da Constituição Federal, em que se condiciona a admissibilidade pelo Poder Judiciário das ações relativas à disciplina e às competências desportivas ao esgotamento prévio das instâncias da justiça desportiva. Ademais, o direito de ação é inalienável apenas quando vinculado a pretensão reparatória de lesão ou pretensão libertadora de ameaça a direito (art. 5º, XXXV, CF), as quais pressupõem violação ou indício de violação a direitos subjetivos resultantes de normas jurídicas preexistentes, e não quando vinculado a pretensão de natureza constitutiva, núcleo do dissídio coletivo de natureza econômica, que se dirige à criação de normas jurídicas.[10]

A mesma Emenda Constitucional trouxe para o ordenamento jurídico pátrio, mais um princípio, o da celeridade, consubstanciado no inciso LXXVIII do artigo 5º, que prevê "a todos, no âmbito judicial e administrativo, são assegurados a razoável duração do processo e os meios que garantam a celeridade de sua tramitação", elevando-o do âmbito processual para o constitucional, tornando-o um direito fundamental e assim, uma cláusula pétrea.

Ora, fazendo uma análise da Emenda Constitucional 45/04, chega-se à conclusão de que ela representa um retrocesso em matéria de direito coletivo do trabalho, pois ao passo que busca dar efetividade a prestação jurisdicional, visando um processo judicial mais célere, impõe um óbice à busca da solução do conflito, pois, havendo impasse quando das tratativas havidas no momento da negociação coletiva, é certo concluir, que dificilmente as partes alcançarão um consenso quanto a possibilidade de ajuizamento do dissídio coletivo.

Nesse particular, encontramos Paulo Emílio Ribeiro de Vilhena, citado na obra de Cláudia Abreu Lima Pisco:

---

10 Disponível em <www.tst.jus.br>. Acesso em 07/10/2011.

Paulo Emílio Ribeiro Vilhena entende haver um paradoxo na nova redação do parágrafo segundo do artigo 114 trazida pela Emenda Constitucional nº 45/04, visto que impõe haver um comum acordo para ajuizamento de um dissídio que tem por finalidade dirimir um conflito de interesses. Segundo Vilhena, a ideia da existência de uma controvérsia a ser solucionada incompatibiliza-se com a noção de acordo, pois enquanto a primeira corresponde a uma pretensão resistida pela parte demandada, a segunda corresponde à ocorrência de uma composição entre as partes.[11]

Imaginamos que eventual sentido teleológico do dispositivo em testilha, era o de reduzir a influência do poder do Estado nos conflitos coletivos, forçando as partes a uma negociação de resultados incertos, já que é pouco provável que contendores inconciliados entre si, entreguem à mão do Poder do Estado para normatizar seus direitos.

Por esse motivo, afirmamos anteriormente que a exigência de "comum acordo" representou um retrocesso na jurisdição laboral que já havia amadurecido inúmeras questões envolvendo regramento de norma de direito coletivo.

Interessante decisão foi proferida pela Ministra Dora Maria da Costa, como se depreende do acórdão proferido no processo nº TST-RO-416800-27.2008.5.04.0000, visando amenizar os efeitos do "comum acordo":

> DISSÍDIO COLETIVO DE NATUREZA ECONÔMICA. 1) RECURSO ORDINÁRIO INTERPOSTO PELO SINDICATO PATRONAL SUSCITADO. AUSÊNCIA DE COMUM ACORDO. JURISPRUDÊNCIA DO TST. EXTINÇÃO. O comum acordo, pressuposto específico para o ajuizamento do dissídio coletivo, exigência trazida pela Emenda Constitucional nº 45/2004 ao art. 114, § 2º, da CF, embora idealmente devesse ser materializado sob a forma de petição conjunta da representação, é interpretado de maneira mais flexível pela Justiça do Trabalho, no sentido de se admitir a concordância tácita na instauração da instância, desde que não haja a oposição expressa do suscitado, na contestação.[12]

---

11 PISCO, Cláudia de Abreu Lima. Dissídio coletivos e mútuo consentimento – Análise da Constitucionalidade da exigência. *Revista LTr*. São Paulo: LTr, vol. 73, n. 1, janeiro 2010.

12 Disponível em <www.tst.jus.br>. Acesso em 07/10/2011.

Diante do exposto, constatamos que a exigência de mútuo consentimento para a efetividade do Poder Normativo da Justiça do Trabalho, constituiu um recuo na evolução do direito processual coletivo, pois o Estado ao estabelecer tal obrigação, se omitiu no que diz respeito aos meios para a efetivação da medida, bem como não apresentou uma solução para os casos de intransigência de uma das partes, tendo como maiores prejudicados a categoria profissional, hipossuficiente na relação laboral.

O artigo 144, parágrafo 2º da Constituição Federal, também inovou no que diz respeito à amplitude do Poder Normativo da Justiça do Trabalho, tornando de maneira clara e explícita que devem ser observadas as disposições mínimas legais, bem como as anteriormente convencionadas. Dessa feita, havendo norma coletiva negociada, que disciplinem as relações trabalhistas, tais normas, quando da prolação de sentença normativa, deverão ser obrigatoriamente respeitadas.

É imperioso mencionar a importância do Poder Normativo na Justiça do Trabalho, pois o Brasil, país de larga extensão territorial e profundas desigualdades sociais e econômicas, utiliza-se de tal meio como forma de respeitar as peculiaridades regionais, permitindo a adaptação das normas, de acordo com as condições específicas de cada local, não havendo uniformidade, mas obviamente, respeitadas as normas gerais mínimas e a dignidade da pessoa humana.

O Poder Normativo, todavia, sobrevive em face da larga tradição que amealhou durante todo o período em que vigorou de modo pleno, de sorte que compactuamos com o pensamento daqueles que entendem que o Poder Normativo sobreviveu à Emenda Constitucional nº 45/2004.

4. Da revisão da sentença normativa

Da Consolidação das Leis do Trabalho é possível inferir do artigo 873 a possibilidade de Revisão do Dissídio Coletivo, isso porque de acordo com a Teoria da Imprevisão, a obrigação imposta a uma ou a ambas as partes, pode tornar-se excessivamente onerosa em virtude de acontecimentos imprevisíveis que inviabilizem o cumprimento da obrigação originária. É a regra estrutural do Poder Normativo, consubstanciado na condição *rebus sic stantibus* que tanto influenciou a estrutura do direito laboral.

O pedido de revisão tem guarida não só na teoria da imprevisão (*rebus sic stantibus*), como também no inciso I do artigo 471 do Código de Processo Civil[13] em razão da modificação no estado de fato ou de direito da sentença normativa.

O Presidente do Tribunal e o Ministério Público do Trabalho não terão legitimação para propor o dissídio coletivo revisional, pois sendo este uma espécie de dissídio de natureza econômica, somente as partes interessadas, de comum acordo, poderão fazê-lo, por força do parágrafo 2º do artigo 114 da Constituição Federal, sendo certo que não se trata de dissídio coletivo de greve, o que obstaculiza a legitimação ministerial.[14]

5. Da Ação de Cumprimento

A Ação de Cumprimento, ao contrário do que sugere o nome, não tem natureza executória, assim, ao deparar-se com o descumprimento das disposições estabelecidas por meio de convenção coletiva, acordo coletivo ou sentença normativa, as partes farão uso da Ação de Cumprimento, ação individual de conhecimento.

Como se vê, a Ação de Cumprimento possui natureza jurídica de ação de conhecimento, do tipo condenatória, pois tem como função obrigar as partes ao cumprimento do disposto nas negociações coletivas ou na sentença normativa.

Verifica-se a legitimação concorrente, os sindicatos e os empregados individualmente considerados são legitimados para ingressar com referida ação, pois visa tanto à defesa dos interesses individuais quanto à defesa dos interesses individuais homogêneos, e será proposta na vara do trabalho da prestação de serviço.

A súmula nº 397 do Tribunal Superior do Trabalho dispõe acerca da Ação de Cumprimento, *in verbis*:

> Ação Rescisória – Coisa Julgada – Sentença Normativa Modificada em Grau de Recurso – Exceção de Pré-Executividade – Mandado de Segurança. Não procede ação rescisória calcada em ofensa à coisa julgada perpetrada por decisão proferida em ação de cumprimento, em face de

---

13 Artigo 471, inciso I do Código de Processo Civil, "Nenhum juiz decidirá novamente as questões já decididas, relativas à mesma lide, salvo: I – se, tratando-se de relação jurídica continuativa, sobreveio modificação no estado de fato ou de direito; caso em que poderá a parte pedir a revisão do que foi estatuído na sentença."

14 LEITE, Carlos Henrique Bezerra. *Curso de direito processual do trabalho*. São Paulo: LTr, 2006, p. 959.

a sentença normativa, na qual se louvava, ter sido modificada em grau de recurso, porque em dissídio coletivo somente se consubstancia coisa julgada formal. Assim, os meios processuais aptos a atacarem a execução da cláusula reformada são a exceção de pré-executividade e o mandado de segurança, no caso de descumprimento do art. 572 do CPC'. (ex-OJ nº 116 – DJ 11.08.03).

Depreende-se ser inexigível o título executivo formado em Ação de Cumprimento, cuja sentença normativa tenha sido posteriormente modificada.

Diante do exposto, concluímos ser a Ação de Cumprimento um entrave à efetividade do princípio da celeridade, pois há a repetição da fase de conhecimento, quando se poderia intentar de logo a ação executória. Já tivemos a oportunidade de falar sobre esta questão em artigo publicado na *Revista LTr*, preconizando o fim da Ação de Cumprimento.

6. Conclusão

De todo o exposto, é possível afirmar que o direito coletivo e o direito individual do trabalho, não são excludentes, se complementam, são direitos que caminham juntos, por isso, devem ser interpretados harmonicamente, tendo como fim maior o bem-estar social.

Américo Plá Rodrigues, em sua obra acertadamente preleciona: "Direito individual e direito coletivo são apenas caminhos para se percorrer o mesmo itinerário que é a união dos trabalhadores e a melhoria das condições sociais."[15]

O mais importante nessa discussão é a plena proteção da dignidade da pessoa humana, e, para tanto, independe a origem da norma, pois a contemporaneidade de normas de direito do trabalho, aí inseridos os regramentos de direito coletivo, continuam a prestigiar o contrato de trabalho como realidade complexa e dinâmica.

Vale a pena rememorar a lição de Maurício Godinho:

> O vértice da pirâmide normativa, variável e mutável – ainda que apreendido segundo um critério permanente, não será a Constituição Federal ou a Lei Federal necessariamente, mas a norma mais favorável ao

---

15 CARLOS, Vera Lúcia. *Direito Coletivo do Trabalho*. São Paulo: FMB, 2008, p. 17.

trabalhador. Não há, assim, uma contradição inconciliável entre as regras heterônomas estatais e as regras autônomas privadas coletivas (entre o Direito de Estado e o Direito dos grupos sociais), mas uma espécie de incidência concorrente: a norma que disciplinar uma dada relação de modo mais benéfico ao trabalhador prevalecerá sobre as demais, sem derrogação permanente, mas mero preterimento na situação concreta enfocada.[16]

A sentença normativa, apesar de ser um instrumento de utilização do direito coletivo, pode ser utilizado em favor dos empregados individualmente considerados, pois trata-se de uma fonte do direito do trabalho, que pode ser empregada tanto para as relações individuais trabalhistas, como para as relações coletivas, desde que mais benéfica.

Portanto, deve-se estabelecer uma ordem de prevalência entre as fontes, não importando se elas são autônomas ou heterônomas, ponderando-se os valores no caso concreto, com vistas a dar primazia a busca por melhores condições de trabalho.

---

16 DELGADO, Mauricio Godinho. *Curso de Direito do Trabalho*. São Paulo: LTr, 2006, p. 1392.

DISSÍDIO COLETIVO DE GREVE NAS RESCISÕES EM MASSA

Cássio Mesquita Barros[1]

I. Introdução

As modificações geopolítico-ideológicas, o fenômeno da globalização, a economia de mercado, as empresas multinacionais, o grande avanço tecnológico, a reestruturação produtiva, as fusões e aquisições transformam o mundo do trabalho.

A gravíssima crise econômica em escala global, que se iniciou em 2008 nos Estados Unidos, a nova crise econômica pela qual o mundo passa atualmente, causando grande instabilidade na Europa, Grécia e os Estados Unidos, causam a diminuição da demanda e a queda da produção.

As relações coletivas de trabalho, que abrangem o estudo do sindicato, da greve, das convenções e acordos coletivos, da forma de solução dos conflitos coletivos, são atingidas pelas transformações de forma mais acentuada. As empresas têm que reduzir custos e cortar despesas, o que implica numa diminuição maciça de postos de trabalho e na consequente despedida coletiva de trabalhadores em todas as partes do mundo.

Nesses momentos cruciais de dificuldades financeiras e de reestruturação organizacional das empresas é que todas as atenções se voltam para a figura da despedida coletiva ou das rescisões em massa.

II. O regime geral sobre a proteção da relação de emprego na constituição de 1988

O art. 7º, I, da Constituição de 1988, disciplina o regime geral sobre a proteção da relação de emprego contra a despedida arbitrária ou sem justa causa, estabelecendo

---

[1] Advogado, professor titular aposentado de Direito do Trabalho da Faculdade de Direito da Universidade de São Paulo. Presidente da Fundação Arcadas, órgão de apoio à USP.

que lei complementar deverá prever indenização compensatória, dentre outros direitos. O art. 10, I, do Ato das Disposições Constitucionais Transitórias determina que até que seja aprovada lei complementar prevista no art. 7º, I, a indenização compensatória, disciplinada agora pela Lei nº 8.036, de 11 de maio de 1990, no seu art. 18, § 1º, fica elevada para 40% dos depósitos do FGTS.

A noção de despedida arbitrária, mencionada no art. 7º, I, do texto constitucional, também depende de lei complementar, até o momento, não aprovada pelo Congresso e inexistente no regime geral sobre a despedida. A noção de despedida sem justa causa, ocorrente nas despedidas individuais, prevista no art. 482, da CLT é conhecida e objeto de numerosa jurisprudência e obras doutrinárias. As noções de "justa causa" e "despedida arbitrária", porém são diferentes.

Amauri Mascaro Nascimento descreve, acertadamente, que:

> dispensa arbitrária e justa causa são qualificações diferentes, porque não seria lógico o legislador utilizar-se de duas expressões para designar um só conceito. Portanto, tem significados não coincidentes (...) enquanto a dispensa arbitrária é qualificação do ato praticado pelo empregador, justa causa, ao contrário, o é da ação ou omissão do trabalhador. A arbitrariedade é daquele. A justa causa é deste. (Renato Rua de Almeida, "O regime geral do direito do trabalho contemporâneo sobre a proteção da relação de emprego contra a despedida individual sem justa causa – estudo comparado entre a legislação brasileira e as legislações portuguesa, espanhola e francesa", *Revista LTr*, 71, nº 03, p. 339, março de 2007)

Na prática é de interesse, então, distinguir a despedida individual, coletiva ou em massa, da despedida plúrima.

III. A despedida individual, coletiva e plúrima: conceitos

A doutrina sempre distinguiu entre despedida individual, plurima e coletiva.

A despedida individual é a que ocorre nos termos do art. 482, da CLT, que conjugado com o regime do FGTS (Lei 8.036/90), estabelece o sistema compensatório da dispensa imotivada, sem referência a existência de condição preliminar de comprovação das causas econômicas-conjunturais ou técnico-estruturais da empresa.

Orlando Gomes ensina que a despedida ou dispensa coletiva é "a rescisão simultânea, por motivo único, de uma pluralidade de contratos de trabalho numa empresa, sem substituição dos empregados dispensados".

Já a dispensa ou despedida plúrima ocorre "quando numa empresa se verifica uma série de despedidas singulares ou individuais, ao mesmo tempo, por motivo relativo à conduta de cada empregado dispensado." (Orlando Gomes, "Dispensa coletiva na reestruturação da empresa: aspectos jurídicos da desemprego tecnológico". In: *Revista LTr*, nº 38).

Orlando Gomes assinala que a dispensa coletiva tem sempre uma causa peculiar, determinante e seu objetivo é a redução definitiva do quadro de pessoal. Importante assinalar que os trabalhadores quando despedidos coletivamente constituem um grupo de trabalhadores que não são identificados por traços pessoais, como seu comportamento, mas decorre de uma necessidade da empresa. Na despedida plúrima ocorre uma situação diametralmente oposta: não é objetivo a redução de pessoal; os trabalhadores despedidos, em número considerável, são pessoas determinadas, as despedidas são singulares ou individuais, tem um liame em comum e advém da conduta direta de cada trabalhador dispensado, como, por exemplo, a insubordinação.

As Convenções da OIT se preocupam em considerar, em tese legítimas as rescisões contratuais, decorrentes de causas econômicas que inviabilizam a continuidade da empresa.

IV. As rescisões em massa nas convenções da OIT e no direito comparado

A análise das convenções da OIT e do direito comparado evidenciam a importância dada à despedida coletiva ou às rescisões em massa, que decorram de razões de natureza econômica porque produzem consequências sociais e jurídicas diferentes das que ocorrem na despedida individual. É que envolvem não alguns trabalhadores, mas uma comunidade delas, o que pode impactar até mesmo a população de uma cidade ou mesmo de uma região geográfica inteira, além de abalar o mercado econômico interno.

As Convenções nº 11, 87, 98, 135, 141 e 151, da OIT, dispõem que, em caso de despedida coletiva, deverá haver a participação do(s) respectivo(s) sindicato(s) dos trabalhadores, vedada a dispensa unilateral e potestativa por parte das empresas. Isto porque, nesses casos, trata-se de um ato coletivo, que é típico do Direito Coletivo do Trabalho e não do Direito Individual do Trabalho.

A Convenção n° 58 estabelece que as dispensas coletivas por motivos econômicos, tecnológicos ou estruturais devem ser precedidas de consulta e de procedimentos de negociação junto ao respectivo sindicato de trabalhadores (art. 13, § 1°). Essa exigência no Brasil é objeto de reserva legal, pois a Constituição Federal de 1988 exige lei complementar.

As diretivas da União Europeia preveem indenizações pelas rescisões em massa, disciplinadas pelas Diretivas 75/128/CEE, de 17/02/1975, e 92/56/CEE, de 24/06/1992, em consonância com as regras estabelecidas pela Convenção n° 158 da OIT, não mais vigente no Brasil.

Nessas Diretivas a preocupação é a proteção dos trabalhadores, mediante um procedimento prévio de consultas, tanto para a celebração de acordos destinados a evitar a demissão em massa, quanto para atenuar a despedida coletiva, se imprescindível, com a adoção de medidas destinadas ao acompanhamento dos trabalhadores atingidos, por concessões, até mesmo assistência de Previdência Social. Sendo possível a implantação de cursos de reciclagem, se os afastamentos provisórios da mão de obra, puderam conjurar a situação da empresa.

As reformas implantadas pela Diretiva n° 98, de 20/07/1998, do Conselho da União Europeia, sobre dispensa coletiva, mantém referências a informação e participação do respectivo sindicato dos trabalhadores. Na Exposição de Motivos, item 2, a Diretiva n° 98 estabelece que *"se deve reforçar a proteção dos trabalhadores em caso de despedimento coletivo, tendo em conta a necessidade de um desenvolvimento econômico e social equilibrado na Comunidade"*.

A dificuldade de conciliar a proteção do trabalhador com os interesses de gestão e manutenção da empresa mostra em diversos países (Itália, Espanha, França, Portugal, etc), que se procura combinar regulamentações que, em nenhum caso, proíbem a despedida e nem obrigam a reintegração dos empregados.

Na Itália, as dispensas coletivas se submetem ao procedimento sindical, judicial e público, que tem a finalidade de prevenir até mesmo os órgãos da Previdência Social ou alcançar um acordo. O procedimento judicial tem finalidade apenas de verificar se está presente à necessidade econômica da redução de pessoal. A intervenção pública visa alcançar a congregação dos espaços públicos para minorar os danos aos trabalhadores que perdem o emprego e até mesmo o estímulo e a promoção das cooperativas de produção. A Lei Italiana n° 223/91, indica determinados critérios e planos de demissão escalonada.

Na Espanha, a despedida coletiva fundamentada em causas econômicas, técnicas ou organizacionais de produção, está sujeita a vários procedimentos destinado, inclusive as tentativas de superação da situação econômica. A empresa deve primeiramente abrir um processo de consultas e comprovar a existência das dificuldades econômicas. Se demonstrá-las, o empresário será autorizado a extinguir os contratos de trabalho, mediante uma indenização que corresponderá a vinte dias de salário por ano de serviço. É o que dispõe o Real Decreto Legislativo 1/1995, de 24 de março, que aprovou o novo texto da *Ley del Estatuto de los Trabajadores*: "*2. El empresario que tenga la intención de efectuar un despido colectivo deberá solicitar autorización para la extinción de los contratos de trabajo conforme el procedimiento de regulación de empleo previsto en esta Ley y en sus normas de desarrollo reglamentario. El procedimiento se iniciará mediante la solicitud a la autoridad laboral competente y la apertura simultánea de un período de consultas con los representantes legales de los trabajadores*".

Na França, a Lei do Trabalho de 1995 fixou planos de demissão escalonada, obedecidos determinados critérios. É lícita a despedida coletiva por motivos econômicos ou a modificação substancial dos contratos de trabalho (*Código do Trabalho*, art. 1.321-1). Tem-se introduzido nas convenções coletivas de trabalho francesa, cláusulas que estimulam a proibição de dispensa antes de esgotadas outras possibilidades de evitar a dispensa coletiva, como, por exemplo, a redução do horário de trabalho. Como a França já previa a dispensa coletiva, a diretiva da União Europeia, de fevereiro de 1975, não trouxe modificações.

Em Portugal, o empregador está adstrito a comunicações escritas e obrigatórias e a negociação se dá nos dez dias posteriores à comunicação. Prevê-se também a intervenção do Ministério responsável pela área, visando superar as dificuldades de conciliação. É o que estabelece a Lei nº 7/2009, de 12 de Fevereiro, que aprovou a revisão do Código do Trabalho.

No México há a fixação de indenização compensatória para o término das relações coletivas de trabalho que decorrem do fechamento das empresas e estabelecimentos ou da redução definitiva de trabalhadores. É o que dispõe a *Ley Federal del Trabajo*, de 1º.04.70, com a redação dada pela última reforma publicada no DOF, de 17/01/2006.

Na Argentina, a Lei nº 24.013, promulgada em 05/12/1991, também estabelece um procedimento preventivo em caso de crise nas empresas.

Ao analisar-se a dispensa coletiva sob a luz da Convenção nº 158 e do direito comparado, particularmente da União Europeia, constata-se que o moderno direito do trabalho não aceita as demissões coletivas, exceto quando obedecidos determinadas condutas. Para tanto, prevê instrumentos de controle, sempre mediante procedimentos que envolvam consultas aos trabalhadores, negociações coletivas com a inclusão de alternativas que atenuem os efeitos da despedida coletiva, sempre com notificações às autoridades administrativas.

Vários instrumentos internacionais da OIT, foram ratificados pelo Brasil. A Convenção nº 158, de 1982, da OIT, sobre término da relação de trabalho por iniciativa do empregador, teve seu texto aprovado pelo Decreto Legislativo nº 68, de 1992, do Congresso Nacional, e foi promulgada pelo Decreto 1855/96. Quatro anos depois, porém o Brasil denunciou a Convenção nº 158 através do Decreto Legislativo nº 2100, de 20/11/1997. Essa Convenção deixou de vigorar No Brasil a partir de 20/11/1997, considerada incompatível com a Constituição brasileira, que permite a despedida sem justa causa, desde que o empregador indenize o empregado na forma da legislação do FGTS. A denúncia foi acolhida e registrada pela OIT.

V. A despedida coletiva no direito brasileiro

O Brasil, ainda que com menos intensidade, também foi atingido pelas duas últimas crises econômicas mundiais, a última delas ainda em curso, quando não mais vigente a Convenção nº 158 da OIT.

Amauri Mascaro Nascimento assinala que:

> a despedida coletiva é arbitrária ou não, dependendo da existência comprovada de fato objetivo relacionado à empresa, causado por motivo de ordem econômico-conjuntural ou técnico-estrutural. (In: Renato Rua de Almeida, "O regime geral do direito do trabalho contemporâneo sobre a proteção da relação de emprego contra a despedida individual sem justa causa – estudo comparado entre a legislação brasileira e as legislações portuguesa, espanhola e francesa", *Revista LTr*, 71, nº 03, p. 338, março de 2007).

Na verdade, não há diferença em nossa lei entre dispensa por motivos econômicos e dispensa sem justa causa, porque aquela não é prevista, com o que a rescisão contratual por motivos econômicos é enquadrada como dispensa sem justa causa com os mesmos ônus para a empresa de ressarcimento para o empregado despedido. Não importa examinar a situação da empresa ou se nela há um motivo ponderável para autorizar o desligamento do trabalhador. Nosso sistema é o da dispensa com ou sem justa causa, neste último asseguradas as reparações indenizatórias da dispensa, mas não a garantia dos empregos. O emprego só é assegurado aos portadores de estabilidades especiais.

No sistema constitucional brasileiro a proteção contra dispensa arbitrária ainda não foi regulada pela Lei Complementar exigida pela Constituição, se resolve mediante o pagamento de indenização prevista na Constituição Federal (art. 10, do ADCT) aumentada em 4 (quatro) vezes, (vide "Crise econômica, despedimentos e alternativas para manutenção dos empregos". In: *Revista LTr*, vol. 73, nº 1, p. 2, janeiro de 2009).

Nesse mesmo sentido, Renato Rua de Almeida:

> Mesmo a despedida simultânea de vários empregados, conhecida como despedida em massa relacionada a uma causa objetiva da empresa, de ordem econômico-conjuntural ou técnico-estrutural, em razão da ausência de regulamentação da despedida coletiva no direito brasileiro, tem o mesmo tratamento jurídico da proteção da relação de emprego contra a despedida individual sem justa causa, isto é, figura como a soma de despedidas individuais sem justa causa, com a remota elevada em quatro vezes, até a edição da lei complementar. O texto constitucional prevê expressamente que a lei complementar definirá os contornos do regime especial de reparação na despedida coletiva, referindo-se a "indenização compensatória dentre outros direitos" ("O regime geral do direito do trabalho contemporâneo sobre a proteção da relação de emprego contra a despedida individual sem justa causa – estudo comparado entre a legislação brasileira e as legislações portuguesa, espanhola e francesa", *Revista LTr*, 71, nº 03, p. 338, março de 2007).

Como já assinalado, o legislador brasileiro não regulamentou a despedida coletiva até o momento, a proteção de trabalhadores se dá por via das indenizações previstas para as despedidas individuais sem justa causa, na forma do art. 10, I, do Ato das Disposições Constitucionais Transitórias:

> A multa sobre os depósitos do FGTS era para ser um contraponto às demissões individuais ou plúrimas (art. 7º, I, CF), aplicáveis às demissões como um todo (inclusive as coletivas) somente enquanto a proteção contra a dispensa arbitrária não vier (daí porque o percentual de 40% tem sede no art. 10, I, do Ato das Disposições Constitucionais Transitórias). (Mário Gonçalves Júnior, "Demissão coletiva". In: *RDT 13-02*, p. 10, 28 de fevereiro de 2007).

A falta de regulamentação não é um problema novo, tanto que Orlando Gomes, já em 1974, alertava para a necessidade de se chegar a uma "fórmula capaz de atender aos respeitáveis interesses da empresa, do pessoal e da sociedade" ("Dispensa coletiva na reestruturação da empresa: aspectos jurídicos da desemprego tecnológico". In: *Revista LTr*, nº 38, p. 577). A questão continua sem a lei complementar exigida pela Constituição, mesmo passados cerca de trinta e cinco anos da Constituição.

VI. A falta de regulamentação da despedida coletiva

A ausência da lei complementar tem suscitado grande polêmica no Brasil. A doutrina tradicional, a qual nos filiamos, na ausência de lei complementar regulamentando a despedida coletiva, não impede que a empresa rescinda os contratos de trabalho, desde que proceda ao pagamento de todas as reparações legais mencionadas, direito esse assegurado na legislação que rege os contratos individuais de trabalho no Brasil, com as alterações decorrentes da legislação do FGTS. Trata-se de direito potestativo do empregador de extinguir unilateralmente sem justa causa o contrato de seus funcionários com as limitações impostas pela CLT para os contratos individuais de trabalho, porque o ideal de proteção do trabalhador não pode menosprezar os interesses da gestão e da preservação das empresas. Não há pois, no caso de se falar em negociação coletiva prévia, uma vez que não se pretende estabelecer condições de trabalho, mas extinguir o vínculo empregatício.

A Constituição Federal de 1988, no art. 170, *caput* e seu parágrafo único, reforça o previsto no art. 1º, IV, assegurando expressamente a livre iniciativa privada e o livre exercício de qualquer atividade econômica independentemente de autorização do Estado, sem esquecer o art. 2º da CLT, considera empregador "a empresa, individual ou coletiva, que assumindo os riscos da atividade econômica, admite, assalaria e dirige a prestação pessoal de serviços."

Assim, o empregador, em caso de situação econômica insustentável, tem a possibilidade de dispensar coletivamente seus empregados. Não há, em verdade, previsão legal de intervenção estatal ou do sindicato, mas autonomia privada do empregador, que está amparada, na Constituição Federal de 1988.

Uma recente corrente, sustenta que o direito do trabalho contemporâneo, tendo em conta, sobretudo, a conveniência de negociação coletiva para as despedidas em massa, exige a negociação prévia para as despedidas em massa, por se tratar de um direito fundamental decorrente das conquistas obtidas pelos trabalhadores ao longo da história do direito do trabalho e da evolução da liberdade sindical.

A Constituição Federal de 1988, confirmou o reconhecimento das convenções e acordos coletivos de trabalho no seu art. 7°, XXVI para estabelecer, nos incisos VI, XIII e XIV do mesmo artigo, a obrigatoriedade de instauração de negociação coletiva, porém em assuntos de interesse comum de empregados e empregadores, como, fixação dos salários, compensação de horários, redução da jornada e turnos ininterruptos de revezamento. No seu art. 8º, III e VI, determinou a necessária participação do sindicato na negociação coletiva, defendendo os interesses dos trabalhadores perante a empresa, hipótese que não se confunde com a que exige a lei complementar. No regime vigente a lei tem hierarquia, superior a convenção coletiva.

Com o Decreto n° 1.256, de 29/09/1994, o Brasil ratificou a Convenção n° 154 da OIT, que, em seu art. 2° dispõe sobre a obrigatoriedade da negociação coletiva, mas só no caso de fixação de condições de trabalho e de relações entre trabalhadores e empregadores com as respectivas entidades sindicais.

VII. O dissídio coletivo de greve na despedida coletiva.

A falta reiterada de um empregado ao trabalho, pode constituir justa causa para rescisão do seu contrato de trabalho pelo empregador (art. 482 da CLT). Já empregados de um departamento de determinada empresa, de toda a empresa ou de várias empresas, que deixam de comparecer ao trabalho, podem não infringir a legislação trabalhista, porque o direito de greve está assegurado pelo art. 9º da Constituição Federal de 1988 e pela Lei de Greve (Lei nº 7783/89).

Entretanto, determinados requisitos legais deverão ser observados pelos trabalhadores, sob pena de ser declarada abusiva (Lei nº 7783/89, art. 14). A greve declarada abusiva não gera efeitos. Nesse sentido a Orientação Jurisprudencial nº 10/SDC/TST:

> GREVE ABUSIVA NÃO GERA EFEITOS (inserida em 27/03/1998). É incompatível com a declaração de abusividade de movimento grevista o estabelecimento de quaisquer vantagens ou garantias a seus partícipes, que assumiram os riscos inerentes à utilização do instrumento de pressão máximo.

Importante observar a necessidade da tentativa de solução pacífica do conflito antes da deflagração da greve. Nesse sentido a Orientação Jurisprudencial nº 11/SDC/TST:

GREVE. IMPRESCINDIBILIDADE DE TENTATIVA DIRETA E PACÍFICA DA SOLUÇÃO DO CONFLITO. ETAPA NEGOCIAL PRÉVIA (inserida em 27/03/1998). É abusiva a greve levada a efeito sem que as partes hajam tentado, direta e pacificamente, solucionar o conflito que lhe constitui o objeto.

Nesses tempos de economia globalizada, a sucessão de crises atinge todos os quatro cantos do planeta, desencadeando dispensas coletivas de trabalhadores. No Brasil, essa prática é cada vez mais frequente.

Diante das dispensas coletivas, as situações podem ser:

1. os trabalhadores podem fazer uso da greve como instrumento de pressão, seja para exigir o cumprimento de uma cláusula ou condição estabelecida em acordo, convenção ou sentença normativa, seja pela falta ou malogro da negociação coletiva, inclusive para as rescisões em massa. A greve é, portanto, um instrumento legítimo de paralisação da prestação de serviços pelos trabalhadores, sem que se configure descumprimento do contrato de trabalho. É uma forma legítima de resistência contra as demissões unilaterais em massa. O art. 5º, XIV, da Constituição de 1988 e a Recomendação nº 163, da OIT igualmente dispõem sobre o direito à informação.

2. os trabalhadores podem exercer o direito de ação, através do dissídio coletivo de greve, para que a Justiça do Trabalho decida sobre a licitude ou ilicitude do ato patronal.

Há autorização expressa para a instauração de dissídio pelo Ministério Público, na falta de associação sindical. A Lei de Greve estabelece também que os trabalhadores elejam comissão de negociação que terá legitimidade para acionar a Justiça do Trabalho a fim de dirimir o conflito coletivo. A Orientação Jurisprudencial nº 19/SDC/TST dispõe que "a legitimidade da entidade sindical para a instauração da instância contra determinada empresa está condicionada à prévia autorização dos trabalhadores da suscitada diretamente envolvidos no conflito." (Ver, sobretudo, os arts. 1º, 4º, 5º, 7º e 8º da Lei nº 7.783/89).

VIII. Conclusões

As ideias básicas mostram a dualidade de objetivos: de um lado, a manutenção da empresa; de outro, a proteção aos direitos fundamentais dos trabalhadores.

Se avaliarmos as inúmeras mudanças tecnológicas, econômicas e sociais, vamos concluir que qualquer uma delas afeta os princípios fundamentais que constituem o portal de entrada de Direito do Trabalho, que é a proteção dos empregados e, ao mesmo tempo, a preservação da empresa.

Por isso a inevitável indagação: estaria o direito do trabalho brasileiro, no atual estágio, preparado para enfrentar as crises econômicas graves, como aquela que atravessamos atualmente, quando empresas são atingidas diretamente e milhares de empregados perderam e podem perder seus empregos?

A resposta a essa indagação, desde longo, aponta para a necessidade de aperfeiçoamento de nosso sistema de leis.

Tem razão o Professor Amauri Mascaro Nascimento, quando afirma que o nosso sistema de leis não está preparado para enfrentar as crises econômicas, faltando mecanismos como, por exemplo, a previsão de dispensas coletivas por motivos econômicos e a sua regulamentação por lei complementar.

O ato de despedida é concebido como um procedimento constituído por fases mediante procedimentos que permitem entendimentos de fins conciliatórios, de diversas naturezas. Mas é evidente a lacuna no ordenamento brasileiro que não estabelece os mecanismos dispondo sobre as rescisões em massa, que podem tornar-se cada vez mais frequentes na medida em que se agravam as crises econômicas. Portanto, fundamental preencher essas lacunas e os pontos atualmente obscuros que talvez possam ser enfrentados com as seguintes medidas:

1. Estabelecimentos de um tratamento jurídico diferenciado entre a despedida individual e a despedida coletiva;

2. O justo motivo da despedida individual do trabalhador pelo empregador deverá ser por motivo disciplinar ou por inaptidão profissional diante das transformações técnicas da empresa contemporânea;

3. Para a despedida coletiva, também denominada despedida em massa de empregados, o motivo justo deverá estar relacionado a um motivo objetivo da empresa, de ordem econômico-conjuntural ou técnico-estrutural;

4. Na proteção do emprego contra a despedida arbitrária, a lei complementar deverá regulamentar a despedida coletiva, estabelecendo o regime adequado.

Nota final

Devo anotar, afinal, que posso afirmar que o exercício da advocacia trabalhista desde a minha adolescência, teve uma fase longa sob o signo do exemplar advogado,

Dr. José Granadeiro Guimarães. É que o escritório onde sempre trabalhei, era em frente ao escritório do Victor Castro Neves Jr. e do Granadeiro, sendo muito forte o grau de amizade entre meus familiares e em especial, o fundador Fábio Mesquita Barros, com o advogado e Ministro Castro Neves e seu companheiro de trabalho, José Granadeiro Guimarães. O Ministro Castro Neves dizia que meus filhos eram seus netos. Quando o Granadeiro separou os escritórios e fundou o que é, hoje, o magnífico escritório dirigido por seus filhos, notáveis profissionais, não me esqueço quando perdi meu filho Cassio, falecido aos 28 anos, o Granadeiro veio me abraçar na Igreja e não aguentamos a emoção. Ele me dizia: vim aqui para te consolar e choro tanto quanto você. Era um ser humano admirável, um príncipe, exemplar profissional como posso testemunhar pessoalmente pela longa duração de nossa amizade e pela convivência na Justiça do Trabalho quase diária. Tenho, pois, grande honra e emoção de participar desta merecidíssima homenagem que lhe é prestada.

TUTELA COLETIVA DE DIREITOS INDIVIDUAIS HOMOGÊNEOS NA JUSTIÇA DO TRABALHO

Ronaldo Lima dos Santos[1]

Direitos individuais homogêneos nas relações de trabalho

Embora a expressão "tutela coletiva de direitos individuais homogêneos na Justiça do Trabalho" possa apresentar um certo ar de novidade para os operadores do Direito do Trabalho, o Direito Processual do Trabalho foi o primeiro ramo do ordenamento jurídico brasileiro a reconhecer a possibilidade de tutela conjunta de direitos individuais, consagrando os institutos da ação de cumprimento (art. 872 da CLT)[2] e da denominada substituição processual sindical,[3] há mais de 30 anos antes do advento da Lei da Ação Civil Pública (Lei nº 7.347/85) e do Código de Defesa do Consumidor (Lei nº 8.078/90).

No Direito Processual do Trabalho, tornou-se comum a tutela de interesses individuais homogêneos pelas entidades sindicais, destacando-se as seguintes situações: a) ações de cumprimento para exigência de satisfação de direitos previstos em sentença

---

1 Procurador do Trabalho da PRT/2ª Região – São Paulo. Mestre e doutor em Direito do Trabalho pela Faculdade de Direito da Universidade de São Paulo (USP). Professor doutor de Direito e Processo do Trabalho da Faculdade de Direito da Universidade de São Paulo – USP.

2 A ação de cumprimento, prevista no artigo 872 da Consolidação das Leis do Trabalho, consiste no meio processual adequado para dar-se cumprimento aos preceitos decorrentes de sentença normativa, convenções e acordos coletivos quando não satisfeitos pelo(s) empregador(es). Trata-se de um instrumento jurídico para a salvaguarda de direitos individuais homogêneos dos trabalhadores, sendo mais um mecanismo de tutela coletiva de direitos.

3 No direito processual do trabalho, a expressão "substituição processual" adquiriu um significado específico para designar as hipóteses em que uma entidade sindical (substituto) atua em nome próprio em juízo na tutela de interesses dos trabalhadores (substituídos). Diferencia-se das hipóteses de "representação processual", nas quais a entidade sindical (representante) atua em nome alheio na defesa de direito alheio dos trabalhadores (representados).

normativa, acordos e convenções coletivas (art. 872 da CLT c/c Lei nº 8.984/95); b) Mandado de segurança coletivo (art. 5º, LXX, "b", da CF/88); c) ações versando sobre a caracterização de atividades insalubres ou periculosas e/ou para pleitear os efeitos pecuniários (pagamento dos respectivos adicionais) da constatação da existência de insalubridade e/ou periculosidade (§ 2º do art. 195 da CLT e OJ nº 121 da SDI-I do TST); d) demandas relativas ao recolhimento dos valores do Fundo de Garantia do Tempo de Serviço (art. 25 da Lei nº 8.036/90; e) cobrança de reajustes/aumentos/ diferenças salariais (Lei nº 8.073/90 "Art. 3º As entidades sindicais poderão atuar como substitutos processuais dos integrantes da categoria"); e) mandado de segurança coletivo (art. 5º, LXX, "b", da CF/88).

Como se nota da experiência do Direito Processual do Trabalho, a defesa de interesses individuais homogêneos consiste na possibilidade de um ente coletivo legitimado (autor ideológico), como o sindicato, ingressar em juízo, em nome próprio e como parte, na tutela de direitos alheios, *in casu*, interesses individuais de uma coletividade de trabalhadores.

Deste modo, toda vez que uma entidade ingressa em juízo pleiteando direitos individuais (que possuem o mesmo título, natureza jurídica e uniformidade) de diversos trabalhadores, na condição de legitimada extraordinária ou substituta processual, estando diante de uma tutela de interesses individuais homogêneos na Justiça do Trabalho.

Os interesses individuais homogêneos distinguem-se dos meramente individuais em virtude da origem comum, isto é, um fato jurídico que atinge diversos indivíduos concomitantemente e os coloca em situação assemelhada, propiciando o tratamento uniforme das várias relações jurídicas que se formam em torno da mesma situação. Em sua essência constituem interesses individuais; o que adquire feição coletiva é a forma processual pela qual podem ser tratados, dada a homogeneidade decorrente da origem comum. A sua uniformidade confere-lhes a possibilidade de um tratamento processual coletivo.

O Código de Defesa do Consumidor enfatizou a defesa coletiva dos interesses individuais homogêneos, com a permissão da propositura de uma única ação, por um autor ideológico (ente representativo), para a proteção desses interesses, com o objetivo de fortalecer seus titulares e de evitar-se sua defesa de forma pulverizada e a possibilidade de decisões contraditórias sobre a mesma questão fático-jurídica.

No esteio da adoção da tripartição dos denominados interesses transindividuais,[4] em difusos, coletivos e individuais homogêneos, o Código de Defesa do Consumidor, após especificar o conteúdo dos dois primeiros tipos de interesses, definiu de modo sintético os interesses individuais homogêneos como aqueles direitos "decorrentes de origem comum" (art. 81, III, da Lei nº 8.078/90).

Na esfera de tutela coletiva, os interesses individuais homogêneos constituem os interesses individuais de pessoas determinadas, comumente disponíveis e de fruição singular, mas decorrentes de uma origem comum, que lhes concede homogeneidade e possibilita o seu tratamento conjunto e uniforme, sem que, por tal fato, percam a nota da sua individualidade.

A expressão "origem comum" não significa que os interesses devam decorrer do mesmo fato e ao mesmo tempo; requer-se apenas que os fatos sejam assemelhados e possuam uma mesma causa, ainda que ocorram em momentos diversos. Nas palavras de Kazuo Watanabe "as vítimas de uma publicidade enganosa veiculada por vários órgãos da imprensa e em repetidos dias ou de um produto nocivo à saúde adquirido por vários consumidores num largo espaço de tempo e em várias regiões têm, como causa de seus danos, fatos com homogeneidade tal que os tornam a 'origem comum' de todos eles".[5]

A origem comum pode caracterizar-se por uma mesma fonte objetiva, consistente em fatos ou atos jurídicos (negócio jurídico, ato normativo, etc.), ou por uma fonte subjetiva, como a existência de um mesmo credor ou devedor de diversas relações jurídico-obrigacionais com vários sujeitos.[6]

As relações de trabalho constituem campo fértil para o nascimento de direitos individuais homogêneos, tendo em vista a presença de grupos de empregados numa mesma empresa, cujos direitos podem ser lesados de forma uniforme em relação a um conjunto

---

[4] "Metaindividual", "transindividual", "supraindividual", "sobreindividual" são expressões que, no campo jurídico, especificamente na temática do nosso trabalho, são utilizadas para designar direitos e interesses que ultrapassam o círculo jurídico de um indivíduo, correspondendo a direitos de toda uma coletividade, categoria, classe, comunidade ou grupo de pessoas. O Código de Defesa do Consumidor adotou a tripartição dos interesses transindividuais em difusos, coletivos e individuais homogêneos.

[5] WATANABE, Kazuo. Demandas coletivas e os problemas emergentes da práxis forense. In: TEIXEIRA, Sálvio de Figueiredo (Coord.). *As garantias do cidadão na justiça*. São Paulo: Saraiva, 1993, p. 189.

[6] LISBOA, Roberto Senise. *Contratos difusos e coletivos*. São Paulo: Editora Revista dos Tribunais, 2000, p. 286.

total ou parcial de trabalhadores, ensejando a sua tutela coletiva por um ente representante (sindicato, associação), Ministério Público etc., como vem se consolidando a jurisprudência trabalhista.[7]

---

[7] EMBARGOS EM RECURSO DE REVISTA. DECISÃO EMBARGADA PUBLICADA NA VIGÊNCIA DA LEI 11.496/2007. HORAS EXTRAS E PROMOÇÕES. SINDICATO. LEGITIMIDADE AD CAUSAM. O Sindicato tem legitimidade para a defesa coletiva de direitos individuais homogêneos da categoria, cuja titularidade diz respeito a uma coletividade de empregados representados pelo sindicato, abrangendo ou não toda a categoria. Este é o conceito que se extrai do artigo 81, inciso III, da Lei 8.078/90 (Código de Defesa do Consumidor), segundo o qual constituem interesses individuais homogêneos "os decorrentes de origem comum. E, *in casu*, tratando-se de pleito que envolve os empregados da Corsan, resta caracterizada a origem comum do direito, de modo a legitimar a atuação do Sindicato, não a descaracterizando o fato de ser necessária a individualização para apuração do valor devido a cada empregado, uma vez que a homogeneidade diz respeito ao direto e não à sua quantificação. Recurso de embargos conhecido e provido. (TST-E-ED-RR-36900-06.2004.5.04.0551, Re. Min. Horácio Raymundo de Senna Pires, J. 29/06/2011, Subseção I Especializada em Dissídios Individuais, p. 08/08/2010). SINDICATO. SUBSTITUIÇAO PROCESSUAL. INTERESSES INDIVIDUAIS HOMOGÊNEOS. LEGITIMIDADE. O sindicato possui legitimidade para atuar com substituto processual na defesa de interesses individuais homogêneos, na forma do art. 8º, III, da CF, independentemente do número de substituídos, conforme precedente do Tribunal Superior do Trabalho (TRT – 14ª Região, RO 0000973, Rel. Des. Elana Cardoso Lopes, J. 06/04/2010, 1ª T., Publicação: DETRT14 nº 064, de 07/04/2011). RECURSO DE REVISTA. 1. AÇÃO CIVIL PÚBLICA. MINISTÉRIO PÚBLICO DO TRABALHO. INTERESSES INDIVIDUAIS HOMOGÊNEOS. LEGITIMIDADE. O Ministério Público do Trabalho tem legitimidade para propor ação civil pública, com a finalidade de tutelar interesses e direitos individuais homogêneos. Na hipótese dos autos, verifica-se que o Parquet ajuizou a presente demanda com o objetivo de impor à reclamada obrigação de fazer, com efeitos projetados para o futuro, consistente na determinação de vedação do labor acima das dez horas diárias, bem como concessão de intervalos mínimos intra e interjornada e o repouso semanal remunerado. Nesse contexto, é incontestável que a presente matéria está inserida no rol de direitos que visam a defesa da ordem jurídica e dos interesses e direitos individuais homogêneos, com repercussão social, o que torna o Ministério Público parte legítima para propor esta ação. Precedente da SBDI-1. Recurso de revista não conhecido. (TST – Proc. 28100-11.2008.5.03.0087, Relator: Guilherme Augusto Caputo Bastos, J. 14/09/2011, 2ª T., P. DEJT 23/09/2011). EMBARGOS. LEGITIMIDADE ATIVA DO SINDICATO. DIREITO INDIVIDUAL HOMOGÊNEO. RECURSO DE REVISTA CONHECIDO E PROVIDO. ORIGEM

Consoante a disposição do artigo 82 do CDC c/c artigo 5º da LACP, possuem legitimidade ativa para a propositura da ação coletiva: a) o Ministério Público; b) Defensoria Pública c) a União, os Estados, os Municípios e o Distrito Federal; d) as entidades e órgãos da administração pública, direta ou indireta, ainda que sem personalidade jurídica, especificamente destinados à defesa dos interesses previstos no CDC; e) as associações legalmente constituídas há pelo menos um ano (pré-constituição) e que incluam entre seus fins institucionais a defesa dos interesses transindividuais invocados em juízo (pertinência temática).

Direitos individuais homogêneos e substituição processual na Justiça do Trabalho

A expressão "substituição processual" foi cunhada por Chiovenda para designar aquelas situações em que um determinado indivíduo, embora não se afirme titular da pretensão material posta em juízo, excepcionalmente, assume a posição de parte processual (substituto), tutelando em nome próprio direito alheio (do substituído).

Na esteira do pensamento de Chiovenda, o direito processual civil brasileiro adotou como regra para a legitimação processual a suposta identificação entre o

---

COMUM DOS PEDIDOS. A decisão da c. Turma que afasta a legitimidade do Sindicato, quando constatada a origem comum da lesão, deve ser reformada. A homogeneidade dos direitos buscados em juízo está vinculado à lesão comum e à natureza da conduta, de caráter geral, ainda que alcance a titularidade de diversos indivíduos envolvidas na relação jurídica. A norma constitucional, ao assegurar ao sindicato a defesa judicial dos direitos individuais da categoria, autoriza a defesa coletiva de direitos individuais homogêneos da categoria, cuja titularidade diz respeito a uma coletividade de empregados representados pelo sindicato, abrangendo ou não toda a categoria. Este é o conceito que se extrai do art. 81, inciso III, da Lei nº 8.078/90 (Código de Defesa do Consumidor), segundo o qual constituem interesses individuais homogêneos "os decorrentes de origem comum". Deste modo, tratando-se de ação que visa pleito de pagamento de horas extraordinárias, horas *in itinere*, horas extras por não considerar redução ficta das horas noturnas, adicional noturno, diárias, diferenças de diárias, multas pelo descumprimento de acordos coletivos, sobreaviso, avaliação por desempenho individual, horas extras trabalhadas aos sábados, domingos férias e RSRs, que embora materialmente individualizáveis são de origem comum, resta consagrada a homogeneidade que viabiliza a defesa de interesses individuais homogêneos pelo Sindicato da categoria. Embargos conhecidos e desprovidos. (TST - E-ED-RR – Proc. 50300-18.2007.5.03.0064, Relator: Aloysio Corrêa da Veiga, DJ 01/09/2011, Subseção I Especializada em Dissídios individuais, DEJT 09/09/2011).

indivíduo e a titularidade do direito material suscitado em juízo, adotando a substituição processual como instituto excepcional, somente possível nas hipóteses autorizadas por lei (art. 6º do CPC[8]).

No direito processual do trabalho, a expressão "substituição processual" adquiriu um significado específico para designar as hipóteses em que uma entidade sindical (substituto) atua em juízo em nome próprio na tutela de interesses alheios, dos trabalhadores (substituídos), caracterizando a denominada legitimação extraordinária. Diferencia-se das hipóteses de "representação processual", pelas quais a entidade sindical (representante) atua em nome alheio na defesa de direito alheio dos trabalhadores (representados), como na esfera do dissídio coletivo do trabalho (art. 114, §§ 2º e 3º, da CF/88).

As primeiras fontes legislativas da substituição processual trabalhista encontram-se na ação de cumprimento de sentença normativa (art. 872, parágrafo único, da CLT) e na cobrança de adicionais de insalubridade ou periculosidade em ação proposta pelo sindicato em favor de grupos de associados (art. 195, § 2º, da CLT).[9]

A CF/1988, ao prever que *"ao sindicato cabe a defesa dos direitos e interesses coletivos ou individuais da categoria, inclusive em questões judiciais ou administrativas"* (art. 8º, III), criou controvérsia interpretativa sobre a consagração constitucional ou não da substituição ampla e geral. A mesma controvérsia foi gerada pela Lei nº 8.073/90, cujo veto aos dois primeiros artigos deixou em vigor somente o artigo 3º, que versa sobre a substituição processual pelos sindicatos.[10] A Lei nº 8.036/80 previu a possibilidade de substituição processual para instar o empregador a proceder ao recolhimento

---

8   Art. 6º do CPC: "Ninguém poderá pleitear, em nome próprio direito alheio, salvo quando autorizado por lei." Como exemplo de substituição processual no âmbito do processo individual temos o artigo 42 do CPC, que dispõe, *in verbis*: "A alienação da coisa ou do direito litigioso, a título particular, por ato entre vivos, não altera a legitimidade das partes." Neste caso, o alienante permanece na lide como substituto processual do adquirente, uma vez que aquele não mais detém a titularidade da coisa ou do direito litigioso.

9   Art. 195 da CLT. § 2º "Arguida em juízo insalubridade ou periculosidade, seja por empregado, seja por Sindicato, em favor de grupo de associados, o juiz designará perito habilitado na forma deste artigo, e, onde não houver, requisitará perícia ao órgão competente do Ministério do Trabalho."

10 Lei 8.073/90. *"Substituição processual. Estabelece a Política Nacional de Salários e dá outras providências."* Artigos 1º e 2º Vetados. *"Art. 3º As entidades sindicais poderão atuar como substitutos processuais dos integrantes da categoria."*

do FGTS. A Lei nº 8.984/95 ampliou a hipótese de substituição processual para a satisfação de vantagens previstas em normas coletivas.[11]

Diante da incipiente regulamentação legislativa, o TST, no exercício de verdadeira atividade legiferante, regulamentou a substituição processual trabalhista por meio da Súmula 310[12] *(Res. TST nº 1/93, 28/04/1993, DJ 06/05/1993)*", cancelada, dez anos após, pela Resolução 119/2003, DJ. 01/10/2003.

É indubitável, porém, que todas as hipóteses de substituição processual pelos sindicatos na Justiça do Trabalho, inclusive a ação de cumprimento, constituem típicos instrumentos jurídicos para a salvaguarda de direitos individuais homogêneos dos trabalhadores, sendo mais um mecanismo de tutela coletiva de direitos.

---

11 Até o advento desta Lei a jurisprudência predominante somente admitia a ação de cumprimento para normas coletivas que tivessem sido homologadas pela própria Justiça do Trabalho. Neste contexto foi alterada a Súmula 286 do TST, pela resolução nº 98/2000, DJ. 18/09/2000: "Sindicato. Substituição processual. Convenção e acordos coletivos. A legitimidade do sindicato para propor ação de cumprimento estende-se também à observância e acordo e convenção coletivos."

12 "310 – Substituição processual. Sindicato. I – O art. 8º, inciso III, da Constituição da República, não assegura a substituição processual pelo sindicato. II – A substituição processual autorizada ao sindicato pelas Leis nº 6.708, de 30/10/1979 e 7.238, de 29/10/1984, limitada aos associados, restringe-se às demandas que visem aos reajustes salariais previstos em lei, ajuizadas até 3 de julho de 1989, data em que entrou em vigor a Lei nº 7.788. III – A Lei nº 7.788/89, em seu art. 8º, assegurou, durante sua vigência, a legitimidade do sindicato como substituto processual da categoria. IV – A substituição processual autorizada pela Lei nº 8.073, de 30 de julho de 1990, ao sindicato alcança todos os integrantes da categoria e é restrita às demandas que visem à satisfação de reajustes específicos, resultantes de disposição prevista em lei de política salarial. V – Em qualquer ação proposta pelo sindicato como substituto processual, todos os substituídos serão individualizados na petição inicial e, para o início da execução, devidamente identificados, pelo número da Carteira de Trabalho e Previdência Social ou de qualquer documento de identidade. VI – É lícito aos substituídos integrar a lide como assistente litisconsorcial, acordar, transigir e renunciar, independentemente de autorização ou anuência do substituto. VII – Na liquidação da sentença exequenda, promovida pelo substituto, serão individualizados os valores devidos a cada substituído, cujos depósitos para quitação serão levantados através de guias expedidas em seu nome ou de procurador com poderes especiais para esse fim, inclusive nas ações de cumprimento. VIII – Quando o Sindicato for o autor da ação na condição de substituto processual, não serão devidos honorários advocatícios (Res. TST nº 1/93, 28/04/1993, DJ 06/05/1993)."

Como característicos instrumentos coletivos de tutela de interesses individuais homogêneos, a denominada substituição processual trabalhista e a ação de cumprimento enquadram-se no direito processual coletivo, o qual vem se conformando como um subsistema processual, cujos diplomas normativos nucleares são a Lei da Ação Civil Pública (Lei nº 7.347/85) e o Código de Defesa do Consumidor (Lei nº 8.078/90), o qual forneceu elementos para a instauração dessa esfera coletiva de proteção processual.

O Código de Defesa do Consumidor, além de conferir contornos mais precisos ao objeto da ação civil pública, delineou uma série de conceitos cruciais para a celeridade e segurança desse universo de proteção coletiva, como a definição e a enunciação dos atributos essenciais e específicos de cada um dos interesses transindividuais (art. 81, incisos I, II e III), a previsão da tutela processual de interesses individuais homogêneos (art. 91 e seguintes), reformulação do alcance e efeitos da coisa julgada (art. 103, incisos I, II e III) e da litispendência (art. 104), etc. Contém, assim, regras genéricas e princípios jurídicos aplicáveis a todo instrumento processual de proteção de direitos coletivos.

A implementação dessa jurisdição coletiva no processo do trabalho deve observar todo esse sistema de tutela coletiva, cujos motores, reitera-se, são a Lei da Ação Civil Pública e o Código de Defesa do Consumidor.

Não restam dúvidas a respeito da nova disciplina da substituição processual trabalhista, das ações de cumprimento, do mandado de segurança coletivo e de toda demanda em que um autor ideológico (sindicato, associação, Ministério Público do Trabalho, etc.) atua no juízo trabalhista na tutela de interesses individuais alheios pertinentes a uma dada coletividade de trabalhadores. A elas aplicam-se as regras universais do Código de Defesa do Consumidor e da Lei da Ação Civil Pública para as ações coletivas, cujo objetivo é a tutela de interesses difusos, coletivos e individuais homogêneos. Enquanto não sobrevierem normas especiais sobre a questão da substituição processual no processo do trabalho (como previsto no projeto de reforma sindical), a ela (inclusive à ação de cumprimento) aplicam-se as regras universais do CDC e da LACP, acrescidas das normas específicas do direito processual do trabalho e da aplicação subsidiária do direito processual comum, em face de determinação expressa do art. 21 da Lei nº 7.347/85, acrescentado pela Lei nº 8.078/90.

As disposições do CDC da LACP aplicam-se a todos os instrumentos processuais de tutela coletiva de direitos (mandado de segurança coletivo, mandado de injunção coletivo, substituição processual sindical, ação de cumprimento etc.) em face de determinação expressa do art. 21 da Lei nº 7.347/85 (acrescentado pela Lei nº 8.078/90).

Neste movimento reformatório do processo, a antiga concepção de substituição processual pelos sindicatos na Justiça do Trabalho, antes restrita a algumas hipóteses normativas, foi reformulada e ampliada pela concepção de tutela de interesses individuais homogêneos por meio da ação coletiva do CDC, pela qual um autor ideológico (Ministério Público, sindicatos, associações etc.) atua na condição de legitimado extraordinário na tutela de interesses alheios (individuais) dos membros de uma coletividade,[13] cujos preceitos são aplicáveis a todas as ações coletivas que possuam como desiderato a tutela desses interesses.

O art. 769 da CLT determina a aplicação do direito processual comum nos casos omissos e no que for compatível com as normas processuais do trabalho. Direito processual comum não significa Código de Processo Civil, mas qualquer diploma processual cujos princípios e regras sejam compatíveis com a natureza do instituto processual que invoca a aplicação subsidiária.

No caso de ações coletivas típicas ou não do processo do trabalho devem ser aplicadas as normas que regem o direito processual coletivo, e não aquelas de cunho liberal-individualístico do Código de Processo Civil, posto que estas são, num primeiro momento, incompatíveis com a natureza coletiva das lides em comento. Somente na falta de normas pertinentes às ações coletivas deve o intérprete buscar alento nas normas do Código de Processo Civil.

Em consonância com o subsistema processual coletivo, o STF sedimentou jurisprudência no sentido de que o art. 8º, III, da CF/88 consagrou a substituição processual ampla para qualquer matéria e abrangente de toda a categoria ou coletividade lesada, independentemente de norma autorizadora específica;[14] não se limitando à matéria salarial ou apenas aos associados do sindicato, como disposto na revogada Súmula 310.

---

13 A ação coletiva foi introduzida em nosso ordenamento jurídico pelo CDC, tendo como objetivo a reparação de lesão a interesses individuais homogêneos (interesses individuais decorrentes de uma origem comum – art. 81, III, CDC). Ela é proposta por um autor ideológico, constante do rol de legitimados previsto no art. 82 do CDC c/c art. 5º da LACP, na age na condição de legitimado extraordinário; atua em nome próprio para a tutela de direito alheio (dos interessados individuais); hipótese jurídica também denominada de substituição processual. Seu objetivo é a obtenção de um provimento judicial condenatório do réu ao ressarcimento dos danos individualmente sofridos. Trata-se de uma tutela processual coletiva de interesses individuais com origem comum.

14 PROCESSO CIVIL. SINDICATO. ART. 8º, III DA CONSTITUIÇÃO FEDERAL. LEGITIMIDADE. SUBSTITUIÇÃO PROCESSUAL. DEFESA DE DIREITOS E INTERESSES COLETIVOS OU INDIVIDUAIS. RECURSO CONHECIDO E PROVIDO. O artigo 8º, III da Constituição Federal estabelece a legitimidade extraordinária dos sindicatos para defender em juízo os direitos e interesses coletivos ou individuais

Neste diapasão, eram notoriamente constitucionais os itens I, II, III e IV da antiga Súmula nº 310,[15] pelos quais não se reconhecia a amplitude material da substituição processual sindical (tutela de direitos individuais homogêneos), tal como previsto no art. 8º, III, da CF/88 e no subsistema processual coletivo.

Atualmente, reconhece-se às federações e confederações legitimidade para atuar como substitutas processuais para a efetivação de interesses de categorias inorganizadas em sindicato. A interpretação extensiva do art. 872 da CLT, no sentido de conceder significado amplo ao vocábulo *"sindicatos"* para designar genericamente as "entidades sindicais", já vinha sendo empregada pela doutrina e jurisprudência;[16] situação corrigida pela Lei 8.073/98, ao reportar-se a "entidades sindicais" No mais, a legitimação das federações e confederações pode ser retirada diretamente do art. 82,

---

dos integrantes da categoria que representam. Essa legitimidade extraordinária é ampla, abrangendo a liquidação e a execução dos créditos reconhecidos aos trabalhadores. Por se tratar de típica hipótese de substituição processual, é desnecessária qualquer autorização dos substituídos. Recurso conhecido e provido (STF – RE 193.503/SP – Pleno – Rel. Min. Carlos Velloso – DJU 1 24/08/2007). A decisão emblemática do novo posicionamento do STF foi preferida em 12/06/2006, no julgamento dos Recursos Extraordinários 193503, 193579, 208983, 211874, 213111, 214668, 214830, 211152 e 210029, tendo este último sido interposto pelo Sindicato dos Empregados em Estabelecimentos Bancários de Passo Fundo (RS) contra decisão do TST na que havia decidido que o artigo 8º, inciso III da Constituição Federal não autorizava a substituição processual pelo sindicato.

15 Súmula 310 – Substituição processual. Sindicato. I – O art. 8º, inciso III, da Constituição da República, não assegura a substituição processual pelo sindicato. II – A substituição processual autorizada ao sindicato pelas Leis ns. 6.708, de 30/10/1979 e 7.238, de 29/10/1984, limitada aos associados, restringe-se às demandas que visem aos reajustes salariais previstos em lei, ajuizadas até 3 de julho de 1989, data em que entrou em vigor a Lei nº 7.788. III – A Lei nº 7.788/89, em seu art. 8º, assegurou, durante sua vigência, a legitimidade do sindicato como substituto processual da categoria. IV – A substituição processual autorizada pela Lei nº 8.073, de 30 de julho de 1990, ao sindicato alcança todos os integrantes da categoria e é restrita às demandas que visem à satisfação de reajustes específicos, resultantes de disposição prevista em lei de política salarial.

16 O Tribunal Superior do Trabalho cancelou, por meio da Resolução Adm. nº 121 do Tribunal Pleno, de 28/10/2003, DJ 19/11/2003, a Súmula 359, pelo qual havia cristalizado jurisprudência no sentido de que *"A federação não tem legitimidade para ajuizar ação de cumprimento prevista no art. 872, parágrafo único, da CLT, na qualidade de substituto processual da categoria profissional inorganizada".*

IV, CDC, pois constituem espécies de associações. Encontra-se também pacificada a jurisprudência em torno da legitimidade do Ministério Público do Trabalho[17] e das associações,[18] para a tutela de interesses individuais homogêneos na esfera da Justiça do Trabalho.

---

17 Assim conclui o STF no RE 163.231-SP, Informativo nº 62, STF, relator o Ministro Maurício Corrêa, J. 26/02/1997. Igual decisão foi tomada no Recurso Extraordinário nº 213.015-0 – Distrito Federal, cujo relator foi o Ministro Néri da Silveira: "RECURSO EXTRAORDINÁRIO. CONSTITUCIONAL. LEGITIMIDADE DO MINISTÉRIO PÚBLICO PARA PROMOVER AÇÃO CIVIL PÚBLICA EM DEFESA DOS INTERESSES DIFUSOS, COLETIVOS E HOMOGÊNEOS. MENSALIDADES ESCOLARES: *CAPACIDADE POSTULATÓRIA* DO PARQUET PARA DISCUTI-LAS EM JUÍZO. 1. A Constituição Federal confere relevo ao Ministério Público como instituição permanente, essencial à função jurisdicional do Estado, incumbindo-lhe a defesa da ordem jurídica, do regime democrático e dos interesses sociais e individuais indisponíveis (CF, art. 127). 2. Por isso mesmo detém o Ministério Público capacidade postulatória, não só para a abertura do inquérito civil, da ação penal pública e da ação civil pública para a proteção do patrimônio público e social, do meio ambiente, mas também de outros interesses difusos e coletivos (CF, art. 129, I e III). 3. Interesses difusos são aqueles que abrangem número indeterminado de pessoas unidas pelas mesmas circunstâncias de fato e coletivos aqueles pertencentes a grupos, categorias ou classes de pessoas determináveis, ligadas entre si ou com a parte contrária por uma relação jurídica base. 3.1. A indeterminidade é a característica fundamental dos interesses difusos e a determinidade a daqueles interesses que envolvem os coletivos. 4. Direitos ou interesses homogêneos são os que têm a mesma origem comum (art. 81, III, da Lei nº 8.078, de 11 de setembro de 1990), constituindo-se em subespécie de direitos coletivos."

18 RECURSO DE REVISTA. AÇÃO CIVIL PÚBLICA. LEGITIMIDADE DA ASSOCIAÇÃO DE EMPREGADOS APOSENTADOS. DEFESA DE INTERESSES E DIREITOS INDIVIDUAIS HOMOGÊNEOS. A Ação Civil Pública na Justiça do Trabalho decorre da tutela de direitos e interesses individuais homogêneos, provenientes de causa comum, que atinge uniformemente um grupo de trabalhadores. A tutela pretendida pela associação, no caso, decorre da defesa de suposto direito de isonomia de remuneração dos ex-empregados aposentados com os empregados em atividade, previsto em preceito de lei, e remete à proteção do trabalhador sob perspectiva social que possibilitará a diminuição ou mesmo impedirá a avalanche de processos individuais junto à Justiça do Trabalho, coibindo a suposta atuação ilícita do reclamado. A legitimidade das associações para o ajuizamento da ação civil pública está prevista nos arts. 5º, XXI da CF, 5º, V e 21 da LACP, que remete à defesa coletiva dos interesses ou direitos difusos, coletivos e individuais homogêneos (Título III do CDC). Constatando-se o

Tutela coletiva dos direitos individuais homogêneos no Código de Defesa do Consumidor e a revogação da Súmula nº 310 do TST

Como ressaltamos alhures, o conceito legal de interesses individuais homogêneos foi inserido em nosso ordenamento jurídico com o advento do Código de Defesa do Consumidor. Além desse delineamento, o CDC consagrou um capítulo específico intitulado "Das ações coletivas para a defesa de interesses individuais homogêneos", com vistas a disciplinar minuciosamente a tutela desses interesses, possibilitando que os autores coletivos ideológicos proponham, em nome próprio e no interesse das vítimas ou seus sucessores, ação civil coletiva de responsabilidade pelo danos individualmente sofridos (art. 91 do CDC).

Entretanto, não obstante as regras e princípios do microssistema das ações coletivas, o Tribunal Superior do Trabalho, no ano de 1993, havia editado a Súmula nº 310, com o exercício de verdadeira atividade legiferante, ao regulamentar o instituto da substituição processual sindical no âmbito do processo do trabalho.

Embora a Súmula 310 fosse inconstitucional ou ilegal em vários aspectos (os quais são apontados ao longo deste trabalho) suas disposições tornaram-se os principais dispositivos regentes da substituição processual sindical na Justiça do Trabalho, sendo que mesmo após o seu cancelamento muitos operadores do direito ainda continuam aplicando algumas das suas disposições, razão pela qual mantemos a sua análise ao longo de todo este trabalho, pelo prisma do delineamento atual da substituição processual trabalhista à luz da CF, da legislação trabalhista, do CDC e dos posicionamentos do STF.

Por se tratar de típico instrumento processual coletivo de tutela dos interesses dos trabalhadores, recebe a substituição processual sindical o mesmo tratamento das ações coletivas do CDC para a tutela desses interesses. Desse modo, assim como não se exige a identificação dos substituídos para a propositura da ação coletiva do CDC,

---

bem tutelado, direitos trabalhistas supostamente negados aos aposentados associados da entidade autora, é de se verificar que encontra-se a matéria inserida naqueles direitos individuais homogêneos, eis que presente a pluralidade de pessoas que integram a categoria dos aposentados associados da reclamante que não lograram as vantagens postuladas em razão de lesão de origem comum, a denotar claramente o caráter coletivo e homogêneo da demanda. Recurso de revista conhecido e provido. (TST-RR 1957-11.2010.5.02.0000, Rel. Aloysio Corrêa da Veiga, J. 15/06/2011, 6ª Turma, DEJT 24/06/2011).

também não se pode fazer tal exigência em relação à substituição processual (inclusive para a ação de cumprimento). Tratando-se de ações que são propostas de forma despersonalizada pelo autor coletivo, a elas aplica-se o instituto da sentença genérica do art. 95 do CDC.[19] O proferimento de sentença genérica exige, evidentemente, pela aplicação do princípio da congruência da sentença ao pedido, a formulação de pedido genérico, isto é, sem a identificação do "*cui debeatur*" – os lesados individuais.

A despersonalização da demanda coletiva (substituição processual sindical) é um pressuposto para o proferimento da sentença genérica, sendo ilegal a exigência de apresentação de rol de substituídos como o fazia a Súmula 310, pois a identificação dos beneficiários dar-se-á somente nas fases de liquidação e execução da sentença (arts. 97 e 98 do CDC).

Como bem exposto por Nelson Nery Júnior, a restrição que estava contida no item V da Súmula 310 não encontrava amparo legal, pois tanto o inciso III do art. 8º da CF/88, quanto o art. 82 do CDC e o art. 5º da LACP, legitimam o sindicato, que tem natureza de associação civil, sem exigir que sejam identificados os substituídos, na ação coletiva para a defesa de direitos individuais homogêneos, já que tal exigência é de difícil ou impossível consecução.[20]

Não obstante clareza legal e doutrinária, ainda se verifica no Judiciário Trabalhista não somente a exigência da juntada de rol de substituídos pelos órgãos julgadores, como, por vezes, a juntada espontânea pelas entidades sindicais do referido rol, com olvidamento das regras da LACP e do CDC, fazendo-se necessário um detalhamento do conceito de sentença genérica.

Sentença genérica nas ações coletivas

Consoante o Código de Defesa do Consumidor, nas ações referentes a interesses individuais homogêneos, o pedido será genérico e, em caso de procedência do pedido, a condenação será igualmente genérica, com a fixação da responsabilidade do réu pelos danos causados (art. 95 do CDC), devendo tanto o *cui debeatur* (a quem se deve) quanto o *quantum debeatur* (o quanto se deve) serem apurados em posterior

---

19 Art. 95."Em caso de procedência do pedido, a condenação será genérica, fixando a responsabilidade do réu pelos danos causados".
20 NERY JUNIOR; Nelson; NERY, Rosa Maria Andrade. *Código de Processo Civil comentado e legislação processual civil em vigor*, 4ª ed. São Paulo: Editora Revista dos Tribunais, 1999, p. 393.

liquidação e/ou execução coletiva, em que serão identificados os beneficiários, ou em liquidação e/ou execução propostas pelos próprios interessados individuais (art. 97 e 98 do CDC). Na liquidação, além do *quantum debeatur*, cada liquidante deverá provar, por artigos, a existência do seu dano pessoal e o nexo etiológico com o dano reconhecido na demanda coletiva.

Tem-se que na fase cognitiva de jurisdição o bem tutelável é visto de modo global e indivisível, sendo uma fase eminentemente coletiva, sem identificação de quaisquer dos interessados individuais ou apresentação de rol de substituídos, ao passo que as fases posteriores são marcadas pela individuação dos beneficiados, por meio das execuções individuais ou execução coletiva com apresentação nominal dos beneficiados. O caráter abstrato e despersonalizado da fase de cognição coletiva levou o legislador a adotar a regra da sentença genérica.[21]

Observa-se, assim, que, embora a ação coletiva para defesa de direitos individuais homogêneos tenha como finalidade precípua e concreta a reparação dos danos sofridos pelos trabalhadores (interessados) individualmente considerados, de acordo com o art. 95 do CDC, *"em caso de procedência do pedido, a condenação será genérica, fixando a responsabilidade do réu pelos danos causados"*. A sentença, *in casu*, declarará a existência do dano e decretará a responsabilidade do réu pela sua reparação, sendo que na fase de liquidação dar-se-á a individuação dos beneficiários e a determinação da extensão dos prejuízos, para posterior execução. Desse modo, como expusemos no item anterior, não existe fundamento jurídico-legal para a exigência de rol de substituídos, como outrora previsto no item V da cancelada Súmula nº 310 do TST,[22] somente havendo identificação dos substituídos na fase de liquidação e execução de sentença.

---

21 Como expõe José Marcelo Menezes Vigliar, "Não haveria mesmo que se esperar uma atitude diversa do legislador. Os legitimados para as demandas coletivas que tutelam interesses que na origem são individuais, mas que podem vir a ter um tratamento coletivo em juízo, não necessitam conhecer as especiais condições de cada um dos legitimados. Se conhecessem e necessitassem de suas autorizações (quiçá da outorga de procurações), estaríamos diante do fenômeno de pluralidade de partes. Aqui, não. Um único autor – um daqueles que a Lei nº 7.347/85, conjugada com a Lei nº 8.078/90, resolveu que representaria adequadamente os interesses da coletividade – deduz uma única pretensão em juízo." VIGLIAR, José Marcelo Menezes *Interesses individuais homogêneos e seus aspectos polêmicos*. São Paulo: Saraiva, 2003, p. 70.

22 V – Em qualquer ação proposta pelo sindicato como substituto processual, todos os substituídos serão individualizados na petição inicial e, para o início da execução, devidamente

À guisa de exemplificação, tome-se uma ação coletiva proposta por uma entidade sindical pleiteando o pagamento do adicional de insalubridade aos empregados de determinada empresa, cujos aspectos ficarão assim delineados: a) Pedido certo e determinado, mas genérico: responsabilização do réu pelo pagamento do adicional de insalubridade em grau baixo, médio ou alto aos empregados sujeitos aos agentes insalutíferos que trabalharam ou trabalham no setor X durante o período Y; b) Sentença genérica de procedência: reconhece a insalubridade e condena o réu ao pagamento do adicional de insalubridade, num dos graus reconhecidos em perícia, aos trabalhadores que exerceram ou exercem suas atividades no estabelecimento X durante o período Y; c) na liquidação, individual ou coletiva, proceder-se-á à liquidação do *cui debeatur*, isto é, deverá ser comprovado por artigos, que o (s) liquidante (s) trabalhou (aram) ou trabalha (am) no setor X durante o período Y, bem como o valor a ser executado referente ao adicional não pago no período (*quantum debeatur*).

Como elucida Ada Pellegrini Grinover, o fato de a sentença ser genérica não significa que não seja certa ou precisa. A certeza aparece no fato de a sentença condenatória estabelecer a obrigação do réu de indenizar pelos danos causados, ficando somente os beneficiários e a extensão do dano para determinação em fase posterior de liquidação. É, portanto, a sentença genérica, um comando certo e ilíquido. É, como aponta a autora, o que *Araújo Filho* denomina de sentença *"subjetivamente ilíquida"*.[23]

Coisa julgada nas ações coletivas fundamentadas em direitos individuais homogêneos: coisa julga *erga omnes* e coisa julgada *secundum eventum litis*

Entre as diversas ressignificações de institutos processuais, o microssistema das ações coletivas concedeu um novo regime à coisa julgada, afastando-a da tradicional regra do artigo 472 do Código de Processo Civil e reconfigurando-a para adaptá-la às peculiaridades dos conflitos de massa.[24]

---

  identificados, pelo número da Carteira de Trabalho e Previdência Social ou de qualquer documento de identidade.

23 GRINOVER, Ada Pellegrini. *Código Brasileiro de Defesa do Consumidor comentado pelos autores do anteprojeto*, 7ª ed. São Paulo: Saraiva, 2001, p. 814.

24 SANTOS, Ronaldo Lima dos. Modalidades da coisa julgada coletiva. *Revista do Ministério Público do Trabalho*, São Paulo, ano 14, nº 27, mar. 2004, p. 38.

A principal característica da coisa julgada coletiva consiste no fato de que ela "não respeita os limites subjetivos traçados pelo artigo 472 do CPC, tanto entre os legitimados para demandar a tutela dos interesses transindividuais como em face das pessoas individualmente lesadas. Há nesse tipo de processo, possibilidade de eficácia erga omnes (isto é, perante quem não foi parte no processo), embora nem sempre de forma plena".[25] Por isso, é assente na doutrina, que, nesse sistema de jurisdição, a coisa julgada, assim como a legitimação para agir, constitui um dos pontos sensíveis da regulamentação e do desenvolvimento do processo coletivo.[26]

O tratamento molecular dos litígios, em substituição ao tradicional tratamento atomizado, exigiu a revisão e adaptação de alguns institutos do direito processual clássico, em especial a legitimidade *ad causam* e os limites da *res judicata*.[27] No regime do processo individual, a identificação entre o titular do direito material e a legitimidade processual faz com que coisa julgada produza efeitos *pro et contra*, isto é, independentemente do resultado da demanda ser favorável ou contrário aos interesses da parte ou de terceiros;[28] já no regime da coisa julgada coletiva, onde há uma desindentificação entre a titularidade do direito material e a legitimidade processual (que é exercida por um autor ideológico – associação, Ministério Público etc.), a constituição e a extensão da coisa julgada dependerão da natureza do direito material tutelado e do resultado da demanda.

Nesse contexto, a disciplina geral da coisa julgada nas ações coletivas vem traçada, de modo diferenciado, nos artigos 103 e 104 do Código de Defesa do Consumidor,[29]

---

25 JUNIOR, Humberto Theodoro. *Curso de direito processual civil*, 32ª ed., vol. 1. Rio de Janeiro, Forense, 2000, p. 478.

26 LEONEL, Ricardo de Barros. *Manual do processo coletivo*. São Paulo: Editora Revista dos Tribunais, 2002, p. 258.

27 DINAMARCO, Pedro da Silva. *Ação civil pública*. São Paulo: Saraiva, 2001, p. 98-9.

28 GIDI, Antonio. *Coisa julgada e litispendência nas ações coletivas*. São Paulo: Saraiva, 1995, p. 66.

29 Art. 103. Nas ações coletivas de que trata este Código, a sentença fará coisa julgada: I – erga omnes, exceto se o pedido for julgado improcedente por insuficiência de provas, hipótese em que qualquer legitimado poderá intentar outra ação, com idêntico fundamento, valendo-se de nova prova, na hipótese do inciso I do parágrafo único do art. 81; II – ultra partes, mas limitadamente ao grupo, categoria ou classe, salvo improcedência por insuficiência de provas, nos termos do inciso anterior, quando se tratar da hipótese prevista no inciso II do parágrafo único do artigo 81; III – erga omnes, apenas no caso de procedência do pedido, para beneficiar todas as vítimas e seus sucessores, na hipótese do inciso III do parágrafo único do art. 81. §

sendo que a regulamentação da coisa julgada nas ações coletivas fundamentadas em direitos individuais homogêneos é distinta daquela prevista para as demandas referentes a interesses difusos e coletivos, tendo em vista a natureza de cada uma destas espécies de interesses transindividuais.

Essa distinção de tratamento quanto aos efeitos da coisa julgada decorre da própria dessemelhança de natureza dos interesses individuais homogêneos em relação aos difusos e coletivos, pois, ao passo que estes constituem interesses essencialmente transindividuais, cuja tutela somente pode ser realizada por um ente ideológico por meio de uma ação coletiva, aqueles não são transindividuais em sua essência, tendo em vista que constituem interesses individuais que, somente em razão da sua origem comum, da homogeneidade de natureza e da conotação social que adquirem, podem ser tutelados por uma via processual coletiva.

Diversamente dos interesses difusos e coletivos cuja guarida processual encontra-se jungida a uma tutela coletiva, proposta por um autor ideológico, os interesses individuais homogêneos podem ser tutelados tanto pela via coletiva quanto pela individual, justificando o tratamento peculiar da coisa julgada que se forma nas demandas que os tenham como objeto.

Em virtude dessa peculiaridade, tanto o pedido quanto o conteúdo da decisão serão distintos consoante se tratem de interesses difusos e coletivos ou de interesses individuais homogêneos. Na hipótese de interesses difusos e coletivos, o pedido deverá ser certo e determinado, devendo a ação ter por objeto uma tutela específica (artigo 3º da Lei nº 7.347/85) de sorte que o conteúdo da decisão também será específico

---

1º Os efeitos da coisa julgada previstos nos incisos I e II não prejudicarão interesses e direitos individuais dos integrantes da coletividade, do grupo, categoria ou classe. § 2º Os efeitos da coisa julgada prevista no inciso III, em caso de improcedência do pedido, os interessados que não tiverem intervindo no processo como litisconsorte poderão propor ação de indenização a título individual. § 3º Os efeitos da coisa julgada de que cuida o art. 16, combinado com o art. 13 da Lei nº 7.347, de 24 de julho de 1985, não prejudicarão as ações de indenização por danos pessoalmente sofridos, propostas individualmente ou na forma prevista neste Código, mas, se procedente o pedido, beneficiarão as vítimas e seus sucessores, que poderão proceder à liquidação e à execução, nos termos dos arts. 96 a 99. § 4º Aplica-se o disposto no parágrafo anterior à sentença penal condenatória. Art. 104. As ações coletivas, previstas nos incisos I e II do parágrafo único do art. 81, não induzem litispendência para as ações individuais, mas os efeitos da coisa julgada erga omnes ou ultra partes a que aludem os incisos II e III do artigo anterior não beneficiarão os autores das ações individuais, se não for requerida sua suspensão no prazo de trinta dias, a contar da ciência nos autos do ajuizamento da ação coletiva.

(reparação do bem histórico, pagamento de indenização para o Fundo etc.); já nas ações referentes a interesses individuais homogêneos, em caso de procedência do pedido, a condenação será genérica, com a fixação da responsabilidade do réu pelos danos causados (artigo 95 do CDC), devendo o *quantum debeatur* ser apurado em liquidação e/ou execução coletiva, em que serão identificados os beneficiários, ou em liquidação e/ou execução propostas pelos próprios interessados individuais (artigos 97 e 98 do CDC). Na liquidação, além do *quantum debeatur,* cada liquidante deverá provar, por artigos, a existência do seu dano pessoal e o nexo etiológico com o dano reconhecido na demanda coletiva.

Com base nessas especificidades, previu-se que nas demandas coletivas fundadas em direitos individuais homogêneos a sentença fará coisa julgada *"erga omnes,* apenas no caso de procedência do pedido, para beneficiar todas as vítimas e seus sucessores" (art. 103, III, CDC).

Desse modo, além do caráter *erga omnes* da coisa julgada, as ações coletivas para a tutela dos interesses individuais homogêneos caracterizam-se pela presença da coisa julgada *secundum eventum litis* (segundo a sorte da lide), isto é, o conteúdo da sentença somente atingirá os titulares dos interesses individuais na hipótese de procedência da demanda (sorte da lide), circunstância que os habilita a beneficiar-se da decisão favorável, procedendo-se diretamente à execução dos seus direitos, sem a necessidade de prévio processo de conhecimento.

Por outro lado, eventual decreto de improcedência da ação coletiva não possui eficácia *erga omnes* em relação aos titulares singulares, que poderão propor ações individuais para a proteção dos seus direitos, desde que preenchida uma condição: não tenham integrado a demanda coletiva como litisconsortes do autor ideológico, pois nesse caso, uma vez que participaram do contraditório, serão abrangidos pela coisa julgada, restando prejudicada qualquer ação individual com o mesmo título (artigo 103, § 2º, do CDC).

Em resumo, consoante o fenômeno da coisa julgada *secundum eventum litis,* as pretensões individuais dos particulares beneficiam-se das vantagens advindas com o proferimento de eventual sentença de procedência em ação coletiva, de modo que a coisa julgada possuirá efeitos *erga omnes.* Em sentido contrário, as pretensões individuais dos particulares não são prejudicadas pelo advento de sentença desfavorável, ou seja, somente são abrangidos *secundum eventum litis;* nesse caso, a existência de sentença coletiva desfavorável não obsta que os indivíduos enquadrados na hipótese fática ou jurídica que fora objeto da ação coletiva promovam suas ações individuais.[30]

Mesmo na hipótese de sentença favorável há uma exceção à regra do beneficiamento do interesse individual: trata-se da situação em que o indivíduo possuía uma ação individual e, ao tomar ciência da propositura da demanda coletiva com o mesmo objeto, não requereu a suspensão da respectiva ação individual no prazo de trinta dias, a contar da ciência dos autos do ajuizamento da ação coletiva (artigo 104 do CDC). Assim, em não havendo a suspensão do processo individual, eventual sentença coletiva favorável não beneficiará o autor da demanda individual, que ficará à mercê da decisão a ser proferida no processo em que figura como parte.

Para elucidar esses aspectos, na prática, voltemos ao exemplo anterior de sentença genérica: a) Pedido certo e determinado, mas genérico: responsabilização do réu pelo pagamento do adicional de insalubridade aos empregados sujeitos (e/ou que foram sujeitos) aos agentes insalutíferos; b) Sentença genérica de procedência: reconhece a insalubridade e condena o réu ao pagamento do adicional de insalubridade aos trabalhadores que exercem (execeram) suas atividades no estabelecimento X durante o período Y; c) Efeitos *erga omnes e secundum eventum litis:* a sentença favorável aproveita a todos os trabalhadores individuais, que poderão promover, coletiva (com identificação dos substituídos) ou individualmente a execução, que se processará por artigos. O reconhecimento da insalubridade a todos beneficia. Na liquidação o trabalhador demonstrará que laborava no estabelecimento X no período Y; d) Exceção aos efeitos *erga omnes e secundum eventum litis:* o trabalhador que mantinha uma reclamação trabalhista com pedido de adicional de insalubridade contra a empresa e não requereu a suspensão do processo, no prazo de trinta dias, a contar da ciência dos autos do ajuizamento da ação coletiva, não se beneficiará da decisão coletiva, podendo, inclusive ter sentença desfavorável na ação individual, que por qualquer motivo, não reconheça a insalubridade; e) Sentença genérica de improcedência: não reconheceu a insalubridade e julgou desfavoravelmente a ação coletiva. Os trabalhadores poderão rediscutir a existência ou não de insalubridade

---

30 Como exemplifica Humberto Theodoro Junior, "numa demanda coletiva foi declarado improcedente o pedido de retirada do mercado de um produto medicinal por nocividade à saúde pública, tendo a sentença proclamado que o medicamento não era danoso. Haverá coisa julgada suficiente para impedir que qualquer nova ação coletiva venha a ser aforada contra o fabricante em torno do aludido produto, mesmo que outro seja o legitimado. Isto, todavia, não impedirá que um determinado consumidor, reputando-se lesado pelo medicamento, venha a ajuizar uma ação indenizatória individual." (THEODORO JÚNIOR, Humberto. *Curso de direito processual civil*, 32ª ed. Rio de Janeiro: Forense, 2000. vol. 1, p. 479).

em processos individuais, podendo haver reconhecimento pelo juízo da insalubridade, independentemente da sentença desfavorável proferida na ação coletiva. Somente o (s) trabalhador (es) que interveio (vieram) na ação coletiva estará (ao) obstado (s) de rediscutir a matéria por meio de ações individuais.

Em relação aos entes legitimados para a tutela dos interesses individuais homogêneos, nas hipóteses de procedência ou improcedência do pedido, haverá sempre coisa julgada material, inclusive nos casos de improcedência por insuficiência de provas, o que obstará a propositura de nova demanda com o mesmo objeto e causa de pedir por qualquer autor ideológico, tenha ou não participado da demanda coletiva.

Desse modo, fica assim delineado o quadro da coisa julgada nas demandas coletivas fundamentadas em direitos individuais homogêneos:

Natureza da decisão	Formação da coisa julgada	Consequências
Extinção do processo sem julgamento do mérito (artigo 267 do CPC)	Coisa julgada formal	Possibilidade de propositura de nova demanda com o mesmo objeto e causa de pedir, inclusive pelo autor que havia proposto a ação anterior.
Procedência do pedido	Coisa julgada material	Eficácia *erga omnes*. Impossibilidade de propositura de nova demanda com o mesmo objeto e causa de pedir, por qualquer ente legitimado. A execução poderá ser efetuada a título coletivo ou individual. Não será beneficiado pela coisa julgada coletiva o indivíduo que não requereu a suspensão do processo individual (artigo 104 do CDC).
Improcedência do pedido, inclusive por insuficiência de provas	Coisa julga material	Impossibilidade de propositura de nova demanda com o mesmo objeto e causa de pedir, por qualquer ente legitimado. Os interessados individuais que não tiverem intervindo no processo poderão pleitear seus direitos em ações individuais.

Intervenção Individual nas Ações Coletivas

A tutela processual coletiva dos interesses individuais homogêneos admite a intervenção litisconsorcial individual dos titulares dos interesses discutidos em juízo (arts. 94 e 103, § 2º, do CDC).

No entanto, essa intervenção não tem como finalidade a discussão da situação individual, específica e peculiar do interveniente, tendo em vista que a sentença proferida será genérica (art. 95 do CDC), sem apreciação de situações particulares, cuja discussão fica relegada à fase de liquidação de sentença (arts. 97 e 98 do CDC).

O ingresso do interessado individual na lide como litisconsorte limita-se a auxiliar à parte assistida na obtenção de sentença genérica favorável à classe, de forma que a intervenção tem um cunho despersonalizado, no mesmo sentido da lide coletiva. A intervenção dá-se sob a ótica coletiva, uma vez que é possível a suscitação de questões individuais em lides coletivas.

Desse modo era totalmente equivocado, e incongruente com o microssistema da jurisdição coletiva, o entendimento esposado no item IV da revogada Súmula nº 310 do TST, pelo qual se admitia o ingresso do trabalhador individual na lide coletiva com a finalidade de acordar, transigir ou renunciar, faculdades somente possíveis nas lides essencialmente individuais, uma vez que a via coletiva não obsta aquele caminho processual (art. 103, § 3º, do CDC).

Nos termos do art. 104 do CDC, a intervenção assistencial litisconsorcial pelo indivíduo constitui hipótese de exceção à regra da coisa julgada *secundum eventum litis* (segundo a sorte da lide) pela qual os lesados individuais só são abrangidos pela coisa julgada favorável, não tendo obstada a via processual individual para a discussão de matéria julgada desfavoravelmente numa ação coletiva.

Assim, na hipótese em que o interessado individual tiver intervindo no processo, ele será abrangido pelos efeitos da coisa julgada, favorável ou não, não podendo propor ação a título individual (art. 103, § 2º, do CDC), ao contrário dos demais interessados individuais (não interventores) que poderão propor suas demandas a título individual (art. 103, § 2º, do CDC). Trata-se de uma das exceções ao princípio da intangibilidade da via individual em face da coletiva.

Cite-se, por exemplo, uma ação coletiva proposta pelo sindicato profissional da categoria com o objetivo do pagamento de determinado abono salarial pelo empregador. Em sendo julgada improcedente a demanda, o trabalhador que interveio no feito sofrerá os efeitos da coisa julgada, não podendo propor ação com o mesmo objeto a título individual, ao passo que todos os demais trabalhadores poderão rediscutir a questão em ações individuais, inclusive como produção probatória específica, sem interferência da decisão desfavorável na lide coletiva.

Concomitância de ações coletivas e individuais

No campo da concomitância entre ações coletivas e individuais, aplicas-se o disposto no 104 do CDC, o qual dispõe no sentido da inexistência de litispendência entre a demanda coletiva proposta por um autor coletivo e uma ação individual com o mesmo objeto e causa de pedir, uma vez que o CDC adotou o principio da intangibilidade da via processual individual pela via coletiva. Se os autores das ações individuais não requererem a suspensão destas no prazo de trinta dias a contar da ciência nos autos do ajuizamento da ação coletiva, não serão beneficiados por eventual decisão favorável na ação coletiva (art. 104 do CDC).[31]

O Código de Defesa do Consumidor preservou as esferas individual e coletiva, assegurando assim duas dimensões da tutela judicial: a individual e a coletiva. O exercício do direito de ação coletiva pelo autor ideológico substituto não preponderá sobre o direito de ação individual, nas hipóteses em que o próprio substituído o exercite, com renúncia à tutela coletiva. Tal conduta incorreria no equívoco de transformar o substituto processual em detentor da titularidade do direito, em detrimento do seu verdadeiro titular.

Não obstante as disposições expressas do CDC, tem-se verificado no Judiciário Trabalhista a extinção de ações individuais com o mesmo objeto e causa de pedir de

---

[31] RECURSO DE REVISTA. LITISPENDÊNCIA. ARTIGO 104 DO CÓDIGO DE DEFESA DO CONSUMIDOR. APLICABILIDADE AO PROCESSO DO TRABALHO. A coletivização das ações tem como resultado pronunciamento judicial com autoridade para solucionar lesões de direto que se repetem, de modo que tenha ele força suficiente para se estender aos direitos individuais homogêneos e coletivos, evitando, com isso, o entulhamento de processos que assoberbam os órgãos jurisdicionais. As ações coletivas têm a mesma natureza jurídica, quer sejam elas de origem trabalhista, quer sejam consumeristas. Deste modo, não há se falar em litispendência, na medida em que o autor apenas será abrangido pela coisa julgada, que se formará na decisão coletiva, se buscar a suspensão do seu processo individual, com o fim de receber os efeitos daquela ação, o que não consta no presente caso. Aplica-se, portanto, o art. 104 do CDC ao processo do trabalho, que assegura a propositura de ações individuais e coletivas sem caracterização de litispendência. Recurso de revista conhecido e desprovido. (TST-RR-216700-91.2006.5.02.0029, 6ª T. Aloysio Corrêa da Veiga Ministro Relator, J. 15/06/2011, p. 24/06/2011).

uma ação coletiva proposta pela entidade sindical. Essa posição parte do entendimento segundo o qual, embora as partes formais de ambas as demandas (coletivas e individuais) não sejam as mesmas, as partes materiais (beneficiários – trabalhadores lesados) seriam as mesmas, o que daria ensejo à extinção da ação individual sem resolução do mérito.

Entretanto, tal entendimento construiu-se à revelia das regras e princípios do microssistema das ações coletivas, pelos quais a concomitância de ações individuais e coletiva não enseja litispendência (art. 104 do CDC). O CDC preservou as esferas individual e coletiva, assegurando assim duas dimensões da tutela judicial: a individual e a coletiva. O exercício do direito de ação coletiva pelo autor ideológico (legitimado extraordinário/substituto processual) não prepondera sobre o direito de ação individual, nas hipóteses em que o próprio substituído o exercite, com renúncia à tutela coletiva. Tal conduta incorreria no equívoco de transformar o substituto processual em detentor da titularidade do direito, em detrimento do seu verdadeiro titular. A opção pela via processual individual funciona como uma espécie de "*opt out*", servindo, analogicamente ao sistema das *class actions* do direito norteamericano, como uma exclusão do trabalhador da esfera da demanda coletiva, salvo se optar por suspender a sua demanda no prazo de trinta dias, o que funcionaria como uma espécie de "*opt in*" na ação coletiva, o que resultaria num ingresso do trabalhador no universo da demanda coletiva e dos seus efeitos.

AÇÃO CIVIL PÚBLICA. LEGITIMADOS E SUBSTITUIÇÃO PROCESSUAL, CONDENAÇÃO E LIQUIDAÇÃO. A COISA JULGADA E LITISPENDÊNCIA

Fernando Belfort[1]

Introdução

No presente texto vamos buscar no gênio de Arruda Alvim,[2] quando, firme nos escólios de Tullio Ascarelli, anota que a "função teórica do Direito comparado tem a virtude de propiciar o conhecimento das constantes e das variações das regras de Direito e, pois, dos institutos jurídicos dos diversos sistemas (...) Fornece elementos para o conhecimento do próprio Direito pátrio, naqueles aspectos em que se revelam insuficientes, ainda, as formulações teóricas nacionais. Insuficientes os parâmetros teóricos, segue-se disso que serão discordantes e incertas as aplicações práticas e concretas do instituto".

De fato o nosso objetivo no presente ensaio é demonstrar que o instituto ora em apreciação – Ação Civil Pública – tem sua matriz na *class action* americana, da qual derivam também a *action d'intérêt publique* francesa, a *representative action* inglesa e o *Odhasionprozess* alemão. Também, não se pode desconhecer que no nosso País o sistema processual foi sempre apegado a uma forte tendência de concepção individualista, bastando para tanto examinarmos o atual Código de Processo Civil de 1973, o que

---

[1] O autor é mestre em Direito Privado pela UFPE, doutor em Direitos das Relações Sociais pela PUC/SP, prof. associado II da UFMA, desembargador aposentado do TRT da 16ª Região (seu primeiro Presidente), autor de diversas obras jurídicas, membro da Academia Nacional de Direito do Trabalho e advogado.

[2] ALVIM NETO, José Manoel de Arruda. *Tratado de Direito Processual Civil*, vol. 1, 2ª ed. São Paulo: Editora Revista dos Tribunais, 1990, p. 37.

levou Fredie Didie[3] a afirmar que "o processo civil brasileiro tem a ação individual como centro e base de todo o sistema".

Entretanto, homem vive em constante evolução, consequentemente a sociedade está sempre sujeita a alterações. Nesse contexto, no mundo do direito não foi diferente e, observou-se uma massificação dos conflitos e assim sendo a concepção individualista já não atendia os milhares de demanda que surgiam havendo necessidade de serem instituídos novos mecanismos para solucionar tais desinteligências de maneira mais satisfatória e eficaz.

A evolução da sociedade, com a concentração em centros urbanos, a progressiva industrialização e expansão comercial, o desenvolvimento dos meios de comunicação e de transporte, a adoção do modelo capitalista de produção, a globalização, entre outras questões, fez surgir uma nova espécie de conflito social: os conflitos de massa.[4]

Assim, como o modelo até então praticado não se mostrava eficaz para solucionar os conflitos massivos que começavam a surgir, foi buscada uma nova solução e esta veio através da Ação Civil Pública.

Assim é que iremos abordar a Ação Civil Pública, mas no âmbito do Processo do Trabalho.

1. A ação civil pública

1.1. Evolução legislativa brasileira.

Pode-se dizer que as origens da ação civil pública remontam à ação coletiva existente no sistema norte-americano, mais precisamente ao *Bill of Peace*, existente durante o século XVII, e na *class action*, que pressupunha a existência de um grande número de titulares individuais de direitos no plano material, possibilitando o tratamento processual unitário e simultâneo de todas elas, por intermédio da presença, em juízo, de um único representante da classe.

O direito brasileiro recepcionou os esquemas do direito norte-americano, mas adaptou-os ao nosso sistema legal. Inspirado nas *class actions* americanas foram criadas as

---

3 DIDIER Jr., Fredie; ZANETI Jr., Hermes. *Curso de Direito Processual Civil*. Processo Coletivo, vol. 4, 4ª ed. Salvador: *Jus*Podivm, 2009, p. 30

4 ALVIN, Arruda. *Ação Civil Pública. Revista de processo*. São Paulo: Editora Revista dos Tribunais, nº 87, p. 149-165, jul-set/1997.

ações coletivas em defesa de interesses difusos e coletivos, de natureza indivisível, por meio da denominada lei da ação civil pública, destinada à proteção de bens coletivos.

O primeiro diploma legal a mencionar a expressão ação civil pública foi a Lei Orgânica Nacional do Ministério Público, Lei Complementar federal nº 40, de 13-12-1981, em seu artigo 3°, inciso III.

A defesa dos interesses difusos e coletivos, em nosso ordenamento jurídico, teve como marco inicial efetivo a instituição da Lei n° 7.347, de 24 de julho de 1985, a chamada Ação Civil Pública.

Esta lei tutelava, inicialmente, em seu artigo primeiro, a responsabilidade por danos causados ao meio ambiente, ao consumidor, a bens e direitos de valor artístico, estético, histórico, turístico e paisagístico.

Importante ressaltar que o inciso IV deste artigo primeiro o qual tratava sobre "outros interesses difusos", fora vetado pelo então presidente, José Sarney. Eis a razão de seu veto:

> As razões de interesse público dizem respeito precipuamente à insegurança jurídica, em detrimento do bem comum, que decorre da amplíssima e imprecisa abrangência da expressão "qualquer outro interesse difuso".[5]

Com a promulgação da Constituição Federal de 1998, a Lei da Ação Civil Pública é recepcionada expressamente ao atribuir como uma das funções institucionais do Ministério Público a titularidade para a promoção da referida ação.

Um ano após a promulgação da referida carta, a lei n° 7.853, de 24 de outubro de 1989, previu a tutela jurisdicional coletiva ou difusa para atender os anseios dos portadores de deficiência, também o fez a lei n° 7.912, de dezembro de 1989 que tratava de Ação Civil Pública por danos causados aos investidores no mercado de valores.

Contudo, somente com a entrada em vigor do Código de Defesa do Consumidor, Lei n° 8.078, de 11 de setembro de 1990, foi inserido, em nosso ordenamento jurídico, os conceitos legais de interesses difusos e dos interesses coletivos.

Acrescenta-se que o CDC, em seu artigo 110, além de haver restabelecido o inciso IV da Lei n° 7.347/85 que havia sido vetado, ampliou a sua aplicação a "outros interesses difusos e coletivos", introduzindo a aplicação, também, dos interesses individuais homogêneos.

---

5   DOU de 25 de julho de 1985.

Após essas breves considerações podemos observar que a Ação Civil Pública no Brasil obedeceu à seguinte evolução legislativa: A Lei Complementar nº 40/81 – Lei Orgânica do Ministério Público, a Lei nº 7.347/85 – chamada de Lei da Ação Civil Pública, A Constituição Federal de 1988 e finalmente o Código de Defesa do Consumidor, Lei nº 8078/90.

2. A ação civil pública trabalhista

2.1. Aspectos gerais

A *class action* do sistema norte americano, baseada na *equity*, pressupõe a existência de um número elevado de titulares de posições individuais de vantagens no plano substancial, possibilitando o tratamento processual unitário e simultâneo de todas elas, por intermédio da presença da classe (GRINOVER *apud* OLIVEIRA, 1999, p. 17).[6]

Bobbio, ao falar sobre o fundamento dos direito do homem, afirma que "o problema do nosso tempo, com relação aos direitos do homem, não é mais o de fundamentá-los e sim de protegê-los" (BOBBIO, 1992, p. 25).[7]

Romita, fazendo uma síntese histórico-evolutiva, justificando o porquê do surgimento da Ação Civil Pública nos nossos dias, mostra-nos que na ótica burguesa tradicional "a tutela jurisdicional alcançava apenas os direitos e interesses individuais" e o processo tradicional concebido para solver os conflitos de interesses individuais contrapostos, cede espaço e passa a solucionar novas formas de conflito que passaram a surgir, "de interesses e direitos coletivos, ante a existência da denominada "ordem coletiva" (ROMITA, 1993, p. 238).[8]

Mas, se não grassa na doutrina controvérsia sobre o fundamento, ou seja, sobre a origem da Ação Civil Pública (como gênero), no entanto, como remédio eficaz e adequado para a proteção de interesses e direitos difusos e direitos coletivos de natureza trabalhista (como espécie) a celeuma se instala, ante o que parte da doutrina

---

6 OLIVEIRA, Francisco Antônio de. *Ação civil pública: enfoques trabalhistas*. São Paulo: Editora Revista dos Tribunais, 1998.

7 BOBBIO, Norberto. *A era dos Direitos*, 10ª ed. Rio de Janeiro: Campus, 1992.

8 ROMITA, Arion Sayão. *Sindicalismo, economia, estado democrático: estudos*. São Paulo: LTr, 1993.

diz inexistir direitos difusos trabalhistas e sim só interesses difusos. A questão não é pacífica, mas procuraremos enfrentá-la.

A Ação Civil Pública (como gênero) concebida inicialmente como uma das funções institucionais do Ministério Público pela Lei Complementar 40/81, (art. 3°, inciso III) – antiga Lei Orgânica Nacional do Ministério Público – disciplinada pela Lei nº 7.347/85, elevada a nível constitucional (art. 129, III), ampliada pela Lei nº 8.080/90 – Código de Defesa do Consumidor tem sua origem ao prever a defesa coletiva dos direitos individuais homogêneos. Daí, porque nos reportamos a *class action* do sistema americano que torna viável a consideração de pequenas pretensões que, quando somadas, tornam-se relevantes.

Também não foi sem propósito que iniciamos esse estudo fazendo a citação de Bobbio. Com efeito, o primado da igualdade da Revolução Francesa, igualdade apenas formal, pois não há de se negar a terrível desigualdade que todos assistimos, mormente entre litigantes o forte de um lado e o fraco de outro, o desenvolvimento da sociedade, as transformações operadas no mundo capitalista onde no sistema econômico os fatores de produção, distribuição e consumo tomam proporções de massa, com reflexo nas relações sociais que passam a assumir caráter coletivo, essa série de relações interagidas motivou também, a instituição de instrumentos na defesa de interesses que ultrapassam a esfera individual, "criação de novos remédios processuais que a lado das garantias individuais, protegem também os interesses e direitos coletivos" (ROMITA, 1993, 239).

E voltando ao jus filósofo italiano quando repercute o problema dos Fundamentos dos Direitos do Homem acentua que "o problema real que temos de enfrentar, contudo, é o das medidas imaginadas e imagináveis para a efetiva proteção desses direitos" (BOBBIO, 1992, p. 37).[9]

2.2. Direitos e interesses difusos e interesse coletivo

Observe-se, primariamente, que foi a Lei nº 8.078/90 (Código de Proteção e Defesa do Consumidor, art. 81, parágrafo único, incisos I, II e III), quem trouxe a definição de interesses difusos, interesses coletivos e interesses individuais homogêneos.

Com efeito, examinando citados dispositivos nos quais são os mesmos definidos, vamos observar que existem pontos comuns entre os dois primeiros quais sejam: ambos são transindividuais e de natureza indivisível; mas, enquanto nos interesses ou direitos difusos, seus titulares são pessoas indeterminadas ligadas por circunstâncias

---

9   BOBBIO, Norberto. *A era dos Direitos,* 10ª ed. Rio de Janeiro: Campus, 1992.

de fato (há uma indeterminação), nos interesses coletivos seus titulares são grupo, categoria ou classe de pessoas (há uma especificidade, uma determinação, só estes) ligadas por uma relação jurídica base, entre si ou com a parte contrária.

Entendemos, em oposição a ilustres e respeitáveis opiniões, que o legislador estabeleceu diferença entre as titularidades, pois pensamos que, e isso está expresso, enquanto nos direitos e interesses difusos os titulares são indetermináveis; nos direitos e interesses coletivos seus titulares podem ser determinados pela especificidade, uma vez que a lei não contém expressões inúteis. E acrescentamos mais: se o legislador quisesse determinar ou indeterminar ambos os titulares, teria feito expressamente, ante a circunstância de que o traço que liga os titulares nos direitos e interesses difusos é uma circunstância de fato (há uma indeterminação), já nos interesses coletivos, o traço que os liga é uma relação jurídica base (há uma determinação); nos interesses e direitos difusos, os titulares não estão ligados entre si (qualquer um que esteja vinculado àquela relação fática, não se especifica quem), já nos interesses coletivos, os titulares estão ligados entre si ou com parte contrária (há uma determinação por especificidade, grupo, categoria ou classe de pessoas, só estas).

Exemplifiquemos: todo trabalhador tem direito de gozar de um meio ambiente ecologicamente equilibrado para não ser afetado em sua saúde e segurança; o empregador, dentro do seu poder diretivo, descurou-se de tomar as precauções devidas, pois deixou de adquirir um filtro para ser instalado na fábrica, de necessidade imprescindível, uma vez que com a mudança da linha de produção, seria usada uma substância tóxica, que se não fosse filtrada causaria danos à saúde dos trabalhadores. Dois meses depois de uso contínuo da substância tóxica, e como previsto, todos os operários que estavam trabalhando naquele ambiente poluído foram afetados em sua saúde, ante a não preservação do meio ambiente de trabalho. Indaga-se: Neste exemplo, existem interesses e direitos difusos, ou interesses coletivos a defender?

Ao examinarmos supra as características dos interesses e direitos difusos em confronto com os interesses coletivos vimos que em ambos existem pontos comuns e pontos divergentes. A transindividualidade e a indivisibilidade são os pontos comuns e no exemplo supra ambos existem, pois não só os trabalhadores, mas toda coletividade tem direito a um meio ambiente ecologicamente equilibrado; nos aspectos diferencial entendemos que, no caso do exemplo, existe interesse coletivo e não difuso, pois a titularidade é de um grupo determinado (há uma especificidade), e não de pessoas indeterminadas (a relação não se estabeleceu por circunstâncias de fato, e entendemos que "circunstância de fato" está ali empregada no sentido de ocasional, episódico), e estão ligados entre si e com a outra parte por uma relação jurídica base (o contrato de trabalho) e não por uma relação fática.

Em um primeiro momento, poder-se-á até entender que estamos caminhando para o sentido de que a Ação Civil Pública na esfera trabalhista só seria viável para a tutela de interesses coletivos, não sendo prestante para a defesa de interesses e direitos difusos. Mas não é bem assim.

Com efeito, e voltando ao magistério de Romita (1993, p. 240)[10] este entende, com muita propriedade, que o conceito de **interesse** deve ser aferido à luz de uma epistemologia que se desenvolve historicamente [grifos nossos]. Após comparar como tal expressão, é vista pelo direito de países diferentes diz: *segundo o common law, é o interesse real que justifica a reparação, e não a existência de um direito subjetivo*, explicando logo em seguida que *o direito de cada um é aquele protegido por uma ação judicial.*

Ora, no direito brasileiro (CC. art. 75), vem estabelecido que *a todo direito corresponde uma ação que o assegura.*

Se analisarmos o que se disse antes sobre direito, interesse e bem, qual seja "o homem pode concreta e validamente invocar a proteção do ordenamento jurídico para a consecução de seus interesses", "que os interesses se apresentam de forma variada podendo ser, coletivos ou difusos, e, no campo material, é o fundamento da pretensão; no campo processual é condição da ação e esta está vinculada ao interesse quer material quer processualmente" e mais quanto a bem dissemos que a Constituição Federal não trata de bens jurídicos, e no ordenamento jurídico brasileiro foi acrescida uma nova categoria de bem a do bem difuso.

Se nos detivermos na doutrina onde Nery Junior e Andrade (1996, p. 1704)[11] dizem o que qualifica o direito como difuso, coletivo ou individual homogêneo é o conjunto formado pela causa de pedir e pelo pedido deduzido em juízo; Rocha (1996, p. 36) interesses difusos são espécie do gênero interesses metaindividuais – interesses coletivos *lato sensu*; Watanabe (1999, p. 718) para quem o disposto na lei (Código de Proteção e Defesa do Consumidor, art. 81, parágrafo único, incisos I, II e III), as expressões **interesses** e **direitos** foram empregadas como sinônimas (grifos nossos) e que da Constituição Federal de 1988 estabelece no art. 5°, XXXV *A lei não excluirá da apreciação do Poder Judiciário lesão ou ameaça a direito*, poderemos concluir que:

---

10 ROMITA, Arion Sayão. *Sindicalismo, economia, estado democrático: estudos*. São Paulo: LTr, 1993.

11 NERY JUNIOR, Nelson; ANDRADE, Rosa Maria. *Código de processo civil comentado*, 2ª ed. São Paulo: Editora Revista dos Tribunais, 1996.

A Ação Civil Pública Trabalhista serve para a tutela tanto dos interesses e direitos difusos como dos interesses coletivos, pois, ao não especificar a Constituição Federal, o tipo de direito, não restringindo qual o direito que poderá ser defendido em juízo, entendemos que a intenção do constituinte foi no sentido de que possa ser qualquer das espécies existentes em nosso ordenamento jurídico positivo público, privado, difuso individual, coletivo. Também, se é o interesse que justifica a reparação e se, no nosso ordenamento jurídico, há previsão para tanto, ou seja, a todo direito corresponde uma ação que o assegura se o interesse, no campo material, é o fundamento da pretensão; no campo processual é condição da ação, são pertinentes as observações feitas por Nery Junior e Watanabe. O primeiro para a conceituação de interesses e direitos difusos e coletivos e o segundo para a sinonímia dos termos interesses e direitos, pois não sendo às vezes o legislador um operador do direito e tais expressões são empregadas no cotidiano como sinônimas é procedente, a nosso ver, a observação. E, ainda, se a Lei nº 7.347/85 que concebeu a Ação Civil Pública não definiu o que seriam interesses e direitos difusos e interesses coletivos vindo fazê-lo a Lei nº 8.078/90 e se há previsão naquela de responsabilização aos danos causados ao meio ambiente, e, inclui-se o do trabalho no meio ambiente artificial, não se poderá querer que a ampliação se transforme em restrição, pois não comporta no sentido lógico. Finalmente e sobre a titularidade, entendemos que o escopo do legislador foi no sentido de dar abrangência para qualquer situação que viesse a ocorrer quer se pudesse determinar ou não os titulares quer os mesmos estivessem ligados por um simples fato ou por uma relação jurídica base.

2.3. Competências material e funcional da Justiça do Trabalho para receber a Ação Civil Pública trabalhista

Quanto à competência material dúvida nem uma grassa, hoje quer na doutrina quer na jurisprudência, sendo que quanto esta última, até o Supremo Tribunal Federal já se posicionou no sentido de se deferir à Justiça Especializada tal prerrogativa de conhecer e julgar a Ação Civil Pública Trabalhista

Também, nós assim nos posicionamos, pois entendemos que não é a fonte formal do Direito a aplicar que seja determinante para definir a competência material da Justiça do Trabalho.

Por outro lado, quanto à competência funcional, existem questionamentos para saber-se a qual órgão deve ser dirigida a Ação Civil Pública Trabalhista quando envolve o meio ambiente de trabalho: se aos órgãos de primeiras instância (Varas do

Trabalho); se aos órgãos de segunda instância (Tribunais Regionais do Trabalho); ou mesmo se essa competência originária seria do próprio Tribunal Superior do Trabalho.

Discorrendo sobre tal problema Oliveira (1998, p. 227-230)[12] formula uma hipótese inovadora, interessante e mesmo ousada que bem demonstra a dificuldade sobre o tema. Com efeito, após anunciar que se pensar distribuir essa competência na estrutura própria da Justiça do Trabalho, tendo em vista o local onde ocorreu o dano, poder-se-ia ajuizar a ação na Vara Trabalhista, se este ocorresse dentro de sua base territorial; ultrapassada a esta seria competente o Tribunal Regional e ultrapassada a base territorial do Regional seria competente o Tribunal Superior do Trabalho. Mas mostra que esse raciocínio é próprio dos direitos individuais e que a ação civil pública defende interesses e direitos difusos e coletivos daí não se poder falar em base territorial. Em seguida, formula um exemplo imaginando um derramamento de petróleo que tem origem na cidade de Santos e projeta-se, por várias comarcas, atingindo um Estado vizinho ultrapassando a base territorial da Vara e do Regional. Mas a ação já havia sido ajuizada na Vara e levando em consideração que a sentença proferida, nesse tipo de ação, faz coisa julgada *ultra partes e erga omnes* faz uma proposição de ser sempre a Vara Trabalhista onde se iniciou o dano a competente para tal tipo de ação, pois se a lei projetou seus efeitos *erga omnes e inter partes* no dissídio individual e como aquele fenômeno se projeta para fora do processo poderá projetar-se além da base territorial da Vara, impedindo-se a repetição do processo por Varas e Varas.

Nós também nos posicionamos pela competência originária das Varas Trabalhistas, mas buscamos a solução dentro da própria CLT, ao entendimento de que o objeto da Ação Civil Pública Trabalhista está mais voltado para a Ação de Cumprimento do que dos Dissídios Coletivos.[13]

Com efeito, vamos encontrar na doutrina brasileira posicionamento informando que o objeto da Ação Civil Pública pode se assemelhar ao do Dissídio Coletivo ao entendimento de que ambos instrumentos são voltados à tutela de interesses metaindividuais, no plano da jurisdição coletiva (MANCUSO *apud* KRELL, 2002, p. 30).[14]

---

12 OLIVEIRA, Francisco Antônio de. *Ação civil pública: enfoques trabalhistas*. São Paulo: Editora Revista dos Tribunais, 1998.

13 Cf. LIMA (2002, p. 93), MALLET (2000, p. 22). Estes doutrinadores dão enfoques diferentes dos que estão apontados agora.

14 KRELL, Andréas J. Notas críticas ao emprego do direito ambiental na defesa da segurança e saúde do trabalhador. *Revista do Ministério Público de Alagoas*, Maceió, nº 7, p. 13-35, jan/jun. 2002.

Sobre tal semelhança, opinião de todo respeitável, todavia, ousamos discordar e o fazemos pelos seguintes fundamentos.

Com efeito, a ação civil pública (como gênero) tem por objeto a responsabilidade por danos causados ao meio ambiente, ao consumidor e a bens e direitos de valor artístico, estético, histórico, turístico e paisagístico, a qualquer outro interesse difuso ou coletivo e por infração econômica, mas no aspecto trabalhista, e como vimos supra, restringe-se ao meio ambiente de trabalho, e tem natureza jurídica condenatória "precipuamente condenatória (condenação a pagamento de dinheiro ou ao cumprimento de obrigação de fazer ou não fazer)" (BATALHA, 1991, p. 243).

Lima (2000, p. 32)[15] leciona que tendo em vista o bem tutelado por essa ação ser relativo à proteção de direitos e interesses difusos e coletivos cuja pretensão é um provimento judicial impondo obrigação de indenizar seu caráter é de ação condenatória.

Quanto à titularidade da ação civil pública e conforme dissemos supra, enquanto nos interesses ou direitos difusos seus titulares são pessoas indeterminadas ligadas por circunstâncias de fato (há uma indeterminação); nos interesses coletivos, seus titulares são grupo, categoria ou classe de pessoas (há uma especificidade, uma determinação, só estes) ligadas por uma relação jurídica base, entre si ou com a parte contrária.

Quanto à legitimação para agir o art. 5° da Lei n° 7.347/85 elenca uma série de entidades e dentre estas o Ministério Público e os Sindicatos da categoria profissional. De logo, queremos chamar atenção para um fato que é de suma importância, pelo menos em relação à tese que ora defendemos: os legitimados para agir, na ação civil pública, não necessitam de autorização de quem detém a titularidade da ação, pois agem na condição de substitutos processuais e não de representantes, pois a representação depende de mandato.

Quanto às Ações Coletivas, mal denominadas no direito brasileiro de Dissídios Coletivos, pois dissídio é a própria lide, ou seja, a pretensão resistida, tem como objeto "a obtenção de um pronunciamento jurisdicional sobre interesses gerais e abstratos de caráter normativo – sentença normativa – que cria o direito na própria decisão, substituindo a convenção coletiva que não foi pactuada, ou, ainda interpreta genericamente uma cláusula ou norma de trabalho, autônoma ou heterônoma" (COSTA, 1978, p. 86).[16]

---

15 LIMA, Meton Marques de. Direitos fundamentais e constituições estrangeiras, estudos. Disponível em: <http://www.genedit.com.br >. Acesso em 28/02/2000.
16 COQUEIJO COSTA. *Direito judiciário do trabalho*. Rio de Janeiro: Forense, 1978.

Tais ações que podem ser de natureza econômica ou jurídica, ou seja, envolve controvérsias de fixação de novas condições de trabalho, ou de aplicação, respectivamente, visa a direitos e interesse de grupos ou categorias. Seus titulares são grupos de pessoas que figuram no processo através de representação e "quer obter um pronunciamento jurisdicional constitutivo para criar ou modificar condições de trabalho, sobretudo cláusulas salariais, provocando e obrigando o juízo a proferir sentença "dispositiva" (Carnelutti), "constitutiva" (Chiovenda) ou "determinativa" (Raseli) nunca condenatória (Jaeger)" (COSTA, 1978, p. 86).

Como se viu, a titularidade nas Ações Coletivas são de grupos de pessoas que figuram no processo através de representação. Mas as partes no dissídio coletivo são os sindicatos das categorias econômicas ou profissionais e o Ministério Público havendo ocorrência de greve.

Entretanto, como adverte a doutrina o sindicato, porém, não pode ajuizar essa ação sem que, para tanto, esteja autorizado pela assembleia geral.[17]

Se o Dissídio Coletivo é uma prerrogativa só desses legitimados, como consequência às associações civis, profissionais ou não, ou às entidades de qualquer natureza não se lhes defere legitimação para atuar. Mas, em casos raríssimos na Lei nº 7.783/89, no § 2º do art. 4º ao estabelecer que se não houver entidade sindical, a assembleia geral dos trabalhadores constituirá comissão de negociação que deliberará sobre reivindicações e paralisação, podendo a comissão representar o interesse dos trabalhadores, tanto nas negociações, como perante a Justiça do Trabalho. "Trata-se, ao nosso ver, de representação anômala ou sui-generis, uma ampliação do conceito de parte não previsto, nem na CLT, nem no CPC" (BELFORT, 1995, p. 46).[18]

Por outro lado, nos Dissídios Coletivos, a competência originária será sempre ou dos Tribunais Regionais do Trabalho ou do Tribunal Superior do Trabalho em caso de o litígio exceder os limites da jurisdição dos Regionais, atingindo duas ou mais Regiões.

Nessas circunstâncias, não nos parece existir semelhança entre a Ação Civil Pública Trabalhista e o Dissídio Coletivo, ante o que os objetos são distintos, a natureza jurídica das sentenças proferidas são diferentes, naquela o legitimado atua como substituto processual e vários estão, nessa condição, não necessitam de autorização para o ajuizamento da ação, ao passo que neste o legitimado atua como representante,

---

17 Cf. RUSSOMANO (1983, p. 926), COQUEIJO COSTA (1978, p. 91) e BATALHA (1991, p. 68-69).

18 BELFORT, Fernando José Cunha. *Associação sindical brasileira e dissídio coletivo.* São Luís: Lithograf, 1995.

há exclusividade na representação, precisa de autorização para a instauração da instância e as competências originárias para o recebimento das ações são distintas.

Para complementar o dissídio coletivo "colima a fixação de uma norma com suas consequências futuras e não *retrorsum* (BATALHA, 1991, p. 67),[19] a sentença constitui um estado jurídico novo, criando ou alterando, e não tem efeito retroativo, pois este nasce a partir dela, sentença, e se projeta *erga omnes*" (COSTA, 1978, p. 87).[20] Na Ação Civil Pública Trabalhista o direito já se acha posto, como *v.g.* na NR 15 obrigatoriedade do uso de EPIs pelos empregados que trabalham em ambiente cujos ruídos esteja, acima dos limites de tolerância, não se vai criar a norma, e a sentença é sempre condenatória, oposto dos Dissídios Individuais.

Entretanto, encontramos semelhança entre a Ação Civil Pública com a Ação de Cumprimento. Com efeito, a sentença coletiva, dada a sua natureza (constitutiva, dispositiva, determinativa ou declaratória-normativa), nunca se excuta. Ela nunca é condenatória.

A CLT prevê um processo especial para a observância da sentença coletiva.

Com efeito, o art. 872, parágrafo único da CLT, regula tal processo o qual é conhecido na doutrina e jurisprudência como Ação de Cumprimento. "Sua condenação é indireta, executando-se em ação que nasce da sentença – *actio judicati (Ordenação do Livro III, Título XXV,* § 8º), ou "ação de julgado", cujo efeito é a ação de cumprimento, pois a sentença coletiva, por seu caráter de norma geral e abstrata, não condena diretamente" (COSTA, 1978, p. 99).

Assim é que se no Dissídio Coletivo tiver sido celebrado ou acordo ou transitada em julgado a decisão, seguir-se-á o seu cumprimento. Ora, o dissídio coletivo objetiva a criação de uma norma para a categoria. Uma vez estabelecida deverá o empregador cumpri-la. Se não cumpri-la será o mesmo obrigado a cumprir.

Por sua vez, quando se trata de Ação Civil Pública Trabalhista, vamos admitir que haja sido aprovada uma nova lei em que se proíba o uso de um determinado produto que, por sua toxidade, cause graves males à saúde dos trabalhadores, mas que uma determinada empresa não obedeça ao comando legal.

Segundo a norma que está prevista no art. 5º da Lei, que disciplina a ação civil pública, pode ser proposta *ação cautelar preparatória*, sendo que no art. 11 vem dispondo que *na ação que tenha por objeto o cumprimento de obrigação de fazer o juiz determinará*

---

19 BATALHA, Wilson de Souza Campos. *Direito processual das coletividades e dos grupos.* São Paulo: LTr., 1991.

20 COQUEIJO COSTA. *Direito judiciário do trabalho.* Rio de Janeiro: Forense, 1978

o cumprimento da prestação da atividade devida ou a cessação da atividade nociva e o art. 12 diz que *o juiz poderá conceder mandado liminar*.

Ora, vê-se aqui que se conjugarmos tais dispositivos, vamos chegar a uma aproximação maior da Ação Civil Pública Trabalhista com a Ação de Cumprimento do que com o Dissídio Coletivo, porque a Ação de Cumprimento não é a rigor ação individual ordinária, sua natureza jurídica é de ação especial, de caráter executório (RUSSOMANO, 1983, p. 941);[21] na Ação Civil Pública Trabalhista é possível a determinação de quem vão ser os beneficiários da decisão, como no caso que ora imaginamos, serão os trabalhadores daquela fábrica e como proclama Lima (2002, p. 43)[22] na medida em que venha determinada categoria, ou mesmo parte dela, a ser atingida pelo descumprimento da norma legal tem-se a possibilidade da utilização da Ação Civil Pública, para se obter tratamento uniformizado em relação ao conteúdo indivisível, ou como proclama Watanabe (1999, p. 224)[23] passam a formar uma só unidade, tornando-se perfeitamente viável, e mesmo desejável, a sua proteção jurisdicional em forma molecular.

Concluímos, pois que a competência originária para receber a Ação Civil Pública Trabalhista deve ser das Varas Trabalhistas e não dos Tribunais Regionais do Trabalho.

3. Legitimados

3.1. Introito

A ação civil pública é um instrumento processual de grande importância no sistema processual brasileiro, pois visa à proteção de interesses difusos, homogêneos e coletivos. Segundo disposto no artigo 5º, da Lei nº 7.347/85, são legitimados para a propositura de ação civil pública o Ministério Público, a União, os Estados, os Municípios, autarquias, empresas públicas, fundações, sociedades de economia mista, associações constituídas há pelo menos um ano ou que incluam, entre suas finalidades institucionais, a

---

21 RUSSOMANO, Mozart Victor. *Comentários à Consolidação das Leis do Trabalho*. Rio de Janeiro: Forense, 1983.

22 LIMA, Meton Marques de. *Direitos fundamentais e constituições estrangeiras, estudos*. Disponível em: <http://www.genedit.com.br>. Acesso em 28/02/2000.

23 WATANABE, Kazuo. *Código brasileiro de defesa do consumidor: comentado pelos autores do projeto*, 2ª ed. Rio de Janeiro: Forense Universitária, 1999.

proteção ao meio ambiente, ao consumidor, à ordem econômica, à livre concorrência, ao patrimônio histórico, artístico, estético, histórico, turístico e paisagístico.

Desse modo, pretendeu o legislador estender, ao máximo possível, a legitimação ativa para a propositura da ação civil pública, em defesa dos interesses difusos, homogêneos e coletivos, não se restringindo apenas ao Ministério Público.

A Ação civil pública passou a significar não só a ação ajuizada pelo Ministério Público, como a ação proposta por outros legitimados ativos – pessoas jurídicas de direito público interno, associações e outras entidades – desde que seu objeto fosse a tutela de interesses difusos ou coletivos, baseado na titularidade ativa e no objeto específico da prestação jurisdicional.

Atualmente, o conceito de ação civil pública abrange mais que as ações de iniciativa do Ministério Público, mas é necessário atentar para tal legitimação, pois, ordinariamente, é o Ministério Público quem toma a iniciativa de sua propositura.

Antes da edição da Lei nº 7.347/85 (Lei da Ação Civil Pública), o entendimento predominante era de que se denominava tal ação como pública porque privativa do Ministério Público, ou seja, a legitimidade ativa era exclusiva de uma parte pública. Após a edição da lei em questão, foi ampliada a capacidade de legitimados no polo ativo, por meio de seu artigo 5º, para outras pessoas jurídicas e entidades representativas, sendo que tal entendimento precisou ser reformulado.

Com efeito, diz Milare:[24]

> Até há pouco, entendíamos que quando se falava em ação civil pública se queria em verdade referir ao problema da legitimação, e não ao do direito substancial discutido em juízo. Ação Civil Pública, então, era aquela que tinha como titular ativo uma parte pública – o Ministério Público (...) Agora, porém com a edição da Lei nº 7.347/85, que conferiu legitimidade para a ação civil pública de tutela de alguns interesses difusos não só ao Ministério Público, mas também às entidades estatais, autárquicas paraestatais e às associações que especifica (art. 5º), novo posicionamento se impõe diante da questão.

---

24 MILARÉ, E. *Ação civil pública: lei 7.347/85: reminiscências e reflexões após dez anos de aplicação.* São Paulo: Editora Revista dos Tribunais, 1995, p. 33.

Também Mazzili[25] demonstra que:

> a ação civil pública passou a significar, portanto, não só aquela proposta pelo Ministério Público, como a proposta pelos demais legitimados ativos do art. 5º da Lei nº 7.347/85 e do art. 82 do CDC, e ainda aquela proposta pelos sindicatos, associações de classe e outras entidades legitimadas na esfera constitucional, sempre com o objetivo de tutelar interesses difusos, coletivos ou individuais homogêneos (isto é, agora um enfoque subjetivo-objetivo, baseado na titularidade ativa e no objeto específico da prestação jurisdicional pretendida na esfera cível).

A Lei nº 7.347/85, em seu artigo 1º, incisos IV e V, dispõe expressamente que, além dos demais valores tutelados, merece proteção legal qualquer outro interesse difuso ou coletivo, inclusive o que for concernente à proteção dos indivíduos contra abusos do poder econômico. Pode-se concluir que a ação civil pública é instrumento absolutamente adequado à tutela de qualquer direito de natureza transindividual.

3.2 – Legitimação ativa do Ministério Público do Trabalho e dos Sindicatos profissionais para o exercício da Ação Civil Pública trabalho

Vamos discorrer somente sobre a legitimação do Ministério Público do Trabalho e dos Sindicatos profissionais para o exercício da Ação Civil Pública Trabalhista, haja vista que os outros entes legitimados União, Estados, Municípios, Autarquias, Empresas Públicas, Fundações e Sociedades de Economia Mista, "estatisticamente (e não sem certa perplexidade!) constata-se que os entes políticos, presumivelmente os maiores interessados na tutela dos interesses metaindividuais, como gestores da coisa pública e do bem comum, não parecem particularmente preocupados com o exercício da ação civil pública. Com isso, além da desgastante imagem da omissão, arriscam-se a figurar... no polo passivo de uma dessas ações"! (MANCUSO, 1996, p. 7).[26]

---

25 MAZZILLI, H. N. *A defesa dos interesses difusos em juízo*, 5ª ed. São Paulo: Editora Revista dos Tribunais, 1993, p. 32

26 MANCUSO, Rodolfo de Camargo. Ação civil pública trabalhista: análise de alguns pontos controvertidos. *Revista do Processo*, vol. 24, nº 93, p. 151-178, 1999.

A Constituição Federal de 1988 em seu art. 127 trata o Ministério Público como instituição permanente, essencial à função jurisdicional do Estado, incumbindo-lhe a defesa da ordem jurídica, do regime democrático e dos interesses sociais e individuais indisponíveis.

As funções institucionais do Ministério Público vêm estabelecidas no art. 129, I, II e III do nosso Estatuto Fundamental que dentre outras, são-lhe deferidas por zelar pelo efetivo respeito dos Poderes Públicos e dos serviços de relevância pública aos direitos assegurados nesta Constituição, promovendo as medidas necessárias a sua garantia e promover o inquérito civil e a ação civil pública, para a proteção do patrimônio público e social, do meio ambiente e de outros interesses difusos e coletivos.

O art. 3° do CPC, por sua vez, diz que *para propor ou contestar ação é necessário ter interesse e legitimidade.*

Todos sabemos que nosso Estatuto Processual teve como seu principal formulador o Prof. Alfredo Buzaid que à época era Ministro de Estado da Justiça e adepto da doutrina de Liebman. Sendo assim, procurou adotá-la no projeto.

Essa teoria fundamenta-se no princípio de que a ação pode existir, mesmo quando o autor não tiver o direito que pleiteia; ma só existirá se o autor preencher determinadas condições, que permitam ao juiz julgar o mérito da causa.

É o que se denomina de condições para o exercício da ação, ou seja, para existir o direito de ação em cada caso concreto são necessários: a) possibilidade jurídica do pedido; b) interesse de agir; c) legitimidade para a causa.

As condições para a ação inspiradas na teoria Liebniana diziam respeito para o exercício da ação no plano individual. Mas é perfeitamente aplicável sob o ponto de vista coletivo, pois aqui e, como já vimos, enquanto, nos direitos e interesses difusos, os titulares são indetermináveis; nos direitos e interesses coletivos seus titulares podem ser determinados pela especificidade.

Assim sendo, entre as pessoas legitimadas para o exercício da Ação Civil Pública de conformidade com o que vem estabelecido no art. 5° da Lei n° 7.347/85 encontra-se o Ministério Público.

A Lei Complementar Federal n° 75/93 (Lei Orgânica do Ministério Público) diz que são princípios institucionais do Ministério Público a unidade, a indivisibilidade e a independência funcional (art. 4°).

O Ministério Público do Trabalho integra o Ministério Público da União (CF, art. 128, I, b). A ele incumbem, dentro da esfera de suas atribuições, as mesmas tarefas de que o art. 127 da Constituição assinala ao Ministério Público em geral. Entre suas funções institucionais, inclui-se a de promover a ação civil pública (CF, art. 129, III), sendo que está expressamente incluído na Lei Complementar n° 75/93 entre suas atribuições, a de promover a ação civil pública na Justiça do Trabalho, para defesa de interesses coletivos, quando desrespeitados os direitos sociais constitucionalmente garantidos.

Segundo se pode ver, a ação civil pública (como gênero) tem por objeto a responsabilidade por danos causados ao meio ambiente, ao consumidor e a bens e direitos de valor artístico, estético, histórico, turístico e paisagístico, a qualquer outro interesse difuso ou coletivo e por infração econômica (Lei nº 7.347/85, art. 1º, incisos I a V). Mas como espécie perante o Judiciário Trabalhista, entendemo-la limitada ao meio ambiente artificial, onde se inclui o do trabalho A sentença proferida na ação civil pública (tanto em gênero, como em espécie), poderá consistir em uma obrigação de fazer (fornecimentos de EPIs), ou de não fazer (proibição de não ser construída uma fábrica) e, neste caso, se houver desobediência, poderá ser cominada multa diária (§ 2º, art. 12), ou de pagamento em dinheiro sendo que a indenização pelo dano causado se reverterá para a formação de um fundo (art. 13). De se ver que a ação civil pública (em gênero e em espécie) tem natureza eminentemente condenatória.

Conforme já se viu supra, é nosso entendimento que a Ação Civil Pública, no âmbito trabalhista, serve para a tutela tanto dos interesses e direitos difusos como dos interesses coletivos. Por isso, entendemos legitimado o Ministério Público do Trabalho para propor essa ação.

Assim, se, em dissídio de competência da Justiça do Trabalho, estiver presente a necessidade de promoção de ação para a proteção do meio ambiente do trabalho ou de algum outro interesse ou direito difuso ou interesse coletivo, poderá o Ministério Publico do Trabalho fazê-lo, em consonância com os limites indicados pelo art. 114 da Constituição Federal, pois não devemos esquecer que a Justiça do Trabalho tem competência interna absoluta.

A seguir, passaremos a analisar se, também, os sindicatos das categorias profissionais estão legitimados para o exercício dessa ação.

O art. 5º, I e II da Lei nº 7.347/85, que trata sobre quem está legitimado para o exercício da ação civil pública estabelece que entre os titulares podem figurar as associações que estejam constituídas há pelo menos um ano, nos termos da lei civil e incluam entre suas finalidades institucionais a proteção ao meio ambiente, ao consumidor, à ordem econômica, à livre concorrência, ou ao patrimônio artístico, estético, histórico, turístico e paisagístico.

Ao referir-se o dispositivo legal supra que *as associações que estejam constituídas há pelo menos um ano* e incluir nas suas finalidades *a proteção ao meio ambiente,* refere-se, também aos sindicatos, pois no art. 511 da CLT que trata deste organismo estabelece que é lícita a associação para fins de defesa dos seus interesses profissionais, pois no plano trabalhista os interesses dos que estão vinculados a uma atividade profissional conduzem os integrantes da categoria a se unirem entre si para a formação de uma entidade que lhes possa assistir na consecução de seus objetivos. Existe uma íntima vinculação do sindicato e a proteção dos trabalhadores no meio ambiente do trabalho. E os interesses e direitos econômicos, sociais, coletivos, difusos enquadram-se no seu objeto (BELFORT, 1995, p. 21).[27]

Mas a lei estabelece condições para o exercício da ação pelas entidades sindicais, quais sejam: temporalidade e finalidade. Assim, só as entidades sindicais que já estejam constituídas há pelo menos um ano e que dentre os seus objetivos faça incluir a proteção do meio ambiente é que estão legitimadas. Merece aqui um comentário a mais, pois entendemos que deve ser especificado meio ambiente do trabalho, isso em virtude do que vem estabelecido no art. 8°, inciso III da Constituição Federal.

Com efeito, o art. 8° da Constituição Federal, depois de estabelecer ser livre a associação sindical, no inciso III, estatui que o sindicato é o representante da categoria correspondente econômica ou profissional, na respectiva base territorial, competindo-lhe a defesa dos direitos e interesses coletivos e individuais em questões judiciais ou administrativas.

A par de sua legitimação ativa para agir na defesa de direitos e interesses de seus associados ou da categoria,[28] surge na doutrina controvérsia que merece referência, qual seja, se sua atuação é na qualidade de substituto processual ou de representante.

Enquanto Teixeira Filho (1998, p. 17)[29] entende que o sindicato só poderá atuar em sede de Ação Civil Pública na qualidade de substituto processual Mazzlli (1999, p. 75,152-153)[30] inclui as duas hipóteses, dependendo da natureza jurídica da ação; pode o Sindicato ser representante para defender interesses individuais não homogêneos; substituto processual para defender interesses coletivos ou individuais homogêneos.

Entendemos que deve o sindicato atuar como substituto processual e não como representante, pois a representação depende de mandato, haja vista que para tanto se encontra autorizado pela Constituição Federal (art. 8°, III). Assim,

---

27 BELFORT, Fernando José Cunha. *Associação sindical brasileira e dissídio coletivo*. São Luís: Lithograf, 1995.

28 O Enunciado 310 do TST que entendia estar o sindicato autorizado só para substituir os associados foi cancelado pela Resolução 119/2003 do TST. Mas, no Mandado de Injunção n° 3.475/2000 o STF entendeu que a representação do sindicato é ampla.

29 TEIXEIRA FILHO, Manoel Antônio. *Curso n° 23: ação civil pública*. São Paulo: LTr, 1998.

30 MAZZILLI, Hugo Nigri. *A defesa dos interesses difusos em juízo*, 11ª ed. São Paulo: Saraiva, 1999.

revemos a nossa posição anterior, quando entendíamos ser a substituição processual restrita (BELFORT, 1993, p. 73).³¹

Assim, entendemos que, no ordenamento jurídico nacional, podemos encontrar autorização para as entidades sindicais dos trabalhadores atuarem como substitutos processuais da categoria em sede de Ação Civil Pública trabalhista, mas só perante a Justiça do Trabalho, não o podendo fazer perante a Justiça Comum, desde que tenham sido criados, há pelo menos um ano e esteja prevista nos seus estatutos dentre as finalidades institucional à proteção dos trabalhadores no meio ambiente do trabalho.

4. Condenação e liquidação da sentença

4.1. Natureza jurídica da sentença na ação civil pública trabalhista

Examinando-se a redação inicial da Lei nº 7.347/85 o pedido em tal tipo de ação tinha conteúdo nitidamente condenatório, pois quando de sua edição, a LACP disciplinava somente as ações de expressamente arrolados, com possibilidade de condenação do réu em dinheiro ou no cumprimento de obrigação de fazer ou não fazer (arts. 3º, 11 e 13). Consequentemente, a sentença proferida em sede de ação civil pública tinha natureza condenatória.

Quando veio a lume o CDC que acrescentou á Lei da Ação Civil Pública o artigo 21 mandando aplicar à defesa dos direitos e interesses difusos, coletivos e individuais, no que for cabível, os dispositivos do Título III da Lei 8.078/90, não há mais restrição legal para o cabimento de ações civil públicas com objetivo diverso daquele especificamente relacionado no art. 3º da Lei 7.347/85 (de conteúdo condenatório).

Assim, diante do acréscimo legislativo pode-se entender que a sentença proferida na Ação Civil Publica Trabalhista poderá assumir feição condenatória, constitutiva, meramente declaratória e executória, dependendo do provimento jurisdicional solicitado pelo autor.

---

31 BELFORT, Fernando José Cunha. *Substituição processual e sindicato no direito do trabalho.* São Paulo: LTr, 1993.

4.2. Liquidação da sentença na ação civil pública trabalhista

No escólio de TEIXEIRA FILHO (1998, 305/306):[32]

> A doutrina predominante vê a liquidação como uma fase *preparatória* da execução. Essa é, também, a nossa opinião, pois a liquidação foi instituída, finalisticamente, para tornar possível a execução da obrigação expressa no título executivo judicial, daí o sentido *preparatório* de que ela se reveste. A liquidação, em muitos casos, é pressuposto essencial à execução. Laboram em erro, por isso, os que sustentam ser a liquidação processo incidente no de execução; como dissemos, a liquidação não se apresenta como processo autônomo, senão que como fase preparatória daquela. Logo, a liquidação antecede a execução, a despeito de reconhecermos que do ponto de vista sistemático ela integra o processo de execução.

Assim, pode-se dizer que a liquidação da sentença no processo trabalhista é mero procedimento preparatório, fase inicial da execução e não processo apartado do principal.

A Lei da Ação Civil Pública (7.347/85) remete a aplicação, na "defesa dos direitos e interesses difusos, coletivos e individuais, no que for cabível, os dispositivos do Título III da lei que instituiu o Código de Defesa do Consumidor" (art. 21), donde se conclui a identidade de tratamento da matéria entre os dois diplomas legais, vez que igualmente o CDC remete a aplicação da LACP aos seus trâmites (art. 90).

A análise de ambos diplomas demonstra, sem maiores dilações, que os legitimados para propor a liquidação das sentenças coletivas são, conforme o art. 97 do CDC, as vítimas do dano e seus sucessores e, ainda, os mesmos legitimados à ação coletiva contidos no art. 82 do CDC, ou seja, o Ministério Público, a União, os Estados, os Municípios e o Distrito Federal, as entidades e órgãos da Administração Pública, direta ou indireta, e as associações legalmente constituídas há pelo menos um ano e que incluam entre seus fins institucionais a defesa dos interesses e direitos protegidos pelo CDC, dispensando-se a autorização assemblear.

---

32 TEIXEIRA FILHO, Manoel Antônio. *Curso nº 23: ação civil pública*. São Paulo: LTr, 1998.

4.3. Juízo competente para a execução das ações coletivas trabalhistas.

Dispõe o art. 98, § 2° do CDC, quando trata da execução de sentenças coletivas acerca de direitos individuais homogêneos:
"É competente para a execução o juízo:
I – da liquidação da sentença ou da ação condenatória, no caso de execução individual;
II – da ação condenatória, quando coletiva a execução."
Com fulcro na lei observa-se que a execução de tal tipo de ação, tanto pode ocorrer de maneira individual como coletiva.

Entretanto, tanto na LACP como no CDC há uma tendência para que tanto a liquidação como a execução sejam promovidas de forma individualizada, haja vista que a cada interessado cabe demonstrar a extensão de seu dano e, consequentemente, a reparação devida.

No entanto acentua Mazzilli que quando se tratar de liquidação e execução de dano difuso, sem ocorrência de individualização de vítimas, há de ser a liquidação e a execução apenas coletiva, com legitimação dos entes constantes do art. 82 do CDC.

Assim, em se tratando de liquidação coletiva o juízo competente é aquele que proferiu a sentença coletiva condenatória.

Mas, quanto á liquidação e execução individualizada pouco se manifestou a doutrina trabalhista, havendo controvérsia.

Vamos encontrar em Mazzilli (2003, 409/500)[33] que:

> No caso de execução individual, diz a lei ser competente o juízo da liquidação da sentença ou o da ação condenatória. Isso significa que a lei está permitindo ao credor liquidar a sentença em foro diverso do da ação condenatória, assim contrariando a regra geral. Se a lei assim o fez, é porque desejava favorecer o credor, permitindo-lhe liquidar a sentença em seu domicílio. Ademais, a aplicação analógica do art. 101, I do CDC, conforta o reconhecimento da competência em favor do foro do domicílio da vítima ou sucessores.

---

33 MAZZILLI, Hugo Nigri. *A defesa dos interesses difusos em juízo*, 11ª ed. São Paulo: Saraiva, 1999.

Penso que em virtude do amplo acesso a Justiça e do princípio protetor poderá a liquidação e execução individualizada ser realizada em foro diverso do qual foi proferida a sentença.

5. Coisa julgada e litispendência

5.1. A coisa julgada na Ação Civil Pública

Toda sentença é apta a produzir efeitos jurídicos, independentemente de haver transitado em julgado ou não.

Em direito processual, contudo, coisa julgada é sinônimo de imutabilidade.

No sistema do Código de Processo Civil, o instituto da coisa julgada vem tratado em seu artigo 472 que disciplina que os limites da coisa julgada não ultrapassam às pessoas que figuraram como partes da relação processual em que a decisão foi proferida.

Entretanto, da forma que foi apresentada pelo Estatuto processual civil, a coisa julgada calcada na solução de conflitos intersubjetivos de interesses, não seria adequada e nem suficiente para a solução de conflitos metaindividuais. Assim, necessário foi romper com o individualismo traçado pelo direito processual e estender os efeitos da sentença para toda a coletividade indeterminada ou indeterminável de pessoas. No dizer de de José Carlos Barbosa Moreira:

> Se tivermos em mente o caráter indivisível do objeto do litígio e a impossibilidade de exigir a presença em juízo de todos os interessados, desde logo concluiremos que os efeitos do julgamento necessariamente hão de estender-se a pessoas, talvez em grande número, que não participaram do feito: todas serão igualmente beneficiadas, ou todas igualmente prejudicadas, conforme a sentença conceda ou recuse a tutela pleiteada para o interesse que lhes é comum (BARBOSA MOREIRA apud MANCUSO, 1999, p. 74).[34]

Entretanto, quando veio a lume LACP veio artigo 16 com a seguinte redação

---

34 MANCUSO, Rodolfo de Camargo Ação civil pública trabalhista: análise de alguns pontos controvertidos. *Revista do Processo*, vol. 24, nº 93, p. 151-178, 1999.

> a sentença civil fará coisa julgada *erga omnes*, exceto se a ação for julgada improcedente por insuficiência de provas, hipótese que qualquer legitimado poderá intentar outra ação com idêntico fundamento, valendo-se de nova prova.

Ao conferir eficácia *erga omnes* à sentença, permitiu o legislador que seus efeitos venham a atingir pessoas que não tenham participado da relação jurídico-processual, ou seja, a decisão passa a produzir efeitos estranhos às partes, afastando-se do sistema tradicional e individual do Estatuto Processual Civil (artigo 472).

Posteriormente a Lei nº 9494/97 alterou a redação original do artigo 16 antes transcrito e diz:

> a sentença civil fará coisa julgada *erga omnes*, nos limites da competência territorial do órgão prolator, exceto se o pedido for julgado improcedente por insuficiência de provas, hipótese em que qualquer legitimado poderá intentar outra ação com idêntico fundamento, valendo-se de nova prova.

Inócua e infeliz alteração. Com efeito, confundiu-se a imutabilidade dos efeitos da sentença com competência do Juiz que profere a decisão.

É lapidar o que diz Ada Pelellegrini Grinover sobre o tema:

> Ora, o âmbito da abrangência da coisa julgada é determinado pelo pedido e não pela competência. Esta nada mais é do que a relação de adequação entre o processo e o juiz, nenhuma influência tendo sobre o objeto do processo. Se o pedido é amplo (de âmbito nacional) não será por intermédio de tentativas de restrições de competência que o mesmo poderá ser limitado (GRINOVER *apud* MELO, 2002, p. 191).[35]

Preleciona Gidi (1995, p. 57/61):

> a nota caracterizadora da coisa julgada nas ações coletivas em face da coisa julgada tradicional é a imperativa necessidade de delimitar, de maneira

---

[35] MELO, Raimundo Simão. *Ação civil pública na Justiça do Trabalho*. São Paulo: LTr, 2002.

diferenciada o rol de pessoas que deverão ter as suas esferas jurídicas atingidas, pela eficácia da coisa julgada (imutabilidade do comando da sentença)

Na ação civil pública os efeitos da coisa julgada se dão contra todos (se julgada procedente em matéria de interesses difusos ou individuais homogêneos), *ultra partes* (se julgada procedente em matéria de interesses coletivos).

Silva (2001, p. 192) justifica os efeitos *erga omnes* da coisa julgada *secundum eventum litis* (aquela na qual o substituído não terá prejuízos com uma sentença de improcedência por insuficiência de provas, mas será beneficiado pela sentença de procedência, preconizada no artigo 18[36] da Lei 4.717/65 – Ação Popular).

Em resumo podemos dizer quanto a coisa julgada nas ações civis públicas trabalhista que:

a) procedência: beneficia todos os lesados, podendo ser limitada ao grupo, classe ou categoria de lesados;

b) improcedência:

– por falta de provas, não prejudica os lesados;

– por outro motivo, prejudica, salvo quanto aos lesados individuais;

– prejudica em relação ao lesados que intervieram no processo coletivo.

5.2. Litispendência e ação civil pública trabalhista

5.2.1. Litispendência entre ações coletivas

A litispendência é a existência simultânea de duas ou mais ações sobre a mesma relação jurídica (mesmas partes, mesma causa de pedir e mesmo pedido).

No magistério de Bezerra Leite (2008, 48e segts.)[37] temos que:

> O microssistema do processo coletivo (CF/LACP/CDC) não trata expressamente da litispendência entre ações coletivas, uma vez que o art.

---

36 Art. 18. LAP: "A sentença terá eficácia de coisa julgada oponível erga omnes, exceto no caso de haver sido a ação julgada improcedente por deficiência de prova; neste caso, qualquer cidadão poderá intentar outra ação com idêntico fundamento, valendo-se de nova prova".

37 LEITE, Carlos Henrique Bezzera. *Rev. TST*, Brasília, vol. 74, nº 3, jul/set 2008.

104 do CDC somente refere que as ações coletivas não induzem litispendência para as ações individuais.

Assim, diante da lacuna normativa do novel sistema de acesso coletivo ao Judiciário brasileiro, socorre-nos o art. 19 da LACP (Lei nº 7.347/85), segundo o qual o CPC pode ser fonte subsidiária, desde que a norma a sermigrada do processo individual seja compatível com a principiologia do microssistema do processo coletivo.

Ora, se duas ações coletivas contêm o mesmo pedido e a mesma causa de pedir e são propostas perante juízos diversos, salta aos olhos a possibilidade de decisões conflitantes e contrárias ao interesse público.

Por tais razões, ainda que não haja identidade entre os legitimados ativos, isto é, entre os autores (MP, Estado, associações civis, sindicais, etc.) das demandas coletivas, sustentamos que pode existir litispendência (e, via de consequência, coisa julgada) entre as demandas coletivas que tiverem causa de pedir e pedidos idênticos, o que implicará a extinção daquela que foi proposta posteriormente, porque em ambas os autores sociais atuam como "representantes ideológicos da coletividade, grupo, classe, categoria ou indivíduos homogeneamente considerados titulares dos direitos ou interesses deduzidos na demanda coletiva". É dizer, os entes coletivos agem como "legitimados autônomos para a condução do processo", na defesa de interesses difusos ou coletivos, ou "substitutos processuais", na defesa de interesses individuais homogêneos.

(...)

À guisa de exemplo, se o Ministério Público ajuíza uma ação coletiva e o sindicato também ajuíza ação coletiva com causa de pedir e pedidos idênticos, ambas em face do mesmo empregador, impõe-se a extinção da última ação coletiva proposta, nos termos do inciso V do art. 267 do CPC, por autorização expressa dos arts. 19 da LACP e 90 do CDC.

Penso que correto é o magistério do referido autor podendo ocorrer litispendência entre duas ações coletivas que tenham as mesmas partes passivas, a mesma causa de pedir e o mesmo pedido. E, ainda que não haja identidade entre os legitimados ativos, isto é, entre os titulares da demanda coletiva no polo ativo, haverá litispendência entre as demandas coletivas o que implicará a extinção daquela que foi proposta posteriormente.

5.2.2. Litispendência entre ação coletiva para tutela de interesse individual homogêneo e ação individual

Nos termos do art. 104 do Código de Defesa do Consumidor, a ação civil pública em tutela de interesses difusos não induz litispendência ou coisa julgada em relação às ações individuais, pois não ocorre a tríplice identidade (partes, pedido e causa de pedir) que é necessário para a caracterização dos fenômenos. Entretanto o Código de Defesa do Consumidor em seu artigo 104 possibilita aos autores das ações individuais requererem a suspensão dos processos, a fim de aguardarem o julgamento final da ação civil pública, pois o resultado benéfico desta só alcançara aqueles que tiveram requerido a suspensão das ações individuais no prazo de 30 (trinta dias) a contar da ciência do ajuizamento da ação coletiva. Ressalta-se que essa regra se enquadra também aos interesses coletivos *"stricto sensu"* e aos interesses individuais homogêneos.

Este é também o entendimento predominante da doutrina trabalhista,[38] e se a jurisprudência antes seguia na contramão, hoje, tal já não acontece e o TST mudando a orientação anterior vem proclamando que não há litispendência entre a ação individual e a ação coletiva em que o sindicato atua como substituto processual na defesa de interesses individuais homogêneos dos integrantes da categoria que representa.[39]

---

38 A propósito ver MAZZILLI, Hugo Nigro. *A defesa dos interesses difusos em juízo*, 15ª ed. São Paulo: Saraiva, 2002, p. 202. Bezerra Leite, *Revista do TST*, Brasília, vol. 74, nº 3, jul e set. 2008.

39 RECURSO DE REVISTA. LITISPENDÊNCIA. AÇÃO CIVIL PÚBLICA AJUIZADA PELO MINISTÉRIO PÚBLICO DO TRABALHO. AÇÃO INDIVIDUAL. INOCORRÊNCIA.
A jurisprudência desta Corte posiciona-se pela inexistência de litispendência entre ação civil pública e reclamação trabalhista individual, seja porque não há identidade de partes entre a ação pendente (ação civil pública – Ministério Público) e a ação posterior (reclamação trabalhista – empregado/reclamante), seja porque o artigo 104 da Lei 8.078/90, aplicável subsidiariamente ao Processo do Trabalho, dispõe expressamente que as ações coletivas previstas nos incisos I e II e parágrafo único do artigo 81 do referido diploma legal não induzem litispendência para as ações individuais. Precedentes. Recurso de revista conhecido e provido. RR 1835006720015010071 183500-67.2001.5.01.0071, 8 Turma, DJU 07/08/2009, Rel ministra Dora Maria da Costa.

Conclusão

A Ação Civil Pública – tem sua matriz na *class action* americana, da qual derivam também a *action d'intérêt publique* francesa, a *representative action* inglesa e o *Odhasionprozess* alemão.

O direito brasileiro recepcionou os esquemas do direito norte-americano, mas adaptou-os ao nosso sistema legal. A Ação Civil Pública no Brasil obedeceu à seguinte evolução legislativa: A Lei Complementar nº 40/81 – Lei Orgânica do Ministério Público, a Lei nº 7.347/85 – chamada de Lei da Ação Civil Pública, A Constituição Federal de 1988 e finalmente o Código de Defesa do Consumidor, Lei nº 8078/90.

A Ação Civil Pública Trabalhista serve para a tutela tanto dos interesses e direitos difusos como dos interesses coletivos, pois, ao não especificar a Constituição Federal, o tipo de direito, não restringindo qual o direito que poderá ser defendido em juízo, entendemos que a intenção do constituinte foi no sentido de que possa ser qualquer das espécies existentes em nosso ordenamento jurídico positivo público, privado, difuso individual, coletivo.

A competência originária para receber a Ação Civil Pública Trabalhista deve ser das Varas Trabalhistas e não dos Tribunais Regionais do Trabalho.

Ação civil pública passou a significar não só a ação ajuizada pelo Ministério Público, como a ação proposta por outros legitimados ativos – pessoas jurídicas de direito público interno, associações e outras entidades – desde que seu objeto fosse a tutela de interesses difusos ou coletivos, baseado na titularidade ativa e no objeto específico da prestação jurisdicional.

No ordenamento jurídico nacional, podemos encontrar autorização para as entidades sindicais dos trabalhadores atuarem como substitutos processuais da categoria em sede de Ação Civil Pública trabalhista, mas só perante a Justiça do Trabalho, não o podendo fazer perante a Justiça Comum, desde que tenham sido criados, há pelo menos um ano e esteja prevista nos seus estatutos dentre as finalidades institucional à proteção dos trabalhadores no meio ambiente do trabalho.

A sentença proferida na Ação Civil Pública Trabalhista poderá assumir feição condenatória, constitutiva, meramente declaratória e executória, dependendo do provimento jurisdicional solicitado pelo autor, e os legitimados para propor a liquidação das sentenças coletivas são, conforme o art. 97 do CDC, as vítimas do dano e seus sucessores e, ainda, os mesmos legitimados à ação coletiva contidos no art. 82 do CDC, ou seja, o Ministério Público, a União, os Estados, os Municípios e o Distrito Federal, as entidades e órgãos da Administração Pública, direta ou indireta, e as associações legalmente constituídas há pelo menos um ano e que incluam entre seus fins institucionais a defesa dos interesses e direitos protegidos pelo CDC, dispensando-se a autorização assemblear.

Em se tratando de liquidação coletiva o juízo competente é aquele que proferiu a sentença coletiva condenatória, mas quanto à liquidação e à execução individualizada pouco se manifestou a doutrina trabalhista, havendo controvérsia, mas entendo que em virtude do amplo acesso à Justiça e do princípio protetor poderá a liquidação e execução individualizada ser realizada em foro diverso do qual foi proferida a sentença.

Pode ocorrer litispendência entre duas ações coletivas que tenham as mesmas partes passivas, a mesma causa de pedir e o mesmo pedido. E, ainda que não haja identidade entre os legitimados ativos, isto é, entre os titulares da demanda coletiva no polo ativo, haverá litispendência entre as demandas coletivas o que implicará a extinção daquela que foi proposta posteriormente.

Não há litispendência entre a ação individual e a ação coletiva em que o sindicato atua como substituto processual na defesa de interesses individuais homogêneos dos integrantes da categoria que representa.

AÇÃO DE CUMPRIMENTO NA JUSTIÇA DO TRABALHO

Carlos Henrique Bezerra Leite[1]

Introdução

O conteúdo da sentença normativa, ou da decisão normativa, não é executado, e sim cumprido, tal como acontece com a eficácia das normas jurídicas de caráter geral e abstrato.

Esse cumprimento pode ser espontâneo, como se dá com a observância natural de uma lei; ou coercitivo, mediante a propositura da chamada ação de cumprimento.

Com efeito, diz o art. 872 e seu parágrafo da CLT, *in verbis*:

> Art. 872. Celebrado o acordo, ou transitada em julgado a decisão,[2] seguir-se-á o seu cumprimento, sob as penas estabelecidas neste Título.
> Parágrafo único. Quando os empregadores deixarem de satisfazer o pagamento de salários, na conformidade da decisão proferida, poderão os

---

[1] Doutor e mestre em Direito das Relações Sociais (PUC/SP). Professor Adjunto do Departamento de Direito (UFES). Professor de Direitos Metaindividuais do Mestrado (FDV). Desembargador Federal do Trabalho do Tribunal Regional do Trabalho da 17ª Região/ES. Ex-Procurador Regional do Ministério Público do Trabalho/ES. Diretor da Escola de Magistratura do Trabalho no Estado do Espírito Santo. Membro da Academia Nacional de Direito do Trabalho. Medalha do Mérito Judiciário do Trabalho (Comendador). Ex-coordenador Estadual da Escola Superior do MPU/ES. Autor de Livros e Artigos Jurídicos.

[2] É permitido o ajuizamento imediato da ação de cumprimento da sentença normativa independentemente do seu trânsito em julgado, salvo se for dado efeito suspensivo ao recurso ordinário eventualmente interposto contra tal decisão (ver Lei nº 7.701/88, arts. 7º, § 6º, e 10). Com o advento da Lei nº 10.192, de 14/02/2001 (art. 14), passou o Presidente do TST a ter competência para conceder efeito suspensivo ao RO interposto contra sentença normativa. A Súmula nº 246 do TST prevê a possibilidade da propositura da ação de cumprimento independentemente do trânsito em julgado da sentença normativa.

empregados ou seus sindicatos, independentemente de outorga de poderes de seus associados, juntando certidão de tal decisão, apresentar reclamação à Junta (atualmente, Vara) ou Juízo competente, observado o processo previsto no Capítulo II deste Título, sendo vedado, porém, questionar sobre a matéria de fato e de direito já apreciada na decisão.

O acordo mencionado no *caput* do preceptivo em causa é aquele feito pelas partes na presença do Juiz Presidente, que o submete à homologação pelo Tribunal nos autos do dissídio coletivo (CLT, art. 863). Daí o emprego do termo "decisão normativa", que é ato judicial meramente homologatório, diverso da sentença normativa, pois esta é fruto de julgamento das cláusulas constantes do dissídio coletivo. Noutro falar, a sentença normativa aprecia o mérito da lide coletiva. A "decisão normativa" é meramente homologatória da conciliação levada a efeito pelas partes nos autos do dissídio coletivo.

No presente ensaio, procuraremos abordar algumas questões importantes que gravitam em torno da ação de cumprimento na Justiça do Trabalho.

1. Conceito

Os direitos criados abstratamente por decisão (sentença) normativa proferida nos dissídios coletivos de natureza econômica podem ser defendidos, a título individual, pelo próprio trabalhador interessado ou a título coletivo, por meio do sindicato da respectiva categoria profissional, segundo o disposto no art. 872 e seu parágrafo único da CLT.

Vale dizer, a sentença normativa proferida nos dissídios de natureza econômica pode ser objeto de cumprimento por meio de:

a) ação individual de cumprimento, simples ou plúrima (litisconsórcio ativo), proposta diretamente por um trabalhador ou pluralidade de trabalhadores interessados em defesa de seus interesses individuais heterogêneos;

b) ação coletiva de cumprimento, proposta pelo sindicato da categoria profissional em nome próprio, na defesa dos interesses individuais homogêneos dos trabalhadores (substituição processual) integrantes da respectiva categoria profissional (CF, art. 8º, III).

O art. 1º da Lei nº 8.984, de 07/02/1995, porém, ampliou a competência da Justiça do Trabalho para "conciliar e julgar os dissídios que tenham origem no cumprimento de convenções coletivas de trabalho e acordos coletivos de trabalho, mesmo quando ocorram entre sindicatos ou entre sindicatos de trabalhadores e empregador".

Assim, podemos dizer que a ação de cumprimento é o meio processual adequado para defesa dos interesses ou direitos dos trabalhadores constantes de sentença normativa, convenção coletiva ou acordo coletivo de trabalho não cumpridos espontaneamente pelo(s) empregador(es).

A ação de cumprimento visa tanto à defesa dos interesses individuais simples ou plúrimos, quanto à defesa dos interesses individuais homogêneos dos trabalhadores integrantes da categoria profissional representada no dissídio coletivo pelo sindicato correspondente.

Vê-se, pois, que a ação de cumprimento tem por escopo tornar concretos os direitos abstratos outorgados por instrumentos normativos coletivos.

2. Natureza Jurídica

Entendemos por natureza jurídica a operação complexa e concomitante de nominar e comparar.

Assim, podemos dizer que a ação de cumprimento é uma ação de conhecimento, do tipo condenatória, pois ela visa a obrigar o empregador ou empregadores a satisfazer os direitos abstratos criados por sentença normativa, convenção coletiva ou acordo coletivo de trabalho.

É, pois, uma ação cognitiva destinada à defesa de direitos ou interesses individuais homogêneos ou heterogêneos dos trabalhadores, cujo escopo repousa na condenação do(s) empregador(es) na(s) obrigação(ões) de dar, pagar, fazer, não fazer ou entregar coisa constante de título judicial (sentença normativa) ou de instrumento normativo de autocomposição (convenção coletiva ou acordo coletivo).

3. Legitimação e Interesse

Há legitimação concorrente para a propositura da ação de cumprimento, na medida em que tanto o sindicato quanto os empregados poderão propô-la.

Se for o sindicato o autor da ação, pensamos que se trata de substituição processual, espécie de legitimação extraordinária, uma vez que o sindicato atua judicialmente em nome próprio (sujeito do processo), mas defendendo direitos ou interesses individuais homogêneos dos trabalhadores (titulares do direito material deduzido em juízo). Cuida-se, aqui, de autêntica ação coletiva para defesa de interesses individuais homogêneos, nos moldes do art. 92 do CDC.

Se for o empregado (ou empregados em litisconsórcio) o autor da ação, teremos uma autêntica ação (reclamação) trabalhista individual, pois o titular do direito material é o mesmo titular da ação. A OJ nº 188 da SDI-1/TST, não obstante, firmou entendimento no sentido de que há falta de interesse processual para ação individual, singular ou plúrima, quando o direito vindicado já tiver sido reconhecido por meio de sentença normativa, cabendo, em tal caso, ação de cumprimento.

Superando entendimento anterior, o TST (Súmula nº 286) passou, por força da Lei nº 8.984, de 07/02/1995, a estender a legitimação extraordinária (ou substituição processual) do sindicato para a ação de cumprimento de convenção ou acordo coletivo de trabalho.

A Súmula nº 359 do TST (cancelada pela Resolução TST nº 121/2003) não reconhecia às federações, e, por dedução lógica, às confederações a legitimação para ajuizar ação de cumprimento prevista no art. 872, parágrafo único, da CLT, para, na qualidade de substitutas processuais, defenderem interesses dos trabalhadores pertencentes à categoria profissional inorganizada em sindicato. Era equivocado, *data venia*, o entendimento que estava consubstanciado no verbete jurisprudencial em apreço, pois, se os trabalhadores não estão organizados em sindicato, é a federação que poderá atuar judicialmente ou extrajudicialmente, desempenhando as atribuições daquele. Mesmo porque a própria lei (CLT, art. 872, parágrafo único) utiliza o termo "sindicatos", o que, a nosso ver, exige sua interpretação ampliativa ou extensiva, para alcançar as "entidades sindicais" de qualquer grau.

4. Competência

A competência material e funcional para processar e julgar ação de cumprimento é das Varas do Trabalho do local da prestação do serviço (CLT, arts. 651 e 872, parágrafo único).

Trata-se de uma exceção à regra geral prevista no art. 575, incisos I e II, do CPC, uma vez que o órgão competente para o cumprimento da senteça normativa não é aquele que proferiu a decisão a ser cumprida (TST ou TRT), e sim a Vara do Trabalho.

O TST havia adotado o entendimento de que a Justiça do Trabalho seria incompetente para julgar ação de cumprimento na qual o sindicato, em nome próprio, pleiteasse o recolhimento de desconto assistencial previsto em convenção ou acordo coletivo. Era o que dispunha a Súmula nº 334 (cancelada pela TST nº 121/2003).

Com a edição da Lei nº 8.984, de 07/02/1995, e por força do art. 114, III, da CF, com redação dada pela EC nº 45/2004, não restam mais dúvidas acerca da ampliação da competência da Justiça do Trabalho para processar e julgar ações entre sindicatos ou entre estes e os trabalhadores, bem como entre os empregadores e seus sindicatos, como já vimos no Capítulo V.

5. Procedimento

O procedimento da ação de cumprimento é semelhante ao do dissídio individual, com a ressalva de que não será permitido às partes discutir questões de fato ou de direito que já foram apreciadas na sentença normativa ou na decisão normativa, ainda que esta não tenha transitado em julgado (CLT, art. 872, parágrafo único, *in fine*).

É permitido o ajuizamento imediato da ação de cumprimento da sentença normativa, independentemente do seu trânsito em julgado, salvo se for dado efeito suspensivo ao recurso ordinário eventualmente interposto contra tal decisão (Lei nº 7.701/88, arts. 7º, § 6º, e 10).

Como advento da Lei nº 10.192, de 14/02/2001 (art. 14), passou o Presidente do TST a ter competência para conceder efeito suspensivo ao RO interposto contra sentença normativa (IN TST nº 24/2003).

Tendo em vista a lacuna do texto obreiro sobre o procedimento, cremos ser aplicável à ação de cumprimento as normas do CDC respeitantes à ação coletiva para tutela de interesses individuais homogêneos.

A petição inicial será instruída com a cópia da sentença normativa (acórdão) ou certidão de julgamento do dissídio coletivo, contendo as cláusulas que foram deferidas pelo Tribunal, sob pena de seu indeferimento (art. 872 da CLT combinado com os arts. 267, IV, e 284 do CPC).

Tratando-se de ação de cumprimento de convenção ou acordo coletivo, estes instrumentos também devem obrigatoriamente instruir a petição inicial, sob pena de seu indeferimento (art. 787 da CLT combinado com os arts. 267, IV, e 284 do CPC).

6. Reforma da Sentença Normativa e Ação de Cumprimento

Como a ação de cumprimento pode ser ajuizada independentemente do trânsito em julgado da sentença normativa (TST, Súmula nº 246), surge o problema da sua modificação superveniente em grau de recurso ordinário.

O TST vem decidindo que, nesse caso, a sentença normativa perde a sua eficácia executória, sendo declarada a sua inexistência jurídica. É o que se infere da OJ nº 277 da SBDI-1/TST. Nesse mesmo sentido, colhe-se o seguinte julgado:

> AÇÃO DE CUMPRIMENTO – EXECUÇÃO – MODIFICAÇÃO SUPERVENIENTE DA SENTENÇA NORMATIVA QUE DEU ORIGEM AO TÍTULO JUDICIAL EM GRAU DE RECURSO – ALEGAÇÃO DE VIOLAÇÃO DA COISA JULGADA. Dependente a sentença normativa da exaustão do processo coletivo *(Dorval de Lacerda)* e pendente a sentença coletiva de recurso, ainda que não recebido com efeito suspensivo, a ação de cumprimento ajuizada pelos interessados, procedimento especial previsto na Consolidação das Leis do Trabalho, cujo título judicial dela decorrente encontra substrato jurídico-material na sentença normativa, onde se resolvem as questões de fato e de direto (art. 872, parágrafo único da CLT), perde sua eficácia executória com a reforma da sentença coletiva na instância recursal, não porque tenha sido extinto o direito na execução, mas declarada sua inexistência *ex radice*, sem que daí se cogite em violação da coisa julgada originária da sentença proferida na ação de cumprimento, cuja execução, nessas circunstâncias, será sempre provisória, ressalvada apenas a hipótese em que o empregador pagar espontaneamente sálarios ou vantagens, em fase da regra excepcional prevista no § 3º do art. 6º da Lei nº 4.725, de 13 de julho de 1965 (TST – RR 467330 – 1ª T. – Rel. p/o Ac. Min. Conv. Vieira de Mello Filho – DJU 15/03/2002).

Recentemente, foi editada a Súmula nº 397 do TST, *in verbis:*

> AÇÃO RESCISÓRIA. ART. 485, IV, DO CPC. AÇÃO DE CUMPRIMENTO. OFENSA À COISA JULGADA EMANADA DE SENTENÇA NORMATIVA MODIFICADA EM GRAU DE RECURSO. INVIABILIDADE. CABIMENTO DE MANDADO DE SEGURANÇA (conversão da OJ nº 116 da SDI-2, Res. 137/2005, DJU 22/08/2005). Não procede ação rescisória calcada em ofensa à coisa julgada perpetrada por decisão em ação de cumprimento, em face de a sentença normativa, na qual se louvava, ter sido modificada em grau de

recurso, porque em dissídio coletivo somente se consubstancia coisa julgada formal. Assim, os meios processuais aptos a atacarem a execução da cláusula reformada são a exceção de pré-executividade e o mandado de segurança, no caso de descumprimento do art. 572 do CPC.

Assim, havendo reforma da sentença normativa em grau de RO, não há, segundo o TST, necessidade de ajuizamento de AR contra a sentença da ação de cumprimento, cabendo apenas MS ou exceção de pré-executividade. Sobre o tema, ver item 3.4. do Capítulo XXIV.

7. Prescrição

No que tange ao prazo prescricional para a ação de cumprimento, o TST pacificou o entendimento de que o marco inicial conta-se da data do trânsito em julgado da decisão normativa (Súmula nº 350).

Quando se tratar, porém, de ação de cumprimento de convenção ou acordo coletivo de trabalho, parece-nos que o marco inicial da prescrição coincide com o término do prazo de vigência desses instrumentos coletivos.

Pensamos que o prazo deve ser de dois anos da data da extinção do contrato de trabalho ou cinco anos da data de extinção do prazo de vigência da norma coletiva criadora do direito, incidindo, em ambos os casos, a prescrição total.

A respeito da matéria, o STF editou a Súmula nº 349 (anterior à CF/1988), *in verbis*:

> A prescrição atinge somente as prestações de mais de dois anos, reclamadas com fundamento em decisão normativa da justiça do trabalho, ou em convenção coletiva de trabalho, quando não estiver em causa a própria validade de tais atos.

Conclusão

A ação de cumprimento é um importante instrumento de acesso à Justiça do Trabalho e deve ser manejada com o objetivo de tutelar direitos individuais heterogêneos ou homogêneos dos trabalhadores reconhecidos em diplomas normativos decorrentes de autocomposição (convenções e acordos coletivos) ou heterocomposição (decisões normativas da Justiça do Trabalho).

Bibliografia Consultada

LEITE, Carlos Henrique Bezerra. *Curso de direito processual do trabalho*, 9ª ed. São Paulo: LTr, 2011.

V. TEMAS DIVERSOS

PROCESSO ELETRÔNICO TRABALHISTA

Otávio Pinto e Silva

Recebi com muita satisfação o convite para participar dessa obra coletiva em homenagem ao advogado José Granadeiro Guimarães, que foi uma referência para todos que militamos na Justiça do Trabalho.

Quem teve a oportunidade de assistir suas sustentações orais nos tribunais do trabalho certamente ficou impressionado com a habilidade da argumentação e a clareza de raciocínio. Foi, e segue sendo, um exemplo de como deve se portar o advogado no quotidiano da atividade forense.

Excelente ideia, assim, a de publicar um livro, com a colaboração de diversos amigos e admiradores do Dr. Granadeiro, para eternizarmos a merecida homenagem. Coube a mim a missão de discorrer sobre o processo eletrônico trabalhista, que já é uma viva realidade, diante da introdução no ordenamento jurídico brasileiro da Lei nº 11.419/06, que dispõe sobre a informatização do processo judicial.

A referida lei aplica-se aos processos civil, penal e trabalhista, em qualquer grau de jurisdição, prevendo o uso do meio eletrônico para a tramitação de processos judiciais, a comunicação de atos e a transmissão de peças judiciais.

Constata-se que o processo judicial é um modo de solução dos conflitos de trabalho amplamente utilizado no Brasil: segundo dados oficiais do Tribunal Superior do Trabalho – TST, na 1ª Instância da Justiça do Trabalho havia, em dezembro de 2009, 1.377 varas trabalhistas distribuídas em 602 municípios e com jurisdição em todos os 5.565 municípios do país. Essas varas receberam naquele ano o impressionante número de 2.107.449 casos novos. No período de 2001 a 2009, foram 22.191.130 reclamações trabalhistas.

A adoção de novos procedimentos pela Justiça do Trabalho, com repercussão direta na forma como as partes, os juízes, os advogados e os servidores atuam no quotidiano forense, é uma questão que deve ser examinada como consequência natural da evolução da tecnologia.

Basta lembrar o teor do artigo 771 da Consolidação das Leis do Trabalho (CLT), quando prevê que "os atos e termos processuais poderão ser escritos a tinta, datilografados ou a carimbo", ou recordar dos diários oficiais impressos em papel jornal, para constatar a necessidade de se atualizar as normas legais que regem a solução dos conflitos do trabalho.

É necessário refletir acerca do uso das inovações tecnológicas no Direito Processual do Trabalho, tendo em vista o objetivo de seu constante aperfeiçoamento, a fim de que possa assegurar o acesso dos jurisdicionados à ordem jurídica justa.

Lembre-se que desde a aprovação da Emenda Constitucional n° 45, em 2004, o Brasil passou a contar em sua Constituição, no capítulo que trata dos Direitos e Deveres Individuais e Coletivos, com a regra do artigo 5°, inciso LXXVIII, segundo a qual "a todos, no âmbito judicial e administrativo, são assegurados a razoável duração do processo e os meios que garantam a celeridade de sua tramitação".

A compreensão do sentido dessa nova norma constitucional parte do pressuposto de que se trata de um instrumento para a efetividade do processo, visando garantir a celeridade da prestação jurisdicional como um compromisso político do Estado com seus cidadãos.

Importante estudar, assim, o teor da Instrução Normativa n° 30/07 do TST, que regulamentou a Lei n° 11.419/06 no âmbito da Justiça do Trabalho e logo no primeiro capítulo trata genericamente da informatização do processo judicial.

A referida instrução disciplina o uso de meio eletrônico na tramitação de processos judiciais, na comunicação de atos e na transmissão de peças processuais na Justiça do Trabalho (artigo 1°).

Os Tribunais Regionais do Trabalho ficam obrigados a disponibilizar em suas dependências e nas Varas do Trabalho, para os usuários dos serviços de peticionamento eletrônico que necessitarem, equipamentos de acesso à rede mundial de computadores e de digitalização do processo, para a distribuição de peças processuais (artigo 2°).

No Capítulo II a instrução normativa trata da assinatura eletrônica, prevendo que no âmbito da Justiça do Trabalho o envio de petições e de recursos e a prática de atos processuais em geral por meio eletrônico serão admitidos somente mediante o uso de assinatura eletrônica (artigo 3°).

A assinatura eletrônica nada mais é do que um número (e não a mera representação digital de uma assinatura manuscrita), que possui a funcionalidade de relacionar um determinado documento a uma pessoa.

Em nosso ordenamento, foi admitida sob as seguintes modalidades: 1) assinatura digital, baseada em certificado digital emitido pelo ICP-Brasil, com uso de cartão e senha; e 2) assinatura cadastrada, obtida perante o Tribunal Superior do Trabalho ou Tribunais Regionais do Trabalho, com fornecimento de *login* e senha (artigo 4°).

O certificado digital é o fruto do processo de certificação digital, e conforme a explicação de Eduardo Kruel é

> um documento eletrônico, representado por um arquivo eletrônico armazenado em uma mídia magnética que contém os dados de seu titular, pessoa física ou jurídica, além de um número público exclusivo denominado chave pública, emitido por uma Autoridade Certificadora ou entidade equivalente, garantindo a integridade, autenticidade e validade jurídica deste arquivo eletrônico e os documentos eletrônicos por ele assinados.[1]

Tecnicamente, o padrão da assinatura digital é considerado mais seguro, em razão do momento de sua geração e da forma de armazenamento, envolvendo o uso da criptografia.

Vale rápida explicação a respeito. A criptografia se utiliza de complexas operações matemáticas com o uso de computadores: a informação a ser transmitida é um número, inserido na operação matemática juntamente com uma variável secreta (que é a chave, isto é, um outro número). Como resultado dessa operação chega-se ao arquivo cifrado (que também é um número), de modo que para retornar ao original (e conhecer a mensagem) utiliza-se operação matemática inversa, com a mesma chave secreta.

O problema do sistema de chaves simétricas é o seu compartilhamento, pois torna complexa a gestão do sigilo. O grande salto de segurança no uso da criptografia deu-se a partir da possibilidade de desenvolvimento de operações matemáticas que permitiam cifrar e decifrar mensagens utilizando duas chaves diferentes: vale dizer, uma chave para cifrar a mensagem e uma segunda chave para decifrá-la.

Esse é o conceito da criptografia assimétrica: a possibilidade de usar uma chave pública para cifrar a mensagem, de tal modo que apenas com o uso de uma chave privada, que lhe faz par, consegue-se então efetuar a decifração.

Na criptografia assimétrica, assim, o transmissor de uma mensagem vale-se de uma chave de seu exclusivo conhecimento (chave privada), enquanto o receptor se utiliza de uma chave de conhecimento público, vinculada ao emissor (chave pública).

O sistema permite ao receptor da mensagem certificar-se tanto da autoria quanto da integridade da comunicação recebida, conferindo a chave privada do transmissor sem conhecer o seu exato conteúdo. Por isso é considerado mais seguro, de modo que a assinatura eletrônica com a certificação digital é a mais recomendada.

---

1 KRUEL, Eduardo. *Processo judicial eletrônico & Certificação digital na advocacia*, p. 155-156.

De todo modo, para o uso de qualquer das duas modalidades de assinatura eletrônica o usuário deverá se credenciar previamente perante o Tribunal Superior do Trabalho ou então junto ao Tribunal Regional do Trabalho com jurisdição sobre a cidade em que tenha domicílio. Para tanto, será necessário o preenchimento de formulário eletrônico disponível no Portal da Justiça do Trabalho (Portal-JT).

Ao credenciado será atribuído registro e meio de acesso ao sistema, de modo a preservar o sigilo (mediante criptografia de senha), a identificação e a autenticidade de suas comunicações.

O credenciamento implica a aceitação das normas estabelecidas na instrução normativa e a assunção de responsabilidade do credenciado pelo uso indevido da assinatura eletrônica. As eventuais alterações de dados cadastrais poderão ser feitas pelos usuários, a qualquer momento, na seção respectiva do Portal-JT.

No caso de assinatura digital, em que a identificação presencial já se realizou perante a Autoridade Certificadora, o credenciamento se dará pela simples identificação do usuário por meio de seu certificado digital e remessa do formulário devidamente preenchido.

No caso da assinatura cadastrada, o interessado deverá comparecer, pessoalmente, perante o órgão do tribunal no qual deseje cadastrar sua assinatura eletrônica, munido do formulário devidamente preenchido, obtendo senhas e informações para a operacionalização de sua assinatura eletrônica.

O TST já deve a oportunidade de decidir que assinatura digitalizada por meio de digitalização ou "escaneamento" não é válida no mundo jurídico: por gerar simplesmente uma cópia da firma e não ser regulamentado, o procedimento ocasionou a irregularidade de representação de recurso ordinário proposto pela Telemar Norte Leste S.A. na Bahia.

A questão foi analisada em recurso de revista pela Segunda Turma do Tribunal Superior do Trabalho que, ao declarar a irregularidade no substabelecimento, mudou o rumo do processo e restabeleceu a sentença que condenava a Telemar a pagar débitos trabalhistas.

O Tribunal argumentou que a assinatura digital, de acordo com a Instrução Normativa nº 30/07 do TST, somente é admitida na Justiça do Trabalho quando baseada em certificado digital emitido pelo ICP-Brasil, com uso de cartão e senha. No entanto, diferentemente da assinatura digital, que assegura a autenticidade de documentos em ambiente eletrônico, a assinatura digitalizada é obtida por meio de "escaneamento", processo pelo qual se captura a imagem da firma, transpondo-a para meio eletrônico.

Embora o procedimento seja cada vez mais usual, sobretudo na esfera privada, a assinatura digitalizada por "escaneamento" não foi admitida como válida para a prática de atos processuais. O ministro Renato de Lacerda Paiva, relator do recurso de revista, ressalta que não se conseguiu, até agora, eliminar os riscos de que essa reprodução possa ser utilizada por outra pessoa que não o próprio autor da assinatura autógrafa (autêntica do próprio punho), bastando que se tenha acesso a ela para inseri-la em qualquer documento.

A sentença da 3ª Vara do Trabalho de Salvador foi favorável aos reclamantes e contra essa decisão foi interposto o recurso ordinário, ocasião em que os patronos de uma das reclamadas juntaram substabelecimento com a assinatura digitalizada.

O TRT aceitou o documento e deu provimento ao recurso ordinário dessa reclamada para excluí-la da demanda, considerando que o substabelecimento formalizava de forma válida a outorga de poderes a profissionais vinculados à empresa (pois a assinatura digitalizada era de profissional expressamente referido na procuração constante dos autos).

O acórdão considerou que estava perfeitamente retratada a manifestação de vontade da recorrente e avaliou que a impugnação dos trabalhadores ao documento estava restrita à forma pela qual foi apresentado, sem tecer qualquer comentário à autenticidade. Segundo o Regional, em nenhum momento houve menção à assinatura estar adulterada ou a não pertencer ao gerente da área jurídica.

Os reclamantes recorreram ao TST, alegando a irregularidade na representação da reclamada, tese que restou acolhida na Corte Superior, em virtude da digitalização da assinatura não ser considerada válida (RR-1051/2002-003-05-40.5).[2]

No Capítulo III a instrução normativa regula o sistema de peticionamento eletrônico, prevendo que na Justiça do Trabalho a prática de atos processuais por meio eletrônico por partes, advogados e peritos será feita por meio do Sistema Integrado de Protocolização e Fluxo de Documentos Eletrônicos, o e-DOC (artigo 5°).

Trata-se de um serviço de uso facultativo, disponibilizado no Portal-JT, na internet, e que está aberto até mesmo para a parte desassistida de advogado (ou seja, que estiver no uso do *jus postulandi* previsto no artigo 791 da CLT). Nesse caso, a parte que desejar utilizar o sistema do e-DOC também deverá se cadastrar, observando todos os termos da instrução normativa.

Isso significa que qualquer que seja o usuário, o acesso ao e-DOC depende necessariamente da utilização da sua assinatura eletrônica (artigo 8°).

---

2 Disponível em: www.tst.jus.br. Acesso em 26/02/2008.

O sistema deve buscar identificar, dentro do possível, os casos de ocorrência de prevenção, litispendência e coisa julgada. Tratando-se de um sistema específico da Justiça do Trabalho, está vedado o seu uso para o envio de petições destinadas ao Supremo Tribunal Federal.

As petições, acompanhadas ou não de anexos, apenas são aceitas em formato PDF (*Portable Document Format*), no tamanho máximo, por operação, de 2 megabytes (artigo 6°). Não se admite para fins de transmissão o fracionamento de petição, tampouco dos documentos que a acompanham.

Essas restrições vêm sendo bastante criticadas, pois podem levar ao cerceamento do direito de defesa da parte, com violação ao princípio constitucional da ampla defesa, sendo de se destacar, ainda, o problema prático da diversidade de regulamentação em cada tribunal do país, com diferentes regras sobre os tipos de arquivos admitidos e os respectivos tamanhos.

Conforme reportagem publicada pelo jornal Brasil Econômico, o Conselho Nacional de Justiça informou em nota que discute o problema, mas integrantes da comissão de tecnologia da informação do órgão não chegaram a um acordo sobre a real necessidade de uma padronização. O CNJ avalia que a própria infraestrutura brasileira de telecomunicações justifica a necessidade de limitar o tamanho dos arquivos.[3]

O TST vem entendendo que, por se tratar o peticionamento eletrônico de um serviço de uso facultativo das partes, com previsão quanto à sua forma, quem se utiliza do sistema deve seguir as formalidades exigidas; se não estiver de acordo ou não puder fazê-lo, deve procurar os outros meios de peticionamento disponíveis.

De todo modo, o envio da petição por intermédio do e-DOC dispensa a apresentação posterior dos originais ou de fotocópias autenticadas, até mesmo daqueles documentos destinados à comprovação de pressupostos de admissibilidade do recurso, como as guias de custas e do depósito recursal (artigo 7°). Trata-se sem dúvida de um significativo avanço, que traz maior agilidade para a prática da advocacia.

Salvo impossibilidade que comprometa o acesso à justiça, a parte deverá informar, ao distribuir a petição inicial de qualquer ação judicial em meio eletrônico, o número no cadastro de pessoas físicas ou jurídicas, conforme o caso, perante a Secretaria da Receita Federal.

De acordo com o artigo 9° da instrução normativa, no momento do recebimento da petição o Sistema Integrado de Protocolização e Fluxo de Documentos Eletrônicos

---

[3] Sem padrões, tribunais atrasam revolução digital. *Brasil Econômico*, 29/12/2010, p. 30-31.

expedirá recibo ao remetente, que servirá como comprovante de entrega da petição e dos documentos que a acompanharam.

Constarão do recibo as seguintes informações: 1) o número de protocolo da petição gerado pelo sistema; 2) o número do processo, o nome das partes, o assunto da petição e o órgão destinatário dela, conforme os dados informados pelo remetente; 3) a data e o horário do recebimento da petição no tribunal, fornecidos pelo Observatório Nacional; e 4) as identificações do remetente da petição e do usuário que assinou eletronicamente o documento.

A qualquer momento o usuário poderá consultar no sistema as informações a respeitos das petições e documentos enviados, bem como os respectivos recibos.

Incumbe aos tribunais, por intermédio das respectivas unidades administrativas responsáveis pela recepção das petições transmitidas pelo e-DOC: 1) imprimir as petições e seus documentos, caso existentes, anexando-lhes o comprovante de recepção gerado pelo sistema, enquanto não generalizada a virtualização do processo, que dispensará os autos físicos; e 2) verificar, diariamente, no sistema informatizado, a existência de petições eletrônicas pendentes de processamento (artigo 10).

São de exclusiva responsabilidade dos usuários: 1) o sigilo da assinatura digital, não sendo oponível, em qualquer hipótese, alegação de seu uso indevido; 2) a equivalência entre os dados informados para o envio (número do processo e unidade judiciária) e os constantes da petição remetida; 3) as condições das linhas de comunicação e acesso ao seu provedor da internet; 4) a edição da petição e anexos em conformidade com as restrições impostas pelo serviço, no que se refere à formatação e tamanho do arquivo enviado; 5) o acompanhamento da divulgação dos períodos em que o serviço não estiver disponível em decorrência de manutenção no sítio do tribunal (artigo 11).

A não obtenção, pelo usuário, de acesso ao sistema ou eventuais defeitos de transmissão ou recepção de dados são circunstâncias que não servem de escusa para o descumprimento dos prazos legais; porém, os tribunais deverão os informar, nos respectivos sítios, os períodos em que, eventualmente, o sistema esteve indisponível.

Consideram-se realizados os atos processuais por meio eletrônico no dia e hora do seu recebimento pelo sistema do e-DOC (artigo 12), de modo que, se a petição eletrônica for enviada para atender prazo processual, serão consideradas tempestivas as transmitidas até as 24 (vinte e quatro) horas do seu último dia.

Detalhe importante da regulamentação efetuada pelo TST é a previsão de que incumbe ao usuário observar o horário estabelecido pelo Observatório Nacional como base para recebimento, devendo atentar para as diferenças de fuso horário existentes no país (§ 2º do artigo 12).

O projeto Hora Legal Brasileira é desenvolvido pela Divisão Serviço da Hora do Observatório Nacional, no Ministério da Ciência e Tecnologia, e tem como meta a transmissão de sinais horários e frequência padrão para todo o território nacional, por meio de radiofrequência.

A menção ao horário estabelecido pelo Observatório Nacional, assim, assegura a certeza necessária para fins de demonstração do cumprimento do prazo.

Desse modo, não serão considerados, para efeito de tempestividade, o horário da conexão do usuário à internet, o horário do acesso ao sítio do tribunal, tampouco os horários consignados nos equipamentos do remetente e da unidade destinatária, mas somente o de recebimento no órgão da Justiça do Trabalho (§ 3° do artigo 12).

Previu-se ainda no artigo 13 que o uso inadequado do e-DOC, que venha a causar prejuízo às partes ou à atividade jurisdicional, pode resultar no bloqueio do cadastramento do usuário, a ser determinado pela autoridade judiciária competente diante das circunstâncias de fato e de direito do caso concreto.

O Capítulo IV contém as regras que tratam da comunicação e informação dos atos processuais no Portal da Justiça do Trabalho, que é o sítio corporativo da instituição, abrangendo todos os tribunais trabalhistas do país, gerenciado pelo Conselho Superior da Justiça do Trabalho e operado pelo Tribunal Superior do Trabalho e pelos Tribunais Regionais do Trabalho (artigo 14).

O Portal-JT inclui as seguintes funcionalidades: 1) o Diário da Justiça do Trabalho Eletrônico (DJT), para publicação de atos judiciais e administrativos dos Tribunais e Varas do Trabalho; 2) Sistemas de Pesquisa de Jurisprudência, de Legislação Trabalhista e Atos Normativos da Justiça do Trabalho, de acompanhamento processual, de acervo bibliográfico, com Banco de Dados Geral integrado pelos julgados e atos administrativos de todos os tribunais trabalhistas do país; 3) Informações gerais sobre os Tribunais e Varas do Trabalho, incluindo memória da Justiça do Trabalho, dados estatísticos, magistrados, concursos e licitações, entre outros; 4) Informações sobre o Conselho Superior da Justiça do Trabalho (CSJT), incluindo seu Regimento Interno, suas resoluções e decisões, além de seus integrantes e estrutura do órgão; 5) Informações sobre a Escola Nacional de Formação e Aperfeiçoamento de Magistrados do Trabalho (ENAMAT), incluindo quadro diretivo, de professores, de alunos e de cursos, bem como disponibilizando ambiente para o ensino à distância; 6) Sistemas de Assinatura Eletrônica, Peticionamento Eletrônico (e-DOC) e de Carta Eletrônica (CE); e 7) Informações sobre a Corregedoria-Geral da Justiça do Trabalho.

Para garantia de segurança quanto à fonte, o conteúdo das publicações do Portal-JT deverá ser assinado digitalmente, na forma da instrução normativa.

A publicação eletrônica no Diário da Justiça do Trabalho Eletrônico (DJT) substitui qualquer outro meio e publicação oficial, para quaisquer efeitos legais, à exceção apenas dos casos que, por lei, exigem intimação ou vista pessoal (artigo 15).

Wagner Giglio levanta um problema: se ao Diário Oficial Eletrônico estão constrangidos todos os jurisdicionados, como fica o *jus postulandi*? Questiona se será viável exigir que todos tenham acesso a um computador, presumindo-se cientes das publicações eletrônicas, para concluir que o mais racional, se foi essa a *ratio legis*, seria eliminar o *jus postulandi* e exigir, sempre, a intermediação de um advogado.[4]

Os atos processuais praticados pelos magistrados trabalhistas a serem publicados no DJT serão assinados digitalmente no momento de sua prolação.

Considera-se como data da publicação o primeiro dia útil seguinte ao da disponibilização da informação no DJT e os prazos processuais terão início no primeiro dia útil que seguir ao considerado como data da publicação.

Criou-se assim uma nova forma de lidar com a comunicação dos atos processuais. Se o Diário Eletrônico disponibiliza a informação, por exemplo, no dia 10, uma 4ª feira, considera-se como data da publicação o dia 11, 5ª feira (se for um dia útil), de tal modo que a contagem do prazo se inicia no dia 12, 6ª feira (igualmente, se for um dia útil).

Dárlen Prietsch Medeiros diz ser compreensível a inserção dessas regras, já que o DJE é de responsabilidade de cada tribunal, a quem cabe instituir o horário de sua publicação.[5] Se esta vier a ocorrer apenas no final da tarde haverá prejuízo evidente para as partes, o que justifica a ficção legal de que a data da publicação não é a da inserção dos dados no meio eletrônico, mas sim o primeiro dia útil seguinte. Pela aplicação da regra do artigo 184, § 2º, do CPC, então, a contagem do prazo se inicia no primeiro dia útil seguinte à data considerada como a de publicação.

No artigo 16 há a previsão da possibilidade de as intimações serem feitas por meio eletrônico no Portal-JT aos que se credenciarem na forma da instrução normativa, hipótese em que será dispensada a publicação no órgão oficial eletrônico. As intimações feitas dessa forma, até mesmo quando envolverem a Fazenda Pública, serão consideradas pessoais para todos os efeitos legais.

Nesse caso, considerar-se-á realizada a intimação no dia em que o intimando efetivar a consulta eletrônica ao teor da intimação, certificando-se nos autos a sua

---

4 GIGLIO, Wagner D. *Informatização do Processo Judicial – Acertos e Desacertos* – Lei nº 11.419 de 18/12/2006, p. 305.

5 MEDEIROS, Dárlen Prietsch. *Comentários à lei do processo eletrônico*, p. 95.

realização. Quando a consulta se der em dia não útil, a intimação será considerada como realizada no primeiro dia útil seguinte.

Para evitar que a parte protele o andamento do feito, a consulta deverá ser feita em até 10 (dez) dias corridos contados da data do envio da intimação, sob pena de considerar-se a intimação automaticamente realizada na data do término desse prazo.

Essa forma de intimação prevista no artigo 16 somente será realizada nos processos em que todas as partes estejam credenciadas, de modo a uniformizar a contagem dos prazos processuais.

Foi engenhosa a solução encontrada pelo TST para evitar que se criem situações concretas de quebra da isonomia processual, buscando assim evitar possíveis problemas que pudessem ser causados pela aplicação irrestrita da norma do artigo 5º da Lei nº 11.419/06.

Parece-me que o legislador não foi muito feliz ao imaginar essa forma de comunicação dos atos processuais, pois não há motivo que justifique a criação de sistema alternativo ao Diário Eletrônico.

As desvantagens geradas por esse sistema não recomendam sua adoção, pois a sua operação pelos tribunais é mais complexa, exige um controle informatizado do acesso de cada advogado às suas intimações, por processo em que esteja credenciado, sendo passível de gerar controvérsias acerca da tempestividade de manifestações processuais, com discussões sobre a correta data em que houve a consulta ao portal e o consequente início da contagem do prazo.

Nos casos urgentes em que a intimação feita na forma do artigo 16 da instrução normativa possa causar prejuízo a quaisquer das partes ou, ainda, nos casos em que for evidenciada qualquer tentativa de burla ao sistema, o ato processual deverá ser realizado por outro meio que atinja a sua finalidade, conforme determinado pelo juiz diante da situação concreta.

Observadas as formalidades e as cautelas previstas, as citações, inclusive da Fazenda Pública, poderão ser feitas por meio eletrônico, desde que a íntegra dos autos fique acessível ao citando.

Em relação às cartas precatórias, rogatórias e de ordem, o artigo 17 prevê que no âmbito da Justiça do Trabalho serão transmitidas exclusivamente de forma eletrônica, por meio do Sistema de Carta Eletrônica (CE), com dispensa da remessa física de documentos.

A utilização do Sistema de Carta Eletrônica fora do âmbito da Justiça do Trabalho dependerá da aceitação pelos demais órgãos do Poder Judiciário, e eventuais falhas na transmissão eletrônica dos dados não desobriga os magistrados e serventuários do cumprimento dos prazos legais, cabendo, nesses casos, a utilização de outros meios previstos em lei para a remessa das cartas.

As petições e demais documentos referentes às cartas precatórias, rogatórias e de ordem, não apresentados pelas partes em meio eletrônico, serão digitalizados e inseridos no Sistema de Carta Eletrônica (artigo 18).

Os documentos em meio físico, em poder do juízo deprecado, deverão ser adequadamente organizados e arquivados, sendo que o TST estabeleceu a necessidade de observância dos critérios estabelecidos na Lei n° 8.159/91 (que dispõe sobre a política nacional de arquivos públicos e privados) e no decreto que a regulamentou.[6] O juízo deprecante poderá, em casos excepcionais e devidamente justificados, solicitar o documento físico em poder do juízo deprecado (artigo 19).

Todos os fatos relevantes relativos ao andamento da carta, obtidos junto ao Sistema de Carta Eletrônica, serão certificados nos autos principais, com impressão e juntada apenas dos documentos essenciais à instrução do feito, nos casos de autos em papel.

Os Tribunais Regionais do Trabalho ficarão obrigados a comunicar à Presidência do Conselho Superior da Justiça do Trabalho qualquer alteração na competência territorial de suas Varas do Trabalho.

No Capítulo V a Instrução Normativa n° 30/07 trata especificamente de normas que regem o processo eletrônico, reiterando mais uma vez que na Justiça do Trabalho os atos processuais serão assinados eletronicamente na forma por ela estabelecida (artigo 22), e que todas as citações, intimações e notificações, inclusive da Fazenda Pública, serão feitas por meio eletrônico (artigo 23).

As citações, intimações, notificações e remessas que permitam o acesso à íntegra do processo correspondente serão consideradas vista pessoal do interessado para todos os efeitos legais.

Quando, por motivo técnico, for inviável o uso do meio eletrônico para a realização de citação, intimação ou notificação, esses atos processuais poderão ser praticados segundo as regras ordinárias, digitalizando-se o documento físico, que deverá ser posteriormente destruído.

A distribuição da petição inicial e a juntada da contestação, dos recursos e das petições em geral, todos em formato digital, nos autos de processo eletrônico, podem ser feitas diretamente pelos advogados, sem a necessidade da intervenção do cartório ou secretaria judicial. Nessa situação a autuação se dará de forma automática, fornecendo-se o recibo eletrônico de protocolo.

Quando o ato processual tiver que ser praticado em determinado prazo, por meio de petição eletrônica, serão considerados tempestivos os efetivados até as 24 (vinte e quatro)

---

6 Decreto n° 4.073/2002.

horas do último dia; contudo, se o serviço respectivo do Portal-JT se tornar indisponível por motivo técnico que impeça a prática do ato no termo final do prazo, este ficará automaticamente prorrogado para o primeiro dia útil seguinte à resolução do problema.

Trata-se de regra da maior importância para o exercício da advocacia, uma vez que as falhas no funcionamento da tecnologia não podem trazer prejuízos aos jurisdicionados, nem colocar os advogados em situações de risco à defesa dos interesses de seus clientes.

Na jurisprudência o assunto do peticionamento eletrônico já vem sendo discutido, como no caso analisado pela 5ª Turma do TST, que deu provimento a recurso de um empregado da Volkswagen do Brasil Indústria de Veículos Automotores S/A contra decisão regional que havia considerado intempestivos os seus embargos declaratórios, protocolizados após as 18 horas do último dia do prazo, pela via do sistema e-DOC.

O TRT da 2ª Região (SP) considerou o empregado tinha apenas até as 18 horas para interpor os embargos, mas o fez às 22h34m, por meio de e-DOC. Assim o Regional considerou que estavam intempestivos, sob o argumento de que as petições via internet mantém as mesmas exigências de prazo e horários estabelecidos pelo processo do trabalho para o peticionamento físico.

O relator do recurso na 5ª Turma do TST, ministro Emmanoel Pereira, entendeu diferentemente, asseverando que quando a petição eletrônica é enviada para atender prazo processual são consideradas tempestivas as transmitidas até às 24 horas do seu último dia.

O voto do relator (aprovado por unanimidade pela 5ª Turma) seguiu o que estabelece o artigo 3º, parágrafo único, da Lei nº 11.419/06, razão pela qual deu provimento ao recurso de revista para determinar o retorno dos autos ao TRT de origem, a fim de apreciar os embargos de declaração opostos pelo empregado (RR nº 116200-30.2007.5.02.0466).[7]

Outro caso que demonstra o debate jurisprudencial a respeito envolveu a a Companhia de Bebidas das Américas – AMBEV, que conseguiu reverter decisão que havia considerado seu recurso intempestivo, pois proposto às 23 horas do último dia do prazo legal.

A empresa havia ingressado com embargos de declaração no TRT da 3ª Região (MG), que foram rejeitados, sendo que as partes tiveram ciência da decisão no dia 09 de outubro de 2009 (sexta-feira). Como o dia 12 de outubro era feriado, o prazo legal para interposição do recurso ordinário iniciou-se em 13 de outubro de 2009 (terça--feira), encerrando-se no dia 20 de outubro de 2009 (terça-feira).

---

7   Disponível em www.tst.jus.br. Acesso em 10/06/2010.

A interposição foi feita por e-DOC, enviado no dia 20 de outubro, às 23h. O TRT, com base no artigo 8º do provimento 01/08 do próprio regional, declarou a intempestividade do recurso, pois segundo o referido ato o prazo teria se encerrado às 18h. A Ambev recorreu ao TST, sob o argumento de que o recurso era tempestivo, com base no § 3º da Lei nº 11.419/06.

Ao analisar o recurso, a ministra relatora na 3ª Turma do TST, Rosa Maria Weber, deu razão à empresa e reconheceu a tempestividade do recurso ordinário, declarando a violação da Lei nº 11.419/06, razão pela qual determinou o retorno dos autos ao TRT da 3ª Região, para prosseguir o julgamento. A turma seguiu unanimemente o voto da relatora (RR-112700-90.2009.5.03.0131).[8]

O que se espera, assim, é que esses exemplos de decisões proferidas pelo TST sirvam para fazer com que os órgãos das instâncias inferiores da Justiça do Trabalho reconheçam a mudança introduzida no ordenamento jurídico brasileiro e aceitem a validade do peticionamento eletrônico, mesmo após o término do horário de expediente das secretarias das varas e dos tribunais, mas desde que respeitado o limite de 24 horas do último dia do prazo.

Claudio Mascarenhas Brandão pondera que o sistema de processo eletrônico deve provocar uma sensível mudança na dimensão temporal do processo, na medida em que a ampla disponibilidade é um dos seus princípios estruturantes. Isto se conclui pela circunstância de ser concebido em ambiente *web*, de forma que os sistemas devem estar acessíveis ininterruptamente por meio da rede mundial de computadores, bem como pelo estabelecimento do conceito de horário útil para as 24 horas do dia.[9]

O artigo 25 da Instrução Normativa nº 30/07 aborda a questão dos documentos, para assegurar que aqueles produzidos eletronicamente e juntados aos processos eletrônicos, com garantia da origem e de seu signatário, serão considerados originais para todos os efeitos legais.

Os extratos digitais e os documentos digitalizados e juntados aos autos pelos órgãos da Justiça do Trabalho e seus auxiliares, pelo Ministério Público e seus auxiliares, pelas procuradorias, pelas autoridades policiais, pelas repartições públicas em geral e pelos advogados públicos e privados têm a mesma força probante dos originais, ressalvada a alegação motivada e fundamentada de adulteração antes ou durante o processo de digitalização.

---

8   Disponível em www.tst.jus.br. Acesso em 22/10/2010.
9   BRANDÃO, Claudio Mascarenhas. *Processo Eletrônico na Justiça do Trabalho*, p. 668.

Os originais dos documentos digitalizados deverão ser preservados pelo seu detentor até o trânsito em julgado da sentença ou, quando admitida, até o final do prazo para interposição de ação rescisória.

A arguição de falsidade do documento original deverá ser processada eletronicamente na forma da lei processual em vigor.

Quanto aos documentos cuja digitalização seja tecnicamente inviável (devido ao grande volume ou por motivo de ilegibilidade), a instrução normativa prevê que deverão ser apresentados ao cartório ou secretaria no prazo de 10 (dez) dias contados do envio de petição eletrônica comunicando o fato. Após o trânsito em julgado, serão então devolvidos à parte.

Regra importante está prevista no § 5° do artigo 26 da instrução normativa, quando estabelece que os documentos digitalizados juntados em processo eletrônico somente estarão disponíveis para acesso por meio da rede externa para suas respectivas partes processuais e para o Ministério Público, respeitado o disposto em lei para as situações de sigilo e de segredo de justiça.

A conservação dos autos do processo poderá ser efetuada total ou parcialmente por meio eletrônico (artigo 26). Se os autos forem eletrônicos, serão protegidos por meio de sistemas de segurança de acesso e armazenados de forma a preservar a integridade dos dados, sendo dispensada a formação de autos suplementares.

Wolney de Macedo Cordeiro observa que a adoção de uma tramitação integral por meios eletrônicos torna os autos intangíveis do ponto de vista físico, pois se resumem a dados lógicos codificados por meio de *softwares* específicos. Não significa apenas uma facilitação do manuseio, mas sim uma modificação ontológica nos fundamentos procedimentais até então vigentes, com reflexos na prática de diversos atos processuais.[10]

Os autos de processos eletrônicos que tiverem de ser remetidos a outro juízo ou a instância superior que não disponham de sistema compatível deverão ser impressos em papel e autuados na forma dos artigos 166 a 168 do CPC. Nesse caso, o escrivão ou o chefe de secretaria certificará os nomes dos autores e a origem dos documentos produzidos nos autos, acrescentando (ressalvada a hipótese de existir segredo de justiça) a forma pela qual o banco de dados poderá ser acessado para aferir a autenticidade das peças e das respectivas assinaturas digitais. Feita a autuação dessa forma, o feito seguirá a tramitação legalmente estabelecida para os processos físicos.

---

10 CORDEIRO, Wolney de Macedo. *Novas tecnologias e o processo do trabalho*, p. 161-173.

A digitalização de autos originalmente produzidos em mídia não digital, em tramitação ou já arquivados, será sempre precedida de publicação de editais de intimações ou da intimação pessoal das partes e de seus procuradores, para que, no prazo preclusivo de 30 (trinta) dias, se manifestem sobre o desejo de manterem pessoalmente a guarda de algum dos documentos originais.

O juiz do trabalho poderá determinar que sejam realizados por meio eletrônico a exibição e o envio de dados e de documentos necessários à instrução do processo, conforme dispõe o artigo 27 da instrução normativa, que considera cadastros públicos, para tais efeitos, os que contenham informações indispensáveis ao exercício da função judicante.

Trata-se de norma que pode ser bastante efetiva para a obtenção de provas durante a instrução processual, uma vez que é amplo o alcance do sentido do que são esses cadastros públicos, abrangendo, dentre outros existentes ou que venham a ser criados, tanto aqueles mantidos por concessionárias de serviço público quanto os de empresas privadas. O acesso a essas informações dar-se-á por qualquer meio tecnológico disponível, preferentemente o de menor custo, considerada sua eficiência.

Enfim, essa breve análise da regulamentação do processo eletrônico no âmbito da Justiça do trabalho nos permite afirmar que vivemos um momento de transição da antiga "cultura do papel" para a moderna "cultura digital".

As formas tradicionais utilizadas pelo Poder Judiciário para a solução dos conflitos jurídicos devem conviver, durante certo tempo, com as novidades que surgem em decorrência do notável progresso da tecnologia; mas não cabe reproduzir no processo eletrônico muitas das práticas que eram utilizadas no processo de papel (e realizadas pelo servidor do Poder Judiciário), se agora podem ser cumpridas de forma eficiente pelos sistemas inforamtizados.

O TST buscou regulamentar, mas todos os 24 Tribunais Regionais do Trabalho do Brasil também trataram de criar suas regras específicas para o processo eletrônico, diante de previsões nesse sentido contidas nos artigos 8 e 18 da Lei nº 11.419/06.

É importante estabelecer procedimentos comuns de linguagem de programação e da estrutura da base de dados, de modo que o que cada Tribunal Regional fizer precisa se tornar cada vez mais compatível com o que outro já fez, levando em conta ainda a atuação do Tribunal Superior do Trabalho, pois são todos componentes da mesma estrutura judiciária.

Certamente há vantagens em padronizações e uniformizações, mas é preciso advertir para o risco que isso pode representar, que é a tentativa de se impor um padrão de cima para baixo, desprezando-se opiniões contrárias e experiências já desenvolvidas.

O Conselho Superior da Justiça do Trabalho (CJST) tem a intenção de concentrar todas as iniciativas que vêm sendo desenvolvidas nos diversos estados em um único projeto, o do Processo Judicial Eletrônico (PJe), adotado no âmbito da Justiça Federal pelo Conselho Nacional de Justiça.

Parece viável que a Justiça do Trabalho tenha um sistema único, desenvolvido a partir das experiências regionais, buscando uma padronização ou uniformização que seja o resultado natural da junção das boas práticas e da eliminação dos problemas já encontrados em vários sistemas. Esse é o grande desafio que se apresenta atualmente para o processo eletrônico trabalhista.

O PROJETO DE ALTERAÇÃO DO CPC E SUA REPERCUSSÃO NA JUSTIÇA DO TRABALHO

Rafael E. Pugliese Ribeiro

O projeto de reforma do CPC – Código de Processo Civil (Projeto de Lei nº 8046/2010) surge com um prognóstico arrasador, de reduzir em até 70% o tempo de duração do processo judicial, conforme foi divulgado.

A fórmula básica para esse feito notável considera a simplificação dos procedimentos judiciais e cartorários, a redução do número de recursos e a adoção de mecanismos novos que permitirão, em tese, soluções processuais em massa, predefinidas. Para isso se considera o "incidente para solução de demandas repetitivas", a "súmula vinculante", a (menor) recorribilidade das decisões interlocutórias, a produção de contraditório ao final em alguns casos, a fixação da devolutividade recursal como regra geral, dentre outros valiosos instrumentos.

Fala-se pela imprensa sobre a existência de uma "litigiosidade desenfreada" e de uma "morosidade excessiva e anacrônica" que estariam a comprometer o funcionamento do Poder Judiciário, e que já não bastaria ministrar novas doses do remédio já conhecido, com a nomeação de mais Magistrados, a criação de mais Varas e a instalação de mais fóruns.

O engano que aí vai é o de se avaliar negativamente o fenômeno de aumento do número de ações, e a confusão que isso pode se estabelecer com uma ideia menos compreensiva de litigiosidade. Aumento da litigiosidade está posto para definir uma expressão do comportamento social, caracterizado por um ânimo mais belicoso ou mais oportunista do cidadão, ou está posto para expressar simplesmente a elevação numérica do número de causas? É fenômeno de comportamento humano ou é resposta de uma maior prática das faculdades de cidadão? É uma maior disposição para litigar ou é um maior número de litígios?

Eu não tenho a menor dúvida de que o aumento do número de ações judiciais é um indicativo altamente positivo para a sociedade democrática, a revelar maior confiança do jurisdicionado na Justiça e uma segurança para proceder com liberdade. Temos a constatação prática de que, quando se instala uma Vara em Município que estava sob a jurisdição de outro, o número de ações da população local aumenta significativamente em relação ao número de ações que esse mesmo coletivo ajuizava na anterior competência. Sempre que se leva a Justiça mais próxima ao cidadão há acréscimo no número de ações. E isso, evidentemente, é altamente positivo e não está a merecer o rótulo depreciativo de litigiosidade desenfreada, ou o surgimento de uma cultura litigante. Colocar a Justiça próxima ao jurisdicionado pode ser menos sentida nos grandes centros, do que nas regiões mais distantes. Tome-se como exemplo o município de Altamira, estado do Pará, que é o maior município do mundo, com área de 161.445,9 quilômetros quadrados, equivalente ao tamanho do estado do Acre, ou metade da Itália. Levar a Justiça próxima do jurisdicionado, seja com a criação de novas Varas, seja com a Justiça Itinerante, faz crescer o número de ações. Isso é para ser comemorado, não para ser lamentado.

Portanto, o Estado tem de se ocupar em melhorar sua resposta aos pedidos de jurisdição, e não atuar para aniquilar a "litigiosidade", buscando o saneamento da Justiça com a inibição do acesso à jurisdição, como que para aplacar uma das faculdades de cidadão. O Estado tem de incrementar inovações na essência da teoria geral do processo e no funcionamento do sistema processual para melhor cumprir a sua função, e a sua função não é acabar com processos ou inibir as ações judiciais, mas a de solucionar os conflitos. Extinguir processos é coisa muito mais fácil do que solucionar conflitos. Uma filigrana técnica, um conceito, um preciosismo, uma teoriazinha qualquer é capaz de imprimir o não conhecimento de um recurso ou de remeter um processo para o arquivo morto, mas não necessariamente terão solucionado o conflito que permanecerá na sociedade, na relação entre as partes. Ter acesso à justiça não significa simples protocolo de uma petição para caracterizar sinonímia ao mero ingresso em juízo. Acesso à justiça e ingresso em juízo não é a mesma coisa. Poder acessar a justiça quer dizer a possibilidade de o jurisdicionado obter, finalisticamente, a sua reintegração à esfera jurídica dos seus direitos ditos violados, seja o autor ou o réu, pouco importa, porque o resultado final esperado é materializar a atuação da tutela jurisdicional no vínculo entre as partes.

Não por outro motivo, considero mais danoso do que benéficas as medidas que são postas para inibir ou reprimir o acesso à Justiça, tal como a exigência do depósito prévio de 20% do valor da causa para o ajuizamento da ação rescisória trabalhista (CLT, art. 836). Essa medida produziu evidente tratamento privilegiado para a parte beneficiária da gratuidade, isentando-a do depósito, e produziu, prontamente, uma imensa diminuição no número de ações ajuizadas. Evidentemente, não diminuíram os interesses pelo ajuizamento das ações, porque não houve medida ministrada na origem do problema para relevar o litígio. O que houve foi a instituição de uma barreira ao livre trânsito de uma faculdade. Diminuição das ações não por diminuição dos litígios, mas por uma força repressora posta como elemento de dissuasão ao interesse do jurisdicionado.

Curiosamente, segue a realidade assistindo um Tribunal levar quatro anos para julgar um recurso e, ao julgá-lo, declara-o protelatório, sem que se olhe, da posição de quem fala, quão protelada foi a fala. A abundância do número de ações, crescente a cada ano, não é o que abarrota o Judiciário, mas sim a prodigalidade recursal, as praxes anacrônicas de cartórios e secretarias judiciárias, visão introrsa da realidade, falta de atualização em administração judiciária, para citar alguns. Sem meios de dar maior curso aos procedimentos, a produtividade, como capacidade de produzir soluções, é menor, e consequentemente menor se verá a produção jurisdicional. Isso não deslembra a diversidade das dinâmicas em organização em métodos. Há Juiz que promove o saneamento da Vara pela facilitação dos expedientes e busca dos resultados finalísticos do processo, enquanto outro saneia pedindo ao Tribunal a instalação de mais prateleiras. A realidade é incrivelmente multifária.

Já por mais de algumas boas décadas, o processo civil tem se favorecido muito mais com as experiências do processo do trabalho, do que este com as daquele. Historicamente, é o processo do trabalho que exporta tecnologia jurídica ao processo civil. O processo do trabalho, instituído pela Consolidação das Leis do Trabalho – CLT, é de 1943, e desde aquela época conserva a mesma estrutura matriz das suas singularidades que privilegiam a oralidade, a concentração, a simplicidade, a celeridade, a instrumentalidade das formas, a economia processual, a gratuidade, o impulso oficial, a imediação, o dinamismo que tanto importam para maior eficiência do instrumento processual.

Esse instrumento, sob a ordem dessa teoria geral do processo do trabalho, por assim dizer, conviveu com a Constituição Federal de 1937, com o Código Civil de 1917, com o CPC de 1939, com a nova Constituição Federal de 1946, com a Constituição Federal de 1967 e 1969, com a nova Constituição Federal de 1988, com o novo CPC de 1974, com o novo Código Civil de 2002, com o Decreto-Lei 960/38 (executivos fiscais), com a nova lei dos executivos fiscais (Lei 6830/80) e com tantas mini reformas do CPC e, no entanto, sempre estiveram estáveis os seus princípios peculiares. Ao se analisar o projeto do novo CPC pode-se antever que o tempo convencerá por novas importações.

O CPC hoje incorpora muito das inovações testadas e aprovadas pelo processo do trabalho, vencendo tabus e ultrapassando barreiras que não se podiam imaginar desde o CPC de 1939. Hoje a citação por correio, a ênfase para uma solução conciliatória, o oficial de justiça avaliador, e até o sincretismo processual que consolidou o processo de execução como simples fase do processo de conhecimento, dispensando uma "nova ação" de execução, dentro da mesma ação, são realidades presentes na prática civil. Nada disso, nem o impulso oficial e a relativização da identidade física do juiz, são novidades nos últimos sessenta anos do processo do trabalho. As experiências dos Juizados Especiais, dando ênfase a tantos postulados do processo do trabalho, estão plenamente coroadas de êxito, privilegiando até mesmo o *jus postulandi* que coloca o jurisdicionado ainda mais próximo da Justiça. O *jus postulandi* é outro exemplo seguro para se afirmar o aumento do número de processos, porque remove o temor da sucumbência e anima o cidadão a defender na justiça os seus direitos.

É inegável que o processo do trabalho também se influenciou positivamente por muitas das reformas introduzidas ao processo do trabalho, de que são bons exemplos a ação monitória e as tutelas de urgência, sobretudo a tutela antecipada e a tutela específica. O mesmo se diga quanto ao funcionamento da ação de consignação em pagamento e aos poderes ampliados ao relator nos Tribunais, com a possibilidade de denegação ou provimento monocrático aos recursos. A tutela antecipada foi uma revolução imensa para o processo civil, como também para o processo do trabalho, pelo fato de dar cabo de um princípio solene, grave, regiamente seguido até então, e resumido na máxima *nula executio sine título*.

De fato, não seria possível conciliarmos a existência da tutela antecipada com o princípio geral, ínsito à teoria geral do processo daquela era, que ditava não existir execução sem título anterior. A instituição da tutela antecipada fez ruir, da noite para o dia, décadas de uma construção teórica, tão antiga quanto obsoleta e já inútil. Ao se permitir uma atividade executiva antecipada, sem título formado, o processo civil deu um passo histórico em busca da efetividade do processo, em busca da eficiência jurisdicional, em busca, enfim, do processo capaz de produzir resultados, não simplesmente do processo capaz de produzir legalidades. Há processos vários em que os encadeamentos de todos os seus atos se revelam perfeitamente lógicos, corretamente produzidos, atos seguidamente certificados, formalidades regiamente observadas, competências notadas, mas que não avançam, não mudam o estágio, não viram de estação, não produzem resultado algum, e são perfeitamente produtores de legalidades! Estamos bem fartos dessa ideologia, essa sim anacrônica e infeliz.

Felizmente, a tutela antecipada, implantada no processo civil, encontrou fácil curso na teoria geral do processo do trabalho e na realidade forense trabalhista, graças ao mágico art. 769 da CLT, com mais de 60 anos de vigência e ainda moderno, que garante: "nos casos omissos, o direito processual comum será fonte subsidiária do direito processual do trabalho, exceto naquilo em que for incompatível com as normas deste

Título". Graças, também, é bom lembrar, de uma inspiração e referência embrionária, incipiente, remota, é verdade, mas também valiosa à conformação da teoria geral aplicável ao processo do trabalho, do disposto no art. 39, § 2º, da CLT, que permite, muito antes da tutela antecipada, o comando judicial para anotação na CTPS do empregado, antes da sentença, e em processo trabalhista *"de qualquer natureza"*.

Essa fórmula do processo do trabalho, de valer-se de fontes formais subsidiárias, desde que se compatibilizem com os preceitos ou princípios matrizes da sua própria essência, tem permitido um maior número de ferramentas aos operadores do direito na busca de maior eficiência processual. Não sem razão é que o processo do trabalho, dentre todos os demais, é o que tem apresentado, segundo os dados concretos divulgados pelo Conselho Nacional de Justiça, os melhores resultados na entrega da prestação jurisdicional. E, até mesmo por força dessa formação que nos cobra uma maior eficiência, já nos acostumamos a falar em *entrega* da prestação jurisdicional, e não apenas em *apresentação* da prestação jurisdicional.

E o que esperar de novidade para o processo civil, que não representará nenhuma novidade para o processo do trabalho? Com certeza o novo CPC irá importar mais tecnologia testada e aprovada pelo processo do trabalho, servindo como bons exemplos: criação da praça única (com o fim da praça e leilão); diminuição do número de recursos, até com a (relativa) irrecorribilidade das decisões interlocutórias, como consequência natural de se eliminarem os incidentes (como a declaratória incidental ou o incidente de exibição de documentos) e as exceções (que passam a ser preliminares de defesa); instituição da tentativa obrigatória de conciliação, antes mesmo da contestação, e conversão do procedimento em contencioso depois de exaurida a fase conciliatória; diminuição das fórmulas de intervenção de terceiro; comparecimento espontâneo das testemunhas à audiência, intimando-se somente as recalcitrantes; unificação dos prazos processuais recursais (15 dias no processo civil, à exceção dos embargos de declaração); mitigação do rigor de inovação da petição inicial, permitindo-se, inclusive, a alteração da causa de pedir e do pedido até antes da proferição da sentença; eliminação da impossibilidade jurídica do pedido como uma das condições da ação; a desconsideração da personalidade jurídica das empresas; impugnação do valor da causa na contestação e solução na sentença; dentre outros.

É verdade que o projeto não cedeu integralmente às tentações da completa irrecorribilidade das decisões interlocutórias, como no caso da decisão que resolve o pedido de desconsideração da personalidade jurídica da empresa litigante. O projeto afirma que a decisão é impugnável por agravo de instrumento, algo inteiramente inútil e comprovado na prática do direito processual do trabalho que resolve o assunto quando do recurso da decisão definitiva, normalmente em execução. Para as situações de abusos ou ilegalidades flagrantes o mandado de segurança tem cumprido o seu papel, sem significar a outorga de um sentido recursal.

O projeto perde a oportunidade de dar nova feição aos mecanismos preclusivos do processo. Pelo projeto, o advogado que não devolver os autos retirados em carga incorrerá em multa correspondente à metade do salário mínimo. Mas não há multa alguma para o caso de o advogado perder, por exemplo, um prazo recursal, e com isso gerar imediatamente uma consequência preclusiva que atingirá a parte, não o advogado.

Mais interessante seria a fixação de um sistema de multas, ainda que elevadas, para evitar que um evento preclusivo, gerado muitas vezes por erro escusável, colocasse fim ao exercício de uma faculdade recursal, definindo, e até comprometendo, o resultado e a função do processo, conspirando contra o princípio da efetivação da jurisdição. O direito processual deve ser idealizado como um meio conducente à efetivação do direito material, não como uma fórmula mágica de aniquilar o direito material, que muitas vezes tem raiz constitucional. Pelo sistema atual, um direito constitucional e fundamental pode facilmente se perder em razão de alguma filigrana jurídica, um erro escusável de preenchimento de uma guia de custas, ou de qualquer evento acidental ou imponderável à previsão do senso médio. O excesso de uma cultura formalista e cartorária produz um efeito arrasador à idealizada função social do processo, e transforma o Juiz, com imensa facilidade, num burocrata. Até a coisa julgada material pode deixar de ser inteiramente cumprida se houver um pequeno descuido com as regras preclusivas do processo na fase de execução. Grassam (negativos) exemplos.

O projeto também não cedeu à evidência de que a interrupção da prescrição não pode depender da maior ou menor eficiência da atividade cartorária, para se assegurar que somente ocorrerá depois que o réu "for validamente citado". O projeto também não se sensibilizou com a maior importância do resultado final do processo e sua segurança, ao permitir que o juiz faça a "rejeição liminar" da demanda, inclusive por reconhecer a prescrição ou decadência. Ou seja: antes da defesa, o juiz pode declarar a prescrição e rejeitar a demanda, mesmo sem ter nenhuma informação sobre uma possível causa suspensiva da prescrição, ou mesmo contra a própria vontade do réu em renunciar à prescrição, ou mesmo antes de promover uma tentativa conciliatória. Esse é um flagrante do desvio da função primordial do processo, afastando-se da oportunidade em retirar da sociedade o conflito. Antes de tentar conciliar, já se permite rejeitar a demanda e rejeitar o processo.

Onde, afinal, radica a morosidade dos procedimentos judiciais? A morosidade está na estrutura da Justiça, no processo, na complexidade das causas, na formalidade, no aumento do número de processos, no número dos recursos, na formação dos Juízes, na cultura jurídica, no descumprimento dos prazos pelos juízes? A morosidade está no instrumento processual ou está no operador, está na coisa ou está no homem, está em nós ou está no outro? A avaliação que faço é de que o processo do trabalho tem exportado mais do que importa do processo civil sobre a teoria geral do processo, e tem obtido significativos avanços pela adoção de mecanismos originariamente idealizados para o processo civil, e é melhor que continuemos assim.

Simplicidade, informalidade, instrumentalidade das formas, dinamismo, descomplicação, busca de resultados, saber produzir mais (resultados) com menos (atos), são questões incrivelmente óbvias e ao mesmo tempo complexas, sofisticadas e modernas. Há frequente mudança da sociedade. Há vinte anos, um recurso que transcrevesse uma dezena de ementas era uma peça robusta e revelava pesquisa meticulosa. Hoje, um recurso que citar uma dezena de ementas é apenas um recurso prolixo, produto do copiar-e-colar, com grande possibilidade de que nem todas elas, senão todas, deixem de ser lidas por muita gente. Fazer fácil, não é fácil. Fazer fácil requer mudança no homem, reciclagem da cultura, reformulação da capacidade de definir o uso que se fará do instrumento, dessa ferramenta que é o processo, para o fim que o idealizamos. Alguém vai à loja e compra uma faca. Ele pode usar a faca para passar manteiga no pão ou para matar alguém. Depende essencialmente dele.

CONTRATO DE HONORÁRIOS ADVOCATÍCIOS

Cláudio Peron Ferraz

Sobre o homenageado

Primeiramente cabe o agradecimento de receber a incumbência de escrever um artigo neste livro, que homenageia uma das maiores autoridades e um grande amigo que conheci no mundo do trabalho, especificamente do processo do trabalho: José Granadeiro Guimarães. Quem teve o privilégio de conhecê-lo pode desfrutar da sua alegria e palavras de conforto, como aconteceu comigo. Após o voto dos desembargadores num julgamento no TRTSP, saí furioso pelo não provimento de um recurso. Eu nunca fui lá por acaso, somente recorri dos processos em que realmente havia argumento e possibilidade de provimento. Ao descer da tribuna, me defrontei com o Dr. Granadeiro, que me disse a seguinte frase: *"Não foi você que errou, foram eles"*. Um pequeno sorriso e um grande conforto. Assim era com quem convivia com o Dr. Granadeiro.

Um abraço fraterno aos meus queridos amigos Mauricio e Gustavo; um eterno ao José.

Honorários advocatícios

Honorários advocatícios é o nome que se dá à remuneração dos serviços prestados pelo advogado. Enquanto o empregado recebe salário, o advogado recebe honorário. O nome é ligado à honra, pela qualificação honrosa que o advogado foi escolhido e prestou seus serviços profissionais.

Elaboração do Contrato de Honorários

Nas palestras que ministrei pelo Departamento de Cultura e Eventos da OABSP, sempre sobre um tema ligado à advocacia trabalhista, nunca deixei de aconselhar os advogados a não deixarem de confeccionar um Contrato de Honorários Advocatícios.

No momento da contratação, o advogado é para o cliente a última esperança. Assina sem reclamar a procuração, a eventual declaração de pobreza (que costumo denominar declaração de insuficiência econômica) e o tal contrato. Tenho exemplo de um colega de faculdade que deixou a advocacia, que era a sua paixão, por não receber honorários. Não fazia contrato, quando chegava a hora de receber: muito obrigado doutor, graças ao senhor consegui concretizar o MEU direito.

No contrato deve constar que o cliente deverá entrar em contato com o advogado para saber o andamento do processo e atualizar seu cadastro, como telefones, endereço e email.

Tive um caso em que um colega de clube foi meu cliente num processo trabalhista. Quando foi depositado seu crédito, procurei o cliente e não encontrei. Localizei a mãe e até a ex-namorada, mas ele nada. Após dois anos apareceu no meu escritório com o irmão mais velho, economista, cheio de contas e cálculos. O meu era maior que o dele, recebi as desculpas e tudo ficou bem. Deste dia em diante nunca mais deixei de fazer um contrato de honorários advocatícios. O advogado precisa se resguardar.

Fixação dos honorários advocatícios

O art. 20, § 3º do CPC dispõe que os honorários sejam fixados, observados *"a)* o grau de zelo do profissional; *b)* o lugar da prestação do serviço; *c)* a natureza e importância da causa, o trabalho realizado pelo advogado e o tempo exigido para o serviço." O Código de Ética e Disciplina da OAB, por sua vez, acrescenta, por seu art. 36, outros fatores, como complexidade da questão versada; o valor da causa; a condição econômica do cliente; se o cliente é avulso, habitual ou permanente; o renome do profissional e a praxe do foro. Decorridas várias décadas do Código de Processo Civil e uma dúzia de anos do Código de Ética e Disciplina da OAB, a realidade profissional sofreu radical transformação em razão, agora, a disponibilidade notável dos meios de consulta, obtenção de informações normativas, acesso à legislação e à jurisprudência; a facilidade na composição, correção e impressão dos textos e os inumeráveis benefícios da informática – todos, tais fatores alteraram substancialmente os critérios de avaliação dos serviços advocatícios.

Tabela de honorários pelo estatuto da OAB
(lei nº 8.906, de 04 de julho de 1994)

Advocacia Trabalhista

78. Reclamações trabalhistas

a) patrocínio do reclamante: 20% a 30% sobre o valor econômico da questão ou eventual acordo, sem a dedução dos encargos fiscais e previdenciários, mínimo: R$ 567,83.

b) patrocínio do reclamado: 20% a 30% sobre o valor econômico da questão, mínimo R$ 2.067,34.

79. Pedido de homologação judicial de demissão de empregado

Mínimo R$ 1.419,58.

80. Inquérito para demissão de empregado

Mínimo R$ 1.419,58.

81. Formulação de acordos, convenções coletivas de trabalho e dissídios

Mínimo R$ 2.839,15, como advogado de qualquer das partes.

Arbitramento judicial

O art. 22, § 2º do Estatuto da OAB dispõe: "§ 2º Na falta de estipulação ou de acordo, os honorários são fixados por arbitramento judicial, em remuneração compatível com o trabalho e o valor econômico da questão, não podendo ser inferiores, aos estabelecidos na tabela organizada pelo Conselho Seccional da OAB." O art. 596 do CC (art. 1.218 do CC/1916) dispõe que "não se tendo estipulado, nem chegado a acordo as partes, fixar-se-á por arbitramento a retribuição, segundo o costume do lugar, o tempo de serviço e sua qualidade." Recorre-se, amiúde, à perícia para o cálculo dos honorários. Muito influi na análise, avaliação e conclusão, o valor da causa, ou fatores econômicos e financeiros. Nos casos de jurisdição voluntária, como no arrolamento e inventário, sem ônus sucumbenciais, é plausível que os sejam fixados pelo juiz, como *peritus peritorum*. É inegável que a avaliação dos honorários pelo magistrado recebe dele forte influência da sua formação profissional, segundo provenha do Ministério Público, da advocacia pública ou privada ou sem formação advocatícia.

O STJ publicou o acórdão de julgado que define que o contrato escrito firmado entre advogado e cliente é título executivo, mesmo sem assinatura de duas testemunhas. O entendimento, unânime, da 4ª Turma do STJ reitera a prevalência dos estatutos da OAB (Lei nº 4.215/63 e Lei nº 8.906/94) sobre o Código Civil, que prevê a exigência das testemunhas.

"Ambas as leis especiais emprestam caráter de executividade ao contrato de honorários, não exigindo, como requisito à sua validade, a formalização pela concomitante assinatura de duas testemunhas", explica o relator, ministro Aldir Passarinho Junior.

Lei nº 8.906/1994, dispõe, em seu art. 24, que "a decisão judicial que fixar ou arbitrar honorários e o contrato escrito que os estipular são títulos executivos e constituem crédito privilegiado na falência, concordata, concurso de credores, insolvência civil e liquidação extrajudicial".

Contrato de honorários advocatícios. Execução. Relação de trabalho. Competência. Emenda constitucional nº 45.

Cabe a Justiça Laboral apreciar e julgar o feito, por força da nova redação do art. 114 da CF, alterada por força da Emenda nº 45 de 31 de dezembro de 2004. O art. 114 passou a vigorar com a seguinte redação: 'Compete à Justiça do Trabalho processar e julgar: I – as ações oriundas da relação de trabalho (...) IX – outras controvérsias decorrentes da relação de trabalho, na forma da lei'. Com base neste dispositivo, surgiram diferentes correntes acerca da competência da Justiça Laboral para julgar execução de honorários advocatícios, diante das diversas relações de trabalho existentes, sendo que filiamo-nos àquela que entende tratar-se de uma relação de prestação por serviço executado, e portanto de trabalho, sendo esta especializada competente. (TRT19, Tribunal Pleno, AP 00191-2005-007-19-00-3/2005, rel. José Abílio, DOE/AL: 10/01/2006)

Modelo de contrato de honorários advocatícios

CONTRATO DE PRESTAÇÃO DE SERVIÇOS E HONORÁIROS ADVOCATÍCIOS
IDENTIFICAÇÃO DAS PARTES CONTRATANTES

CONTRATANTE: (Nome do Contratante), (Nacionalidade), (Estado Civil), (Profissão), Carteira de Identidade nº (xxx), e CPF nº (xxx), residente e domiciliado na Rua (xxx), nº (xxx), bairro (xxx), Cidade (xxx), Cep. (xxx), no Estado (xxx);

CONTRATADO: (Nome do Contratado), (Nacionalidade), (Estado Civil), Advogado, Carteira de Identidade nº (xxx), CPF nº (xxx), inscrito na OAB sob o nº (xxx), com escritório profissional situado na Rua (xxx), nº (xxx), bairro (xxx), Cidade (xxx), Cep. (xxx), no Estado (xxx).

As partes acima identificadas têm, entre si, justo e acertado o presente Contrato de Honorários Advocatícios, que se regerá pelas cláusulas seguintes e pelas condições descritas no presente contrato.

DO OBJETO DO CONTRATO
Cláusula 1ª. O presente instrumento tem como OBJETO a prestação de serviços advocatícios, na AÇÃO_____ a ser promovida contra _____ (ou na AÇÃO em tramite na... Vara).

DAS ATIVIDADES
Cláusula 2ª. As atividades inclusas na prestação de serviço objeto deste instrumento, são todas aquelas inerentes à profissão, quais sejam:
a) Praticar quaisquer atos e medidas necessárias e inerentes à causa, em todas as repartições públicas da União, dos Estados ou dos Municípios, bem como órgãos a estes

ligados direta ou indiretamente, seja por delegação, concessão ou outros meios, bem como de estabelecimentos particulares.

b) Praticar todos os atos inerentes ao exercício da advocacia e aqueles constantes no Estatuto da Ordem dos Advogados do Brasil, bem como os especificados no Instrumento Procuratório.

DOS ATOS PROCESSUAIS

Cláusula 3ª. Havendo necessidade de contratação de outros profissionais, no decurso do processo, o CONTRATADO elaborará substabelecimento, indicando escritório de seu conhecimento, restando facultado ao CONTRATANTE aceitá-lo ou não. Aceitando, ficará sob a responsabilidade, única e exclusivamente do CONTRATANTE no que concerne aos honorários e atividades a serem exercidas.

DAS DESPESAS

Cláusula 4ª. Todas as despesas efetuadas pelo CONTRATADO, ligadas direta ou indiretamente com o processo, incluindo-se fotocópias, emolumentos, viagens, custas, entre outros, ficarão a cargo do CONTRATANTE, que desde já disponibiliza, a título de adiantamento, ao caixa do CONTRATADO o numerário de R$ (xxx) (Valor Expresso).

Cláusula 5ª. Todas as despesas serão acompanhadas de recibo, devidamente preparado e assinado pelo CONTRATADO.

DA COBRANÇA

Cláusula 6ª. As partes acordam que facultará ao CONTRATADO, o direito de realizar a cobrança dos honorários por todos os meios admitidos em direito.

DOS HONORÁRIOS

Cláusula 7ª. Fica acordado entre as partes que os honorários a título de prestação de serviços, independente de êxito na causa, o valor de R$......, serão pagos da seguinte forma:

Cláusula 8ª. Deixando motivadamente, de ter o patrocínio deste causídico, ora contratado, o valor prestado inicialmente na propositura da Ação reverter-se-á em favor do mesmo, sem prejuízo de posteriores cobranças judiciais, em face do CONTRATANTE.

Cláusula 9ª. Os honorários de sucumbência pertencem ao CONTRATADO.

Parágrafo único. Caso haja morte ou incapacidade civil do CONTRATADO, seus sucessores ou representante legal receberão os honorários na proporção do trabalho realizado.

DO CADASTRO
Cláusula 10ª. Caberá ao contratante entrar em contato com o contratado para saber o andamento do seu processo e atualizar seu cadastro, cada vez que houver mudança de endereço, telefone e email.

ACORDO
Cláusula 11ª. Havendo acordo entre o CONTRATANTE e a parte contrária, não prejudicará o recebimento dos honorários contratados e da sucumbência, caso em que os horários iniciais e finais serão pagos ao CONTRATADO.
Cláusula 12ª. As partes estabelecem que havendo atraso no pagamento dos honorários, serão cobrados juros de mora na proporção de 1% (um por cento) ao mês.

DA RESCISÃO
Cláusula 13ª. Agindo o CONTRATANTE de forma dolosa ou culposa em face do CONTRATADO, restará facultado a este, rescindir o contrato, substabelecendo sem reserva de iguais e se exonerando de todas obrigações.

DO FORO
Cláusula 14ª. Para dirimir quaisquer controvérsias oriundas do CONTRATO, as partes elegem o foro da comarca de (xxx);
Por estarem assim justos e contratados, firmam o presente instrumento, em duas vias de igual teor, juntamente com 2 (duas) testemunhas.
(Local, data e ano)
(Nome e assinatura do Contratante)
(Nome e assinatura do Contratado)
(Nome, RG e assinatura da Testemunha 1)
(Nome, RG e assinatura da Testemunha 2)

Jurisprudência

A seguir transcrevo julgados sobre ações de cobrança de honorários advocatícios, onde destacamos também a importância da confecção do contrato de honorários advocatícios. Abordam questões como o levantamento de parte incontroversa, impossibilidade de compensação da sucumbência, que é devido independentemente do resultado da demanda e outras situações interessantes.

HONORÁRIOS – *EXIBIÇÃO DE CONTRATO – POSSIBILIDADE DE LEVANTAMENTO DA PARTE INCONTROVERSA*

"Honorários profissionais – Advogado – Contrato de honorários – Divergência quanto ao montante – Levantamento da parte incontroversa – Possibilidade. Finda a ação, apresentando o advogado contrato de honorários e havendo divergência quanto ao montante devido, deve ser deferido o levantamento apenas a das parte incontroversa". (2º TACIVIL – AI 585.600-00/4 – 2ª Câm., Rel. Juiz Vianna Cotrim – j. 16/08/1999) AASP, 2140/7

HONORÁRIOS – *COMPENSAÇÃO DE HONORÁRIOS DE SUCUMBÊNCIA – IMPOSSIBILIDADE, POIS PERTENCENTES AO ADVOGADO*

"Execução – Honorários de advogado impostos por sucumbência – Compensação de créditos – Inadmissibilidade – Processo de execução promovido pela parte – Irrelevância. É inadmissível a compensação dos honorários de advogado fixados em sentença e incluídos na condenação, por sucumbência, pois, de acordo com o artigo 23 da Lei nº 8.906, de 04/07/1994, estes pertencem ao advogado, sendo irrelevante que a execução esteja sendo promovida apenas em nome da parte."(2º TACIVIL – EI 506.382 – 9ª Câm., Rel. Juiz Kioitsi Chicuta – j. 24/06/1998) AASP, Ementário, 2097/5

HONORÁRIOS – *IMPOSSIBILIDADE DE SUBMETER OS HONORÁRIOS A CONDIÇÃO POTESTATIVA*

"Honorários profissionais – Inadmissibilidade – Vedação do artigo 115, 2ª parte, do Código Civil. Submeter o recebimento dos honorários avençados à venda de determinados imóveis implica estabelecer – se condição puramente potestativa, vedada pelo artigo 115, 2ª parte, do Código Civil, na medida em que a eficácia do negócio fica ao inteiro arbítrio de uma das partes." (2º TACIVIL – Ap. s/Rev. 553.466-00/8 – 4ª Câm. – Rel. Juiz Mariano Siqueira – j. 24/08/1999) AASP 2138/5

HONORÁRIOS – *DEVER DE HONRÁ-LOS, INDEPENDENTEMENTE DE RESULTADO DA DEMANDA*

"Honorários de advogado – Cobrança – Contrato. O contrato celebrado pelo advogado tem caráter primordial de obrigação de meio, motivo pelo qual se considera cumprido independentemente de êxito ou malogro do resultado visado. Reconhecida a dedicação, interesse e presteza do causídico no desempenho dos serviços advocatícios, retratado em trabalho de elevado nível de profundidade ímpar, ainda que proferida sentença de extinção do processo, sem exame do mérito, lastreada em causa superveniente, o advogado faz jus ao arbitramento judicial dos honorários segundo tabela organizada pelo Conselho Seccional da OAB (artigo 22, § 2º, da Lei nº 8.906/94)." (2º TACIVIL – Ap.c/Rev.480.267 – 1ª C. – Rel. Juiz Renato Sartorelli – j. 26/05/1997) AASP, Ementário, 2030/3

HONORÁRIOS – *INDEVIDOS EM CASO DE DESINTERESSE PROFISSIONAL*

"Honorários de advogado – Desinteresse profissional. Honorários advocatícios são devidos sempre que o mandatário cumpre o mandato que lhe foi confiado, segundo os interesses e de forma proveitosa para o mandante. Não demonstrada a execução do mandato com as características destacadas, deve a ação de cobrança ser julgada improcedente." (2º TACIVIL – Ap. s/Rev. 482.028 – 4ª C.– Rel. Juiz Moura Ribeiro – j. 24/06/1997) AASP, Ementário, 2063/4

HONORÁRIOS – *EM CASO DE REVOGAÇÃO DE MANDATO, COM ASSISTÊNCIA INICIAL – IMPOSSIBILIDADE DE COBRANÇA DA VERBA INTEGRAL*

"Honorários de advogado – Redução – Exegese do artigo 22, § 3º, da Lei nº 8906/94. Se o advogado prestou apenas assistência inicial ao outorgante que revogou o mandato, os honorários contratados não podem ser executados por inteiro, pois se o advogado pode renunciar ao mandato a qualquer tempo, também pode revogá-lo o outorgante. Inteligência do artigo 45, frente ao artigo 44, do Código de Processo Civil. Honorários reduzidos para um terço do valor contratado (artigo 22,§ 3º, da Lei nº 8906/94)" (2º TACIVIL – Ap.c/Rev.488.863 – 2ª C. – Rel. Juiz Felipe Ferreira – j. 18/08/1997) AASP, Ementário, 2063/4

HONORÁRIOS – *RENÚNCIA DO MANDATO APÓS A CARTA DE SENTENÇA – OBRIGAÇÃO DE HONRAR A VERBA HONORÁRIA*

"Honorários profissionais – Advogado – Cobrança – Renúncia ao mandato após a carta de sentença – Pretensão ao recebimento de verba honorária de sucumbência proporcional – Renúncia ao mandato que não representa renúncia aos honorários sucumbenciais. A renúncia ao mandato após apresentação de contra-razões em apelação, já tendo sido expedida carta de sentença, em nada pode ser tida como renúncia aos honorários sucumbenciais por se tratar de direito baseado na Lei n° 8906/94, que dispõe sobre o Estatuto da Advocacia e a Ordem dos Advogados do Brasil."(2° TACIVIL – AI 570.851-00/2 – 12ª Câm. – Rel. Juiz Campos Petroni – j. 17/06/1999) AASP 2138/4

HONORÁRIOS – *POSSIBILIDADE DE JUNTADA DO CONTRATO NA PRÓPRIA AÇÃO PARA O RECEBIMENTO*

"Honorários de advogado – Dedução da quantia a ser recebida pelo constituinte, excluída a incidência sobre os honorários sucumbenciais – juntada do contrato – Ocorrência – Possibilidade – Aplicação da Lei n° 8906/94 – Juntando contrato de honorários, o advogado tem direito de havê-los por dedução de garantia a ser recebida por seu constituinte, tanto mais se este, procurado, não é localizado." (2° TAC – AI 463.871 – 4a. Câm. – Rel. Juiz Celso Pimentel – j. 20/07/1996) AASP, Suplemento, 1075/4.

HONORÁRIOS – *DIREITO AUTÔNOMO PARA RECEBÊ-LOS*

"Honorário de advogado – Ônus da sucumbência – Crédito originário da parte vencedora – Execução – Faculdade ao advogado – Interpretação da Lei n° 8.906/94. A lei é explícita ao atribuir ao patrono da causa os honorários de sucumbência, inclusive aos profissionais de partidos ou empregados, enquanto atuarem efetivamente nos autos. Exegese dos artigos 21 e 22 da Lei n° 8.906/94 – EOAB." (2° TACIVIL – Ap. s/Rev.531.149 – 2ª Câm., Rel. Juiz Peçanha de Moraes – j. 09/11/1998) AASP, Ementário, 2109/3.

HONORÁRIOS – *TRANSAÇÃO OPERADA APÓS A AUDIÊNCIA, SEM ANUÊNCIA DO ADVOGADO – IMPOSSIBILIDADE*

"Honorários de Advogado – Transação efetivada após a sentença sem a aquiescência do patrono da causa – Inadmissibilidade – Ineficácia do ato e legitimidade do advogado do autor para executar a verba – Inteligência dos arts. 20, do CPC e 99, da Lei 4.215/63. Reconhece-se a autonomia do direito aos honorários de advogado, não sendo facultado ao cliente transigir com a parte contrária, em detrimento de seu patrono, sem aquiescência deste. Possibilita-se ainda que a execução desses honorários nos próprios autos da ação quando fixados na sentença respectiva. Assim quem os executa é o próprio advogado." (1° TACivilSP – Ap. 532.141/3-3a. C.-j. 26/10/1993 – Rel. Juiz Franco de Godói) RT 711/128 – *comentário:* "O advogado tem direito a executar a sentença, na parte que impôs condenação a honorários, não lhe sendo oponível o acordo que o seu constituinte houver feito com a parte contrária."(STJ – 3a. T.– REsp. 9.205-ÉS – rel. Min. Eduardo Ribeiro – j. 25/11/1991), DJU 09/12/1991, p. 18.025; "O que se passa entre a parte vencedora e seu procurador, *id est*, o que ambos contrataram a esse título, é matéria que só a eles interessa, não interferindo na execução. Desacertos eventuais, que brotarem dessa relação cliente advogado, deverão ser compostos extrajudicialmente ou em ação própria. Em outras palavras, o Advogado de parte vencedora tem direito de executar a sentença."(RJTJESP 135/118)

HONORÁRIOS – *TRANSAÇÃO ENTRE AS PARTES*

"A condenação do vencido ao pagamento de honorários é, em princípio, destinada a ressarcir os gastos que o vencedor dispensou com o advogado. Mas a parte não tem disponibilidade dessa indenização, de modo que não pode renunciá-la, nem fazer transação com o vencido a respeito dela, em prejuízo do causídico que representou o processo. É que a lei 4215 de 27/04/1963, art. 99, par. 1º, confere direito autônomo ao advogado que funcionou no processo para executar na parte relativa a essa verba." ("Processo de Conhecimento", Forense, 3ª ed., 84, p. 104, Humberto Theodoro Jr. – conf. RT 685/108)

HONORÁRIOS – *TRIBUNAL DE ÉTICA* – "HONORÁRIOS ADVOCATÍCIOS

Recebimento por advogado substabelecido ou sucessor – É assegurado ao advogado o direito aos honorários convencionados e aos de sucumbência. Não sendo contratados expressamente, em caso de substituição de advogado no curso do processo, deve o profissional substabelecido ou sucessor, por dever ético de respeito e solidariedade para com o colega, resguardar a remuneração devida a este, atendidos o trabalho e o valor econômico da questão (artigo 22, §2º, Do Estatuto da Advocacia e da OAB). Vige a regra de que o substabelecido deve ajustar sua honorária com o substabelecente (RT 492/192; Ementa E-690 dos 'Julgados do Tribunal de Ética', vol. I), sob pena de 'locupletar-se, por qualquer forma, a custa do cliente ou da parte adversa' (Artigo 34, Inciso XX, do Estatuto da Advocacia e da OAB)." (OAB – Tribunal de Ética – Processo E – 1195, Rel. Dr. Carlos Aurélio Mota de Souza) AASP 1890/4

HONORÁRIOS – *DIREITO À MEAÇÃO DA VERBA QUANDO MAIS DE UM ADVOGADO TRABALHOU NO MESMO FEITO*

"Honorários de advogado – Solidariedade ativa e passiva reconhecida – Direito à meação do recebimento a cada um dos causídicos. Tendo sido nomeado mais de um procurador para a mesma causa e estando comprovado que ambos praticaram atos importantes no processo, sendo real a prestação de serviços, deve ser reconhecida a solidariedade ativa e passiva ocorrendo o direito à meação do recebido a cada um dos causídicos."(2º TACIVIL – Ap. s/Rev.522.297 – 12ª Câm. – Rel. Juiz Roberto Midolla – j. 28/05/1998) AASP, Suplemento, 2078/4

HONORÁRIOS – *FIXAÇÃO – DESISTÊNCIA DA AÇÃO APÓS A CITAÇÃO – NÃO CABIMENTO QUANDO SEQUER CONTRATADO ADVOGADO E NADA DESEMBOLSOU*

"O autor desistiu da ação após a citação do réu, teria, por força do princípio legal (art. 20 do CPC), de ressarci-lo nas despesas que teve de suportar inclusive honorária advocatícia. Entretanto tais despesas o réu não teve: nada desembolsou, sequer contratou advogado para articular sua defesa, daí nada tem a ser reembolsado." (2º TACivil – Ap. Rev. 402751-00/0 – 11ª C.– j. 04/08/1994 – rel. Juiz Mendes Gomes) RT 713/160.

HONORÁRIOS – *FIXAÇÃO – EM AÇÃO DE EXECUÇÃO – DEVER DE HONRÁ-LOS, EMBARGADA OU NÃO A EXECUÇÃO*

"Honorários de advogado. Embargos à Execução. Aplicação do § 4º do artigo 20 do Código de Processo Civil, com a redação da Lei nº 8952/94 – A verba honorária, nas execuções embargadas ou não, será fixada nos termos do § 4º do artigo 20 do Código de Processo Civil, por força da Lei nº 8952/94, que acrescentou ao texto primitivo o referido § 4º as expressões 'e nas execuções embargadas ou não', logo não há que se falar em valer-se do disposto no § 3º do referido artigo. Recurso da apelante-exequente improvido" (2º TACIVIL – Ap. c/Rev. 513.878 – 8ª Câm., j. 2/4/98, rel. Renzo Leonardi) Tribuna do Direito, Caderno de Jurisprudência, nº 49, p. 194.

HONORÁRIOS – *FIXAÇÃO – EM EXTINÇÃO DE EXECUÇÃO EMBARGADA.*

"Honorários de advogado. Extinção de execução embargada (cpc, artigo 794, I) – Responsabilidade (exequente) – Fixação – Responde pelos honorários aquele que, 'somente depois de provocar atos de defesa da parte contrária, resolve pedir o fim do processo, como se dele estivesse desistindo'. Em caso tal, é ilícito seja aplicado o disposto no § 4º do artigo 20: é que não houve condenação. Tratando-se de causa onde não houve condenação, também pode o juiz fixar honorários consoante sua apreciação equitativa. Inocorrência de ofensa ao § 3º Recurso especial não conhecido" (STJ – 3ª. T.; Rec. Esp. nº 67.145-GO; Rel. Min. Nilson Naves; j. 25/03/1996) AASP, Ementário, 1993/19e.

HONORÁRIOS – *FIXAÇÃO – ARBITRAMENTO PELO JUIZ – IMPOSSIBILIDADE* (int. dos arts. 335 e 420 do CPC)

"Honorários de advogado – Impossibilidade do magistrado arbitrar a verba honorária. Aplicabilidade dos artigos 335 e 420 do Código de Processo Civil. Remessa dos autos ao primeiro grau para que o juiz nomeie advogado, o qual examinará o trabalho do autor e arbitrará a honorária devida." (1º TACivil-10ª. Câm. – Ap. nº 644.264-4-São José do Rio Preto; Rel. Juiz Remolo Palermo; j. 17/10/1995) AASP 1967/70e

HONORÁRIOS – *FIXAÇÃO – ASSISTÊNCIA LITISCONSORCIAL*
"Assistente litisconsorcial – Assistido vencido – Condenação de Honorários advocatícios – Descabimento – Pagamento de parte das custas – Admissibilidade. O artigo 32 do Código de Processo Civil diz que, se o assistido ficar vencido, será condenado nas custas em proporção à atividade que houver exercido no processo. Não fala em honorários. Logo, descabida a condenação do assistente ao pagamento de honorários." (2º TAC – Ap.s/Rev.374.430 – 4a. Câm.– Rel. Juiz Antônio Vilenilson – j. 30/01/1995) AASP, Ementário, 1952, p. 3

HONORÁRIOS – *LOCAL DE COMPETÊNCIA PARA COBRÁ-LOS*
"Competência – Foro – Honorários de advogado. A competência para julgar questões sobre honorários advocatícios é do juízo onde contratada a prestação de serviços." (2º TACIVIL – AI 509.619 – 11ª Câm. – Rel. Juiz Melo Bueno – j. 22/09/1997) AASP, Ementário, 2060/3

CONTRATO – DESNECESSIDADE DE SUBSCRIÇÃO DE TESTEMUNHAS PARA TER FORÇA EXECUTIVA
"Execução – Contrato de honorários de advogado – Título executivo extrajudicial. Dispensa da assinatura de duas testemunhas (exegese do disposto no artigo 24 da Lei n° 8.906/94). Embargos julgados procedentes. Embargos julgados procedentes. Recurso provido para afastar a preliminar de carência da execução." (2º TACIVIL – 5ª Câm.; Ap. nº 495.410-0/7-São João da Boa Vista-SP; Rel. Juiz Francisco Thomaz; j. 01/10/1997) AASP, Ementário, 2067/139e.

ASPECTOS ÉTICOS DA ADVOCACIA PATRONAL

Luís Carlos Moro[1]

Introdução

Quando se homenageia alguém numa obra como a presente, uma palavra sobre o homenageado é necessária. No entanto, tratando-se de uma homenagem ao advogado Dr. José Granadeiro Guimarães, todas as palavras, ainda que fossem precisas, garimpadas no léxico como pedras preciosas, palavras perolares, jamais seriam bastantes para representar as dimensões profissionais e humana do meu amigo – e exemplo como advogado – Zé.

Ousava chamá-lo assim: Zé. A despeito da diferença etária, do desnível entre os patamares profissionais que ocupávamos, jamais houve distância. Fazia questão de transformar a distância efetivamente existente em mera virtualidade. Na realidade, estava ele lá, próximo, ereto, voz forte, mãos firmes, memória iniludível, lógica impecável, uma combatividade sem par e tudo isso sem abrir mão da lhaneza, da gentileza, inclusive com os *ex adversos*.

Tive a honra de ser um dentre os muitos que privaram do Zé como *ex adverso* convertido em amigo. Amigo divertido, que se divertia com o trabalho, realizado num estágio de excelência que raramente se vê. Amigo próximo, de passar Natal em casa de meus pais. Era um príncipe porque principescas eram as palavras, as ações, as atitudes ternas do homem de terno impecável.

E agradeço aos que tiveram a feliz ideia de homenageá-lo. Agradeço a quem teve a delicadeza de me incluir entre os homenageantes. Ao Dr. José Granadeiro Guimarães, não bastam as homenagens em forma de placas, de passarela (sempre que sob ela transito, vem-me a ideia de passarela da gentileza), nem em forma de

---

1 Advogado, professor e especialista em Direito do Trabalho pela Faculdade de Direito da Universidade de São Paulo e Master Interuniversitário en Empleo, Relaciones Laborales y Diálogo Social en Europa, pela Universidad de Castilla-La Mancha.

convescotes tribunalescos a inaugurar a sala que não poderia ter outro nome senão o dele. A grande homenagem ao Zé é tentar ser como ele: Advogado. Do início ao fim. Grande. Na técnica e na grandeza humana. Assim procuro homenagear meus exemplos na advocacia, como José Granadeiro Guimarães.

Ao Zé, dedico não um pequenino artigo, feito na medida de minhas limitações, mas a admiração, o carinho e o amor fraterno que soube inspirar. Dedico-lhe minha tentativa permanente de emular seus hábitos profissionais, de equivaler-me em gentileza, em educação e respeito à profissão e aos colegas. É por isso que tema que me foi acometido não poderia ser mais próprio nem mais vinculado ao homenageado: advocacia patronal e ética.

Foram duas circunstâncias vivamente experimentadas por ele, um advogado patronal por excelência e de ética irrefutável. De seu escritório, vinham cálculos exatos, que retratavam a coisa julgada tal como proferida, ainda que contrária às pretensões e resistências. Dali, a combatividade não se convertia em rispidez, aspereza. Era plena, mas lhana, gentil no trato e no tato com que lidava com as mais difíceis questões.

Aqui, apresentarei algumas dessas questões alusivas ao comportamento do advogado patronal. Não são todas as questões éticas abordadas, nem poderiam ser. Há temas pinçados, não a esmo, mas com esmero, que, se não se expressam em maior profundidade, isso se dá em razão de limites de tempo, de espaço e os concernentes ao próprio autor.

Gentileza e litigância de má-fé

Por tratarmos de gentileza, não custa começar a discorrer sobre aspectos éticos da advocacia pela ótica do dever de urbanidade. Esse aspecto que foi tão bem preservado pelo homenageado...

Na nossa profissão, infelizmente, parece ter chegado ao fim o tempo da delicadeza, tão bem representado pelo Dr. José Granadeiro Guimarães.

Ninguém é mais combativo, profissional ou diligente por ser grosseiro e indelicado.

Embora não seja o objeto específico do artigo, importante observar um movimento que há com a grande reprodução das ações, dos textos das defesas, da multiplicação da produção profissional: a banalização da arguição de litigância de má-fé.

Esse é um aspecto da advocacia patronal que preocupa. A uma razão, porque decorre de um equívoco de compreensão do que seja a advocacia. O que se nota é que, muitas vezes, a arguição de litigância de má-fé não se dirige à parte, mas à conduta ou a combatividade do advogado que trabalha na causa. E, nesse sentido, seria interessante que se notasse uma modificação importante que houve quanto ao tema.

Nós advogados conseguimos, a duras penas, que as questões deontológicas da profissão viessem a ser apreciadas pelos nossos Tribunais de Ética e Disciplina, no âmbito da Ordem dos Advogados do Brasil.

Nesse sentido é a disposição do artigo 70 da Lei 8.906/1994, segundo o qual o poder de punir disciplinarmente os inscritos na Ordem dos Advogados do Brasil compete exclusivamente ao Conselho Seccional em cuja base territorial a infração se tenha dado, ou ao Conselho Federal, quando a falta for perante ele cometida.

Assim, a aferição da conduta profissional do advogado, no âmbito ético, deve ser mantida como privativa dos órgãos próprios da advocacia. E não é incomum a prática da tentativa de promover censura quanto ao comportamento de advogados por meio de uma jurisdição oblíqua, incidental, por meio do instituto de litigância de má fé, tal como previsto pelo Capítulo II (Dos Deveres das Partes do dos seus Procuradores) do Título II (Das partes e dos Procuradores) do Livro I (Do Processo de Conhecimento) do Código de Processo Civil.

Esse capítulo é cindido em seções, a primeira das quais destinadas aos deveres, que vão além das partes e dos procuradores. Com a alteração da Lei 10.358, de 27 de dezembro de 2001, não obstante o título se denomine das partes e dos procuradores, os deveres que eram apenas das partes e procuradores passaram a ser de todos os que de qualquer foram participam do processo.

Nessa seção inscreve-se o dever de não empregar expressões injuriosas a quem quer que seja. Advogar não é injuriar livremente, a despeito de nossa inviolabilidade ou imunidade profissional, como estatui o parágrafo 2º do artigo 7º da Lei 8.906/1994. Somos imunes no exercício da profissão, mas respondemos por eventuais excessos que cometemos, os quais devem ser evitados, sempre em benefício da urbanidade e da lhaneza.

A segunda seção do capítulo em apreço diz respeito à responsabilidade das partes por dano processual. Clareza maior não há. Responsabilidade das partes. É neste capítulo que se inscrevem os artigos de 16 a 18 do Código de Processo Civil.

E é no artigo 17 que se acham as hipóteses de litigância de má-fé. Há uma terceira seção que alude às despesas e multas pela litigância de má-fé.

Fica absolutamente claro, assim, que o artigo 17 não se dirige aos advogados. É descabida a tentativa de macular a conduta dos procuradores por meio desse instituto voltado contra as partes. No entanto, os advogados insistem em qualificar de litigância de má-fé determinadas condutas que se imputam aos próprios colegas *ex adversos* e não às partes.

Trata-se não apenas de uma impropriedade jurídica, pela tentativa de aplicar a norma a quem a norma não se dirige, mas uma impropriedade lógica e um equívoco relativo à deontologia da profissão de advogado.

O princípio que nos rege é o da autodeterminação do conteúdo ético da advocacia e do julgamento *inter pares*.

Assim, cada vez que se argui litigância de má-fé nos autos de um processo, referindo-se não à parte, mas ao advogado, entrega-se ao magistrado uma jurisdição que não possui: um juízo de valoração ética da conduta do advogado, cuja possibilidade de aferição é precípua e exclusiva da Ordem dos Advogados do Brasil.

Não se advoga o abandono do instituto, mas sua utilização com maior cuidado e parcimônia, a fim de que a banalização de sua invocação não banalize também o preconceito contra a advocacia ou inculque a má reputação coletiva dos advogados.

Por isso, juntamente com o dever de lhaneza, gentileza ou, quando menos, urbanidade, é preciso assentar o dever de não tentar fazer jurisdicionar, pela magistratura, a conduta e o procedimento do advogado. Não porque se tenha receio dessa jurisdição, mas porque, de fato, é preciso preservar o conteúdo do artigo 70 da Lei da Advocacia e a nossa autodeterminação administrativa e ética.

É certo que a jurisdição disciplinar não exclui a comum, como expressamente ressalva o artigo 71 da Lei 8.906/1994, mas tudo isso só cabe debater em processo próprio, como também de modo claro, indicam o *caput* e o parágrafo único do artigo 32 da Lei da Advocacia e desde que presente dolo ou culpa.

Esse conjunto de normas, porém, não tem impedido que a arguição de litigância de má-fé venha retratada em uma imensa maioria das defesas, como se fosse dado transmitir, pela acusação, uma indignação que pode advir da parte que se sente prejudicada, mas não do colega advogado, que há de compreender o que seja a advocacia, o papel que por meio dela exercemos, de como ela há de ser apreciada em seu conteúdo ético, de como não é conveniente fazer a transferência da apreciação de nossa conduta ética dos nossos tribunais para a jurisdição.

Ressalvam-se os casos em que a conduta do profissional se dê, realmente, fora dos limites do razoável, com dolo, com culpa e qualificadoras da responsabilidade civil do advogado, em que as acusações devem vir cindidas em aspectos criminais, civis e éticos. Mas sempre com a punição do efetivo responsável, assegurado o direito de defesa, o contraditório e o devido processo legal.

Preservar a advocacia é necessário. E, para isso, um dos primeiros bons passos será adotar o comedimento na utilização da arguição de litigância de má-fé, pois mesmo ausente a razão, a má-fé não se pode presumir e nem ser aferida pelo aspecto objetivo de uma versão equivocada dos fatos.

É preciso ter paciência na advocacia, com a advocacia, pela advocacia. Democracia supõe o exercício da ação. Quando abusivo, que se denuncie o abuso, mas de modo correto, técnico, preciso e atribuindo a cada qual a sua responsabilidade, na medida em que se deu.

Confundir parte e advogado é base para uma completa incompreensão do papel da advocacia e dessa confusão se extrai o substrato do fim da urbanidade, da boa relação entre pares e da tentativa de subtrair da Ordem dos Advogados do Brasil a emissão de juízos éticos acerca do procedimento dos colegas.

Não se trata de um apego excessivo às prerrogativas profissionais. Ao contrário. Não se deve prevalecer de qualquer circunstância privilegiada para que se faça da advocacia uma profissão digna de um especial respeito.

E se observados os julgamentos, veremos que há belíssimas enunciações pouco difundidas entre nós, as quais merecem um momento de reflexão acerca do conteúdo ético de nossa profissão. Vejamos este exemplo, em que se exorta à gentileza, independentemente da existência de uma especial prerrogativa do advogado idoso:

> E-3.224/05 – URBANIDADE NO EXERCÍCIO PROFISSIONAL – IDOSO – PREFERÊNCIA DE TRATAMENTO. Dever de urbanidade, lhaneza, respeito ao trabalho do ex-adverso são postulados guindados como valores a serem observados pelos advogados, sem qualquer distinção. A confiança, a lealdade, a benevolência devem constituir a disposição habitual para com o colega. Deve o advogado tratar os colegas com respeito e discrição (arts. 44 e 45 do Código de Ética e Disciplina). Devem os advogados, como qualquer cidadão, tratar os idosos com o respeito e deferência que as cãs lhes conferem e com a preferência que a lei lhes garante, fazendo efetivos os preceitos do Estatuto do Idoso. Nem por isso se admite do advogado idoso que abuse de sua condição, mormente porque deve, para com todos, a mesma cortesia de tratamento que possa entender ser direito seu, na melhor interpretação do artigo 3º do Código de Ética e Disciplina. V.U., em 15/09/2005, do parecer e ementa da Rel.ª Dra. BEATRIZ MESQUITA DE ARRUDA CAMARGO KESTENER – Rev. Dr. CARLOS ROBERTO FORNES MATEUCCI – Presidente Dr. JOÃO TEIXEIRA GRANDE.

O advogado empregado, o ex-empregado e as relações do advogado com ex-cliente

Um dos aspectos mais desafiadores da advocacia patronal diz respeito ao seu exercício por advogado empregado. A previsão de nosso estatuto é de difícil compatibilização com a subordinação empregatícia. Diz o artigo 18 que a relação de emprego, na qualidade de empregado, não retira a isenção técnica nem reduz a independência do profissional inerentes à advocacia.

Muito delicada a situação do empregado, que nem sempre tem condições reais de invocar a prerrogativa que lhe é concedida por lei. Sujeitam-se a organizações rigidamente estruturadas, em que a hierarquia lhes é imposta por meio do próprio contrato de trabalho, que não admite a insubordinação. Assim, mesmo em casos de tentativa de exercício da independência profissional que a Lei da Advocacia alvitra, a realidade impõe o predomínio da dependência funcional e econômica.

Há, porém, sem dúvida, um maior *jus resistenciae* do advogado em relação aos demais empregados, que não se obriga a realizar serviços profissionais de interesse pessoal dos empregadores (parágrafo único do artigo 18 da Lei 8.906/1994). Deve, portanto, para manter a dignidade da profissão, recusar-se ao cumprimento de tais tarefas.

Veja-se, como exemplo, a imposição do uso de uniforme.

Questão igualmente tormentosa diz respeito aos limites do *jus variandi* do empregador e de seu poder de organização do negócio sobre o advogado. Pode impor uniforme? O uniforme pode deixar de ser compatível com a advocacia? E advogado pode ser sujeito à obrigatoriedade do registro de ponto?

Essas questões, ainda que pareçam prosaicas, são mais corriqueiras do que se imagina. O Tribunal de Ética e disciplina paulista já se viu diante dessas circunstâncias.

> EXERCÍCIO PROFISSIONAL – ADVOGADO ASSALARIADO – USO DE UNIFORME E CONTROLE DE FREQUÊNCIA – PODER NORMATIVO E DIRETIVO DO EMPREGADOR. NORMAS DE CARÁTER GERAL.
> O uso de uniformes no local e horário de trabalho, e o controle de frequência, são normas de caráter geral e decorrem do poder normativo e diretivo do empregador, e, portanto, não atentam contra a liberdade, honra, nobreza e independência da advocacia para o advogado assalariado. O uso de uniformes pelos advogados empregados, desde que entendido como uma vestimenta discreta, com a finalidade de se evitar os excessos

cometidos, a falta de bom gosto, e os atentados ao decoro, pode ser exigido no local e no horário de trabalho. Quando se tratar de serviços externos perante qualquer autoridade do Poder Executivo, Legislativo ou Judiciário, se incompatíveis com as vestes exigidas para estas ocasiões, a independência profissional do advogado se sobrepõe sobre a determinação patronal, porque, naquele local vigem as normas da profissão e não as normas da empresa.
Proc. E-3.364/2006 – v.m., em 21/09/2006, do parecer e ementa dos julgadores Drs. CLÁUDIO FELIPPE ZALAF e LUIZ ANTÔNIO GAMBELLI, vencidos a Rel.ª Dr.ª MARIA DO CARMO WHITAKER e o Rev. Dr. JOSÉ ROBERTO BOTTINO – Presidente Dr. JOÃO TEIXEIRA GRANDE.

Normas da profissão extra muros patronais e normas patronais intra muros. Essa é uma conclusão possível.

Também causa algumas fricções entre advogados e empregadores a distribuição de honorários de sucumbência. Para dirimir de modo claro qualquer dúvida quanto à titularidade do direito, o artigo 21 do nosso estatuto dispõe que aos advogados empregados é que pertencem os honorários de sucumbência.

No entanto, a Confederação Nacional da Indústria, por meio da Ação Declaratória de Inconstitucionalidade número 1194, houve por bem questionar o que a literalidade da norma trazia. E, com fundamento no princípio da autonomia da vontade, expressa na liberdade contratual, entendeu que o artigo 21 da Lei da Advocacia deve ser interpretado como viabilizador de instrumentos contratuais que disponham de forma diversa.

Assim, contratos de trabalho podem dispor sobre o que a Lei da Advocacia considerava indisponível no seu artigo 24, parágrafo 3º, que considera nula qualquer disposição, cláusula, regulamento ou convenção individual ou coletiva supressora ou modificadora do direito à percepção, pelo advogado, dos honorários de sucumbência.

A questão fica ainda mais intrincada quando há ruptura do elo contratual de trabalho. O Tribunal de Ética e Disciplina da seccional paulista da Ordem dos Advogados do Brasil já se viu diante desse dilema e assim decidiu, em julgamento:

HONORÁRIOS ADVOCATÍCIOS – ADVOGADO EMPREGADO DE EMPRESA – PATROCÍNIO DE AÇÃO EM PROL DO EMPREGADOR – HONORÁRIOS SUCUMBENCIAIS – EXTINÇÃO DO CONTRATO DE TRABALHO – ADVOGADOS

QUE COMPÕEM CORPO JURÍDICO PRÓPRIO – DIREITO À PARTILHA DE VERBA ENTRE OS ADVOGADOS QUE ATUARAM NO PROCESSO – ART. 21 DO EOAB – INEXISTÊNCIA DE VÍNCULO COM O SALÁRIO – PROPORCIONALIDADE DEVIDA, EM FACE DO TRABALHO EFETIVAMENTE PRESTADO – ART. 14 DO CED – NECESSIDADE DE AVALIAÇÃO JUDICIAL – ADVOGADO EMPREGADO DE SOCIEDADE DE ADVOGADOS OU ESCRITÓRIO DE ADVOCACIA – REGRAS PROPRIAS – ART. 21, § ÚNICO DO EOAB E DECISÃO NA ADIN Nº 1194-4 DO STF.

Os honorários de sucumbência são aqueles que decorrem diretamente do sucesso que o trabalho levado a efeito pelo advogado proporcionou ao seu cliente em juízo. Eles derivam diretamente do processo judicial e têm suas regras gravadas nos artigos 20 e seguintes do CPC. A verba honorária sucumbencial é direito do advogado empregado e não se confunde com o seu salário, já que decorre do exercício do mandato judicial. A honorária sucumbencial é devida ao advogado empregado que efetivamente atuou no processo, independentemente de seu contrato de trabalho já ter sido extinto, calculada proporcionalmente ao trabalho realizado. Inteligência do art. 21 do EOAB, e 14 do CED. Os advogados empregados de sociedade de advogados e escritórios de advocacia são regidos por regras próprias, devendo observar o disposto no parágrafo único do art. 21 do EOAB e na decisão da ADIn nº 1194-4, do STF. Não cabe a este Tribunal fixar a proporcionalidade da verba honorária, tendo em vista a necessidade de avaliação do efetivo trabalho prestado por cada advogado atuante no processo e que, portanto, tem esse direito, obedecido o disposto pelo art. 14 do CED. Proc. E-3.985/2001 – v.m. em 17/03/2011, do parecer e ementa do Rel. Dr. JOSÉ EDUARDO HADDAD – Rev. Dr. FÁBIO PLANTULLI – Presidente Dr. CARLOS JOSÉ SANTOS DA SILVA.

Outra tarefa espinhosa é a desvinculação ética do advogado empregado da empresa ou mesmo do profissional autônomo que tenha deixado de advogar para um cliente pessoa jurídica.

Não é incomum a circunstância de ex-advogado da empresa, empregado ou não, vir a ser procurado por colegas com o propósito de contratá-lo para atuação contra os interesses da outrora empregadora e constituinte.

Nesse campo, é delicada a situação do profissional e é preciso discernir com muita clareza os limites éticos de sua atuação.

O Tribunal de Ética e Disciplina da Ordem dos Advogados do Brasil, Seccional São Paulo, recentemente, viu-se diante de circunstância parecida e que mereceu o seguinte julgamento:

> Proc. E-3.895/2010 – v.u., em 19/08/2010, do parecer e ementa nº 01 do Relator Dr. GUILHERME FLORINDO FIGUEIREDO, com referência ao impedimento do advogado para atuar contra sua ex-empregadora e por maioria, aprovados parecer ementa nº 02 do voto parcialmente divergente do julgador Dr. GILBERTO GIUSTI, com referência ao impedimento não abranger os demais sócios da sociedade de advogados, Rev. FÁBIO PLANTULLI – Presidente Dr. CARLOS JOSÉ SANTOS DA SILVA
>
> EMENTA Nº 1 – PATROCÍNIO DE CAUSA CONTRA EX-EMPREGADORA – NÃO EXERCÍCIO DA ADVOCACIA DURANTE A RELAÇÃO DE EMPREGO – POSSÍVEIS CLIENTES SUBORDINADOS AO ADVOGADO, MESMO QUANDO NO EXERCICIO DE OUTRAS FUNÇÕES. INFORMAÇÕES PRIVILEGIADAS OU SEGREDOS – IMPOSSIBILIDADE.
>
> Na hipótese de não ter havido prestação de serviços advocatícios até o seu desligamento, nem exercido função que propiciasse o acesso a dados privilegiados da empregadora, em princípio, não se vislumbra impedimento. Estará o advogado, todavia, incompatibilizado de prestar serviços aos outros empregados da ex-empregadora se, em razão do cargo ou função que tenha exercido, tenha tido acesso a dados e eventuais segredos. Sendo os possíveis clientes antigos funcionários da empresa, subordinados a ele, agora advogado, mesmo que noutra função, a possibilidade de conhecer segredos não acessíveis a esses funcionários se estabelece, caracterizando potencial violação ao sigilo imposto pelo CED e ao EAOAB, seja em relação a segredos ou a potencial captação privilegiada de clientela, com as sanções e penalidades pertinentes. Recomenda-se a não aceitação de causas nestas circunstâncias.
>
> Proc. E-4.028/2011 – v.m., em 15/07/2011, do parecer e ementa da Rel. Dra. BEATRIZ M. A. CAMARGO KESTENER – Rev. Dr. FÁBIO PLANTULLI, Presidente Dr. CARLOS JOSÉ SANTOS DA SILVA.

Eis aí bem posta a questão. Em primeiro lugar, é preciso discriminar as situações em que o ex-empregado tenha sido ou não advogado da empresa. Tendo sido advogado, não deve aceitar causas de qualquer jaez contra a ex-empregadora e cliente. Não tendo sido advogado, é preciso examinar se o conhecimento ali adquirido pode ou não caracterizar violação às normas da advocacia, seja pela circunstância privilegiada de conhecimento interno da empresa, o que suprime a igualdade que há de existir entre os advogados, seja pela detenção de segredos da ex-cliente, os quais não podem ser utilizados em favor dos novos constituintes.

O advogado deve preservar a si e à profissão de um modo geral. É claro que um ex-cliente não o impede definitivamente o exercício de sua atividade profissional. O próprio Tribunal de Ética seccional de São Paulo é quem o diz, em julgado recente:

> EXERCÍCIO PROFISSIONAL – PATROCÍNIO DE AÇÕES CONTRA EMPRESA PÚBLICA FEDERAL QUE REMUNEROU O ADVOGADO – IMPEDIMENTO ÉTICO POR DOIS ANOS E OBSERVÂNCIA "AD ETERNUM" DO SIGILO PROFISSIONAL. O advogado que exerceu função de Procurador em Empresa Pública Federal deve observar o prazo de 2 (dois) anos, contados a partir da data de desligamento, para atuar contra a ex-empregadora. Tal impedimento visa preservar a ética profissional, evitando a concorrência desleal, a captação de clientela e o ferimento do sigilo profissional. Para os atos específicos em que o advogado tenha colaborado, orientado e conhecido em consulta, o impedimento é eterno, nos termos da disposição contida na primeira parte do artigo 20 do CED. Precedentes E-2.629/02, 2.868/03, 3.137/05 e 3.586/08.

Considera-se razoável o prazo de dois anos para exonerar o advogado das implicações éticas, nas causas que questionem os atos nos quais não haja ele decidido, colaborado ou contribuído.

Esses limites todos se dão em atenção às disposições dos artigos 19 e 20 do Código de Ética profissional, que dizem:

> Art. 19. O advogado, ao postular em nome de terceiros, contra ex-cliente ou ex-empregador, judicial e extrajudicialmente, deve resguardar o

segredo profissional e as informações reservadas ou privilegiadas que lhe tenham sido confiadas."

Art. 20. O advogado deve abster-se de patrocinar causa contrária à ética, à moral ou à validade de ato jurídico em que tenha colaborado, orientado ou conhecido em consulta; da mesma forma, deve declinar seu impedimento ético quando tenha sido convidado pela outra parte, se esta lhe houver revelado segredos ou obtido seu parecer.

Se o impedimento do artigo 19 é considerado transitório, liberando-se o advogado para o exercício comedido de sua atividade a partir de dois anos depois da ruptura contratual, a inumação dos segredos em sua memória é dever eterno, a fim de preservar a plena confiabilidade do advogado e da advocacia.

Caso se permita que os segredos confiados aos advogados sejam abertos posteriormente, haverá justa recusa de clientes em revelar seus aspectos sigilosos ou íntimos, impedindo ou, quando menos, turbando, a formação de uma perfeita relação de confiança entre advogado e cliente.

Conhecimentos em razão do ofício presumem-se, então, superados depois do prazo de dois anos. Segredos confiados, porém, são eternos.

Quanto ao impedimento de atuar contra ato ou negócio no qual se tenha participado, contribuído ou colaborado, este é igualmente eterno e precisa ser obedecido.

A advocacia não compactua com a insegurança.

Não é à toa que desde décadas passadas, quando aspectos éticos ainda eram tratados pelo Judiciário, a despeito de nosso Tribunal de Ética e Disciplina, impede-se ao advogado fornecer documentos ou informações que sirvam contra os interesses de seu anterior constituinte. Vejamos o belo exemplo jurisprudencial:

> A ética profissional impede o advogado de fornecer ao adversário de seu anterior constituinte os elementos que podem, eventualmente, servir a seu demérito. Assim, se a sindicância requisita faz parte do dossiê do caso anterior, sendo própria do advogado que atendeu ao caso, ou mesmo do departamento jurídico, vedado é o fornecimento a estranhos ou adversários, sob pena de quebra do sigilo e da ética profissionais.
> (AI 40.673-1 (segredo de justiça). 2ª Câmara, rel. Des. Silva Ferreira, v. un., TJSP, RT 585/58)

Poder-se ia muito bem aqui desfilar um sem número de outros aspectos de ordem ético profissional que incidem de modo especial sobre a advocacia patronal.

Bastam, no entanto, os aspectos invocados de modo breve. Advogar pressupõe respeitar não apenas os nossos contratos, mas os vínculos profissionais. É preciso saber tratar aos demais. O dever de urbanidade pode ser encarado como algo mais do que o simples cumprimento desse singelo dever.

Pode ser visto como um imperativo: o de respeitar o próximo. Nesse quesito, José Granadeiro era insuperável. Era capaz de dedicar ao adversário mais que respeito ou urbanidade. Dedicava-lhes afeto profissional...

Também nossas obrigações quanto à utilização daquilo que nos é confiado é outro tema ético de profunda transcendência às obrigações. A ética profissional não valoriza apenas o advogado que dela se vale e a respeita: valoriza a todos, a profissão como instrumento da cidadania e da democracia.

Exigir tratamento condigno é também pressuposto ético. Se abusos ocorrem, provenientes de empregadores, de autorizadas e até de colegas, é porque a profissão como um todo tem sido vítima de ataques, muitos deles consequências naturais da massificação do exercício do ofício de advogar. Somos quase oitocentos mil advogados no Brasil.

Sigilo e ética, pois, na advocacia patronal ou qualquer outra, constituem fundamentos da obra de construção da respeitabilidade de nossa classe. Essa é uma obra permanente, eterna, para a qual um dos maiores partícipes e contribuintes foi o homenageado desta ocasião.

A ele, o grande Zé, a nossa gratidão eterna, as nossas homenagens, na expectativa de que outros colegas se animem a manter a mesma conduta e restituir ao exercício da advocacia o tempo da delicadeza perdido.

AÇÃO DE REGRESSO DA UNIÃO EM RAZÃO DE ACIDENTE DO TRABALHO

Viviane Masotti[1]

1. Indenizações por acidente do trabalho

A proteção aos trabalhadores brasileiros contra acidentes de trabalho nasceu com o Regime Especial criado pelo Decreto Legislativo nº 3.724 de 1919, que obrigava o empregador a pagar seguro privado a fim de garantir indenização ao trabalhador acidentado. Em 1967, a Lei nº 5.316 integra o Seguro de Acidente do Trabalho à Previdência Social, e são criadas prestações previdenciárias especificamente acidentárias: auxílio-doença; aposentadoria por invalidez; pensão por morte; auxílio-acidente e pecúlio acidentário. Estes benefícios não poderiam ser cumulativos aos mesmos benefícios nas condições da Lei Orgânica da Previdência Social (Lei 3.807/60) e possuíam regra diferenciada de utilização do último salário-de-contribuição como base de cálculo, se mais vantajoso que o salário-de-benefício.

O pagamento do seguro obrigatório à Previdência Social garante que o trabalhador tenha direito à prestação acidentária paga pelo INSS, mas não exime o empregador da responsabilidade de indenizá-lo caso fique comprovado seu dolo ou culpa no acidente. Desta forma o trabalhador acumula o direito a duas indenizações: a acidentária do INSS e a baseada na responsabilidade civil por ato ilícito do empregador.

A fundamentação desta proteção dupla é o art. 7º da Constituição Federal de 1988 que garante aos trabalhadores o direito à redução de riscos inerentes ao trabalho,

---

1 Bacharel em Administração Pública pela EAESP/FGV, especialista em Seguros e Previdência pela FIA/FEA/USP; mestre em Direito Previdenciário pela PUC/SP. Advogada atuante no Direito Previdenciário Empresarial; co-autora do livro *Desaposentação Teoria e Prática* da Editora Juruá (2010); co-autora do livro *Previdência Social Comentada* da Editora Quartier Latin (2008); professora convidada dos cursos de pós-graduação da EPD (Escola Paulista de Direito), LFG, ATAME e Faculdade de Direito de São Bernardo do Campo, entre outros.

por meio de normas de saúde, higiene e segurança (inciso XXII) e o seguro contra acidentes do trabalho, a cargo do empregador, sem excluir a indenização a que este está obrigado, quando incorrer em dolo ou culpa (inciso XXVIII).

A previsão do artigo 121 da Lei nº 8.213/91 que "*o pagamento pela Previdência Social, das prestações por acidente do trabalho não exclui a responsabilidade civil da empresa ou de outrem*" garante que o trabalhador receba a dupla indenização conforme preceituado pelo art. 7º da Constituição Federal de 1988.

Assim, surge um novo conceito de responsabilidade pelo acidente do trabalho: o Estado, por meio do ente público responsável pelas prestações previdenciárias, resguarda a subsistência do trabalhador e seus dependentes, mas tem o direito de exigir do verdadeiro culpado pelo dano que este arque com os ônus das prestações – aplicando-se a noção de responsabilidade objetiva, conforme a teoria do risco social para o Estado, mas a da responsabilidade subjetiva e integral, para o empregador infrator.[2]

O segurado e seus dependentes terão direito às prestações previdenciárias, desde que cumpridos seus requisitos legais, independentemente da origem da incapacidade ou morte do segurado, se acidentária ou não, e de quem tem culpa do fato gerador (o próprio segurado, o empregador ou terceiros). Assim, destaca-se que a Previdência Social tem responsabilidade objetiva na concessão dessas prestações.

O trabalhador pode pleitear na Justiça a indenização por danos decorrentes de acidente do trabalho, desde que se comprove a culpa (ainda que leve) do empregador no acidente. A aplicação da teoria subjetiva, com a exigência de culpa comprovada, ainda persiste. No entanto, há uma tendência, reforçada após as alterações do Código Civil de 2002, na utilização da teoria objetiva para a indenização paga pelo empregador, considerando-se o risco inerente a determinadas atividades e o conceito que estes riscos devam ser suportados por quem da atividade se beneficia.

A Jurisprudência sobre acidentes do trabalho tem decisões nos dois sentidos, ora adotando a teoria da responsabilidade civil subjetiva, ora a teoria do risco ou responsabilidade objetiva.

A Lei nº 8213 de 24 de julho de 1991, o Plano de Benefícios da Previdência Social, manteve as prestações, em relação às prestações meramente previdenciárias até a edição da Lei nº 9.032 de 28 de abril de 1995. A partir desta lei, as únicas diferenças para o segurado com o reconhecimento do benefício acidentário são o direito à

---

2 CASTRO, Carlos Alberto Pereira de. *Prática Processual Previdenciária*. Carlos Alberto Pereira de Castro; João Batista Lazzari; Gisele Lemos Kravchychyn; Jefferson Luis Kravchychyn. São Paulo: Conceito Editorial, 2011, p. 410.

estabilidade de 12 meses do art. 118 da Lei 8.213/91 e a obrigatoriedade da empresa recolher o FGTS no período de afastamento do trabalhador.

Ao eliminar as diferenças pecuniárias entre as prestações acidentárias e previdenciárias, e estender o benefício de auxílio-acidente ao segurado com incapacidade parcial e permanente, originária de acidente de qualquer natureza, o legislador incorporou o acidente do trabalho como risco ou contingência coberta pela Seguridade Social.

2. Caracterização do acidente do trabalho, NTEP e FAP

Conforme as definições dos artigos 19 a 21 da Lei nº 8.213/91, considera-se acidente do trabalho:

I) aquele que ocorre pelo exercício do trabalho provocando lesão corporal ou perturbação funcional que cause a morte ou a perda ou redução, permanente ou temporária, da capacidade para o trabalho;

II) a doença profissional, produzida ou desencadeada pelo exercício do trabalho peculiar a determinada atividade, e constante de relação elaborada pelo Ministério da Previdência Social (o Anexo II do Regulamento da Previdência Social, aprovado pelo Decreto no 3.048, de 6/5/1999);

III) a doença do trabalho, adquirida ou desencadeada em função de condições especiais em que o trabalho é realizado e com ele se relacione diretamente, também constante da relação elaborada pelo Ministério da Previdência Social (o Anexo II do Regulamento da Previdência Social, aprovado pelo Decreto no 3.048, de 6/5/1999); exceto a doença degenerativa, a inerente a grupo etário, a que não produza incapacidade laborativa, a doença endêmica adquirida pelo segurado habitante da região em que esta se desenvolva. Em condições excepcionais, desde que comprovado o nexo causal, doença não incluída na relação elaborada pelo Ministério da Previdência Social poderá ser considerada acidente do trabalho.

IV) equiparam-se a acidente do trabalho: o acidente de trajeto entre a residência e o local de trabalho ou em viagem a serviço da empresa; o acidente sofrido pelo segurado ainda que fora do local e horário de trabalho na execução de ordem ou na realização de serviço sob a autoridade da empresa, ou ainda na prestação espontânea de qualquer serviço à empresa para lhe evitar prejuízo ou proporcionar proveito; a doença proveniente de contaminação acidental do empregado no exercício de sua atividade; o acidente ligado ao trabalho que, embora não tenha sido a causa única, haja contribuído diretamente para a morte do segurado, para redução ou perda da sua capacidade para o trabalho, ou produzido lesão que exija atenção médica para a sua recuperação; o acidente sofrido pelo segurado no local e no horário do trabalho, em consequência de: a) ato de agressão, sabotagem ou terrorismo praticado por terceiro ou companheiro de trabalho; b) ofensa física intencional, inclusive de terceiro, por motivo de disputa relacionada ao trabalho; c) ato de imprudência, de negligência ou de imperícia de terceiro ou de companheiro de trabalho; d) ato de pessoa privada do uso da razão; e) desabamento, inundação, incêndio e outros casos fortuitos ou decorrentes de força maior.

As estatísticas oficiais da Previdência Social sobre os acidentes de trabalho do período de 1975 a 2001[3] demonstram uma queda constante no volume de acidentes, com a relação "total de acidentes" por "total de trabalhadores formais" caindo de 14,74% (em 1975) para 1,25% (em 2001).

No entanto, os dados a partir de 2002 são preocupantes, dada a grande quantidade de eventos e a gravidade das consequências, que apresentam tendência de alta, conforme se observa dos dados abaixo, fornecidos pelo Ministério da Previdência Social em seus anuários estatísticos. Note-se que os dados a partir de 2007 incluem os acidentes de trabalho para os quais não foi emitida a CAT.

QUANTIDADE DE ACIDENTES DO TRABALHO REGISTRADOS					
		COM CAT REGISTRADA			SEM CAT REGISTRADA
Ano	Total	Típico	Trajeto	Doença do trabalho	Sem distinção de motivo
2004	465.700	375.171	60.335	30.194	-
2005	499.680	398.613	67.971	33.096	-
2006	503.890	403.264	73.981	26.645	-
2007	659.523	417.036	79.005	22.374	141.108
2008	755.980	441.925	88.742	20.356	204.957
2009	723.452	421.141	89.445	17.693	195.173

QUANTIDADE DE ACIDENTES DO TRABALHO LIQUIDADOS					
	CONSEQUÊNCIAS				
Ano	Assistência médica	Incapacidade temporária < 15 dias	Incapacidade temporária > 15 dias	Incapacidade permanente	Óbito
2004	70.412	248.848	168.908	12.913	2.839
2005	83.157	282.357	163.052	14.371	2.766

---

3 OLIVEIRA, Sebastião Geraldo de. *Indenizações por acidente do trabalho ou doença ocupacional*, 5ª ed. São Paulo: LTr, 2009, p. 31

2006	86.233	303.902	136.222	8.383	2.717
2007	97.301	302.685	269.752	9.389	2.845
2008	105.249	317.702	335.609	13.096	2.817
2009	102.088	302.648	320.378	13.047	2.496

O aumento na quantidade de acidentes do trabalho registrados, bem como na quantidade de benefícios acidentários concedidos a partir de 2007, deve-se a uma alteração na metodologia de concessão de benefícios e caracterização de nexo causal acidentário. Acredita-se que havia subnotificação dos acidentes do trabalho, através da não emissão de CAT, e a consequente dificuldade para o trabalhador provar a ocorrência de acidente de trabalho tanto para fins previdenciários quanto para os processos de indenização por responsabilidade civil do empregador. Por isso, como complemento aos métodos tradicionais de caracterização de acidente do trabalho, criou-se o NTEP.

Antes da Lei nº 11.430 de 27 de dezembro de 2006 a caracterização do acidente do trabalho exigia a comprovação do nexo causal entre o trabalho e a lesão; ou o nexo causal presumido quando a incapacidade correspondia a alguma doença profissional ou do trabalho relacionada no Anexo II do Regulamento da Previdência Social, aprovado pelo Decreto no 3.048, de 6/5/1999 (nexo técnico individual previdenciário).

A Lei nº 11.430/2006 cria o nexo técnico epidemiológico entre o trabalho e o agravo, decorrente da relação entre a atividade da empresa (CNAE) e a entidade mórbida motivadora da incapacidade elencada na CID (Classificação Internacional de Doenças). Constatada a ocorrência do NTEP pela perícia médica do INSS deverá ser caracterizada a natureza acidentária da incapacidade, com a presunção do nexo causal, cuja inexistência deverá ser comprovada pela empresa.

A relação entre CNAE e CID para fins de caracterização de NTEP[4] foi estabelecida a partir da coleta de informações sobre os fatos geradores de todos os benefícios por incapacidade concedidos pelo INSS nos últimos anos e a atividade econômica de seus respectivos empregadores. Com isso o INSS alega ter os elementos necessários para a presunção do nexo causal entre determinada CID e o trabalho exercido, a partir dos dados estatísticos da quantidade de afastamentos pelo mesmo motivo em determinada atividade econômica. Esta presunção de nexo criada pela nova metodologia força a inversão do ônus da prova e traz uma importante consequência para as

---

4 A relação entre CNAE e CID encontra-se na Lista C do Anexo II do Decreto nº 3048/99, com redação do Decreto nº 6.957 de 10/09/2009.

empresas: a necessidade de implantar, acompanhar e documentar todas as ações de segurança do trabalho bem como monitorar os afastamentos por incapacidade.

Com o NTEP a caracterização do acidente do trabalho deixa de ser apenas individual para considerar também a figura do meio ambiente do trabalho como possível condicionante da incapacidade laborativa. E o conceito de agravo, determinado pelo Decreto nº 6.042/2007, amplia a relação das consequências da exposição a este ambiente de trabalho "incapacitante": *a lesão, doença, transtorno de saúde, distúrbio, disfunção ou síndrome de evolução aguda, subaguda ou crônica, de natureza clínica ou subclínica, inclusive morte, independentemente do tempo de latência.*

A Lei 8213/91 determina a responsabilidade da empresa por prestar informações pormenorizadas sobre os riscos da operação a executar e do produto a manipular; e pela adoção e uso das medidas coletivas e individuais de proteção e segurança da saúde do trabalhador, estando sujeita à contravenção penal punível com multa em casos de descumprimento das normas de segurança e higiene do trabalho.

Assim, torna-se imperativo que as empresas implantem de fato e mantenham atualizados os programas a seguir, que poderão ser utilizados para fins de defesa contra a caracterização de NTEP, desde que a documentação seja contemporânea à época do agravo: PPRA (NR9) – Programa de Prevenção de Riscos Ambientais; PGR (NR22) – Programa de Gerenciamento de Riscos; PCMAT (NR18) – Programa de Condições e Meio Ambiente de Trabalho; PCMSO (NR7) – Programa de Controle Médico de Saúde Ocupacional; Análise Ergonômica do Trabalho (NR17); LTCAT (Laudo Técnico Condições Ambientais do Trabalho) e PPP (Perfil Profissiográfico Previdenciário).

As empresas que não cumprirem as normas de segurança e higiene do trabalho e que não investirem em políticas concretas de prevenção a acidentes do trabalho, poderão sofrer as consequências, em montantes superiores ao que poderiam esperar ao assumir tal risco.

O seguro de acidente do trabalho pago pelas empresas à Previdência Social está previsto na redação original do art. 22 da Lei nº 8212/91: a empresa deve recolher o percentual de 1%, 2% ou 3% sobre as remunerações pagas ou creditadas, de acordo com o grau de risco de acidente de trabalho de sua atividade preponderante (leve, médio ou grave). A finalidade original desta contribuição que era o *"financiamento da complementação das prestações por acidente do trabalho"* foi alterada pela Lei nº 9.528/97 para o *"financiamento dos benefícios concedidos em razão do grau de incidência de incapacidade laborativa decorrente dos riscos ambientais do trabalho"*. A finalidade da contribuição foi novamente alterada pela Lei nº 9.732/98 para incluir o "financiamento do benefício previsto nos arts. 57 e 58 da Lei nº 8.312/91", materializado pela criação de alíquotas adicionais de *"doze, nove ou seis pontos percentuais, conforme a atividade exercida pelo segurado a serviço da empresa permita a concessão de aposentadoria especial após quinze, vinte ou vinte e cinco anos de contribuição, respectivamente"*, sobre a remuneração dos segurados expostos aos agentes nocivos químicos, físicos e biológicos ou associação de agentes prejudiciais à saúde ou à integridade física, considerados para fins de concessão dessa aposentadoria.

Além da previsão original da possibilidade de reenquadramento da empresa nas alíquotas de risco do SAT com base nas estatísticas de acidentes do trabalho a fim de estimular investimentos na prevenção de acidentes, foi criado o FAP (Fator acidentário de prevenção). Pela Lei nº 10.666/2003, o percentual de 1%, 2% ou 3%, pagos a título de SAT/RAT sobre o valor total das remunerações pagas ou creditadas no mês, pode ser reduzido em até 50% ou aumentado em até 100% de acordo com o desempenho da empresa em relação ao desempenho das outras empresas de mesma atividade econômica em ocorrência de acidentes de trabalho no período de dois anos (de acordo com índices de frequência, gravidade e custo).

No cálculo do FAP são considerados todos os registros de afastamento do trabalho (CATs emitidas), mais os acidentes reconhecidos por NTEP sem CAT, além dos afastamentos com percepção de benefícios acidentários. Os índices de cada empresa são comparados ao de todas as empresas de um mesmo CNAE a fim de estabelecer seu desempenho de acidentalidade. Nem sempre o INSS comunica as empresas sobre a concessão direta ou a transformação de um benefício previdenciário em acidentário, tornando o monitoramento detalhado dos afastamentos uma nova rotina de gestão, a fim de não se perder prazos de defesa. A defesa administrativa ou judicial contra a caracterização acidentária do benefício pago pela Previdência Social é essencial como medida preventiva contra o aumento de passivo previdenciário. E para instrumentalizar tal defesa são necessários documentos históricos e contemporâneos sobre o cumprimento das normas de segurança e higiene do trabalho, bem como de qualquer das ações de prevenção contra acidentes do trabalho utilizada pela empresa.

3. Ações regressivas

Fica claro que o volume e incidência de acidentes do trabalho trarão maiores gastos às empresas no tocante às contribuições sociais. Ocorre que, além dos gastos habituais decorrentes do reconhecimento e caracterização de maior quantidade de afastamentos como acidente do trabalho (pelo recolhimento de FGTS, por manutenção ou reintegração de colaboradores com estabilidade acidentária, e pelos reflexos no FAP e no valor do SAT/RAT devido) a empresa ainda está sujeita às ações regressivas.

A ação regressiva é uma ação de cobrança contra as empresas ou terceiros para ressarcimento dos gastos do INSS efetuados com benefícios acidentários a que deram causa com culpa comprovada. Sua fundamentação legal é o artigo 120 da Lei nº 8.213 de 24 de julho de 1991: *"nos casos de negligências quanto às normas padrão de segurança e higiene do trabalho indicadas para a proteção individual e coletiva a Previdência Social proporá ação regressiva contra os responsáveis"*.

Entre os fundamentos alegados pela Procuradoria Federal Especializada, a ação regressiva acidentária, ainda que não prevista no art. 120 da Lei nº 8.213/91, estaria amparada pelo conceito do direito de regresso estabelecido no Código Civil, pela análise conjunta dos artigos 186, 927 e 786.[5] Trata-se do direito de sub-rogação daquele que, voluntariamente ou por obrigação legal ou contratual, paga a indenização, referente a responsabilidade civil por ato ilícito, nos direitos e ações do prejudicado contra o autor do dano.

Embora haja previsão legal específica desde 1991, se comparadas à quantidade de acidentes do trabalho registrados nas estatísticas previdenciárias, e às probabilidades de ocorrência de culpa do empregador nesses tantos acidentes, poucas ações regressivas foram propostas pela autarquia previdenciária.

De acordo com notícia veiculada em dezembro de 2010 no portal do jornal *Folha de São Paulo*,[6] os números de ações regressivas ajuizadas seriam: 465 processos de 1991 a 2007; 636 processos em 2008 e 2009; 380 processos de janeiro a outubro de 2010. Em 28/04/2011, o Dia Nacional de Combate aos Acidentes de Trabalho, foram ajuizadas 163 ações regressivas. Os números divulgados na mídia, pela AGU e no website da Previdência Social variam, mas não ultrapassam 1500 ações, ajuiza-

---

5 Art. 186. Aquele que, por ação ou omissão voluntária, negligência ou imprudência, violar direito e causar dano a outrem, ainda que exclusivamente moral, comete ato ilícito.
Art. 927. Aquele que, por ato ilícito (arts. 186 e 187), causar dano a outrem, fica obrigado a repará-lo.
Parágrafo único. Haverá obrigação de reparar o dano, independentemente de culpa, nos casos especificados em lei, ou *quando a atividade normalmente desenvolvida pelo autor do dano implicar, por sua natureza, risco para os direitos de outrem*.
Art. 786. Paga a indenização, o segurador sub-roga-se, nos limites do valor respectivo, nos direitos e ações que competirem ao segurado contra o autor do dano.

6 http://www1.folha.uol.com.br/mercado/840923-acidentes-em-empresas-viram-alvo-de-acao-do-inss.shtml

das até meados de 2011, das quais em torno de 250 já tem sentença, sendo aproximadamente 90% favoráveis ao INSS.

Dada a quantidade reduzida de ações ajuizadas até 2007, foi editada a Resolução nº 1.291 de 27/6/2007 do Conselho Nacional de Previdência Social, para recomendar ao INSS, através de sua Procuradoria Federal Especializada, que adotasse as medidas competentes para ampliar as proposituras de ações regressivas contra os empregadores responsáveis por acidentes do trabalho, para efetivar o ressarcimento dos gastos do INSS com benefícios acidentários concedidos em função de empresas consideradas causadoras de danos em grande quantidade ou com gravidade pelo resultado morte ou invalidez dos segurados. Esta resolução ainda sugere o aproveitamento de prova colhida em autos de ações judiciais movidas pelo segurado ou herdeiros contra a empresa.

O incentivo à propositura de maior quantidade de ações regressivas tem um caráter pedagógico-punitivo, em que o ressarcimento dos gastos com benefícios originários de acidentes passados venha a forçar que as empresas invistam mais em segurança do trabalho para evitar o gasto com futuras ações.[7]

Mas não se pode negar o caráter arrecadatório, ao considerar o acompanhamento prioritário das ações regressivas acidentárias, bem como de outras *ações judiciais de cobrança e recuperação de créditos* das autarquias e fundações públicas federais, determinado pela Portaria nº 3, de 27/08/2008, da Coordenadoria Geral de Cobrança e Recuperação de Créditos da Procuradoria Geral Federal.

A regulamentação da legislação previdenciária tem sido complementada no sentido de proporcionar subsídios para o ajuizamento das ações regressivas acidentárias. O artigo 341 do Decreto nº 3.048/99 (com redação dada pelo Decreto nº 7.331 de 19/10/2010) estabelece que, a partir de 1º de março de 2011, trimestralmente, o Ministério do Trabalho e Emprego e o Ministério da Previdência Social trocarão informações relativas aos acidentes e doenças do trabalho constantes das comunicações de acidente de trabalho registradas no período, e os indícios de negligência quanto às normas de segurança e saúde do trabalho que possam contribuir para a proposição de ações judiciais regressivas. Ou seja, nos mesmos termos estabelecidos no Acordo de Cooperação Técnica nº 08/2008, celebrado entre os Ministérios, o MPS envia as CATs ao MTE, que fiscaliza a empresa e analisa os acidentes e devolve à Previdência os elementos para fins de instauração da investigação prévia da PGF que verificará a viabilidade da respectiva ação regressiva.

---

7 MACIEL, Fernando. *Ações Regressivas Acidentárias*. São Paulo: LTr, 2010, p. 16.

A Instrução Normativa nº 45 de 06/08/2010, que determina as regras a serem observadas pelos servidores do INSS para concessão das prestações previdenciárias, em seu art. 251 estabelece nova função do Médico Perito da Previdência Social: informar à Procuradoria Federal Especializada lotada na Gerência-Executiva ou Superintendência Regional a que está vinculado, *quando identificar indícios de dolo ou culpa dos empregadores ou subempregadores, em relação aos acidentes ou às doenças ocupacionais, incluindo o gerenciamento ineficaz dos riscos ambientais, ergonômicos e mecânicos ou outras irregularidades afins*, para fins de ajuizamento de ação regressiva.

Para efetivar o acompanhamento prioritário das ações regressivas foi criado um grupo de trabalho especial na Procuradoria Federal Especializada, objetivando o estudo e padronização de procedimentos investigativos e judiciais. As informações da fiscalização do Ministério do Trabalho, bem como as do médico perito do INSS são enviadas a este grupo, que é responsável por determinar se estão presentes todos os pressupostos para viabilizar a propositura da ação regressiva. Isto é feito através da Investigação de todas as condições e características do acidente do trabalho selecionado num expediente administrativo preparatório: o Procedimento de Instrução Prévia (PIP). Através do PIP, a AGU investiga previamente todas as provas possíveis, pois as ações serão ajuizadas apenas se a PGF considerar que há elementos suficientes para comprovar os pressupostos alegados, o que pode explicar o índice de sentenças favoráveis ao INSS em primeira instância, e a tendência de vitória também nos tribunais.

O procedimento investigativo preparatório pode ser provocado por notícias sobre acidentes de trabalho de outros órgãos externos à PGF, como por exemplo: a Superintendência Regional do Trabalho e Emprego – SRTE, a Justiça do Trabalho, o Ministério Público do Trabalho – MPT, o Ministério Público Estadual – MPE, a Polícia Civil, as Secretarias de Saúde, os Sindicatos de classe; enfim, qualquer órgão oficial com o qual se possa estabelecer um convênio ou acordo de cooperação e troca de informações sobre a ocorrência, características e causas de acidentes do trabalho.

Os pressupostos para a propositura da ação regressiva acidentária são:

a) a ocorrência de acidente do trabalho sofrido pelo segurado do INSS;

b) o pagamento de uma prestação acidentária (podendo ser inclusive referente a gastos de reabilitação profissional);

c) a culpa do empregador quanto ao cumprimento e fiscalização das normas de segurança e saúde do trabalho.[8]

---

8   *Cartilha de Atuação nas Ações Regressivas Acidentárias*, Brasília, 2009. p. 11.

A ocorrência de acidente do trabalho é pressuposto verificável através das CATs registradas, bem como dos casos de concessão de benefício acidentário por reconhecimento de NTEP. A procuradoria defende que mesmo benefícios concedidos como não acidentários poderão ser investigados e incluídos em ações regressivas se comprovada sua caracterização como tal, ainda que tardiamente. Muitos segurados ingressam na Justiça Federal contra o INSS para o reconhecimento do acidente de trabalho e a conversão de benefícios previdenciários em acidentários, em processos cuja tramitação pode levar muitos anos.

O pagamento de uma prestação acidentária tem como fonte de verificação os sistemas informatizados da Previdência Social, onde a PFE realiza a pesquisa dos benefícios acidentários historicamente concedidos, seus motivos, valores, origem administrativa ou judicial, indícios e provas da culpa do empregador no acidente de trabalho, que pode ser feita na fase instrutória do procedimento de investigação prévia.

A prova de culpa do empregador no acidente poderá ser buscada por análise da documentação histórica referente às normas de prevenção segurança do trabalho, por prova pericial, por prova emprestada de processo de indenização. Há previsão que os Juízes trabalhistas irão notificar a AGU sobre os acidentes do trabalho em que se provar a culpa das empresas. Este fato deve intensificar o ajuizamento das ações regressivas.

Isto demonstra a necessidade do trabalho multidisciplinar para a defesa das empresas, além do cuidado com o teor de acordos em ações trabalhistas, pois as provas constituídas nos autos das ações trabalhistas, já que supostamente amparadas pelo princípio da ampla defesa e do contraditório nestas, serão reaproveitadas nas ações regressivas. Além disso, há uma tendência jurisprudencial em considerar a presunção de culpa da empresa no acidente, de modo a inverter o ônus da prova: incumbe à empresa provar que observou as normas de segurança. E como a ação baseia-se em culpa, é importante comprovar se houve culpa concorrente, pois há decisões neste sentido reduzindo o valor das indenizações devidas.[9]

---

9 PROCESSUAL CIVIL. CIVIL. AGRAVO PREVISTO NO ART. 557, *CAPUT*, CPC. AÇÃO REGRESSIVA. ACIDENTE DE TRABALHO. SEGURO-ACIDENTE E PENSÃO POR MORTE. INSS. INTERESSE DE AGIR. EMPREGADOR. LEGITIMIDADE PASSIVA. CULPA CONCORRENTE. 2. O Art. 121 da Lei nº 8.213/91 autoriza o ajuizamento de ação regressiva contra a empresa causadora do acidente do trabalho ou de outrem. A finalidade deste tipo de ação é o ressarcimento, ao INSS, dos valores que foram gastos com o acidente de trabalho que poderiam ter sido evitados se os causadores do acidente e do dano não tivessem agido com culpa. 3. Cumpre ao empregador comprovar não apenas que fornecia os equipamentos de segurança, como também que exigia o seu

Será considerada norma padrão de segurança e higiene do trabalho, qualquer metodologia que objetive a prevenção e proteção do trabalhador, garantida pela Constituição e reafirmada no art. 157 da CLT, como as Normas Regulamentadoras do MTE (NRs), as normas da ABNT, determinações de Convenções coletivas, orientações de instalação ou uso de máquinas e equipamentos.

3.1. Jurisprudência, questões processuais e controvérsias

Na ação regressiva acidentária de cobrança, fundada na responsabilidade civil por ato ilícito, a legitimidade ativa é do INSS por intermédio da Procuradoria Geral Federal.

---

uso e fiscalizava o cumprimento das normas de segurança pelos seus funcionários, e não ao empregado ou ao INSS provar o contrário. 4. Ausente essa prova, sequer caberia dilação probatória quanto às circunstâncias do acidente em si: presume-se a culpa do empregador, ainda mais quando as testemunhas e os especialistas corroboraram a falha no treinamento e nas condições de segurança do equipamento, o excesso de horas trabalhadas e a ausência de dispositivo de segurança na máquina. 5. Também houve culpa da parte do segurado, dado que não procedeu com o cuidado regular, deixando de executar duas operações de trabalho, conforme relatado pelo Engenheiro de Segurança do Trabalho. 6. A concorrência de culpas é perfeito fundamento para que o empregador não seja condenado ao pagamento integral das despesas suportadas pelo INSS, sendo recomendável parti-las pela metade porquanto nenhuma das contribuições culposas, do empregador e do empregado, foi de menor importância: qualquer dos dois poderia ter evitado o sinistro com a sua própria conduta cuidadosa. 7. Contudo, tal fundamento não limita as despesas que devem ser rateadas entre o INSS e o empregador àquelas já desembolsadas: também aquelas futuras mas certas devem ser objeto da condenação. O pedido é improcedente apenas em relação às prestações incertas, já que não pode haver condenação condicional. 8. A natureza da indenização paga pelo INSS aos dependentes do segurado falecido é alimentar, mas a do empregador, não. Assim, não é o caso de se determinar automaticamente a constituição de capital suficiente para garantir o pagamento de prestações vincendas: tal providência seria possível somente como provimento de natureza cautelar, demonstrando-se o risco de insolvência, não sendo este o fundamento do pedido (fl. 14, item 3, parte final). Agravo do INSS parcialmente provido. Pedido de número 3 (fl. 14) parcialmente procedente, condenando-se a demandada a pagar também a metade das prestações vincendas da pensão por morte, todavia sem, por ora, determinar a constituição de capital. (AC 200603990219628, JUIZ HENRIQUE HERKENHOFF, TRF3 – SEGUNDA TURMA, DJF3 CJ1 DATA: 13/05/2010, p. 146.)

A legitimidade passiva é do responsável pelo descumprimento das normas de saúde e segurança do trabalho, que pode ser empregador público ou privado, pessoa física ou pessoa jurídica. É importante destacar a legitimidade passiva dos responsáveis solidários, cuja responsabilização pode advir da culpa *in elegendo* ou *in vigilando*, podendo ser atingidos desta forma o grupo econômico do qual faz parte o empregador responsável, os contratantes de empreiteiras prestadoras de serviço, cooperativas, o sócio-gerente, entre outras possibilidades dada a tendência crescente à terceirização de serviços e processos produtivos em nossa economia.

O primeiro argumento de defesa contra as ações regressivas é a inconstitucionalidade do art. 120 da Lei nº 8.213/91. No julgamento da AC 199804010236548 pela Terceira Turma do TRF4, em 13/06/2001, decidiu-se por uma Arguição de inconstitucionalidade do referido artigo, pois se entendia que: "O artigo 120 da Lei 8.213/91 ao possibilitar à Previdência Social a propositura de ação regressiva nos casos de negligência quanto às normas padrão de segurança e higiene do trabalho indicados para a proteção individual e coletiva contraria o texto constitucional constante do artigo 7º, inciso XXVIII, que assegura aos trabalhadores urbanos e rurais o seguro contra acidentes de trabalho, atestando a natureza securitária do vínculo jurídico que une o empregado ao INSS". Após ser submetida ao Plenário do TRF4, a questão foi decidida pela constitucionalidade do artigo. E esta decisão tem sido indicada como precedente de constitucionalidade para as mais recentes.[10]

Outro bom argumento de defesa, na linha da natureza securitária do vínculo jurídico entre o empregado e o INSS é o fato do segurado também contribuir para a Previdência e esta ter responsabilidade objetiva na concessão dos benefícios independente de sua causa ou origem. Mas não tem sido bem aceito nos tribunais.[11]

---

10 ADMINISTRATIVO. RESPONSABILIDADE CIVIL. AÇÃO ORDINÁRIA REGRESSIVA DE RESSARCIMENTO DE DANOS RELATIVOS A ACIDENTE DO TRABALHO. IMPROCEDÊNCIA. – Ao julgar a Arguição de Inconstitucionalidade na Apelação Cível 1998.04.01.023654-8, este Tribunal Regional Federal, em 23/10/2002, por unanimidade, rejeitou-a e, portanto, deu por constitucional o art. 120, da Lei 8.213/91. – Caso em que formalmente provada a ausência de culpa da apelante pelo evento acidental, de vez que tomou as medidas de proteção laboral ao seu alcance para evitá-lo. (AC 200371040013862, VALDEMAR CAPELETTI, TRF4 – QUARTA TURMA, DJ 17/05/2006, p. 843.)

11 RECURSO ESPECIAL. PREVIDENCIÁRIO. ACIDENTE DE TRABALHO. CULPA DO EMPREGADOR. AÇÃO REGRESSIVA. POSSIBILIDADE. "Em caso

O empregador contribui com 20% sobre a folha de pagamento no financiamento dos benefícios previdenciários. E para o custeio dos benefícios acidentários destina-se a contribuição do SAT/RAT, para cobrir os riscos de segurança inerentes às diversas atividades econômicas. O fato da empresa pagar o SAT deveria garantir a concessão dos benefícios acidentários, sem possibilidade do direito de regresso do INSS. Se houver culpa da empresa no acidente é certo que irá pagar ao trabalhador uma indenização por danos materiais, estéticos e morais, de acordo com a previsão do art. 7º da Constituição e do art. 121 da Lei nº 8213/91, e uma condenação a ressarcir os gastos do INSS faria com que todos os gastos recaíssem sobre a empresa, colocando em dúvida a validade do seguro. Ainda assim, de acordo com as decisões dos tribunais o SAT destina-se a cobrir os riscos "normais" inerentes às atividades econômicas, mas não aqueles riscos causados por ato ilícito da empresa.[12]

---

de acidente decorrente de negligência quanto à adoção das normas de segurança do trabalho indicadas para a proteção individual coletiva, os responsáveis respondem em ação regressiva perante a Previdência Social." "O fato de a responsabilidade da Previdência por acidente de trabalho ser objetiva apenas significa que independe de prova da culpa do empregador a obtenção da indenização por parte do trabalhador acidentado, contudo não significa que a Previdência esteja impedida de reaver as despesas suportadas quando se provar culpa do empregador pelo acidente." "O risco que deve ser repartido entre a sociedade, no caso de acidente de trabalho, não se inclui o ato ilícito praticado por terceiro, empregadores, ou não." Recurso não conhecido. (RESP 506881, JOSÉ ARNALDO DA FONSECA, STJ – QUINTA TURMA, DJ DATA:17/11/2003 PG:00364 RST VOL.:00177 PG:00082)

12 ADMINISTRATIVO. ACIDENTE DO TRABALHO. MORTE. SEGURADO. NEGLIGÊNCIA. NORMAS DE SEGURANÇA. AÇÃO REGRESSIVA DO INSS. 1. – Tratando-se de ação regressiva movida pelo INSS para haver reparação danos sofridos com o pagamento de pensões aos obreiros sinistrados, inquestionável a competência da Justiça Federal para promover o seu processamento e julgamento. 2. – Demonstrada a negligência da empregadora quanto à adoção, uso e fiscalização das medidas de segurança do trabalhador, tem o INSS direito à ação regressiva prevista no art. 120 da Lei nº 8.213/91. 3. – É dever da empresa fiscalizar o cumprimento das determinações e procedimentos de segurança, não lhe sendo dado eximir-se da responsabilidade pelas consequências quando tais normas não são cumpridas, ou o são de forma inadequada, afirmando de modo simplista que cumpriu com seu dever apenas estabelecendo referidas normas. 4. – "O fato das empresas contribuírem para o custeio do regime geral de previdência social, mediante o recolhimento de tributos e contribuições sociais, dentre estas aquela destinada ao seguro de acidente do trabalho – SAT, não exclui a responsabilidade nos casos de acidente de trabalho

Da análise das decisões disponíveis através da pesquisa de Jurisprudência Unificada no Portal da Justiça Federal (www.justicafederal.jus.br) nota-se uma tendência favorável ao INSS e podemos destacar algumas controvérsias.

A competência para o julgamento das ações regressivas é da Justiça Federal, com jurisdição sobre o domicílio do réu, nos termos do artigo 109 da Constituição.

Em primeira instância há algumas decisões pela competência da Justiça do Trabalho, mas os Tribunais têm decidido pela competência da Justiça Federal, já que não se trata da ação em que o segurado ou beneficiário postula benefício acidentário, nem ação fundada na relação contratual de trabalho.[13]

---

decorrentes de culpa sua, por inobservância das normas de segurança e higiene do trabalho." (TRF4 – 3ª Turma – AC nº 200072020006877/SC, rel. Francisco Donizete Gomes, j. em 24.09.02, DJU de 13/11/2002, p. 973). (AC 200472070067053, ROGER RAUPP RIOS, TRF4 – TERCEIRA TURMA, D. E. 16/12/2009.)

13 PROCESSUAL CIVIL. AÇÃO REGRESSIVA. ACIDENTE DE TRABALHO. COMPETÊNCIA DA PRIMEIRA SEÇÃO. 1. A discussão dos autos cinge-se a competência para julgamento de recurso especial interposto no âmbito de ação regressiva de ressarcimento de danos causados por acidente de trabalho, ajuizada pelo INSS. 2. Não se cuidando de discussão sobre benefícios previdenciários, é da Primeira Seção a competência para examinar feito em que se discute direito público em geral. Neste caso, reconheceu a Terceira Seção: "A controvérsia dos autos, a despeito de figurar no polo ativo o Instituto Nacional do Seguro Social e tratar de acidente de trabalho, o que se discute especificamente é a responsabilização civil da recorrida e a possibilidade da autarquia rever os valores pagos. Não se discute, pois, a concessão ou revisão de qualquer benefício previdenciário." 3. Agravo regimental não provido. (AGRESP 200600446918, CASTRO MEIRA, STJ – SEGUNDA TURMA, DJE DATA:02/06/2010.)
AGRAVO DE INSTRUMENTO. CIVIL. RESPONSABILIDADE CIVIL. ACIDENTE DE TRABALHO. AÇÃO REGRESSIVA AJUIZADA PELO INSS CONTRA O EMPREGADOR. COMPETÊNCIA. DA JUSTIÇA FEDERAL. RECURSO PROVIDO. 1 – Cuida-se de agravo de instrumento interposto contra decisão que declinou de sua competência em favor de uma das varas da Justiça do Trabalho. 2 – A ação principal não possui natureza acidentária, trabalhista, mas rege-se pela legislação civil. O que o INSS busca é o reconhecimento da responsabilidade civil do empregador pela morte do funcionário, a fim de arcar com os gastos oriundos do acidente de trabalho. 3 – Presente autarquia federal em um dos polos da relação processual, incide o disposto no art. 109, I, da Constituição Federal. Portanto, competente a Justiça Federal para processar e julgar a causa, restando inaplicável a Súmula 15 do STJ. 4 – Agravo de instrumento provido. (AG

A PGF tem ajuizado as ações regressivas contando com o prazo prescricional de 5 anos determinado pelo Decreto nº 20.910 de 06/01/1932,[14] defendendo que, embora o art. 1º do referido decreto seja aplicável apenas aos casos em que a Fazenda Pública é demandada, a prescrição quinquenal deveria ser aplicada também quando integra o polo ativo da relação processual, em respeito ao princípio da isonomia.[15]

O objeto da ação regressiva é o ressarcimento integral de valores gastos pelo INSS no pagamento de benefícios acidentários. O pedido costuma abranger além

---

201002010101598, Desembargador Federal GUILHERME CALMON NOGUEIRA DA GAMA, TRF2 – SEXTA TURMA ESPECIALIZADA, E-DJF2R – Data: 14/12/2010 – p. 241/242.)

PROCESSO CIVIL. COMPETÊNCIA. AÇÃO REGRESSIVA PROPOSTA PELO INSS. ARTIGO 109, INCISO I DA CF/88. EXCEÇÃO. INAPLICABILIDADE AO CASO CONCRETO. MATÉRIA CÍVEL. 1. O art. 109, da CF/88, estabelece que compete aos juízes federais processar e julgar "as causas em que a União, entidade autárquica ou empresa pública federal forem interessadas na condição de autoras." 2. A exceção prevista na segunda parte do inciso I, do art. 109 da CF/88, que remete as causas à justiça especializada, não é aplicável ao caso em comento, desde que a natureza da ação regressiva tratada pelos artigos 120 e 121, da Lei 8.213/91 é de matéria cível. 3. A previsão legal para as ações de regresso do INSS encontra-se nos artigos 120 e 121, da Lei 8.213/91, e o fundamento para a propositura dessas ações não é "a relação de trabalho", como genericamente previsto nos inc. I e IX, do artigo 114, da CF/88, nem sequer previdenciário, por inexistir relação jurídica entre o INSS e o segurado; contudo, a ação regressiva proposta pelo INSS escora-se no artigo 201, *caput*, da CF/88, que obriga a organização da previdência social em regime geral, devendo observar "critérios que preservem o equilíbrio financeiro e atuarial." 4. Não se confunde, portanto, ação regressiva ajuizada pelo INSS, buscando o ressarcimento por despesas suportadas por culpa do empregador no acidente, com ação acidentária. 5. A Turma, por unanimidade, deu provimento ao agravo de instrumento. (AG 200802010170620, Desembargador Federal ALBERTO NOGUEIRA, TRF2 – QUARTA TURMA ESPECIALIZADA, E-DJF2R – Data: 15/12/2010 – p. 112/113.)

14 DECRETO Nº 20.910, DE 6 DE JANEIRO DE 1932.
Art. 1º As dívidas passivas da União, dos Estados e dos Municípios, bem assim todo e qualquer direito ou ação contra a Fazenda federal, estadual ou municipal, seja qual for a sua natureza, prescrevem em cinco anos contados da data do ato ou fato do qual se originarem. Art. 10. O disposto nos artigos anteriores não altera as prescrições de menor prazo, constantes das leis e regulamentos, as quais ficam subordinadas às mesmas regras.

15 MACIEL, Fernando. *Ações Regressivas Acidentárias*. São Paulo: LTr, 2010, p. 75.

das prestações vencidas também as vincendas, através de constituição ou reserva de capital como garantia do pagamento destas.[16] O prazo prescricional começa a correr

---

16 CIVIL, CONSTITUCIONAL E PREVIDENCIÁRIO. ACIDENTE DE TRABALHO. MORTE DO EMPREGADO. AÇÃO REGRESSIVA DO INSS CONTRA O EMPREGADOR. ART. 120 DA LEI Nº 8.213/91. CONSTITUCIONALIDADE. DEVER DO EMPREGADOR DE RESSARCIR OS VALORES DESPENDIDOS PELO INSS EM VIRTUDE DA CONCESSÃO DE PENSÃO POR MORTE. RESPONSABILIDADE DA EMPRESA QUANTO À OBSERVÂNCIA DAS MEDIDAS DE PROTEÇÃO À SEGURANÇA DO TRABALHADOR. NEGLIGÊNCIA DA EMPRESA. SEGURO DE ACIDENTE DO TRABALHO – SAT. NÃO EXCLUSÃO DA RESPONSABILIDADE EM CASO DE ACIDENTE DECORRENTE DE CULPA DA EMPREGADORA. CONSTITUIÇÃO DE CAPITAL. ART. 475-Q DO CPC. NÃO APLICAÇÃO AO CASO. RECURSOS DESPROVIDOS. 1. Demonstrada a negligência da empregadora quanto à adoção e fiscalização das medidas de segurança do trabalhador, tem o INSS direito à ação regressiva prevista no art. 120 da Lei nº 8.213/91. 2. É constitucional o art. 120 da Lei nº 8.213/91. A Emenda Constitucional nº 41/2003 acrescentou o parágrafo 10º ao art. 201 da CF, dispondo que a cobertura do risco de acidente do trabalho será atendida concorrentemente pelo regime geral de previdência social e pelo setor privado. Ademais, a constitucionalidade do referido artigo restou reconhecida por este TRF, no julgamento da Arguição de Inconstitucionalidade na AC nº 1998.04.01.023654-8, decidindo a Corte Especial pela inexistência de incompatibilidade entre os arts. 120 da Lei nº 8.213/91 e 7º, XXVIII, da CF. 3. O fato de a empresa contribuir para o Seguro de Acidente do Trabalho – SAT não exclui sua responsabilidade nos casos de acidente de trabalho decorrentes de culpa sua, por inobservância das normas de segurança e higiene do trabalho. Precedentes. 4. Hipótese em que é cabível o ressarcimento de valores despendidos com o pagamento de pensão por morte aos dependentes (genitores) do funcionário da empresa ré, falecido em acidente ocorrido nas dependências da requerida, face à queda de um portão de ferro, ocasionando--lhe traumatismo craniano. O acidente que causou a morte do empregado deveu-se também à culpa da demandada quanto à adoção e cumprimento das normas de segurança no trabalho. Embora no caso o alegado vento tenha concorrido para a queda do portão, o infortúnio deveu-se também à negligência da ré, a qual não zelou pela regularidade do portão existente em suas dependências, o qual, durante a ocorrência da ventania, acabou tombando e ocasionando o óbito do funcionário. Era dever da empresa minimizar os riscos inerentes à atividade laboral, inclusive implantando um portão resistente ao vento – evento previsível. 5. Não prospera o pedido do INSS de constituição de capital para o pagamento das parcelas vincendas. Segundo o art. 475-Q do CPC, a constituição de

do início de pagamento do benefício e não do acidente de trabalho originário. Como o benefício previdenciário é de prestação continuada, uma relação de trato sucessivo com renovação mensal, defende-se que o "fundo de direito" da pretensão ressarcitória do INSS não prescreve. Apenas as parcelas anteriores aos últimos cinco anos a partir do ajuizamento da ação seriam atingidas pela prescrição, da mesma forma que ocorre para a cobrança de prestações devidas e pagas pela Previdência aos segurados (art. 103, Parágrafo único da Lei nº 8.213/91).[17]

No entanto, a jurisprudência[18] tem sido majoritária ao entender a ação regressiva como uma lide de natureza civil e assim sujeita ao prazo prescricional genérico de três anos do art. 206, §3º do Código Civil.

O reconhecimento do cabimento das ações e a procedência da maioria das que foram julgadas, tem animado a PGF, que agora estuda a possibilidade de ações regressivas coletivas e de Ações Civis Públicas em favor do INSS, tendo na mira os setores de maior índice de acidentalidade entre os quais: a construção civil, a mineração, as indústrias moveleiras, as de metalurgia e a calçadista.

---

capital somente ocorre quando a dívida for de natureza alimentar. A aplicação do dispositivo legal para qualquer obrigação desvirtuaria a finalidade do instituto. Entendimento da doutrina e jurisprudência pátrias. 6. Apelação da ré e recurso adesivo do INSS desprovidos. (AC 200871040030559, CARLOS EDUARDO THOMPSON FLORES LENZ, TRF4 – TERCEIRA TURMA, D. E. 02/06/2010.)

17 MACIEL, Fernando. *Ações Regressivas Acidentárias*. São Paulo: LTr, 2010, p. 78.

18 AGRAVO INTERNO. INSS. AÇÃO REGRESSIVA. PAGAMENTO BENEFÍCIO ACIDENTÁRIO. PRESCRIÇÃO. I – Vêm entendendo nossos Tribunais que a ação regressiva proposta pelo INSS para ressarcimento de danos decorrentes de pagamento de benefícios acidentários tem natureza cível, devendo ser aplicado o prazo prescricional do Código Civil e afastando, desta maneira, a parte final do § 5º do art. 37 da CRFB/88. II – Considerando, assim, que o acidente que teria ensejado o dano indenizável ocorreu em 16/01/1991 (fl. 05) e o benefício decorrente foi implementado em 31/10/2002 (fl. 19), forçoso reconhecer que, quando da vigência do novo Código Civil, em 11/01/2003, ainda não havia transcorrido mais de dez anos, ou seja, mais da metade do prazo prescricional previsto no Código Civil anterior, o qual estabelecia, em seu art. 177, o prazo prescricional de vinte anos. III – Outrossim, considerando também que o Código Civil/2002 reduziu o prazo prescricional das ações de reparação civil para três anos, nos termos do art. 206, § 3º, V, este é o prazo a ser aplicado na presente hipótese. IV – Agravo Interno improvido. (APELRE 200950010049045, Desembargador Federal REIS FRIEDE, TRF2 – SÉTIMA TURMA ESPECIALIZADA, E-DJF2R – Data: 30/06/2011 – p. 279-280.)

Ciente na demora da tramitação das ações, e com o intuito de colaborar e viabilizar a redução das demandas judiciais em que é parte o INSS, a AGU publicou em 07/01/2011 a Portaria nº 06, que disciplina os procedimentos específicos para a realização de acordos ou transações nas ações regressivas acidentárias, para terminar o litígio, nos casos cuja expectativa de ressarcimento seja de até R$1.000.000,00 (um milhão de reais). O termo de acordo poderá incluir, além das verbas pecuniárias, termos de ajustamento de conduta através de obrigações acessórias que assegurem o cumprimento das normas de segurança para evitar acidentes futuros.

Os termos do acordo permitido na Portaria nº 06 referem-se a descontos para o pagamento à vista dos valores de ressarcimento "devidos": a) de até 20% se celebrado até a contestação; b) de até 15% se celebrado até a publicação da sentença; c) de até 10% se celebrado até o julgamento em 2ª instância.

É provável que poucos acordos estejam sendo celebrados. Muitas empresas podem preferir a chance de comprovar a ausência de culpa nos acidentes. Há sempre o risco de um acordo deste tipo ser considerado uma confissão de culpa para casos futuros, principalmente porque as ações baseadas em negligência às normas de segurança e higiene do trabalho referem-se, em geral, não apenas ao caso concreto, mas ao ambiente de trabalho como um todo, a que estão sujeitos os outros empregados. Além disso, os descontos não são atrativos e ainda há muitas questões polêmicas a discutir judicialmente.

Esta obra foi impressa em São Paulo na primavera
de 2012 pela gráfica Vida & Consciência. No texto
foi utilizada a fonte Adobe Caslon em corpo 10 e
entrelinha de 14 pontos.